ピケティ以後

経済学と不平等のためのアジェンダ

After Piketty

The Agenda for Economics and Inequality

訳――――山形浩生, 守岡 桜, 森本正史
編――――ヘザー・ブーシェイ, J・ブラッドフォード・デロング, マーシャル・スタインバウム

青土社

ピケティ以後　経済学と不平等のためのアジェンダ　目次

第Ⅲ部　格差の様々な側面

学者として我々の業績は先人たちの肩に立ったものだ。この精神に則り、我々は本書をアンソニー・アトキンソン（一九四四―二〇一七）に捧げる。経済的格差を記録し理解しようという彼の生涯の業績は、経済の仕組みとそれが誰のために機能するかについて、根本的な質問を尋ねるよう我々を刺激してくれた――そして我々もまた、今後の研究者の世代に刺激を与えたいと思う。

ピケティ以後　経済学と不平等のためのアジェンダ

はじめに　『21世紀の資本』から三年たって

J・ブラッドフォード・デロング、ヘザー・ブーシェイ、マーシャル・スタインバウム

トマ・ピケティ『21世紀の資本』は、驚異的な多面性を持つ、予想外のベストセラーだった。その一般読者のすさまじい数を見れば、北半球の我々がいまや入り込んでいる、第二の金ぴか時代において、これほど多くの人が知りたがり、参加したがっている政治経済的な対話がいかに緊急性の高いものか如実にわかる。[*1] 同書の英訳者アート・ゴールドハマーは本書第1章で、いまやこの本が世界三〇カ国語で二二〇万部出回っていると述べている。この二二〇万部に影響力があるのはまちがいない。その二二〇万部は、時代精神を別のちがったチャンネルへとシフトさせるはずだ。ポストピケティの時代には、格差、経済政策、公平な成長に関する公的な知的論争の焦点は変わってくるはずだ。

その一方で、それを押し戻そうとする社会政治的な力も働いている。ピケティのプロジェクトに対する一つの見方は、彼にとって一般の低格差先進国経済は、多くの点で第二次大戦後のドゴール主義フランスが、栄光の三〇年にわたる経済成長を迎えているようなもので、逆に典型的な高格差先進国経済は、多くの点で一八七〇から一九一四年のベルエポック期のフランス第三共和政に見えるということだ。第三共和国の主流は、政治的には極度に平等主義的だった（ただし男性の同国生まれの人々に限る）し、イデオロギー面では上からの権威——特に宗教的権威——には激しく反発し、その一方で富の保護と強化については極度に寛容で熱心だったということだ。財産——店舗所有、ブドウ畑、賃料収入、工場、広大な所領——を獲得したか、そうしようとしている人々は、社会主義に傾倒する労働者階級の、物欲しげな外人どもから富を保護されるべき兄弟だったのだ。

ピケティの本の根底にあるのは、それと同じ文化＝イデオロギー＝経済＝政治複合体——少しでも財産を持つ者は

すべて一致団結し、そうした財産の所有やその収益性に対するすべての脅威から身を守らねばというもの——が、少なくとも北大西洋地域では二一世紀の政治経済を支配するようになる、という信念だ。だからそれは、ピケティが将来について予測する、寡頭支配の台頭を動かすだけの高い利潤率を維持させるような力をもたらす。

二年前なら、我々のような編者は「そうかもしれない、そうでないかもしれない」と言っただろう。だがアメリカの二〇一六年大統領選の結果を見ると、ピケティの根底にある信念の説得力は高まる。一八七〇から一九一四年のベルエポック期フランス第三共和政ほど財産が文化的に支配する状態が繰り返されることはないかもしれないが、その主要な特徴の多くを繰り返す過程がすでに実現しつつあるようだ。

ドナルド・トランプが二〇一六年大統領選に勝てたのは、選挙人団の制度のおかげであって、得票数が多かったからではないという点を押さえるのは重要だ。だがそれでも彼はずいぶん多くの票を集め、しかもこれまでは民主党に投票してきたのに、ここ最近になって極度の経済的挫折に直面した地域での得票も多かった。さらに、ヒラリー・クリントンはバラク・オバマとはちがい、若い有権者や少数民族での得票数を伸ばせなかった。こうした層は、労働市場での安定を約束されて記録的な学生ローンを抱えたのに、歴史的に高い失業率に直面することになっている。だからピケティの分析に基づく政治経済的な主張は、トランプの大統領選勝利で大いに強化されたように我々には思える。

よって我々は、同書がいまやさらに重要性を増したと考える。そこで我々は、何が有意義で重要かという注目点を見極めるためにあの本を使うことで、ピケティ以後に経済学者が研究すべきだと考える内容を明確にすべく、著者たちを集め、その論文を編集した。

経済学の外で

経済学以外の社会科学の議論を見ると、ピケティの本がまちがいなく注目を集めているのがわかる。『21世紀の資本』は大きな知的勝利を達成した。それは社会学的、政治学的、政治経済的な論争を形作っている。他の社会科学はまちがいなく、格差拡大の可能性とその影響に関するピケティの議論の影響を実感しているのだ。

歴史学者、社会学者、政治学者などに対する影響とはどんなものだろう？『21世紀の資本』が経済学以外の社会科学に与えた影響について、いちばんうまくまとめた素描はいささかパラドックスめいているが、経済学者ポール・クルーグマンによって書かれたものだと我々は考える。本書第3章で、クルーグマンは直近の大格差時代――第一金ぴか時代――は、大格差が当時は過激とされた（白人男性の）民主主義とまったく矛盾することがなかったと指摘する。なぜなら「当時も今と同じく、大きな富は大きな影響力を買えるからだ――政治に対してだけでなく、世論に対しても」。本稿執筆の二〇一六年一二月現在、これはまさに、空前のお金持ちで構成されるアメリカ内閣組成の見通しに現れている。富が、金持ちの声を権力の回楼と公共圏で増幅するメガホンを提供したというだけではない。加えて、富は社会学的な模倣パターンを引き起こす。そのパターンは要職に就く資格をだれが持つか、高官たちがだれの利益に奉仕してよいのかという話でも見られる。

クルーグマンは――我々の見たところ正しく――経済格差から今日機能している政治や社会学への同じつながりを見ている。いやむしろ、今日のほうがそうした作用は強いかもしれないほどだ。まるで政治的、社会的な潮流が、今日の格差に反応しているのではなく、一世代後に人々が予測している格差水準に反応しているかのようだ。「アメリカの社会の不思議な側面は、格差の政治がむしろ、現実より先行しているように見えるということだ。（中略）現時点で、アメリカの経済エリートは、資本所得よりも賃金のおかげでその地位を得ている。それでも保守派の経済レトリックはすでに、資本を強調し、言祝いでいる。（中略）ときには、アメリカの政治階級の相当部分が、積極的にピケティの世襲資本主義を復活させようとしているかのように思える」。

クルーグマンの結論は、二〇一六年アメリカ大統領選で強化され、裏付けられている。あれほど無知で、行政経験のまったくない候補者が、一般庶民たちの偏見に追随する率直な人物という、でっちあげのペルソナだけに基づいてあれほどの票を稼ぐというのは、我々から見れば驚異的だ。その一般の偏見には、専門エリートを犠牲にし、少数民族や移民を「割り込み」させないことで自分たちの利益を守るという活動も含まれる。経済学者たちは圧倒的にトランプ候補を拒否したが、トランプ支持者たちは経済にとって何がよいかという専門家（経済学者に限らず）の推定上の権威を拒否した。過去四〇年にわたり、経済成長促進の名の下に、アメリカは金持ちの実効税率を大きく引き下げ、労働組合を弱め、労働者全般の交渉力も弱め、労働者の教育水準を大幅に上げた。こうした政策は、不平等な国を生み出し、有権者たちは怒りの原ファシズム的なポピュリズムを受け入れるようになった。ピケティの本がかつては悪趣味なまでに過激に思えたとしても、いまやまさに不可欠に思える。

社会学者、歴史学者、政治学者などはいまや、我々の見たところこうした問題に健全かつ生産的に取り組んでいるようだ。『21世紀の資本』が作り出した騒動のその部分は、少なくとも我々には適切なものに思える。

経済学の中で

だが経済学の内部の反応は、我々から見るとあまり健全には思えない。経済学セミナーにピケティが登場すると、立ち見続出の満員となる。だが『21世紀の資本』で彼が指摘した問題に全面的に取り組む経済学の研究の流れは、少なくともいまのところ、あまり大きなものではない。経済学研究の課題や政策提言に対して与えるべきだと我々が考えるだけの影響を――というのも我々はまちがいなくピケティのファンだからだ――『21世紀の資本』は少なくともいまのところは持っていない。

なぜそれだけの影響を持つべきだと考えるかといえば、ロバート・ソローが第2章で書くように、『21世紀の資本』はきわめて真剣な本だからだ。経済学者が取り組むべき内容が大量にある。カルドア的事実によれば、少なくとも要素所得のシェアの変動による格差――は二〇世紀半ばまでに、変動する経済的変数として重要なものではなくなっていたし、その後重要になることもないはずだった。そのカルドア的事実は、実は事実ではなかった――あるいはむしろ、一時的にあらわれた歴史的パターンに過ぎず、いまやそれが消え去ってしまったのだ。クズネッツ的事実によれば、すべてではないにしても、ほとんどの国は工業時代を経る。そこでは格差が広がり、その後社会民主的な大量消費時代となり、格差は下がってその後安定化するはずだった。これまた、事実ではなかった――やはり、単なる移行期の歴史の条件でしかなかった。この二つの事実が事実でない以上、ソローは経済学者――そして経済学――が『21世紀の資本』を、ピケティに応えて真剣に受け止めろと主張した。ソローの呼びかけは、本書を編纂した我々の動機の大きな部分を占める。経済学者と、分野としての経済学が、どうも最適な反応を見せていないことが、我々の動機の残りとなる。

ピケティの主張

つまり、我々の質問とは次の通りだ。ピケティは経済の理解をどのように前進させたか？　ピケティの業績に照らして、経済学研究の次のステップは何か？　これを答えるためには、まず『21世紀の資本』の議論を明確にする必要がある。我々の見たところ、ピケティのベストセラーの中心的な主張は次の五つだ。

（1）第二次世界大戦後の北半球における社会民主主義の時代（おおむね一九四五から一九八〇年）には、北半球工業経済は比較的平等主義的な場所だった（少なくとも自国生まれの白人男性にとっては）。こうした経済では、相対的な所得の差は緩和された。富、所得、雇用の昔からの人種間ギャップも狭まった。そして政治的な声は人口全体に広く分布していた。こうした経済では、富が政治的な方向性を左右し、経済構造を形成する能力はある程度の範囲内におさまっていた――もちろん完全に無化されたわけではないが。

（2）この社会民主主義時代は、不安定な歴史的アノマリーだった。多くの学者とはちがい、ピケティは社会福祉国家の台頭を、寡占エリートの権力低下の結果だと見なす。彼は、税引き後の格差低下を、戦争と累進課税の導入のせいだとするが、一九世紀末から二〇世紀初頭に導入された社会保険、労働基準、福祉装置などとは関連付けない。資本を破壊する戦争はアノマリーなので、低格差の時期もアノマリーというわけだ。

（3）この社会民主主義時代の前にはベルエポックがあった――これはヨーロッパにおける名称で、アメリカでは第一金ぴか時代と呼ばれる。この先立つ時代には、富、特に世襲の富が圧倒的な力をもって、政治的な方向を左右し、経済構造を形成した。この時代には相対所得の差――そしてそれ以上に相対的な富の差――は極端だった。

（4）我々は現在、移行期と思われるものにはまりこんでいる。富の集中はいまや、二〇世紀初頭のピーク値に戻ったところだが、ピケティはトップ一％については所得の大半は資本ではなく、相変わらず労働からきていることを示している。[*2] その一方で、資本所得の格差は二〇〇〇年以来急増していて、これに対して労働所得の格差はその頃から比較的一定だった。[*3] まだ「過去が未来を食い尽くす」ほどではないが、その状態が近づきつつはある。[*4]

（5）富の根底にある力学が生成する強い力のおかげで、我々は第二の金ぴか時代、あるいはベルエポックの再来に向かいつつある。そこでは富、特に世襲の富が、圧倒的な形で政治的な方向を左右し、経済構造を形成するようになる。そして相対所得の差――そしてそれ以上に相対的な富の差――は極端なものとなり、健康や教育面での現代の進歩はもはや普遍的ではなくなり、集団ごとや個人ごとの構成の相対的な収斂は、停滞するか、ヘタをすると逆転する。

ピケティの議論の構造

ピケティのこうした主張にいたる中心的な議論も、ざっと以下の七つの分析ステップにまとめられる。

（1）社会の、富と年間所得の比率は、純貯蓄率と蓄積率を成長率で割ったものに等しい水準まで成長（または減少）する。

(2)時間と偶然により、どうしても富は比較的小さな集団に集中する——これを「金持ち」と呼ぼう。富と年間所得の比率が高い社会は、富の分配が極度に不平等な社会となる。

(3)富の分配がきわめて不平等な社会は、所得の分配もきわめて不平等になる。なぜなら富裕層は政治経済などの要因を操作して、利潤率をかなりの水準に保ち、ジョン・メイナード・ケインズが「金利生活者の安楽死」と呼んだ事態を避けようとするからだ。[*5]

(4)富と所得の分配が極度に不平等な社会は、時間がたつにつれ、富を支配するのが遺産相続人になってくる——「相続人主義」ともいうべき社会となる。

(5)富、特に世襲の罪が経済的に大きな社会は、金持ちがきわめて高い経済的、政治的、社会文化的な影響力を持つ社会だ——そしてこれは多くの点で不愉快な社会となる。

(6)二〇世紀は、(a)ロバート・ゴードンが概説した第二産業革命の成長力と、北半球がアメリカ合衆国の示した経済繁栄フロンティアに統合されたことにより、突出して高い経済成長率を体験した。(b)戦争、革命、全般的な混乱、社会主義化、累進所得税を導入する政治的な活動により、資本蓄積率を引き下げる突出して強い力が生み出された。(c)しかしこうした力のすべてはいまや退潮ぎみか、すでに完全に消え去っている。[*6]

(7)したがって——まだまだ限界には遠いとはいえ——(1)から(5)の論理がいまや作用している。そしてこれは、そのまま完成にいたるまで作用し続ける可能性がきわめて高い。それは今後半世紀ほどで、多くの形で不快な社会をもたらす。

ピケティの見方によれば、我々はいまやこの、北大西洋社会民主主義の消失プロセスが始まってから丸一世代以上もたったところにいる。だがこのプロセスは、まだ終わってはいない。現在の道筋に我々を動かしているとピケティが見ている論理が完成するまでには、あと二世代ほどかかる、とピケティは考えている。ピケティの見方では、我々の現状など可愛いものだ――少なくとも、北半球がデフォルトのパターンである寡占政治へ復帰する度合いから見れば。

ピケティ批判（の多く）の貧困

いまのようにあまりに単純化してまとめても、ピケティの議論は複雑なものだ。だからこれが、大量の本質的な批判を招くだろうと考えたくもなる。そして確かにそうではある。ピケティに対する有効で思慮深い批判はかなり見られる。以下に数例を挙げよう。

・マット・ロンリーは、上の（3）を疑問視しようとする。富の年間所得に対する比率上昇につながる資本蓄積が、実は富の年間所得に対する比率の成長率よりも急激に下がる利潤率につながり、結果として富の格差は高いが所得格差は低い社会が生じるというジョン・メイナード・ケインズの主張を彼は支持する。[*7]

・タイラー・コーエンは、（2）、（4）、（5）を疑問視する。創造的破壊が世代をまたがる名家の資産蓄積を断絶させるか、少なくともその重要性を制約するはずだ、と彼は述べる。また、フリードリヒ・フォン・ハイエクを引きつつ「暇な金持ち」はまさに、必需品や便利品を稼ぎ、手に入れ、支出するという逃れがたい活動の輪にとらわれる必要がないので、物事について長期的な見方や異端の見方ができるため、文化的リソースとして価値が高いと論じる。[*8]

・アセモグルとロビンソンは、ピケティが「政策や制度に言及はするが（中略）その役割は恣意的だ」と指摘する。[*9]

・また他の多くの人々は、新しい産業革命が登場して、もっと手に入りやすい技術の成果と高度成長がもたらされ、それに伴ってまたもや創造的破壊の波がやってきて、（2）、（4）、（6）、（7）が短絡させられると期待する。

・そして、ピケティが現代における財産の重要な形態で、平等促進の要因となる人的資本を無視しているという問題がある。

だが全体として我々が驚いたのは、ピケティの一連の主張全体に対する批判の中身があまりに薄いことだ。ピケティの議論は複雑で多くの段階に及ぶ。そうした議論はすべて弱点を持つ。我々の集めた批判とその読解はもちろん完全にはほど遠い。ピケティの批判をサーベイしようとしても、あまりにその量が多いために、サーベイをサーベイするだけで終わってしまう。そして、ほとんど無内容に思える議論も山ほど見かける。そうしたものは、素人じみた心理学的な診断、赤狩り、ピケティ議論の歪曲、経済成長モデルの補正ミス、データのまちがいなど様々な形を取る。

そのどん底とも言えそうなものは、カーネギー・メロン大学とスタンフォード大学フーヴァー研究所のアラン・メルツァーの筆になるものかもしれない。この論説は、ピケティがフランス人なのがよくない、もとMIT教授なのがよくない、さらにはMITのエマニュエル・サエズと共著論文を書いているのがよくない、そのMITは……かつてIMFのオリヴィエ・ブランシャールが教授だったところだ。（中略）ブランシャールもフランス人で、フランスは長年にわたり所得再分配の破壊的な政策を実施してきた（中略）といった具合だ。[*10]

一方では、学術的な分析というよりは、資産家名家を樹立したがる標準的な億万長者を安心させたがっているとしか思えない批判も散見され、がっかりしてしまう。

その一方で、そんな無内容な批判すら行いたくなるという衝動と、二二〇万部の販売実績は、『21世紀の資本』がきわめて大きな――ときに不協和音めいたものであれ――反響を巻き起こしたという強力な証拠でもある。実に多く

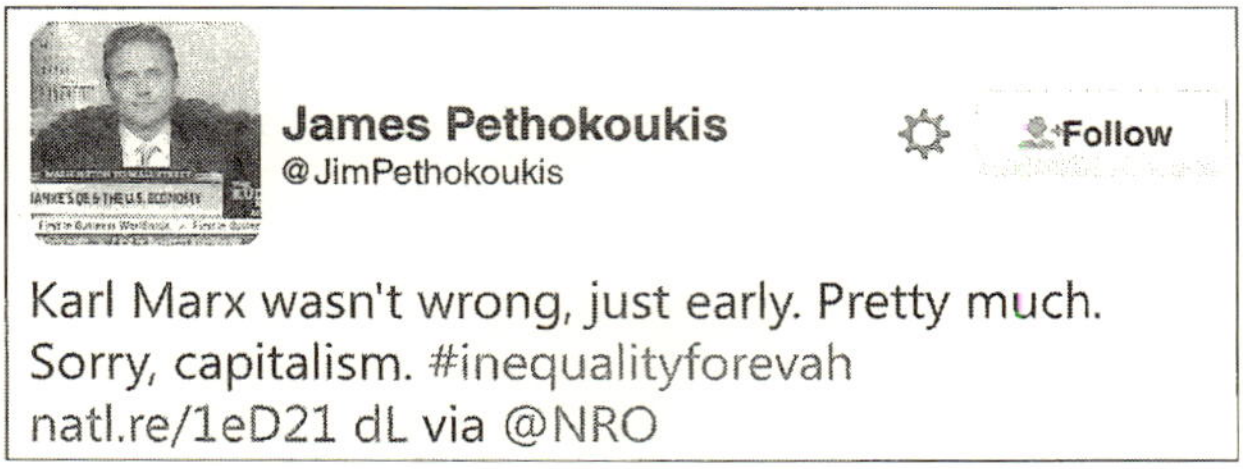

図1　カール・マルクスはまちがっていなかった。早すぎただけだ。おおむね。資本主義さん残念でした

の人が、この本に取り組む価値があると考えた。問題は、どう取り組むか、ということだ。

我々は、ピケティ『21世紀の資本』と建設的な取り組みを促進したい。批判は求めたい――それも鋭い批判を。だが知識の促進に貢献するような、有効で使いものになる批判がほしいのだ。ピケティの議論を歪曲し、それにより世界の知識総体を増すよりむしろ減らしている図1のような代物はいらない。そしてピケティをさらに先にすすめ、そのデータ収集や理論的な議論をさらに進める活動を奨励したい。

本書で集めた論説は、この仕事に貢献するものだと我々は信じている。その論説の舞台を整えるべく、以下の問いを掲げよう。

（1）トマ・ピケティ『21世紀の資本』の議論は正しいか？
（2）それを懸念すべきか？
（3）その含意は？
（4）次に何をするべきだろう？

ピケティは正しいか？

『21世紀の資本』の議論は正しいか？　あるいは、完璧に正しくはないにしても、ピケティの不穏なシナリオはあり得るものなのか、懸念すべきものなのか――そして同書を自己成就ならぬ自己否定的な予言にすべく、何か対策は必要なのだろうか？

ここでの答えは、我々はイエスだと強く考えている。

この北半球で歴史を遡れる限り、私的な富の所有が――リソースを牛耳る力や、人々の働き方や場所を決める力や、政治を左右する力とともに――常にきわめて集中していたという点でピケティは正しい。一五〇年前――つまり六世代前――ベルエポック／第一金ぴか時代に、典型的な北半球国の総民間資産と年間所得との比率は六倍ほどだったという点でピケティは正しい。また、五〇年ほど前――つまり二世代ほど前――の社会民主主義の時代には、その比率が三程度だったというピケティの主張も正しい。そして、過去二世代にわたり、富と年間所得の比率が急激に上がり始めているというピケティの指摘も正しい。

もっと議論の余地があるのは、富と年間所得との比率上昇が、ピケティの掲げる力によるものか、という点だ。そしてさらに論争の余地が大きいのは、所得格差が富の格差により拡大しているのか、そしてその富の格差自体が、経済全体の富と年間所得比率の上昇の結果なのか、というものだ。ピケティが中心的な地位を与えている力以外にも、所得分配に影響を与える要因はたくさんある――ピケティ自身もいくつか挙げている。そしてピケティが注目する力は、社会民主主義の時代終焉以来、まだ完全にその作用を広げ終えるだけの時間がたっていない。

ピケティの主要な議論は、物事がなぜ今の状態なのかという原因についてのものではなく、五〇年またはそれ以上たったら事態はどうなりそうか、という点についてのものだ。とはいえ、今日の世界でも、かつての金ぴか時代のかなりの特徴が復活したと示すような示唆は山ほどある。資本所得シェアの上昇、労働所得と資本所得の共存の増加、税務当局の攻撃にも不可侵な、世代をまたがる財産の存続が増えつつあることなどだ。

さらに議論の価値があるものとしては、制度、政治、社会運動などが持つ構造的で経済的な圧力から、こうした格差拡大の力学がどのくらい自由なのか、ということだ。ピケティの議論は、未来についてのかなり決定論的な理論に基づいている。金持ちはシステムを操作して、どれだけ富を蓄積しても、五％の利潤率を維持しようとする、というものだ。ピケティ自身は、経済以外の力の役割について、口先にとどまらない評価を行っている。彼は読者に、他の社会科学の見解を調べるよう奨めている。だが結局のところ、彼の議論は単純な経済動学に基づいている。富の蓄積と格差が、健全でかなり安定した利潤率のもとで進行する、というのがその図式だ。

この健全な利潤率を、資本蓄積が進行しても維持し続け、このビジョンを前進させるのに必要な制度的変更は、すでに導入されているのだ。

しかし、制度の実際のあり方は、このビジョンを多くの形で妨害しかねない。たとえば、ヘザー・ブーシェイが第15章で指摘するように、「相続人主義」はほぼ確実に、ジェンダー平等から遠ざかる動きを必要とする——女性やその仲間は、そんな動きに反対するだろう。さらにデヴィッド・グレワル（第19章）とマーシャル・スタインバウム（第18章）は、「資本主義のイデオロギー」とでも言うべきものと、それに伴う法や政策の体系の台頭（グレワルの場合）と没落（スタインバウムの場合）から格差の歴史が生じると論じる。一八世紀に、重商主義や王室権力とはまったく別に、ブルジョワジーに伴い「自由市場」が発達し、それが一九世紀になってアンシャンレジームと政治的な提携を遂げた。ピケティは、資本主義のイデオロギーではなく、資本主義そのものが、格差のさらなる拡大の原因だと述べ、それを一時的に阻止したのは二〇世紀の両世界大戦だと述べる。だが両世界大戦は資本主義のイデオロギーも阻止したし、これはあまり外生的ではなかった。ピケティの議論は疑問の余地があるし、今すでに疑問が提示されている。彼が注目する信号が、まだ生じていないか、あるいは背景雑音から区別できるほどになっていないからだ。

だが、もし彼の議論が本当に正しければ、まさにそういう状態が見られるはずだ。

だが、もし彼の議論が実はひどく見当外れだったとしても、同じような状態が見られるはずだ。

もっと確実なのは、ケインズ、ロンリーなど、富は何か所得の新古典派的な生産関数における生産資本と同じだと想定する人々が想定するような「金利生活者の安楽死」のパターンには、かなりの実証的問題がありそうだというピケティの主張のほうだ。こうした論者は、需要と供給の論理が社会全体の富と年収比率が、社会全体の利潤率とは逆方向に大きく振れるよう強制すると予想している。利潤率は、資本が年収に比べて希少なときには高くなり、資本が豊富なときには低くなる。ケインズらによると、こうした触れは概ね、金利生活者の総所得に占めるシェアがだいたい一定にとどまるくらいの規模となる。

トマ・ピケティの答えは、おおむね次のようなものだ。ケインズ＝ロンリーの議論は新古典派経済学理論では非常にまっとうに聞こえるが、歴史的な実践で見るとあてはまっていない。需要と供給は、経済の富と年収比率が変われば、利潤率はその逆方向に変わるべきだと述べる。でも歴史を見ると正反対で、利潤の年率は、四から五％ほどをおおむねたどりつづけ、富の相対的な希少性や豊富さとはおおむね独立している。需要と供給の論理はかなり分が悪い。

こうして我々は歴史的な事実らしきものを得た。新古典派の総生産関数からすれば、利潤率の主要な変動の源となるはずのものが、比較的変わらないということだ。だがこの点についてピケティは理論を出していない。

・ピケティは、物理資本、総資産、レントシーキングを行う政治経済、政府が強制する独占レントが鉄壁の四辺形となって、生産と分配の限界生産理論の論理が何と言おうと、無理矢理でも利潤率を維持させようとする、と論じることもできた。

・技術のおかげで、物理資本は急激な限界収益の低下に直面せず、このため資本／所得比率と資本シェアは同じ動きを見せ、逆行しないのだという議論もできる。かつては彼が「資本」と呼ぶものは圧倒的に土地という農業資本だったが、未来の「資本」は圧倒的に情報資本となるのであり、新古典派成長モデルは社会民主主義の時代という短い端境期にしかまともな近似として成立しなかった、という議論も可能だっただろう。

・スレシュ・ナイドゥ（第5章）に倣い、国民所得の資本シェアは、限界生産性に基づく価格付けのルールにしたがうどころか、実は権力により決められており、ピケティと新古典派が富または資本と呼ぶものの総ストックは、実は将来的な収入ストリームについての金銭化された権益である――つまり長期的な蓄積ともいうべきものの結果ではなく、将来の政治的なコントロールの結果なのだ――と論じることもできた。

だがピケティは、こうした立場やそれ以外のどんな立場もとらない。

これは『21世紀の資本』の大きな穴のように思える。これはピケティが開拓した、最も重要かつ緊急性の高い研究課題を示すものだ。利潤率が一定に見えるのは、堅牢性ある現実なのか？ もしそうなら、利潤率を一定に保つ力や要因は何なのか？

デヴェシュ・ラヴァル（第4章）は、このボールを先に進めようとする。彼はロンリー＝ケインズの「金利生活者の死」にある、資本と労働はピケティの議論を支えられるほどの代替性はないという論点を強化する。もし利潤率一定性の背後にある話が、限界資本が蓄積されても生産的であり続けるということでないなら、他にどんな話が考えられるだろう？　一つの可能性は、ローラ・タイソンとマイケル・スペンスによるものだ（第8章）。彼らはおおむね、ピケティが見当違いのことをやっているのだと主張する。格差は増大しているし、今後も増大する。だがその増大は、ピケティの成長モデルにある要因で動くのではない。情報時代の到来と、情報時代の技術の形により増大するのだという。こうした情報技術は史上初めて、基本的な物質操作と基本的な情報処理の定型的サイバネティック制御メカニズムとして人間の脳を使う必要性を大きく減らし、人間労働を資本の相補物ではなく代替物にしたのだ。

ピケティの議論は正しいか？　現時点での答えは「正しいかも知れない」というものだ。彼の議論のそれぞれのつながりがどれだけ堅牢かで話は大きくちがってくるし、さらに北半球諸国が現状の政治経済的な方向性を維持するというのも前提となっている。だから「現在の政治経済的な方向性」をどう解釈するかで、話はいろいろ変わってくる。この解釈次第では、ピケティはまちがいなく正しい。解釈次第では、まちがいなくまちがっている。そして、どちらなのかについては区別する必要がある。

気にすべきか？

人によっては――いや、多くの人かもしれない――ピケティの主張など気にしなくていいと言う。ありがちな議論としては、格差なんかそもそも気にすべきでない、というものがある。それどころかこの議論では、格差はむしろよいことだ。それは人的資本獲得のインセンティブとなり、社会的なモビリティを生み出すことで、経済成長を加速させるエンジンとなる。格差は経済にとっても、社会にとっても、国にとっても、まったく問題ではないという。

この種の議論によれば、本当の問題は貧困、特に極貧なのだ。

そしてこの議論によると、我々は六世代前の先祖よりはるかに豊かになっている。かつて、金ぴか時代やベルエポック期のような格差水準は、単なる貧困ではなく極貧を作り出した。だから当時は、格差は深刻な問題だった。だがいまや、北半球はずっと豊かになっているので、昔なら極貧を生み出した格差は、今日では極貧を生み出さない。それどころか、「貧困」と呼ぶべきものすら作り出さない――少なくとも、歴史的な見方をするのであれば。

アメリカでは、第三の道（サードウェイ）などの政治的な指向を持つ組織が、アメリカの中産階級はまったく問題なくやっていると論じている。彼らは実質所得の上昇を指摘する――これは女性の労働時間と所得増大によるものも大きい。そしてそれ故に、ピケティによるトップ一％の計測は話をまったく読み違えていると論じる。学界では、多くの人々が医療、衛生、公衆教育、識字率、病気根絶、娯楽活動の普及など様々な改善を指摘し、トップ一％がどうなっていようと、この絶対的な厚生の増大が逆転する見通しはないと主張する。

これは古くさい議論だ――実は二五〇年前から言われている。アダム・スミスは『国富論』で、平均的な労働階級のイギリス人は、アフリカの王様よりも物質的には快適な暮らしをしていると論じた。『道徳感情論』で彼は、金持ちの消費は腹の大きさに制約されており、したがって彼らが自分のために行う消費ですら、実はその下層にいる者たちの娯楽と快適さに貢献しているのだと論じた。

だがこの議論はおそらくまちがっている。イギリスの一八世紀古典主義時代までの、生存水準をギリギリ超える経済成長は確かに凄いものではあったし、またその後の経済成長が素晴らしかったことも認めるが、歴史的基準から見て極貧や貧困にあたるものについてだけでなく、格差と今日の我々が「貧困」と呼ぶものについて気にすべき、強力かつ重要な理由はまだある――貧困者が食器洗い機やスマートフォンやテレビを持っているとしても。

まず、アメリカにおける医療の分布と、他の先進国に比べて劣悪な健康状況統計を見れば、すさまじい資源の投資が、人間の厚生や人間的満足という意味で最終的な価値をほとんどもたらさない要因として、格差が挙げられることはすぐにわかるだろう。この論点は保険部門を超えて一般化できる。不平等な経済は、生産的なポテンシャルを社会的厚生に変えるのが下手な経済だ。アメリカはもっとよい成果をあげられるはずだ――そしてもっと所得や富が平等に分布していれば、そうなっていたはずだ。

格差から保健などの社会厚生指標につながる因果性を証明するのは困難だが、新しい金ぴか時代に取り残されたアメリカの一部が直面する苦闘をあらわにするデータポイントが、アン・ケースとアンガス・ディートンの研究から得られる。この研究は、中年アメリカ人の自殺や薬物過剰摂取——どちらも経済的苦境と関連する状況だ——による死亡率が、一九九九年から二〇一三年にかけてきわめて増大し、二〇一五年までにAIDSで引き起こされた死亡率増大に匹敵するものとなっていることを示す。[*11] またかつては雇用、医療、総合的な厚生のギャップが縮まっていたのが、いまや平行線となり、ときには再び拡大に転じていることを示す類似の結果もある。[*12]

第二に、上に示したように、確立した富、特に世襲財産は、その性質からして、急激な経済成長に伴う創造的破壊には敵対的だ。創造的に破壊されるのは確立した富だ。金権主義者やそのイデオローグたちは、あまりに所得分配が平等だと、働くインセンティブが失われ、アメリカは「もらうだけの人々の国」になってしまうと論じたがる。だが一九六〇年代の格差水準に戻っても、アメリカが毛沢東時代の中国になったりはしない。現実的に考えられる範囲の格差水準でいえば、高い格差は豊かでない人々が自分自身や子供、その事業に投資する資源を奪うことで、成長の足を引っ張る可能性のほうがずっと大きいように思える。また金持ちが、自分の持っているものを維持するために、新しいものの開発を潰す活動に集中することで、成長はさらに抑えられる。

アメリカ中で、エリートたちがいわゆる「機会のためこみ」と称するものを行っているという証拠は大量にある。[*13] 金持ちが、飛行機で人間が横になれるほど広いシートを獲得したり、いまやクルーズ船で独自の専用区域まで確保できたりする話はいろいろ聞かされるが、彼らの消費が他の人の消費可能性を制約する領域がある。[*14] エリートたちはますます公立校区から出るようになり、おかげでそうした学校は収入だけでなく親の参加という貴重な資源を奪われてしまい、やがてそうしたエリートたちは学校の資金を確保するための課税も支持しないようになる。こうしたエリートの撤収により、公立校は普遍的な無料で平等の高質な公共教育という発想自体を敵視する勢力からの政治的な攻撃にさらされてしまう。

第三に、金権主義者たちが自分の資源を動員して、単に大きな声を持つだけでなく圧倒的な声を持つようになる社会は、政府が人々にとって重要な課題ではなく、金権主義者たちにとっての問題を解決しようとする社会となる。これはよい社会とはなりにくい。

これまた、高成長社会の足を引っ張る。レントシーキングの道を与えられたり、競争市場で勝とうとしたりする金権主義者たちは、背後でドアを閉じようとする可能性が高い。好例をあげよう。政策立案者が、新たに力を得たプラットフォーム企業の反競争的なやり口を抑えようと苦闘する中で、我々は最初にやってきた者たちが勝つのを目の当たりにしている――そして残りの者たちはほんのわずかしか得られない。この種の経済は価格を高くし、イノベーションを阻害する。どちらも経済的ダイナミズムにはよい影響をもたらさない。

第四に、権力行使における富の圧倒的な優位性は、正式な政治の領域をはるかに超え、職場、家庭（寝室すら）、市民社会まで簡単に広がる。高等教育への資金を確保するのに個人の富に頼ることで、すでに高等教育ははるかに不平等となっており、最も入りにくい学区（これは卒業生の子弟を明示的に優遇し、それと似た応募者を暗黙に優遇する）へのアクセスを得られなかった不運な人々にとっては、きわめて高価な凡庸性が通例となってしまうし、また公共の継続的な支援により存在が可能となっているシステムの元でよりもカリキュラムやそれを教える人々の見方についての制約が大きくなってしまう。

第五に、不平等な社会は雇い主が勝者や敗者を選ぶ能力を濫用できる社会だし、また実際にそうする社会だ――そして彼らは、集合的な労働者の声という発想に対して頑固な怒りへと突き動かされる。

労働経済学者デヴィッド・ワイル（第9章）は、格差増大が部分的には、「破断職場」により促進され、また格差がその分裂を促進するとみている。かつて大企業は市場経済の海の中にある計画経済の島として、それなりに効率的なコース流の手法となり、様々な労働者を雇用していた。高技能専門職、中技能管理職、肉体労働者などだ。こうした職場はまちがいなく強い平等主義的な圧力にさらされる。高賃金専門職の存在は、企業が肉体労働者にどれだけ支払え、肉体労働者がどれだけもらうべきかというみんなの計算を引き上げる。だが、この社会的構築物を解体することで、平等主義的な社会圧力を緩められるのであれば、そうしたほうが儲かるようになった。特にニューディール時代にさかのぼる雇用基準を遵守しなくても、雇用者に対する支配力を行使しつつそれに併う法的責任を満たさずにすませることを可能にするならなおさらだ。我々は、ワイルが同定する力がどのくらい強く、それが特殊例なのか、それとも高い格差が広い範囲で、組織内および組織間の効率的な組織化を阻害する可能性が高いと示唆するものなのかを見極める必要がある。

第六に、不平等な社会では何を知っているかよりも、誰を知っているかのほうが最終的な厚生にとっては重要となる。そして金持ちとその取り巻きの行動を見ていてわかるのは、金持ちにへつらう生得的な能力は人口に平等に分配されてはいないということだ。金持ちは、自分と似た人々を好む——そして厚生の分布が「金持ちのお気に入りは誰か」で決まる社会は、社会民主主義時代に実現した人種的、ジェンダー的な平等の進歩を維持する可能性が低い。

さらに、『平等性と効率性——大きなトレードオフ』でアーサー・オークンが行った、よい社会とは平等性と効率性のフロンティア曲線上で適切な点を選ぶ社会なのだという主張は、今にして思えば、それを今日に適用してみる限りにおいては、根本的にまちがっているようだ。[15] 平等性が高まっても、効率性は十分に高められるようだ。

だから答えは、確かに我々は格差を気にするべきなのだ。そして実際、気にしている。

その意味合いは？

仮にピケティが、いまから一世紀後に北半球で今日よりずっと高い富と年間所得の比率が実現される——そして世襲財産が今日よりも総資産に占める割合をずっと増やすと証明できていたとしよう。これは必然的に、経済的な力と資源のよくない分配、富の限界効用逓減を考慮する、効用主義的なベンチマークに基づいて、潜在力よりも低い水準になってしまう経済をもたらすことになるのだろうか？　富と所得比率が高い社会は、必然的にきわめて不平等な社会でしかあり得ないということは本当に言えるのか？

ピケティは、その通りだという。この問題について彼はマルクスに従う。そして移転可能な富を持つ市場経済では、平等主義的な資産分布は不安定だというマルクスの洞察を支持する。平等な分配という出発点から、時間と偶然によりどうしても大きく拡大したロングテールができてしまい、その規模と長さは$r-g$の大きさに依存し正の相関を持つ。ここでのrは安全収益率ではなく、経済全体の平均収益率だ。そしてまたそのロングテールは、資本収益に伴うリスクの大きさにも左右される。つまり富と所得の比率が高く、国民所得のうち資本などの富が構成する割合が高い経済は、不平等な経済となる。

ピケティの議論はつまりこうなる。

> 富の分布をきわめて不平等にするショックは（中略）いろいろある。（中略）人口的なショック、（中略）収益率へのショック、（中略）労働市場の結果へのショック、（中略）、貯蓄水準を左右する嗜好パラメーターのちがいなどだ。（中略）この大きな区分に含まれるモデルの中心的な性質は（中略）$r-g$のギャップが大きければ、富の格差の長期的な規模は大きくなる傾向があるということだ。（中略）rとgのギャップが大きければ、経済は次第にもっと高くて持続的な富の格差を維持できるようになり（中略）それがトップの富の保有者にとってはパレート型を持つ分布へと［収斂し］（中略）そのパレート係数の逆数（トップエンドの格差の指標）が$r-g$のギャップの急増する関数［となっている］。特にChampernowne 1953, Stiglitz 1969, Piketty and Zucman (2015, section 5.4)を参照。
>
> この区分に含まれるモデルでは、$r-g$の比較的わずかな変化でも、安定状態の富の格差に大きな変化をもたらせる。（中略）私が見るに、富の格差の陸学と規模を決めるのは、$r-g$効果と制度や公共政策的な対応——所得や富、相続財産の累進課税、インフレ、国有化、物理的破壊、国家接収、遺産分割規則など——との間の**相互作用**なのだ。[*16]

そしてピケティの、少なくともその著書に述べられた見方では、その相互作用はあまり格差解消に役立つものとはなりにくい。富の格差が大きければ、平等的な政策対応の需要も高まるが、同時に富を持つ人々がそうした政策対応を阻止する能力も高まる。『21世紀の資本』は、支配的な金権政治の形成に資する力がきわめて強いので、それに対抗するには世界大戦や世界革命しかないと述べる——そしてそれですら、その修正は一時的なものにしかならないのだ。

これが『21世紀の資本』に述べられた見方だ。だが同書の刊行以来、トマ・ピケティは避けがたい格差増大のメッセージを伝え、受動的な対応を奨励するような終末予言者の役割を果たすわけではない。むしろ彼は、有名人、知識人としての役割を担ってきた。そして彼が世界の隅々に伝えたメッセージは、避けがたい運命の受動的な記録者から期待されるようなメッセージではなかった。ピケティの行動――書くことではなく――を見るなら、状況が彼や我々の望むものではない場合ですら、我々が集合的に自分自身の運命を築けるのだと信じているのは明らかだ。

ブランコ・ミラノヴィッチ（第10章）はこれに関連する批判を出している。公的な知識人としてのピケティではなく、著者としてのピケティへの批判だ。彼の見方では、（ピケティの、そしてそれに先立つマルクスの）議論は、ミラノヴィッチが「新資本主義」と呼ぶ制度的な状況にしか当てはまらない。将来的には、他の制度的な仕組みも可能になる。実際、我々はこれまでの他の仕組みを目にしてきた。先進的な社会民主主義と呼ばれるもの――たとえば「古い財産」から流れる所得の受益権分配を平等化し、さらに市民の受益権という形で「新財産」を作るにあたり、国と社会がその分配の尺度に強い力を及ぼした、第二次世界大戦後の制度秩序などだ――では資本シェアと所得分配格差の間に相関はない。そしてミラノヴィッチが「古典的資本主義」と呼ぶもの（カール・マルクスなら「プチブル社会」と呼ぶはずのもの）においては、分配は労働、資本、土地のリカード的な三すくみ状態によって動かされる――だから力学も根本的にちがってくる。

カール・マルクスはほぼ二世紀前に、ミラノヴィッチ的な批判を、絶対に実現不可能で、何かのまちがいで実現しても決して維持不可能な「プチブル社会主義」への不合理で実現不可能な待望論を反映しているとして一蹴した。だがこれほど気楽に一蹴されたからといって、ミラノヴィッチがまちがっていることにはならない。

ピケティの世界がことさら陰気なのは、それがあらかじめ決まっているからだ。利潤率が成長率より上なら、ますます格差増大に向かうべく運命づけられている。唯一できることはといえば、巨大な富を集計して課税する方法を見つけることだけだ――富が政治的選択肢を制約して自衛する能力を克服できればの話だが。

第12章でギャレス・ジョーンズが指摘するように、これはなかなかむずかしい注文だ。それは資本が国民国家の監督下から逃れ出たせいも大きい。工業化からの富の増大は、ヨーロッパなどでの国民国家形成と並行して起こった。国家は資本蓄積を促進する手段だった。今日の資本はしばしば、場所や市民権の制約を避けようとし、むしろ利潤のみならず、そうした利潤への邪魔なきアクセスを求めて世界中をうろつくほうを選ぶ――これはガブリエル・ズックマンによるタックスヘイブンの先駆的な研究や、パナマ文書公表などで世界の富の状況を見渡す能力が改善されるにつれ、ますます明らかになってきた事態だ。

これからどうするべきか？

こうした様々な理由から、我々は『21世紀の資本』が、世界経済がおよそ三〇年前に選んだらしき、将来の歴史的な道筋のある側面が持つ、気の滅入る結果の可能性――だが不可避ではない――を警告する、真剣な本だと判断する。するといくつか自然に生じる疑問がある。保険をかける必要はあるだろうか？　そしてどんな保険をかけるべきか？　だがエイブラハム・リンカーンが一八五八年六月六日のイリノイ州スプリングフィールドにおける「分裂した家」演説で述べたように、こうした疑問はある意味で尚早だ。我々は「まず自分たちがどこにいて、どこに向かおうとしているのかを知る」必要がある。なぜならそれを知って初めて我々は「何をすべきか、それをどうやるべきかについて、よりよい判断ができる」からだ。次の動きは、ジョン・メイナード・ケインズが好んで述べたように「頭による」ものでなければならない。そして本書の構成は、もっとよく理解すべきことは何かという課題についての我々の見方を示すようなものにした。

読者が本書のように広範な内容を扱う本に直面したら、居場所を理解するための助けがどうしても必要だ。我々はその助けをもたらそうとした。第Ⅰ部では、三人の著者――アート・ゴールドハマー（第1章）、ロバート・ソロー（第2章）、ポール・クルーグマン（第3章）――が、現象としての『21世紀の資本』と『21世紀の資本』の議論やその含意に関するちがった視点を提供する。

『21世紀の資本』が扱うこの「資本」というのは何なのか？　ピケティは定義を述べる。だが衝撃的で反論可能な議論の中心にたった一つの概念が据えられている場合にきわめてありがちなこととして、この概念がそこに載せられた議論の重みに耐えられるものか、そもそもその概念が本当にどういう意味なのかが、議論の余地を持つ、不確実なものとなり、検討すべきものとなる。だから第Ⅱ部は五つのちがった視点から「資本」概念を検討する。

デヴェシュ・ラヴァル（第4章）は、総計したマクロ水準では資本と労働がきわめて弾性的な代替性を持つという歴史的な事実から導出した経済理論をもとにピケティが議論を展開していると指摘する。だが、ミクロ水準ではそんな代替性はまったくないと強く示唆する大量の研究が存在し、その多くは当のラヴァルによるものだ――そしてここでは総和はミクロ弾性と産出の需要弾性の加重平均であるべきだ。彼は『21世紀の資本』のどんな読み方でも核心にある謎に光を当てる。この本はその中核においては、資本が蓄積され続けてもその限界部分では生産的であり続けるあるという議論なのか？　そしてそうでないとしたら、その議論の何が残るというのか？

スレシュ・ナイドゥ（第5章）はこのラヴァルの謎に対して考えられる答えを提供するため、総和マクロの新古典派経済的な生産関数の仕組み内部で活動する「飼い慣らされた」ピケティと、それを突破する「野生の」ピケティを対比させる。ナイドゥの答えは、残るものは、金ぴか時代の富裕層が抽出するレントの重要性を保護し増やそうとするために使う、資産構造に関する政治経済的議論だ、というものだ。

第II部の残り三論文は、ピケティの「資本」概念の配備と使い方に欠陥を指摘する。まず『21世紀の資本』の主張の相当部分は、二〇世紀が例外的だったというものだ――そして富の格差に関する限り、二一世紀は一九世紀や一八世紀にずっと近いものになりそうだという。ダイナ・ラメイ・ベリー（第6章）は、ピケティが『21世紀の資本』で描くそうしたかつての世紀のイメージを批判する。彼女による歴史の読みでは、奴隷制は「原始的蓄積」と富の抽出においてピケティが認めるよりも、それが可能にした直接的収奪の広さや深さの双方でも、また鞭で動かされた足かせ付き労働者たちとその奴隷主人たちからの潜在的な競争が、自由労働の交渉力さえも低下させたという点でも、ずっと大きな仕組みだった。もし彼女が指摘する要因が重要なら、自由労働の二一世紀で第二金ぴか時代を維持するのは、一八世紀と一九世紀に第一金ぴか時代を作り出すよりもずっとむずかしそうだ。だがそうだろうか？　ブランコ・ミラノヴィッチなら指摘しそうなことだが、国際移民の障壁は一種の労働不自由であり、これは北半球と南半球との差が拡大すればずっと重要になるかもしれない。

第二に、『21世紀の資本』の議論の相当部分は、富の唯一の真に現実的な形態は政府が作ったレント、負債返済フロー、物理資産（土地、建物、機会）、そうした物理金融資産を使う組織の支配力だけだと想定している。高い賃金は、ピケティの見方では、富の本当の持続的な源というよりは、有利な需給状況の偶然による一時的な結果でしかなく、格差の変化を動かす要因にはならない。エリック・ニールセン（第7章）はこの見方を拒絶し、人的資本が他の形態に匹敵する二一世紀の資産形態になったら、ピケティの議論がすさまじい打撃を被る可能性があることを示す。

そして三番目のマイク・スペンスとローラ・タイソン（第8章）は、過去には土地と工業資本が富とその分配の展開力学において重要な要因ではあったが、それが将来どころか現在ですら成立しないのだと論じる。むしろ彼らによれば、考えられる未来を理解するためには、『21世紀の資本』と、ブリニョルフソン&マカフィー『ザ・セカンド・マシン・エイジ』のような議論を組み合わせることで、今日あるべき格差論争の枠組みを作り出す必要があるという。

第9章は、「資本」の検討と、我々の格差の側面に関するサーベイとの知的な橋渡しを提供する。ここでデヴィッド・ワイル——執筆時点ではアメリカ労働省の賃金労働時間部門の長官だった——は「破断職場」の重要性を指摘する。大企業があらゆる技能水準の労働を外注するようになっている。かつては従業員となり、社会学的なコミュニティとしてまとまりを持つ、企業事業体の一員としての法的、慣習的な特権を持っていた労働者は、いまは排出されている。結果は底辺への競争だ——それも一九世紀には作用していなかった力が、資本／労働の分裂に影響する他の経済要因とは独立して、二一世紀に格差を高めようとしているのだ。

「資本」概念とそれが『21世紀の資本』の議論で果たすべき役割を検討した後で、第Ⅲ部では不平等な資本分配が創り出し得る格差の各種側面を検討する論者に移ろう。ブランコ・ミラノヴィッチ（第10章）は、一方では資産の所有や支配と、他方では本当の実際的な格差とのつながりが、政治システムによる政治経済制度の運営に決定的に依存することを指摘する。クリストファー・ラクナー（第11章）は、ピケティ『21世紀の資本』が格差の物語を国民国家内部の格差の比較物語として語っていると批判する。これによって本当に大きな問題が無視されているというのだ——それは産業革命以来、国民国家同士の格差の増大が世界格差の決定要因としてずっと決定的だったということだ。ギャレス・ジョーンズ（第12章）は『21世紀の資本』に「空間」が不在だと批判する。同書で地理は、格差と収奪が展開する文脈としてではなく、「データの容れ物」としてしか機能していないという。グローバル化した社会で地理が格差を促進し、広げるやり方についての検討は、彼によると『21世紀の資本』で完全に抜け落ちている。エマニュエル・サエズ（第13章）は、格差について我々がどれほど理解していないか——そしてもし我々の現状と方向を理解するのであれば、国民所得会計の体系を細分化して分配手段を含めるようにして、富の格差計測のためにもっと資源を割き、規制や課税が格差に与える影響を理解する必要がきわめて大きいことを指摘する。

マリアクリスティナ・ド・ナルディ、ジュリオ・フェラ、ファン・ヤン（第14章）は、資本と年間所得の比率が高く、所得における資本シェアが大きくても、それがそのまま高い格差の直接的な決定要因になるわけではないと指摘し、他のつながりと、そこでの遺漏を検討する。ヘザー・ブーシェイ（第15章）は「相続人支配政治」とでも呼ぶべきものの、潜在的なフェミニスト経済学的影響を検討する。歴史的に、人の地位や力が両親や親戚の地位に大きく依存する場合、かなりの社会的力を持ちそうな女性にとってすら、ジェンダー関係はきわめて困った難しいものになるのだ。

マーク・ザンディ（第16章）とサルヴァトーレ・モレッリ（第17章）はちがう方向に導いてくれる。彼らは、景気循環を管理して成長を促進するための経済的安定性が、格差増大環境ではどう変わるかを評価するという重要な作業を開始している。彼らの結論は、昔ながらの学界標準である「さらなる研究が望まれる」では必ずしもない。二人とも深刻なリスクがあるとしている——だがそのリスクは、抑えたり相殺できそうなものなのだ。

第IV部は、ピケティの議論へのちがった種類の挑戦を採りあげる。この四論文は、大きな制度＝知的＝歴史の視点を取る。マーシャル・スタインバウム（第18章）は、第二次世界大戦後の比較的格差の低い社会民主主義時代をもたらしたのが、二〇世紀前半の大量殺人的な政治軍事的なカタストロフと、そのカタストロフが第一次世界大戦後の第一次金ぴか時代の不平等資本主義政治経済秩序を失墜させるのに果たした役割なのだという。デヴィッド・グレワル（第19章）は、第一金ぴか時代——そして第二金ぴか時代——の到来は一七世紀と一八世紀の法政治哲学のシフトに伴ってやってきたものだという財産に対する絶対的支配権は、それまで極端な例でしかなかったのに、西洋社会が具体的・抽象的なモノの制御とその「所有者」の責任について考える正統的な方法に変わったという。

エローラ・デレノンコート（第20章）はピケティが、富の大きな格差の深い制度歴史的な起源にもっと取り組んでくれたら良かったと述べ、そのギャップを埋めるためにダロン・アセモグル、ジェイムズ・ロビンソン、サイモン・

ジョンソンによる「収奪的」制度と「包括的」制度という二項対立を導入する。ただしそこにはひねりが加わっている。というのも「市民」にとって「包括的」で「開発的」な制度は「従属者」にとっては「収奪的」で「排除的」であることも十分考えられるからだ。エリザベス・ジェイコブス（第21章）は、政治がピケティの物語のいたるところにあるのに、どこにもないという疑問を考え抜こうとする。『21世紀の資本』は、成長と分配を形作る根本的な経済法則があり、同時に歴史的に条件づけられ制度的にあらかじめ決まったプロセスがあるという主張を含んでいるが、その二つの力学が現実にどう相互作用するかを記述していない。

我々はこの点の検討を最後までとっておきたかった。というのもそれは、『21世紀の資本』が持つ学術著作と、世界的な知的現象という二重の役割の核心にある矛盾を指し示しているように思えるからだ。一方で、ピケティの中心的な理論は、金ぴか時代の経済的、政治的パターンへの復帰は資本主義社会における正常な出来事として予想されるものだ、というものだ。その一方で、有名人、知識人としてのピケティ自身は、避けがたい運命の受動的な記述者のようには行動していない。彼は自分の著書で述べる力に抵抗できると思っているかのようにふるまう——我々が選択を行う状況が望んだようなものではなくとも、我々が集合的に自分の運命を創り出せるのだ、と信じているようなのだ。

そして最後に、トマ・ピケティ（第22章）が、我々の議論、批判、拡張、考察をどう思うか語ってくれる。

第Ⅰ部　受容

第1章　ピケティ現象

アーサー・ゴールドハマー

経済学者が書くほとんどの本は数千部売れれば御の字だ。ピケティ『21世紀の資本』――一一七〇ページ強もある――は世界三〇カ国語で二〇〇万部以上も売れた。同書に対する興奮は、元のフランス語から翻訳される前にすでに始まっていた。ワシントンDCでは地元書店が本書の在庫をまったく持てなかった。本章では、訳者アーサー・ゴールドハマーがこの「ピケティ現象」を検討する。彼の尋ねる質問はこうだ――何が『21世紀の資本』を国際ベストセラーにしたのか？　なぜ同書がこれほど受け入れられたのか、そしてその熱意は書評が出てきた後も持続したのか？　同書の経済的思想の真剣さだったのか、読みやすい文体のおかげか、それともそれが発表された時の時代精神のおかげなのか？　ゴールドハマーはピケティ現象をたどり、なぜそれが起きたのか、それがどういう意味を持つかについて洞察を提供する。

トマ・ピケティ『21世紀の資本』英語版は、私がフランス語から訳したもので、二〇一四年春に登場した。刊行からわずか数ヶ月で、四〇万部以上売れた――どんな本であれめったにない売れ行きだし、まして七〇〇ページ近くもあり統計の表やグラフもたっぷり含まれた、経済学者の業績ともなれば、なお珍しい。さらに何十もの学術論文と大量のデータへの参照を含む、オンライン専門補遺まであるのだ。[*1]　その一年後、三〇カ国以上での世界的売上は、二二〇万部という驚異的な数字となった（表1・1参照）。

同書の書評は、学術専門誌だけでなく大量流通する新聞や雑誌にも登場した。その著者は、世界中のラジオやテレビに出演した――時事問題やニュース関連番組だけでなく、アメリカの『コルベア・リポート』のような広く視聴さ

言語	刷り部数 (2015年 12 月現在)
フランス語	274,910
英語	650,000
ドイツ語	108,270
ギリシャ語	7,357
イタリア語	71,353
ハンガリー語	1,850
ポルトガル語	155,367
スペイン語	101,500
韓国語	88,000
日本語	163,000
スウェーデン語	8,000
トルコ語	33,000
中国語 (簡体字)	282,500
中国語 (繁体字)	44,000
ポーランド語	16,460
セルビア語	1,750
ロシア語	7,000
オランダ語	50,981
クロアチア語	3,000
ノルウェー語	12,000
オランダ語	7,000
カタロニア語	10,000
チェコ語	5,500
スロベニア語	4,380
スロバニア語	1,905
ボスニア語	1,000
合計	2,110,083

表1.1　国と言語別『21世紀の資本』売上部数

刷り部数不明の他言語：ルーマニア語、タイ語、タミル語、ヒンドゥー語、モンゴル語
ベンガル語、ラトヴィア語、アラビア語、フィンランド語、マケドニア語、ベトナム語、ウクライナ語

出所：トマ・ピケティ経由でスイユ社、著者との私信

れる娯楽番組にも登場した。[*2] アメリカ財務長官ジャック・リューと大統領顧問ジーン・スパーリングとの会談にも招かれ、アメリカ上院議員エリザベス・ウォーレンとも共同で登壇している。ピケティは経済学の「ロックスター」と呼ばれるようになり、『ブルームバーグ・ビジネスウィーク』は彼を、ティーン向けファン雑誌の表紙に出てきそうなパロディとして描いた。[*3] 書店は他のベストセラーと並んでハードカバー版を山積みした。$r>g$の式をつけたTシャツが大学キャンパスに登場し、ハーバード大学出版会の学内ソフトボールチームのシャツにも登場した。[*4] 二〇一五年アメリカ経済学界年次総会では一セッション丸ごとがこの本にあてられ、ノーベル賞受賞者二人からは絶賛書評も集めた。『フィナンシャル・タイムズ』紙は、彼の結論に反論しようとして失敗した。[*5] 彼はレジオン・ドヌール勲章を提示されたが断り、その本は数ヶ月前には彼を失墜させようとした、『フィナンシャル・タイムズ』紙によって、二〇一四年「ビジネスブック・オブ・ザ・イヤー」に選出された。[*6] これらを初めとする多くの理由で、『21世紀の資本』は出版における一大現象と言える——いやそれどころか、もっと広く分析に値する現象だと言えるだろう。

とはいえ、以下の分析はおそらく説明を求める読者にとってはがっかりするものだろう。多くの点で、「ピケティ現象」は説明しようのないものだ。本の受容と相関しそうな要因はいろいろ挙げているが、そうした条件の多くは昔から存在していたのに、格差についての他の本はこれほどすさまじい一般の反応を引き起こしたりはしなかった。相関性は因果性ではない。なぜ我々が議論する各種の影響がこの著者のこの本に、この瞬間に収斂したのかという理由は、最終的には謎のままだ。もしなぜこんな現象が起こるかを予測できるなら、出版は財産づくりの王道となるだろう。最後にもう一つ注意書きをあげると、この分析はアメリカだけを対象にしたものだということだ。本書がアメリカで集めた関心は、まちがいなく他所での本書の受容に影響しており、それは本国フランスでもそうだが、それがどの程度の規模なのかを厳密に言うのは不可能だ。

分析は五部に分かれる。まず、本書の受容についての予想を論じ、最も楽観的な予想ですらピケティ現象の規模を予想し損ねたことを示す。次に、二〇〇七年から二〇〇九年の大不況が作り出した政治社会的な文脈が同書への反応に影響した可能性を検討する。第三に、同書に対する初期の批判を検討し、それがその受容にどう影響したかを検討する。第四に、経済学以外の分野からの同書に対する学術的反応を検討する。そして最後に、『21世紀の資本』への政治的反応を検討し、民主主義と資本主義の関係についてのピケティの見解について簡単に触れよう。

予想と予測

同書刊行まで、だれもピケティ現象は予想できなかった。同書の翻訳出版権を買ったハーバード大学出版局編集者イアン・マルコムは、それが「二、三年がかりで二〇万部くらい売れ」るのが関の山と考えていた。[*7] この推計は、プリンストン大学出版局での経験に基づくもので、そこでは彼の同僚が「似たような」本としてカーメン・ラインハートとケネス・ロゴフ『国家は破綻する』を刊行したのだった。だがこの作品は、金融危機の歴史を扱ったもので、似たような部分といえば著者たちが経済学者で、通常経済学で扱われるよりも長い期間を研究したというくらいだ。だがこの本が成功したことで、二〇〇七年から二〇〇九年の大不況の後で先進工業国の状態について不安を抱く読者がかなり多いことが実証されたというのは、適切な結論だろう。

それでもハーバード大学出版局の局長ウィリアム・シスラーは、権利を入手した編集者ほど楽観的ではなかった。同出版局が『21世紀の資本』を二〇一四年カタログの筆頭にあげたのは「それが多少は話題になるとは思っていて、運がよければ一万部から二万部売れるかもしれないと考えた」からだという。[*8] この規模の売上は、確かに学術書としては立派なものだ。通常そうした本は、刷り部数が数百部程度だから、それが数万に達するだけでもすごい。だが蓋を開けてみると、ベテラン出版者も経験豊かな編集者も、本の可能性を過小評価していた――出版社は二桁過小に見ていたし、編集者も一桁過小に見ていた。この翻訳者も先見の明はなかった。彼は翻訳料を印税制にしなかったのだ。学術書だと、印税ではめったに「元が取れない」からだ。

だから、ピケティの評判はすでにフランスでもアメリカでもかなり高いものではあったし、また本自体も輝かしい推薦をもらってはいたものの、だれも同書の画期的な受容を予測はできなかったと言ってまちがいはないだろう。ピケティの業績がメディアに注目されたのは、高名なコレージュ・ド・フランスの立派な経済学者ロジェ・ゲスネリを通じてのことだった。同書はフランスの版元ピエール・ロザンヴァロンも推薦していた。ロザンヴァロンの著作は編集者イアン・マルコムがすでに刊行していた（そして私が翻訳していた）。版元が意見を聞いたある書評子は同書を「過去一〇年でフランス社会科学が生み出した最も重要な著作」と絶賛した。[*9] ここで同書が、単に「経済学」や「経済史」ではなく、「社会科学」に分類されていることに注目しよう。これはハーバード大学出版局にとってはボーナスポイントだったかもしれない。経済学分野に足場を築きつつ、同版元の主要な顧客層にも魅力ある重要な著作をカタログに追加できるのだから。だから本書の刊行は出版戦略としては筋が通っていたが、それなりのリスクはあった。契約が交わされた時点でまだ原稿は完成しておらず、そのリスクの大きさも判断しにくかった。脱稿した本は予想の二倍の長さになり、翻訳の費用もその分増えた。本の分厚さだけで読者は恐れをなし、敬遠してしまう可能性も高まった。

ピケティはこれまで、経済学者や経済史家という限られた読者を超える成功を思わせるようなものは何も刊行したことがなかった。エマニュエル・サエズと共著の所得格差に関するその論文は有名だった——この点については後で詳述する——が、以前の主著は、フランスの高所得者に関する長く難しい専門的な研究で、二〇〇一年に刊行されたが英訳はされていなかった。[*10] それ以外には、『格差の経済学』（これも『21世紀の資本』の後でやっと英訳された）という短いモノグラフがあるだけで、これも著者の主著の特徴である実証データはまったく含まれていない。

フランス語の学術書翻訳はしばしば、作品が実際にフランスで出版され、学術誌の書評により価値が実証されてからでないと依頼されない。この「テストマーケティング」は、ある程度はあらゆる翻訳につきもののリスクを減らす。だが『21世紀の資本』がフランスで刊行されたのは、英訳完了後だった。実はフランス語版は、私が英語版の訳校を仕上げて数週間後にやっと登場したのだった。翻訳を終えて、仏語版が刊行された直後にフランスを訪れたが、あらゆる新聞売店にはトマ・ピケティが「田舎のマルクス主義者」であると宣言する表紙の雑誌が飾られていた。これは（とんでもなく侮辱的な）あだ名であり、アメリカでの同書の受容には役立ちそうにない。それでも、本書が話題になっていて、論争を引き起こしているのも明らかだった。

実際この戯画的な書評にもかかわらず、同書はフランスで刊行されてから数ヶ月で好調な売れ行きを見せた。ときどき、フランス語版は英訳版がアメリカでベストセラーになるまでは鳴かず飛ばずで、ピケティが外国で有名人になったというメディア報道のおかげでフランスでも事後的に売れだした、と言われる。これは事実ではない。同書は当初からフランスでも堅調で、数万部が売れていた——めざましい売上だし、フランス市場の規模が小さいことを考えれば、アメリカでの受容ぶりに決して劣るものではない。だが、アメリカでの大成功を受けてフランスでも第二の波がやってきたのは事実だ。

外国で売れてもアメリカ市場で成功するとは限らない。たとえばピケティの版元代表であるピエール・ロザンヴァロンは、フランスでは有名人だし多くの部数を売る人物だが、その拙訳数点の売れ行きはアメリカ市場ではまったく見劣りする。これはロザンヴァロンの本がフランス史をある程度知らないと理解しにくいせいかもしれない。意図的に比較を促す用語で語られ、世界的な読者に向けて書かれた経済史の本ほどは「移植」しにくいのかもしれない。ピケティの本は、驚くほどのグラフ群で表現し、一時間の講義にまとめられるのだ。実際、一部の嫌味な評論家は、アメリカの読者のうち同書を最後まで——いや冒頭部すら——読み通した人が何人いるだろうか、と公然と疑問視してみせた。『ウォール・ストリート・ジャーナル』は、アマゾン社のKindle電子ブックリーダーで集めたデータを元に、『21世紀の資本』は「ホーキング指数」（購入者が実際に読んだ本のページの比率を示す指標）で見ると、この指数の命名元となった高名な物理学者の著作よりも低いと示唆している。[*11]

いずれにしても、フランスにおける同書の立派な売れ行きがアメリカでは再現されないのではと懸念する理由はあった。母国でトマ・ピケティはすでにかなりの著名人であり、影響力ある経済学者というだけでなく政治活動家としても有名だった。たとえば二〇一二年フランス大統領選で、オンラインニュースサイト「メディアポート」はピケティと、社会党候補者フランソワ・オランドとによる、税制をめぐる討論を実施した。オランドは後にフランス大統領となる。[*12] だから母国でのピケティは有名な知識人だが、もちろんその著名ぶりと、社会民主的な左派としての名声のおかげで、右派の党派的な批判者からは敵対的に受け取られるのが確実な人物でもある。これは、彼を田舎のマルクス主義者として一蹴する前出のコメントなどに典型的にあらわれている。論争は売上につながるので、こうした対立は出版にとってはプラスという考え方もできる。そして富と所得の双方における格差が、ロナルド・レーガンとマーガレット・サッチャーの登場により劇的に高まったという本は、新自由主義的政策の無数の崇拝者たちから声高な批判を招くのも、ほぼまちがいないことだった。実際、同書の受容で驚かされる側面の一つは、当初の最も辛辣な書評が右派からではなく左派からきた、ということだった。右派の反応は当初、いささか口ごもり気味だったのだ。この点については後述するが、まずは本書が登場した公的、政治的な文脈を考えたい。これはまちがいなく、その受容に大きく関係していたのだから。

政治社会的な文脈

もっともらしい仮説として、同書が成功したのはタイミングがよかったせいだ、というものがある。二〇〇七年から二〇〇九年の大不況は、規制なき自由市場や、それ以上に資本主義システムの繰り返す危機についての経済学者たちの説明能力について、信頼を崩壊させた。二〇〇八年に、MITの主要経済学者で後に国際通貨基金（IMF）主任エコノミストとなるオリヴィエ・ブランシャールは、「マクロ経済学の状況は適切だ」と自信を持って書いた。[*13] 二年後に彼は、危機後の反動と混乱期におけるマクロ政策を考え直す必要があると書いていた。[*14] ポール・クルーグマンによる東海岸経済学会の会長演説は、二〇〇八年に起こったような危機の性質はおろか、その可能性があることさえ把握できなかった経済学分野を糾弾した。[*15] リーマン・ブラザース崩壊に続く数ヶ月後にはケインズの帰還が一時的にもてはやされたが、やがて政治領域でも有権者たちの間でも赤字歳出への抵抗が強いことが明らかとなっていた。ブランシャールが二〇〇八年論文で指摘した、新ケインズ派と新古典派マクロ経済学との武装中立状態は危機とともに崩壊し、国民も政治家たちも苦境のままとなった。

だから主流経済学者の間では、資本主義のシステミックな格差について語るのが立派なこととされるようになった——これは新自由主義の台頭期（一九八〇年から二〇〇八年）にはタブーに近いものとされた主題だ。当時、格差について語ることは時に「階級戦争」を育むとして蔑視に近い形で一蹴され、格差の存在はやる気やイノベーションや成長をもたらすインセンティブとして正当化された。中央銀行は第二次世界大戦以来最悪の不景気に対し、金利引き下げで対応し、おかげで危機により暴落した金融資産ポートフォリオの価値の回復には役立ったが、失業率は頑固に高いままだった。銀行や保険会社はシステミックな崩壊を防ぐために必要だという名目で公的な救済の恩恵を受ける一方、自宅に残るエクイティ価値が突然マイナスになった住宅所有者たちは、何の助けも得られなかった。多くの人にとって、回復は金持ちだけに限られ、大騒動の負担は相変わらずあまり豊かでない人々が負わされているように見えた。彼らは仕事や家を失い、制約の大きい状況を必死で切りぬけるしかなかったのだ。

だが当時ですら格差は完全に無視されていたわけではない。すでに述べた通り、『21世紀の資本』以前のアメリカで、ピケティは共著者のエマニュエル・サエズと共に二〇〇三年以来発表し続けてきたアメリカでの所得格差の増大に関する一連の論文の著者として知られていた。[*16] この研究はかなりの注目を集めた。特に、著者が所得分布のトップ一%と残りとの差を強調したことが、一種のアイコン的性格を持つようになった。二〇一一年に突然噴出した、ウォール街占拠として知られる運動は、このコントラストを「我々は九九%!」というスローガンを通じて劇的に提示した。だがこのスローガンが直接ピケティとサエズの研究に啓発されたものだと証明するのは難しいだろう。所得と富の格差の問題は、一九八〇年以降も、それ以前からも、アメリカでは定期的に持ち出されてきた――実際、アメリカ建国以来ずっとこの問題はあったのだ。CEOの報酬が平均的な労働者の報酬に比べて増えてきたという統計は、ピケティが論文を出すはるか以前からしばしば指摘されてきた。

『21世紀の資本』の膨大な、資本主義下の二五〇年に及ぶ所得と富の分布の概観は、政治的な格差議論に少しでも重要な影響を与えただろうか? 大不況ほどの規模の経済的危機は、生涯に一度くらいしか生じない(と願いたい)。こうした出来事の後で、状況理解のために、もっと長い歴史を振り返りたいと思うのは自然なことかもしれない。だがこうした歴史回顧は学者にとっては当然のことでも、有権者や評論家がそういうふるまいをするかどうかは怪しい。政治的な問題を喧伝したがる人々は、ピケティのように長期を見ることはほとんどない。有権者はむしろ、ほとんど聞いたこともない金ぴか時代との比較よりは、自分の生きた記憶への訴えに動かされやすいだろう。「四年前より暮らしはよくなったと思いますか?」というほうが、「歴史的」時間の政治的な枠付けとしては標準的なものだし、おそらくは資本主義システムの長期力学に関する最も説得力ある議論と比べても、有効性は高いはずだ。

だが『21世紀の資本』刊行に先立つ数ヶ月でも、オバマ大統領は自分の第二期を決定づける主題として、アメリカでの格差増大を来たる一〇年の重要な課題に据えた。[*17] 失業率の低下など、不況後の経済の回復が遅れていたにも関わらず、システミックな不平等についての懸念は解消しなかった。元財務長官で有力なハーバード大学の経済学者ラリー・サマーズは、『21世紀の資本』書評の中で、格差問題において最近新たに高まってきた政治階級への関心に言及し、ピケティに対する温かい受容が、国民の一貫した不満によるものだと指摘した。同書の成功は「驚くべきものではないはずだ」とサマーズは岡目八目で断言する。「政治が不満の多い中産階級で定義づけられ、大統領が格差を中心的な経済問題だと指摘する中で、富や所得が世帯のトップ一%やトップ〇・一%に極度に集中するようになっていることを記録した本が、大きな関心を集めるのは当然ではないか?」。[*18]

『21世紀の資本』刊行前の数ヶ月で、格差問題を採りあげた政治家はオバマ大統領だけではない。アメリカ上院議員エリザベス・ウォーレンもまたこの問題について演説し、ピケティが『21世紀の資本』以前に主に研究していたアメリカにおける所得格差の増大を特筆している。[*19] 二〇一三年にニューヨーク市長選で勝利した進歩派の民主党員ビル・デ・ブラシオは、格差をその立候補の中心テーマとした。[*20] 危機が前面に引き出したのは格差そのものではなく、むしろしつこく残る不正の感覚であり、その根っこは一九八〇年代半ば、まさにピケティによれば、富と所得格差が増大を開始し始めた瞬間にまで遡れるものだ。大不況は大金持ちも中産階級も低所得層も被害を受けたが、金持ちのポートフォリオはすぐに回復したのに、家を失った人々はそれを取り戻せなかった。政治的な怒りに油を注いだのは、格差そのものよりこうした露骨な不公平さだったのだ。

格差に対する関心の高まりは政治家だけのものではなく、もっと広い政治階級にも広がった。進歩的シンクタンクである経済政策研究所は、長年にわたり賃金停滞の問題を指摘し続けていた(ただしピケティとサエズが強調した、所得分布のトップ一%よりは中央値の賃金所得者に注目していた)。二〇一四年秋、『21世紀の資本』刊行数ヶ月後に、この研究所の所長ラリー・ミシェルは、アメリカ経済における格差増大の主要性を認めたことで、FRB議長ジャネット・イエレンを賞賛した。「しばしば見すごされる、社会モビリティと所得格差についていくつか真実を語ったことで、我々は彼女を賞賛したい。(中略)言葉を濁すようなところはなかった」。[*21] 彼はイエレンを長々と引用している。「過去数十年の格差拡大をまとめると、一番トップの人々にとって大幅な所得と富の増大であり、大半の人々にとっては生活水準停滞となるのは秘密でも何でもありません。このトレンドが、アメリカ史に根ざす伝統的価値観と相容れるものかどうか問い直すべきでしょう。そうした価値観の中には、アメリカ人が伝統的に重視してきた機会の平等も含まれるのです」。

イェレンの言葉は、数字はグラフを超えて広がる懸念を示唆している――それはFRB議長だけでなく、経済学者以外の頭を悩ませてきたはずの懸念でもある。根深いアメリカ的価値観についての言及は、格差増大と社会モビリティ低下との関連性をめぐる深遠な懸念を示唆するものだ。二〇一二年に経済諮問評議会の議長アラン・クルーガーは、格差（ジニ係数で見たもの）と社会モビリティとの反比例関係らしきものを指適する演説を行った。格差が大きいと、社会モビリティも下がるのだ。この関係はやがて「華麗なるギャツビー曲線」とあだ名されて広く喧伝されるようになった。[*22]

要するに、二〇一四年初頭の政治的文脈は、富と所得の分布変化を説明し、一般市民も政治指導者も懸念と困惑を表明するようになっていた現象について説明を提供する本にとっては好意的なものとなっていた。人口の相当部分が自分は永遠に下層階級の地位に甘んじるしかなく、社会の中での上方移動が阻止されていると感じるようになれば、民主主義は脅かされる。教育を通じた地位向上の機会は伝統的に、アメリカ民主主義の根幹となってきた。

もちろん、社会モビリティが近年は下がってきたという印象は正確ではないかもしれない。ラジ・チェティとピケティの共同研究者エマニュエル・サエズが一緒に行った研究は、この面での世間的な印象は過剰かもしれないと示唆している。それでもそういう印象は実在しているし、それは所得格差の増大が社会的停滞の影響を拡大するせいもあるのかもしれない。[*23] 実際、社会モビリティ――特に下向きのモビリティ――についての不安は、まさに所得分布の中で比較的高い地位にいるのが、教育面での成功と、戦後数十年で教育を受けた労働者に広がった機会のおかげであるような集団に所属する人々の中で、ことさら不安の源となっているのだ。ピケティはこの集団を「世襲中産階級」と読んでいる。これは所得分布の上位一〇%から二〇%を構成する人々だ。この集団の多くは、親よりも圧倒的に高い相対所得を享受し、子供にもずっと大きな富を相続させることになる。あえて憶測してみるなら――統計的裏付けがないので立証は難しいながら、十分あり得る話だ――ピケティの本の読者の圧倒的多数はこの集団だろう。

同書が登場した頃のアメリカにおける世論の状態について、もう一つ重要な点がある。多くのアメリカ人の目で見ると、シチズンズ・ユナイテッド対FEC裁判で、投票日直前の選挙応援コマーシャルの禁止が最高裁により違憲とされたことで、政治におけるお金の影響に対する防止策は一気に崩壊した。集中した富が、民主政治プロセスを歪める能力を持つという点は、ピケティの根底にある主題だ（ただし同書ではいささか展開が不十分ではあるが）。ピケティによれば、こうした影響こそがアメリカを、きわめて累進性の高い所得税や相続税のレジームから、最高所得に対してすら限界税率が低いレジームへと一変させた要因だ。この転換はさらに、トップ経営者がますます大きな報酬パッケージを要求するインセンティブを与え、余剰所得を移転可能な資産として蓄積するのを可能とし、ピケティが印象的な表現で述べるように「過去が未来を食い物にする」のを可能にするのだ。でも、もし私が憶測したように、ピケティの本の読者が主に世襲中産階級からきているなら、この主題についてはいささかパラドックスめいたものがある。というのもデータを見ると、この集団は一九八〇年以降の富の集積増大においては、差し引きで恩恵を受けている人々なのだから。

でもこの集団におけるピケティの読者が、政治的にリベラルあるいは進歩的な集団から来ていると考えれば、この一見したパラドックスは消える。つまりそうした集団は、世襲中産階級の中でも専門職の人々で、その地位を主に教育水準に負っており、政治的、社会的価値観がリベラルから進歩的なものとなっているからだ。

確かに、アメリカの教育システムの公平性はしばしば疑問視されてきた。エリート大学が、多くの職業でトップエリートの門番役になっているというのは、アメリカにおける教育問題の一側面だ。特に高い学費と古い入学選考の基準が、アクセスを狭めてエリート層を自己再生産するカーストに変えてしまっているからだ。[*24] 第二次世界大戦後の三〇年は、ピケティが格差低減の時期として特筆するものだが、SAT（大学進学適性試験）といった標準試験の利用を通じ、エリート高等教育へのアクセスを広げようと努力が行われた時期だった。[*25] だが一九八〇年以降格差が広がるにつれ、こうした対症療法の有効性は、アメリカ教育システムの構造により下がってしまった。地元の固定資産税でまかなわれる公立学校は、教育リソースを豊かなコミュニティに注ぎこみがちとなる。教育水準の高い中産階級の上位では、受験準備のための有料塾や家庭教師、さらには私学への依存増大などにより、第二次世界大戦後に教育の現場を対等にしようとしてきたステップを、ある程度は相殺してしまっている。これは一部は、アメリカが科学者、エンジニアなど、高等学位を必要とする専門職を求めるようになってきた結果でもある。

特に専門職集団の人々にとって懸念事項なのは、きわめて豊かできわめて保守的な寄付者たちが、共和党の右派への献金でますます目に見えて大きな役割を果たすようになっていたことだ——この活動はあまりに成功しすぎ、かつては共和党の一勢力でしかなかったものが、ほとんど共和党すべてを食い尽くすに到っている。

だから世襲中産階級のなかでもリベラル／専門職系の人々は、リチャード・ホフスタッターが社会分布の他の部分で、アメリカのもっと以前の時代について診断したような「地位的不安」の一形態に苦しんでいるのかもしれない。多くの世襲リベラル派の豊かさは、繁栄に満ちた戦後期に開かれた、教育と雇用の機会が、自分の相対的富による得られる優位性にもかかわらず、子供たちには提供されないのではと恐れているのだ。そうした機会に、リベラルコンセンサス——アーサー・シュレジンガーがアメリカの政治生活の「決定的な中心」と呼んだもの——の目に見える破壊には不満を抱いている。それを破壊したのは、テダ・スコクポルとヴァネッサ・ウィリアムソンが「移動億万長者」と読んだ人々から献金を受けた右派ポピュリズムであり、それに油を注いでいるのが反エリート、反知識人的な気運や、一九六〇年代の文化革命から派生する価値観シフトに対する反発だ。そうした価値観シフトは特に、そうした都会の専門職が若い頃に頻繁に出入りした集団においては強い影響力を持っていたのだ。[*26] だからこの集団——豊かな「世襲」リベラルたち——は特に、自分の文化的影響に対して敵対的な、とても豊かな寄付者たちの政治影響力の拡大を懸念しており、結果としてピケティのメッセージに同意しやすかったのかもしれない。

もちろんピケティの研究はまた、特に大学などで、若い読者にかなり受け入れられた。これを示す証拠の一つが、全国の大学で「ピケティ読書会」が急増したことだった。それを動機づけたのは、我々が決定的な瞬間に生きていて、原因や結果がいまだに見えない社会経済的な転回点にいるのだという感覚だった。ピケティが約束したのは、現在の苦境に対する視点だった。高い格差水準が続くという陰気な予測からするといささかパラドックスめいてはいるが、ピケティが提供するのはある意味で保証なのだった。第二金ぴか時代は、多くの点で第一金ぴか時代と似ているから、似たような道具で抑えられるはずだ、というわけだ。彼はそれを「資本主義の民主的なコントロール」という表題でまとめている。「今回はちがうわけではない」という点でピケティは正しいのかもしれない。だが、正しくないかもしれない。でも高齢世代の地位的不安と、不確実な未来に直面した若い世代の実存的な不安はどちらも、これほど多くの人々が経済史や計量歴史経済学という見知らぬ領域に分け入るための前提に貢献したのはまちがいない。

批評的な受容

ピケティほど傑出した成功は書評だけで説明がつくものではないが、よい評判がアメリカ市場で本書の売れ行きに貢献したのは疑問の余地のないところだ。『21世紀の資本』が広く出回る以前から、この著作は注目されていた。英語で本書について書かれた最初の記述は、世界銀行の経済学者で格差の専門家ブランコ・ミラノヴィッチによる同書のフランス語版の書評だ。ミラノヴィッチはピケティが、以前の分配問題に関する研究をはるかに超えて「資本主義の一般理論」を提供したのだ、と指摘した。「ピケティの暗黙の目的は、経済成長理論と、機能的、個人的所得分配理論との統合という壮大なものだ」。[*27] 英『エコノミスト』誌は同書近刊を報じ、それが画期的な著作となると宣言し、出版されたら誌面にフォーラムを設けると約束した。[*28] 二〇一四年一月、出版の数ヶ月前に、『ニューヨーク・タイムズ』紙記者トマス・エドサルは本書の到来を宣言し、それがフランスでは「理論的、政治的ブルドーザー」と評されたと指摘して、それが「右派・左派双方の正統教義を脅かすものだ」と主張した。[*29] 彼はまた、格差の台頭が市場の不完全性とは無関係であり、むしろ自由市場がまさにその支持者たちの主張通りに機能した結果なのだという主張も指摘した。加えて、エドサルは同書が「経済思想の分水嶺となる本だ」というミラノヴィッチの主張も紹介した。

刊行以前にこの本が集めていた広い関心に呼応して、ハーバード大学出版局は、公式出版日を一ヶ月早めることにした。初期の関心を集めるにあたって最も重要だったのは、本書がノーベル賞経済学者ポール・クルーグマンによって何度も論じられたことだ。最初は自分のブログで、それから『タイムズ』紙の定期コラムで、それから『ニューヨーク・レビュー・オブ・ブックス』の大型書評と、そしてこれまたノーベル賞経済学者ジョセフ・スティグリッツとピケティ当人とともに、ニューヨーク市立大学のイベントへの登壇も行った。「この分析は単に重要というだけではない。美しい」と二〇一四年四月一六日に書いている。「私の感嘆ぶりは、嫉妬深い専門家としての純粋な妬みにより強化されるばかりだ。何たる本だろう！」同書に関する最も詳しいコメントの中で、クルーグマンはこの研究を「きわめて重要」と呼び、この本のおかげで「もつ富と格差について、昔のようなやりかたで語ることはだれにもできなくなった」と付け加えている。[*30] クルーグマンは経済学者としても影響力があり、セレブ知識人としても名高いので、この本の成功に対する彼の貢献はこれ以上ないほど大きい。

一方、別のノーベル賞経済学者ロバート・ソロー（彼の成長理論はピケティの分析に影響を与えている）は『ニュー・リパブリック』誌で同書を書評し、若き経済学者の「古い問題に対する新しく強力な貢献」を賞賛した。ソローはまた、ピケティの分析における重要な特徴を抽出している。これは間もなく見るように、他の分野の学者にとってことさら興味深いものだ――つまり「社会における世襲財産の役割は、最近稼ぎ出され、したがって能力に基づく所得に比べて重要性が高まりそうだ」という点だ。[*31]

この初期の評判のおかげで、著者は影響力の高い公式の政策関連イベントへの登壇招待が大量に届いた。二〇一四年四月半ば、本が書店に並んだ直後のめまぐるしい宣伝ツアーで、ピケティは経済政策研究所とワシントン平等成長センターの共同セッションで講演し、都市研究所で講演し、ワシントンの国際通貨基金（ＩＭＦ）の集会でも講演した。すでに述べた通り、財務長官ジャック・リュウにも会った。そこからニューヨークに飛んで国連と外国関係の評議会で講演し、ニューヨーク市立大学の大観衆を前に、クルーグマン、スティグリッツ、ミラノヴィッチと共に登壇した。こうしたイベントはどれもかなり報道され、通常こうしたジャンルに注目するよりはるかに広い読者が同書に関心を抱くことになった。

ニューヨークの後でピケティはボストンに飛び、ＭＩＴのマクロ経済学セミナーで講演し（このイベントはまったく宣伝されなかったのに、このフォーラムの通常の出席者の五倍を集めた）、その後はハーバード大学のケネディ行政スクールに登場して、立錐の余地もない群集に対し、元ハーバード大学学長で財務長官のラリー・サマーズの紹介により講演を行った。後に彼はファニュエル・ホールの公開会合で、エリザベス・ウォーレン上院議員と登壇した。この間ずっと、新聞はピケティの新著の驚異的な売上について報道し続けつつ、このハンサムな若き経済学者を、一般に「陰気な科学」とされ、絶賛する群集を集めたりすることなどめったにない分野の「ロックスター」として描いた。版元は当初の需要に対応する用意ができておらず、書店は品不足を訴えた。実際、同書はハーバード大学出版局の一〇二年の歴史の中で、他のどんな作品よりも急速に売れた――売れすぎて、版元は予想外の需要に対応すべく、インドやイギリスの印刷所にも発注しなければならないほどだった。[*32]

絶賛書評の例と、著者に対する熱烈な人々の反応はいくらでも挙げられる。だが本の受容が肯定的なものばかりだったと考えてはいけない。初期の反応の中で最も驚かされるのは、最も熾烈な批判者たちが、主流派からではなく、傍流左派からきたということかもしれない。左派はピケティによる主流派の「子供じみた数学への情熱」に対する論難や、「経済分析の核心に分配問題を取り戻す」ことへのこだわりをむしろ喜びそうなものだからだ。[*33]経済政策研究センターのディーン・ベイカーは、格差が高まったことについてはピケティに同意しつつ、『ニューヨーク・タイムズ』に対して格差増大の主な理由は、弁護士、医師、金融関係者、知的財産の所有者たちなど保護されたアクターたちによる「レントシーキング」であると固執し、格差が自由で邪魔のない市場における完全競争の作用からくる、自然で予想通りの結果なのだというずっと過激な主張については、かなり割り引いた評価しかしなかった。ベイカーにとって、ピケティの魅力の「大きな部分」は、「それが人々に対し、資本主義はひどいがどうしようもないのだと言えるようにする」ことなのだった。[*34]

ピケティに対する最も否定的な書評は、同じく格差の研究者であるジェイムズ・ガルブレイスによるものだった。彼はこのフランス人が、マルクスやジョーン・ロビンソンによる資本の定義を捨てて独自の定義を使ったため「ひどい混乱」を引き起こしたと批判した。[*35]だがガルブレイスですら、ピケティが富の蓄積力学における大きな変化の注目を集めたという点は認めている――つまり今日の一部の国では国民所得の一五％にものぼる「相続フロー」だ。ガルブレイスも、ソローと同じく、意図せずしてピケティの研究が、歴史や社会学といった他の分野の学者にも魅力的なものとなっている理由を指摘したわけだ。そこで今度は、ピケティ現象のこの側面に目を向けよう。

経済学以外での受容

ピケティ現象の一つの指標は、経済学以外の分野の学者たちにその研究が引き起こした関心だ。二〇一二年春、ピケティはハーバード大学ヨーロッパ研究センターで講演した。その講演は基本的に、まだ書かれていなかった『21世紀の資本』の概要だった。この講演に集まった観客は、学生や学者が一〇〇人もいただろうか。主に政治学者や社会学者だった。三年後、『21世紀の資本』刊行から一年近くたった二〇一五年の春、ピケティはハーバード大学に戻ってきた。今回は次第に注目を集めるようになった副次分野である「資本主義の歴史」に取り組む歴史家スヴェン・ベッカートの招待によるものだった。[*36] 一五〇〇人以上を収容できるハーバード大学最大の講堂ですら、ピケティの講演を聴きたがる学生、教授陣、一般市民を収容するには小さすぎた。入れなかった人も多かった。

この二つのイベントの好対照ぶりは、学界内部でのピケティの評判に同書が与えた影響を描き出している。同書刊行によりピケティは、格差研究により、経済学そのものよりも分配上の構成という問題が昔から重要視されてきた社会学や政治学といった経済学以外からの少数の研究者に注目されるようになった有力な経済学者という地位から、教育を受けた一般市民に発言をありがたがられる公人になったのだった。文中でピケティが、経済学者と社会科学者のもっと密接な協力を呼びかけたのは、ベッカートのような学者には当然ながら魅力的だった。ベッカートは経済学部への入学者が増え、歴史学への入学者が減りつつある時代に、自分自身の分野の方向性を変えようとしてきた人物だからだ。[*37]

ガルブレイスの書評は、否定的なものだったが、資本主義の歴史を長期の近代史の中に位置づけようとするベッカートのような歴史家にとってピケティの研究をことさら魅力的なものにしている、ある側面に注目を集めた。それはガルブレイスに言わせると「新聞や教科書ではまったく注目されない要因なのに驚くほど高い」相続フローだ。

二〇〇八年の金融崩壊の後で、多くの学者は資本主義経済の明らかな脆弱性、債務者の弱さと富の変動性に注目した。だがピケティの研究は資本主義が、その誕生以来定期的に起こる騒乱にもかかわらず、驚くほど回復力を持っていることを教えてくれる。[*38] そのデータによれば、長期にわたり資本の構成が大幅に変化してきたのに、資本収益率はかなり狭い範囲でしか変動しない。バブル期に蓄積された富は、不景気で目減りはしても、完全になくなることはめったになく、ジョセフ・シュムペーターが強調した創造的破壊が資産のある区分を抜け殻にしてしまっても、巧妙な資本家（そしてその世継ぎ）はポートフォリオを調整して新しい成長戦略を利用できるようにする。世代を超えて、後継者たちは新しい機会の台頭に応じ、先人たちが蓄積したリソースを活用して支配力を維持するのだ。

相続フローに関するピケティのデータは、このように階級支配のパターンがきわめて長期にわたり持続するという考えを強化するものだ――この考えは、新自由主義イデオロギーが二〇世紀最後の数十年で台頭するにつれて無視されてきたものだ。たとえばポール・クルーグマンが「その世代で最も影響力の高いマクロ経済学者」と呼ぶロバート・ルーカスは二〇〇四年に、「しっかりした経済学に有害な傾向の中で、最も魅力的で、私見では最も有毒なのが、分配の問題への注目だ」と宣言している。[*39] 分配について疑問の声をあげるのを再び立派な活動に仕立て、競争だけの再分配の有効性を問うことで、自らの業績によりルーカスのような経済学者が、市場の通常の働きだけで富とそれに伴う権力が、限られた（そしてある程度は）自己再生産的な資本家たちの手にあまりにしっくり落ち着かないようにするのには十分だと信じるのはあまりに楽観的だと知っている歴史家たちからの感謝を、ピケティは勝ち取ることになった。「有毒な」思想だって実は正しいこともあるのだ。

フランスの歴史家の旗艦誌『アナール』は、丸ごと一号をピケティの研究とその社会科学との関係に捧げた。その関係は「決して自明なものではない」と編者たちは序文で宣言している。[*40]『21世紀の資本』でピケティはいささか警戒心を解くように、しばらくアメリカのマサチューセッツ工科大学で教えてからフランスに帰国したのは、分野としての経済学がフランスではアメリカで享受しているような覇権を獲得していないからだと述べている。したがってフランスの経済学者は、社会的現実に対してもっと慎みあるアプローチを採用し、アメリカの経済学者たちのような傲慢で帝国主義的な野心を避け、他の社会科学の兄弟姉妹たちと、もっと対等に探究を行っているのだとピケティは論じる。

彼の歴史家仲間は、経済学の仲間たちの野心がそれほど慎み深いものか、あまり確信が持てないようだ。たとえばニコラ・デラランデは、彼にとって一九世紀の政治経済学研究の広がりを思わせるピケティの研究の野心を誉めつつも、ピケティが同書で提起された中心的な課題に関わる歴史研究を十分に考慮したかどうか疑問視する。たとえば累進課税の進展などだ。デラランデによれば、累進課税はピケティが転回点だとする第一次世界大戦よりずっと前から議論されており、実際プロイセン、スウェーデン、イギリスなど多くの国で採用されていたという。[*41] ピケティの研究の最終的な意義の相当部分は、その世界システムとしての資本主義の広い解釈が拡張され、細かく検討され、そして場合によってはデラランデが指摘するもっと細やかな分析によりどのように論駁されるかで決まってくる。

『アナール』のその号に掲載された別の論説で、社会学者アレクシ・スピレは、ピケティの「同書を経済学論考ではなく、もっと広い社会科学への貢献として扱ってほしいという（中略）招きを真剣に受け止める」よう提案した。[*42] 彼は経済学が「歴史、社会学、人類学、政治学と並ぶ社会科学の下位分野だ」というピケティの定義を肯定的に引用する。[*43] だがスピレの議論は、彼をはじめとする社会学者たちは、先進工業社会の構築における格差の重要性などに、『21世紀の資本』刊行よりとっくの昔に認識されていたことを実証している。スピレはピケティの本に「社会運動の力学と、それが制度や規制の変化をもたらす能力」に関する議論があまり見られないので驚いたと述べている。[*44]

このように、社会科学の中でもっと密接な協力を呼びかけるピケティの声は、経済学者でなくともうなずくものではあるが、それが制度的、学問的な影響を実際に持つのか、それがどんな形を取るのかは、まだわからない。経済学者と歴史家はそれぞれの対象に対して、きわめてちがった訓練と技能を持ちこむ。ピケティの願望が現実化するためには、学問の境界を越えるための、組織やリソースや相互の関与による裏付けが必要だ。すさまじい出版的成功の危険は、本の議論の中身が、その影響に対する儀式的な言及の裏に隠れてしまうことだ。読者数がおそらくは莫大だからというだけで同書の影響が大きかったことにされてしまうのだ。ピケティは、歴史家ナンシー・パートナーが「アイコン的知識人」と呼んだものとなってしまう危険がある——それは$r > g$の式をつけたTシャツや野球ユニホームなどが例示しているのかもしれない。彼女によれば、アイコン的な地位というのは、社会学者ドミニク・バルトマンスキーのいう「エンブレム価値」をもたらし「ブランドとしての社会理論」を作り出す。[*45] アイコン的地位は、他分野の学者たちが以前に論文にはしていなくても、内心では持っていた主張を支持するために、他分野の学者を引用したり、言及くらいはするだけの価値をもたらす。格差の社会学は、『21世紀の資本』が出るはるか以前から花開いていた分野だ。一部の社会学者たちは、ますます拡大する覇権を広げようとする経済学者たちが選んだ新たな分野として格差が登場したことで、個人的に疑念を表明したりしている。でも社会学者たちの間で生まれかけた反発があったとしても、ピケティ本の大成功に後押しされて、いきなりファッショナブルとなった格差研究分野の同僚たちに、出版社が前代未聞の巨額の前払い金を提示するようになったという報道により、そんな反発は消えてしまった。[*46]

格差と民主主義

ピケティの本が受容された政治的文脈について論じてきたが、その政治的結果については何が言えるだろうか？周恩来がフランス革命について言わなかった台詞のように「それを判断するには早すぎる」[*47]。すでに述べた通りオバマ大統領はある時点で、格差が今後数十年の重要な政治課題になると述べはしたが、それに対処するための具体的な手だては何も講じなかった。それはその演説に対する世間の反応が、よく言っても生ぬるいものでしかなかったからかもしれない。アメリカの各種民主党員たちは、最低賃金引き上げを支持してきたし、そのための各種具体的な法制は、一部の自治体、たとえばシアトルなどでは可決したが、それでも二〇世紀半ばに格差低減で大きな役割を明らかに果たした労働組合に対する敵対心は、いまだに強いままだ。

自分の診断したこの病気に対する療法としてピケティ自身が好むのは、世界的な資本課税だが、本人ですらこれが空想的な提案であり、近い将来に具体的な施策となる見込みはほとんどないと認めている。同書が格差の実証研究に対する貢献をほとんどしていないと考えるガルブレイスは、政治分析への貢献がなおさら少ないと考える。「提案が空想的というのは、つまり無駄と同義だが、そんな提案をする意味があるのか？　丸一章をなぜそんなものに割くのか——おめでたい人々を焚きつけるつもりでもない限り？」[*48]

これほど偏見に満ちていない評価であれば、ピケティが課税に関心を示しているのが、税が歳入をもたらすだけでなく情報を生み出す道具でもあるからだという事実を考慮するだろう。筋金入りの実証研究者としては当然ながら、ピケティは経済に対するコントロールを行使するためには、政治アクターや市民たちは正確なデータを必要とすると考える。彼にとって、税制はそうした情報生産を奨励する強力なツールだ。だが有用なデータ源は税務当局だけではない。ピケティはまた、銀行などの金融会社が預金者の資産に関する情報を公共当局に提供するよう説得する法制も提案している。そして最近ではこの方面で進展が見られるのも事実だから、この意味でピケティの提案は空想的でもおめでたくもない。[*49]

それでも確かに、ピケティは広範な政治参加を引き起こし、それを通じて民主主義を再活性化するにあたり、情報の力に大きな期待をかけている。「情報は民主主義制度を支えねばならない。情報それ自体が目的ではない。民主主義がいつの日か、資本主義の統制を回復するなら、まず民主主義と資本主義が体現されている具体的な制度は、何度も何度も再発明されるべきだということを認識するところから出発しなければならない」[*50]。ここで彼は、政治哲学者ジャック・ランシエールの研究を持ち出すが、もし民主主義制度が資本主義を「コントロール」（ピケティの好きな用語だ）できるなら、その同じ制度が資本所有者に利用され、システムの効率性拡大にも使えるという、多くの歴史家や政治学者が示してきた成果は無視している。規制は過剰を抑えられる一方で、規模の経済を増やし、したがってピケティが嫌悪する資本の集中を奨励するような形で部門の規律を強制することもできる。経済の規制となると、集合的行動の論理はしばしば、明確に定義された利害を持ち、そうした利害を意志決定者に伝える手段を持つ小集団に有利に働くことが多い。情報は民主主義だけでなく、テクノクラート的管理にも資するし、情報の解釈をめぐる議論は、社会運動の活力のもととなる熱意や感情を鈍らせてしまいかねない。このどれも、情報の持つ解放的な可能性に対するるピケティの支持を否定するものではないが、利害が対立したときに、彼が集めたがっている種類の情報をどのように使うつもりかもっと十分に説明していれば、その主張はもっと説得力があっただろう。

結論

『21世紀の資本』は、広大な視野と野心を持つ作品であり、トマ・ピケティを尊敬される経済学者からアイコン的知識人へと一変させた。あらゆる作者は、ひとたび世間のものとなった作品に対するコントロールを失うというのは、言うまでもない真実だ。これはアイコン的作品の場合はなおさら当てはまる。『21世紀の資本』の意義はもはや、トマ・ピケティが構築した議論にだけ依存するものではないし、それが主要な議論にすらならない。それはいまや、読者も非読者も自由に自分の解釈をくっつけるための、浮遊するシニフィエとなった。これは必ずしも著者に降りかかる運命として最も幸せなものではない。著者はある意味で、自分の今後の思索すべてに対する反応を永遠に条件付けてしまう、社会現象に吸い込まれてしまっている。ピケティのように世界の注目を集めるのは、生やさしいことではない。自己刷新に不可欠な静謐さを回復するために、世界的な悪名を逃れるのはさらに困難かもしれない。

第2章　トマ・ピケティの言う通り

ロバート・M・ソロー

アメリカなどでの所得格差は一九七〇年代以来悪化してきた。最も衝撃的な側面は、金持ちとその他の人々のギャップが拡大してきたことだ。このまがまがしく反民主的なトレンドが、やっと世間の意識と政治的レトリックに入り込んできた。格差に対処する合理的で有効な政策——もしそんなものができるなら——は、格差拡大の原因理解に基づく必要がある。これまでの議論は多くの要因を明らかにしてきた。実質最低賃金の低下。労働組合や団体交渉の衰退。グローバル化と貧困国の低賃金労働者からの競争激化。技術変化や需要シフトによる中位職の削減と、それによるトップの高等教育を受けた、あるいは高技能労働者と、底辺の大量の低教育低技能労働者との労働市場との二極化。

こうした原因候補のどれも、真実のかけらはとらえているようだ。でもこれをすべてまとめても、どうも十分満足できる図式は提供してくれない。そこには少なくとも二つ不十分な点がある。まず、これでは本当に劇的な問題が触れられていない。それは一番てっぺんの所得——「一%」——が社会の他の部分から抜きん出る傾向だ。第二に、どれもちょっと偶発的で、場あたり的すぎるようだ。アメリカ、ヨーロッパ、日本という先進経済に共通の、四〇年にわたるトレンドとなれば、現代産業資本主義の中のもっと深い力が元になっている可能性が高い。さてそこへ四二歳のフランス人経済学者トマ・ピケティがやってきて、そのギャップを完全に埋める以上の仕事をしてくれた。傑出した代数学者の友人がいて、そいつのお気に入りの褒め言葉は「真剣」だった。「Zは真剣な数学者だ」と言ったり、「おこいつは真剣な絵だな」と言ったりしたものだ。で、この本も真剣な本だ。

そしてまた、長い本でもある。細かい字で組まれた本文が五七七ページに、註が七七ページ（脚註を、本来あるべきページの下ではなく巻末につけて、私のような読者がまちがいなくほとんど読まないよう仕向ける出版者たちには、禍々しい疫病を降りかからせましょうぞ)。またデータ表や数学的議論、参考文献、ピケティの(明らかに見事な)パリでの講義ノートへのリンクを含む、詳しい「技術補遺」もオンラインで提供されている。アーサー・ゴールドハマーによる英訳も読みやすい。

ピケティの戦略は時空間をまたがるデータについて、パノラマ的な読解から始め、そこから話を展開することだ。彼と研究仲間、特にこれまた若きフランス人経済学者でカリフォルニア州立大学バークレー校の教授であるエマニュエル・サエズ、現代格差研究の先駆者であり黒幕でもあるオックスフォードのアンソニー・B・アトキンソンは、苦労してすさまじいデータベースをまとめ、いまだにその拡張と精査を続けている。これはピケティの議論の実証的基盤となるものだ。

すべての始まりは、フランス、イギリス、アメリカにおけるあらゆる——公共と民間の——富(あるいは資本)の時間変化だ。データがある限り昔から始まり、それをずっと現代までたどっている。満足いくだけの統計があれば、ドイツ、日本、スウェーデン、そして数は少ないが他の国もデータベースに含まれる。格差に関する本がなぜあらゆる富の計測から始まるんだろうと不思議に思う人は、もう少し待ってなさい。

莫大な時間と空間にまたがる比較がこの本の本質なので、たとえば一八五〇年のフランスと、一九五〇年のアメリカとの富の合計または総資本を測るための、比較できる単位を見つけなければならない。ピケティはこの問題を、当時の現地通貨で見た富を、やはり当時の現地通貨建ての国民所得で割ることで解決する。すると、富と所得比率は、「年」という次元を持つ。いま挙げた比較をやってみると、一八五〇年フランスの富の総額は、七年分の所得に相当するが、一九五〇年のアメリカだとたった四年分にしかならない。この国富または総資本を国民所得との比較で視覚化するという手法はこの研究全体の基礎だ。資本産出比や資本所得比を持ち出すのは、経済学の通例だ。せいぜい慣れることとですな。

ここにはちょっとした曖昧さがある。ピケティは「富」と「資本」を入れ替え可能な同義語として使う。ある人物や機関の富の計算方法はわかる。それが保有するすべての資産の価値を総計して、負債合計を差し引けばいい(その価値というのは市場価格か、それが無理なら、何らかの近似だ)。結果は純価値または富だ。少なくとも英語では、これはしばしばその人物や機関の資本とも呼ばれる。でも「資本」には別の、必ずしも等価ではない意味がある。それは「生産要素」という意味で、これは生産プロセスの不可欠な投入であり、工場、機械、コンピュータ、オフィスビル、家屋(これは「住宅サービス」を生み出す)という形を取る。この意味合いは「富」と乖離することがある。つまらない例としては、価値を持っていて富の一部となる資産でも、何も生み出さないものがあるのだ。芸術作品、貯め込んだ貴金属などだ(居間に飾った絵画は「美的サービス」を生み出しているとは言えるが、こうしたものは通常は国民所得に算入されない)。もっと重要な例としては、株式市場の価値、企業の生産的資本の金融的な相方となるものは激しく変動し、国民所得より大きく動く。不景気だと、富と所得の比率は目に見えて下がるだろうが、生産資本のストックやその将来の期待収益力はほとんど、いやまるで変わらないこともある。だが長期トレンドにだけ注目する限り、こうした面倒は安心して無視できる。

こうして見ると、データは明らかなパターンを示す。フランスとイギリスでは、国民資本は一七〇〇年から一九一〇年にかけて、国民所得のおおむね七倍ほどでかなり安定していたが、一九一〇年から一九五〇年にかけておそらくは両大戦と恐慌の結果として激減し、イギリスでは最低二・五、フランスでは三弱にまで下がった。その後、資本所得比率はどちらの国でも上昇を始め、二〇一〇年までにイギリスでは五強、フランスでは六弱に達している。アメリカの推移はちょっとちがっていた。一七七〇年には三のちょっと上から始まり、一九一〇年には五になり、一九二〇年に少し下がり、一九三〇年には五から五・五で頂点に達し、一九五〇年には四を下回り、二〇一〇年には四・五に戻っている。

アメリカの富と所得比率は常にヨーロッパより低かった。主要な理由は、北アメリカの広い空地のせいで、当初は土地の価値が資産に占める割合が低かったことだ。もちろん土地の量はずっと多かったが、とても安かったのだ。でも二〇世紀に入ってから、アメリカの低い資本所得比率はおそらく、高い生産性水準の反映だ。同じ資本の量が、ヨーロッパより高い生産量をまかなえるわけだ。両世界大戦でイギリスやフランスに比べ、アメリカでは資本の破壊と消失がずっと少なかったのも当然だろう。ピケティの議論にとって重要な点は、この三カ国すべてと他の国で、富と所得の比率が一九五〇年から増え続けており、ほとんど一九世紀の水準に戻りかけているということだ。彼はこの増加が二一世紀にも続くと予想しており、それが甚大な結果をもたらすという。これについては追々説明しよう。

＊＊＊＊＊

実は彼は、世界の資本所得比率は二〇一五年の四・五弱から、今世紀末には六・五強に上がると予想している。ただしそんなに自信たっぷりな予測でもないし、それについてはちゃんと認めている。この水準になると、全世界は一九世紀の少数の富裕国と同じ水準に戻ることになる。この憶測はどこからくるのか？　あるいはもっと一般的には、経済の長期的な資本所得比率を決めるのはそもそも何なのか？　これは七五年にわたって経済学者が検討してきた問題だ。そして経済学者たちは、ピケティが長期的な経済「法則」として採用するものについて意見の一致を見ることになった。この法則をざっと説明するとこんな具合だ。

国民所得が一〇〇で、毎年二％成長している経済を考えよう（たまに成長はしゃっくりを起こすだろうが、それは無視する）。その経済が国民所得の一〇％を貯蓄し投資する（つまり資本をそれだけ増やす）としよう。だから所得が一〇〇の年なら、資本ストックは一〇増える。知りたいのは、資本所得比率が翌年になっても変わらずにいられるか、つまり長期的に安定できるかということだ。安定するには、資本所得比率の分子も、分母と同じ二％ずつ増えなければならない。すでに、資本は一〇増えると述べた。これが資本の二％となるには、資本は五〇〇きっかりでなければいけない。これで一貫したお話が見つかった。今年の国民所得は一〇〇、資本は五〇〇、両者の比率は五だ。来年の国民所得は一〇二で、資本は五一〇で、比率は相変わらず五だ。このプロセスは、成長率が年二％で、貯蓄／投資率が国民所得の一〇％である限り自動的に繰り返される。もっと劇的なことも成り立つ。もし資本と労働が組み合わさり、古き良き収穫逓減の法則に従って国民生産を生み出すのであれば、この経済がどこから出発しようと、それは自分の内的論理にしたがって、この自己再生的な資本所得比率に一意的に落ち着くのだ。

この例に注意深く着目すれば、これが一般的な命題になることがわかる。もし経済が年 g％で成長し、それが国民所得のs%を毎年貯蓄するなら、自己再生産する資本所得比率はs／gになる（例だと10/2だ）。ピケティは、世界の産出成長率が二一世紀には年率三％から一・五％に低下すると示唆している（これは人口と生産性の成長率を足したもので、彼はどちらも減るとみている）。彼は世界の貯蓄／投資率を一〇％くらいとしている。だから資本所得比率はいずれ、七近く（つまり10/1.5）に上がると予想している。これは現在から見るように、かなりの大事だ。この根底にある想定が結果的にまちがっている可能性は、ピケティも十分承知している。一世紀先を見通せる人なんかいやしない。それでも、この道をたどる可能性は十分にある。

＊＊＊＊＊

資本主義社会における富の重要な点は、それが自らを再生産するということで、通常はプラスの純収益を稼ぎ出すことだ。次に検討すべきはこれだ。ピケティは、イギリスでは一七七〇年、フランスでは一八二〇年までさかのぼる「純粋」収益率（ちょっとした補正を加えたもの）の推計を作るが、アメリカについてはこの数字を出さない。そしてこう結論する。「純粋資本収益率は、中央値にして年間四から五％、一般的には年間三から六％の間をうろうろしてきた。顕著な長期的上昇／下降トレンドはない。（中略）でも資本の純粋収益は、超長期で見るとわずかに下がった可能性がある」。アメリカについて似たような数字があれば面白いだろう。

さて資本収益率と資本所得比率をかけると、国民所得に占める資本比率が得られる。たとえば収益率が年五％で資本ストックが国民所得六年分なら、資本からの所得は国民所得の三〇％になるので、労働からの所得は残りの七〇％になる。これでやっと、さんざん準備を経て、格差についての話にやってきた。そしてここでは二つのちがった意味での格差の話が出てくる。まず、所得の機能的な分配が導けた――つまり、労働からの所得と、富からの所得との仕分けができた。第二に、富は労働所得よりもお金持ちにずっと集中しているのが確実だ（ただし最近のアメリカ史はこの点でちょっと奇妙に見える）。そしてこのため、富からの所得シェアが大きければ、人々の間の所得分配も不平等になる可能性が高い。社会における善悪に最も関わりが深いのは、この人々の間の不平等なのだ。

この点はしばしばあまり十分理解されていないので、ちょっと寄り道をする価値はあるだろう。国民所得の労働シェアは、実質賃金を労働生産性で割ったものと数式的に同じだ。実質賃金が急増しているのに、労働シェアが下がっている(生産性がもっと急激に上がっているから)世界に住みたいだろうか、それとも実質賃金が生産性と同じく停滞していて、労働シェアも同じ世界に住みたいだろうか? 狭い経済的な観点からすれば、前者のほうが絶対にいい。みんなが食べるのは賃金であって、国民所得の自分のシェアなんかではない。だが二番目の選択肢には、政治的社会的利点があり得る。もし富の所有者の小さな階級——実際に小さい——が国民所得のますます多くのシェアを手に入れるようになったら、それは社会を他の面でも支配するようになる可能性が高い。この二律背反が必ずしも生じるとは限らないが、この点を明確にしておくほうがいい。

仮に、資本所得比率が今後一世紀で増加して、七あたりの高い値で安定するという、ピケティの専門家としての推測を受け入れるとしよう。すると所得の資本シェアも高まるということだろうか? 必ずしもそうではない。資本所得比率に、収益率をかける必要があるのを思い出そう。そして同じく収穫逓減の法則で、資本の収益率も下がると示唆される。生産がますます資本集約的になると、追加資本の儲かる使い道を見つけるのもだんだん難しくなる。つまり、労働を資本で代替する簡単な方法も見つけにくくなる。資本シェアが上がるか下がるかは、収益率の低下が資本所得比率の上昇に比べて高いか低いかで決まってくる。

経済学内部では、この問題について大量の研究が行われてきたが、文句なしの確定的な答えはこれまで登場していない。これは、資本シェアへの最終的な影響は、上がるにせよ下がるにせよ、あまり大きくないことを示唆している。ピケティは資本シェアが増えるほうに賭けているし、私もそれに同意したい。生産性成長は過去数十年にわたり、実質賃金成長よりも急速に高まっていて、逆転の気配は見えないので、資本シェアも高まり、労働シェアは下がっている。資本シェアはいまの三〇%から三五%くらいに上がりかねず、それに伴って民主主義的な文化と政治に対する課題がいろいろ生じることになる。

＊＊＊＊＊

この方向性での議論にはもっと強い意味合いがあり、それがピケティの主張の核心をもたらす。私が知る限り、ピケティ以前にこのつながりを指摘した人はいない。これまで確立されたことを思い出そう。歴史的にも理論的にも、産業資本主義経済では資本所得比率が安定化するというゆっくりした傾向が示唆されている。そしてそれに伴い、資本収益率も安定する。この傾向は激しい不況や戦争、社会技術的な騒乱により乱れることもあるが、平穏期にはまた復活する。ピケティが調査した歴史の長い期間を見ると、資本収益率は通常、経済全体の成長率より高い。唯一の大きな例外となる時期は、一九一〇年から一九五〇年にかけてだ。ピケティはこの珍しい現象を、両大戦とその間の恐慌が作り出した、騒乱と高税率のせいだとしている。

収益率が経済成長率を上回るべき論理的必然性はない。社会やその中の個人が、やたらに貯蓄し投資して、それが資本収益率が経済成長率と等しくなるまで資本が減少するのに、それにより一人あたり消費水準が永続的に高くなり、(収穫逓減の法則とともに) 収益率を長期的な経済成長率 (それがどの程度であれ) より引き下げるはずだ。そうなると、つまりは社会状態が改善されることになってしまう。これは社会的には倒錯して思える状況だ。でも市場経済をこの倒錯から引き離すような見えざる手はない。とはいえ、そうした事態は起きていない。おそらくは、歴史的な経済成長率が低く、資本が希少だったからだろう。資本収益率が、根底にある経済の成長率を上回るのは普通のことだと考えていい。

*****

でもこれで、経済の内部では何が起きているかに目を移せる。仮にそれが資本所得比率が安定化したときに「定常状態」に到達しているとしよう。労働だけから所得を得る者たちは、賃金と所得が技術進歩による生産性上昇と同じ速度で上がると期待できる。これは経済全体の成長率より少し少ない。経済成長率は人口増加の分も含んでいるからだ。さて、所得が蓄積した富だけからくる人物を想像しよう。その人は年 r ％稼ぐ (ここではとりあえず税金は無視するが、すぐに考慮する)。もしこれが大金持ちなら、その所得のうちごくわずかしか使わないだろう。残りは貯蓄されいたら、残高は毎年三%ずつ増える。

蓄積して、その富はほぼ年率 r %ずつ増え、所得も同じだけ増える。もし年利三%の銀行口座に一〇〇ドル入れてお

これがピケティの主要な論点であり、この古い問題に対する新しく強力な貢献だ。収益率が成長率を上回る限り、金持ちの所得と富は、労働からの平均的所得よりも速く成長する、ということだ。(資本の総シェアが縮むといった、相殺するような傾向はないらしい。むしろわずかに逆方向の傾向が見られる)。この実際の格差拡大トレンドについての解釈と、特に一%現象は、経済制度の失敗に根ざすものではまったくない。それは経済がますます多くの資本を吸収しつつ、収益率を大きくは下げない能力のおかげが大きい。これは経済全体にとってはいいしらせだが、経済内部の平等性にとってはちがう。

後で参照するために、このプロセスに名前が必要だ。「金持ち躍進力学」と呼ぶことにしよう。この仕組みはピケティの本が述べるより少々ややこしいものだ。労働所得からの貯蓄も少しあるし、賃金や給与所得者も少しは資本蓄積をする。この富の収益も考慮する必要がある。それでも、出発時点の富が少なくて、トップ集団より下では貯蓄率も比較的低いうえ、少額貯蓄の収益率は相対的に低いことも考えれば、この仕組みは格差増大の予測を打ち消すほどのものではないことが計算から出てくる。

この根底にあるトレンドの説明には、別のいささか暗い意味合いもある。もし既存の富の蓄積が、労働からの所得よりも急成長する傾向があるなら、社会での相続財産の役割は、最近稼ぎ出され、したがってもっと能力に基づく財産に比べて大きくなる見込みが高いのだ。言うまでもなく、賃金所得の総計が比較的ゆっくりとしか成長しないという事実があっても、傑出して成功したイノベーターや経営者、起業家、エンターテイナーなどが存命中に大量の富を蓄積して、金利生活者の地位に加わる可能性がないわけではない。でも成長率が低ければ、そうした成功物語は当然ながら起こりにくいものになる。これについては後でもっと述べる。でも算数からして、富の集中とその成長力は、才能よりも相続の重みが有利になることを示唆している。

ピケティは所得と富の分配を統計的にひとくくりにはせず、具体的に描こうとする。彼はトップ一%(ときにはそ

の一%のさらにトップ一割)が手にする比率、トップ一〇%が手にする比率、次の四〇%、下半分の比率を見る(彼はトップ一〇%とメジアンの間の四〇%を「中産階級」と名付ける。全員がメジアンよりも上の中産階級というのは、いささか名辞矛盾のきらいがある。でもこの用法は、アメリカで習慣的に使われている、明らかな金持ちと極貧者との間の全員を中産階級だとするやり方よりマシかもしれない)。

データは複雑で、時間と空間をまたがる形で比較するのは容易ではないけれど、ピケティがまとめた構図をざっと見るとこんな具合だ。資本は確かにとても不平等に分配されている。アメリカでは現在、トップ一〇%は全資本の七〇%ほどを所有し、その半分はトップ一%が保有している。次の四〇%——つまりは「中産階級」——は、全体の四分の一程度を所有している(その大半は住宅だ)。そして残った半数の人々は、ほとんど何も所有しないも同然で、総資産の五%しか持っていない。中産階級がこの程度の財産を持つことさえも、歴史的には目新しい現象だ。平均的なヨーロッパの国は、もう少し博愛主義的だ。トップ一%は総資本の二五%を持ち、中産階級は三五%持っている(一世紀前なら、ヨーロッパの中産階級は実質的にまったく富を持っていなかった)。二一世紀にこれから富の所有が本当にもっと集中するなら、寡頭政治がご趣味でもない限り、見通しはかなり暗い。

富からの所得はおそらく、富そのものよりさらに集中しているはずだ。というのもピケティも指摘する通り、富がまとまってたくさんあると、小さな富に比べて収益率が高くなるからだ。この利点の一部は規模の経済によるものだけれど、もっと大きいのは、きわめて大規模な投資家は小規模な投資家に比べ、もっと幅広い投資機会にアクセスできるということかもしれない。労働所得は当然、富からの所得に比べて集中度が低い。ピケティが様式化して描く今日のアメリカだと、トップ一%は全労働所得の一二%ほどを稼ぎ、次の九%は二三%、中産階級は四〇%ほど、下半分は総労働所得の四分の一ほどだ。ヨーロッパも大差ない。トップ一〇%の比率は少し低く、他の二つの集団が少し多めになる。

＊＊＊＊＊

これで様子はおわかりだろう。現代資本主義は不平等な社会で、金持ち躍進力学によりそれが加速することが強く示唆される。だがもう一つ片付いていない話がある。すでにほのめかしたことで、きわめて高い賃金所得の台頭に関するものだ。まず、トップ所得の構成についていくつかの事実がある。今日のアメリカではトップ一％の所得の約六割が労働所得だ。資本所得のほうが優勢になってくるのは、トップ〇・一％になってからだ。トップ〇・〇一％の所得は、七割が資本からきている。フランスの様子も大差ないが、労働所得の比率はどの水準でも少し高めだ。明らかにきわめて高い賃金所得の人もいるわけだ、なんてことは皆さんとっくにご存じでしょうな。

これは比較的最近生じた現象だ。一九六〇年代には、賃金所得のトップ一％は、全賃金所得の五％強しかもらっていなかった。この比率が最近までかなり安定的に高まってきて、いまや賃金所得者のトップ一％は、全賃金所得の一〇から一二％を受け取っている。ここではフランスだと話がかなりちがう。トップ一％に行く総賃金の比率はごく最近までずっと六％で、最近になって七％に増えた。賃金分布のトップにおける極端な格差の台頭は、主にアメリカだけの産物かもしれない。ピケティは、エマニュエル・サエズといっしょにアメリカの高所得者の所得税申告を慎重に調べ、これが「スーパー経営者」なるものの台頭のせいだとしている。きわめて所得の高い階級は、相当部分が大企業のトップ重役で占められており、この人たちはとてもたっぷりとした報酬パッケージをもらっている（そのうち決してすべてではないながら、不釣り合いなほど多くが金融サービス産業の人々だ）。ストック・オプションに限らずこうした巨額の報酬パッケージは富に変わり、そして富からの将来の収入をもたらす。だがアメリカの所得（と富）の格差増大の大半は、こうしたスーパー経営者の台頭によるものだという事実は変わらない。

この現象についてはあまりよくわかっておらず、『21世紀の資本』も新しい知見はほとんど述べていない。ピケティはもちろん、一番トップの重役報酬は、経営会議や報酬決定委員会で、お手盛りのように決められるのが通例だというのは知っている。そうした会議は、その報酬を受ける側とそっくりな人々で構成されているのだ。さらにまちがいなくウォベゴン湖の妄想のような要素はある。あらゆる経営会議は、「自分たちの」トップ重役たちがメジアンよりも優れていて、メジアン以上の報酬を得るべきだと信じたいのだ。

もちろん「スーパー経営者」が本当にスーパー経営者だという可能性はあるし、そのきわめて高い報酬は、企業利潤に対するきわめて大きな貢献の反映にすぎないのかもしれない。一九六〇年代以来、彼らの勢力が高まってきたのは、本当にそうした人々の貢献度を高める原因が何かある可能性さえある。だがこの現象がアメリカだけのものであるなら、こうした説明を正当化するのは難しい。これはフランスや、ざっと見るとドイツや日本では起きていない。こうした国のトップ重役たちは、何か遺伝子が欠けているのか？　もしそうなら、移植で実に多くの成果があがるはずだ。

別の可能性として、蠱惑的ながらもまだかなり曖昧なものがある。トップ経営陣の報酬の少なくとも一部は、本当は労働所得に分類するべきものではなく、むしろ資本への一種の付随物を示しているので、部分的には資本からの所得を共有するための手段として扱うべきだ、というものだ。ここには謎があって、それが解決されたらアメリカにおけるピラミッドのてっぺんで見られる、最近の格差増大も少し解明されるはずだ。この謎は解決不能かも知れない。状況や結果の種類がとにかくあまりに多すぎるからだ。

＊＊＊＊＊

いずれにしてもスーパー経営者の階級は、社会的にも政治的にも金利生活者に属していて、もっと大きい給与専門職や独立専門職、中間管理職の階級とは別だというのはかなり明らかだ。だからピケティの予見する二一世紀のビジョンは、やはり対処が必要なままだ。人口成長と生産性の伸びが鈍り、資本収益率が経済成長率より目に見えて高く、富と所得の比率が一九世紀の高みに戻りつつあり、おそらく国民所得における資本シェアも少し高まり、稼いだ富よりも相続した富の重要性が増し、トップの所得と他のみんなとのギャップは増すばかり。少々懐疑的になってみる頃合いかもしれない。例えば、歴史的にかなり安定している資本の長期収益率は、収穫逓減と技術進歩の緊張関係から生じた、釣り合いの結果だ。今後低成長になったら、収益率も大きく下がるかもしれない。あり得る話だ。でも仮に、ピケティが全体として正しかったとしよう。だったら、何かすべきか、そして何ができるのか？

ピケティが強く支持しているのは、富に対する年間累進課税で、できればいんちきなタックスヘイブンへの逃避を排除するため、世界的にそれを導入するというものだ。世界的な税というのが絶望的な目標だというのは認識しつつ、ヨーロッパやアメリカの規模の地域で、地域的な富裕税を施行するのは可能だと彼は考えている。彼の念頭にある税率表は、一〇〇万ユーロ未満の財産には〇%、一〇〇万から五〇〇万ユーロに財産には一%、五〇〇万ユーロを超える分には二%というものだ（ユーロは現在、およそ一・三七ドルほどだ）。これが一回限りの徴収ではなく、毎年かかる税金だというのはお忘れなく。欧州連合（EU）でこの税を適用すれば、GDPの二%ほどの歳入が生じ、これを合意された式に基づいて、利用したり分配したりする。ピケティは、本当はもっと累進的な税率がお好みらしく、私もその点は同じ意見だ。もちろんこんな税金の徴収は、金融機関などの多くの企業による高い透明性と完全な報告を必要とする。それがヨーロッパの文脈でどういう仕組みになるかについて、『21世紀の資本』はそこそこ詳しく論じている。どんな税でもそうだが、もちろん抜け穴を塞ぎ税の回避を防止するための闘争を続ける必要が当然出てくる。でもこれはこの道筋で当然のことだ。

GDP二%の年次歳入は、どうでもいい金額ではないが、すさまじいものでもない。だがピケティの提案の中心的な狙いは歳入ではない。その狙いは、格差増大における金持ち躍進力学に効いてくるのが、経済成長率と資本の税引き後収益との差だ、ということだ。いま提案したような税率構造を持つ資本課税は、資本収益率と成長率との差を一・五%ほども減らすだろうし、この仕組みを目に見えて弱めるはずだ。

この提案は、技術的には筋が通っている。これは彼が解明した格差力学への自然な特効薬になるからだ。金持ち躍進プロセスは、すでに蓄積された富に作用するシステムの性質なのだということをお忘れなく。それはイノベーションへの個々のインセンティブや、まして貯蓄へのインセンティブを通じて作用するものではない。それを鈍らせても、イノベーションや貯蓄が弱まる必要はないのだ。もちろん資本の税引き後収益が下がれば、巨額の財産蓄積もあまり魅力がなくなってしまうかもしれない。ただしそれすら、必ずしも明白ではない。いずれにしても、その結果は十分に耐えられるものだろう。

ピケティは、富への課税が近いうちにヨーロッパでは政治的な実現可能性を持つかのような書き方をする。ヨーロッパではすでに資本課税を少し経験しているからだ。これが本当かどうかは知らない。大西洋のこちら側アメリカでは、そんなことが実現する真面目な見通しはなさそうだ。アメリカは政治的に、本当に威力のある相続税すら維持できない。もし維持できたなら、それは立派な出発点になる。さらに、もっと累進性の高い所得税で、しかも現在のシステムのように、資本所得を有利に扱わないものを採用することだ。だがトップが他のみんなよりも急激に躍進するという組み込まれた傾向は、小手先の療法でどうにかなるものではない。アメリカが、自由の国、勇敢なる者の国、そしてトップでの（そしてひょっとして底辺でも）格差増大最後の砦となったら、何とも面白かろう。で、みなさんはそれで満足ですかかな？

第3章　なぜ新たな金ぴか時代がやってきたのだろう？

ポール・クルーグマン

パリ経済学校教授トマ・ピケティは、だれでも知っている人物ではない。その格差に関する壮大かつ包括的な思索『21世紀の資本』の英語版の刊行で、それも変わるかもしれないが。でも世間的な評判はどうあれ、彼の影響は深いものだ。私たちが「一％」のすさまじい台頭を特徴とする第二の金ぴか時代にいる——あるいはピケティの好きな表現では第二のベルエポックにいる——という表現は、いまではごく当たり前のものとなっている。でもそれが当たり前になったのは、ピケティの研究があればこそだ。特に、彼とその同僚数名（特にオックスフォード大学のアンソニー・アトキンソンと、カリフォルニア州立大学バークレー校のエマニュエル・サエズ）は、はるか過去にさかのぼって所得と富の集中を追跡できる統計技法の先駆者となった。それにより、彼はアメリカとイギリスについては二〇世紀初頭、フランスではるかに一八世紀末までさかのぼってみたのだ。

その結果は、格差の長期トレンドについての私たちの理解を革命的に変えるものだった。この革命以前は、経済的な格差はおおむね大金持ちは無視していた。一部の経済学者（そしてさらには政治家たち）は、格差についての言及をすべて黙らせようとした。「しっかりした経済学に有害な傾向の中で、最も魅力的で、私見では最も有毒なのが、分配の問題への注目だ」とこの世代で最も影響力のあるマクロ経済学者、シカゴ大学のロバート・ルーカス・ジュニアは二〇〇四年に宣言している。でも格差を論じようとする人々ですら、一般には貧困者や労働者階級と、単に生活に不自由のない人々とのギャップにしか注目せず、本当の大金持ちの話はしない。大卒者の賃金上昇が、教育水準の低い労働者の賃金上昇よりも高かったとか、上位五分の一の財産が下位五分の四に比べると大きいとかいった話はしても、重役や銀行家の所得急増の話はしなかった。

だからピケティとその同僚たちが、いまや有名な「一％」や、さらに狭い集団の所得が格差の増大において実は大きな問題だと指摘すると、みんな驚いた。そしてこの発見が、もう一つ明らかにしたことがある。第二の金ぴか時代という表現は、大げさにも思えたが、実はまったく大げさではなかったということだ。特にアメリカでは、トップ一％が受け取る国民所得のシェアは、大きなU型曲線を描いてきた。第一次世界大戦前に、この一％は英米の両方で総所得の五分の一ほどを受け取ってきた。一九五〇年にはそれが半分以上も減った。でも一九八〇年以来、一％のシェアはまた上昇を始めた――そしてアメリカでは、一世紀前と同じ水準に戻っている。

それでも今日の経済エリートは一九世紀とはずいぶんちがう、のですよね？　当時、巨額の富は相続によるものだった。今日の経済エリートは、その地位を自分で勝ち取った人々なのでは？　うーん、ピケティによれば、これはみんなが思っているほどは正確ではないし、またこの状況は第二次大戦後の一世代ほどにわたり栄えた中産階級社会と同じくらい短命かもしれないという。『21世紀の資本』の大きな主張は、私たちが単に一九世紀の所得格差水準に戻っただけでなく、「世襲資本主義」に戻りつつあるのだ、ということだ。そこでは経済を見渡す頂点を支配するのは才能ある個人ではなく、富豪家族なのだ。

これは驚くべき主張だ――そしてまさに驚くべきものだからこそ、慎重かつ批判的に検討されるべきものだ。でもその話に入る前にまず言っておくと、ピケティは真に傑出した本を書いた。この研究は、壮大な歴史的視野――経済学者がジェイン・オースティンとバルザックを持ち出すなんて、これまでお目にかかったことがあるだろうか？――と詳細なデータ分析とを組み合わせている。そしてピケティは「数学に対する子供じみた情熱」について経済学の分野をからかいはするが、その議論の根底にあるのは並ならぬ経済学のモデル構築で、経済成長の分析と、所得や富の分配とを統合している。この本は、社会についての見方と、経済学のやり方の双方を変える本だ。

1

経済格差については何がわかっていて、どの時期についてそれがわかっているのだろうか？　ピケティ革命がこの

	低格差（スカンジナビア 1970/1980年代）	中格差（ヨーロッパ 2010）	高格差（ヨーロッパ 1910、アメリカ 2010）
トップ1％	7％	10％	20％
次の9％	18％	25％	30％
次の40％	45％	40％	30％
底辺50％	30％	25％	20％

表3.1　所得シェア

分野に吹き荒れるまで、私たちの所得と富の格差についての知識は、ほとんどは調査によるものだ。これはランダムに選んだ家庭にアンケートに答えてもらい、その答えを集計して全体の統計的な姿を描き出す。こうした調査の国際的な最高峰は、文句なしに国勢調査局が行う年次調査だ。連邦準備理事会（FRB）もまた、富の分布について三年ごとに調査を行っている。

この二つの調査は、アメリカ社会の姿の変化について不可欠なガイドとなっている。中でもこうした調査は、アメリカの経済成長プロセスの劇的な変化を昔から示していた。その変化も一九八〇年頃に始まったものだ。その前は、あらゆる階層の家族は所得が経済全体の成長とおおむね同じくらいの増加を見せていた。でも一九八〇年以降、増加のほとんどは所得分配のトップ層にいき、下半分にいる家族ははるかに後塵を拝するようになった。

歴史的に、他の国はだれが何を得ているかについて、アメリカほどきちんと調べてはいなかった。でもこの状況は次第に改善されてきた。これは、ルクセンブルク所得調査（私も間もなくこの調査に関わることになる）の努力による部分が大きい。そして国同士を比べられる調査データが増えてきたことで、さらに重要な洞察が得られた。特に、いまではアメリカが他の先進国よりずっと不平等な所得分配になっていて、その結果のちがいの相当部分は、政府の行動の直接的な結末だということがわかっている。ヨーロッパ諸国は全般に、アメリカほどの規模ではないにしても、やはり市場活動からの所得はきわめて不平等だ。でもアメリカよりも税や移転による再分配がずっと多く、おかげで可処分所得の不平等はずっと少ない。

でも役に立つとはいえ、調査データには深刻な制約がある。所得分布のいちばんてっぺんにいる一握りの個人に帰属する所得を、過少に数えるか、完全にとらえ損ねてしまう。また歴史的にもあまり遡れない。アメリカの調査データですら、一九四七年までしか遡れない。

そこへピケティと仲間たちがやってきて、まったくちがった情報源に注目した。課税記録だ。これは目新しい考えではない。実際、所得分布の初期の分析は課税データに基づいていた。他に使えるものがなかったからだ。でもピケティたちは、課税データを他の情報源と合体させて、調査の証拠を重要な形で補う情報を生み出した。特に、課税データはエリート層についていろいろ教えてくれる。そして課税ベースの推計は、ずっと過去にまで遡れる。アメリカは一九一三年から所得税があったし、イギリスは一九〇九年からだ。フランスは、入念な相続税徴収と記録のおかげで、富のデータが一八世紀末にまで遡れる。

こうしたデータを活用するのはなかなかむずかしい。でもこの業界の手練手管を総動員し、さらには多少の憶測も交え、ピケティは過去一世紀にわたる極端な格差の低下と台頭をまとめ仰せた。その結果が表3・1のようなものだ。すでに述べた通り、いまの時代を新しい金ぴか時代とかベルエポックとか表現するのは、大げさではない。単純な事実だ。でもどうしてこんなことが起きたんだろうか？

2

ピケティは、本の題名そのもので、知的なけんかを売っている。『21世紀の資本』。経済学者はいまだにこんな物言いが許されるのか？

この題名にぎょっとさせられるのは、露骨なマルクスへの言及のせいだけではない。しょっぱなから資本を持ち出すことで、ピケティは格差の現代的な議論のほとんどと袂を分かち、もっと古い伝統に則っているのだ。

ほとんどの格差研究者の一般的な前提は、すべての動きが生じているのは労働所得、通常は給料であって、資本からの所得は重要ではないしおもしろくもない、というものだった。でもピケティは、今日ですら所得分布のてっぺんでは、圧倒的なのは資本所得であって、稼ぎではないと示した。またヨーロッパのベルエポックや、程度は劣るがアメリカの金ぴか時代など過去の時代には、賃金の不平等さではなく、不平等な資産所有こそが所得格差の主な原因だったことも示した。そして、いまや私たちがそうした社会に戻りつつあると彼は述べる。さらにこれは、ピケティだけの勝手な憶測ではない。『21世紀の資本』は緻密な実証研究だが、それと同じくらい経済成長と、所得や富の分配に関する議論を統合しようとする理論的枠組みにも動かされている。ピケティは基本的に経済史を、資本蓄積と、成長を動かす他の要因（主に人口成長と技術進歩）との間の競争として見ているのだ。

確かに、この競争に永続的な勝者はいない。超長期で見れば、資本蓄積と総所得はだいたい同じ成長率になるしかない。でもどちらか片方が、ときに何十年も続けて抜きん出ることはある。第一次世界大戦前夜、ヨーロッパは国民所得の六倍から七倍の資本を蓄積していた。でもその後四〇年で、物理的破壊と貯蓄を戦争活動に振り向けたことで、この比率は半分になった。資本蓄積は第二次世界大戦後に回復したが、これはすさまじい経済成長の時代だった――「輝かしい三〇年」だ。だから資本所得比率は低いままだった。でも一九七〇年以降成長停滞のおかげで資本比率が上がり、資本と富はじわじわとベルエポックの水準に戻りつつある。そしてこの資本蓄積は、ピケティによれば、累進課税で対抗しない限りいずれベルエポック型の格差を再現してしまう、とピケティはいう。

なぜか？　すべてはrとgの対比にある――資本収益率と、経済成長率だ。

ほぼあらゆる経済モデルによれば、gが下がれば――一九七〇年以来実際に下がっているし、この低下は勤労年齢人口の増加率減少と、技術進歩の低下によりさらに続きそうだ――rも下がる。だがピケティは、rはgほど下がらないと主張する。これは確実にそうだというわけはない。だが労働者を機械で置きかえるのが十分に簡単なら――業界の専門用語を使うなら、資本と労働の代替弾性率が一より大きければ――低成長と、その結果として生じる資本所得比率の上昇で、確かにrとgのギャップは開く。そしてピケティによると、歴史的な記録を見れば、まさにそれが起こると論じる。

もし彼が正しければ、即座に起こる結果は、所得が労働を離れて資本所有者に向かうということだ。これまでの常識だと、そんなことが起こると心配する必要はなく、資本と労働が総所得に占めるシェアは、いずれもきわめて安定しているというものだった。だが超長期で見ると、これは正しくない。たとえばイギリスでは、資本の所得シェアは

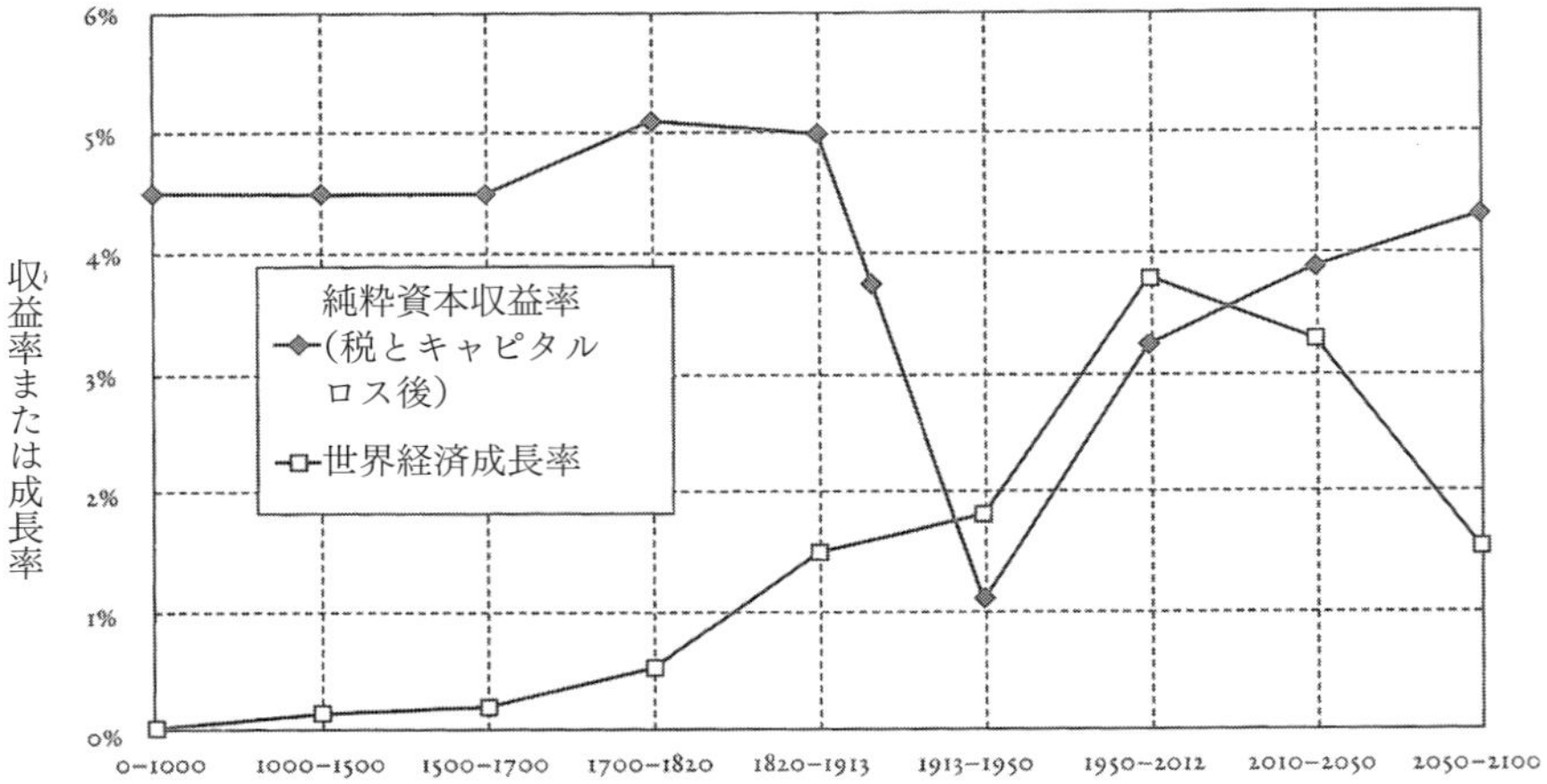

図3.1　世界的に見た税引き後資本収益率と経済成長率　古代から2100年まで
20世紀中、資本収益率は成長率を下回ったが、21世紀には再び上回った
出所と時系列データ：http://piketty.pse.ens.fr/capital21c を参照

——たとえば企業利潤だろうと、配当だろうと、賃料だろうと、物件販売だろうと——第一次世界大戦以前は四〇％ほどだったのが、一九七〇年代には二〇％ギリギリに下がり、その後ざっと半分ほど回復した。アメリカではこの歴史的な円弧はそんなに明確ではないが、それでもここでも、資本を支持する再分配が起こりつつある。特に、企業利潤は金融危機が起きてから激増し、一方で賃金は——高等教育を受けた人々の賃金も含め——停滞している。

資本シェア上昇は、こんどは直接的に格差を高める。なぜなら資本の所有は労働所得よりもずっと不平等に分布しているからだ。でもその影響はそこでは終わらない。資本収益率が経済成長率を大きく上回ると、「過去が未来を食い荒らす傾向にある」からだ。社会は相続税による支配にどうしても向かってしまうのだ。

これがベルエポック時代のヨーロッパでどういう仕組みになっていたかを考えよう。当時、資本所有者たちは投資に対して四から五％を稼げると期待できたし、課税は最低限だった。一方、経済成長率はたった一％くらいだった。だから金持ちの個人は、所得のかなりの部分を再投資して、自分の富、ひいては自分の所得が経済よりも急速に増えるようにして、自分たちの経済的の支配力を高めつつ、そこから大いに豪華な生活を送れるだけの上前をはねられた。

そしてこうした金持ちの個人が死ぬと何が起きただろうか？　その富を——これまた最低限の課税しかされずに——遺族に相続したのだ。次世代に遺贈されるお金は、年間所得の二〇から二五％を占めていた。富の大半、九割近くは、稼いだ所得から貯蓄するのではなく相続されたものだった。そしてこの相続財産は、きわめて小さな少数派の手に集中していた。一九一〇年には、最も豊かな一％がフランスの富の六割を支配していた。イギリスだと七割だ。

だから一九世紀の小説家たちが相続にやたらにこだわったのも当然だ。ピケティはバルザックの『ゴリオ爺さん』で、ならず者のヴォートランがラスティニャックに垂れる講釈について、長々と論じる。その講釈の要点はつまり、どんなにキャリアで成功しても、金持ちの娘と結婚して一発で手に入れられる富に比べれば、ごくわずかしか提供できないということなのだった。そして実はヴォートランの言う通りだった。一九世紀の被相続人一％に加わり、相続した富からの収入で暮らせば、賃金労働者トップ一％になんとか食い込んだ生活水準の二・五倍を実現できるのだ。

現代社会はまったくちがうよ、とつい言いたくもなるだろう。でも実は、ベルエポック期ほどは重要でないにせよ、資本所得と相続財産はいまだに格差の強力な原動力だ——そしてその重要性は高まっている。ピケティによるとフランスでは、富の総量に対する相続財産のシェアは、戦時中と戦後の行動成長期には激減した。一九七〇年頃には、五割以下だった。だがそれがいまや七割まで戻り、さらに上昇している。それに対応して、エリートの地位をもたらす相続財産の重要性も、いったん低下して、また上昇している。トップ一％の被相続人たちの生活水準は、一九一〇年から一九五〇年にかけて稼ぎ手のトップ一％を下回ったが、一九七〇年以後には上がり始めた。ラスティニャックの水準に完全に戻ったわけではないが、再び適切な親を持つ（または結婚して金持ちの義父義母を持つ）ことが一般的に重要になりつつある。

そしてこれは発端にすぎないかもしれない。図3・1は、長期にわたる世界のrとgに関するピケティの推計を示したもので、平等化の時代はすでに終わり、いまや世襲資本主義の再確立の条件が揃ってきたことが示唆されている。

この構図があるにもかかわらず、なぜ相続財産は今日の公的な議論でこれほどわずかな位置しか占めていないのだろう？　ピケティは相続財産の規模そのものが、ある意味でそれを目に見えなくしているのだと示唆する。「富はあまりに集中しているので、社会の相当部分はその存在すら実質的に知らないから、一部の人々はそれが超現実的な存在や謎めいた存在に所属していると思うのだ」。これは非常によい論点だ。だが、それで説明のすべてであるはずもない。というのも実際、今日の世界での急増する格差の最も目に見える例――アングロサクソン世界、特にアメリカでの超大金持ち一％の台頭――は、少なくとも今のところは、資本蓄積とそれほど関係がないからだ。それは驚くほど高い報酬や所得に関係している。

3

『21世紀の資本』は、改めて驚異的な本だ。富と所得が少数の手に集中しているという問題が大きな政治課題として浮上してきた時代に、ピケティは比類なき歴史的深さで、起こっていることについてのまたとない記録を提供しただけではない。格差の統一場理論とでもいうべきものも提供しているのだ。それは経済成長、資本と労働の間の所得分配、個人の間の富と所得分配を、一つの枠組みに収める理論となっている。

そうはいっても、確かにちょっとこの業績にミソをつけるものはある――一種の知的なすりかえである。ただしピケティとして何かごまかしや悪意があるものではないのだが。それでも、そのすりかえとは次のようなものだ。こうした本に対する渇望は高まりつつあって、単に一％についてではなく、特にアメリカの一％についてのこうした本が求められていた。だがそのアメリカの一％の台頭は、ピケティの大理論の範囲外にある理由で生じたものなのだった。

ピケティはもちろん、経済学者としてあまりに優秀で正直だから、不都合な事実をごまかそうとはしない。彼は宣言している。「二〇一〇年のアメリカの格差は、量的には二〇世紀最初の一〇年における旧ヨーロッパの格差と同じくらい極端だが、その格差の構造は明らかにいささかちがっている」。その通り、アメリカで見られ、他のところでも見られ始めているものは、何か「まったく新しい」ものだ――「スーパーサラリー」の台頭なのだ。

それでも資本は重要だ。社会のいちばんてっぺんでは、資本所得は賃金、給与、ボーナスからの所得を上回っている・ピケティは、資本所得の格差増大は、アメリカでの格差増大の三分の一程度に相当すると推計している。ほとんどのアメリカ労働者の実質賃金は、一九七〇年代初頭からほとんどまったく増えていないが、稼ぎ手トップ一％

の賃金は一六五％増え、トップ〇・一％の賃金は三六二％上がっている。もしラスティニャックが今日生きていたら、ヴォートランは金持ちと結婚するのと同じくらい、ヘッジファンドのマネージャーになっても豊かになれると認めるかもしれない。

この稼ぎの格差の劇的な上昇と、その利得の大半がいちばんてっぺんの人々に行くという現象はなぜ起きたのだろうか？　一部のアメリカ経済学者は、それが技術変化によるものだという。「スーパースターの経済学」という有名な一九八一年の論文で、シカゴ大学の経済学者シャーウィン・ローゼンは、現代の通信技術が、才能ある個人の到達範囲を拡大することで、勝者総取りの市場を作り出していると論じた。そこでは、一握りの傑出した個人がすさまじい報酬を懐に入れてしまう。彼らの能力が、報酬のはるかに少ないライバルに比べてさほど優れていない場合でもそうなってしまうのだ。

ピケティはこれに納得していない。彼が指摘するように、保守派経済学者は映画スターやスポーツのスターといったある種のパフォーマーたちの高所得については語りたがるが、それは高い所得が本当に十分に能力に見合ったものだと示唆したいからだ。でもそうした人々は実は、稼ぎトップエリートたちのごく一部でしかない。むしろそこの大半は主に、何らかの重役たちだ——その能力や業績は、実はかなり評価しにくく、金銭的価値もつけにくいものなのだ。

企業のCEOの価値を決めるのは誰だろうか？　うん、一般には報酬決定委員会というものがある。でもそれを指名するのは当のCEOだ。ピケティによれば、実質的に高位の重役たちは自分で自分の給料を決める。それを制約するのは、市場の規律などではなく、むしろ社会規範なのだ。そして彼は、トップ給与の激増を、そうした規範の侵食によるものだと述べる。要するに、トップでの賃金急増は、厳密に経済的な力よりは、社会政治的な力によるものだと主張しているわけだ。

さて公平を期すために言っておけば、彼は規範変化について考えられる経済分析もそれに続いて行っている。金持ちに対する税率低下が実質的に、稼ぎのエリートたちを大胆にしたのだと言う。社会規範を踏みにじってすさまじい給料を手に入れても、そのうち手元に残るものがごく一部なら、そんな後ろ指をさされるような真似をするだけの価値はないと判断するかもしれない。でも限界税率を大幅に減らすと、その行動は変わりかねない。そしてますます多くのスーパーサラリー勢が規範を踏みにじれば、規範そのものが変わる。

この診断についてはいろいろ言えるけれど、明らかに富の分配と収益に関するピケティの分析のような厳密性と普遍性はない。さらに『21世紀の資本』は、重役の力仮説に対する最も明らかな批判に適切に答えていないと思う。超高所得は金融分野に集中しているが、そこではある意味で、実際に業績が評価できるということだ。さっきヘッジファンドのマネージャーという例を挙げたのは、思いつきではない。こうした人々は、顧客を集めて投資収益を実現する能力に基づいて報酬をもらっている。現代ファイナンスの社会的価値について疑問視することは可能だけれど、世の中のゴードン・ゲッコーたちは明らかにある種の活動では優秀だし、彼らの台頭は権力関係だけが原因だとは言えない。もちろん道徳的に怪しげな各種取引に首をつっこむ意志は、報酬についての規範を踏みにじる能力と同じく、低い限界税率で奨励されるという主張はできるだろうが。

全体として、私は賃金急増に関するピケティの説明におおむね納得しているが、規制緩和を説明に入れていない点にはかなりがっかりした。だがさっき述べたように、ここでの彼の分析は資本の分析の持つ厳密さを欠いているし、さらにその徹底したはめくるめく知的エレガンスもない。

それでもこの点に過剰反応してはいけない。今日までのアメリカの格差が主に賃金所得によるものだったとしても、資本だって重要な役割を果たしてきた。そしていずれにしても、この先の話はおそらくかなりちがったものになるだろう。現在のアメリカの大金持ち世代は、金利生活者（蓄積された資本を元に生活する人々）より重役が主体かもしれないが、そうした重役には相続人がいる。そして二〇年後のアメリカは、ベルエポック期のヨーロッパよりも格差の激しい、金利生活者の支配する社会になっている可能性もある。

だが、そうなる必要はないのだ。

4

時々ピケティは、歴史の決定論的な見方を提示しているようにも思える。そこではすべてが人口成長と技術進歩の率から出てくる。でも現実には、『21世紀の資本』は公共政策がすさまじいちがいを生み出すことを明確にしている。根底にある経済条件が極端な格差を示すものではあっても、ピケティが「少数独裁への漂流」と呼ぶものは、政体の選択により止められ、逆転すらさせられるのだ。

重要な点は、富の収益率と経済成長率との決定的な比較を行うとき、重要なのは富の税引き後の収益率だということだ。だから累進課税──特に富と相続に対する課税──は格差を抑える強い力になれる。実際、ピケティはその大作を終えるにあたり、まさにそうした形の課税を訴えている。残念ながら、その当の本で説明された歴史を見ると、楽観的な意見は出てこないのだが。

確かに二〇世紀の大半において、きわめて累進的な課税が、所得と富の集中を抑えるのに実際に役立ったのは事実だ。だから民主主義が高い格差に直面したら、課税増大が自然な政治的結果になると思うかもしれない。だがピケティはこの結論を否定する。二〇世紀の累進課税の勝利は「混沌による幻のような産物だった」と彼は述べる。両大戦とヨーロッパの現代の三〇年戦争がなければ、そんなことは起こりようがなかった、と。

証拠としてピケティは、フランスの第三共和政を挙げる。共和政の公式イデオロギーはきわめて平等主義的だった。だが富と所得は、英仏海峡を越えた国の、貴族的な立憲君主国と同じくらい集中していたし、経済特権も相続が圧倒的な役割を果たしていた。そして公共政策は、金利生活者の支配に反対するようなことは何もしなかった。特に相続税は、笑ってしまうほどの低さだった。

なぜ普遍的に連帯したフランス市民たちは、金利生活者階級と対決する政治家たちに投票しなかったんだろうか？　うん、いまと同じく当時も、大きな富は大きな影響力を買えたからだ──政治に対してだけでなく、公共の議論に対する影響力も買えた。アプトン・シンクレアは、「誰かに何かを理解させるのは、その人の給料が、それを理解しないことにかかっている場合にはとてもむずかしい」と述べたことで有名だ。ピケティも、自分の国の歴史を見て似たような洞察に到達している。「ベルエポック期フランスの経験は、経済金融エリートたちが自分の利益を守らねばならないときは、どんな偽善でも大きすぎることはないと証明している――証明など必要であればの話だが」。

同じ現象が今日も見られる。実際、アメリカの奇妙な特徴は、格差の政治が格差の現実より先走っているように見えることだ。これまで見た通り、現時点でアメリカの経済エリートは、その地位を資本所得よりは稼ぎから得ている。それでも保守的経済レトリックはすでに、労働より資本を強調し、ほめそやす――大事なのは「雇用を作る人々」であって労働者ではないというわけだ。

二〇一二年に下院多数党総務エリック・カンター議員は、労働記念日――よりによって労働記念日だ！――に事業所有者をほめそやすツイートをわざわざ行った。

今日、我々はリスクを取って、頑張って働き、事業を築いて成功を勝ち取った人々を誉め称える。

これに対する反応で反省したのか、彼はその後の共和党懇話会で、ほとんどの人々は自分の事業を持っていないのだと仲間たちに伝えねばと感じたと言われる――でもこの話自体から、共和党が徹底的に資本と自らを一体視していて、労働はほぼ排除していることがうかがえる。

またこの資本指向は単なる口先だけのものではない。高所得のアメリカ人の税負担は一九七〇年代から一貫して下がってきたが、最大の減税は資本所得――これは法人税の大幅引き下げが最も顕著で、これは間接的に株主に便益となる――と相続税に対するものだ。時には、アメリカの政治階級の相当部分は積極的に、ピケティの言う世襲資本主義を復活させようとしているかのようにも見える。そして政治献金の出所を見れば、その多くは裕福な一家からきているので、この可能性は一見したほど荒唐無稽なものではない。

ピケティは『21世紀の資本』を武装への呼びかけで終えている――特に富裕税、できれば世界的なものを導入し、相続財産の力の拡大を抑えるべきだというのだ。これに類するものの見通しについてシニカルになるのは簡単だ。だが私たちの現状と、その見通しに関するピケティの壮大な診断は、そうした可能性をずっと高いものにしてくれるはずだ。だから『21世紀の資本』はあらゆる面で、きわめて重要な本だ。ピケティは私たちの経済的な言説を一変させた。もう富と格差について、昔のようなやりかたで語ることはだれにもできなくなったのだ。

第Ⅱ部　資本の捉え方

第4章 『21世紀の資本』のモデルはどこがおかしいのか?

デヴェシュ・ラヴァル

経済学者デヴェシュ・ラヴァルは、資本と労働の代替弾性を推計するという、重要な独自の研究を行っていた——この代替弾性は、『21世紀の資本』の、$r>g$だから格差は拡大するという有名な主張の根底にある理論モデルで重要な役割を果たすものだ。ラヴァル(そして他の人々)の研究によれば、資本と労働の代替性は低すぎてピケティの議論を支えきれない。ここでラヴァルはピケティが提供する理論的な仕掛けを振り返り、この問題に関する経済研究の現状を述べ、それらが『21世紀の資本』の根底に残す謎を検討する。その謎とは、もし格差増大の物語が、資本蓄積が進んでも限界資本が相変わらず生産的であり続けるという話でないとすれば、それは一体どういう話なのか、というものだ。

トマ・ピケティ『21世紀の資本』の永続的な貢献は、経済学における尺度改善の重要性を実証することだった。ピケティは、提供されている事実群を複数の次元で拡大した。新しい国民会計統計を開発し、経済学者が通常研究するよりもずっと長い歴史的期間を検討した。そして行政的なミクロデータを使い、格差の新しい尺度、たとえばトップ一%が国民所得に占めるシェアなどを作り出した。ピケティの解明した事実は、マクロ経済学者たちが通常尋ねる質問(所得に占める資本のシェア)にも、ミクロ経済学者たちの質問(労働所得格差)にも触れている。たとえばピケティは、資本シェアが過去一世紀にわたり長い周期を示していて、トップの稼ぎ手たちの所得は社会の他の部分よりずっと急速に増えたことを実証した。

だが『21世紀の資本』の予言——格差が爆発的に高まり、資本所有者は国民所得のますます多くを懐に入れるようになるというもの——の背後にある駆動力は、その経済モデルだ。このモデルはマルクス『資本論』にまでさかのぼり、世界的な資産課税という主要な政策処方箋の根拠となるものだ。これは批判的検討に耐えうるものだろうか？

ここではまず、『21世紀の資本』の経済モデルを提示しよう。ピケティのモデルは、資本と労働の代替率が一以上であれば、経済成長低下は資本シェアを増やすと予測する。したがって、この弾性率についてのピケティの推計戦略を、資本労働代替に関するもっと広い証拠に照らして検討し、代替率の推計のほとんどが、ピケティの推計よりずっと低い理由を説明する。結論として、資本シェアが高まる別の二つの理由を示唆しよう——労働節約型技術進歩と、国際貿易の作用だ——そしてそれらを支持する実証的な証拠について論じる。

モデル

『21世紀の資本』で、ピケティは標準的な新古典派のソロー＝スワン成長モデルを使い、資本／産出比率——彼の資本主義の第二法則——と資本シェア——資本主義の第一法則[*1]——を検討する。特にピケティは人口変化などによる経済成長低下がどのように資本シェアに影響するかに関心がある。資本シェアの変化は社会での格差水準に影響するというのも、ピケティが記録するように、資本所有はごくわずかの人々にきわめて偏っているからだ。

第二法則

ピケティの第二法則は、資本／産出比率（ピケティはβで表す）の定常値を司る。それぞれの期に、貯蓄S_tは投資I_tと等しくなる。ピケティは、純貯蓄は純産出Y_tの一定比率 sだと想定しているので$S_t = sY_t$となる。同書の他の部分で、ピケティは資本所有者ごとに異なる貯蓄率や資本収益率の意味合いを検討している。だがこれらは、その明示的なモデルの一部にはなっていないので、ここでは採りあげない。

バランスの取れた成長経路だと、資本K_tと産出Y_tは時間を追うにつれて成長率 gで増えるので、投資資本比率も一定で、成長率と等しくなる。移行するとこうした前提から以下が導かれる：

$$\frac{sY}{K} = g \quad \text{——（1）}$$

$$\beta = \frac{K}{Y} = \frac{s}{g} \quad \text{——（2）}$$

言い換えると、バランスの取れた成長経路では、資本／産出比率βは常に一定で、貯蓄率sを成長率gで割ったものと等しくなる。ピケティはこの関係を使って、成長率が下がったら、資本／産出比率が上がると予測する。例えば、貯蓄率が一二％なら、成長率が三％から一％に下がれば、資本は純産出の四倍から一二倍に増える。[2]

第一法則

ピケティの第一法則は、単なる会計上の定義だ。所得の資本シェア（ピケティはαで表す）は、資本のレンタル率rに資本／産出比率βをかけたものになる：

$$\alpha = \frac{rK}{Y} = r\beta \quad \text{——（3）}$$

もし要素市場が競争的なら、資本のレンタル価格は、その限界生産に等しくなる。限界生産を計算するにあたり、話を単純にするためＣＥＳ生産関数を想定した。[3]

$$Y_i = \left[a(A^K K)^{\frac{\sigma-1}{\sigma}} + (1-a)(A^L L)^{\frac{\sigma-1}{\sigma}}\right]^{\frac{\sigma}{\sigma-1}} \quad \text{——（4）}$$

ここでLは労働だ。生産性は、資本と労働の両方を補える（資本ならA^K、労働ならA^L）。A^Kが大きくなれば資本が増えたのと同じことになり、A^Lが増えたら労働が増えたのと同じことになる。

代替弾性率σは、総資本／労働比率（K／L）が相対要素価格（w／r）の変化に対して持つ弾性値となる：

$$\sigma = \frac{d \ln K/L}{d \ln w/r} \quad ―― (5)$$

資本の限界生産、ひいてはレンタル価格 r は

$$r = \frac{dY}{dK} = \mathrm{a}\left((A^K)^{1-\sigma}\beta\right)^{-\frac{1}{\sigma}} \quad ―― (6)$$

レンタル価格がβの変化に対してどう動くかと、第二法則を代入することで、第一法則は次のようになる：

$$\alpha = \mathrm{a}\left(A^K\beta\right)^{\frac{\sigma-1}{\sigma}} = \mathrm{a}\left(A^K\frac{s}{g}\right)^{\frac{\sigma-1}{\sigma}} \quad ―― (7)$$

ピケティは、人口増加が鈍るが、A^Kを含む技術は同じにとどまるシナリオを想定する。この場合、βは上がり、レンタル価格rは下がる。すると、資本シェアに関する予測は資本労働代替がどの程度かで決まる。資本が労働と代替しやすければ、追加資本の使い出は高まり、したがってレンタル価格の下落も小さくなる。もしピケティが想定するように、代替弾性値σが一以上なら、gが下がれば資本シェアαも下がる。

ピケティの推計戦略

ピケティは、経済成長が下がれば資本シェアが上がると予測するが、これは資本がどこまで労働を代替できるかで決まる。資本労働代替弾性値を決めるため、ピケティは式（7）に内包された、資本シェアαと資本／産出率βの関係を使う。ピケティは、歴史的に長期で見ると、αとβはどちらもU字型を描き、一九一〇年から一九五〇年にかけては下がり、一九八〇年から二〇一〇年にかけては上がっていることを記録している。そしてピケティは、この二つの時系列データの並行した動きを使って弾性値を求める。これはβの動きがαの動きを引き起こしていると想定して

いるからだ。彼はこう述べる。「二〇世紀に観察された資本シェアの変動と、一九七〇年から二〇一〇年に富裕国で見られた増大とを考えると、この変動は代替弾性値が一より少し高い（一・三から一・六）ことで適切に説明できると結論づけられる」[*4]。

図4・1はピケティが長期にわたる観測値を開発した四カ国（フランス、ドイツ、イギリス、アメリカ）について、一九八〇年から二〇一〇年の資本／産出比率βと資本シェアαの成長率を示したものだ。薄い灰色の棒は、資本／産出比率で、黒棒は資本シェアだ。それぞれの変数の成長率は、一九一〇年から一九五〇年（アメリカについては一九二九年から一九五〇年）と、一九八〇年から二〇一〇年について描かれている。四カ国すべてについて、両方の時系列データは、前者の時期には下がり、後者の時期には上がる。前者の時期には、βの低下はαよりずっと大きいが、後者の時期だと、アメリカではαはβより速く増え、フランスだと遅く、イギリスとドイツだとだいたい同じだ。

ピケティの同定戦略を使ったもっと正式な推計アプローチは、式（7）でやったように、αをβで回帰分析することだ。図4・1の四カ国すべてについて、同じ時期について、一九一〇年（アメリカは一九二九年）、一九五〇年、一九八〇年、二〇一〇年のデータポイントを使って、その回帰分析をやっていた。弾性値の推計は一・三四となり、ピケティが報告した範囲におさまる。

この推計戦略は、資本／産出比率βについてのデータを必要とする。ピケティはβで使う資本について、富の総価値を使っている。つまり彼は資本を市場価値で計測しているので、資本の価値評価の変化は、ピケティのβの値を変える。これはRowthorn and Rognlie論文が指摘する通りだ[*5]。だが資本の価値評価が生産に影響するのは、有効な資本の量の変化を反映した場合だけだ。ピケティの推計式（7）は、有効資本の正しい尺度として、生産に使われる資本と資本を補う技術A^Kの積を含んでいる。

ピケティが述べる経済的なショックの多くは、資本の市場価値に影響しても、必ずしも生産に使われる資本量には影響しない。たとえば、工場が将来、国有化される可能性が高まったとしよう。工場の資本の市場価値は、その将来収入フローに依存するので、資本の市場価値は下がる。だが生産面では何も変わらない。工場は同じ生産用の資本を持ち、同じ生産プロセスを持つ。

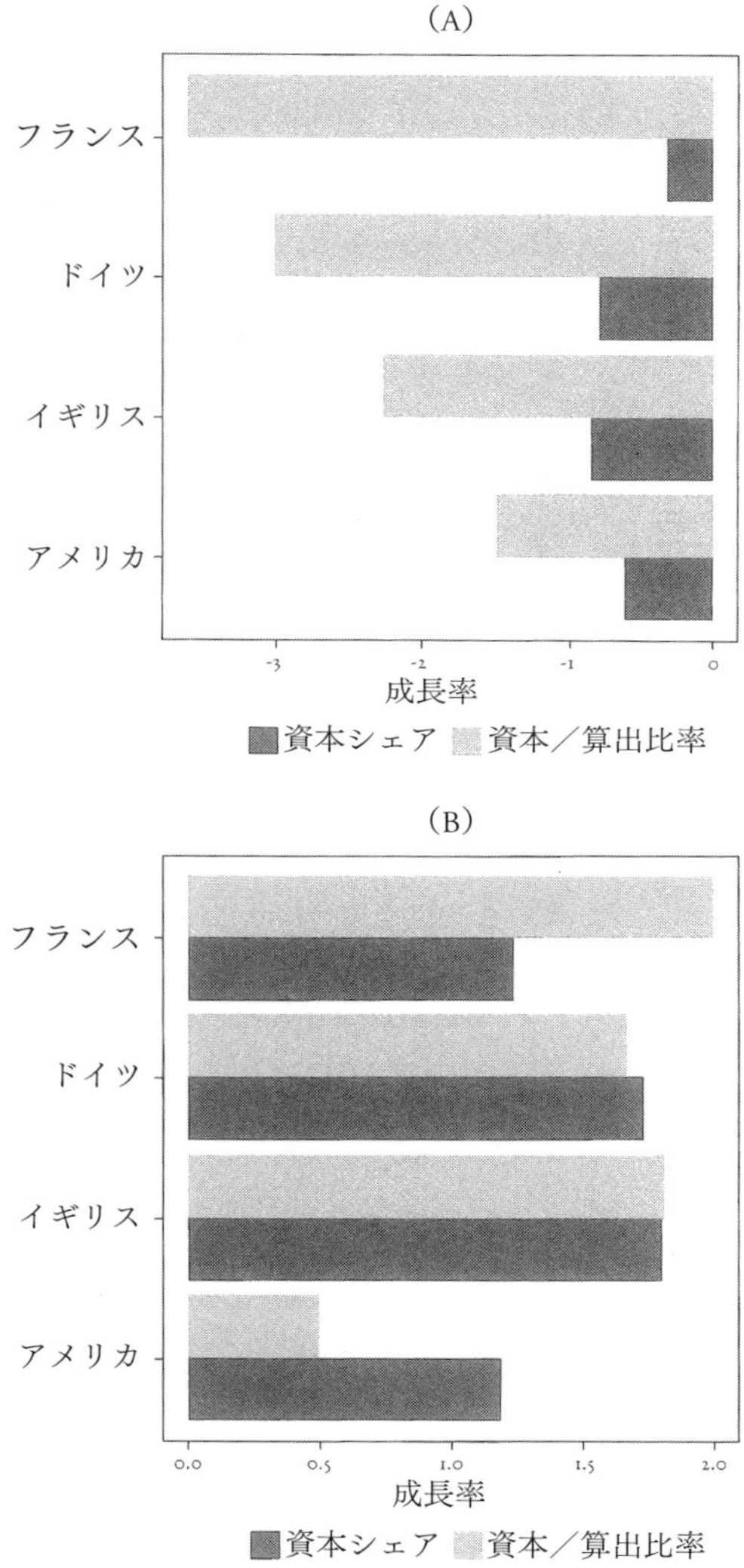

図4.1　資本／産出比率と資本シェアの成長率

資本／産出比率と資本シェアの成長率。(A) 1910-1950年（アメリカは1929-1950年）。(B) 1980-2010年

註：推計値はThomas Piketty and Gabriel Zucman, "Capital is Back: Wealth-Income Ratios in Rich Countries 1700-2010," *Quarterly Journal of Economics 129,* no.3(2014): 1255-1310で提供されたデータに基づき、年率変化を％で示したもの。初期のアメリカでの変化は1910 − 1950年ではなく1929 − 1950年のものとなっている。アメリカでは1910年の資本シェアデータが得られないためである

実証的な手法として、価値評価による影響の除去に相当するのは、βからキャピタルゲインを取り除くことだ。つまり、別のやり方として資本を簿価で計測するわけだ。資本を簿価で計測すると、βからは価値評価の影響だけでなく、特許やブランド価値といった実体のない資本も除去される。

簿価ベースだと、βは資本シェアのようなU字型の動きは見せない。図4・2に、上と同じ四カ国のβ変化率を示した。灰色のグラフはキャピタルゲインを含み、黒いグラフは含まない。キャピタルゲインを含む場合、四カ国すべてできれいなU字が見られる。一九一〇年から一九五〇年にかけてβは下がり、一九八〇年から二〇一〇年にかけて上がる。キャピタルゲインを外すと、U字が見られる国はない。一九一〇年から一九五〇年でヨーロッパ諸国すべてのβは増え、減るのはアメリカだけだ。一九八〇年から二〇一〇年だと、βはアングロサクソン諸国で下がる。

Rognlie論文とBonnet et al. 論文はどちらも、近年のβ増大に住宅資本や住宅価格上昇が果たす役割を強調している。[*6] Bonnet et al. 論文は、賃料計測モデルのほうが、住宅資本の実際の増分の近似として正確だと論じている。賃料ベースの指標を使うと、フランス、イギリス、アメリカでは資本／産出比率は安定または微増しかしない。ピケティの使う価格ベースの指標とは結果がちがってくる。ドイツについては、賃料ベースの指標でも増加が見られる。βの動きは、価値評価効果を除去するとかなりちがってくる。住宅価格を引き上げるような政策変化でも、住宅サービスは改善しないかもしれない——たとえば新規の住宅建設を難しくするような規制だ。

資本労働代替

ピケティによるσ推計は、資本労働代替に関する既往研究での推計よりずっと高い。既往研究を比較するため、ピケティの推計を減価償却も含めたグロス値の生産関数に基づく弾性値に変換した。グロス値だと、ピケティの推計値は一・七から二・一の範囲となる。[*7] 図4・3に、既往研究で得られた推計値を示す。これはChirinko and Leon-Ledesma, McAdam, and Wilman論文の文献サーベイでまとめられた四三の推計値に、これらのサーベイ後に書かれた論文をいくつか追加したものだ。[*8] ピケティの推計値は灰色だ。既往文献のメジアン推計値は〇・五四だ。一以上の推計値はごく

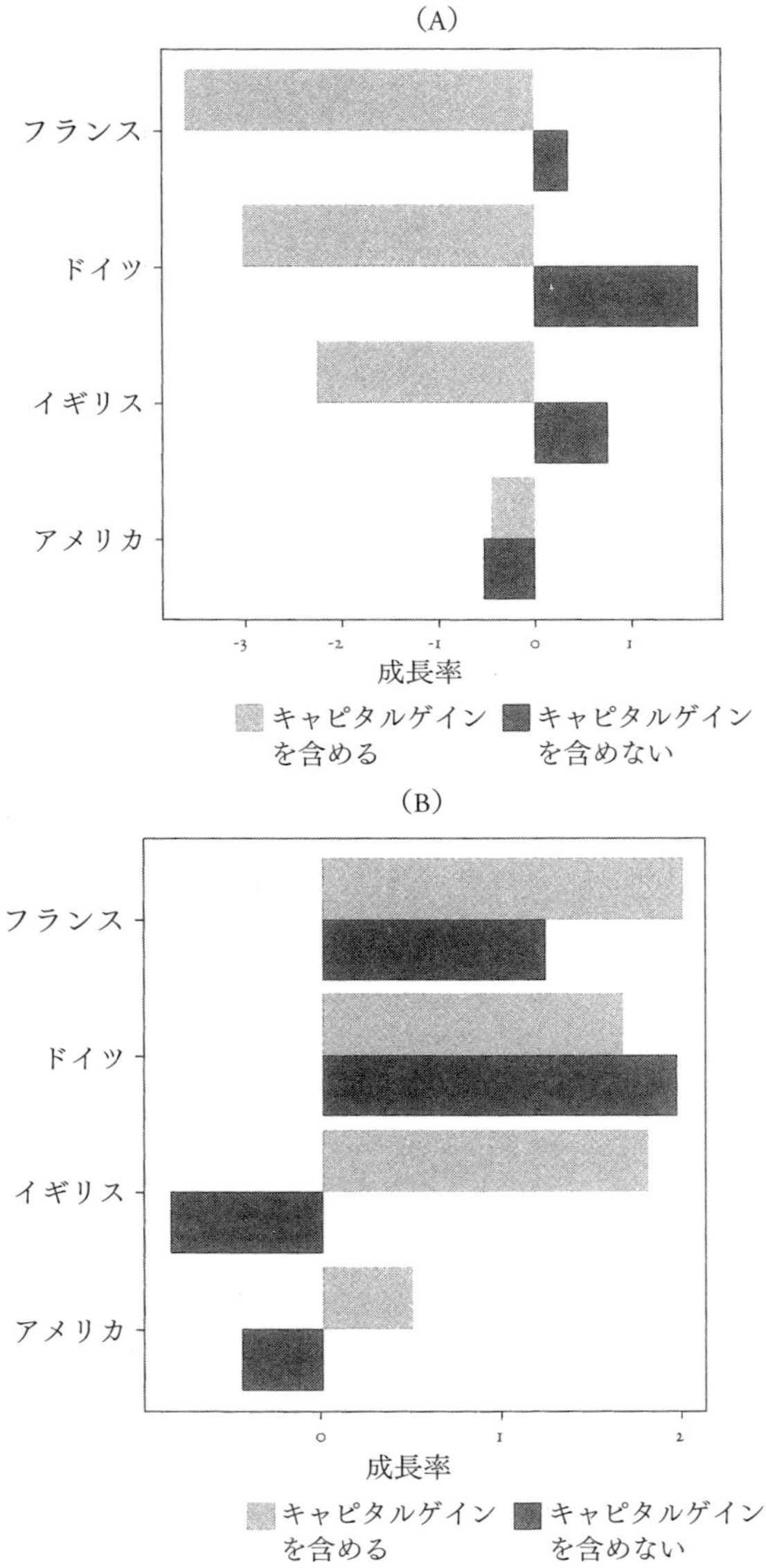

図4.2　資本／産出比率の成長率、キャピタルゲインを含めた場合と含めない場合。(A) 1910 – 1950年（アメリカは1929 – 1950年）。(B) 1980 – 2010年
註：推計値はThomas Piketty and Gabriel Zucman, "Capital is Back," で提供されたデータに基づき、年率変化を％で示したもの

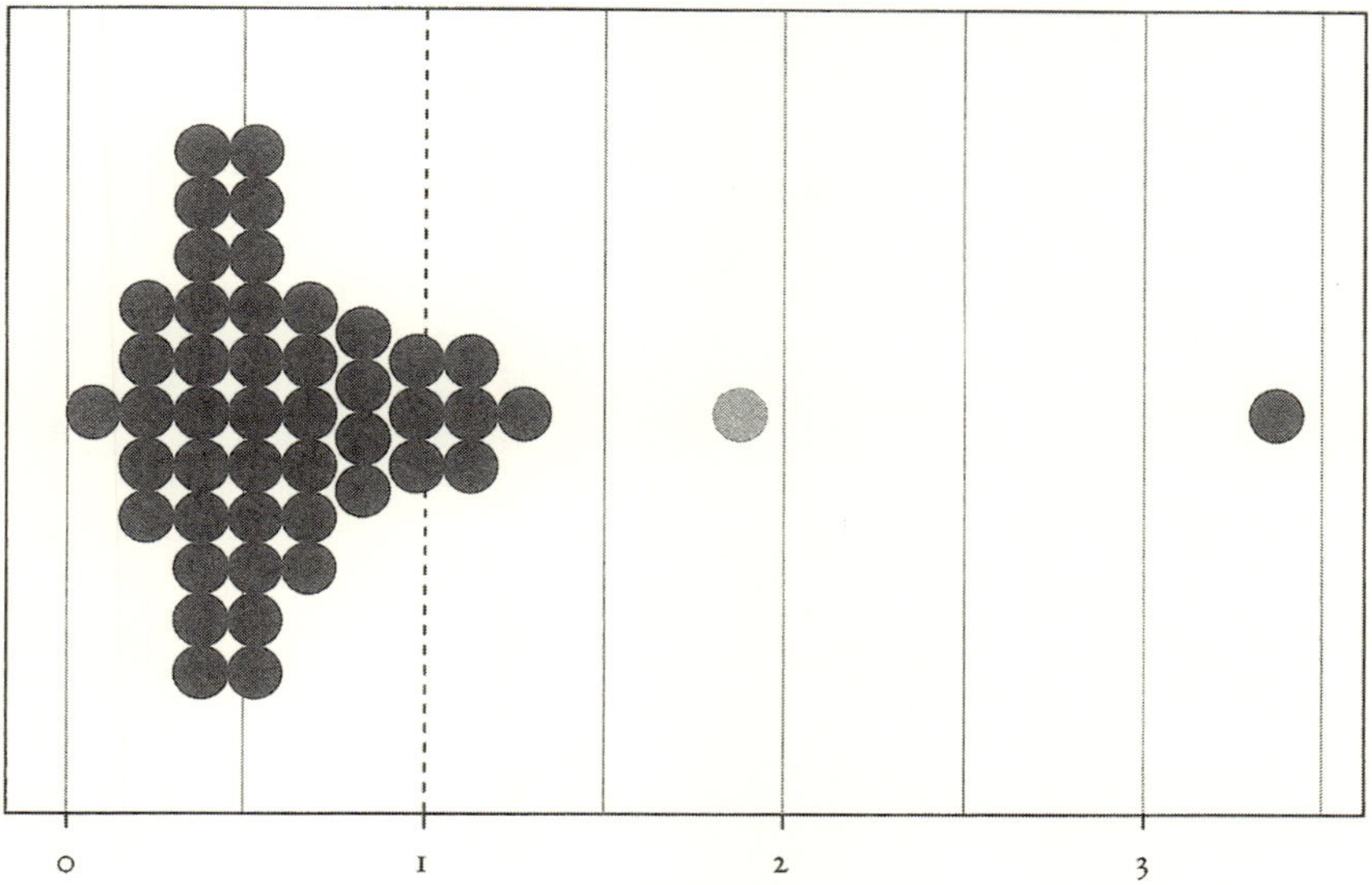

図4.3　既往文献の弾性率推計。ピケティの推計は灰色。既往文献のメジアン推計は0.54
註：このプロットは、Chirinko and Leon-Ledesma, McAdam, and Willmanによる文献サーベイで収集されたものに、これらサーベイ後に登場した多くの論文を加えたもの: Oberfield and Raval; Raval; Karabarbounis and Neiman; Herrendorf, Herrington, and Valentinyi; Alvarez-Cuadrado, Long, and Poschke; Leon-Ledesma, McAdam, and Willman; Chen; and Lawrence (Ezra Oberfield and Devesh Raval, "Micro Data and Macro Technology," NBER Working Paper No.00450 (September 2014); Devesh Raval, "The Micro Elasticity of Substitution and Non-Neutral Technology," http://www.devesh-raval.com/MicroElasticity.pdf; Loukas Karabarbounis and Brent Neiman, "The Global Decline of the Labor Share," *Quarterly Journal of Economics 129*, no.1 [0014]: 611103; Berthold Herremlorf, Christopher Herrington, and Akos Valentinyi, "Sectoral Technology and Structural Trans-formation," *American Economic Journal of Macroeconomics 7,* no.4（2015）：104193; Francisco Alvarez-Cuadrado, Ngo Van Long, and Markus Poschke, Capital-Labor Substitution, Structural Change and the Labor Income Share, technical report [Munich: CESifo, 2014]; Miguel A Leon-Ledesma, Peter McAdam, and Alpo Willman, "Production Technology Estimates and Balanced Growth," *Oxford Bulletin of Economics and Statistics 77*, no.1 [2015]: 40165; Xi Chen, "Biased Technical Change, Scale, and Factor Substitution in US Manufacturing Industries," *Macroeconomic Dynamics* [2016]; Robert Z. Lawrence, "Recent Declines in Labor's Share in US Income: A Preliminary Neoclassical Account," NBER Working Paper No.01096）.灰色の点は、ピケティが報告した推計のメジアン推計値。垂直の破線は弾性値一を示す

少数で、ほとんどすべてはピケティの推計値より低い。

もちろん、既往研究の推計値は、扱う期間や検討した国、技術進歩についての想定や蓄積水準、使った計量経済的な技法など多くの点でちがっている。なぜピケティは、既往文献の推計とこんなにちがう推計値を得ているのだろうか？　そして資本労働代替弾性の推計はどう行うべきだろうか？　言い換えると、ピケティの推計についてどんな結論を引き出すべきだろうか？

一意決定（Identification）

こうした疑問に答えるために、まず一意決定の問題に目を向けよう。計量経済パラメータは、データがパラメータのたった一つの値とだけ整合している場合に一意決定されているという。

ピケティが使う一意決定戦略――αとβの歴史的に並行した動き――は、技術に関してさらに前提を置かないと弾性値を一意決定できない。Diamond, MacFadden, and Rodriguez論文は、弾性値をどの値に置いても、技術―生産性A^KとA^L――の動きの経路を適切に取ればαとβの推移を説明できてしまうことを証明している。[*9] 直感的にも、資本シェアの変化は要素の相対供給や相対需要の変化により起こり得る。一意決定は、どちらが変化しているかについての想定を必要とする。たとえば技術進歩の方法についての制約や、要素価格やその量に関する外生的な動きなどだ。

ピケティの一意決定戦略の背後にある暗黙の想定は、資本を補う生産性A^Kが、一定に保たれるか、βの変化と相関しないというものだ。こうした想定が事実かをどうチェックすべきかは明らかではない。一定のA^Kは、長期的にバランスの取れた成長経路と整合しているが、Acemoglu論文が示すように、中期的にはA^Kにはかなりの動きがあるかもしれない。[*10] A^K変化を容認する計量経済アプローチは通常、A^Kは一定ではないという結果を生み出す。たとえばAntras論文は、戦後期にはA^Kが平均で年率一・三から一・六ポイントずつ下がっているという推計結果を出している。[*11] A^Kとβの間に、中長期トレンドによる相関があれば、弾性値の推計値もすべてかなりのバイアスが生じ兼ねない。

マクロ推計

あらゆる弾性値推計では、Diamond, MacFadden, and Rodriguez 論文が明らかにした一意決定問題にどう対応するかが重要な問題となる。つまり、技術変化にどんな想定を置くか、ということだ。資本と労働の弾性値のほとんどの推計は、ピケティのように総量の時系列データに基づいてはいるが、要素価格の変化が要素費用にどう影響するかを検討している。たとえば限界生産の式を代入すると、式（5）から導いた資本費用と労働費用の比率の式がどうなるかを見よう。

$$\ln\frac{rK}{wL}=\sigma\ln\frac{a}{1-a}+(\sigma-1)\ln\frac{w}{r}+(\sigma-1)\ln\frac{A^L}{A^K} \quad \text{——(8)}$$

この式では、A^L／A^Kについての前提を置かねばならない。これを技術変化の偏向と呼ぼう。相対要素価格（w／r）は、技術変化の偏向で混乱していなければ、弾性値を一意的に決定する。一つの可能性は、A^L／A^Kがずっと一定で、あらゆる技術変化が中立的であり、偏向型技術変化はないと想定することだ。これがピケティの暗黙の想定だ。この場合、相対要素価格（w／r）は弾性値を一意的に決める。別の想定は、A^L／A^Kが時間とともに指数関数的に上昇すると考えることだ。この場合、式（8）は時間トレンドを含み、相対要素価格が長期トレンドから離れるような変動を見せると、それが弾性値を一意的に決定する。第三の可能性は、偏向型技術変化の率自体が時間とともに変わるというものだ。

以下に、偏向型の技術変化について、三つのちがった前提に基づいて式（8）を推計したときに弾性値推計がどう変化するかを示す。その前提は、中立的な技術変化だけの場合、時間トレンドを持つ偏向型技術変化が定率で起こる場合、Klump, MacAdam, and Wilman 論文[*12]に見られるようなボックス＝コックス変換を通じて偏向型技術変化が変動するようにした場合だ。データは一九七〇年から二〇一〇年のアメリカ製造業のものを使う。

図4・4の左側プロットは、これらの推計値とその九五％信頼区間を示す。偏向型技術変化について何も補正しな

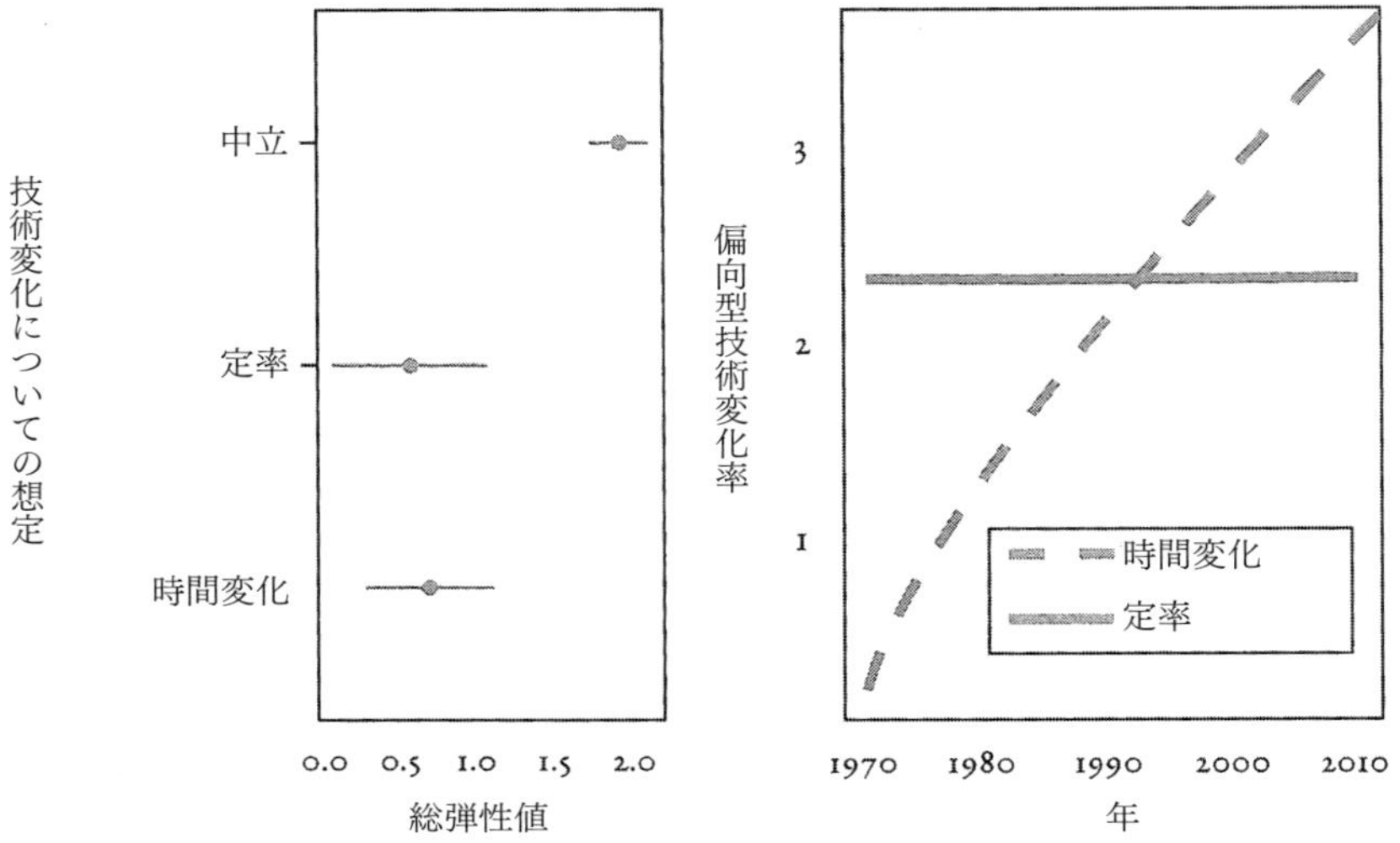

図4.4　総量データに基づく弾性値と偏向の推計　（左）総弾性値推計　（右）偏向型技術変化率（ポイント）

註：図の左側は、技術変化についての想定を変えたときに弾性値がどう変わるかを推計したもの。図の右側は、定率（2.3%）と時間変化（0から3.5%）の年率技術変化を想定した場合の年率を示す。左のプロットは、式（8）に基づく回帰から得られる、総代替弾性値について点推計と95%信頼区間を示す。各線の仕様は、技術変化偏向の想定の点でちがっている。技術変化はトレンドを持たないか、線形の時間トレンドを持つか、時間トレンドのボックス＝コックス変化を持つかの想定が行われている。右手のプロットは、線形の場合とボックス＝コックス型の時間トレンドを持つ技術変化バイアスをポイント数で示している

いと、弾性値推計は厳密に一・九と推計され、ピケティの推計範囲におさまる。だが偏向型技術変化を含めると、弾性値は定率偏向の場合には〇・五六、変動偏向の場合には〇・六九に下がる。この推計値の信頼区間は、どちらも弾性値一を含む。定率偏向の場合の信頼区間は〇・〇五から一・〇七となる。直感的に行って、偏向型技術変化があると、要素価格変化については一意決定の変動も減る。

図4・4の右側プロットには、それぞれの想定で偏向型技術変化の率を年率％で示した。

偏向型技術変化が定率の場合の回帰モデルは年率二・三％の偏向型技術変化という推計値を出している。時間変動のボックス＝コックスモデルだと、偏向型技術変化率は、一九七〇年にはほぼゼロだったのが、二〇一〇年には三・五％以上になる。

アメリカの製造業データに関するこの分析は、弾性値推計は計量経済的な想定

が偏向型技術変化についての補正を少しでも含むようになると一を下回るということを示した。同様に、偏向型技術変化を含めた最近の研究では、一般に一より低い弾性値が出ている。たとえばAntras論文は、アメリカの総量時系列データを使い、技術変化を中立として弾性値を一とする推計を出しているが、A^KとA^Lの指数関数的な成長を含めると、弾性値は一を大きく下回っている（〇・六から〇・九）[*13]。

総弾性値を推計する計量経済アプローチは、さらに二つの大きな課題に直面する。まず、偏向型技術変化の補正を加えると、総量時系列データには一意決定を可能にするほどの変動が残っていないかもしれない。Leon-Ledesma, McAdam, and Wilman論文は、この問題を検討するためにモンテカルロ分析を行っている[*14]。これによると、総量時系列データを使って真の弾性値を得るのはむずかしいが、生産関数とその限界生産の方程式を同時に推計する「システム」アプローチ（たとえばKlump, McAdam, and Wilman論文）は、式（8）のように要素限界生産だけを使うよりも良い結果を出す。

第二に、すでに見た通り、偏向型技術変化について補正するということは、もっと高頻度で動く要素価格を使うということになりかねない。もし要素変化が調整費用を必要とするなら、こうしたアプローチは結局、もっと短期の弾性値を推計することになりかねない。『21世紀の資本』での問題においては、長期弾性値が適切な弾性値となる。一つの解決策は、要素価格の長期変動を抽出することだ。例えばChirinko and Mallick論文は、アメリカ産業のパネルデータを使って資本レンタル価格の長期変動を検討している[*15]。彼らの長期弾性値推計は、短期弾性値についてのものよりずっと高いが、それでも〇・四〇から〇・六五の範囲だ。

最近の研究で代替弾性値一以下が得られることが多いが、唯一の大きな例外はKarabarbounis and Neiman論文だ[*16]。彼らは、資本価格の成長率の国別変動を使い、総弾性値一・二五という結果を得ている。彼らのアプローチの主な長所は、国別変動は長期弾性値を得るのに好適かもしれないということだ。だがその基本戦略は、A^K変化が各国で同じか、レンタル価格変化と相関がないことを必要とする。だから以前の文献で、偏向型技術変化がないと想定したものと同様に、技術変化に伴う一意決定問題に直面することになる。加えて、Mutreja, Ravikumar, and Sposi論文が示すように、ほとんどの国は資本財のほぼすべてを輸入しており、したがって国ごとの変化のほとんどは、各国の貿易自由化の度合いの差によるものかもしれない。[*17] だが貿易パターンや貿易障壁の変化は、後述するように、資本価格以外の複数の理由で資本シェアに影響しかねない。これは弾性値の推計をすべて歪めかねない。

ミクロ推計

これまで見たように、総計値のデータだと、技術変化にあらかじめ制約を設けておかないと、要素価格の動きを技術と切り分けるのはむずかしい。別のアプローチとしては、企業や工場のミクロデータを使うことだ。そうした場所なら、おそらくはもっとはっきり外生的で長期的な要素価格の変化があって一意決定ができる。

最近のいくつかの研究はミクロデータを使い、長期のミクロ弾性値を推計している。Chirinko, Fazzari, and Meyer 論文は弾性値を、アメリカの各種公開企業における長期的な資本レンタル費用の動きの差を使って見極めている。[*18] 彼らは中立的でない技術変化について産業レベルで補正しているので、一意決定における彼らの想定は、レンタル価格の企業レベルでのちがいが、企業レベルの A^K 変化とは独立であるはずだというものだ。彼らの推計する弾性値は〇・四〇だ。Barnes, Price, and Barriel 論文がイギリスの企業パネルデータを使って類似アプローチで求めた弾性値も同じ数字となっている。[*19]

私はアメリカ各地の賃金差を使って弾性値を求めた。この推計だと、賃金の地域的なちがいは企業 A^L とは独立でなければならない。[*20] 地域ごとの賃金差はきわめて持続的なので、この種のばらつきは、長期的弾性を明らかにするのに役立つはずだ。通常の最小自乗法（ＯＬＳ）と地元需要ショックからの賃金の道具を使い、弾性値を推計してみると、結果は〇・五に近かった。[*21]

総資本シェアの動きを理解するために必要となるのは、代替のマクロ弾性値であり、ミクロ弾性値ではない。だがHouthakker 論文が実証したことで有名なように、マクロ弾性は同じ生産者の中での代替だけでなく、事業者間の代替も含まれるので、ミクロ弾性とは大きくちがう可能性がある。[*22] ピケティとズックマンが述べるように「代替の総弾性値 σ は供給の力（生産者はちがった資本強度を持つ技術の間でシフトする）と、需要の力（消費者はちがった資本強度を持つ財やサービスの間でシフトする）の両方から生じる」[*23]。

Oberfeld and Raval論文は、以前のSato論文に基づいて、こうした需要や供給の力をモデル化し、ミクロデータを使ってマクロ弾性を推計する総和フレームワークを開発している。[*24] 単純化するため、ベースラインとして、企業が利潤を独占競争環境で最大化し、競争的な要素市場に直面するような、産業が一つしかない経済の例を考えよう。[*25] この場合、Oberfeld and Raval 論文でわかる通り、労働と資本のマクロ代替弾性σ^{Macro}は労働と資本のミクロ代替弾性率σ^{Micro}と需要のミクロ弾性εの凸の組み合わせとなる。

$$\sigma^{Macro} = (1-\phi)\sigma^{Micro} + \phi\epsilon \quad \text{——} \quad (9)$$

要素価格の変化に対し、経済全体の要素シェアの変化は、個別工場での代替と、工場同士の間での再配置とを含む。式（9）の右辺の第一項は、工場がそれぞれの投入ミックスをどう変えるかを捕らえたものであり、したがってミクロ代替弾性率σ^{Micro}にも依存する。賃金が高くなると、工場は労働の使用を減らそうとする。第二項は、投入価格の変化にともなって工場の規模がどう変わるかを捕らえたものだ。賃金が上がると、資本集約度の高い工場のほうが相対的な費用優位を獲得する。消費者は相対価格の変化に対し、資本集約財に消費をシフトさせることで対応する。この再配分効果は、需要弾性が高いと大きくなる。消費者たちは相対価格の変化への反応が大きくなるからだ。

両者の間の重みϕは資本シェアの費用加重分散に比例し、ゼロと一の間にある。それぞれの工場が同じ資本集約度で生産するとき、ϕはゼロとなり、工場の間の再配分は起こらない。それぞれの工場の限界費用は、対称的に投入価格変化に反応するので、相対産出価格も変わらない。これに対し、一部の工場が資本だけを使って生産し、他の工場は労働だけを使って生産するなら、あらゆる投入代替は工場の間で起こり、ϕは一になる。資本集約度の分散が小さければ、工場内での代替のほうが工場の間の再分配より重要になる。

この総和アプローチでは、代替弾性のミクロ推計を使って総弾性値を得られる。Oberfeld and Raval論文はアメリカ製造業部門でこれをやっている。資本と労働代替の工場レベルでの弾性と需要をミクロデータから推計し、製造業工場のある時間断面で加重ϕを推計している。こうした弾性値は一つの時間断面から得たものなので、時間的な技術変化については何も想定を置いていない。ここから得られるマクロ弾性値は〇・七であり、ミクロ弾性値〇・五よりは少し上だが、ピケティの範囲よりはずっと低い。

アメリカの場合、製造業工場ごとの資本集約度のちがいはそんなに大きくないので、ミクロ弾性値とマクロ弾性値もさほど大きくはちがわない。つまり、既往文献で推計された低いミクロ弾性値は、マクロ弾性値も一より低いと示唆している。だが既往文献で資本集約度に大きな分散が報告されている発展途上国の場合、資本集約度にはずっと大きなちがい見られている。アメリカと同じ需要と供給弾性を使うと、資本集約度の異質性がずっと高いインドでは、弾性値は一・二と推計される。

21世紀の資本労働代替

これまでの二節で示してきた証拠から見て、弾性値は一より低いようだ。だがピケティによる主張の一つは、代替弾性値はだんだん上昇してきたというものだ。例えばピケティが示すように、産業革命まではほとんどの資本は土地に帰属していた。ピケティは、土地と労働の弾性値は現代資本と労働の間の弾性値よりも低いと論じる。もし新技術、たとえばロボットなどが、ピケティの推計した代替弾性値を引き上げていたらどうだろう?

Klump and De La Grandville論文は、この問題をソローの成長モデル内部で検討している。[*26] 同論文は、高い資本労働代替弾性値を持つ経済は、他のすべてが同じなら、高い資本シェアと、高い一人あたり所得、高い一人あたり所得成長を持つと証明している。したがって、高い代替弾性値は、もっと豊かだが格差の大きい社会を意味する。

代替弾性値が十分に高ければ、経済は技術進歩がなくても長期的な成長を遂げられる。De La Grandville論文は、σが十分高ければ(そして一より高ければ)資本と産出が永遠に成長を続ける、しきい値となる貯蓄率があることを示している。[*27] そのしきい値となる貯蓄率は、人口増加率とともに増え、σが上がると減る。直感的に理解するなら、弾性値が十分高ければ、資本ストックが大きくても資本の限界生産は高いままなので、資本は経済が算出のうち十分な貯蓄をする限り、資本は人口成長率よりも高い成長率で増え続ける、ということになる。

ピケティの弾性値推計の上限ですら、この永続的成長シナリオが成立するためには、貯蓄率が大幅に高く、人口成長はずっと小さくなければならない。だがもしピケティが恐れたシナリオ——高い代替弾性値と低い人口成長率——

が成立するならソローの成長モデルは、経済が無限の成長を経験すると示唆している！

資本課税

資本からくる格差増大に対抗するためのピケティの主要な政策提言は累進資本課税だ。だがこの提案の望ましさは、ピケティの弾性率推計の有効性に左右される。一以下の弾性値だと、資本課税を増やせば資本シェアは逆に増えてしまう。逆に資本課税を減らせば資本シェアが下がり、したがってβの上昇を通じて格差水準も下がる。

資本課税を支持する伝統的な議論は、ピケティの正反対で、代替弾性値が低いから資本課税の厚生費用も低いというものだった。課税に厚生費用があるのは、人々が課税を逃れるために行動を変えるからだ。資本課税の場合、これは人々が代替を通じて資本を減らそうとするということだ。Chamley論文は、資本課税の厚生費用は弾性が上がると高まると結論している。厚生費用は、弾性値が二から〇・六に下がると、おおむね三分の二ほど減る。[*28] つまり資本課税の厚生費用は、ピケティの推計の下でのものより、これまでの節で示した推計値を使った場合にはずっと低いことになる。

資本シェア増大の別の説明

もしピケティの説明が正しくないなら、なぜ資本シェアは高まったのだろうか？　資本シェアは上がり続けるだろうか？　この節では、考えられる説明を二つ、グローバル化と労働節減的な技術変化を検討する。

グローバル化

労働シェア低下の別の説明として最も有力なものは、先進国がグローバル貿易にますます曝されてきたということだ。ここではアメリカに注目しよう。ほとんどの文献が検討しているのがアメリカだからだ。アメリカは、一九七〇年から二〇一〇年にかけて、輸入額の対ＧＤＰ比が三倍になった。一九七〇年にはＧＤＰの五％だったのが、二〇一〇年には一六%ほどだ。特に中国との貿易が激増し、一九八五年にはアメリカへの総輸入額の一%だったのが、二〇一〇年には一九%になっている。[*29] この中国とのすさまじい貿易増加は、中国の急激な経済成長と、二〇〇一年一二月の中国のWTO(世界貿易機構)への加盟によるものだ。

労働集約的なアメリカの生産が、労働の豊富な国にシフトすれば、貿易増加により労働シェアは下がる。Elsby, Hobijn, and Sahin論文は、まさに輸入の多い産業では賃金シェアが下がることを発見している。[*30] 一九九三年から二〇一〇年にかけて、輸入が一ポイント増えた産業では、平均で賃金シェアが〇・八七ポイント下がっているという。[*31] たとえば、製造業全体で見ると、彼らの推計はこの期間における中国からの輸入増加に直面したことで、賃金シェアは八ポイント下がったという。輸入増加の実勢値で、一九九三年から二〇一〇年の総賃金シェア低下の八五%ほどは説明できる。

この労働シェア低下は、雇用の低下、賃金低下、あるいは雇用と賃金両方の低下のせいの可能性がある。Acemoglu et al. 論文は、中国との貿易に直面してアメリカの仕事は二〇〇〇年代に二〇〇万から二四〇万件減ったと推計している。[*32] Autor, Dorn, and Hanson論文は、中国からの輸入に直面してアメリカ各地の地元労働市場がどんな影響を受けたか検討している。一部のアメリカ労働市場は、中国からの輸入が大幅に増えた製造業に大きく曝されている。[*33] こうした市場では、中国からの輸入の増加は雇用と賃金の両方に影響することがこの論文で明らかにされている。[*34] 一〇年間で労働者一人あたり中国への輸出が一〇〇〇ドル増えると、その地方の労働市場における製造業雇用は〇・六〇ポイント(または四・二%)下がり、雇用の対人口比は〇・七七ポイント下がる。賃金は労働者一人あたりの中国への輸出が一〇〇〇ドル増えると〇・七五%下がる。地元労働市場において、労働者一人あたり第九〇番百分位の中国からの輸入増加により、二〇〇〇年から二〇〇七年の中国からの輸入増に直面したことで、雇用と賃金のどちらも三・二五ポイント下がったはずだという。

同論文の著者たちはさらに、こうした変化を製造業と非製造業で分けて推計している。製造業では、雇用数では大幅な統計的に有意な下落を発見したが、賃金ではそうした結果はない。非製造業ではその逆の結果となった。さらにChetverikov, Larsen, and Palmer論文は、低賃金労働者が貿易による賃金低下の打撃を最も受けることを発見している。[*35]

したがって、輸入からの競争増加は雇用数と賃金の双方を通じて労働シェアに影響し、労働者の種類によってその影響は異なる。

製造業雇用は、多くのチャンネル経由で低下する。労働集約型製造業の生産者は退出したり、成長が遅くなったり、資本集約生産を必要とする製品を生産したりする場合もある。Bernard, Jensen, and Schott論文は、中国など低賃金国からの輸入シェアの産業別分散を検討することで、こうしたチャンネルすべてが影響している証拠を見出している。[*36] 低賃金国からの輸入品シェア増大が高い産業におけるアメリカ製造業工場は、退出したり、雇用増加が低かったりする可能性が高い——ただしこうした影響は産業の中でも資本集約的な工場だと小さい。また資本集約的で、輸入競争に直面しにくい製品の生産に切り替える確率も高い。

輸入競争の増加はまた、企業が労働者の交渉力を減らしたり、企業が生産性を高めたりして競争力を維持するやり方にも影響する。Schmitz and Dunne論文、Klimek and Shmitz論文は、それぞれ鉄鉱石採掘産業やセメント産業における既存生産者が、突然の輸入競争増大に対して労働慣行を変えることで対応した様子を検討している。[*37] いずれの産業でも、労働組合の契約で、各種の修理作業は特定の従業員しか行わないと定められていた。セメント産業では、労働組合との契約で、新規設備や新規の生産手法の導入により労働者をクビにすることが禁止されており、厳密な年功序列も決められ、業務を外部企業に外注することも禁止されていた。労働や、特定種類の労働、たとえば高齢従業員や修理労働者などからの代替を禁止して制約することで、こうした要件はおそらく雇用を増やし、労働シェアも高めていた。輸入競争のすさまじい増加により、こうした要件はほとんど廃止され、生産性と資本労働比率は高まった。

Bloom, Draca, and Van Reenen論文は、中国の輸入競争が生産者の多くのイノベーション指標——全要素生産性（TFP）、特許、情報技術（IT）投資——を高めたことを発見している。そして、産業内でも、当初高いイノベーション水準を持っていた生産者への再配分が行われていることも明らかとなった。[*38] このイノベーションは、労働節約技術を生み出したなら、労働シェア低下をもたらしかねない。著者たちは確かに、中国輸入競争に直面すると雇用が下がることを発見しているが、イノベーションの高い企業だとその度合いが低い。だがイノベーションの改善が雇用低下と結びついているかははっきりしない。

労働節約型技術変化

技術進歩を研究する経済学者たちは、蒸気力や電力など「汎用技術」の採用が経済全体に広範な影響をもたらしたことを発見している。[*39] こうした汎用技術の最新のものは、近年の計算力と情報技術の大幅な改善がもたらしたものだ。IT革命は「技術失業」につながり、資本シェアの上昇を説明できるだろうか?

Autor, Levy and Murmane論文は、新しい自動化技術が生産にどう影響するかを理解する枠組みを提供している。[*40] それによると新しい自動化技術は彼らが「定型」労働と呼ぶもの——明示的でコード化可能な業務に雇用される労働——を代替し、高次問題解決、創造性、説得などの「抽象」業務に従事する労働を補う。他の「肉体作業」、たとえば用務員業務や調理業務などは、新技術による影響はずっと少ない。Autor, Levy and Murmane論文は新しい自動化技術が職の二極化につながることを示している。中技能定型業務は自動化により消え、高技能の抽象業務と低技能の手作業の需要が増えるからだ。[*41]

こうした職の二極化は明らかにちがった種類の労働者の賃金と雇用に影響するが、それが全体としての労働シェアにどう影響するかはそれほど明らかではない。まず産業内では、定型作業従業員にまわる所得シェアが低下しても、新しい自動化技術と相補的な抽象労働の所得シェアの増大でそれが相殺されるかもしれない。第二に、全体としての労働シェアの変化は、価格低下に伴ってその産業への需要がどれだけ増えるか、労働需要の変化にマッチするように労働者がどこまで技能を変えられるか、経済がそうした労働者を他の機会にどれだけうまく再配置できるかに依存する。

たとえばATMの導入を例に取ろう。ATMは銀行窓口係と同じ業務をこなせる。だがBessen論文が記録しているように、ATM導入により雇用はかえって増えた。支店開設費用が下がったことで支店数が増えたこと、そして銀行支店が窓口係を単なる事務職員としてではなく、「リレーションシップ担当者」として活用するようになったことが原因だ。[*42] Basker, Foster, and Klimek論文はガソリンスタンドが、フルサービス型からセルフサービス型に移行した例を検討している。この場合、顧客はガソリンスタンド職員の労働に代わって自分の労働を代替していた。[*43] Basker, Foster, and Klimek論文は、ガソリンスタンドがセルフサービスを導入すると雇用と賃金は下がったが、その費用節約は、安いガソリンという形で消費者に転嫁され、ガソリンスタンド産業での雇用はガソリンスタンドに併設された新設のコンビニで雇用される労働者のせいで、かえって増えたことを発見している。

Autor, Dorn, and Hanson論文は明示的に自動化と貿易による影響を比較している。このために彼らは、双方の力が地元労働市場に与える影響を検討している。[*44] それによると、自動化技術は職業雇用の二極化を高めるが、純雇用は減らさない。著者たちは一方で、中国との貿易に直面すると雇用は減ることを発見している。

Beaudry, Green, and Sand論文は、二〇〇〇年代について二極化仮説を検討している。これは労働シェアが最も低下していた時期だ。その結果、抽象労働の雇用と賃金が下がっていることを発見している。[*45] 彼らのモデルは知識資本精算に使われる抽象業務労働を含んでいる。一九九〇年代の技術改善により、企業は一時的に抽象労働を雇って知識資本を構築するが、その後はすでに構築した知識ストップを維持するだけの抽象労働しか必要ないのだ。したがって、抽象労働の雇用と賃金は二〇〇〇年代には下がった。大不況のおかげで、二〇〇〇年代後半には景気循環効果と労働市場変化の構造変化と切り離すのが困難になったが、Beaudry, Green, and Sand論文は労働シェア低下に貢献したのが技術の力かもしれないという証拠を提供している。

労働シェアの将来変化

グローバル化は、労働シェアにこれ以上の大きな低下をもたらしそうにない。貿易障壁はすでにかなり低い。中国は過去三〇年にわたり、独特な立場にいた——巨大で、急成長を遂げ、完全な自給自足から移行しつつあった。加えて、アメリカはすでに、外国からの競争で被害を被りそうな労働集約型製造業における雇用の大半をすでに捨ててしまっている。

もし労働節約型技術進歩が近年の労働シェア低下の原因なら、労働シェア低下は永遠に続くだろうか？　この質問に答えるためには、技術イノベーション生産のモデルが必要だ。技術進歩の度合いと方向性はおそらく、その技術進歩からの利益に左右される。労働シェアが大幅に減り、労働が安くなった世界では、労働節約型の発明を開発するインセンティブはほとんどない。Acemoglu論文は、σが一より低く、イノベーションがA^Lで起こるときにはそうなると発見している。労働の希少性が労働節約イノベーションを後押しするのだ。[*46] この種のモデルは、なぜ比較的労働の希少なアメリカが、一九世紀にはイギリスよりも急成長を遂げたか（ハバクク仮説として知られる）、あるいはなぜ労働の豊富な中国ではなくヨーロッパで産業革命が起きたかという説明に役立つ。

Acemoglu論文は、長期的に要素シェアが一定の場合に技術進歩を内生化するモデルを開発している。[*47] このモデルでは、A^KとA^Lの変化は利潤最大化を行う研究開発部門の努力の結果だ。技術進歩は均衡成長経路では労働を補うものとなるが、移行経路に沿ってA^KとA^Lのが増加できる。A^KとA^Lの改善に対する収益は、資本シェアに依存する。資本シェアが長期均衡より高ければ、A^K開発の収益は大きい。結果としてのA^K改善は資本シェアを引き下げる。均衡では、技術進歩は要素シェアの安定化に貢献し、労働にとってのピケティ型の終末論的シナリオは生じない。

結論

『21世紀の資本』で、ピケティは経済成長率低下が資本シェアにどう影響するかを説明する成長モデルを採用している。彼のモデルだと、低成長は資本／産出比率を高める。資本／産出比の上昇は、もし資本労働代替弾性率が一以上なら、資本シェアも高める。ピケティは資本／産出比率と資本シェアの歴史的な連動を使い、この弾性値が一よりかなり高いと推計する。

ピケティの一意決定戦略は、技術に関して大きな想定を必要とする。つまり資本を補う技術A^Kが一定または資本／産出比率と経時的な相関がないという想定だ。この前提をゆるめて偏向型技術変化を可能とする推計を、総和の時系列データを使って行うと、一般に弾性値推計は一をかなり下回り、ピケティのものよりずっと低くなる。代替のミクロ弾性値推計も、一を大きく下回る。こうした推計値を使ってマクロ弾性を推計する総和の枠組みもまた、一より小さい弾性値を示唆している。したがって、労働シェア低下に関するピケティの説明は、おそらく正しくない。労働シェア低下に関する二つの代替的な説明は、グローバル化と労働節約型の技術進歩だ。産業別や地域別の労働シェアの差などを使った大量の証拠から、中国との貿易増加がアメリカの労働シェアを引き下げたと示唆される。多くの仕組みが作用しているだろう。労働集約型生産者は退出、縮小、販売製品を変更、あるいは労働慣行を変えたりするわけだ。

技術変化に関する現時点の証拠を見ると、自動化技術の発達で、新技術により代替できる定型労働の需要が下がり、新技術と相補的な中小労働の需要を高めることで、労働は二極化したと示唆される。しかし自動化が全体としての労働シェアを引き下げたという証拠は限定的である。内生的技術進歩では、労働シェアの低下はいずれ技術のシフトにより逆転する可能性がある。技術が労働シェアにどう影響するかを理解するためには、さらなる研究が必要である。

第5章　W／Yを政治経済的に考える

スレシュ・ナイドゥ

経済学者スレシュ・ナイドゥは、「飼い慣らされた」ピケティと「野生の」ピケティのちがいを利用して、格差の上昇を富の力学から生じるものとしてモデル化する課題に取り組む。だがピケティとはちがい、ナイドゥは新古典派生産の仕組みには頼らない。むしろ彼は、資本ストックの市場価値評価を真面目に受け取り、それが資本所有者が国民生産に対して将来的な権利主張に関する信念と、金融部門がそうした権利主張を割り引くときの割引率の反映だと考える。これはピケティの新古典派モデルよりも政治の領域を重視するものであり、したがってピケティの世界的富裕税を超えるような、資本シェアを制御するための一連の政策ツールや金融セクター的対応が示唆される。

格差理解における経路の分岐

ピケティは成功間近だった

「ケインズ派からマルクス主義者への公開書簡」で、ジョーン・ロビンソンは次のように書いている。「リカードは、有能でしっかり訓練を受けた生徒二人が後を継いだ――マルクスとマーシャルだ。一方イギリス史は大きな曲り角を過ぎて、地主はもはや問題ではなくなった。いまや問題は資本家だった。マルクスはリカードの議論を次のようにひっくり返した：資本家は地主とほぼ同じだ、と。そしてマーシャルは反対にひっくり返した：地主は資本家とほぼ同じだ、と」。[*1] そのでかい赤い本で（訳註：『21世紀の資本』英語版のカバーは赤が重点的に使われていた）、ピケティはヘンリー・ジョージや、かつての左派経済学者の長い系譜に沿って、彼が逆さまの議論だと考えるものをひっくり返そうというマルクス主義的な荒技を行おうとする。ピケティは、現代の資本は土地とほぼ同じだと論じる——レント（賃料の源）だ。それは非弾性的に供給され、その供給にあたって機会費用はほとんど犠牲になっていないのに、産出のシェアを要求する。そしてそれはその影響力と歪んだ分配を通じて、金融化された新封建主義的な金ぴか時代への回帰をもたらす、と。したがって、現代資本に支配された経済は、結局金利生活者経済になってしまう。泥棒男爵、肩書きだけの貴族たち、分配より社会紛争、金持ちが牛耳る政府の経済というわけだ。

だがピケティは、この荒技を完全にはやりきれていない。結局、自分のつくったマーシャル的道具に囚われてしまう。そこでは資本——富——は将来の産出に対する権利主張よりは、蓄積した貯蓄のストックとして扱われ、したがって寄生虫が所有する土地というリカード的な記述よりは、むしろ何と言うか、新古典派的経済資本に近いものとなっており、そこからの利潤は倹約に対する適切かつ社会的に有用な報酬ということになる。

ピケティの本が示すように、資本——富——はいろいろな形を取り、不動産から金融資産（たとえば企業の株や債券）、果ては奴隷にまで及ぶ。富を最も正確に概念づけるなら、将来のリソースに対する権利主張となる。それは機械や家屋、特許、油井など、生産的だったり（人々はそれを使おうとして値づけを行う）、収奪的だったり（この場合、人々は法的プロセスが自分に対して使われるのを防ごうとして支払う）する資産に対する、耐久財産権の購入により生じる。富の重要性は、経済的パイのどれだけに対してそれが権利主張するかで決まってくる。経済が資本に比べてたくさん産出を生産したら、富の保有者に負っている権利主張は楽々とカバーできる。でも経済全体の産出が相対的に低ければ、富の保有者に対して負っている責務をカバーするには、社会のリソースをずっと多く使わねばならない。ピケティの本は世界的な所得成長（g）が鈍化すれば、社会は世界水準で資本を拘束しなければならない——さもなければ、新しい所有者＝金利生活者の階級が、社会のパイのますます多くを飲み込むようになってしまうと主張する。

この本は、よい通俗経済学のお手本だ。歴史的で実質的に重要な洞察が、独創的で慎重に構築されたデータと、経済学業界の数学的モデルに啓発された（だが拘束はされない）分析の枠組みで規律を与えられている。

これは通常の経済学ではない。

だが左派の多くの経済学著作とはちがい、経済学者たちはこれを経済学だと認識するだろう（良かれ悪しかれ）。文中で、同書はまた政治を分析の前面に押し出す。ピケティが記録する時系列データの大きな動きは、政治や政策に動かされている。だが政治はモデルでは外生的だ。枠組みの内生的な一部にはなっていない。だからピケティは、資本と労働の需給という「市場ファンダメンタルズ」というスキュラと、政治や政策の独立した役割というカリュブディスの渦巻との間を繊細に航行しなくてはならないのだ。

飼い慣らされたピケティ

ピケティの本には、二つの相互にからみあった議論がある。

最初のものは「飼い慣らされたピケティ」で、きわめて標準的なモデルだ。そこには確率的で異質性ある貯蓄率と、資産ポジションについての保険をかけたり分散したりできない収益率がある。競争的な市場がある。資本労働代替弾性率が一より大きい生産関数がある。平等主義的で能力主義的な社会厚生関数がある。この飼い慣らされたピケティに経済学者は大喜びだ。それは経済の記述的で定量的なモデルと、きちんと定義された社会目的関数の文脈における、検証可能な予測を組み合わせている。最適な政策提言を導いている。共著者を持つ論文で論述されている。政策的な結果として最適富裕税の公式を導いている。

だがそれは、制度や政治のないものであり、おかげでピケティのプロジェクトは、標準マクロ公共財政の枠組み内における（見事な）拡張に見える。

これがクルーグマンの言祝ぎ、アセモグルとロビンソンなど[*2]が「資本主義の一般法則」を追いかけているとあざ笑う、ピケティの読み方だ。私はモデル構築の壮大さは認める。だが、この飼い慣らされたピケティは、その目的のためには不適切なモデルではないかと懸念する。彼は、経済の富と年間所得の比率（W/Y）、ひいては富の格差の実証的な変動を説明する制度変化を、適切な視野におさめようとしている。そうした制度としては、金融市場の役割、市場構造全般、収入をめぐる企業間の交渉などがある。だが飼い慣らされたピケティのモデルは、少なくともこの三つに関しては、明らかにしてくれるものが比較的少ない。

野生のピケティ

だがそれを食い破ろうとする芽吹きも見られる。それが「野生のピケティ」だ。

野生のピケティは、ちがう視点を示唆する。それは資本というものが、将来収入に対する安全な権利主張が今日の所得に変容するという錬金術となり、それが資産市場で売買されるというレンズ経由で経済を見る。この見方だと、企業ガバナンス、金融機関、労働市場制度、政治的影響は、W/Yと富の分配決定のほぼすべてを担う。この野生のピケティの議論は、同書の随所やインタビュー、各種論文でほのめかされている。これは資本を、制度的に定義され、その後資産市場で売買される財産権の束として見る見方だ。ここに、飼い慣らされたピケティとの接点となるピケティの本の思想——企業ガバナンスとトービンのQについての考え、外国投資とアフリカの弱い財産権についての考察、奴隷が富といえるかどうかの思索——があるのだ。この見方だと、資本はその保有者に対し、政治的に保護されたコントロール、排除、移転、派生キャッシュフローの権利を与える財産権の束となる。あらゆる財産権と同じく、その権利の確立と防衛には国家権力の行動、法的標準化、司法の正当性が必要となる。最後のものについて言えば、資本は約束された収入フローを潜在的な違反者(盗賊だろうと、逃亡奴隷だろうと、著作権侵害者だろうと、座り込みスト要員だろうと、家賃を払わないテナントだろうと)から守るために政府を呼び出せる能力を含んでいる。

政治経済的な見方は、原文にはないが野生のピケティの議論に見られるギャップを埋めるのに欠かせない、ピケティの本にあるべき章を書くのに役立つ。そうした章は金融、市場の力、内生的な政策構築についてのものとなる。資本の蓄積を可能にする制度や財産権を、政治システムに内生的なものとして理解できるし、社会集団同士の政治的権力バランスの結果として理解できるのだ。

そうした制度の中でも重要なのは、金融セクターの組織だ。富は、他には比較しようのない資産を価格加重した合計となる。そうした価格を決めるのは金融市場で、そこでは将来に関する気まぐれな期待が現在の価格に総和される。効率的ではなくても、広範な金融仲介は、高い富/所得比率とともにやってくる。こうした資産はそれ自体が、消費者に売るための労働者を使った財やサービスの生産を組織するために使われる。そしてそうした資産所有者に帰属する収入フローは、そうした労働者に支払われる賃金や、消費者に課される価格に依存している。製品市場と労働市場の働きと、競争、価格、賃金と雇用を規制する制度は、富の保有者が手にする所得シェアを決める。最後に、資産に帰属する所得の将来フローを保護するためには、税制を通じてだけでなく、様々な形で国家を動員することが必要となる。これは今日の所得格差が、その格差を明日にも保存するような政治システムを形成するというフィードバックループを引き起こす。

最後に、政治経済的な見方は富の格差について何が規範的に問題なのかをもっと明確に見えるようにしてくれる。ピケティは様々な場所で、富の格差と金利生活者の社会は民主主義的ではないと書いているが、そのつながりは不明確だ。なぜ極端な富の格差が、必然的に政治権力の格差を意味する必要があるのか？　だが富が、リソースそのものではなく、そのリソースに対する警察の裏付けを持った紙の上での権利主張だと理解するなら、富の格差が持つ民主的でない性質がずっとはっきりする。

W／Y決定要因についてのちがう見方

W/Y = s/g

ピケティの基本モデルは、富の動学的な蓄積を中心としている。$W_{t+1}=sY_t+W_t$、ただし s は貯蓄率、Y は所得、W は富だ。したがってこの両辺を $Y_{t+1}=(1+g)Y_t$（ただし g はGDP成長率）で割って安定状態を見ると、以下が得られる：

$$W/Y = s/g$$

この方程式は、平均的な家計（および企業）貯蓄率と経済成長率を強調している。これは富とGDPの比率を、家計と企業の貯蓄判断（減価償却を引いたもの）と、イノベーション率、人的資本蓄積、人口成長との比較の結果のように見せている。だがこうした力はまちがいなく重要だが、一方でかなり機械的なものでもある。一見すると、制度的な仕組みがどうであろうと変わらないように思える。この式は計画経済だろうと資本主義経済だろうと成り立つ。それは、私的な富を可能にする資本主義ならではの制度を隠してしまうのだ。

W／Yと金持ちの相対所得

所得の資本シェアαは以下で与えられる：

$\alpha = \frac{rs}{g}$、ただしrは利潤率。

したがって、経済の富と年間所得の比率W/Yの値は、もしrがだいたいgと同じ勢いで下がるなら、所得フローの格差にはまるで影響しない。だがgが下がってもrがおおむね一定なら、富と年間所得の比率も、資産所有者の総所得に占める比率も上がる。資本シェアを増やすように働く、安定した上向きの圧力というのは、マルクスが『賃労働と資本』で最も明解に述べた発想を一般化したものだ。ピケティはそこに述べられた議論をもとに、マルクス主義の価値理論における形而上学的な妄言を一掃し、所得と富にだけ注目する――これは長期にわたり計測できる、税、国勢調査、相続記録などに記録された実証的な数量だ。だが議論の結論は似ている。長期的には、ほとんどの産出は資本家が結局は所有することになってしまう、というわけだ。ちがいはその仕組みにある。ピケティは、利潤率が一定で、生産性改善の成長は低下するモデルを持っている。賃金が一定で、生産性が上がるモデルではない。いずれも、所得のますます大きなシェアが資本に向かうという結果となる。

ピケティによれば、マルクスが見逃しているのは経済成長を相殺する力だ。新しいイノベーション人口増加、経済活動の増加は独立して産出と労働所得を増やす。これらは技術と組織面での改善であり、特に賃金財の生産におけるもので、これが労働力の価値は下げても労働シェアは増やす結果を生むかもしれないという。

私はそれがもっと微妙な話だと思う。ピケティは、利潤率を、成長率より高いところで固定する。マルクスは、失業者の予備軍が持続的に存在するという理論により、賃金を生存ギリギリの「歴史的かつ道徳的」水準で固定する。

だからマルクスの枠組みでは、あらゆる生産性上昇は、生存ギリギリの「歴史的かつ道徳的」水準が上がらない限り、すべて資本に向かう。ピケティが好む競争モデルでは、生産性上昇は、企業が労働者を雇うために競争し、労働者の賃金を引き上げるという労働市場での競争により、労働者にまわる。だからピケティは、資本シェア増加を確保するためには、全体としての生産性が利潤率よりもゆっくりと成長してもらう必要があるのだ。だがいずれにしても、実証的な予言は同じだ。資本に向かう産出シェアはだんだん増える。マルクスのように、成長は一定だが賃金は制度と労働予備軍により固定されている。あるいはピケティのように、利潤率は固定され、競争的な労働市場で労働所得増をもたらす生産性成長率が下がっている。ピケティでは資本需要は弾性的であり、資本供給は非弾性的だ。マルクスでは労働需要は非弾性的で、労働供給は弾性的だ。いずれの場合も、剰余は資本所有者の手に渡る。

　経済成長を構成するこうした力は、ピケティによれば、マルクスが指摘した資本主義の基本的な緊張関係を、実証的にまちがったものとして捨て去るよう何世代にもわたる経済学者たちに促した。工業化世界のすべてで体験されている労働者の生活水準上昇で、悲惨さを増す成長というマルクスのモデルはまちがいなく論破されたのではないか？戦後時代の広範な繁栄は、所得の市場分配について多くの人々を楽観的にしてしまった。なぜなら彼らはそれが、どれほど異常な経済と政治の状況の産物なのかを把握していなかったからだ。ピケティの議論では、第一次世界大戦から一九七〇年代までの時期は、一つの壮大な歴史的事故だった――そこでは巨大な戦争、福祉国家、課税政策が資本収益率を抑え、おかげで成長率は、ごく短期間とはいえ利潤率より低かったのだ。ピケティは一九七〇年代以来の資本主義の常態回帰を記録している。そして、その歴史に照らして、資本主義の基本力学に関する新しい考え方を発展させてきた。

$r>g$の構造的原因

だがなぜ、利潤率が成長率を上回る（$r>g$）という決定的な構造的傾向があるのだろう？

ピケティはそれを述べない。

それが歴史的な事実なのだと主張する。

外国への投資のおかげで、中心国の資本家たちは、絶えず収益率を高く保つ投資先を外国で見つけられるかもしれない。そうした国々の独立性や政治安定性をそのために犠牲にすることになるかもしれなくてもだ。経済の需要と生産のパターンが、とても上手に資本と労働を代替できるようなものとなっていて、だから資本が増えても収益率があまり減らないのかもしれない。また富を政治的な影響や組織力に変えるのがとても上手なので、それにより収益率を高く保ち、需要と技術しか注目しないモデルよりも、ずっと高い総代替弾性率が得られるのかもしれない。資本の供給側の力——貯蓄率の決定要因のせいかもしれない。人間のほうが資本よりも寿命が短いので、自分のために貯蓄して、貯蓄が将来の資本ストックに与える影響を無視するせいかもしれない。資本家たちが真面目な貯蓄家でありイノベーティブなリスクテイカーで、ブルジョア的美徳を体現する存在であり、rは彼らが投資を行うよう促すために必要な代償だということかもしれない。

このいずれにもピケティは納得しない。特に不満なのは、最適成長理論のある支柱から導かれた説明だ。「期間をまたがるオイラー方程式」は、貯蓄は自分の将来消費の手段でしかないという。それは自分の未来の年月での消費か、自分のはるか遠くの子孫たちが金持ちで有名なライフスタイルを送ることを考えることで得られる心理的消費なのかもしれないというわけだ。だが貯蓄について考えるもっといい方法は、蓄積と相続財産がそれ自体の中で完結するモデルを使う方法だ。ピケティは（サエズと共に）これを学術論文で検討してきた。「蓄積せよ、蓄積せよ、それがモーゼでありその予言者たちだ」というのはマルクスの印象的な一節だ。だがこれが資本家の投資と貯蓄への動因に関する正確な記述なら、金持ちに蓄積させる動因は単に将来消費の実現だけでなく、むしろ企業ファイナンスの惰性、経済安全性に対する満たされぬ欲求、アイデンティティという社会的概念、将来の大財産についての心理的幻想、その他構造的な動機によるのかもしれない。

利潤は一種のレントである

たとえば前世紀半ばにおける企業ファイナンスの代表的教科書はアーサー・デューイングによるものだが、それによると「人々が事業や企業を拡張しようとする動機は全体として経済的なものではなく、むしろ心理的だ。（中略）人間の『捕食者的野蛮さ』の貴重な名残だ」。こうした動機は、遺贈動機も含む——だから蓄積の背後にある重要な力は、富を子供に（彼らがそれにふさわしいかどうかに関わらず）残したいという願望だ。だがこれはまた、人格変化として考えると有益かもしれない。長い寿命（特に金持ちの場合）は遺贈と将来消費との区別をあいまいにする。七五年後の将来の自分は、自分と子供と同じくらいちがう人間なのだという議論もできるのではないか？

貯蓄についてこういう考え方をするようになると、資本課税の主張もずっと明確になる。資本供給が足の軽い現金よりは不動産に似ているなら、基本的な経済学から考えて、それに大きく課税できる。その一部を接収しようとしても消え去ったりはしない。それがかえって社会的によいこともあり得る。人々が相続財産を子供に遺すために貯蓄しているなら、相続税の機会費用は高齢時の消費ではなく、むしろ信託基金への出捐だ。

これはまた、最適資本課税がどうあるべきかを述べる、一部の古典的な（だが弱い）理論から得られる結果はもはや成立しないということだ。ピケティはここで、実り豊かな研究課題を示唆している。いったん消費のオイラー方程式から解放されたら、格差と成長を最もよく理解するためには、どんな民間部門貯蓄の理論が必要になるだろうか？そして資本課税についての質問は、貯蓄と消費のトレードオフについてのものよりは、資本家たちにお金をオフショアに移動させないように世界課税を実現するにはどうしたらいいか、という話になる。資本供給は全世界で見れば非弾性的かもしれないが、個別の国についてはどこも弾性的であり続ける。

W／Y＝α／r

これはどれも結構な話だが、総貯蓄の需給だけに注目している。だから、それが富を扱うのに最適な方法だと想定していることになる。だがデータを見ても、キャピタルゲインや価値評価効果によりW／Yに大きな影響が出るのは明らかだ。ほとんどの動学的なモデルは、こうしたものが単に移行時の影響だったり、一時的なバブルだったりするにすぎないと示唆している。だが価値評価効果の一部はファンダメンタルなものかもしれない。もしそうなら、それをどう理解すればいいだろうか？

一つのやり方は、「マネービュー」を使うことだ。各種の受益権保有者への所得フローを重視するのだ。この見方では、プリミティブは所有者たちの交渉力α、結果としてその所有者たちに流れる所得の額αY、そして企業にとっての財産権の価格、つまり金融市場で決まる割引率または利潤率rだ。単純にするため、あらゆる所有者の交渉力は同じαで、キャップレート$r_{金融}$は全企業について同じだとしよう。収益率rと、資産に適用される割引率とを区別するため、こちらは$r_{金融}$で表すことにする。金融市場が完全ならばこの二つは同じになる。仲介のある不完全な金融市場だと、金融部門が提供する収益率は$r_{金融}=r+\rho$、ただしrは貯蓄者の収益率で、ρは金融サービスの利用者費用となる。

所得の資本シェアをプリミティブとすると、富の総量の対ＧＤＰ比は次のようになる：

$$\frac{W}{Y}=\frac{\alpha}{r}=\frac{\alpha}{r_{金融}-\rho}$$

$\alpha／g$と同じく、これはただの会計上の定義だ。だが民間の富に関するちがった解釈を可能にするものでもある。富はただの過去の貯蓄を有用な資本財につめこんだストックの蓄積ではなくなる。むしろそれは、未来のリソースに関する先を見た権利主張となる。この見方では、過去の貯蓄が物理的な物体や社会的事実に結晶化したものの合計ではなく、富は財産の所有者に流れ込む、未来の所得を資本化したものということが印象づけられる。

階級闘争、交渉力、階級の自信、キャップレート

富所有者の市場ポジションと交渉力

$W/Y=\alpha/\gamma$は、富が貯蓄率sと経済の成長率gの比率以外のものとしても容易に把握できるのだということを示している。αとrは、貯蓄と成長の比率と同じくらい、データの会計的な分解を提供できている。最初の項αは、財産所有者が懐に入れる所得のシェアだ。この数字は、資本がもっと生産的だったり制度的な変化により資本所有者が企業——特に最大の売上を生み出す企業——からもっとむしり取れるようになったりすることで増加する。この項は、

所得がフローとして、財産権保有者にどれだけまわるかを決める、というかそれを反映していると言うべきか。これは経済の中の交渉力配分を反映している。第二の項 $r^{金融}-\rho$ は、金融セクターが企業のような資産に負わせる収益率から、金融セクターが仲介から得るシェアを引いたものとなる。この第二項は、金融市場が社会的期待を総和して、結果として生じる財産権にどう値づけをするかを反映し、暗黙の収益率を引き出す。所得との相対で見た富の価値は、「マルクス」的な項 α と、「ケインズ」的な項 $r^{金融}-\rho$ に左右される。

具体的には、金融取引の範囲を広げると、もっと多くのお金が将来から現在へと担保に取られることになり、それが今日の資産価格をつり上げ、暗黙の割引率 $r^{金融}-\rho$ を引き上げる。$r^{金融}$ は資産全体の実質収益率および「ジョン・ブルはいろいろ耐えられるが、二％以下には耐えられない」という事実で決まる一定値かもしれないが、金融的な資本化および金融が捕捉する暗黙のシェア ρ は変動する。

α は同時に、資本家たちが受益権を持つ純粋レントも捕らえている。知的財産集約セクター、たとえば製薬、技術、娯楽などの産業部門および金融やエネルギーなどは、それも資本の価値がかなり高い部門となる。こうしたセクターに経済が重点を移してきたことが、W/Y 増加の一要因かもしれない。また世界的な不動産は、集中と政策や制度の価値増加を資本化しているので、それも一要因だろう。

だが製品市場、企業ガバナンス、賃金設定の制度などにおける変化により、それを相殺するような α の変化も生じるかもしれない。競争の低い市場では、企業は消費者や労働者から高い利潤を引き出せるので、α は高くなる。産業組織論から学んだように、企業の数が多くても必ずしも市場が競争的とは限らない。特に売られている財が異質性を持ち、情報摩擦が高い場合は競争性は下がる。サーチモデルでは、所有者と労働者の所得分配は、労働市場の条件で決まる。つまり、労働者への新しい求人が、停職に比べてどの程度かという比率で左右される。効率性賃金モデルでは、これは監視技術の効率性と労働市場がどのくらい逼迫しているかで決まる。労働組合を持つモデルでは、これは労働組合のストライキの脅しによる。だがこうしたすべてには共通の物語がある。所有からの所得は、売上から賃金を引いたものだから、労働の所得シェアを引き下げるものは資本の所得を増やす。

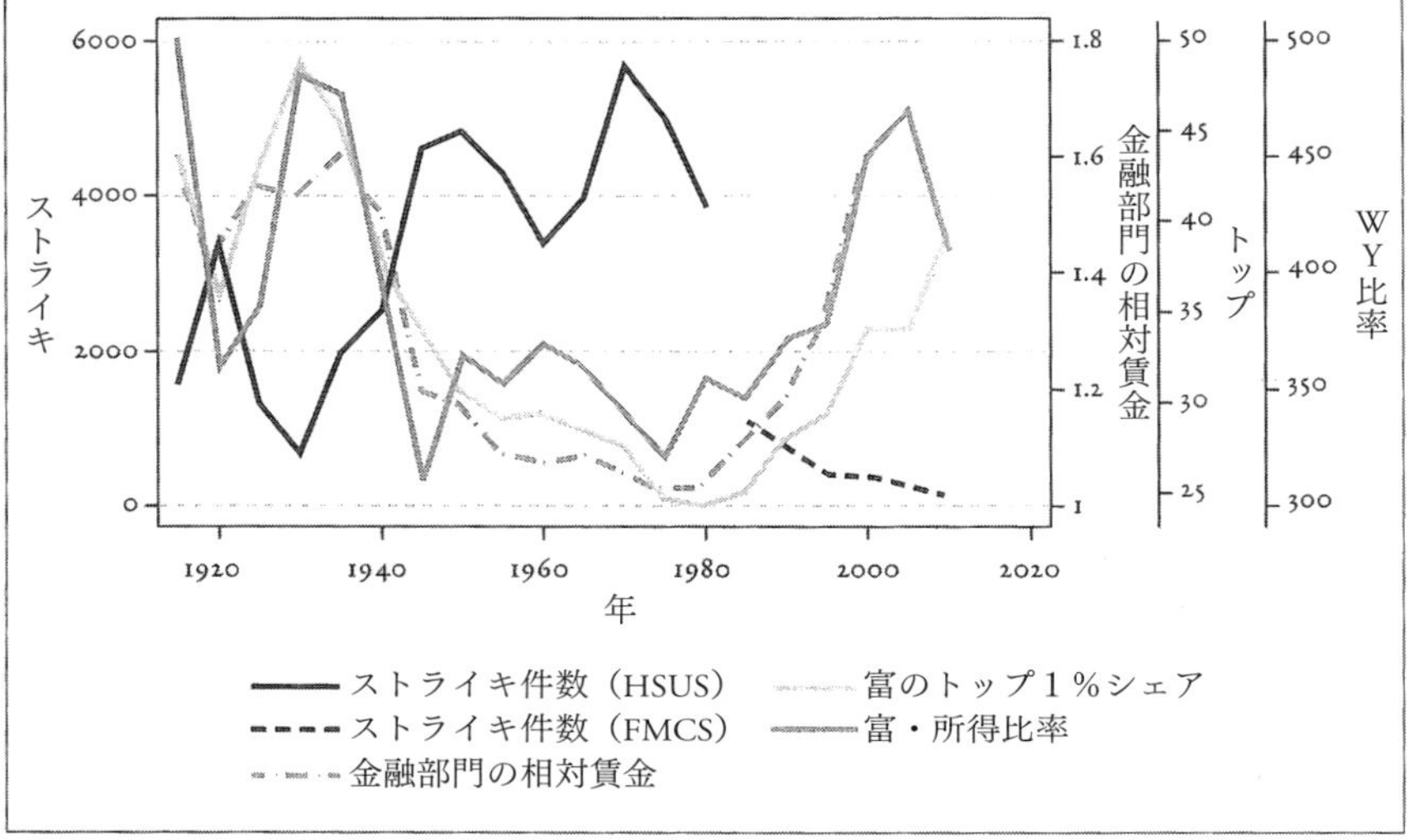

図5.1　金融における相対賃金を富の格差の代理指標とし、ストライキを労働の交渉力の代理指標とすることで、労働交渉力の下がる時期は格差の高い時期であることがわかる
出所：Thomas Philippon and Ariell Reshef, "Wages and Human Capital in the US Finance Industry: 1909-2006," *Quarterly Journal of Economics 127*, no.4 (2012):1551-1609

富所有者の交渉力の変化

図5・1は、富の格差のパターンと、労働の交渉力を示す指標とを並べてみたものだ。労働の交渉力を示す不完全な代替指標となるストライキ率はU字を示しており、これが*W*／*Y*の逆U字とにあう形で進んでいる。ストライキ率は、労働者の交渉力としてあまりよい代替指標ではないが、労働組合密度よりは少しマシだ。というのも歴史的にストライキは全国労働関係委員会（NLRB）の形成に先立つものであり、アメリカにおける労働の力の源は、組合密度自体よりは信用できるストライキの脅しだと考えられるからだ。これをαを減らす力として考えるなら、*W*／*Y*がこの交渉力指標に連動していることがわかる。

労働者と雇用者の企業内交渉を超えて、製品市場の力がある。一般的な収益率上昇、高い固定費、低い限界費用の世界では、独占が到るところで見られる。これはαが増えるストレートな仕組みとなる。独占企業は、リソースを消費者から財産所有者に移転するからだ。実際、過去五〇年の生産性成長指標低下の説明として一つ考えられるのは、市場支配力の増加かもしれない。生産性増加はあまり産出増加につながらず（独占企業は産出を抑える）、したがって計測された全要素生産性（ＴＦＰ）成長は、資本シェアが増えていても下がってしまうからだ。富の格差増大に関するこの見方は、低下する成長率と、二〇世紀半ばの紛争により抑えられてきた貯蓄率から生じる指数 s/g として富の格差を見る見方に比べると、プロセスは明確ではないし、不可避でもない。

過去一五年における企業の集中も貢献している。規制と技術の変化がこれを後押ししており、またその相互作用も関連している。知的財産法の経済的重要性増大と、ますます弱まる反トラストのドクトリンは、法と経済学運動に後押しされて、野合とカルテル化を以前より簡単にしている。

さらに金融は、特に大きな機関投資家を通じてカルテル化を実質的に後押しするというきわめて示唆的な証拠がある。航空会社は金融を通じたカルテル化の見本のようなものとなった。少数の機関投資家が、ユナイテッド航空、デルタ航空、サウスウェスト航空などの大半の株を持っている。最近の研究によると、ある航空会社の株が追加でブラックロック社により購入されたら、航空運賃は三から一〇％跳ね上がる。[*3] 興味深いことに、湾岸諸国の大航空会社エティハド航空とガルフ航空は、外国所有権の規制が厳しく、このためアメリカの航空会社は彼らを反競争的慣行で糾弾している。王権支配の湾岸協力会議（ＧＣＣ）の準国営企業が、航空運賃を引き下げる力として重要な競争力になっているというのは、ある水準では馬鹿げているが、アメリカ経済の全般的な再トラスト化は、国家独占企業体の間の国際紛争が資本主義の自然な結果なのだと示唆する、ヒルファーディングやホブソンやレーニンの古い書物を見直すよう促すものとなっている。

企業支配と非自由

不完備契約により、資本の別の政治的次元を捕らえることができる。金融家、実業家、労働者などの間の契約は、絶対に完備的な形では記述できない。むしろ経済取引の大きな領域は、市場の片方の裁量に任せられる。スティーブ・ジョブズのようなＣＥＯは、一九八〇年代末にアップル社の株主が行使する権力について文句を言っただろう。

これはジョブズの労働者が、当のジョブズが行使した独裁者的な力について文句を言ったのと同様だ。ロナルド・コースが論じたように、この権力分配は市場の外にあるものではなく、取引の一部だ。労働者たちが言われた通りにするのは、クビになりかねないからだし、CEOは株主総会で抑えられる。企業の理論にあるように、共同で生産した産出をめぐり交渉を行うときに、資本はしばしば他の人々を排除する権利を含んでおり、これが所有者の懐に入る所得フローを増やす。

こうしたコントロールの権利は、企業投資について一般的に使われる指標、トービンのQに影響する。これは株価評価と資産評価の比率だ。だがピケティは、この指標は一般的に使われている形だと、コントロールを反映していないと指摘する。平均株価は単に投資収益を反映しているが、投資家はまた、企業の意思決定に対する反対投票権も重視するのだ。だからドイツと日本では、企業の意思決定について株主以外もかなりの発言権を持つので(ステークホルダーモデル)、Qは英米より低い。ドイツにおける株は、株主が労働者評議会などの他のステークホルダーと権力を分かち合わねばならず、英米ほどの政治力を持たないために「過少な価格」になっているのだとピケティは指摘する。同じことがアメリカの労働組合についても言える。そこでは、NLRB選挙における強力な組合の勝利が株価を引き下げるが、それが企業の根底にある資産の取替費用を変えるとは考えにくい。

ピケティは、奴隷化された人々という形の富をどう解釈すべきかについて、一瞬だけ論じている。これは人的資本と富とのちがについて示唆的なものだ。奴隷制の下で、労働収入に対する財産権は、産出のすさまじいシェアを財産保有者にもたらした。ある推計だと、奴隷財産所有者に対するあらゆる追加のコントロール権まで含め、奴隷たちは限界生産の四八%を支払われていたという。だがピケティは、奴隷の富を純粋な富として考えてよいものかはっきりしないと指摘する。というのも、それはいささか血も涙もない言い方ではあるが、奴隷所有者から見て資本化された資産としての奴隷にとっての、負債と考えられるからだ。だが最終的には、この富は市場で取引されるものなので、制度的に保護された収入ストリームなのだと認めている。真の「資本」を形成するのは、実際の機械や建物(や人物)ではなく、むしろ結果として生じる収入フローと、それを取引するための場だというわけだ。アメリカ憲法修正第一三条は、労働契約で何が強制可能かについて厳しい制約をかけているので、人的資本の資本化は現代資本主義では（まだ）生じないから、ピケティのように人的資本と富を区別すると役に立つ。もちろん、奴隷化された人々自身は生産的であり、産出を生み出し、他の資産の価値を高めている。たとえば南北戦争に続いて奴隷制地域の地価は、オハイオ川に沿った、隣接した非奴隷制地域と比べても暴落した。奴隷が労働を控え、農場所有者たちは収奪システムの生産性を失ったからだ。だが人間労働のフローに対する取引可能な財産権は、目先の生産への利用を超えて生産的となり得る。奴隷は所有者の事業展開における担保として活用されており、南北戦争前の大西洋経済における広範な信用ネットワークを保証していたのだ。

階級の自信とキャップレート

$W/Y = \alpha/r$のもう一つの構成要素は$r = r^{金融} - \rho$だ。この項は、資本が単に今日の産出に対する権利主張にとどまらず、明日の産出への権利主張でもあるという事実を反映している。耐久性のため、富と所得の比率を決めるもう一つの次元は、資産から獲得される将来の収入の流れの価値評価だ。このキャップレート1／rは、金融システム、企業ガバナンス、債権者のモニタリング、将来収入の需給、そしてもちろん金融政策で決まる――これについてはまた後で触れる。

市場が財産権と将来の所得の流れとをどう裁定取引するか、そして期待がどこまでお金を未来から現在に動かすかが、このW／Yの見方にとってはきわめて重要となる。だがこうした要因は、安定状態の式が単にs／gだと見すごされやすい。実際、総和としての富と所得比率決定における社会的期待の根本的な役割が、この見方では強調される。富が実質的に期待の所得フローへの権利であるなら、市場が期待をどうまとめるかが、そうした権利に適用される割引率を決めるにあたって役割を持つ。実際、制度（たとえば国がどこまで財産権を保護するか）の役割の一つは、こうした期待をつなぎとめることであり、ケインズとミンスキーからの考えが、単に景気循環の変動のためだけでなく、社会の富のストックにとっても重要となる。rで表現された、総和された市場の期待こそは、W／Yが危機のよい指標となる理由かもしれない。それは未来に関する誇大にふくれた楽観論に対する鉱山のカナリヤ役となるのだ。

図5・1に示された金融賃金プレミアムもまたW／Yと密接に連動している。これはρ、金融サービスが受け取る

収入フローを計測する。ここからわかるように、それはW/Yだけでなく金融規制緩和と非常に近い動きを見せている。企業への全体としての収益率を$r_{金融}$で固定すると、金融的なレントシーキングの度合いが高まり、金融セクターが懐に入れる金額ρが増えるにつれて、W/Yも増える。

α/rに注目すると、富の水準だけでなく、その拡散の特徴も明らかとなる。富の対数の分散は$var(\log w) = var(\log \alpha Y) + var(\log r) - 2Cov(\log \alpha Y, \log r)$となる。つまり収益率の分散と資本所得の分散は、どちらも富に対して等しくない形で増える。

重要な点として、共分散の項が増えると富の格差は下がる。資本所得のシェアが大きい人々の割引率が、政府の特権が金融サービスにより与えられたことで低ければ、富の格差は高まる。金融機関と市場はまた、金持ちがレントや収益の拡散の拡大を活用しやすくするかもしれない。恣意的な規制への政治的要求を創り出し、裁定取引の機会を作り出すわけだ。最近、ジェイソン・ファーマンとピーター・オースザグが示した証拠を考えよう。彼らは、レントの重要性の高まりが格差増大にとって重要性を高めていると論じる。[*4] 彼らは、生産的な都市で人工的に希少にされた住宅ストック（希少性は規制と貧弱な交通インフラの両方から生じる）や、強い特許権を持つ企業が収益を増やし、薄い労働市場に直面することでα、つまり資産所有者の懐に入る所得の量が増えると論じている。だが同時に彼らは、企業のエクイティ収益と投資資本収益の拡散も高まっており、それがレント（ここに別の次元として、増大する空間的所得分離を加えることもできる）の証拠だと彼らは論じている。もしある企業や不動産の所有者に与えられる所得がますます拡散するようなら、高収益ポートフォリオをもたらす金融サービスへの収益は上がる。金持ちの個人は、自分の株式ポートフォリオと、所有者にとって最も多い所得を生み出す企業や場所との共分散を高めるために手数料を払う価値があると考え、それにより格差は悪化することになる。

金利生活者とスーパー経営者

資本をこのように見ることで、スーパー経営者と金利生活者の境界もあいまいになる。スーパー経営者はたまたま労働市場の契約を持つ（ボーナスや後払いの報酬、株式やオプションという形で）。それが彼らに、企業の成功にすさまじい所得を受け取る権利をもたらす。これは人的資本に対する収益とはほど遠く、はっきりと情報製薬と法的規範（たとえば決まった数のオプションを与えるなど）を反映しているのだ。これが「労働」所得なのか、むしろ会議を招集したり高給スーツを着たりする必要のある資本の一種なのかははっきりしない。「資本状」の契約の連続体が、底辺の固定給労働者から、株主の完全な残余権利主張まで続くバリューチェーンを構成し、その中間にCEOがいると考えるほうがいいかもしれない。

もしCEO報酬が資本所得のように資本化されたら、これは明らかに富／所得比率を悪化させる。これはつまり、こうした契約を持つCEOたちは、自社企業に対する高い所有株保有を持つということであり、巨大で成功した企業のCEOも大金持ちになる。CEOの報酬と企業利潤の高い共分散を見ると、これは労働所得ではなく資本所得のように見えるので、基本給を差し引いたCEO報酬がW－2で報告されるからといって、経済学的に見てそれを労働所得として計上すべきかははっきりしない。さらに加えて、キャピタルゲイン課税除外は報酬パッケージを資本所得にシフトさせようとするインセンティブを増す。富を単に「貯蓄＋キャピタルゲイン」として理解し、富／所得比率を単に「貯蓄率÷成長率」として表現すると、こうした富の蓄積の制度的な力が見えにくくなってしまう。こうした会計的枠組みは、一部の目的には使えることを否定するものではないが、機械的で制度を含まないs／gよりも、α／$r_{\text{金融}}-\rho$ の見方のほうが、企業ガバナンス、金融、労働市場と製品市場、経済組織の全体的変化などの制度に対して光を当てやすい。

W／Yの根本的決定要因となる制度構築の政治

もし上で論じたように、富が根底にあるゲームのルールで決まっているなら、それはW／Yの決定要因として政治の役割を増やす。

「飼い慣らされたピケティ」の場合、政治は税率の決定のときにしか入ってこない。市場が限界価格設定をした後で効いてくる。だから以下でsを引き下げるだけだ。

$$W/Y = s/g$$

だが制度的、マネー的、政治経済的ビューは、富の保有者が新たに稼いだ富を政治的特権や影響力に翻訳するために、あれほど頑張って戦う理由を説明するのに役立つ。彼らは、約束された所得フローが維持できるかどうかで、蓄積が継続できるかが決まるのを知っているのだ。これには持続性ある政策的コミットメントが必要だ――つまり制度が必要なのだ。もしαとρがどちらもそれ自体が政治権力分配に内生的な制度により決まるなら、政治は富の保存と防衛に密接に結びついてくる。財産所有権への安定した収益と、そうした所有権についての、厚く、流動的で、理想的には税の低い市場を確保する市場構造と規制は、保証されたものではなく、むしろ政府の行政と法体系を通じて維持されねばならないものなのだ。

富の分布を管理するための、もっと広い公共政策ツール群

もし所得に対する私有の富の割合を減らしたいなら、以下のような基本的なレバーがある。

- 財産所有権に対して支払われる所得の比率を引き下げる。
- そうした所有権に値づけを行う金融市場を規制する。

これらは典型的な左翼博愛主義的政策の一覧も含む。強力な反トラスト的対応、参入と移動への障壁を廃止、もっと強力な民間部門労働移動、交渉の場で株主からもっと多くを要求、知的財産権を弱める、中央銀行の政策、公共的な投資（たとえば住宅）や雇用だ。だが交渉力のチャンネルを除けば、W/Yを規制するということは、金融契約を通じて将来からお金を確保する能力を制約するということだ――たとえば、資本要件を引き上げ、金融イノベーションの範囲を制限したりするような規制がある。また株式市場のミクロ構造の改革や金融取引税の可能性もあるだろう。

実際、当のクズネッツが無数の選択肢について書いている。「上位の所得シェアへの貯蓄集中による累積効果に対抗する、ある要因群は、法制による介入と『政治的』決定だ。こうしたものは、相続税など明示的に資本的な水準で財産の蓄積を制約するものかもしれない。あるいは間接的に似たような影響を引き起こすこともできる。例えば政府が容認したり引き起こしたりするインフレにより、定額証券など物価変動に完全には連動しない財産に蓄積された富の経済価値を引き下げたりするものだ。あるいは蓄積された財産の収益率に法的制約をかけてもいい。これは賃料規制や、政府が自分の国債市場保護のために維持している人口的に低い長期金利などがある」[*5]。この選択肢の多様ぶりを、ピケティの大著で提示された課税への狭い注目と比べてみよう。ピケティの大きな政策アイデアは、資本を直接世界的に課税するというものだ。この議論を支持する最も説得力ある議論は、ほとんどの資本収益は払い出されることはなく、蓄積してストックに追加されるから、ストックを直接課税するのが資本所得の大半を狙う一つの方法だ、というものだ。だから上の計測の枠組みと整合した形で、資本家たちの懐に入る所得シェアは実は観察されていない。これは重要な点で、配当課税やキャピタルゲイン課税とはちがう。これは富の保有者に対して支払われる金額や、資産売却のときにかかる税金ではなく、富の総保有量に対する累進課税だ。確かに、富裕税は即座に税引き後のαを引き下げる。富の所有者が持つ所得に対する権利主張を減らすからだ。だが最も重要な意義は、この税金を導入することで、国境をまたぐ銀行情報の共有が必要となり、それがタックスヘイブンを不可能にして世界的な富の保有についての信頼できる情報を生み出すことだ。この発想は明らかにフーコー的なものだ。税金は富という公共的な対象を創り出し、それを知り得る、理解できる、統治できるものにする、というわけだ。データだけでも最近のパナマ文書が明らかにするように、税制を改善し、富の分布を記録して社会的議論に供したりできる。

ピケティはまた、各種の財政システムについても論じる。支出側では、普遍的な公共財は、的をしぼった移転よりも所得均等化に果たす役割が多いと指摘している。ピケティは、少なくともヨーロッパでは国がだいたい二五%から三三%の所得を補助金や所得代替として移転するから、国家の規模が二〇世紀半ばにおける国の経済規模激増に匹敵するような大きな増大を示す可能性は低いと論じている。私はこれが基本的に事実だと思うし、福祉国家のイノベーションは歳出のGDP比増大という形では生じないはずだ。

富の分布を管理するツールとしてピケティはマクロ経済政策を嫌う

重要な点として、ピケティは二つの財政ツールに対して反対する立場をとる。まず公的債務は納税者から（金持ちの）債券保有者に富を移転する手段としての色合いが強いと論じる。また、富の大半は実物財の形で保有されているので、インフレはあまり影響しないという。たぶん、こうした公的債務に対する忌避はピケティが供給側に注目していて、ρパラメータが重視する、もっと「ケインズ的」な富の決定要因を無視している結果だとも言える。これ以外に、ピケティが無視するものの一つは金融政策全般だ。金融政策が実質成長を左右できるなら、実質格差も左右できる。これは$s-g$だと表には出ないが$\alpha-r$が強調する立場ではある。

たとえばコプツックは、二〇〇〇年以後の富の〇・一％シェア増大の大半は、債券によるものだと示している。これは国の金利が低いときには高い率で資本化される。[*6] 金融政策は、富の保有を説明するのに役割を果たすかもしれない。

政治経済の裏面——富が政治に及ぼす影響

所得分布を管理して、金持ちの財産をもっと大きくする、政策による豊かな制度的メニューがあるのに、なぜ再分配政策が実現されないのだろうか？

ピケティが同書で述べる見方は、富の格差を社会計画者にとっての問題にしており、民主主義の問題にはしていない。W/Yはs/gの自動的な結果だ。政府はgを高め、sを形成する適切な課税をすべきだ、というわけだ。政治システムが格差を変える方法については少し触れているものの、『21世紀の資本』には格差が政治システムをどう変えるかについての記述はほとんどない。これはピケティにおける大穴のような不在の一章だ。ここでごく手短に、それを埋めてみよう——経済領域における格差が政府の政策も歪めてしまう各種の仕組みを明らかにするのだ。

スーパー大金持ちが政治の管理に使える新たなツール

ある意味で、二一世紀の商業化された政治は、スーパー富が政治システムを管理するためのまったく新しいツールを提供する：

いまは「すべてのものに市場」がある。金持ちは教育改革、自分の好きな慈善、シンクタンク、行政言語、政治的影響、自分の思想の果てしない公共放送を買える。選挙献金はよい出発点だ。そこでは政治献金が（a）一般財であり、[*7]（b）トップ層においては一に近い富との弾性値があるという証拠が得られている。[*8]これはつまり、富の分布がますます歪むにつれて、選挙献金もまた偏ってくるということだ。確かにリー・ドルットマンは追跡可能な個人選挙献金のますます多くの割合（二五％近く）が「一％のさらに一％」、つまりおよそ三万人ほどからきていると記録している。[*9]だがブラジルからブリュッセルまで、ワシントンから北京まで、お金やお金の約束こそが政治の車輪の潤滑油なのであり、それがバレてときには一瞬だけ怒りを引き起こすこともあるが、そうでないときもある。「すべてのものに市場」をほめそやしつつ、結果として普遍化した汚職を期待しないのはむずかしい。言論と放送メディア自体が市場に配置され、選挙に挑む手段が現金とのつながりで配置されるとき、政治が平均的金額で決まるようになるまでは後一歩となる。

だがこの経路をあまり過大に述べてはいけない。あらゆる支出はお互いに相殺し合うのではないか？ 億万長者は古典的なタロック・コンテストに見られるように、政治コンサルタントの賃金を上げ、広告会社の売上を増やしつつ、お互いにお金を無駄にしあっているのかもしれない。政党、圧力団体、候補者たちはお互いを倒すためにリソースを費やす。だから片側が少しでも有利になれば、反対側の投資収益はその分だけ上がる。だがこれだけが起きていることのすべてであるはずはない。献金資金の必要性は、政治家がだれに耳を貸すかを左右する。たとえば政治科学における最近の研究は、献金しそうだと思われた人々のほうが、政治家や要人に会える可能性がずっと高いことを発見している。[*10]選挙献金への限界収益はかなり高いかもしれない。

コンテストモデルだと、選挙資金の供給増が高まれば（これはたとえば格差増大のせいかもしれない）、コンテストの両側にとって限界収益が上がる。またお金を高度なデータ主導の「票を動員せよ」的作戦や政策影響力に買える技術も改善され、選挙献金の「需要」を増やしたという事実もある。これは一部は、党組織の変化の一側面だ。そこでは党の指導部がもっと統制を強め、したがって党指導者が手にする一般的資金がずっと重要になったからだ。だが政治資金における技術や組織の変化を排除してもいけない。この礼の一つは「リーダーシップPAC」だ。PACが議会議員たちにより、他の議員の資金を捻出するために作り出され、実質的に熱心な献金者が献金するための選挙のポートフォリオが形成されるのだ。

スーパー大金持ちが政治の管理に使える古いツール

だが別の形で、スーパー富が政治システムを管理するツールは昔ながらのものだ。声を買う以外に、大金持ちは離脱の脅しを活用できる。古典的な政治ツールは資本ストライキだ。これはピケティが、ミッテラン政権についての短い記述でも触れているものだ。財産所有者は自分の資産を隠れた目に見えない海外の所有権に変換できるので、資本逃避の規律効果は、小さな開放経済にとっては重要なものとなる。最近のニュースやガブリエル・ズックマンの研究が指摘するように[*11]、タックスヘイブンはこの脅しの現実味をずっと高めているし、エルマとワンチェコンの論文[*12]は、資本逃避の恐れだけでも選挙の結果が変わりかねないことを示している。たとえば古いマルクス主義は、『ニューレフト・レビュー』誌におけるポーランツァス＝ミリバンド論争[*13]をもとに手間暇をかけて、かつては民主主義だった国の支配権を資本所有者がずばりどうやって獲得したのか論争した。行政ポストを自分の仲間だらけにすることでそれを実現したのか？　資本ストライキで脅すことで実現したのか？　ミリバンドは、国家が政府指導者たち大半の階級的出自により、金持ちに捕獲されてしまったのだと論じた――そして彼の子供たちが、イギリス労働党を率いたときに博愛的な完全雇用政策をおおっぴらに支持したがらなかったということは、ミリバンドの主張に一理あったことを示唆しているようだ。ポーランツァスはこれに反論し、その連中が全員、労働の忠実な旗振り役だったとしても関係ないと主張した。国家が経済を動かすために民間投資を必要とするという事実は、それだけで司法所有者の利益になる形で国家を運営する制約として十分だという――これは「信頼の妖精」の召喚を呼びかける実に多くの人々の議論の根底にある立場だ。実際、資本逃避は、たとえば南アフリカなどの民主化に伴ったはずの再配分の多くを阻害した可能性が高い。

住宅資産の台頭は独特の興味深い点を示している。というのも住宅と土地は、特定の政策や局地的な政治に本質的に結びついているからだ。住宅という富のストックは、単に利便性や集積ではなく、地元政治でもある。[*14] 資産に体現された将来の所得の約束にとって重要なのは、安全性の知覚なので、そうした知覚を変えるほうや政治は政治的要求となる。犯罪に厳しい政策や土地利用規制は、住宅や商業不動産の価値を吊り上げるためにＮＩＭＢＹなプチ金利生活者たちが要求した仕組みかもしれない。アメリカの分散化した政策世界では、住宅市場は実現可能な再分配水準を厳しく制約している。同様に、世界の水準だと、不動産は世界的な金持ちが自分のお金（および家族）を、しっかりした財産権と快適な住環境を持つ国に置くのを可能にする。住宅資産の蓄積は、国の内部と国同士の両方の政治的裁定取引の反映かもしれない。

さらに検討する価値がある領域の一つは、富の格差が選挙やロビイングの仕組みにどう影響するかだけでなく、政治思想や政治イデオロギーの空間をどう変えるか、ということだ。それが起こるのは、政策立案における技術的技能がしばしば政府の中で希少であり、したがって、規制の人的資本市場が民間部門における技能の抱え込みを可能にするせいかもしれない。しっかり規制できるだけの知識を持つ規制者は、規制される側からも従業員やコンサルタントとして需要が大きい人々でもある。これは有名な回転ドア問題につながる。金融規制は、とんでもなく複雑なため、特にこの影響を受けやすいかもしれない。だが実のところ、複雑性は政治には不可欠なのかもしれない。論争への認知的参入障壁をあげて、ρの政治的決定要因が、資金豊富で情報も多いインサイダーたちにより、完全に目につかないところで決まるのを見ていればいいのだ。

別の例として、政府内で政策立案リソースがないと、財界が資金を出すＡＬＥＣのような機関がモデル法制の素案を作ったりする。アレックス・ハーテル＝フェルンナンデスは最近の研究で、[*15] 法制者たちが政策立案活動と統治に費やす時間が少なく、政府の専門性が低い州では、ＡＬＥＣの法制が施行される可能性が高いと示している。同様に、ヘリテージ財団、フーヴァー研究所、ＡＥＩなどは献金を、税金や学校改革や外交政策などにおける政策素案へと振り向けられる。

これに類似しているのが、富の格差が学術界に対して持つ影響力だ。これは特に経済学と金融で著しい。トップクラスの経済学者たちはしょっちゅう、銀行のコンサルティングや高報酬の講演に招かれている。民間セクターが産業組織論を取り込んだのは、特にマーケットデザインのツールを活用したいという必要性から生じた面もあるが、これはまたヨーロッパやアメリカの規制公聴会や裁判などで、確実に反トラスト支持の証言を行う専門家の力を弱める手法でもある。ビジネススクールやファイナンス経済学の台頭は、経済の富の台頭に多くを負っている。これは肩書きの提供と、学校献金の必要性という両方のニーズから生じている。大学は公的資金より民間資金を多くあてにしており、ここでも金持ちの利害が知的アジェンダを決めている。フォーケードとその共著者たちは、経済学でのファイナンスの参考文献引用が激増しているのを示した。[*16] 彼らはさらにこう書いている。

> 経済学という学問分野がビジネススクールにシフトする――そして政府から離れる――につれ、経済学者たちは新しい一群の実務的、知的、政治的なからみあいに直面した。高水準の報酬、新しいコネやコンサル機会、そしてしばしばちがった政治だ（Jelveh, Kogur, and Naidu 2014)。一九八〇年代には、政府行動への疑念が露骨にこの分野で拡大し、経済学者たちは公共政策における規制緩和運動と、教育、運輸、ヘルスケア、環境、その他すべてにおける知的な正当化の一部を提供したと言える（Blyth 2002)。ファイナンス経済学者たちは企業の目的は株主価値の最大化だと強く論じ、新世代の企業襲撃者たち（LBO、M&A、ストック・オプションによる企業重役への報酬）が好む経営慣行に科学的正当性を提供した。経済学者たちのビジネス権益による捕獲の広まりに対する最近の糾弾で、ジンガレス（Zingales 2013）は、著者たちのだれもビジネススクールで働いていない経済学論文は「重役報酬の水準について肯定的である可能性がとても低く、否定的である可能性がきわめて高かった」ことを発見している。[*17]

富がもたらす不正の領域

最後にほとんどあらゆるものの配分に対して富の格差は、それほど目に見えないが同じくらい有毒な影響を与える。あらゆるものについての市場が、アロー＝ドブリュー式に存在するなら、金持ちは（もっと価値の高い遺産を持つ人々は）、市場が実装する暗黙の社会厚生関数において高い重みをもらうことになる。[*18] 実際、とんでもない富の格差と広範な「すべてのものに市場」が組み合わさると生じる有害な結果の一つは、〇・一％の恣意的な気まぐれが、他の人々の直面する社会的優先順位と選択肢を丸っきり変えてしまえるということだ。これは明らかに市場の配分では成り立つ話であり、製品空間と値づけの構造が、需要曲線の中で金持ちの人々がいる部分を狙うようになるのだ。

また慈善や公共財の私的提供を考えるとき、これは潜在的にもっと大きな課題となる。ビル・ゲイツなどテクノクラート的な善行者が出てくるかもしれない。シェルドン・エイデルソンやジョージ・ソロス（あるいはコッチ家やサンドラー家）などが支援する政治家やシンクタンクのポートフォリオが得られるかもしれない。だがこうしたメガ寄付者たちの活動がどんなメリットをもたらすにしても、巨大な富の格差が社会の優先順位を、少数の人々の嗜好にあわせてしつらえるようにするという事実は、根本的に非民主主義的だ――それが、単に金持ちが富を抱え込むよりはいいとしてもだ。寄付者たちは、開発政策、研究の優先順位、社会改革イニシアチブについて決断を下す。彼らの気まぐれが、何十億ドルもの分配を決める。イェール大学は、その忠実で裕福な卒業生たちが大学基金に資金を提供するよう促すが、安上がりで質の高い公立大学は、金欠の州議会により資金を枯渇させられる。広範な市場とすさまじい格差の世界は、リソース分配のずっと多くの部分が金持ちに左右されるのを許してしまう。二一世紀の資本家は、自分の社会的な力や、社会との絆を、私的な資産管理人の電話番号という形で抱えているのだ。

この私的権力は、土地、労働、信用市場における不完備契約の競争市場を通じて行使されるが、基本的な平等主義的規範を台無しにしかねない。民主的な共和国は、哲学者フィリップ・プティットの「目玉」試験に合格しなければならない。平等主義社会の最初の試験は、個々の市民がお互いに目と目を合わせられるかということだ。政策は、この試験に合格できるような社会を作り出すバイアスが最初から含まれているべきだ。

富の格差と労働に対する好き勝手な契約は、この第一の試験に失格する社会を作り出す。こうした社会では、上司が冗談を言ったら笑わねばならない低賃金従業員が増える。レイオフの脅しや昇進見送りなどの脅しがあるため、中間管理職から言い寄られても我慢しなくてはならない女性労働者も増える。経済的民主主義は経済的機会と日常的な厚生が比較的少数の固有の嗜好により大幅に変わったりする危険を最小化する。人々が蓄積された富と行う日常的な遭遇は、靴の市場における価格や、新聞の社会面などで起こるのではない。それはむしろ、雇い主や地主や銀行家から向けられる、尊厳の否定、支配、脅しを通じてなのだ。

封建領主は金持ちだったが、ある種の市場が存在しなかったので、彼らの社会的な力は特別占有権を行使すると述べる土地の価値の、単純な関数を下回るものだった。忠実な軍人やきちんと訓練され騎乗した家臣は、土地とは別の形で地位基盤となっていた。彼らは簡単に買えるものではなかった。

現代の資本主義には、この華々しい特権はほぼ存在しない。「完全にインセンティブを与えられた」世界と、所得や富のすさまじい格差との間には、重要で困った相補性が存在する。あらゆる行動に金銭報酬が伴い、あらゆる厚生の源がその人物の支払い意志額で厳密に値づけできるなら、金持ちが行使する社会的権力は、一九二〇年の一ドルと今日の一ドルとを比べるときにはなかなか見えない形で拡大される。市場利用の拡大は、経済格差を生み出すだけでなく、その経済格差が政治格差を生み出すようにする。政治格差はそれまで、別のウォルツァー的な配分的正義の領域で市場の力から保護されていたかもしれないのだ。

古いハイエク主義者的な言い分は、自由を可能にするのは私的財産の大量の蓄積だけだった。私的な富がなければ全能の国家のレバーを制御する人々の意志に逆らいかねないような政治をだれも実行する気がなくなってしまう。さらに古いトックヴィルの言い分では、ちがう領土の各種の自由こそが、絶対主義的圧制や、独自の物質的利害だけで団結し、臣下になることと引き換えによい君主性を提供すると誓ったりはせず、単に賃金を支払うだけの相手との互恵的な義務によりまったく制限されることのない、団結した製造業者の将来的な貴族たちによる潜在的な圧制を阻止するのに不可欠なのだというものだ。我々はハイエクの夢に近づき、それがトックヴィルの悪夢だったことに気がついたのかもしれない。

結論

いまや、完全な政治経済的均衡を描き出せる。「マネービュー」は富／所得比率の決定要因を、貯蓄と成長率よりは、交渉、独占、金融をめぐるものだと理解できるようにしてくれる。「マネービュー」で、我々は非競争的で非累積的な分配理論を検討するよう仕向ける。それは制度を、所得の資本労働仕分けの説明と、期待将来資本所得を現在の利潤率で資本化するときの最前面に持ってくる。もはや富の分配を、時間を超えた競争市場の原理や対となったオイラー方程式から導き出そうとすることさえしない。CRS生産関数に適用したオイラー理論と、消費のオイラー関数だ。むしろ我々は結局、経済の細部を検討せざるを得なくなる――分配を律する固有性のあるルール、市場構造、規範だ。

この見方から得られるものとしてクズネッツ曲線の予言を再解釈し、高度化できるようになる。規制、政治、規範、「制度」が資本シェアのパラメータαと利潤率rを決める、それが今度はW/Yの水準を決める。富の分配と水準が今度はそうした規制、規範、政治を変える政治的影響を生み出す。複数経路依存的なクズネッツ経路が想像できる。それらはすべて、何か技術で引き起こされた、初期の富の格差（人的資本も含むかもしれない）から始まる。その水準が今度は、富の保有に対する収益を拡大し確保する制度や政策を生み出すことで再生産する。この軌跡は「クズネッツの平原」につながりかねず、そうなったらそれを崩すにはかなりのショックが必要となる。

だが他の経路もあり得る。

こうした他の経路では、初期の格差は格差の再生産を可能にするような形では制度を変えない。こうした後者の経路では、クズネッツの転換は短く浅いものになる――パレートの永続的寡頭支配者よりは、シュムペーターの一時的勝者となる。

西洋での増大する格差の道筋を考えれば、我々は最初の、長く痛々しいクズネッツ的転換の変種に向かっている可能性は十分にある。

第6章　奴隷資本の遍在性

ダイアナ・ラメイ・ベリー

歴史家ダイアナ・ラメイ・ベリーは、『21世紀の資本』が奴隷と奴隷制を資本ストックの単なる一部として特徴づけ、それが奴隷解放とともに消え去って、他の種類の資本に置き換わったという見方に挑む。ベリーによれば、奴隷制は農園農業だけでなく経済全体に充満していた。奴隷は企業や地方自治体にも所有され、それが公共インフラを建設し、大規模な非営利団体の財産にもなっていた。さらに、取引可能な財産としてそれは金融システムを維持し、それにより敷かれた基盤の上に資本主義が形成されるのを可能にした。全体として、ベリーによれば、奴隷制について適切に考慮しない限り、一九世紀の資本も二〇世紀の資本も二一世紀の資本も理解できないという。そして『21世紀の資本』はそれができていない、と。

一八四八年の春と夏、南部鉄道会社は南部の北側と南側との取引を支援する輸送路を完成させるため、ヴァージニア州の奴隷所有者から奴隷化労働者八二人を購入した（図6・1）。五月から七月にかけて、同社は奴隷化男性（n＝66または80・5％）と女性（n＝16または19・5％）の購入のため、四六、三九八ドルを支出した。ヴァージニア州リッチモンドの奴隷所有者ジュリエット・E・ワシントンは、五月一五日に二六歳のフィルを同社に六〇〇ドルで売却し、その際に彼に他の担保や抵当権がついておらず、「しっかり健康であること」を保証した。その価値と年齢以外に、ワシントンはフィルの肌の色が「黒または茶色」だと述べ、身長は「五フィート三一／二インチ」で「右手親指と人差し指の間」に傷があると書いている。その日、シピオという名前の奴隷もフィルに加わった。所有者が彼を同じ値段で売ったのだ。だがシピオのほうが少し若く——二二歳——「傷はなし」で身長五フィート二・五インチだった。

ナンシー、アダライン、ルーシー、アン、ジェイン、イライザという女性奴隷もまた南部鉄道会社に売られた。キャロライナとハリエット姉妹や、母と息子のアンとヘンリーは二人一組で売られた。[*1] 三ヶ月にわたり、ヴァージニア州の奴隷所有者たちは選ばれた奴隷化人たちを、開墾、整地、線路敷設、調理、清掃など、繁栄する鉄道産業への奉仕のために選別して売った。[*2]

アメリカの鉄道会社が奴隷化人を所有していたのがなぜ重要なのだろうか？　もっと重要な点として、それがトマ・ピケティ『21世紀の資本』と何の関係があるのだろうか？　これらの質問への答えは定義に根ざしている。

資本の定義

ピケティによる資本の定義は包含的でもあり排除的でもある。彼は三つの形態を指摘する――不動産、金融資産、専門資産――が、人的資本と奴隷資本についても述べ、後者は定義しない。この資本の包含的な定義「所有できて何らかの市場で取引できる非人的資産の総計」は文字通り奴隷化人を除外している。ピケティは彼らを脇において、財産としての人間は特殊な例であり本の後のほうで触れると読者に告げる。

この奴隷制について約束された議論は、ピケティの大著のうち七ページに追いやられている。彼の意見では、奴隷資本は民間資本の一要素であり、したがって完全な議論をする必要はない。また彼は、奴隷労働の公的利用についても説明しない。

一連の質問を通じ、彼は読者を導いて、資本の「形」と、資本が「歴史的にどう変わってきたか」を検討する特定の定義群を引き出す。[*3] 最初の形態、人的資本――「ある人の労働力、技能、訓練、能力」と定義されている――について、ピケティは著書から「いつも除外してある」と述べるが、例外は「新世界と旧世界――奴隷制の重要性」と題された一節での短い議論だけだ。[*4] ピケティの二番目の資本形態、不動産は、住宅不動産と土地を含む。次の二つの形態、金融資本と専門資本は「工場、インフラ、機械、特許など」を含み、「企業や政府機関によって使われる」。[*5] こうした定義から見て、ピケティは奴隷制や奴隷資本を言説から排除している。だが奴隷制全体、特に奴隷化人に対する

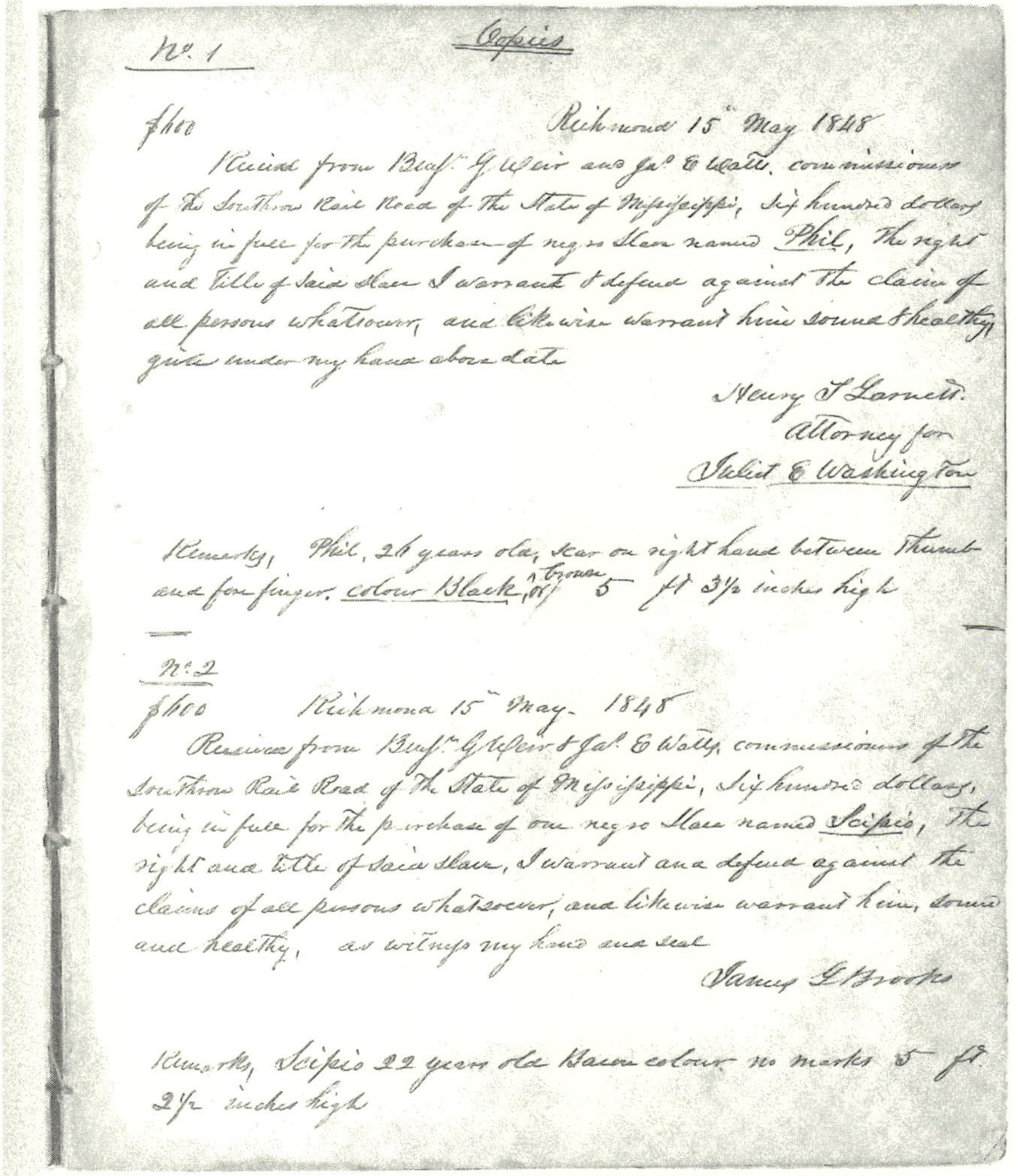
No. 1

Copies

$600 Richmond 15th May 1848

Received from Benj. G. Weir and Jas. E. Watts commissioners of the Southern Rail Road of the State of Mississippi, Six hundred dollars being in full for the purchase of negro Slave named Phil, the right and title of said slave I warrant & defend against the claims of all persons whatsoever, and likewise warrant him sound & healthy given under my hand above date

Henry T Larnett
Attorney for
Juliet E Washington

Remarks, Phil, 26 years old, scar on right hand between thumb and fore finger. colour Black or brown 5 ft 3½ inches high

No. 2

$600 Richmond 15th May 1848

Received from Benj. G. Weir & Jas. E. Watts commissioners of the Southern Rail Road of the State of Mississippi, Six hundred dollars, being in full for the purchase of one negro Slave named Scipio, the right and title of said slave, I warrant and defend against the claims of all persons whatsoever, and likewise warrant him, sound and healthy, as witness my hand and seal

James G Brooks

Remarks, Scipio 22 years old Brown colour no marks 5 ft 2½ inches high

図6.1　奴隷売買台帳

台帳の１ページを見ると、フィルやシピオのような奴隷化人たちが鉄道作業用に購入されたことが実証される

出所：Southern Railroad Ledger, Purchases for 1848, Natchez Trace Slaves and Slavery Collection, #2E77, テキサス大オースチン校ドルフ・ブリスコ記念アメリカ史センター

行きがけの駄賃的な言及は、彼の議論の大きなギャップを示すものだ。奴隷化された人々は、奴隷労働を活用した企業や政府機関を通じて国際市場で流通する金融資本を生み出したのだ。

ピケティの著書はこの千年紀における資本主義研究の精髄である。中身が詰まっているが、読みやすい言語で書かれている。その主要な主張は、短い一文に整理できる。投資資本は所得よりも速く成長するので、金持ちがさらに金持ちになる結果を生む。イギリス、フランス、アメリカにおける所得格差の歴史を探究することで、彼は重要な経時的変化を指摘し、ほとんどの場合にそれを戦争や技術進歩、財産、投資などのせいだとする。同書のオンライン技術補遺は訓練を積んだ経済学者や政治科学者など、表やグラフやこうした材料のもっと複雑な解釈に関心のある対話者のためにもっと高度な分析を提供している。トップ一%が上昇基調にあり、それが彼らと九九%との間のギャップを拡大し続けるという報せを伝えつつ、ウォール街占拠運動に従う者たちにはまだ希望がある。というのもピケティは金持ちエリート、中間層、貧困者とのギャップを埋める再分配策を提供するからだ。

＊＊＊＊＊

本章は奴隷化人たちを文字通りの人的資本と考え、ピケティが排除したまさにその場所に侵入していた存在として注目する。政府と私企業の検討から専門資本と金融資本という最後の二つの分類を強調しつつ、私はピケティが世界経済の基盤となる側面を大幅に過少推計していると論じる。単純に言えば、彼は経済についての本を書くにあたり、その方程式から奴隷を排除する定義を使い、奴隷取引と奴隷労働が一五世紀から一九世紀にかけて、西側経済の基盤にあったという事実を無視しているのだ。ほとんどのヨーロッパ大国は人間家畜の売買に参加した。植民地時代と戦前の一%が金持ちになったのは、奴隷化人たちの労働を収奪したからだ——ピケティがモデル化したような、受動的な貯蓄と蓄積が単純に労働から稼いだ収入より急速に成長するという気の抜けたものとはまったくちがう資本蓄積の力学だ。奴隷化された労働のおかげで構築され、維持されていた私企業や公的企業の証拠はあまりに多すぎるため、資本の歴史をそれなしに語ることはできない。だがまず、奴隷労働の作業上の定義から始めねばならない。

奴隷制の学者として、私の直感では奴隷資本は、任意の奴隷保有者（大小問わず）が奴隷の肉体に商品化した総価値（ドル換算）と定義される。これは奴隷保有者の死亡時に、遺言を通じて評価された資産評価に計上された金額や、年次の税務申告、定期的に借り入れで計算されるもの、贈り物として時々評価されるもの、保険証書で戦略的に保険をかけられたもの、あるいは死後解剖で死後に決められた金額などに反映される。こうした数値化文書の諸形態を通じ、価値は様々な変数（年齢、性別、技能、健康、気性など）を元に決定された。個別の奴隷化人には価値があり、それを計算して合計することで、奴隷保有者が人間家畜としてどのくらいの純価値を持つかが決められた。同様に、奴隷資本はまた奴隷化人たちが生産する財から奴隷保有者が獲得する利潤から、奴隷化人の世話をするための費用を差し引いたものでも表される。

奴隷資本＝肉体の価値＋肉体の生産的産出－（それを維持するための）費用

新世界の農園社会では、奴隷化労働と奴隷化人たちが比較的エリート層人口の公的、私的な富を形成していた。こうしたエリート家族の一部は同定され、現代の運動や法制により、公的企業や私的企業の奴隷制とのつながりを公開するよう暴かれた。二〇一五年夏、ユニヴァーシティ・カレッジ・ロンドンはＢＢＣと協力して、「イギリスの忘れられた奴隷所有者」という二部構成のドキュメンタリーを放送し、「イギリス奴隷保有の遺産」というオープンソースのウェブサイトを立ち上げた。これは、イギリス奴隷所有者が、奴隷解放後に奴隷資本を失ったことに対して提供された二〇〇〇万ポンドの補償金をたどるものだ。[*6] こうした暴露は、元奴隷保有ヨーロッパ諸国が「そうした犯罪の生きる遺産」を採りあげるため「カリブ海諸国政府と弁済対話に応じる」よう求める、カリブコミュニティ（もとカリブ海コミュニティおよび共通市場ＣＡＲＩＣＯＭ）として知られるものによる継続的な努力から出たものだ。[*7] 奴隷資本の長期的な経済的影響についての捜査もまた、もっと小さい、または個人規模の活動として生じている。アメリカの一部の州政府や市政府は、今日でも財務的な重みを持つ、奴隷時代の保険証書と取り組みを開始した。たとえばカリフォルニア州法制は州法二一九九を二〇〇〇年に公布し、企業の書庫の中で奴隷保険と関連した記録を公開するよう義務づけた。法に従いこの歴史を記録することで「奴隷から得られた、不正取得利潤の最初の証拠が得られる。その利潤は、一部は資本化された保険提供者からのもので、その後継者たちが今日もまだ存在している」。[*8]富における異同を暴露したり、公共や民間の金融における奴隷所有の経済的影響を追跡したりして、それが状況を変えそうな政策を示唆するように機能するのだ。

しかし保険所有者エリート層が、歴史的および既存の政策から利益を得てそれを左右しているときには、それを無理矢理変化させるのは難しい。ピケティはトップ一％が富を増やし続け、それを再分配する動機などほとんどないと予測する。これは個人と機関の富に追跡可能な影響を持つ奴隷制の歴史でも同様だった。この記録された歴史を理解することで、格差に取り組む政策変化の機会がもたらされる。

歴史家たちは、一九世紀半ばまでに「南部白人の二五％未満が奴隷化された人々を所有していた」と論じる。[*9]彼らは社会のエリート層であり、多くは政治指導者や判事、医師、弁護士だった――法制を左右し、権力の地位を維持した個人たちだ。異同や歴史遺産から言えば、この構造は世代をまたがる富を創り出し、これが奴隷制に関わった国々を大きく蝕んできた。もしピケティが「あらゆる資本形態の収益率は年五％だ」と述べ、一七七〇年から一八一〇年の奴隷資本の価値が国民所得一・五年分に相当するというのが正しければ、彼の推計は大幅に過少だ。というのも彼の定義は公共機関や企業が保有していた奴隷資本のあらゆる形態を無視しているからだ。[*10]奴隷化労働者という形の人的資本は、南部鉄道会社やボルチモア生命保険会社など公共・民間事業の富に貢献した。またノースカロライナ大学やダートマス大学などの公立、私立大学、さらに州政府や地方政府の富にも貢献している。これはつまり、彼が「常に人的資本を除外」したという主張がまちがっているということだ。実は彼は直接・間接的に、事業（保険会社）、産業（鉄道）、特許（綿繰り機）、地方政府（堤防、運河、橋）から生じた公共の富の計算で人的資本を含めているということだ。農園や個人所有の奴隷資本の除外も、私には問題だと思える。だが農園での奴隷資本を論じる代わりに、私は産業や地方政府の環境における奴隷資本の価値を検討することで、ピケティの除外に直接取り組む。奴隷化人たちは家畜と考えられ、不動産の動く形態とされた。これはつまり、彼らが人間でもあり製品でもあったということだ。あるいは歴史家ウォルター・ジョンソンが書く通り「値段つきの人物」だった。[*11]奴隷資本は、奴隷化人から生み出された富をあらわしているが、ピケティによる人的資本は必ずしも人間家畜のことではない。[*12]ピケティにとって、奴隷資本と人的資本は必ずしも交換可能ではないのだ。この現象を理解するのは、歴史の課題の一つだが、奴隷制の経済学に関心あるものにとってはなおさら大きな課題となる。

修史学

二〇世紀初頭から、奴隷と経済の交差点に関心ある学者たちは、様々なやり方でこの問題にアプローチした。経済的収益性や、奴隷化生産性、技術進歩にだけ注目した者もいるし、地域的な作物の特化に注目したり、経時的な市場変化や、奴隷取引パターンに注目したりした者もいる。この短い一覧は決して奴隷経済について書く学者たちの関心トピックをすべて網羅するものではないが、奴隷制の経済学に注目する歴史家の分析アプローチの広がりを示唆するものではある。

W・E・B・デュボイスは、奴隷制と経済開発についての対話を開始した最初の一人だ。アフリカ系アメリカ人にとってはどん底の一つとも言うべき一八九六年に刊行されたデュボイスの『アメリカ合衆国へのアフリカ奴隷貿易の抑制』は、相当部分が経済史である。一八九〇年代のアフリカ系アメリカ人たちは、広範な私刑という形の自警団による制裁や極度の差別に苦しんでいた。ハーバード大学で初の歴史学博士号を取得したアフリカ系アメリカ人デュボイスは奴隷貿易の抑制について研究し執筆した。彼はこのトピックが「きわめてアメリカ奴隷制度や、植民地政策すべてと密接につながっている」ので、絶対に無視できないと考えていた。[*13]「国、州、植民地の法制、議会文書、社会報告、個人の談話」など各種の情報源に頼り、デュボイスは自分の結果に自信を持ってはいたが、「研究の経済的側面」についての情報源は「発見が困難であった」と慎み深く述べている。[*14]だが、一七〇〇年には、人間家畜の貿易が「イギリスの実務経済における疑問の余地なき主軸」となっていたことは発見している。[*15]アメリカが植民地群から本物の国家に移行した点に注目して、デュボイスは奴隷貿易に関する議論が、奴隷制廃止と奴隷貿易廃止につながったかもしれない歴史的瞬間を指摘した。だが彼の結論では、アメリカ植民者たちは「その利潤を使って自分たちを豊かにするほうを好んだ[*16]」。

二〇年近くたって、歴史家U・B・フィリップスはアメリカで奴隷制に関する初の本を刊行した。人種間関係に非常に問題が多く、私刑、人種分離、優生学が盛んだった時代である二〇世紀初期という時代を反映した言語に満ちてはいるが、フィリップスははっきりと「奴隷は人間であり同時に財産であり、家畜としての投資でもあった」と述べている。[*17]それに続くページで、彼は農園記録、会計簿、日記、国勢調査データなど各種の情報源を使い、アメリカの奴隷制と奴隷保有の経済分析を提供した。農園管理、奴隷価格、保険、鉄道での奴隷化労働者といったトピックを検討している。フィリップスはまた、経済学者たちが奴隷制という主題をほぼ無視していると批判している――今日では当てはまらないが、一部の人がピケティに向ける批判かもしれない。

学者が奴隷経済への関心を高める中で、対話は資本主義と奴隷制へと移った。一九四四年、カリブ海史研究者エリック・ウィリアムズは、奴隷制と資本主義の交点を理解するためにいまだに重要文献であり続けている研究を発表した。デュボイスと同じく、ウィリアムズは大西洋横断奴隷貿易と奴隷制、イギリス資本主義、奴隷解放とのつながりに注目した。[*18]彼はイギリスの記録を使い、奴隷制の歴史を追跡して、奴隷化された人々を「この時期の著述家のほとんどは無視した」と論じた。[*19]彼らをこの歴史から消す代わりに、ウィリアムズは最終章を彼らにあてている。その中で、彼は英領西インド諸島における処罰改革、モビリティ、宗教的指導、労働規制を論じた。奴隷制と資本主義研究という急成長分野を生み出したのはこの礎石となる研究であり、その影響は今日の歴史議論にも見られる。

今日までに、ロバート・フォーゲルとスタンリー・エンガーマン『十字の時』ほどの論争と批判を招いた研究はほとんどない。ウィリアムズの三〇年近く後の一九七四年に書かれたこの本で、両経済学者たちは大胆に計量経済学を導入して奴隷制の定性的な側面を検討した。数式と統計式を使い、この新しい手法的アプローチは、計算機処理の進歩が一九四〇年代の半ばまたは末から起こったことで人気を博した。ハーバード大学の研究者アルフレッド・コンラッドとジョン・マイヤーの先例に従い、フォーゲルとエンガーマンは十個の議論の分かれる介入を使い、奴隷制の歴史を再解釈しようとした。[*20]彼らの主張では、奴隷保有者は「きわめて利潤の高い」事業についてしっかりした判断をした。奴隷制は南北戦争前夜にも盛んだった。畑の労働者たちは頑張って働いていた。奴隷の繁殖促進や家族の別離は誇張されている。奴隷化労働者たちは、世界の他の地域の工業労働者と似た存在だった、といった主張だ。また彼らは、奴隷化人たちはほとんど鞭打たれたりせず、奴隷所有者にきちんと世話をされていたという。投資（奴隷）収益率を論じ、価格や地域間の登記を集計した。表やグラフの使用は、彼らの研究の効果的な視覚表現を作り出したが、同時に今日まで続く激しい論争を引き起こした。彼らが研究でまとめたデータ集合はいまだに流通しており、ピケティがその奴隷制に関する通りいっぺんの議論で引用しているのもそのデータだ。

以前の学者たちと同じく、フォーゲルとエンガーマンは「奴隷が南部の経済生活のほとんどあらゆる側面に関わっていた」[21]と述べる。彼らの研究は新分野を開拓した。彼らの研究に対する世間の非難は、他のものに加え、ロチェスター大学や後に（フォーゲル）シカゴ大学で、彼らの下で学ぼうと群がった大量の学生たちを生んだと論じる人もいる。彼らの重要な研究のおかげで、過去四〇年にわたる健康や身長のデータ、繁殖、出生時体重、国内奴隷貿易、作物の特化、工業奴隷に関する何百もの文献が登場した。[22]

この分野での次の大きなシフトは、最近の奴隷と資本主義研究の（再）勃興だ。過去数年にわたり、歴史学者たちはアメリカ経済に奴隷制が与えた影響について書いてきた。一部の人にとって、このシフトはミシシッピー川流域の奴隷制拡大と綿の研究への注目ということだった。ハーバード大学のウォルター・ジョンソンは、この最新の対話における最先端にいる。『暗い夢の川』（二〇一三）で、彼は「一九世紀ミシシッピー川流域の奴隷制、資本主義、帝国主義の歴史」は、トマス・ジェファソンの「自由の帝国」というビジョンから生じたものだという、奴隷制や奴隷化人たちを包含する説得力ある議論を行っている。[23]北部と南部の派閥主義拡大を見るかわりに、彼はミシシッピー川流域の奴隷所有者が「奴隷制は南部の経済的未来のために不可欠である」と理解していた。従って、一八五〇年代に彼らはキューバとニカラグアの侵略を支持し、南北戦争前夜には奴隷貿易再開を支持した。彼らのビジョンは、以前の研究者の認識よりずっとグローバルなもので、デュボイスやウィリアムズといった初期の研究業績の重要性はますます高まった。

ジョンソンは一九九〇年代半ば、奴隷制研究が地域ごとに、彼らの生きられた体験のミクロ研究へと花開いた時期に、プリンストン大学から博士号を得た。入念な文献調査を常に支持していたジョンソンは、政治演説、反乱、法制、ポピュラー文化、私信とあわせて交換された奴隷たちの談話を使い、綿花王国における「奴隷人種資本主義」の物語を語った。
南部ミシシッピー川流域への奴隷制拡大、世界経済における綿の歴史、国内奴隷輸送の細部など関連する問題に関心を持つ一握りの学者もまた、帝国主義、奴隷制、資本主義に関連する研究を近年発表している。こうした学者としてはジョシュア・ロスマン、エドワード・バプティスト、スヴェン・ベッカート、カルヴィン・シャーマーホーンなどがいる。[*24] アメリカ国境を越えた見方をするトレンドは、ベッカートのアジア、中国、ソ連、インド、アメリカ、ヨーロッパにおける綿の世界史で最も明瞭かつ見事に実行されている。この研究はアメリカ歴史学会からバンクロフト賞を受賞し、ピューリッツァー賞の最終候補にもなった。この研究はブラウン大学とハーバード大学が主催した、ベッカートとセス・ロックマン招集の「奴隷制の資本主義」という二〇一一年会議の後で登場した。この学者たちはみなこの会議に出席し、多くは同名の論集に寄稿している。
バプティストの著書『半分は語られたことがない』はその大胆な言葉づかい、奴隷の談話使用、そして暴力を使い人間家畜の生産性を上げたと彼が論じるシステムの糾弾により耳目を集めた。『エコノミスト』誌の否定的な書評で、匿名書評子は「登場する黒人はほとんど全員が被害者で、白人はほぼすべて悪漢」だから「客観的な奴隷制の歴史」になっていないと彼を批判した。[*25] この書評だけでも、そしてその著者が匿名だったことも、これほどの敬意を集めているニュース雑誌の倫理性を多くの人が問う結果をもたらした。広範な批判とバプティストからの辛辣な反応を受けて、編集者はお詫びを出した。[*26]
だがなぜ多くの人はこの本に激怒したのだろうか？　他の本とは何がちがっていたのだろうか？　まずバプティストは奴隷化された人々の声に基づいて大胆な主張をした。「労働キャンプ」（「農園」のかわりに彼が使った用語）での奴隷化人の生産性を上げる武器として、農園機械の技術改善や作物の品種ではなく「強制移住と拷問」が使われたと論じた。[*27] 公共事業促進局による元奴隷のインタビュー集を使用している。このインタビューは、収集手法のせいで否定的に見る人々もいる。こうしたインタビューは一九三〇年代に、主に白人インタビュアーが行ったもので、批判者はそれが予断に満ち、回想も怪しいものが多く、読みにくい方言だらけだと示唆している。だがそれを使う人々（私を含む）は、それを適切な文脈に置くことがいかに重要であっても、奴隷化された人々の視点を持つ情報源の価値を認識している。これは物語の半分、奴隷化された人々自身の言葉による彼らの視点であり、私信、記述、在庫記録――疑問視されることはめったになく、ほぼ常に額面通りに受け取られている文書――を通じて奴隷保有者の観点から語られた奴隷制の歴史ほどには語られていない。

奴隷の談話利用以外に、バプティストは読者に奴隷化された身体を見るよう強いる。同書は身体器官をもとに構成されている。足、頭、右手、左手、舌、息、種子、血、背中、腕だ。彼は莫大な歴史を談話型の散文でカバーしたが、『ジャーナル・オブ・エコノミック・ヒストリー』主催の円卓書評では批判を受けた。彼らの批判はそれまでに行われたものよりずっと具体的であり、多くの批判者は、奴隷一人あたりの綿花摘み量増加の解釈を問題視している。アラン・オルムステッドは、バプティストが「経済学と経済学者に対して敵対的な態度」を持つと論じている。別の参加者は、彼のデータに透明性がないと主張する。全体として書評子四人の全般的な印象としては、同書は狙いを果たせていない。ちょうど一九七〇年代のフォーゲルとエンゲルマンの毀誉褒貶の激しい研究を取り巻く論争と同様に、バプティストの研究は奴隷とアメリカ資本主義の成長についての対話を生み出し続けるだろう。

経済学者たちは、一九五〇年代末から奴隷制の経済について書いてきた。一握りのデータ集合に頼った彼らの詳細な研究で、労働、生産、市場、価格づけの細かい側面が分析できるようになっている。こうした学者の多くは、フィリップスに倣って奴隷価格について書いている。価格指数を作り、時間と空間的な価値予測を行っている。その研究はすべて、壮年男性についてのものだ。*28

歴史家による新しい研究と、経済学者による大量の文献にもかかわらず、奴隷経済と資本主義の研究では、女性が欠けているか過度に被害者扱いされている。植民地法が女性の身体を通じて奴隷制を定義していた(つまり奴隷化女性の子供はその地位も相続した)ということを考えると、これは重大な見過ごしおよびパターンだ。アフリカ主義者と経済学者数名は、輸入された女性数の人口的変化を指摘し、ある学者は大西洋横断奴隷貿易の終了頃の価格変化に気がついているが、資本主義と商品化についての女性の役割と体験はさらに注目すべきものだ。ピケティは女性について、自然増に関するカッコに入った一節で触れただけだ。ジョンソンとバプティストは女性の被害者化について検討しているが、これまで挙げた学者のだれ一人として、市場経済における呼び売り商人(市場の女性)、宿屋所有者、奴隷所有者、霊媒、治癒者、洗濯婦、マダムとしての女性の役割に言及していない。彼女たち自身の談話やデボラ・グレイ・ホワイト、ダーリーン・クラーク・ハイン、ブレンダ・E・スティーブンソン、ウィルマ・キング、セルマ・ジェニングスなどの歴史家の研究で述べられているように、奴隷化女性が性的収奪にも苦しんだことはわかっている。だが捕らえられた瞬間から、奴隷化女性は商品化された財としても、自分の人間性を挿入するアクターとしても、奴隷市場に能動的に参加する存在だった。ステファニー・スモールウッド、マーカス・レディカー、ソワンデ・ムスタキームの研究から、奴隷船上の女性囚人たちは反乱を率いて参加し、子供を産み、船員の一部を操り、甲板に出られる時間を交渉し、奴隷化に対する反発行為として自殺したことがわかっている。[*29]

ジェニファー・L・モーガンの近刊『奴隷制における女性について——初期イギリス大西洋における人種と算数能力』は、女性がいたというだけでなく、彼らの体験や知識が奴隷制と資本主義の歴史に貢献したことを示すと約束している。モーガンは西アフリカの海岸から出発して、この歴史における女性アクターを追跡し、それを単なる被害者性に追いやるようなことはしない。交易から中間航路における船の体験まで、モーガンは新世界におけるジェンダーと経済の見方を変えるような形で奴隷貿易の歴史を書き換える。

拙著『一ポンドの肉の価格——国家建設における奴隷化された者の価値、子宮から墓場まで』は、アメリカ全土において誕生から死に到るまでの奴隷資本のジェンダー化された側面を扱う。モーガンとスモールウッドのように、私は「労働の追加の源」の単独供給者として女性が体験した商品化の特異性を認識する。バプティストのように、私は奴隷保有者の記録とともに奴隷の談話の使用を支持する。だが以下の議論、つまりピケティに関する私の考察は、資本の公的な形態だけに注目する——近年の研究の焦点となってきた、綿という単一作物経済からは離れる。

最近まで、歴史学者と経済学者との間には、空想上の領域間の壁が立ちはだかっているように見えた。そして私の立場から見ると、私たちはお互いに話し合うのにあまり成功してこなかった。私たちはしばしば手法や時系列的な経済成長の正当性についてちがった結論を持った。しかし過去二〇年ほどで、経済学者と歴史学者たちはそれぞれの分野が開催した会議のパネルで同じ演壇に立ってきた。お互いの分野の年次総会に出席し、雑誌や書籍でお互いの研究に反応してきた。奴隷経済の初期の歴史から、今日の奴隷と資本主義研究の増加までをたどると、私たちが学際的な

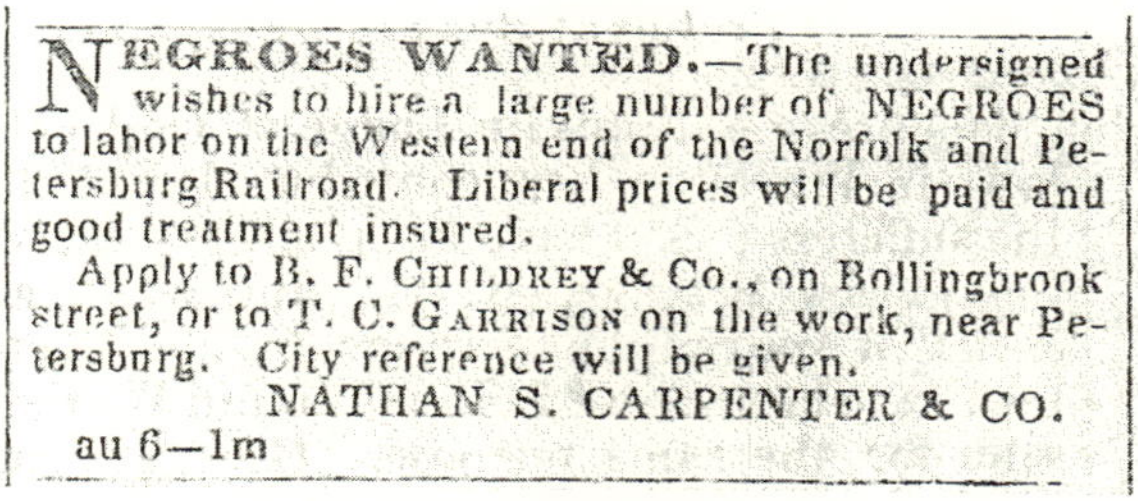

NEGROES WANTED.—The undersigned wishes to hire a large number of NEGROES to labor on the Western end of the Norfolk and Petersburg Railroad. Liberal prices will be paid and good treatment insured.

Apply to B. F. CHILDREY & Co., on Bollingbrook street, or to T. C. GARRISON on the work, near Petersburg. City reference will be given.

NATHAN S. CARPENTER & CO.

au 6—1m

図6.2　奴隷を求める広告
高賃金や好待遇を誇るこうした広告が、鉄道労働などの労働形態を求めて戦前の新聞に掲載された
出所：Petersburg Daily Express, September 3, 1855, page 3

議論の新時代にいるのは明らかだ。こうした会話はずっと以前に行われるべきだった。

専門資本と金融資本における奴隷制

奴隷化男女はしばしば、南部全域の都市空間で働いているのが見られる。たとえばボルチモア、サウスカロライナ州チャールストン、アラバマ州モバイル、ミシシッピー州ナチェズ、ニューオーリンズなどだ。[*30] 彼らは造船所、レンガ工場、肉屋で働き、都市市場で財を取引した（図6・2）。女性は宿屋の洗濯労働者やサービス係として働き、奴隷化男性「用務員」と共に政府や医療機関、大学建物の屋内空間の維持を行った。奴隷化労働者たちはまた「道路の整地、舗装、清掃を行い、橋を建設し、ゴミを収集し、運河や下水道を掘り」、地方行政作業の屋台骨となった。[*31] 植民地や戦前の新聞は、都市空間における奴隷化人たちの仕事について、大量の証拠を提供している。女性は助産婦、洗濯婦、縫い子、レンガ製造人として労働を求める広告に登場している。

先に概説した奴隷資本の定義を使ったことで、ピケティは人的資本が専門職や金融環境にも浸透していたことを認識し損ねている。これは特に、市や州が資金を出した公共事業で顕著だった。一八四八年の春と夏に南部鉄道会社が購入した労働者八二人と同じように、奴隷化人たちは工場、造船所、墓地などの公共空間でずっと早期から働いていた。彼らの労働は各種の公共改善、特に橋、用水路、運河、各種工業事業所に貢献した。

一八一五年三月一九日、ルイジアナ州コンコルディア郡のアンドリュース判

事は、「用水路地区の（中略）あらゆる頑健な身体を持つニグロたち」が「堤防の可及的速やかな完成」を市が支援することで「急激な河の水面上昇」に対応させろと命じた（図6・3）[*32]。どうやら奴隷化人たちが用水路の建設と強化のために働いていたようだ。危機時に彼らを派遣したということは、彼らがこの種の仕事に経験を持っていたと示唆される。また地方政府のために「頑健な身体を持つニグロ」たちが働くのは珍しくなかったこともわかる。黒人がこの種の活動で働いたという事実は、金融資本や専門資本が人間家畜を含んでいたことを裏付けている。ピケティは計算にこうした個人を含めていない。だがこれはまさに彼が含めているのに、認知し損ねている形態の資本なのだ。

一部の地方政府も奴隷資本を含んでいた。サヴァンナ市は多くの部局で奴隷化人を使っていた。たとえば一七九〇年夏という時期から、サヴァンナ市評議会は「年齢一六歳から六〇歳の間で市内にいるか市に所属する男性奴隷全員」が「街路建設と、雑草やその他の邪魔物から（中略）の清掃を行う」よう義務づけた[*33]。市の警官や巡査たちが、この労働者群を監督する即席の監督官となった。二〇年後、記録を見ると市長はウィリアム・リチャードソン氏の管理下で「健康で活動的」なアフリカ生まれの男性五二人が働くよう命じたことがわかる。この時期（一八二〇年八月）を見ると、こうした人々は非合法に取引されたアフリカ囚人である可能性が高い。一八〇八年移行には大西洋横断奴隷への参加は違法だったが、南北戦争の初期まで違法市場が続いていたという証拠は大量にある[*34]。明らかにリチャードソン氏は市長に対し、「これらアフリカ人」を「要塞の取り壊し整地」に使うつもりだと約束し、それにより市の財政局は四〇〇〇ドル近く節約できたようだ。費用便益は、合法または非合法アフリカ囚人を使うリスクを上回ったので、評議会は市長が「作業を監督する」限り一時的な承認を与えた[*35]。こういった慣行は、入植後最初の二〇年近く奴隷制を禁止していたにもかかわらず、奴隷資本がしばしばサヴァンナのような都市で政府機関に便益をもたらしたことを裏付けている。

公的資本への貢献に加え、奴隷化人たちはまた市政府に購入されている。一八三一年二月にある市会議員は、サヴァンナ道路街路委員会から「市の使役のために頑健な身体のニグロ二人の購入」を認める許可を受け取った。彼らは「市の西端」近くの道路や橋の作業を行うことになっていた。市の使用のために奴隷化人を買うという慣行について疑いを持つ者は誰でも、提供される財務的な正当化に安心することだろう。「あらゆる経済性を活用し、あらゆる

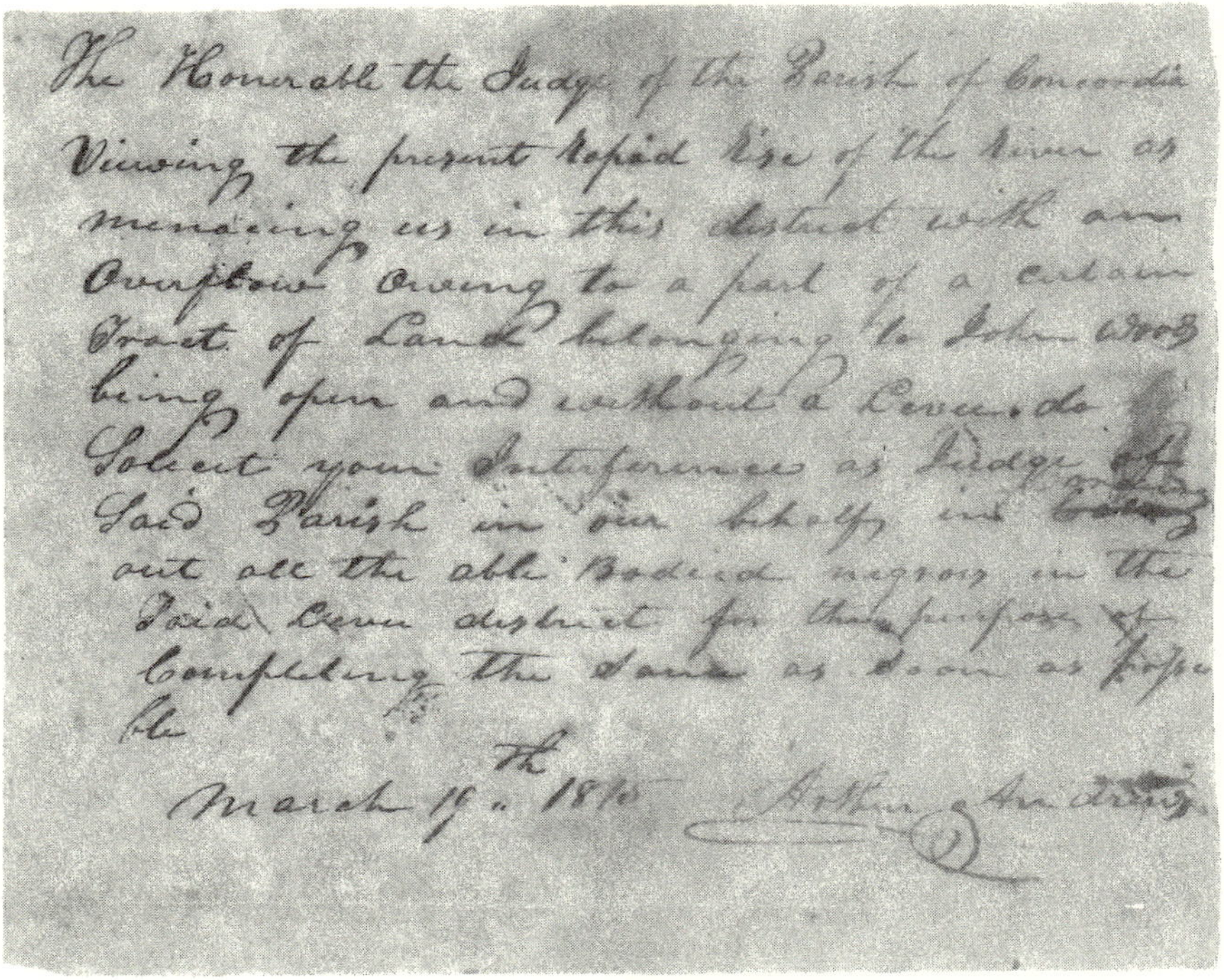

The Honorable the Judge of the Parish of Concordia
Viewing the present Rapid Rise of the River as
menacing us in this district with an
Overflow Owing to a part of a certain
Tract of Land belonging to John
being open and without a Levee do
Solicit your Interference as Judge of
Said Parish in our behalf in calling
out all the able Bodied negroes in the
Said Levee district for the purpose of
Completing the same as soon as possi
ble

March 19th 1815

図6.3　1815年にルイジアナ州コンコルディア郡で用水路作業を命じる法廷文書
出所：Natchez Trace Slaves and Slavery Collection, #2E77, テキサス大オースチン校ドルフ・ブリスコ記念アメリカ史センター

手段」を見当することが「市の利益となる」のだ[36]。一一年後もこの慣行は続いていた。今回は市は「頑健な身体のニグロを十分な数だけ購入」することに合意した。ただし「それぞれのニグロに対し」二五〇ドル以上は支払わないのが条件だ。この価格上限の理由については首を傾げてしまう。特に当時の奴隷化人の価値は二五〇ドルを大幅に上回っていたのだから。特に市が求めているのが、一五歳から三〇歳までの絶頂期の男性だったならなおさらだ[37]。

奴隷化労働を地方自治体のために使うのは費用対効果が高かった。ニューオーリンズなど一部の都市は、奴隷保有者から奴隷化人たちを、一日あたり二五セントから五〇セントという安い値段で借りた。多くの投獄された奴隷は、獄中期間に利用された。こうしたやり方は実にうまく機能したので、クレセント市はこの種の労働に年間三万ドルを支払った[38]。奴隷化機械労働者た

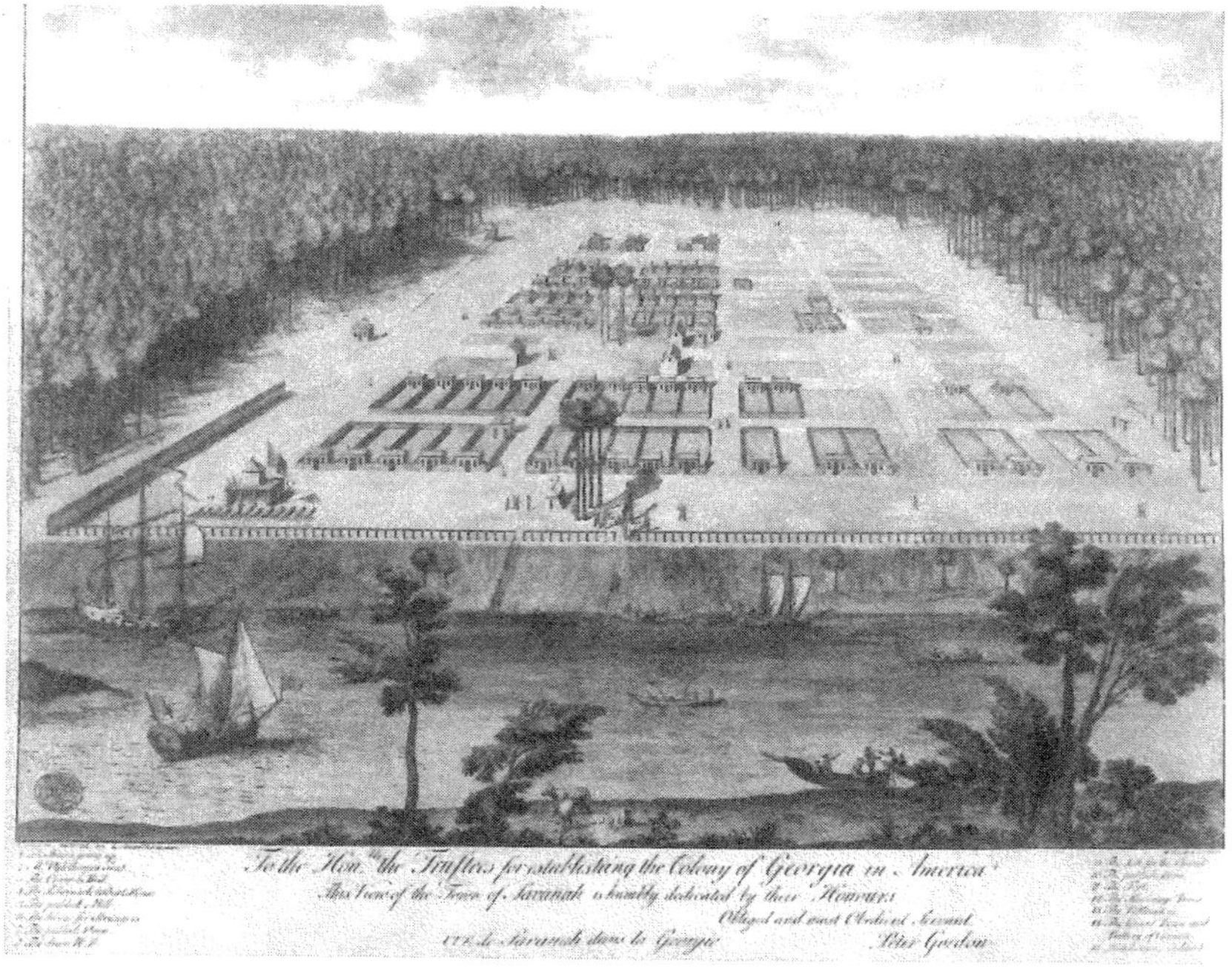

図6.4　ピーター・ゴードン画「1734年3月29日現在におけるサヴァンナ市景観」
出所：ジョージア歴史協会提供、MS―1361―MP―001

ちは「綿繰り工場、靴工場、革なめし工場、パン屋、市新聞の印刷所など二次的製造業」で働いた。あるニューオーリンズのレンガ工場は奴隷化人一〇〇人を所有していた。そしてビロクシーベイの類似の工場は「男性奴隷一一六人と女性奴隷三七人」を所有し「年に一〇〇〇万個のレンガ」を製造していた。[*39] こうした数字から見て、公的保有奴隷資本の算出は費用を上回っており、政府行政官たちは適切な利潤収益を保証するために記録をきちんと維持していた。

　一八五〇年代になると、ミシシッピー州アダムス郡の立法者たちは、奴隷化男女が道路作業を行うよう義務づけた。たとえばアッシュフォード一家は、一八五〇年から一八五六年にかけて、夏ごとに、一二人から六四人の男女を道路作業に送り出した（図6・5）。J・P・アッシュフォードは、あらゆる「対象となる」使役人が提供されていることを保証する宣誓書に署名している。「私は我が最高の信念の判断に基づき、先立つ一覧がJ・P・アッシュフォード農園で私の所有し手元にいる奴隷たちの中でミシシッピー州アダムス郡の法に基づき道路作業責務に該当する者すべての名前と人数であることをここに宣誓するものである」[*40]。一八五〇年五月六日、アッシュフォードは少し偏った男女集団（女性二九人、男性三五人）を派遣した。一部は夫婦か、母親と息子または父親と娘の組み合わせだった可能性がある。これはメアリー＆ジョン・ジャクソン、ボブ＆メアリー・スミスといった名字が示している。六年間にわたり、郡のために同じ人々の多くが働いたが、毎年その人数は変動し、ときには激減した。一八五五年と一八五六年の夏には、アッシュフォードの奴隷で道路作業をしたのはたった一二人で、この一二人のうち、女性はそれぞれの年で四人と三人だった。マーサ、フィリス、エレン、ルイーズは六月一三日に働き始め、マーサ以外の全員が一年後の七月一八日に戻ってきた。こうした労働パターンは、公共事業に奴隷制の決まったサイクルがあったことを示唆している。また奴隷資本と通常は結びつけられる農園系の労働からの逸脱も示唆される。奴隷化人による地元政府のための一時的労働は、人的資本がいくつかの経済に貢献したというさらなる証拠だ。

すでに述べた通り、奴隷化人を購入するより、地方自治体は彼らを雇った（言い換えると借りた）。奴隷雇用は契約期間にわたる虜囚労働の費用対効果の高い使い方だった[*41]。一八四二年八月、サヴァンナ道路街路委員会は「ニグロを一一人」雇った。そのうち三人は市の所有する奴隷だった。「その賃料は年一二五ドルである」。だが市有奴隷の一人を売却する許可も求めている。その奴隷が「過去二週間にわたってあまりに劣悪なふるまいをしており」逃亡しかねないと恐れていたからだ。彼らはその奴隷を投獄し、市評議会が「この少年に対し支払った金額が得られ次第即座に売却する」よう提言している。こうした公務員たちは明らかにこの問題の財政的影響を懸念しており、この反抗的な労働者と引き換えに同じ金額が回収できない限り取引を進めないと保証している。五日後、市の担当官は「市の財産ニグロ男性ロンドンを売却、火曜日末に二五二・五〇ドルで売却」と報じている[*42]。このロンドンが先の記録で言及された人物かどうかは確認しようがないが、この記述のタイミングからして、十分考えられる。

奴隷化（及び自由）黒人は、サヴァンナ市での「肉屋、大工、レンガ工、樽屋、輸送人」としての合法な仕事を示すバッジを身につけねばならなかった。一九世紀半ばには、他の町や市は保健担当官と共同で「ゴミ拾い」を創設し、都市空間をきれいにして病気の伝搬を防ぐようにした。この仕事の一部は煙突掃除、下水汚物除去、ゴミ運び、公共

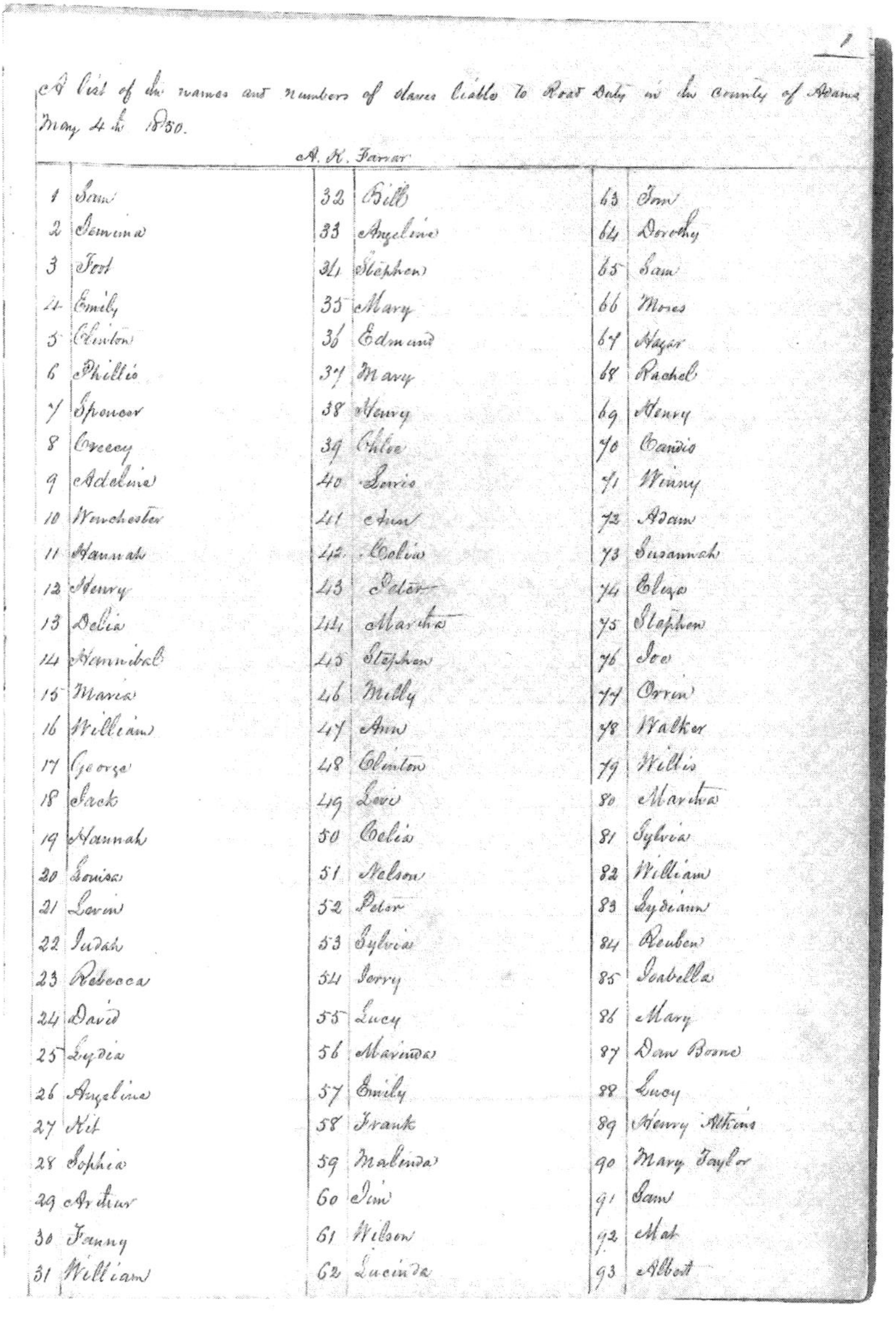
A list of the names and numbers of slaves liable to Road Duty in the county of Adams
May 4th 1850.

A. K. Farrar

1	Sam	32	Bill	63	Tom
2	Jemima	33	Angeline	64	Dorothy
3	Foot	34	Stephen	65	Sam
4	Emily	35	Mary	66	Moses
5	Clinton	36	Edmund	67	Hagar
6	Phillis	37	Mary	68	Rachel
7	Spencer	38	Henry	69	Henry
8	Creecy	39	Chloe	70	Candis
9	Adeline	40	Lewis	71	Winny
10	Winchester	41	Ann	72	Adam
11	Hannah	42	Celia	73	Susannah
12	Henry	43	Peter	74	Eliza
13	Delia	44	Martha	75	Stephen
14	Hannibal	45	Stephen	76	Joe
15	Maria	46	Milly	77	Orrin
16	William	47	Ann	78	Walker
17	George	48	Clinton	79	Willis
18	Jack	49	Levi	80	Martha
19	Hannah	50	Celia	81	Sylvia
20	Louisa	51	Nelson	82	William
21	Levin	52	Peter	83	Lydiann
22	Judah	53	Sylvia	84	Reuben
23	Rebecca	54	Jerry	85	Isabella
24	David	55	Lucy	86	Mary
25	Lydia	56	Marinda	87	Dan Boone
26	Angeline	57	Emily	88	Lucy
27	Kit	58	Frank	89	Henry Atkins
28	Sophia	59	Malinda	90	Mary Taylor
29	Arthur	60	Jim	91	Sam
30	Fanny	61	Wilson	92	Mat
31	William	62	Lucinda	93	Albert

図6.5　ミシシッピー州の道路作業に割り振られた奴隷化人を示す台帳の１ページ
出所：奴隷と奴隷制記録#2E777, Natchez Trace Slaves and Slavery Collection, テキサス大オースチン校ドルフ・ブリスコ記念アメリカ史センター

建築や事務所の殺菌を含んでいた。ゴミ拾いは現代の衛生労働者に相当する。町中を馬車で走り、ゴミを拾った。例えば一八三〇年と一八三一年にサヴァンナ市はチャンス、マンデー、ボブ、ベンの労働に対して支払いを行った。こうした男性たちは、都市をきれいにして病気がないようにするという「汚れ仕事」をやったのだった。

奴隷資本はまた、南部と北部全域の大学や医学校にも貢献した。一部の大学は奴隷化人たちを所有し、大西洋横断奴隷貿易で儲けた。これはノースカロライナ大学やジョージア大学といった公立校や、ヴァージニア大学、ダートマス大学、ハーバード大学、ブラウン大学といった私立校も含まれる。歴史学者クレイグ・ワイルダーによると、「アメリカの学校は植民地世界の奴隷経済に根ざしている」[*43]。奴隷化労働者たちは高い価値評価を受けていたので、ジェイムズがノースカロライナ大学チャペルヒル校から一八二九年一一月に自らを自由にしたとき、同校はその帰還のため地元紙に広告を出した（図6・6）。ジェイムズは、大学の召使いとして四年務めてから「大学から逃亡した」という。広告によれば、ジェイムズは身長一六五センチから一七〇センチほど、肌は黒く、「流暢に」話せる能力があるという。「大学召使い」という特権的な地位のせいだろうか、ジェイムズは「まちがいなく立派な服を着て、かなりの衣服」を持っていた。逃亡したときには、その自己解放を助けるために馬も連れ去ったという[*44]。

ウィルソン・カルドウェルもまたノースカロライナ大学チャペルヒル校で働いていた。母親とともに大学学長に仕えていた。父親はノースカロライナ州知事トッド・カルドウェルの従者だった。図6・7の写真は、この大学召使いが着ていた種類の衣服の見事な例であり、おそらくジェイムズが自己解放したときに持ち去った衣服も類似だろう。フォーマルな衣服を着たウォーレスは、チョッキ、ネクタイ、スポーツコート、山高帽を身につけている。ウェスト半ばの鎖でわかる通り、どうやら時計も所有していたようだ。これは通常、農園で奴隷化されていた人々は所有していない物品だ。ウォーレスや、エモリー大学理事会の一人が所有していたキティのような奴隷化女性は、この問題に関する全国シンポジウムの後で、ごく最近になって奴隷制と資本主義の大きな歴史の一部となったばかりだ[*45]。

農園奴隷を強調するより私は公共空間での奴隷制を見る。というのもそれはピケティが描く金融資本と専門資本の定義に収まるからだ。この証拠は、ピケティの記述がアメリカにおける資本と奴隷制を見すごしたり計算まちがいをしたりする多くの方法を示している。彼の議論の帰還構造もまた別の制約となっている。彼の事例の多くは一七七〇

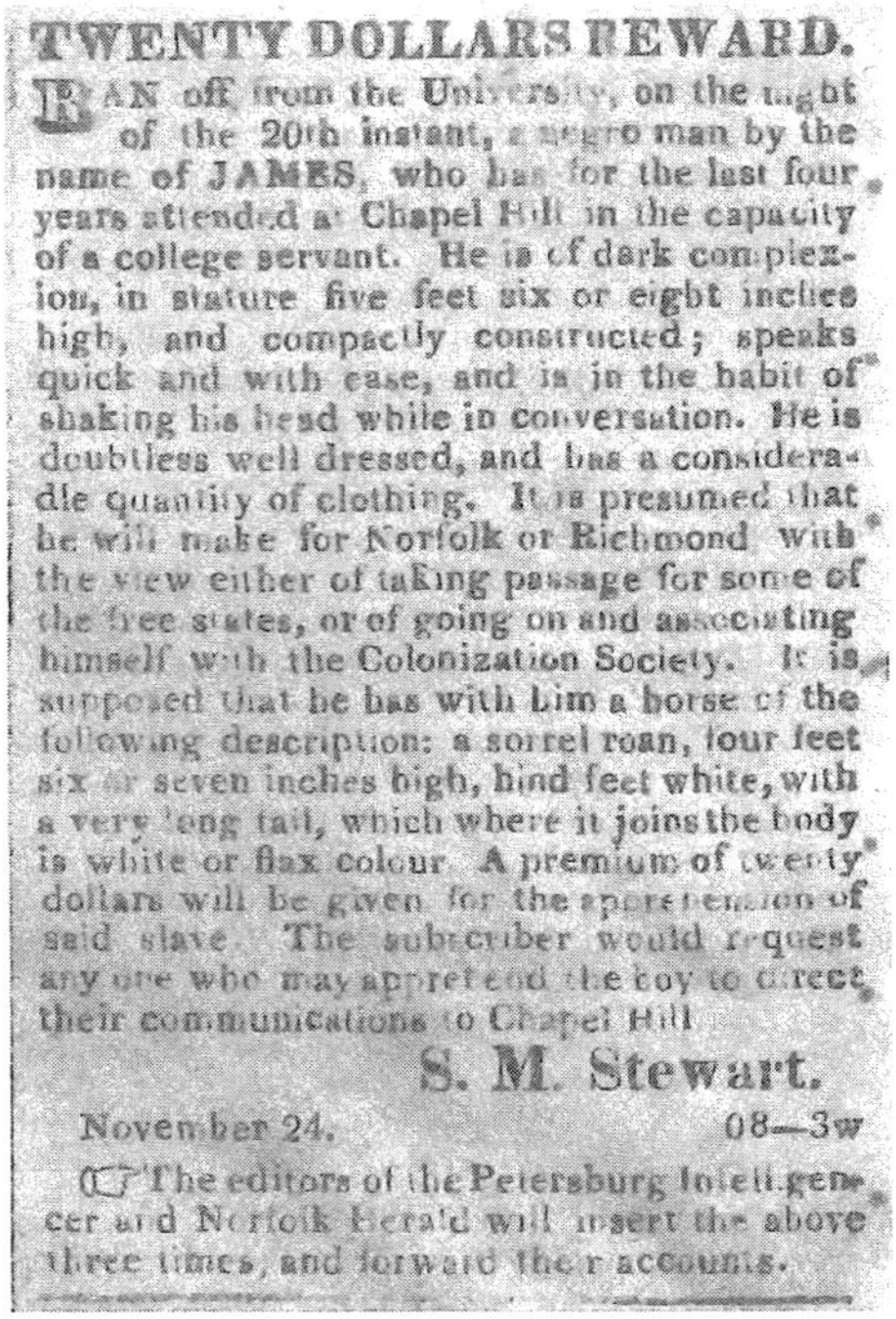

TWENTY DOLLARS REWARD.

RAN off from the University, on the night of the 20th instant, a negro man by the name of JAMES, who has for the last four years attended at Chapel Hill in the capacity of a college servant. He is of dark complexion, in stature five feet six or eight inches high, and compactly constructed; speaks quick and with ease, and is in the habit of shaking his head while in conversation. He is doubtless well dressed, and has a considerable quantity of clothing. It is presumed that he will make for Norfolk or Richmond with the view either of taking passage for some of the free states, or of going on and associating himself with the Colonization Society. It is supposed that he has with him a horse of the following description: a sorrel roan, four feet six or seven inches high, hind feet white, with a very long tail, which where it joins the body is white or flax colour. A premium of twenty dollars will be given for the apprehension of said slave. The subscriber would request any one who may apprehend the boy to direct their communications to Chapel Hill.

S. M. Stewart.

November 24. 08—3w

The editors of the Petersburg Intelligencer and Norfolk Herald will insert the above three times, and forward their accounts.

図6.6　ジェイムズのような逃亡奴隷に対する懸賞金広告が南北戦争前の新聞に登場し、奴隷資本の財務価値を裏付けている

出所：Hilsborough Reorder, Hilsborough NC, 1829年11月29日。提供ノースカロライナ大学チャペルヒル校映像コレクション、コレクション番号#P0004, ノースカロライナコレクション写真アーカイブ、ウィルソン図書館、ノースカロライナ大学チャペルヒル校

年から一八一〇年からの、彼がゆるい形でアメリカ合衆国としてひとくくりにしているものから来ている。しかしアメリカ植民地がアメリカ合衆国となったのは、一七八三年のアメリカ革命の後だ。この期間選択は戦争期間、植民地の州への移行、大西洋横断奴隷貿易の終結（一八〇八年）、一八一二年戦争の前夜まで含んでいる——すべてアメリカ経済史における大きな転換点であり、流動しつつあり様々な格差形態が大量にあった国を示唆している。

奴隷制とアメリカ大統領

奴隷資本の議論の曖昧さを最もよく例示しているのは、アメリカ大統領たちが所有していた奴隷化人たちの歴史であり、ここで奴隷制とアメリカ大統領について少し述べておくと有益だろう。何と言ってもピケ

図6.7　ノースカロライナ大学チャペルヒル校で奴隷化され、
学長に所有されていたウィリアム・カルドウェル（1841 – 1898）の写真
出所、提供：ノースカロライナ大学チャペルヒル校映像コレクション、コレクション番号 #P0004, ノースカロライナコレクション写真アーカイブ、ウィルソン図書館、ノースカロライナ大学チャペルヒル校ティは、彼の議論をトマス・ジェファソンから始めているのだから。アメリカの最初の大統領一八人のうち、一二人は奴隷を所有している。ピケティがその中からジェファソンを選んだのは正しい。彼はジェファソンが「土地だけを持っていたのではない（中略）六〇〇人以上の奴隷を所有していた」と書く。だが彼はジェファソンの人的資本が表す富の価値を計算する機会を逃してしまう。そして人的資本に関心がないなら、どうしてジェファソンを議論に持ち出すのだろう？　以下は一二人のアメリカ大統領とその奴隷保有の一覧だ。[*46]

・ジョージ・ワシントン、初代大統領、ヴァージニア州（二三〇人から三〇〇人）
・トマス・ジェファソン、第三代大統領、ヴァージニア州（二〇〇人）
・ジェイムズ・マディソン、第四代大統領、ヴァージニア州（一〇〇人超）
・ジェイムズ・モンロー、第五代大統領、ヴァージニア州（七五人程度）
・アンドリュー・ジャクソン、第七代大統領、サウスカロライナ州／テネシー州（二〇〇人未満）
・マーティン・ヴァン・ビューレン、第八代大統領、ニューヨーク州（一人）
・ウィリアム・ヘンリー・ハリソン、第九代大統領、ヴァージニア州（一一人）
・ジョン・タイラー、第一〇代大統領、ヴァージニア州（七〇人程度）
・ジェイムズ・K・ポーク、第一一代大統領、ノースカロライナ州（二五人程度）
・ザカリー・テイラー、第一二代大統領、ヴァージニア州（一五〇人未満）
・アンドリュー・ジャクソン、第一七代大統領、ノースカロライナ州（八人）
・ユリシーズ・S・グラント、第一八代大統領、オハイオ州（五人）

ピケティはジェファソンの奴隷保有を、奴隷資本の重要性に関する議論の枕として使う。またジェファソンが一八〇八年に奴隷貿易を廃止した功績も述べる。デュボイスがこの評価に同意するかは完全に明らかというわけではない。議論の中で、ピケティはアメリカ奴隷制のすべてを数段落で扱い、まとめとして「奴隷経済が急成長しつつある中、一八六一年に南北戦争が勃発して、奴隷制は一八六三年に撤廃された」[*47]。こんな通り一遍の議論にもかかわらず、三つのデータ集合からの統計を彼は引っ張ってきて、図4・10と4・11を作り出す[*48]。

ここでもピケティは、アメリカ大統領の奴隷資本に取り組む機会を見逃す。建国の父たちが奴隷化人を所有していたということはどういう意味を持つのか？　「生命、自由、幸福の追求」を元に作られた国が、労働者のコミュニティを奴隷化して利潤を得られるのか？　この歴史的アイロニーは、現在の経済格差の状態にも貢献している。人的資本は無料労働の一形態であり、西洋の国々、企業、自治体は奴隷労働を通じてその富を生み出したのだ。

奴隷制度からの富の構築は、単に南部の現象だけではなかった。北部もまた同罪だった。奴隷取引企業、投資家、その代理人は、北部に住み、南部で生産された産物から便益を得た。奴隷化人たちの衣服や靴は北部工場で製造されたが、ニューイングランドの商人たちは奴隷化人たちがこの国にもたらされた船を所有していた。その同じ船が、奴隷生産財を世界中の市場に運んだ[*49]。

上に示した証拠を含めると、「国民所得の一・五倍」はずっと高い数字になるはずだし、明らかに統計的に有意で「除外」できないほど重要だ。分析のあらゆる段階で奴隷を含め、公式記録から、政府の最先端つまりアメリカ大統領に仕えた私的所有個人まで含めたら、ピケティの主張はどう変わってくるだろうか？　奴隷の歴史を書くための既存の文献は様々だ。奴隷価格についての結論をクエンティン・タランティーノ『ジャンゴ 繋がれざる者』から引き出す必要などない！　大規模奴隷保有者たちからの証拠は、もっと適切な類似例の一例でしかない。

結論

奴隷化人たちは新世界全域で公的機関の資本に貢献した。アメリカ合衆国では、南部の中心部で用水路や道路建設に使われ、彼らの労働は北部の造船所、工場、医学校に貢献した。人的資本として、彼らの身体と彼らの生産した生産物は、国や地域や世界の経済に貢献した。彼らはその労働に対して支払いを受けず、地方自治体は彼らの労働を利用して、空前の金額を節約させた。ピケティは奴隷資本で生み出された富についての継続的対話に貢献する重要な機会を見逃した。こうした対話は多くの現代対話の一部であり、それはヒラリー・ベケット卿やメアリー・フランシス・ベリーのような歴史学者の率いるものから、マッカーサー財団フェローでコラムニストのタネヒシ・コーツ（彼女の賞をもらった論説はポスト奴隷時代に始まる）のものまで様々だ。[*50] ピケティは彼が探究する実物財産に浸透する奴隷資本の存在そのものを見すごした。奴隷制を認識しようとする彼の皮相的な試みは、わずかな通り一遍の例で構成されている。デュボイスからの警告の一言で終えるのが適切に思える。「スフィンクスの謎は先送りにされるかもしれず、今は回避的に答えられている。いつの日か、それは完全に答えられねばならない[*51]」。

第7章　人的資本と富――『21世紀の資本』以前と以後

エリック・R・ニールセン

経済学者エリック・R・ニールセンは、ピケティの本の中心的前提の一つに取り組む。経済学者が「人的資本」と呼ぶものは資本ではなく、格差上昇や社会階層化の物語の一部ではない、という前提だ。ニールセンによれば、実は人的資本はピケティが機械の価値を集計するのと同じ形で、資本として計上されるべきだ。ニールセンは、経済学内部の人的資本研究の伝統は今日までとこれからの格差上昇を説明するために必要だという。これはピケティが明示的に除外するものだ。ニールセンは、大量の最近の研究をまとめ、経時的な人的資本の重要性を検討し、特に世代間の富の移転と社会モビリティを見る。そして人的資本を適切に考慮すれば、ピケティが提示するものとはかなりちがう政策的含意がもたらされると結論づける。

トマ・ピケティ『21世紀の資本』は新しく入念に集められたデータを提示する。このデータは、資本と労働の間の国民所得の配分、資本所有における格差の度合い、労働所得と資本所得の格差推移を理解するために必要なものだ。この驚異的で素晴らしい歴史的データを元に、ピケティは分析の枠組みを開発し、それを使うことで資本主義が、条件次第ではごく少数の相続人の手に富をますます集中させかねないことが示される。同書は、アメリカやフランスのような先進経済は、相続財産に支配された極度に平等性の欠ける未来へと向かっているかもしれないと論じた。

所得格差が豊かな先進国の中では目に見えて上昇したのは明らかだが、この格差増大の原因はまだ結論が出ていない。所得格差は、労働所得の格差増大、資本所得格差の増大、資本に帰属する国民所得シェアの増大（資本の所有は不平等なので）、資本と労働所得の共分散増加の組み合わせで増大する。ピケティは、『21世紀の資本』で一貫して資本に基づく説明を強調する。一方で、彼の労働所得の理論はかなり憶測混じりで非主流だ。特にピケティは、明示的に人的資本理論を除外する——これは経済学者が労働所得と個人レベルでの格差を理解するのに使う支配的なパラダイムなのだ。

労働所得格差も、過去数十年で劇的に増大した。そして所得分布のいちばん頂点以外では、ほとんどの世帯の支配的な所得源はいまも労働収入だ。主流のミクロ経済学研究は、収入格差のパターンを人的資本理論で説明する傾向が強い。人的資本理論の基本的な考え方は、ある人物が持つ耐久性のある技能や属性のストックが資本ストックのように機能するというものだ。そして賃金は、人的資本ストックに対する「収益」として概念化され、これにより人的資本は賃金の差を説明し、また物理資本と同じように富の蓄積としても機能する。人的資本は、各種の経済的現象、たとえば労働収入や格差、教育選択、結婚選択、出生率、親としての子供への投資、経済的結果の世代重複相関などを理解する概念的枠組みとしてきわめて重要であることが示されている。

『21世紀の資本』は、人的資本を格差理解に有用なものとしては明示的に排除する。同書は「資本」と「富」を、取引可能な財の市場価値として等価だと定義している。この定義は、人的資本をアプリオリに富の源から除外する。奴隷制を禁止する社会では人的資本は完全に売買できないからだ。本章で私は、人的資本の除外はピケティが提示したデータと理論の双方で深刻な弱点となっていると論じる。人的資本はそれぞれの世代で富の重要な源であり、経済的な優位を世代を超えて伝えるのに重要な役割を果たす。したがって『21世紀の資本』は、格差とその時間的展開について、目新しく重要とはいえ、部分的な姿しか提示していない。

親から子供への資本遺贈だけに注目することで、ピケティは遺贈動機についてあまりに多くを想定しすぎ、人的資本の形で親から子へと伝えられる大きな富を見すごす。さらに世代間モビリティに関する文献を見ると、まだ確定的とはいえないが、高所得と富の格差が低いモビリティと低い機会均等をもたらすのではというピケティの恐れは裏付けられていない。だが私は、「機会」と「モビリティ」は『21世紀の資本』でも、経済学全般でもあまりきちんと定義されていない用語だとも論じる。そして、モビリティについての将来の研究は、こうした概念を意義深い形で議論するために、子供への人的資本精算の技術に関する豊富な文献からの洞察を組み込む必要があるとも論じる。

本章はこの先、次のように展開する。まず、人的資本と物理資本とのちがいと類似性を詳細に論じ、次の部分の舞台を整える。その部分では、人的資本の富としての計上否定論が最終的には破綻することが示される。三番目の部分では、人的資本、親からの遺贈、世代間のモビリティの関係を論じる。一族の中の相続は、『21世紀の資本』で富の集中を動かす鍵となる仕組みだからだ。その後、労働所得と格差に関する「非競争的」な説明のいくつかに目を向ける。彼の実際の主張が最終的に正しいと示されるかは不明だが、いずれの場合にも経済学は各種の人的資本と労働所得の源を区別したほうがいい。それらがまったくちがう社会的結果をもたらすからだ。人的資本が増えても、その人的資本が支払いを受けて、社会的に破壊的なことをやれば有益とは限らない。結論では、『21世紀の資本』の富裕税とはちがい、平等主義的な理由からも、非平等主義的な理由からも正当化しやすい政策を論じる——早期に児童教育だ。若い子供の人的資本に投資することで、きわめて大きな社会的収益が得られるだろうし、同時に高所得世帯に生まれた子供と低所得世帯の子供との富のギャップを減らすのにも貢献する。

用語法について簡単に。私はピケティの資本／富の概念を、本章では一貫して「資本」と呼ぶことにする。「富」は、ピケティの概念（ここでは富と資本は等価だ）と人的資本（これも富の一形態だと私が示す）の両方を含む、もっと一般的な用語として使う。

人的資本とは何だろうか？

人的資本は、所得、富、健康など各種の経済的結果の個人間格差を理解するために経済学者が使う支配的な枠組みだ。人的資本理論における中心的な発想は、個人が様々な技能や学習を持ち、それが労働市場で収益を稼ぐ、というものだ。技能は耐久性があり、文脈依存で、投資に反応する。これは、伝統的な物理資本の主要な性質の一部でもある。人的資本理論はこのアナロジーを真剣に考え、ある人が身につけた技能を「人的」資本のストックとして概念化する。ある労働者の稼ぎが増えるのは、その人の人的資本のストックが増えたり（教育やＯＪＴを通じて）、あるいはすでにその人が持っている技能が、技術変化などにより労働市場で価値を高めたりするからだ。

「人的資本」という用語は混乱を招くこともある。労働所得と資本所得が同じだというまちがった印象を与えるからだ。本章では標準的な用語をそのまま使うが、「人的資本」のかわりに「身につけた耐久性ある技能」で置きかえても、意味はまったく変わらない。はっきりさせておくと、人的資本は物理資本とはまったくちがう概念であり、両者のちがいは文脈次第できわめて重要なものとなる。こうしたちがいをここで少し細かく見ておくほうがいいだろう。後で論じるように、こうしたちがいはどれ一つとして、ピケティの本における議論には関係してこないからだ。

最初の重要なちがいは、人的資本が物理資本とはちがって、完全に売買できないということだ。これは人的資本が信用融資へのアクセスを得るための担保としては使えないという重要な意味合いを持つ。住宅所有者は、自分の家の価値を裏付けとしてローンを組めるが、大学の学費を稼ぐためにローンを組む学生は、返済できなかったら自分の人的資本の支配権をゆずりわたします、などと約束することはできない。さらに人的資本は価格ではなくレンタル料しか観測できないため、人的資本に内在する富を価値評価するのはむずかしい。[*1]

第二の重要なちがいは、人的資本はそれを保有する特定の人物と分かちがたく結びついていて、その所有者が労働を提供しない限り、その人的資本も使えないということだ。したがって、人的資本の使用と補償は、その人的資本の生産能力だけでなく、労働者の選好にも大きく左右される。トラクターは、厳しい環境で働かされても気にしないが、労働者は気にする。これはいろいろな意味合いを持つが、一つは人的資本で稼いだ所得が、市場に労働を供給するときに多少の負の効用がある限り、厚生面で見ると物理資本からくる所得より価値が低くなるということだ。もちろん、正反対のことも言える——一部の仕事が持つ金銭以外の便益は、相対的に低い賃金でも労働者を十分に補償するものとなるかもしれない。

人的資本への一般的な反対論

『21世紀の資本』で提示された、格差に関するミクロ経済学研究のデータと理論の含意を論じる前に、分析に人的資本を含めることに対する同書の反対論を検討するほうがいい。そうした議論はすべて、的を外している。人的資本は富の重要な源だし、一時点で見るにしても世代をまたがる推移を考えるにしても、格差の理解においても決定的だ。それを除外するピケティはまちがっている。

ピケティは、富と資本を同一視し、売買できるものすべて、そしてそれだけだと定義する。この定義で即座に人的資本は富ではないことになる。だが人的資本が売買できないことが、なぜ彼の全体的な議論に関係するのかはどこにも述べられていない。[*2]『21世紀の資本』での資本の重要な特徴は、それが耐久性を持ち、追加の努力なしに収益を生み出し、相続人に引き継げるということだ。こうした物理資本の特徴は、売買可能かどうかには左右されないし、明らかに人的資本にも見られるものだ。技能は耐久性がある（時間とともに薄れたり、陳腐化したりはするが）。技能保有者はその技能にともなう賃金上乗せ分を、労働時間分だけ受け取るが、そのための追加努力はない。こうした労働者は、人的資本プレミアムを受け取るために労働を供給するという負の効用に耐えねばならないが、重要な点はこの負の効用が、労働者の人的資本ストックが増えても増加する必要はないということだ。むしろ高賃金職は、低賃金職よりも実行する不快感は少ないかもしれない。最後に、技能は相続を通じて、また意図的な親の投資を通じて親から子に伝えられる。

したがって人的資本は、どんなまともな基準から見ても富の源泉だ。手持ちの人的資本が多ければ、それだけその人の経済リソースを手にする能力は高まる。簡単な例として、二人の若者を考えよう。五〇万ドルの信託基金相続人と、文無しだが才能ある運動選手で期待生涯所得は何億ドルにもなる人物だ。この二人で豊かなのは運動選手のほうだというのは明らかだ。でもピケティの定義は正反対のことを意味する。

前節で論じたように、人的資本からの所得と物理資本からの所得を比べるときには、少々おもしろい細部が登場する。前者は必ず労働の供給（不快かもしれない）を伴うからだ。人的資本を担保として使えないということも、物理資本に比べてその価値を下げる。それでも、他の面でまったく同じ二人がいたとしたら、人的資本が多い人物のほうがピケティ的な意味で豊かだというのは常に真実だ。人的資本が売買できず、労働供給で少し話がややこしくなるのは、人的資本の計測がむずかしいというだけであって、人的資本が富ではないということにはならない。

『21世紀の資本』での二番目の大きな議論は、人的資本に基づく説明は、個人レベルの格差を十分に説明できないから、浅はかで不完全だというものだ。[*3] 確かに人的資本の差は、観察される個人間の経済的な結果のばらつきのうち、一部しか説明できない。だがこれはまともな批判とは言えない。人的資本理論は、格差のあらゆる側面を説明できるなどと主張したことはないからだ。ピケティのものを含め、どんな経済理論も、データに完全にフィットしたことはない。人的資本は個人間の結果の系統的なちがいの多くを説明できるし、経済学者は絶えず人的資本では説明できないのが何で、その理由は何かを理解しようとしている。この点で、人的資本は他の経済理論と何ら変わりない。

『21世紀の資本』はまた、人的資本に基づく賃金所得の説明は、労働所得を人的資本ストックの収益と言い直しているだけなので、無内容か循環論法でしかないと論じる。[*4] ミクロ経済学者はしばしば、観察された結果の差を、人的資本の仮の証拠として使い、新しい研究仮説を構築する。こうしたやりかたがこれまでは有益だったからだ。だが経済学者たちは、観察された結果の差をそのまま単純に根底にある人的資本の差だとしたりはしない。そんなことをしていれば、それは確かに循環論法だ。でも人的資本は、観察可能な賃金以外の特徴、たとえば就学年数などとの推計可能な関係を持つと考えられ、そして観察可能な人的資本の代理指標と経済的結果の、検証可能な関係があると推測されるのだ。こうしたモデルは、経済的結果を説明し損ねることもたくさんある。ＩＱ試験で高い成績を出す人々が、平均では低い成績の人よりも稼ぎが高いというのは、条件つきの実証的事実であり、循環論法ではない。

最後に、ピケティは人的資本は過去に比べて、現在大きく重要性を増しているわけではない、なぜなら国民所得の労働シェアは、過去一世紀かそこらでわずかしか増えておらず、資本が相変わらず国民所得のかなりのシェアをもらっているから、という。ピケティは、技術が労働に有利な形で発達する場合ですら、経済理論ではこのシェアがこれ以上上がるとはされていないことを正しく指摘する。だがこの議論は的外れだ。というのも人的資本の所得シェアは、労働の所得シェアとはちがうからだ。人的資本が近年はもっと重要になったという証拠は、人々が技能にもっと投資をして、そうした投資の結果として時給を高められるようになっているという事実だ。人的資本は、国民所得の資本シェアがますます増える世界ですら、ここでの話に関係した意味合いで重要性が高まる可能性もある。[*5]

労働所得を決定するにあたっての人的資本の相対的重要性が高まったという、かなり強力な証拠も実は存在する。例えば Katz and Murphy 論文は、教育水準の高い、高技能労働者が稼ぐ賃金プレミアムは、そうした労働者の供給が拡大したのに、劇的に上がっているということを示している。[*6] このパターンは、投資と教育を必要とする種類の技能が、次第に価値を高めていることを示唆する。ただしこの説明は、ごく最近の所得格差変化にはあまりうまく当てはまらない。

人的資本の重要性増大を見る別の粗雑な方法は、所得の労働シェアを二つの要素に分けることだ。教育と労働市場の経験(人的資本)に帰属する所得と、「生の」労働、つまり教育のない未経験の健康な成人が稼げる所得だ。アメリカのデータを使った簡単な会計操作で、生の労働の国民所得シェアは二〇世紀半ばから一貫して下がり、人的資本が所得に占めるシェアは上がっていることが示される。[*7]

親の相続と世代間モビリティ――ピケティ以前と以後

相続とモビリティは、機会平等という根本的な社会的善に密接に結びついている。一部の人が、生まれのせいだけで貧困に甘んじるしかないのに、他の人は大きな富を相続するというのは、きわめて不公平だと多くの人には思える。相続と生まれながらの優位性は倫理的に問題であり、こうした源から生み出された格差は平等と公平の理想と対立関係にある。これに対し、仕事の努力、生産性、能力の差に基づいて生み出された格差は、はるかに問題視されにくいし、多くの人はむしろそれが正当なものだと感じる。こうしたきわめてちがった仕組みが、同じ所得分配や富の分配を引き起こせるので、博愛的な政策が肯定されるかどうかを決めるにあたっては、格差を作り出す要因を仕分けするのがきわめて重要だ。

経済学の大量の文献は、親のリソースと、子供が大人になったときのリソースとの関係を理解しようとする。こうした研究の一部は、親のリソースや投資が子供時代の結果に与える直接的な影響、つまり人的資本生産の技術に注目する。他の研究は、世代間のモビリティ、つまり社会での相対的な経済的地位が、ある世代から次の世代へ、どのくらい伝えられるかを研究する。ピケティの議論は、この二つ目の研究文献の路線にずっと近いものだが、こうした文献には説得力ある解釈可能な推計値がないのが欠点だと私は主張する。この批判はピケティにも当てはまる。彼の本は、人的資本生産研究から得られる重要な洞察を、富の世代間移転の記述に組み込み損ねている。

『21世紀の資本』のモビリティに関する議論は、ほぼ完全に資本だけに注目しているが、既往研究は主に教育と労働所得のモビリティを研究している。これはどちらも人的資本にずっと密接に結びついている。どちらのアプローチもそれなりに面白いが、世代間の経済的優位性移転を完全に理解するためには、両者をあわせて考えねばならない。労働所得と教育格差は富の差に対応するが、それは資本ベースの指標では捕らえられない。同時に、相続における資本は潜在的に、富の移転のきわめて重要なチャンネルで、これは最も豊かな者の場合に特に顕著だが、これは所得と教育モビリティの指標ではまったく把握できない。

『21世紀の資本』と相続フロー――興味深い出発点

ピケティの本では、資本収益が通常は経済成長より大きいために、資本の富が経済全体の規模に比べて確実に大きくなる。この蓄積された資本がそのままある世代から次世代へと相続されたら、きわめて少数の幸運な相続人たちが、国の資本の大きな割合を支配する結果となりかねない。『21世紀の資本』はこの相続資本の集中は、モビリティを引き下げる効果もあると論じる。資本を相続する者たちが手にする所得は、労働を通じて得られる潜在所得をはるかに上回るからだ。生産的な仕事ではなく、相続と結婚こそが、経済的成功と安定への主要な道となる。

この仮説の裏付けとして、『21世紀の資本』は相続フローの歴史的データを提示する。これは経済の中で相続資本の相対的重要性を示す、国レベルの変数だ。資本ストックが大きいとき、死亡率が高いとき、死亡者が存命者よりもかなり多くの資本を持っているとき、その国は大きな相続フローを持つ。ピケティは、フランスの相続フローがかつてはかなり高く、二〇世紀半ばに大幅に下がり、その後また上昇を始めたと記録している。この再興は主に資本／所得比率の上昇と、死者の平均資本と生者の平均資本との比率で生じている。似たようなパターンがヨーロッパの他の国でも成り立つようだが、アメリカでは相続資本の再興はもっと控えめのようだ。『21世紀の資本』で相続フローの上昇は、相続される富の重要性がますます高まり、我々の未来を圧倒しかねないという大きな証拠として使われている。

残念ながら、相続フローは親から子への資本遺贈をたどるものではない。相続フローは、死者が持つ平均資本が大きければ高くなる。その遺産が遺族やその他機関の間でどう分割されるかはまったく関係ない。『21世紀の資本』は、親が遺産をほぼ完全に子供たちに遺すと暗黙に想定しているが、もし金持ちが遺産のかなりの部分を慈善財団などに遺せば、世代間の富のモビリティを説明するにあたって総相続フローの重要性はずっと不明瞭になる。加えて、親たちが子供に遺す富のシェアが時間とともに変わるなら、相続フローの時系列データは、親から直接相続される資本の時系列データとはかなりちがってくる可能性がある。別の問題として、富の親族内蓄積の激化を抑えるにあたり、出生率がどんな役割を果たすかというものがある。高い出生率は、大きな財産をもっとすばやく分散させる傾向にある。相続財産を山分けする相続人が増えるからだ。『21世紀の資本』も出生率の重要性を指摘はするが、同書の結論が、出生率と富の関係について考えられる各種の想定に対してどれほど敏感かは明らかにしていない。

金持ちが遺産をなぜ、誰に遺すのかについては、あまりよくわかっていない。経済学者はなぜ金持ちがあんなに高い貯蓄率を持っているか、あまり理解できていないからだ。標準的な貯蓄動機、たとえば消費を時間的に平準化したいとか、リスクに対して自分で保険をかけたいとかいったものは、一般人の貯蓄行動の説明にはかなり有効だが、大金持ちにはまるで当てはまらない。金持ちはもともと不運に対して自衛できるので、貯蓄も（比率として）非金持ちより減らすべきだ。ところが、実際には正反対となる——金持ちは非金持ちに比べ、貯蓄率もずっと高く、引退しても富を使い果たす勢いがずっと遅い。ウォーレン・バフェットは、きわめて倹約家の八十代の億万長者だが、本来ならその巨額の財産をすさまじい勢いで使い果たしているべきだ。ところが彼の貯蓄率は、ほぼ一〇〇％に近づきつつある。[*8]

金持ちの高い貯蓄率を正当化するには、貯蓄動機の標準的な一覧に追加の力を足す必要がある。かなりの説明力を持つ一つのアプローチは、一部の人は遺産を遺す強い選好を持つのだとあっさり想定してしまうことだ。[*9]驚いたことに、実は家計の遺贈動機の強さのちがいは、観察できる特徴のちがいでは簡単に説明できない。例えば、遺贈動機は子供に富を遺したいという欲望に動かされていると思うかも知れない。だがデータを見ると、かなりの遺産を遺して死ぬのが誰かを予測するにあたり、子供の有無は唯一の重要な因子にはほど遠い。[*10]子供のいない多くの人々も、大きな財産を持ったまま死ぬし、また子供のいる人々の中には、比較的少額しか遺さない人もいる。アメリカで所得格差が激増し始めた時期に、大きな財産を生み出すにあたって相続が果たす役割はむしろ下がったと言う実証的な証拠さえある。[*11] 相続の将来についてのピケティの強い予測を疑問視する根拠はかなり強いのだ。

高所得世帯の貯蓄と遺贈行動をもっとよく理解することが、この先に進むための経済研究の優先事項になるべきだ。もし労働所得格差が資本格差増大へと固着するなら、非金持ちと比べた金持ちの遺贈行動のちがいは、富と所得格差を増やす力として重要性をますます高めるかもしれない。資本遺贈が本当に重要性を増すかどうかは、金持ち世帯がいくら、誰に遺すかに左右されるが、我々がほとんど理解していないのも、まさにそうした世帯のふるまいなのだ。所得や富の分布の最頂点での貯蓄と遺贈行動の理解を進めるために、経済学者たちは遺産が遺族や他の組織にどう配分されるかを追跡する全国レベルのデータを集めねばならない。もっとよいデータがあれば、経済学者たちは世帯の遺贈動機のちがいを説明する、もっと現実的なモデルを構築し検証できるはずだ。

人的資本と世代間モビリティ

『21世紀の資本』は、親が子供に富を伝える仕組みとして人的資本を検討しない。だが経済学者たちは、人的資本が実は世代を超えて伝えられることを学んできた。これは相続を通じた機械的な伝達だけでなく、意図的な親の投資によるものもある。親の人的資本遺贈は、ピケティが強調した資本遺贈チャンネルに加えて、別個の重要な富の移転チャンネルを形成している。

理論的には、親による人的資本遺贈は、モビリティを高めるとも低めるとも考えられる。親たちは、どんな社会経済的背景を持っていても、子供の人的資本に大きな投資を行う。これに対し、資本遺産を遺すのは、通常は大金持ちの親たちだけだ。親による人的資本への投資として見ることができる活動や支出は実に様々だ。たとえば、宿題の手伝いをする活動もあれば、住宅市場でプレミアムを払って、よい公立学校にアクセスできる安全な地域に住む活動もある。資本遺贈についてのデータは、社会経済分布の低いほうの家族が行う本当の遺贈の規模を大幅に過小評価してしまうし、親の遺贈における格差の全体的な度合いをかなり過大に示しかねない。標準的な遺贈指標はあらゆる背景の親が、子供の技能を改善するために費やす手間暇と金額をすべて無視するし、親から子供に遺伝的相続や子供の生活環境の自動的で選択されない特徴を通じて、自動的に親から子供に伝えられる人的資本の価値も反映されない。親による人的資本投資はモビリティを高めるかもしれない。親のリソースと子供への遺贈との関係を示す真の勾配は、資本遺産に基づく指標が示す勾配よりもゆるいかもしれないからだ。逆に、金持ちの親はリソースの少ない親よりも、子供にずっと多くの時間とお金を投資し、このギャップはここ数十年で拡大している。[*12]

所得階層ごとの、親としての投資が不均等、モビリティを下げる力となるはずだ。しかし親の所得と相関の高い要因、たとえば親の教育水準、年齢、婚姻状態、近隣の質などの社会経済要因をすべて考慮すると、親の所得が子供の成果に大きな因果関係を持つという証拠は比較的少ない。親の所得の影響を検証するときの、根本的な実証問題は、親の所得が子供のせいかに影響しそうな他の要因のほとんどと強い相関を持つということだ。こうした他のあらゆる要因から親の所得の影響を分離するのはむずかしいし、親の所得の直接的な影響の推計は、ほとんどがかなり小さなものとなっている。[*13]同様に、親の支出が子供の成果にどの程度影響するかも、あまりはっきりしない。一つ例を挙げよう。研究者たちは、親のリソースと支出の変化と、計測された子供時代の学校成績の変化との間に、明確な関係を確立できていない。[*14]この種の実証研究において克服すべき手法的な障害は、とにかくきわめて大きいのだ。

子供の人的資本獲得を研究した、技術的に先進的で説得力ある論文は、ほとんどが同様に親の所得に大きな独立の役割を見出さないのが通例だ。こうした研究はむしろ、子供の初期の環境（出生前の環境も含む）が人的資本の開発にきわめて重要だと示唆している。[*15]こうした論文は、一部の技能が「クリティカルな時期」を持ち、その後での投資は効果がずっと下がるという考え方に裏付けを与えている。さらに、新技能を習得する能力は過去の投資に依存するので、技能がさらに技能を獲得するという好循環が生じることもわかっている。[*16]重要なのは親の収入そのものではなく、どうやら特に幼い時期に、子供が健康な母親と、安定した慈しみに満ちた家庭や学校環境を持つことらしい。低所得の親は手持ちのリソースでこうした決定要因をそろえるのに苦労するだろうが、億万長者も中産階級の上位の親に比べて大きな優位性を持つわけでもなさそうだ――こうした投入は、どう見てもそこまで高価ではないからだ。

要するに、子供時代の人的資本の直接生産に関する実証的証拠は、急速に上昇する資本と所得の格差が、自動的に次世代のかなり大幅な人的資本格差を作り出すとは示唆していない。

ピケティの分析は世代間のモビリティに関する実証文献に密接に基づいている。だがこうした文献もまた、親の優位性が子供にどのくらい強く伝えられるかについて、明解で一貫性ある構図を描き出していない。こうした文献で最も研究されている所得についてのモビリティ推計は、国、時期、使った実証手法によってかなり劇的な差を見せている。一部の初期の実証研究は、親の優位性は一、二世代でほぼ完全に消え去ると示唆している。だがもっと最近の推計は、優位性は有意な形で五世代以上も続くと示唆する傾向が強い（だが最近の研究はこの点で完全に意見が一致しているわけではない）。このコンセンサス欠如は驚くべきものではない。所得モビリティの推計は実証的にかなりむずかしい。その困難の主要なものは、所得は正確に計測しにくいということだ。所得は年ごとにかなり変動する傾向があるし、仕事によって収入のキャリア的進展のパターンはまったくちがう。[*17] 複数世代にまたがり、複数の年の収入を結びつけるデータは珍しいので、モビリティの実証研究文献は、こうした計測問題に対処するため、巧妙な統計的アプローチに頼らざるを得なかった。

所得以外の結果について世代間モビリティを推計する研究も、同様に結着がついていない。何が教育の世代間相関（これは時期と地理で大幅に変わるようだ）を動かすのかについては、ほとんどコンセンサスがない。こうした相関において、遺伝的伝搬の相対的重要性を引き出そうとする各種論文は、しばしば結論がわかれる。厚生の経済モデルでは消費が中心的な役割を果たすが、消費に関する世代間モビリティについての証拠はないに等しい。これはデータの制約による部分が大きい。同様に、資本的な富のモビリティに関する証拠も比較的少ない。世代をまたがる資本保有に関する高質なデータが希少だからだ（これはまさに前節で説明した問題だ）。興味深いことに、得られている証拠を見ると、資本の富の世代間相関の相当部分は、相続が起こるよりはるか前に実現している。さらに、存在するわずかな論文を見ても、親の所得がモビリティに対して強い独立の影響を持つという結果は得られていない。[*18]

『21世紀の資本』が注目した資本と所得の格差激増により、モビリティが下がっているのではと懸念する人もいる。この恐れは直感的には成り立ちそうだ。富が子供のために各種の優位性を確保するのに使えるなら、富の格差が高まればモビリティは下がると予想される。実際には、所得モビリティが近年は下がったという証拠はほとんどない。そして実は何十年にもわたりモビリティはおおむね変わらないままだという、かなり強い証拠がある。[*19] 所得モビリティが格差変化に対して鈍感に見えるのは、意外に思えるかもしれない。だが実はこれは、親の所得が学校卒業などの人的資本指標に与える影響が一般に小さいことと整合している。もちろん、貯蓄と遺贈行動、消費と富のモビリティは所得のモビリティと根本的にちがっているように思えるし、これは特に富の分布のトップにいる世帯で顕著だ。それでも、ピケティが述べたようなモビリティと機会に関する懸念を支持するような、実証的証拠はほとんどない。だが次の節で論じるように、モビリティ推計はそれ自体として有意義な形での解釈がむずかしい。まったくちがうプロセスが、観察されたモビリティの水準として同じような結果をもたらすこともあるからだ。所得モビリティが時間を追って比較的一貫しているために、親のリソースと次世代での結果との重要な関係変化が見えにくくなっている可能性がある。

モビリティ研究の未来は？

人的資本の各種決定要因（遺伝、学校の質、親の投資などの要因）の相対的重要性を仕分けるのはかなりむずかしいが、こうした要因は集合的には、世代間のモビリティの決定要因として非常に重要なのは明らかだ。これに対して親の所得は、子供の結果に対して強い因果関係を持たないかもしれない。また経済的モビリティが、経済格差の増大したここ数十年で低下したというよい証拠もない。もしピケティの暗黙に想定している貯蓄と遺贈行動モデルが新しい金持ちたちに当てはまるなら、富のモビリティが今後下がるというピケティの主張も正しいかもしれない。だが富と所得の格差上昇が、労働所得と教育モビリティに被害を与えるという議論を支持する証拠はほとんどない。同時に『21世紀の資本』のデータと分析、および本章の議論は、格差に関するミクロ経済学研究の新しい方向性をいろいろ示唆する。この節では、将来の研究が有望かもしれないいくつかの領域を概説しよう。

ミクロ経済学のデータで格差を理解するときの標準的アプローチは、富の総量を増やす活動と減らす活動とを区別しないし、また親から受けついだ人的資本の源のうち、ほとんどの人が公平と思うものと倫理的に怪しいと思えるものとも区別しない。格差の議論をこうしたちがいに注目させたのは『21世紀の資本』の大きな貢献だ。ピケティは、ミクロ経済学者たちが是非とも念頭におくべき鋭い質問をしている。実際、彼は「重要な問題は格差の規模そのものではなく、それが正当化できるかということだ」。あらゆる市場が競争的ではないし、人的資本の競争的使用がすべてよいものでもない。

例として、企業重役が稼ぐ所得のシェアが、水準も高いうえに上昇しているという問題を考えよう。ピケティはこの増加が、重役たちが給与交渉で粘るようになったせいだという。トップ所得税率が下がったことで、そうした交渉の見返りが増えたからだ。他の人々は、この急増を「スーパースター」効果のせいだとした。経営技能（人的資本）のわずかな差が、まったくちがった報酬に結びつく――それが競争的で効率的な労働市場であっても。ここで仮に、スーパースター理論のほうがデータにうまく適合し、高い重役の稼ぎは競争市場に基づく経営的生産性指標を反映したものだったとしよう。この場合ですら、トップ所得のシェア増加は、その企業自体が破壊的行動を行っていたら肯定できないものになる。うまく機能する市場では、企業利潤はその企業のサービスが、それを提供する費用に比べて高く評価されているという信号だ。だから利潤増大に対して重役に報いるのは、その企業にとっても社会全体にとっても筋が通っている。だがもし企業が、うまく競争から逃れたり、市民を保護する法律を破ったりして利潤を得ているなら、その重役に報酬を与えるのは、単に社会的に破壊的な行動を促進するだけだ。人的資本に基づく稼ぎの説明には、これら二つの可能性を区別するような力はない。

要するに問題は、犯罪は儲かることもあるということだ。

別の例として、古典的な世代重複モデルにおける人的資本相続を考えよう。たとえばベッカーとトメスの標準的モデルのようなものだ。[*20] こうしたモデルでは、子供の総人的資本は二つの構成要素の関数となる。親から自動的に引き継ぐ人的資本と、親や社会の投資により生み出された追加の人的資本だ。問題をこのようにフレーミングすると、人的資本の引き継いだ部分が何か遺伝的／自然的な基盤を持つと誤解させかねない。だがベッカーとトメスは、引き継がれた遺産は獲得のために親が明示的にリソースを費やす必要のなかったあらゆるものを指すと、きわめて明確に述べている。言い換えると、遺産は人的資本投資のうち、価格に反応しない部分だけだ。つまり引き継がれた遺産は、社会的ネットワーク、文化的態度など様々なものを含み得る。

だから標準的な世代重複モデルは、倫理的で経済的に関係がある区別を無視してしまう。強いコネを持つ家族の子供が父親の電話帳のおかげで高い所得を稼げるというのは、かなり不公平に思える。さらに、この種の優位性は、このような縁故主義が経済全体の才能配分の誤りを引き起こせば、経済全体の富を減らしかねない。これに対し、だれかが遺伝や家庭環境を通じて高い知能を受けつぐなら、この人物が高い所得を稼いでも、多くの人は不公平とも望ましくないとも思わない。

この区別は、我々が目にする格差についてどう感じるかだけでなく、格差を減らすのにどのような種類の政策が有効かにも関係してくる。もし金持ちがリソースやコネを使って自分の子供に有利なように条件をねじ曲げたら、彼らの成功を明示的に困難にする政策が、筋の通った有効な対処法になるかもしれない。だがむしろ金持ちが、知性、健康、行動規範を子供に伝えることで子供たちの成功を確保するのであれば、自然な解決策はトップにおけるこの種の富の伝搬をやめさせることではなく、それを奨励し、底辺でのそうした活動に補助金を出すことだ。この第二の例だと、学校の質、初期の家庭環境や出生前の健康と栄養状態の改善を狙った政策は、明らかに金持ちの人的資本伝達や蓄積を減らそうとする政策よりも優れている。（実際、次の節で早期幼児教育への公共投資の増加から、潜在的に巨大な利得が得られることを論じる。）同様に、もしスター経営者がレントシーキングを通じて巨大な報酬パッケージを得ているなら、最も明らかな対処法は、産業規制の変更でレントシーキングの収益を減らすことだ。いつもながら、政策は可能な限り、公的な利害と民間利害を整合させるようなルールや制度を作ろうと頑張るべきだ。

世代間モビリティに関する研究文献は、検証可能な理論がないために阻害されている。多くの論文は世代間モビリティを遺伝、環境、公的私的な人的資本への投資と結びつけるモデルを開発している。こうした理論はおおむね、ほとんどの要因はだれでも予想するような形でモビリティに影響するものと想定している。たとえば、国による人的資本への累進的な投資は、人的資本の親ごとの格差を相殺し、したがってモビリティを高められる、といったものだ。[*21]理想的には、こうした理論をデータに照らし、世代間モビリティを決める各種要因の相対的重要性を検証できる。

残念ながら、こうしたモデルの実証的検証もまた、経済理論にしっかり根ざしていない強い想定に頼っている。例えば多くの論文は、遺伝と家庭環境との相対的重要性を引き出すために、養子と実子の結果を比較する。こうした論文は普通、生物学的・経済学的な裏付けまったくなしに、遺伝と環境が相互作用しないと想定している。[*22] 技能と投資は複雑で再帰的な相互作用を示すようなので、「氏」と「育ち」の貢献を仕分ける概念的にきれいな手法はないようだ。さらに、標準的な平等性／効率性のトレードオフは、個人間の結果を等しくするための投資と、個人ごとの限界収益を等しくするための投資との間に対立関係があると述べているが、これは年齢や技能によっては本当に作用しかねない。特にきわめて不利な立場の子供に対する初期の集中的投資は、平等性と効率性を共に促進させるかもしれないが、そうした子供に遅い時期に投資をしてもまったく非効率かもしれない。

人的資本がどう作られ、それが労働市場でどう報われるかについてのもっと豊かで詳細な理解がないと、「モビリティ」や「機会」を意味ある形で定義はできない。世代間で稼ぎの相関が下がるのはいいことだろうか？　この質問への答えは、理想的世界でどの程度の強い相関を期待するかで変わってくる。たとえば、仮に我々の理想とするものが、人的資本投資に非効率性のない世界だとしよう（つまり、人的資本投資に対する社会全体としての限界収益が、万人にとって均等化された世界だ）。この場合、期待される所得の世代間相関はゼロより大きくなる。なぜなら一部の性向は遺伝で決まる部分が特に大きいからだ。だがこれ以上何か具体的なことを言うのはとてもむずかしい。その答えはまた、人的資本が労働市場でどう報われるかにも依存する。もし世代間の稼ぎの関連が高まった場合、それは高所得の親が子供に有利なように社会の仕組みに細工をしたからだろうか？　それとも引き継がれやすい性向のほうが相対的に価値を高めたからだろうか？　こうした問題に答えるための適切な反実仮想を定義づけるのはとてもむずかしいが、そうした反実仮想がないと、実証的なモビリティ推計はあまり有益なものにならない。

ある時点または世代間の格差を作り出す経済的な力の複雑性は、ほとんどどんな説明群であってもデータに適合させられるということだ。根本的に豊かなデータやモデルがなければ、様々な可能性の中からどれかを選ぶのは基本的に不可能だ。先に進む有望な方法は、人的資本形成の技術について、ヘックマンが多くの共著者と共に先鞭をつけた手法的な進歩の一部を採り入れることだ。こうしたモデルは動学的で柔軟性を持つ。多くの種類の技能、受けついだ遺産や能力、そうしたものの間の相互作用、親の投資、社会投資なども扱えるからだ。

人的資本がどのように作られるかを理解するのは、経済的な結果の世代間相関を信頼できる形で解釈するために不可欠な第一歩だ。さらに、そうした相関を解釈するには、労働市場でどんな種類の技能が評価されるか、そうした市場の価値評価が時間とともにどう変わったか、こうした技能が社会的厚生をどう促進または阻害するかについて理解する必要もある。

早期児童教育——平等主義者も非平等主義者も賛成？

格差上昇に対抗するためのピケティの提案、世界的な富裕税は、平等性がそれ自体として良いと信じる人々だけにアピールするよう設計されているようだ。標準的な経済理論は、富に課税すると長期的な富の蓄積を減らし、これは賃金を引き下げると示唆する。だからピケティの計画の影響として考えられるのは、格差引き下げのために万人を貧乏にするというものとなる。実際、ピケティ支持者の一部は公然とこのトレードオフを受け入れている。富裕税が実際には所得を増やす可能性もあるが（たとえば非生産的なレントシーキング減少を通じて）、『21世紀の資本』の全般的な論調は、ピケティが所得と富の格差を減らすためには他の財をあきらめる道を選ぶと強く示唆している。平等性が本質的に望ましいという見方は、政策担当者、社会科学者、政治哲学者の間で普遍的とは決していえないし、『21世紀の資本』は平等性をあくまで手段としての価値で評価する人々にはあまり訴求力がない。[*23]

『21世紀の資本』が意見の分かれる挑発的な政策プログラムに注目するのは苛立たしい。平等主義・非平等主義両方の理由から容易に支持できる、実現可能な政策はたくさんあるからだ。こうした政策は特定の、挑発的な政治哲学にあまり依存せず、したがってもっと広い民主的な受容を得やすいはずだ。この節では、人的資本創造技術で論じた文献から生じるそうした政策の一つを概説しよう。早期児童教育だ。早期児童教育への便益は巨大であり、きちんと実施すれば、経済の平等性と効率性の両方を引き上げられる。

早期児童への投資が子供の長期的結果を改善する可能性は、一九六〇年代と一九七〇年代のアメリカにおける多くの介入で示された。こうしたプログラムは、主に低所得の少数民族の背景を持つ児童に対する集中的で高質な支援を行った。最初の処置の何年も後で行った追跡調査は、一般に学校卒業、所得、犯罪性、健康など成人後の幅広い結果において、きわめて大きな影響を見出している。こうしたプログラムはかなり高価ではあったが、それが生み出した改善の規模は実に大きく、費用を十分以上に正当化した。[*24] こうしたプログラムは、恵まれない子供たちが適切な時期に適切な投資を与えられれば、大きな改善が可能だということを示している。

アメリカのヘッドスタートなど国レベルのプログラムは、生み出す効果が小さく、また効果も様々なようだ。たとえばこうしたプログラムの多くの生徒は、試験成績が最初は上がるのに、それがその後はだんだん薄れる。学校卒業、稼ぎ犯罪性などの結果への影響はもっと持続するようだが、それでも上で論じた初期の集中的な介入に比べると、規模はやはり小さいのが通例だ。こうした大規模プログラムの有効性が低いのは、驚くことではない。そうしたものは、安くて質も低いのが通常だからだ——子供たちはこうしたプログラムで過ごす時間も短く、受け取る投入の質もおそらくは低い。だがこうしたずっと大型でずっと安上がりのプログラムでも、そこそこの便益は生み出すようだ。プログラム内部で、収益率が最も高いと実証されたものにリソースを移せば、そうした利得をさらに拡大できる。[*25]

ここでの重要な点は、もし政策が最も有効（だが高価）なプログラムのすさまじい成功を完全に再現できなくても、それなりに大きな利得を比較的安い費用で実現できる可能性があるので、幼い子供を対象としたプログラムの研究と投資の継続は十分以上に正当化されるということだ。さらに最大の便益は最も恵まれない子供たちに帰着するらしく、早期児童教育は平等性と効率性の両方を実現すると示唆される。これは他の改革、たとえば大学進学への補助金といったものにはできないことだ。早期児童教育は、ほとんどどんな規範的観点からでも支持しやすい政策だ。最後に早期児童教育は、現在のプログラムの拡張や新プログラムの導入が、世界富裕税とはちがって現在の国家政府の権限内に十分おさまるものだという大きな長所もある。

結論

『21世紀の資本』は実に興味深い歴史的データを提示し、格差の原因と帰結について大胆な理論を展開する。だがそのデータと分析は人的資本の除外に制約されている。物理資本と人的資本はどちらも富の重要な源泉であり、格差とその進展に関する一般的な記述は、この両方をあわせて考えないと完全とは言えない。人的資本を含めれば、確かに『21世紀の資本』の基本的な見取り図は変わってくるが、同書のデータと分析は、格差のミクロ経済的研究を進める各種の道筋も示唆する。

トップの所得シェア上昇は、大金持ち世帯の貯蓄と遺贈行動について、もっとよいデータともっとよいモデルの必要性を訴えている。格差上昇の設営としてレントシーキングを使う議論は、人的資本とレントシーキングがどのように相互作用するかについての理解を深めるべきだと示唆する。そしてどういった要因が世代間人的資本モデルや実証研究において「遺贈」と中立的に呼ばれているものをどのように動かすかについて、もっと批判的に考える必要があることも示している。最後に、格差が増大している時期に、(相対的)モビリティが安定しているように見えるということは、経済モビリティの分析において、もっとよいデータと豊かなモデルの必要性を明らかにしている。そうしたものがあれば、標準的なモビリティの推計が経済的に解釈可能となる。

第8章　技術が所得と富の格差に与える影響の探究

ローラ・タイソン、マイケル・スペンス

経済学者ローラ・タイソン&マイケル・スペンスは、格差増大の背後にある真の原動力は、特にこれからの数十年では、技術変化とグローバル化だと主張する。それはますますプログラミング可能な機械で実施できるようになるルーチン作業を行っている労働者を置きかえる。したがって、彼らは格差論争への貢献において、ブリニョルフソン&マカフィー『ザ・セカンド・マシン・エイジ』が『21世紀の資本』と同じくらい重要だと考える。これからの数十年には、ますます多くの仕事が、インテリジェント機械に置きかえられかねない。そしてこれは、第二機械時代《セカンド・マシン・エイジ》にもっと生産的な仕事をするようになる人々と、もはや不要となる仕事をする人々との稼ぎの格差を後押しすることになる、と彼らは論じる。

はじめに

増大する所得と富の格差——特にアメリカをはじめ先進国でのトップ一%のシェアの激増——は格差の原因と適切な政策対応について、激しい論争を引き起こした。格差は資本主義の本質的な特徴なのだろうか？　第二次世界大戦後の、格差が穏健だった時期は、もっと包含的な資本主義の新時代の開始を告げるものだったのだろうか？　それとも、長期的な現状からの一時的な逸脱に過ぎず、新たなベルエポックや金ぴか時代とずっと似たものがやってくるのだろうか——先進国で、現代型の「世襲資本主義」に回帰する道ができているのか？　政策担当者は、格差やそれに伴う社会政治的コストを抑えつつ、イノベーションと成長を潰さないようにするために何ができるだろうか？　この格差と資本主義の性質に関する論争の環境で、トマ・ピケティの本は、豊かな歴史的データ、明晰な説明、鋭い経済的分析により、すぐにベストセラーになったし、それは十分に正当なことだ。

情熱と厳密さをもって、ピケティは先進資本主義経済が二〇世紀後半に、所得と富の格差を増大させた背後にある主要な力と信じるものを検討している。私たちは彼の分析の相当部分に同意するが、それが深刻な欠点に阻害されていると信じる。技術変化と技術が可能にしたグローバル化が、過去数十年にわたり格差の原動力になったことに、十分な関心を払っていないのだ。私たちはこうした要因が、最近や将来の格差を理解するのに、ピケティの分析の中心にある要因と同じくらい中心的な役割を果たすと信じている。率直に言って、私たちはエリック・ブリニョルフソンとアンドリュー・マカフィーの著書『ザ・セカンド・マシン・エイジ』が、過去数十年の富と所得の分布トレンドを理解し、今後数十年のトレンドを予測するにあたり、トマ・ピケティ『21世紀の資本』と同じくらい重要な本だと考えている。*1

本章で、私たちはピケティの著作における技術の役割に注目する――富の格差の理論と、特にアメリカでの所得格差の理論の両方で、技術がどう扱われているかを見よう。私たちは、技術とグローバル化(これは技術により可能になった)の両方が、国民所得の資本シェアに大きな影響を与えたと考える。そして過去三〇年にわたるアメリカでの労働所得や総所得の格差増大も、それが影響している。ピケティとは対照的に私たちはこうした強い構造的な力が、トップ一%についてさえも所得爆発に重要な役割を果たしたと考える。ただし、社会規範や報酬慣行、税制もこの結果に貢献したという点で私たちはピケティに同意する。

技術は生産性と経済成長の大きな原動力だ――それは繁栄を作り出す。だがコンピュータ/デジタル革命はまた、様々な方法で格差の大きな原動力だ。それは低技能労働者より高技能労働者を有利にする。労働よりも資本所有者への収益を増やす。グローバル化を可能にしたりそれに「ターボをかけ」たりして、特に製造業と貿易可能なサービスにおける中級所得労働者の雇用を減らし、賃金上昇を制約した。スーパースターやスーパー幸運者の所得優位性を高める。そしてきわめて不完全な市場でレントを生み出す。

機械知能に取り組んでいるエンジニアや科学者たちですら、機械が広範なブルーカラーやホワイトカラー作業を、所得分布の到るところで代替する能力が実に急激に進歩したことに驚いている。

こうした進歩には多くの要因がある。ロボット工学では、センサー技術進歩で機械は環境を検出し反応できるようになり、実行できる活動の範囲を拡大した。付加製造技術も労働を置きかえるし、同時に材料の無駄を減らし、カスタム化の費用を下げ、オンデマンド生産（予測生産ではない）を可能にする。だがもっとも驚くべき進歩は、人工知能（ＡＩ）の分野だろう。いまや機械が学習アルゴリズムや巨大データベースへの高速ネットワークアクセスを使い、ずばり何をすべきか教えてくれるアルゴリズムがなくても、複雑な作業を行う能力を獲得できるのだ。

ブリニョルフソンとマカフィーは著書で、人工知能の進歩により、高速ネットワークや巨大データベースにつながったコンピュータが、ほんの数年前に可能だったことを上回るようなことができるようになっているのを記録する。機械知能の飛躍は、世界中の人間が共通のデジタルネットワークにつながるようになったことと共に、新しい技術、財、サービスの開発を可能にする。

著者たちは、「頭脳明晰」な機械がもたらす「褒賞」または経済全体の生産性便益について楽観的だ。だがそうした便益の山分けや「広がり」は不均等になり、それがかなり長期にわたり展開すると警告している。

スマートマシンが強力になり、普及すると、それは市場システムの根本的な特徴を脅かす。そうしたシステムでは、ほとんどの人々は労働を売ることで所得を得る。では労働年齢人口の大きな割合が、教育水準とは関係なく、技術的に不要とされたり、最低限のまともな、あるいは社会的に受け入れ可能な生活水準ができるほどの所得を得られなくなったら、何が起こるだろうか？

一五年後の人間労働の比較優位予想を試みるというのは、危うい活動だし、まして五〇年後ともなればなおさらだ。だがトレンドを検出し、経済構造や労働市場の性質、所得と富の分布などの変化に対する影響を予想しなくてはならない。こうした変化を見越して、そこから生じる混乱を和らげるような政策が必要だ。特に、こうした強力な技術的原動力が、市場の結果に翻訳されたときの、分配的な結果を変える政策が必要だ。

ピケティの主張についての議論の中で、私たちはアメリカの富や所得格差の最近のトレンドを説明し、未来のトレンドを予測するにあたり、技術変化の役割に注目する。私たちは、将来トレンドを予測し、その経済、社会、政治的費用に取り組む政策を開発するためには、進行中のデジタル革命とインテリジェント機械の勃興についての理解が不可欠だと確信している。

ピケティと技術

ピケティによる富の格差分析における技術の役割

ピケティは、著書の全体とその後の著作すべてを通じ、自分の研究が主に富と所得の分配の歴史を扱うものであり、それを動かすのは何かという単純な決定論的な理論についてのものではないと述べている。確かに、彼の本の大半は制度、規範、権力、政策選択が格差に与える影響に注目している。だがピケティの警告にもかかわらず、経済学者たちによる彼の著書に対するコメントや批判の多くは、資本主義における富の格差の背後にある力をめぐる、単純だが不完全な理論にばかり集中している。

カルドア、クズネッツ、ソローの伝統を発展させたピケティの理論は、産出が資本、労働、技術に依存するという標準的な生産関数に基づいている。産業革命から現在までの三世紀以上にわたる、豊かな独自のデータ集合を元に彼は二つの大きな前提を置く。まず、資本収益率（r）は一般に資本主義経済では成長率（g）を上回る。第二に、資本の所有と、ひいては資本所得の分布はきわめて集中している。この条件の下だと、全体的な所得の中で資本の占めるシェアは経済成長とともに上昇し、結果として富と所得の格差は高まる。資本所有者は、労働所有者よりも所得の多くを貯蓄するという前提——これは何世紀ものデータでも裏付けられている——はこのトレンドを次第に増幅する。

技術はピケティの理論の中で何通りかの形で登場する。技術は、彼の二要素生産関数の中に埋め込まれている。技術が変わらないときは、資本の増加は労働増加と同じく、収益逓減となる。だが時間がたつにつれ、技術は一定量の投入から生産できる産出を増やす。資本ストックが増えているのに、何世紀にもわたり資本収益率が比較的安定しているという事実は、技術進歩のプラスの影響が、収穫逓増のマイナスの影響を相殺しているという事実を反映している。技術は生産性改善を通じて成長を動かし、資本の収穫逓減と技術進歩のバランスで、かなり安定した資本収益率が得られ、それが全体としての成長率を上回る。

資本の所得シェア——富の格差の大きな決定要因——は資本収益率と、資本と産出の比率の双方に依存する。この比率は技術に埋め込まれたものだ。ピケティが使う標準的な生産関数では、所得の資本シェア上昇が資本産出比率の上昇と整合するのは、資本と労働の代替率が一より大きい場合だけだ。つまり、相対価格に応じて労働を資本で置きかえるのが比較的容易な場合だけだ。ピケティは、歴史的な証拠はこの条件を満たしていると考えており、資本労働代替弾性率は二一世紀にはもっと高くなるのではとさえ推測している。技術進歩のおかげで、歴史的に労働が行ってきた作業も資本でやりやすくなるからだ。人口変化と、おそらくは生産性の鈍化もあって成長が低くなり、それが資本を補い労働を節約する技術進歩と組み合わさるので、ピケティの見立てでは、rとgの間のギャップは二一世紀にはさらに拡大しかねず、これがさらなる格差を招く。

だが多くの経済学者が指摘したように、実証的な証拠を見ると、歴史的には資本労働代替弾性率は、一を大きく下回る。もしそうなら、ピケティの理論はあらゆる産業や国で一九八〇年代から生じている、所得の資本シェア上昇と、所得の資本シェア上昇をうまく説明できない。最近の研究によると、資本を補う技能偏向型技術進歩、オフショア化——これ自体、コンピュータとデジタル技術で可能になったものだ——および産業基盤構成の変化は、こうした世界的な動向の大きな駆動力となっている。[*2] 少なくとも、資本の相対価格低下（これ自体がしばしばコンピュータとITの力の進歩によるものとされる）は所得の労働シェア低下の半分くらいを説明できる。

全体について、資本と労働の代替弾性に関する経済学者の熱っぽい論争は、技術進歩が国民所得の資本や労働のシェア推移に大きな役割を果たすことを示している。こうしたシェアは、さらに富と所得の格差の大きな決定要因となる。さらに、技術がますます資本を補い技能偏向型になるにつれて、格差に対する影響も強化された。

ピケティの標準的な生産関数は、たった一種類の資本しか含んでいない。ブリニョルフソンとマカフィーは、「デジタル資本」と物理資本を区別して、前者からの収益は後者とはちがうし、もっと高いのだと論じている。利潤シェアの上昇は、一部はデジタル所得に対する権利を保有する者たちの所得上昇から生じている。こうした収益は、べき乗分布に従う傾向があり、比較的少数の人が、圧倒的な収益シェアを手に入れるのだ。これはネットワーク経済について知られている性質とも整合する。特にデジタル世界では、支配的な経済社会「市場」となったプラットフォームはかなりの市場力を持ち、それに伴うレント（競争市場条件で得られる収益を超える分）も生じる。

ここでの狙いからするとデジタル資本の計測は課題が多く、これまでその範囲も限られていたことは指摘しておこう。さらにデジタル資本の収益は、それを作った人の人的資本や、その技能が相補的に作用している労働者の人的資本収益と切り分けるのがむずかしい。実際、労働所得として計上されている所得のかなりの部分——トップ一％の賃金や給与——は、実はデジタル資本がある種の相補的な人的資本と共同で生み出した所得である可能性は高い。イノベーター、起業家、ベンチャー資本家、トップ重役などの所得がそれにあたる。

こうしたデジタル資本の持つ、べき乗則の収益分布に埋め込まれているのが、ごく少数の企業に対するきわめて高い収益だということは認識しておくべきだ。こうした「アウトライヤー」の相当部分は、情報におけるデジタル市場を提供するプラットフォームであり、財やサービスの取引を支援し、世界中の何百万人ものピアツーピアのシェアリング経済を可能にしている。成功したプラットフォームが、過大な収益を生み出す理由は二つある。一つは、利用者数が増えるにつれてプラットフォームの価値が高まるという有名なネットワーク効果だ。もう一つは、それほど知られていない。ほとんどの市場は二面的な情報ギャップが特徴となる。売り手と買い手は、どちらも相手についての重要な情報を持っていない。この現象はときに「信頼問題」とも呼ばれる。プラットフォームは反復取引の場となり、それが生み出す情報がこんどは将来の取引成長を育む。売り手と買い手についての大きな拡大するデータベースを使い、プラットフォームはますます高度な双方向評価システムを提供することで、標準的な市場を阻害する情報と信頼のギャップを埋められる。これは特に、まだ評判を確立していない小規模な売り手や買い手について顕著だ。双方向評価システムは、インセンティブや行動をプラスの方向に変える。AirbnbとUberはその好例だ——どちらのプラットフォームも、個人の買い手と売り手をつなげ、事後的にお互いを評価できるようにする。ネットワーク効果と「ビッグデータ」の応用による情報ギャップや非対称性の削減を組み合わせることで、成功したプラットフォームはすさまじい市場力を持ち、その持ち主にかなりの過大な収益やレントをもたらす——持ち主は通常、創業者、ベンチャー投資家、従業員の組み合わせだ。

デジタル資本集約企業は、高い所得と富の組み合わせを生み出せるし、実際にそうなっている。だが彼らは、きわめて低い費用で広く提供される、各種のデジタルベースのサービスを提供する。こうしたサービスが生み出す消費者余剰についてのデータはなかなか得られるものではないが、彼らの売上またはそうしたサービス提供の費用に対する消費者余剰の比率は異常に高いと考えるべき理由はいくらでもある。これはつまり、こうしたサービスからの「便益」の分布は、そうしたサービスを提供するデジタル資本所有者の富の分布よりずっと平等かもしれないということだ。

デジタルプラットフォームの便益へのアクセスはますますグローバルになっている。モバイルインターネットの浸透率は、二〇一五年には全世界の五〇%以上で、二〇二〇年にはこれが六五%に上がると予測されている。ボストンコンサルティンググループなどが消費者、特に若い消費者に対して行った調査を見ると、インターネットサービスの価値は、その費用をすさまじく上回るというだけでなく、消費者はそうしたサービスを維持するためなら、最大で所得の一五%から二〇%を諦める意思があるという。[*3]

まとめると、デジタル資本集約企業は大きな富の集約を生み出している。また広範な基盤を持つサービスをきわめて低い費用で提供し、これは全体としての分配の中で、ずっと平等主義的な部分だ。デジタル資本は、効用の分配を平等化している一方で、富と所得の分配をずっと不平等にしている可能性がある。

ピケティによる所得格差分析における技術の役割

ピケティの富の格差理論は、資本所得とそれが国民所得に占めるシェアの推移と分布に注目している。資本所得は国民所得のたった三〇%程度にしかならず、労働所得格差の増大が、アメリカや他の先進国での所得格差の主要な原因となっている。

ピケティは明確に、富と所得の格差を動かす要因はちがっていて、rとgの関係(彼はこれが富の格差にとって重要な力となっていると考える)は労働所得格差変化を理解するにはあまり役立たないと述べている。[*4] では労働所得の格差増大を彼はどう説明するのだろうか、そしてその説明で技術の果たす役割は何だろうか？

多くの経済学者同様、ピケティは技術と教育との競争が、少なくとも賃金分布の下の九九％にとっては、過去三〇年にわたり大きな力となっていたと考えている。ピケティが挙げるゴールディンとカッツの研究や、デヴィッド・オーターなどの技能偏向技術変化に関する関連研究は、この見方についての説得力ある実証的な証拠を提供している。[*5] 計算力の劇的な費用低下の結果として、コンピュータを活用した機会が職の構成と労働収入の分布を変えた。こうした機械はますます多くの多様な仕事で、定型的でコード化できる業務について労働者を代替し（ブルーカラーとホワイトカラー、つまり肉体労働と認知的労働の両方でこれが生じている）、逆に二種類の仕事で生産性を増幅して労働者の需要を増やしている。一つは問題解決技能や適応力や創造性を必要とする抽象的な業務の集約した仕事だ。そしてもう一つは、人間労働を必要とする肉体労働やサービス業務だ。

結果として労働市場の二極化が生じている。高等教育を必要とする高賃金職が、職業の幅の一端では需要が増え、その反対側では低教育と低賃金の仕事が増えているが、どちらも中賃金中等教育職を犠牲にしている。産業別、地域別、国別の労働市場を見ても、過去二〇年から三〇年にかけて雇用の二極化が裏付けられている。[*6]

最近の研究によれば、アメリカ労働市場の二極化は二〇〇七年から二〇〇八年の不況からの回復期でも継続していたという。[*7] マッキンゼーグローバル研究所の最近の研究によると、二〇〇〇年から二〇一四年にかけてアメリカ経済は八〇〇万のフルタイムに相当する職の純増が見られた。そのうち三分の二は低技能職だったが、定型作業が組み立てラインはロボット、オフィスではソフトにより自動化されるにつれて、製造と取引関連職が二五〇万件消えた。[*8]

過去数十年、アメリカやいくつかの先進国では、労働力の教育は技能の技術要件に追いつけていない。結果として、教育の給与プレミアムは激増し、これが労働所得格差の増大に大きく貢献している。たとえばアメリカでは、一九八〇年から二〇〇五年にかけての労働所得分散の大きな上昇のうち三分の二ほどは、進学全般、特に高校以上の教育でますます高まるプレミアムの結果だ。[*9] 大学教育のプレミアムは一九八〇年代に激しく広がり始めた。大学教育と関連した技能を持つ人々に対する、技術主導の需要が増え始めたまさにそのときに、大卒者の供給増大が低下し始めた――教育と技術の競争の明らかな証拠だ。過去三〇年で、アメリカでは大卒と高卒との労働者で、稼ぎのギャップが二倍以上になっている。

ピケティは、労働市場の制度的ルール――たとえば最低賃金、集合的交渉、CEO報酬の規範――が経時的な労働所得の水準と分布に影響したと考えてはいる。だが少なくとも底辺の九九％については、教育と技術の競争が労働所得の格差の主要な説明になることは認めている。彼の分析は、標準的な限界生産性アプローチに基づいている。そこでは賃金は技能の需給に基づいており、その需給は技能偏向技術変化と資本を補う技術変化、および教育へのアクセス格差で形成される。この見方と一貫する形で、彼は「労働についての所得格差を減らし、同時に労働力の平均生産性と経済全体の成長を高める最高の方法は、教育に投資することだ」と述べている。これは過去三〇年で起こったアメリカでの労働所得格差拡大について、原因と対処方法を分析したほとんどの経済学者が支持する結論と同じだ。だがデジタル化とスマート機械が、高い教育を受けた労働者さえ置きかえ、雇用機会を減らして賃金を抑えるようになる未来では、教育へのアクセスが対処方法になるだろうか？　ピケティはこの問題には答えない。この問題は、労働者がインテリジェント機械とロボットの時代に労働者がどんな目にあうかを気にする人々にとって、中心的なものだ。

代わりに彼が注目するのは、労働所得格差の教育／技術による説明の「最も衝撃的な失敗」というものだ。同じ構造的技術的な力にさらされた他の国に比べ、「アメリカにおける労働所得のきわめて高い層が爆発的に増えたことを十分説明できない」というのだ。ピケティに言わせると、これは技術／教育理論の大きな穴だ。なぜならトップ一％に行く労働所得シェアは、過去三〇年における国民所得に占める彼らのシェア激増の三分の二を説明しているからだ。残りは資本所得で説明できる。

だが教育／技術理論と、それが基づいている限界生産性アプローチが、一部の先進国、特にアメリカでトップ一％の賃金が激増しているのに、他の先進国ではそれが起きていない理由を説明できないなら、他にどんな説明があるだろうか？　なぜアメリカと、レベルは劣るがイギリス、カナダ、オーストラリアでは、所得分布のトップ一％やトップ〇・一％の大半を構成する金融部門や非金融産業のトップ経営者――ピケティが「スーパー経営者」と呼ぶ集団――の報酬は爆発的に増えたのだろうか？　ピケティは、答えは経営者報酬などについての制度的慣行、企業ガバナンス、社会規範、税制が答えだという。

ピケティの研究の数多い美徳の一つは、それが広範な国や経済をカバーしているので、比較が可能となり、所得格差を生み出す別の説明要因を評価するときに、手がかりを提供してくれているということだ。あらゆる先進国は、過去三〇年で所得格差増大という同じトレンドを示すが、国同士でかなりのちがいがある。こうしたちがいはトップ一%やトップ〇・一%のシェアの差に見られるだけでなく、他の所得格差の指標にも見られる。例えば、トップ二〇%の平均所得と底辺二〇%の所得との比率は、アメリカでは八・四ほどだ。だがこの比率はドイツではほぼ半分の四・三だ。そしてアメリカは、底辺の賃金が比較的低いのと、てっぺんでの賃金が極度に高いことの結果として、先進国の中で最も格差の大きい不平等な賃金分布を持っている。[*10] こうした先進国はすべて、オープン経済を持ち、同じグローバル市場の力や技術変化に直面しているので、こうした共通の要因が、所得格差の国ごとの差をどうして説明できるのかは、理解しにくい。したがって、他の制度や政策要因、たとえば労働組合の交渉力、税制、社会規範、政府構造が、ちがう分配的な結果をもたらすのに貢献したと考えるほうが、ずっともっともらしい。

ピケティは、アメリカにおけるそうした要因の影響について、説得力ある主張を行う。教育／技術の競争は、アメリカの賃金分布の底辺九九%での格差増大の背後にある大きな要因ではあるが、トップ一%と底辺九九%の賃金上昇の「不連続性」やトップ一%の中での格差増大を説明できない。トップ一〇%の給与は、平均またはメジアン労働者の賃金よりはるかに大きな成長を見せたが、トップ一%の給与ほどの急増ぶりではなかったし、トップ〇・一%の六割から七割を構成する「スーパー経営者」またはトップ重役たちの給与は、九九%にいる人に比べて激増した。賃金格差の他の指標、たとえば大卒と高卒労働者の賃金比率、賃金分布の九〇番目の十分位にいる人々と、五〇番目と一〇番目の十分位にいる人々との賃金比率もまた上がっているが、トップ一%とトップ〇・一%の給与と、「底辺」九九%の給与と、メジアンまたは平均労働者の給与との比率の上昇ぶりほどではない。[*11]

ピケティは、給与上昇における所得階層の最頂点で見られるこうした激しい断絶が、就学年数、教育機関の選択制、業務経験年数などでは説明できないという。そうした重役は、ひょっとすると独特の計測されない技能を持っていて、それが技術により拡張され、その生産性が急増し、それに伴い給与も急増したのかもしれない。だがピケティはそうは考えない。

彼は、重役たちの給与がその個人の限界生産性とはほぼ関係ないと主張する。というのも売上や利潤増大などの伝統的な指標で計測した企業の業績を、重役の決断に帰属させるのは不可能だからだ、という。彼の見方では、アメリカにおける「スーパー経営者」所得の激増についての最も説得力ある説明は、彼らの報酬を決める慣行だ、そうした慣行は、当の重役たち自身や報酬委員会がコントロールする。その報酬委員会の委員もほとんどは他の大企業の重役で、似たような給与をもらっている。ピケティは、このように行われた決断を「概ね恣意的」と表現する。それは上意下達式の関係と、関係する人々の相対的な交渉力、およびトップ重役が企業の業績に与える貢献についての、その時に普及している社会規範は信念の反映なのだ、と。

上場企業では、こうした決定は原理的には、株主を代表する経営会議の監督下にあるが、ピケティは企業ガバナンスによるトップ重役に対する抑制や制約は曖昧で弱いと考える。アメリカにおける企業ガバナンスのギャップと、トップ重役の給与に関する生産性による正当性の不在の証明として、彼は重役報酬が売上や利潤に依存し、そうしたものが外部のマクロ経済的条件に依存し、それは重役にはほとんど左右できないという証拠を挙げる。

最後にピケティは、アメリカ、イギリスなどの英語圏先進国における最高限界税率の大幅引き下げにより、トップ重役たちは大きな報酬増を求めるインセンティブが生じ、それがこうした国々において、ほぼ同時期にトップ重役報酬が急増することになったのだと述べる。証拠の解釈の一つは、限界税率の引き下げで、重役たちが努力するようになり結果として重役の報酬が増えたというものだ。これは標準的な課税所得弾性の議論——人々は限界税率が下がると、もっと頑張って働くようになる——をトップ重役に適用したものだ。ピケティはそういう解釈をしない。むしろ彼は、税率カットがトップ重役による成功したレントシーキング行動をもたらし、事業収入を株主、労働者など他のステークホルダーから奪って自分に再分配するよう仕向けたのだ、と述べる。

一九九四年以後のアメリカのCEO報酬の規範報酬の激増はまた、別の税制変化の影響の証拠になっている。これは事業が一〇〇万ドル以上のトップ重役報酬を控除できるのは、それが業績連動になっている場合だけだとしたのだ。[*12] 重役は株主を代表し、株主は金銭収益に動機づけられているという主流の見方にあわせて、企業はそうした業績を主に、一株あたり収益や総株主収益といった利潤指標で計測することにした（アメリカのCEO報酬変化に関する最近の調査では、一九九四年のものを含む税制変化の役割が、過去一世紀におけるCEO報酬トレンドの大きな原動力だとしている）[*13]。

重役報酬が絶対額でも底辺九九%の報酬との比較でも大きく増えたという明白な証拠はあるものの、なぜそれが起きたかについてはかなりの論争がある。ジョセフ・スティグリッツ、ポール・クルーグマン、ロバート・ライシュ、ローレンス・ミシェル、ルシアン・ベブチャックといった論者は、高く上昇を続ける重役報酬は歪んだ企業ガバナンス慣行と社会規範で重役によるレントシーキング行動が成功するようになったのを反映しているというピケティの見方を共有する。

逆に、ケヴィン・マーフィーやスティーブン・カプランのように、重役報酬は重役のインセンティブを株主のインセンティブと整合させるために必要な効率的報酬の反映なのだと論じる人もいる。株主の観点からすると、トップ重役に株価の実績に応じて報酬を与えるのは「エージェンシー」問題を解決し、重役報酬と株価の間に強い相関がある理由（特に大企業）を説明できる。この解釈だと、重役報酬の激増を説明するのは、企業価値の激増――一部は労働費用を引き下げ市場規模を拡大した技術変化とグローバル化によるもの――だということになる。

ブリニョルフソンとキムによる最近の論文も、CEO報酬増大を技術変化に別の形で結びつけている。過去一五年にわたる二五〇〇社以上の上場企業のデータを使い、企業の規模、市場価値、メジアン賃金、産業部門について補正すると、ある企業の「情報企業集約度」――総資本ストックに対するIT資本ストック比率で計測される指標――が経時的なトップ重役報酬を「強く予測」し、産業ごとのCEO報酬のちがいを説明できるという。実際、著者たちはIT集約度が一般に、彼らの標本ではCEO報酬を説明する最も有意な変数だったと述べる。著者たちの仮説は、情報技術が企業の戦略的決定を監視し強制する能力を高めることで、トップ重役たちの「限界生産性」を改善するのだというものだ――これにより彼らの率いる企業の「実効規模」と市場価値を高めるのだという。重役技能の「効率的市場」においては、この高い限界生産性が、高い水準の重役報酬につながる[*14]。

ブリニョルフソン＝キム分析は、ネットワークに基づく情報通信技術システムという形のデジタル資本が、トップ経営者たちの企業業績監視と駆動能力に与える影響に注目している。企業全体の最新データへのアクセスと分析を即座に提供することで、こうしたシステムがトップ経営者やCEOたちのコントロールの範囲を拡大するというのはきわめてあり得る話に思える。こうしたシステムの結果は仲介の排除だ。監督を行う中間管理職の垂直レイヤーを減らし、経営層の監督の効率性と質を高めるのだ。こうした仲介排除効果は銀行、小売り、企業内部の自動情報システムで十分に記録されている——大学における秘書・管理業務サポートのニーズにおいてすらそれが見られるのだ。ITが可能にした有効性の高い管理監督と中間管理職の必要性削減から得られる利得やレントはどこかに行く——ブリニョルフソン＝キム分析では、それがCEO報酬に現れる。だがなぜそうなるのだろう？　こうした仲介排除と効率性の利得がどういう文脈でなら消費者に（低価格や財／サービスの質の改善という形で）向かうのか、あるいはCEOや上級管理職に向かうのか、労働者に向かうのか、株主に向かうのかについては、もっと研究が必要だ。

ITの生産性改善効果もまた、アメリカの金融サービス産業のトップ専門職の報酬激増と、彼らがトップ一％やトップ〇・一％に占めるシェア増大の背後にある要因だ。ITは、金融サービス産業の規模の爆発的拡大を動かした金融イノベーションを可能にした——ごく一部を挙げるだけでも、クレジットデフォルトスワップ（CDS）、担保化負債、高速トレーディングなどがある。こうしたイノベーションは、取引処理件数、取引量、新製品やサービスの導入といった指標で見た金融サービス部門の生産性に劇的な影響を与えた。こうした指標は、金融セクターの生産性と産出が、経済全体に付加価値をもたらしたかを計るものではない。だがこの部門での重役やトレーダーは、こうした指標に基づいて報酬を受ける。また自分たちには直接左右できない、中央銀行の政策といった全般的なマクロ経済条件に依存する金融市場の資産価格に基づいても報酬を受け取る。すでに述べたように、ピケティはトップ重役の報酬がそうした「外部の」市場条件に左右されるべきではないと論じている。

最後に、ピケティの議論の大半は、アメリカの大企業に当てはまる報酬慣行や企業ガバナンスに注目したもので、S法人（訳註：法人レベルでの課税がなく、株主に課税される法人）やパートナーシップ——たとえばプライベートエクイティ、ヘッジファンド、ベンチャー資本など——は見ていないことに注意するのが重要だ。事業収入の大きな部分はこうした組織が稼いでいるものだし、それが増大しているうえ、トップ一％や〇・一％の「スーパー経営者」のかなりの割合がこうした組織で所得を得ている。IT技術はこうした所得が、金融サービス部門や法律などそれに奉仕する他の専門サービスで上昇するにあたって大きな要因となっているかもしれない。

技術、勝者総取り効果、レント——ピケティの議論の穴

スーパー経営者の報酬に影響する要因の分析で、ピケティは技術による勝者総取り効果やスーパースター効果の可能性を論じていない。勝者総取り理論によると、技術はどんな分野でも最高の人々が、技能をもっと広い市場にだんだん販売できるようになり、最高でない人々に対する需要に取って代わることで、「最高のパフォーマンスを持つ者」が他の人々に比べて報酬が増えるという。勝者総取り効果は、生産における規模の経済（分野のトップは、大量の消費者に到達できる）と消費における規模の経済（こうした消費者の大きな部分は、次善のものよりは最高のものを好む）の両方に依存する。デジタル通信とプラットフォームとソーシャルネットワーク技術は、この両方の規模の経済を生み出す。技術で可能になったグローバル化は、結果として生じる勝者総取り効果を強化する。

スーパースターの枠組みは、芸術、娯楽、スポーツ分野に適用されることが多い——これは二〇〇五年のアメリカで、トップ一％の納税者の二％以下でしかないし、〇・一％のうち三％ほどを占めるだけだ。だがこの枠組みは、その職業で「最高」の一人という評判を獲得したあらゆる個人に、一般化して適用できる。法律、医薬、不動産、経営コンサルティング、学術研究などにこれは強く当てはまる。こうした専門職は、二〇〇五年のアメリカで、あわせるとトップ一％の三五％以上、トップ〇・一％の二五％ほどに相当した。[15] ピケティの重役報酬分析の焦点となっている企業ガバナンスルールは、こうした専門職には当てはまらない。とはいえ市場条件や社会規範、限界所得税率は当てはまるが。最近のある研究は、率いる企業の業績の強さについて世界的な評判を得ている「スーパースターCEO」にスーパースター理論を当てはめている。[16]

おそらくスーパースター所得は、一部はスーパースターが何か（サービスと呼ぼう）を売っていて、それが何かちがっている（それも極度に）、あるいはそう思われていることから生じるのだろう。そのちがいがズバリ何であって、それがどのように獲得されるかは、カテゴリーごとにちがうし、簡単な答えを拒絶するものだ。スポーツのスターは、

「最高の業績」を定義して指標を提供する、ある種の競争システムを通じて登場する。エンターテイナーの場合、確立したスターの差別化は明確だが、スターが発見されるプロセスや、そのプロセスがどこまで偶然によるのかは、それほどはっきりしない。確立したCEOスターの場合、アクセス可能な企業の業績データはあるが、スーパースター経営者になるプロセスはおそらく「対照実験」の基準は満たせないし、またランダム性やツキの要素もプロセスに関連してくる。[*17]

関連した疑問として、スーパースター報酬に関連する「レント」がなぜ競争の中で競り消えてしまわないのか、という問題がある。あるいはもっとよい疑問として、なぜ我々が観察しているよりも急速に競り消えないのか？　場合によっては、一部の非凡な才能の供給が限られているというだけのことかもしれない。これは完全対称情報の世界での標準的な議論となる。だがこれが話のすべてではなさそうだ。どうも時間依存の参入障壁と、並行した情報拡散プロセスがあり、それが差別化プロセスと関連しているらしいひょっとすると、ITはこうした障壁の一部を次第に引き下げるかもしれない。だがこうした問題は現在の経済理論文献の範囲をはるかに超えるものとなってしまう。

トップ所得のスーパースター理論は、経済学的レント——生産要素を生産的な用途にもたらす最低限の費用を超える支払い——の教科書的な概念と密接に関連している。グローバル化とデジタル技術の結果として、勝者総取り条件の勝者たちは、すさまじい経済学的レントを獲得できる。これもまた、技術とグローバル化がトップ所得の増大を促進し、所得格差を悪化させるチャンネルだ。ピケティはこのチャンネルを見すごしている。

技術はまた、「完全競争」市場条件下で起こる以上の生産要素への収益と定義される、レントにも貢献する。ピケティはこの定義を避けて、むしろ所得形態を問わず資本が獲得した所得と定義している。資本が稼いだ所得に関する自分の理論は、不完全競争とは「まったく関係ない」と彼は主張する。私たちのアプローチはちがっており、技術とグローバル化がしばしば市場の不完全性を創り出し、それがかなりのレントを作り出すという見方を反映している。資本所有者と労働と、各種労働の種類の間でのこのレントの分配は、政策制度慣行と規範による。

私たちは資本収益は残余として考えるか、あるいは残余の部分を持つと考えるのがいちばんいいと思っている。ある事業に資金を投入するにあたり金融資本の供給者が事前に要求するリスク調整済み資本費用がある。完全に競争的な世界での理論では、労働市場が各種の労働者の賃金や給与を設定し、資本所有者は必要なリスク調整済み収益を得て、政府は税金を通じてその取り分を得て、技術変化の便益の残りは産出価格競争の効果を通じて消費者に流れる。だがこうした条件が実現されることはめったにない。

技術変化は多くの形でレントを作り出す。規模と範囲の経済と、参入障壁が高いときの初動優位性はレントを作り出す。シュムペーター式競争は市場力やレントを創り出し、それがイノベーターや起業家に流れるし、彼らはまた資本を大量に持っていることもある。こうしたレントは長期的に見れば一時的なものでしかないかもしれないが、しばしばイノベーターたちが投入した手間暇とかなりのリスクに対する見返りとして十分すぎるくらいのものとなる。デジタル技術のネットワーク効果と初動優位性や、彼らが受ける知的財産権保護は、長期にわたりとても大きなレントを生み出す。こうした効果は、デジタル資本とその所有者への収益性が、きわめて高いべき乗則の見本となっていることを説明できる。またこうした収益を、その資本の作り手への収益や、それにより技能が拡張された人の収益と区別するのはきわめてむずかしい。そして企業ガバナンスの「エージェンシー」問題を解決するには、資本所有者はデジタル資本のレントをトップ重役やトップの才能保有者と分け合う可能性が高い。

ますます多くの研究により、少なくともアメリカでは、市場支配力からくるレントは強い特許や知的財産権保護、および初動者の場合はブランド名に後押しされるということが示され、そしてそれが主に上級経営陣と資本所有者(デジタル資本を含む)、およびそれを補う人的資本に流れるということが示されている。[*18] しばしばスーパー経営者の所得は労働所得として記録されるが、実は資本所得と、不完全競争市場から生じるレントの組み合わせだったりする。ピケティの著書の見事な書評で、ノーベル賞受賞者ロバート・ソローは、アメリカでトップ一%の労働所得として記録されているものの大きな部分は、実は非実物資産を含む形で定義された資本から生じる資本所得なのだと指摘している。[*19] 私たちもこれに同意するし、この資本所得の大きな部分が技術に対する資本収益を反映したものだと主張したい。

次の節では、技術と技術が可能にしたグローバル化に注目する。こうした力が将来の所得格差を動かす力として、ますます大きくなる可能性が高いと信じているからだ。技術と所得との相互作用をもっとよく理解するため、労働や資本の種類を分けるようにしよう。技術相補的な労働と、技術代替型の労働がある。こうした資本の種類と労働の種類の区別は、デジタル化がさらに進み、インテリジェントロボットや人工知能が普及するにつれて、ますます重要となる。

技術、グローバル化、分配

過去三〇年での先進経済における所得と富の分配トレンドは、その経済と労働市場双方の構造と構成における、いささか劇的なシフトに関連しており、そのシフトを引き起こしているのは、強力な技術の力とグローバル市場の力の組み合わせだ。前者の力はますます拡大するデジタル技術とデジタル資本集約型技術に結びついており、そうした技術は労働節約型で技術偏向型だ。後者はそうした技術が可能にしたサプライチェーンのグローバル化と、エマージング経済、特に中国がますます相互接続されて競争的となったグローバル経済の参加者として登場したことに結びついている。この二つの力は別々ながら相互に関連し合い、強化し合っている。ネットワークに基づく情報技術と経営管理のイノベーションは、複雑でグローバルなサプライチェーンの管理ツールを拡大し、企業がまったくちがう場所にいる生産プロセスをすばやく安価に購入、モニタリング、調整できるようにしてくれた。これは世界中の労働プールや人的資本をアクセスしやすくして、それがこんどは先進国の企業と労働者に対する競争圧力を高めた。

グローバルなサプライチェーンの拡大における主要な組織原理は、労働のアービトラージだ――労働の安い場所に仕事を外注またはオフショア化することだ。技術と貿易や資本フローへのオープン性拡大により、市場経済は複雑なサプライチェーン拡大を可能にし、アメリカなどの先進国で、そうした経済の低賃金労働による引き下げ圧力が高まることになった。

こうした構造シフトや推移はピケティの研究の基盤となっているマクロ成長モデルでは捕らえられていない。だが私たちには、過去三〇年における所得と富の格差理解を深めるにあたっては不可欠な要素に思えるし、これからも重要な決定要因であり続ける可能性が高いと考える。

ピケティのマクロモデルは、労働を区分しないが、賃金格差を駆動する力を理解するには、区分が必要だ。労働節約型で技術偏向型の技術変化の影響は、職の構成トレンドを見れば明らかだ。労働経済学者は二つの次元で職を区別する。肉体作業と認知作業、定型作業と不定型作業だ。認知作業と肉体作業との区別は素直なもので、肉体作業と頭脳作業との差が特徴となる。もし作業が、きちんと定義された指示書や手順に従えば実現できる具体的な活動群としてまとめられるなら、その仕事は定型作業と見なされる。定型肉体作業（主にブルーカラー）の仕事もあれば、定型認知作業（主にホワイトカラー）の仕事もある。どちらの定型作業も中級技能職である傾向が強い。非定型認知作業は高技能職が多く、非定型肉体作業は低技能職が多い。[20]

労働節約型で技能偏向型技術変化は、「コード化可能」で機械が実施できる定型のブルーカラー職とホワイトカラー職を代替する。[21] これに対し、非定型認知作業は「コード化可能」ではない「抽象作業」を必要とし、したがって機械ではできない――少なくとも今のところは。技能偏向型技術変化は技能を補い、そうした職の労働者需要を増やす。

すでに述べた通り、アメリカなどの先進国では、定型職が技能偏向で労働節約型の技術で置き換わった結果、労働市場の両極化が起きた――高技能高賃金非定型職の増大と、低技能低賃金非定型職が同時に増え、中賃金中技能定型職が犠牲になったのだ。この両極化という結果は実証研究文献にしっかり記録されており、産業別、地域別、全国単位の労働市場で見ても起きている。アメリカでは中所得職業のシェアは一九七九年に六〇％だったのが、二〇一二年には四六％に下がった。[22] 似たようなトレンドが他の先進国でもはっきり見られる。

この両極化理論と整合する形で、アメリカの雇用は非定型肉体部門と、非定型認知部門で一九六七年から二〇〇〇年にかけて増加し、定型雇用は減ってその後一九九〇年代に横ばいとなった。二〇〇〇年以降、定型雇用は激減し、非定型肉体雇用は増大を続け、非定型認知雇用は停滞した。[23]

マクロ経済の力――二回の不況、回復の遅れ、総需要の弱さ――は雇用と賃金上昇の弱さの背後にある二つの重要な要因で、それが二〇〇〇年以来、技能分布のトップへと広がっている。二〇〇一年WTO加盟に続く中国の世界輸出国としての台頭もまた、特にアメリカ製造業における中所得中技能職にとって、アメリカでの労働需要や賃金の停滞に貢献している。弱いマクロ需要とグローバル競争の影響は、二〇〇一年以降の定型雇用の激減に赤裸々に現れている。[*24]

だが過去一〇年の非定型認知職の成長低下にも技術が貢献した可能性が高い。機械が抽象非定型作業をますますこなせるようになると、きわめて高技能の高等教育労働者ですら資本代替弾性率が高まったはずだ。マッキンゼーグローバル研究所の最近の研究によると、人々が現在賃金をもらって行っている作業の四五%は、すでに現在手に入る技術を採用すれば、技術的には自動化できる。経済の中で、最高の技能が必要な最高の報酬を得ている職業、たとえば医師、弁護士、CEO、金融市場重役ですら、すでに自動化できる活動を相当部分含んでいる。以下に示す理由から、機械がますます知的になるにつれて、このトレンドは今後勢いを増す可能性が高いと私たちは考える。マッキンゼーによると、技能分布のうち一一〇〇万件近い職が今後十年で自動化により置き換えられる――歴史的な置換率の二倍近い勢いだ。[*25]

労働市場における雇用の技術による両極化は、各種の仕事における賃金上昇パターンの背後にある強力な力であり続けてきた。全体として、技術により補われたり拡張されたりする技能を持つ人々は、全体としての賃金上昇が遅い時期ですら、一貫して最大の賃金上昇を享受していた。過去三〇年で、アメリカの男性フルタイム年間常勤雇用職に就いたメジアン大卒労働者とメジアン高卒労働者の実質稼ぎのギャップは二倍近くになった。同じ時期に、賃金は賃金分布のトップでのほうが、底辺よりずっと急速に延び、メジアン賃金は停滞した。一九八〇年から二〇一三年で、トップ一%の年間賃金は一三八%上昇したが、底辺九〇%の賃金はたった一五%しか延びていない。[*26] 同じ時期で、高卒以下の学歴を持つ男性の実質稼ぎは大幅に下がり、高校中退では二二%低下、高卒では一一%低下した。一方で稼ぎの格差比率、つまり第九〇番百分位の男性フルタイム常勤の稼ぎと、第一〇番百分位の男性の稼ぎとの比率は一〇〇ポイント以上も上がった。[*27]

技能偏向で労働節約型の技術変化は、ブルーカラー職とホワイトカラー職で定型作業を行っている労働者をコンピュータ集約機械で代替する。これはメジアン労働者の実質賃金停滞と、非大卒労働者の実質稼ぎ激減の大きな貢献要因となってきた。労働組合の浸透率と交渉力の低下も要因だ。民間部門で労働組合に加入している比率は一九七三年に一四％ほどだったのが、二〇一六年には七％に下がった。労働組合員には大きな賃金プレミアムがあり、これは低技能労働者で特に顕著だが、それがスピルオーバー効果をもたらして、非組合員労働者にも恩恵をもたらす。[*28] IMFによる最近の調査では、労働組合組織力の低下は、アメリカなどの先進国でのトップ一〇％の所得シェア上昇と強い相関が見られる。[*29] この調査ではまた、最低賃金の実質価値下落もまた、賃金と所得格差の増大で大きな源になっていることが判明した。アメリカでは、二〇一五年の実質最低賃金は、一九六八年のピーク値を二・四％下回っている。[*30]

両極化する技術変化、労組組織力低下、最低賃金の減少に加え、技術が可能にしたグローバル化とそれが経済の産業構造に与えた影響も、所得格差上昇の背後にある強力な力だ。[*31] ここで私たちの言う構造とは、付加価値と雇用で見た産業や部門の規模と成長のことだ。このレンズ越しに見ることで、私たちは技術とグローバルサプライチェーンの統合が、アメリカ経済における産出、雇用、生産性の構成に与えた影響を、もっと厳密に見ることができた。

ここで扱っているのは開放経済なので、貿易に直面して外部の競争に曝されている部門やサブ部門と、そうでないものとを区別するのが重要だ。貿易に曝された部門を貿易可能、そうでない部門を貿易不可能と呼ぶ。経済の貿易可能な部分は、一つまたは複数の国で生産され、他のところで消費できるような財やサービスを生産する部門（または部門の一部）だ。そうした例としては、製造業の財、コンサルティングのようなサービス、金融の大半、コンピュータなどの製品設計、各種のマーケティング、ITシステムの遠隔管理、ソフトウェア開発などがある。貿易可能な財やサービスに対し、貿易不可能な財やサービスは、消費する国で生産される。貿易不可能な部門としては、政府、教育、建設、ホテル、レストラン、食品サービス、伝統的な小売業、国内物流、各種の修理保守管理機能、病院、養老院、各種地元サービスなどがある。

時間とともに貿易可能部門は拡大してきた。これは輸送、通信、デジタル化などの技術発展による部分が大きく、おかげでアメリカその他先進国のうち外部競争に曝される部分はますます増え、外部需要へのアクセスも拡大してきた。

貿易可能部門は、先進国の総経済のうちざっと三五％から四〇％であり、雇用で見るとそれより少し小さくなる。図8・1と図8・2が示すように、アメリカでは貿易不可能部門がとても大きく、付加価値のざっと三分の二を占める。

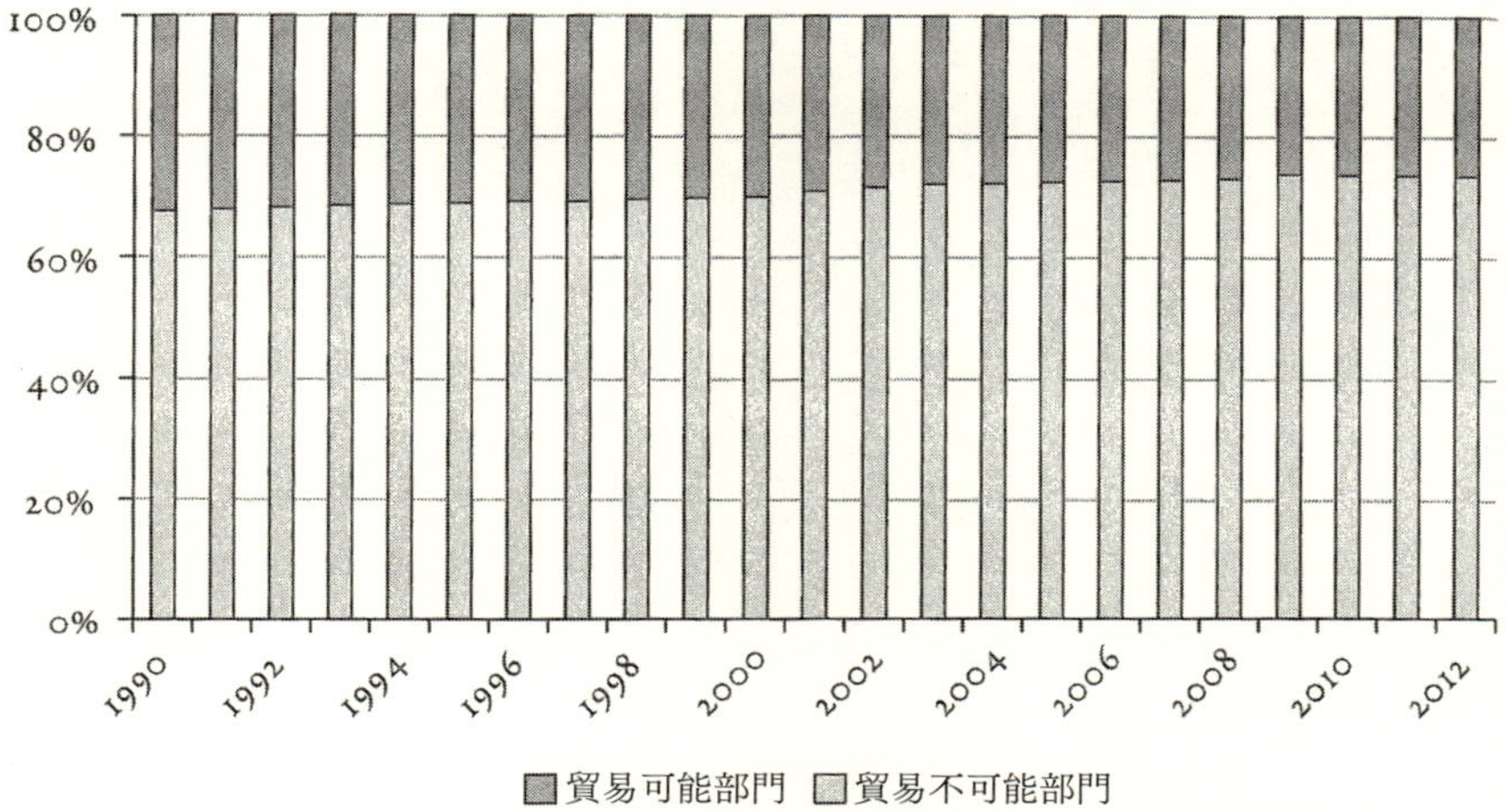

図8.1　アメリカの貿易可能／不可能部門の付加価値分類（%）、1990 － 2012年

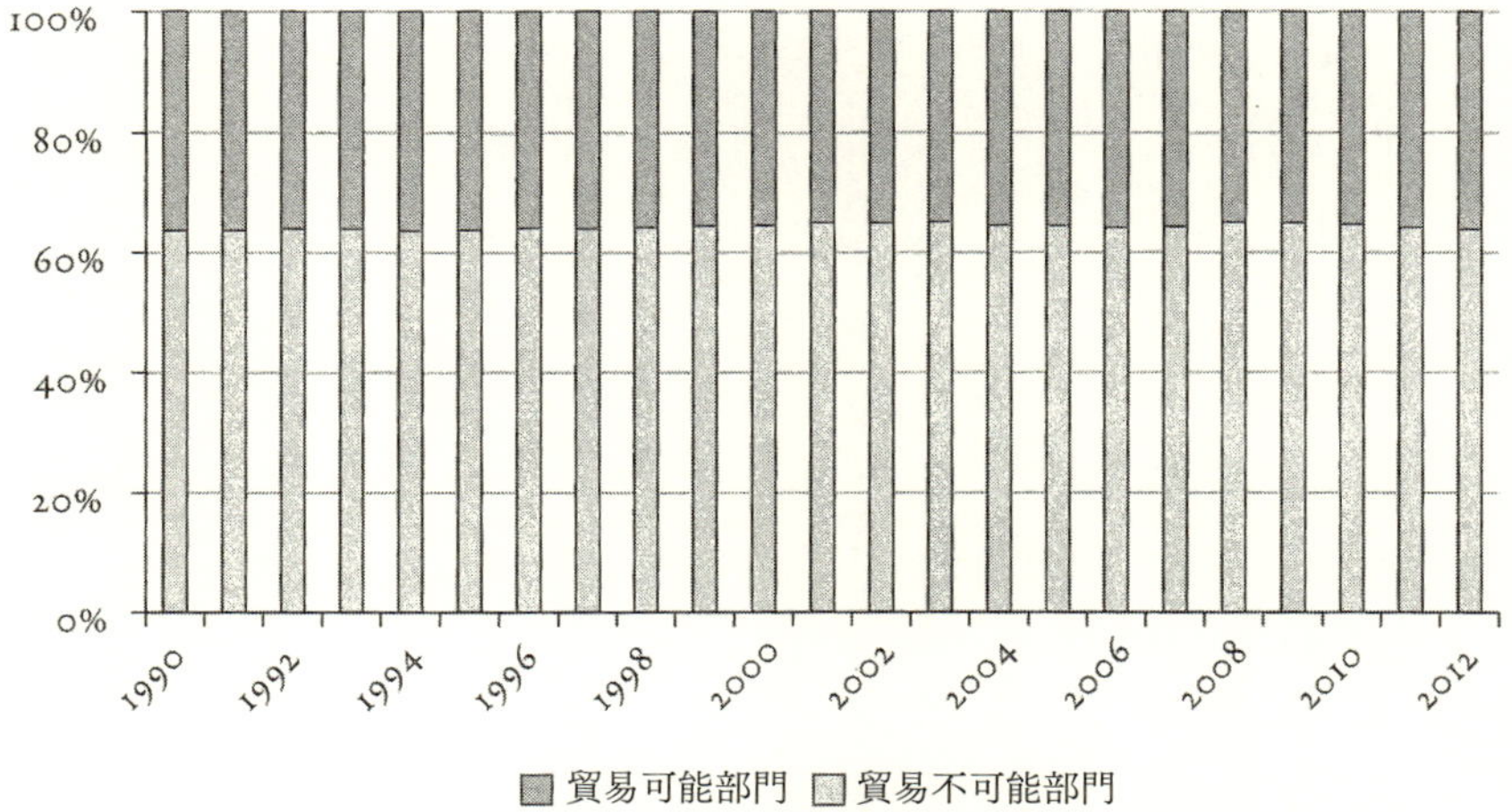

図8.2　アメリカの貿易可能／不可能部門の雇用分類（%）、1990 － 2012年

雇用シェアはもっと大きく、現在では七〇％以上で、着実に八〇％に向かいつつある。

先進各国での貿易可能と貿易不可能な部門シェアの類似性は、先進国での最終需要構成の類似性を反映している。定義からして、供給側の貿易不可能部門は、国内需要と一致しなくてはならない。だから貿易不可能財やサービスへの国内需要が、先進国各国の経済で似ていたら、貿易不可能部門の供給側の規模と構成も似たものになる。データはこれを裏付けている。

先進国経済の貿易可能な需要側もまた似ているので、貿易可能部門の規模を、貿易黒字／赤字の規模で調整すると似たようなものになる。だが貿易可能な供給側の構成には、各国で大きなちがいが見られる。たとえば、小国は貿易可能側ではきわめて専門特化している。これは効率性と競争力が原因だ。小国は、貿易可能部門の産出のうち輸出する割合が高く、逆に国内需要を満たすために貿易可能財やサービスを輸入する割合も高い。アメリカのような国は貿易可能な側で専門特化が少し低く、貿易可能な産出のうち、国内消費する割合も高い。伝統的な指標で見ると、アメリカは貿易に曝される部分が小さい。

これですら、製造業の領域では少し誤解のもとだ。貿易部門がますますグローバル化している、サプライチェーンで考えるほうがよい。サプライチェーンは構成要素を持つ。グローバル経済で国境を越えて動くもの（あるいはもっと厳密には、グローバル経済のうち貿易可能な部分）はサプライチェーンの構成要素であり、産業丸ごとや産業部門丸ごとが貿易可能になるわけではない。グローバルサプライチェーンは、「A国で生産されB国で消費される」というモデルにはますます当てはまらなくなっている。アメリカのような大きな経済ですら、この観点から検討すると、もっと専門特化した小さな経済よりも広範な貿易可能産業を持つことになる。製造業の付加価値は、アメリカ経済ではきわめて大きいが、製造業の付加価値のうち、かなりの部分、しかも成長を続ける割合が、製造業サプライチェーンの高付加価値サービスの構成要素で作り出されている。結果として、貿易可能部門の中でも、付加価値パターンと雇用パターンとの間には大きな乖離が見られる。

図8・3は、二〇〇八年危機に先立つ二〇年間のアメリカ経済で、貿易可能部門と貿易不可能部門の付加価値が似

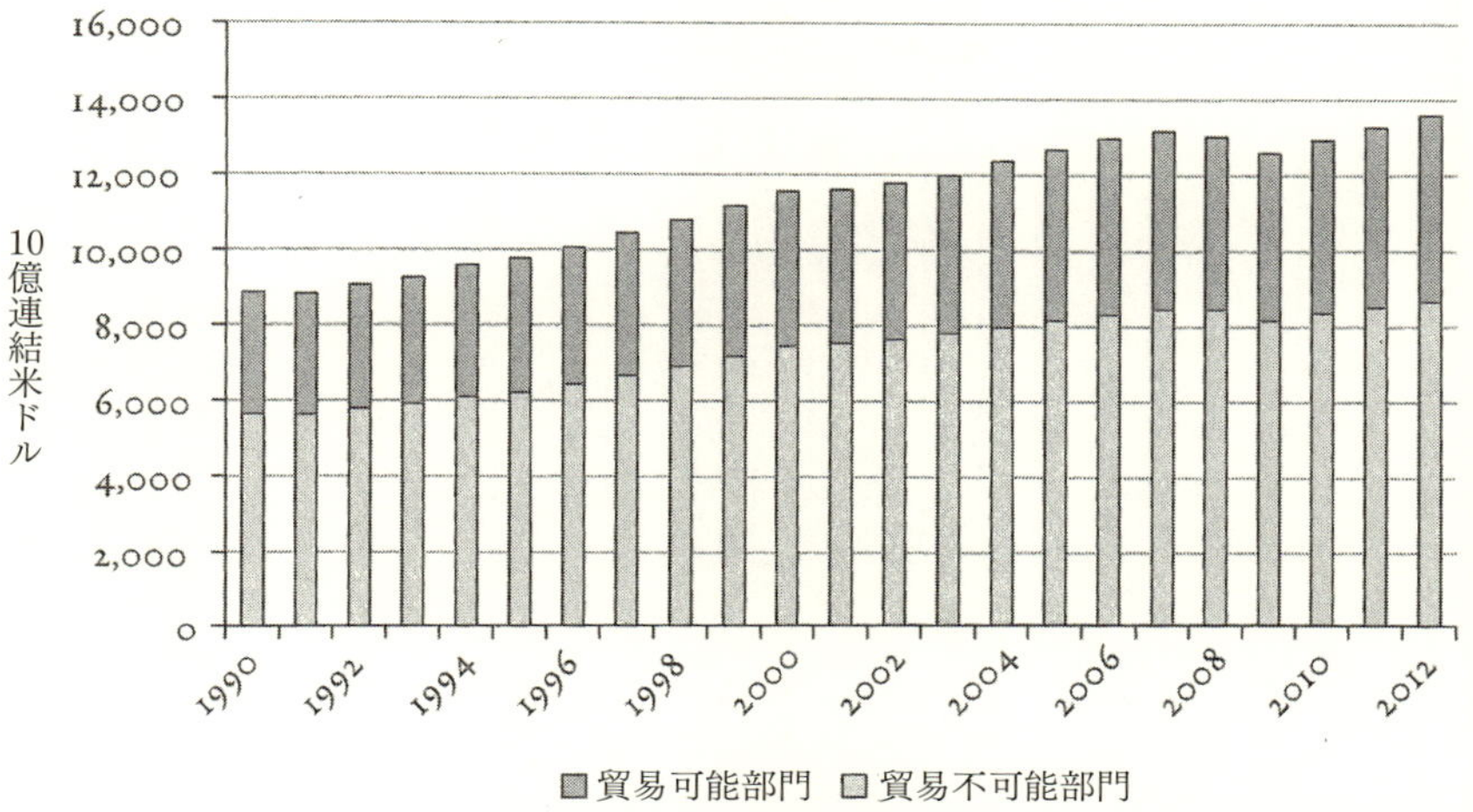

図8.3　アメリカの貿易可能／不可能部門の付加価値額、1990 – 2012年（10億連鎖米ドル）

たような割合で増大したことを示している。貿易可能部門のほうが小さいが、成長は少し早かったものの、その差は大きなものではない。

だが図8・4と8・5が示すように、雇用を見ると様相は激変する。アメリカでの貿易可能部門での純雇用創出増はないも同然だった。雇用のほぼすべて——九八%——は貿易不可能部門で生じた。

図8・6でわかるように、ヘルスケアと政府がこの期間の貿易不可能部門におけるアメリカの雇用増大の三七%を占める。接客部門（ホテル、レストラン、食品サービス）、小売り、建設を入れると、この数字は六〇%超となる。

生産性は、雇用一人あたり付加価値（VAP）で計測される（あるいは労働一時間あたり付加価値を見ることもある）。アメリカでの総生産性上昇は、貿易不可能部門の低い生産性上昇と、その高い雇用シェアのさらなる上昇により足を引っ張られてきた。[*32]

製造業は貿易可能部門における付加価値のざっと半分を占める。残りはサービスだ。貿易可能部門の中で、過去二〇年で起こった雇用減少は、主に製造業産業で生じ、中国がWTOに加盟した二〇〇一年あたりに明らかな変曲点がある。これに対して雇用の増加は貿易可能なサービス産業で生じている。その多くは貿易可能製造業産業における、サプライチェーンのサービス部分を提供している。[*33] 全体として、貿易可能部門の雇用増大と減少は相殺し

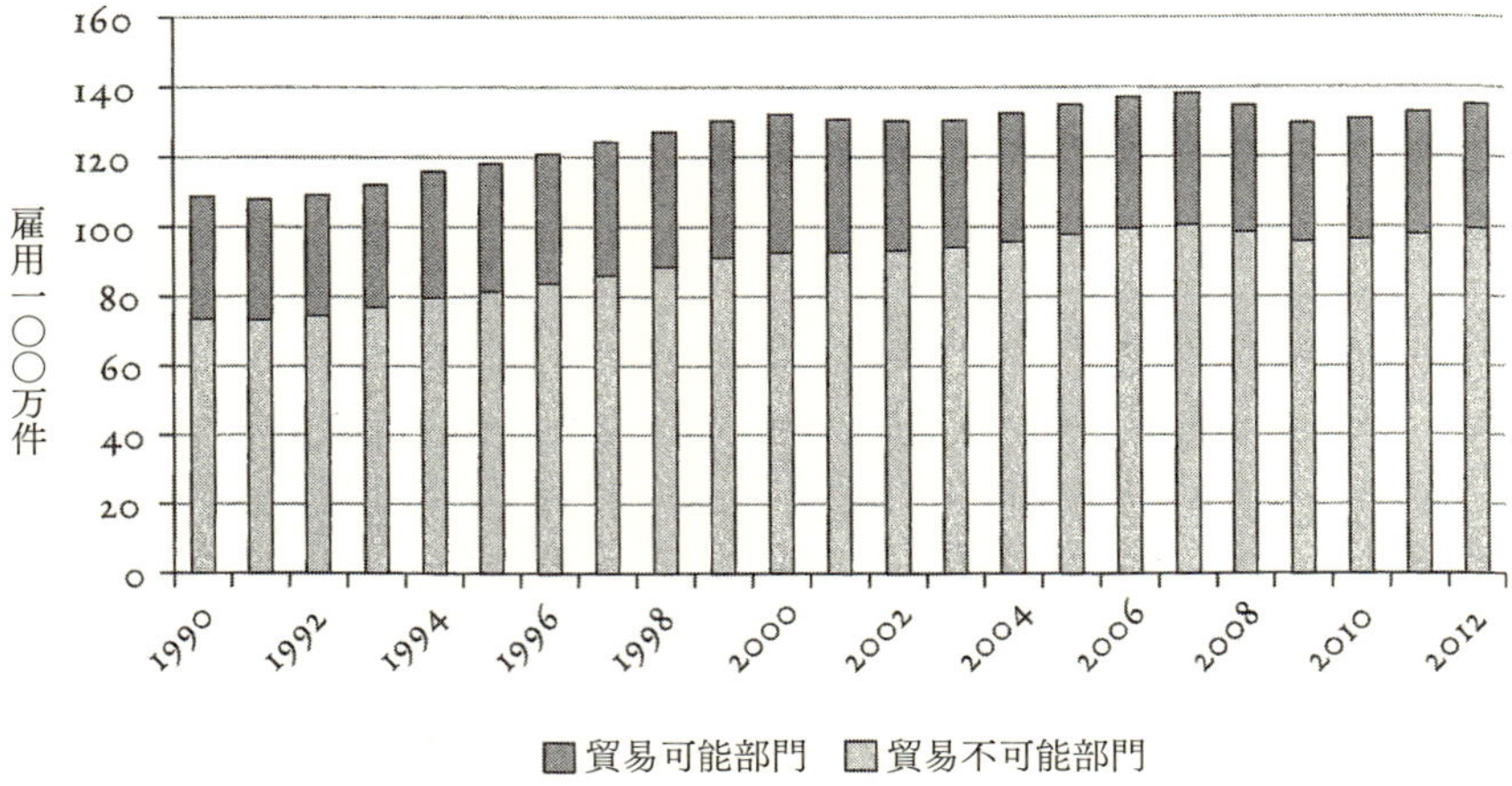

図8.4　アメリカの貿易可能／不可能部門の雇用、1990 － 2012年（単位100万件）

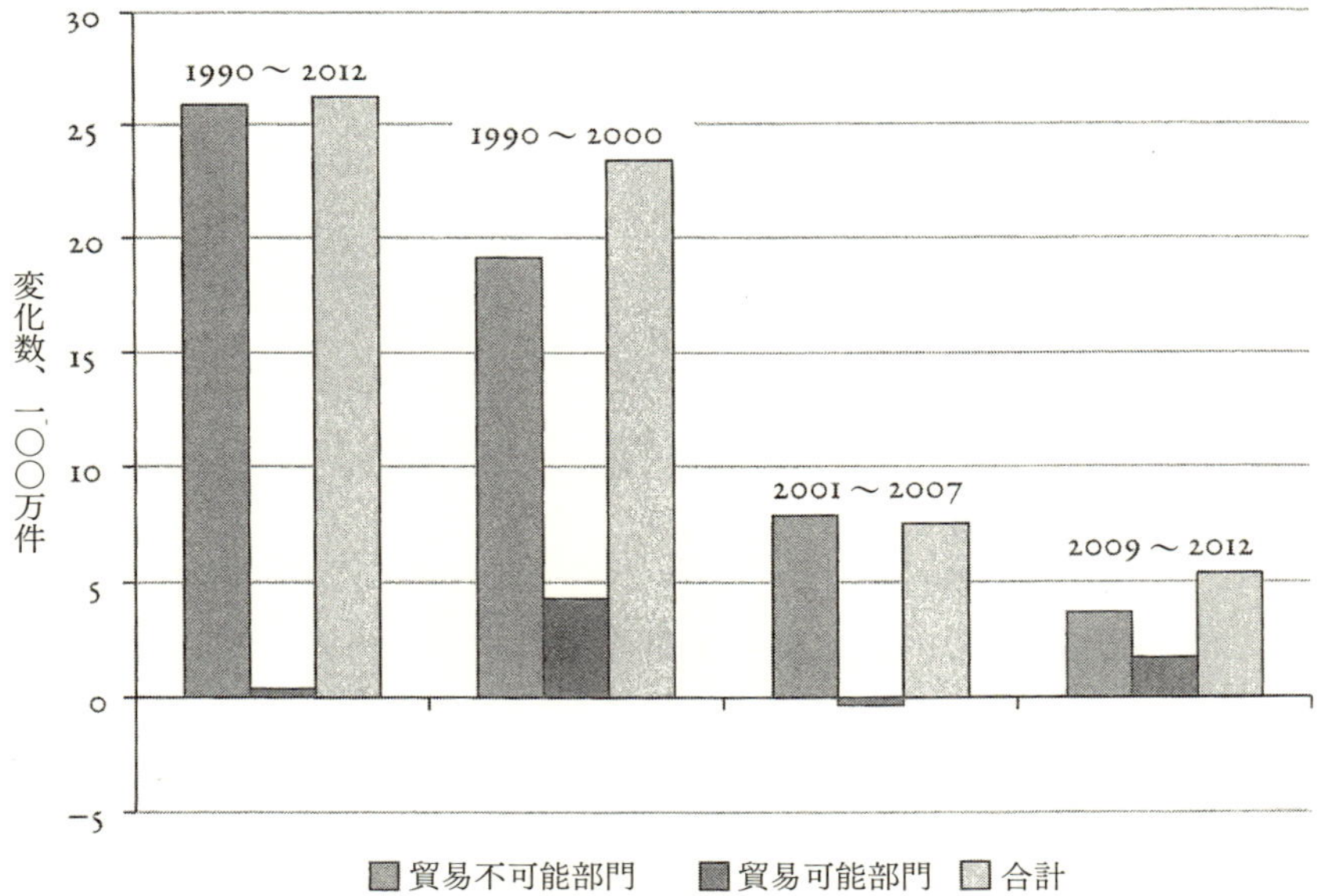

図8.5　アメリカの貿易可能／不可能部門の雇用変化、1990－2012年（単位100万件）

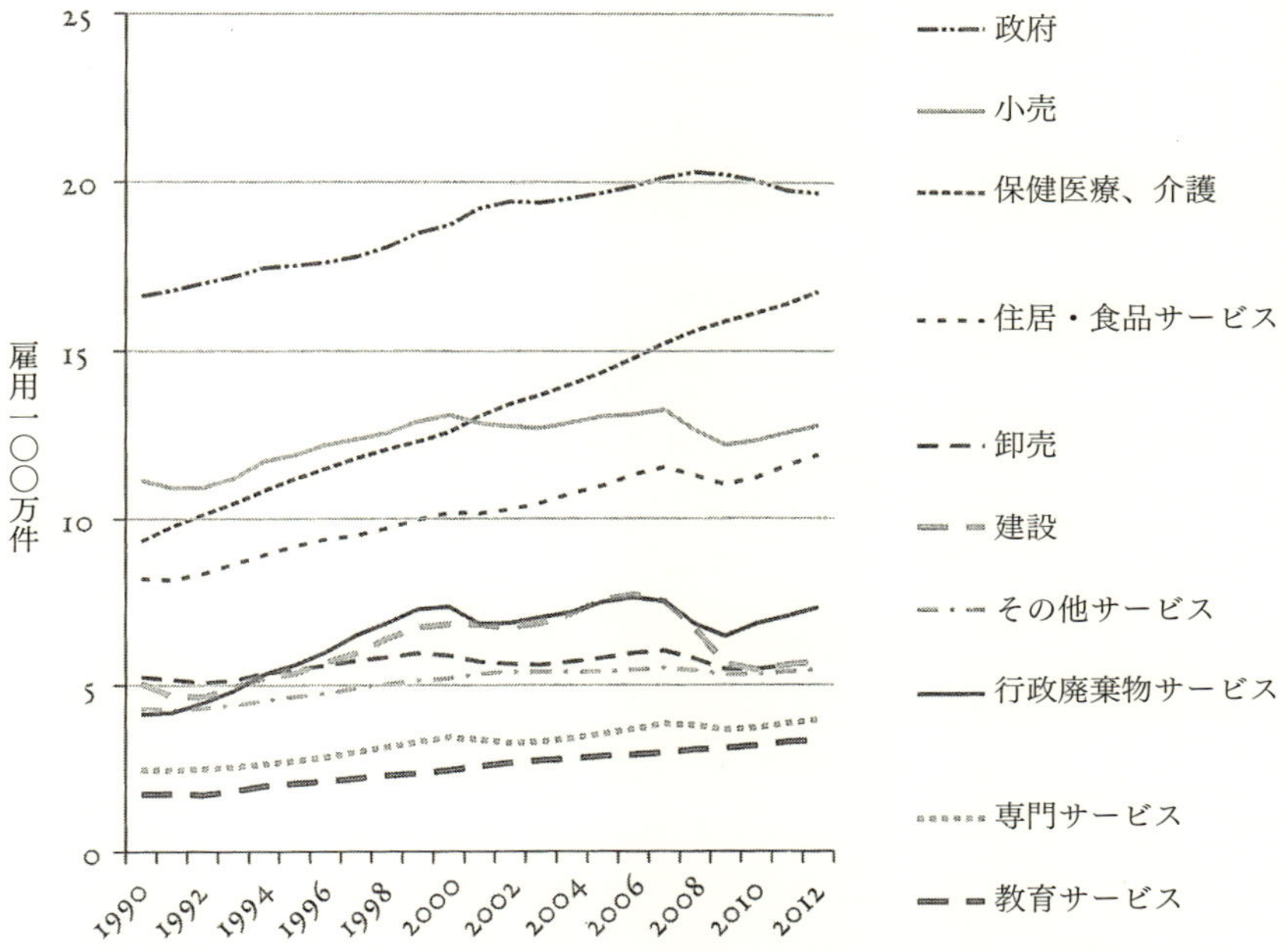

図8.6　貿易不可能部門の雇用、トップ10産業、1990－2010年（単位100万件）

合って、純増減はほぼゼロになった。

だが一人あたり付加価値は、貿易可能部門と不可能部門でまったくちがう動きを見せた。図8・7が示すように、貿易不可能部門（追加の雇用のすべてが起きた部門）のVAP上昇は鈍く、貿易可能部門のVAP上昇はずっと高かった。そして二〇〇〇年頃に明確な上向きの変曲点が見られる。一九九〇年には、貿易可能部門と不可能部門における一人あたり付加価値は同じくらいで、貿易可能側が一〇%ほど高いくらいだった。二〇〇八年になると、VAPは貿易可能部門でのほうが、貿易不可能部門より五〇%高くなっていた。

雇用一人あたりの付加価値だけでなく、総付加価値を見ても、ほとんどの製造業産業ではこの時期にかなり急増している。雇用は減少していても、こうした産業の規模が縮小したとか成長しなかったとかいうのは事実ではない。製造業付加価値は下がらなかったが、定型職が技術で置き換わり、製造業付加価値チェーンのうち、中低水準の付加価値を持つ部分がオフショアに移動することで、製造業の雇用は減った。製造業の総国内付加価値は、オフショア化自体により減ったが、技術が労

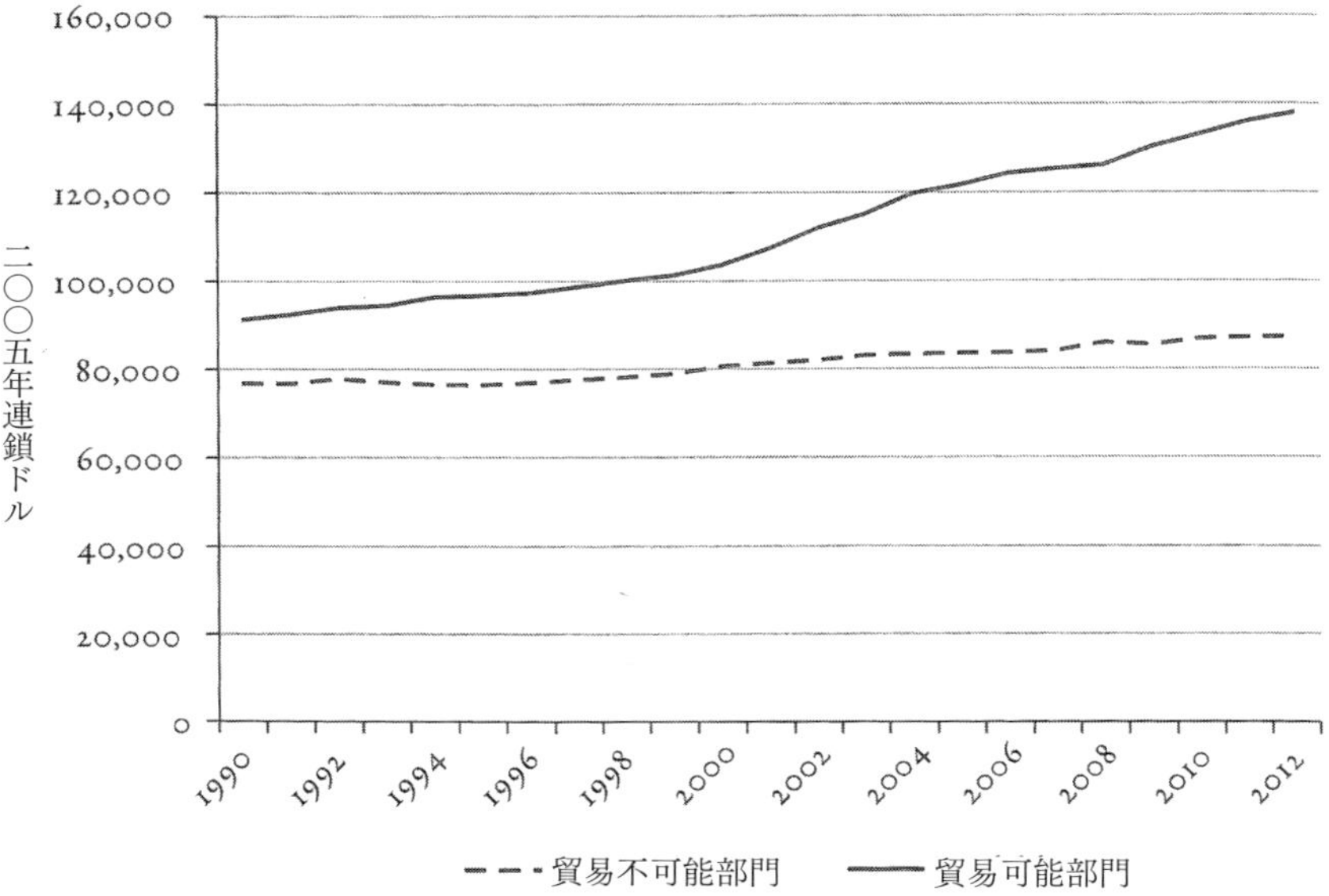

図8.7　貿易可能／不可能部門の雇用１人あたり実質付加価値、1990 － 2012年（2005年連鎖米ドル加重平均）

働を代替し、製造業のグローバルサプライチェーンのうち、国内サービス部分——設計、ブランド化、マーケティング、物流など——が、製造業の生産部分でオフショア化により下がった付加価値を相殺してあまりあるほどだったので、製造業全体の付加価値も増大した。

製造業のサプライチェーン構成要素のうち、アメリカ国内にとどまったサービス部分と非サービス部門の双方において技能偏向型デジタル技術へのシフトが雇用を減らしたが、労働生産性と産出は増やした。こうした技術駆動の職と雇用変化は、低付加価値職やサプライチェーン構成要素を中国などの発展途上国に、技術を使って移動できるようになったことでさらに強化された。

手持ちデータでは裏付けにくいが、貿易可能部門から貿易不可能部門への雇用移転は、人々が製造業における中技能中所得職から、貿易不可能部門における低技能低所得で、生産性の低いサービス職に移行した可能性が高そうだ。

労働節約型で技術偏向型のデジタル技術は貿易可能部門と不可能部門の両方に影響する。だったらなぜアメリカ経済が、二〇〇八年危機に至る一九年間で、貿易不可能部門に二七〇〇万件近い職を創り出せたのかと不思議に思うかもしれない。答えの一部は、借り入れに基づく持続不可能な需要増加だ。だがすでに述べたし図8・6にも反映されているように、雇用拡大に大きく貢献したのは、大規模な労働集約型の低賃金で貿易不可能な産業だった。保健医療、政府、ホテルやレストラン、小売りだ。こうした産業の一部、たとえば比較的賃金の高い建設業や政府部門は、まちがいなく長続きできない拡大基調にあった。最後に、貿易不可能部門で大量の追加雇用を生み出す能力は、まちがいなく、貿易可能部門から貿易不可能部門に流出した大量の労働が引き起こす、賃金の下方圧力にも補われていたはずだ。

こうした各種の話が、所得格差の増大に関係あるのだろうか？ 大いに関係あると私たちは考える。一人あたり付加価値は、誰かにとっての所得になる。労働者、資本所有者、あるいは政府だ。そして一人あたり付加価値は、純雇用が停滞した経済の貿易可能部門でのほうが、雇用の絶対数も総雇用に占めるシェアの面でも増えた、貿易不可能部門に比べてもともと高かったし、また成長も速かった。

経済の総付加価値のうち、政府のシェアが増えたという証拠はない。一方でデータを見ると、国民所得における資本シェアが、一九九〇年には漸増し、二〇〇〇年以後は急増したが、労働のシェアは一九五〇年代以来お目にかかったことのない水準まで下がったのがわかる。こうしたトレンドは、貿易可能部門、特に伝統的製造業製造とＩＴにおいて顕著だった。[*34]

基本的に、証拠を見ると貿易可能部門は製造業生産職から高付加価値サービスへとシフトしたことがわかる。これは製造業サプライチェーン構成要素のサービス部分も含まれる。こうした貿易可能部門の構造変化は、製造業雇用の激減を引き起こし、中所得職の喪失と、高付加価値サービスを提供するのに必要な教育と技能を持つ労働者の需要増大に直接貢献した。

教育への賃金プレミアム上昇が観察されるのも、こうしたトレンドと整合している。技能偏向型技術変化を教育が補えるような、デジタル資本集約型の非定型ホワイトカラー作業やブルーカラー業務へのシフトと、貿易可能部門の構成比が、高い付加価値サービスへの変化が生じたのだ。

貿易不可能部門への雇用シフトが、雇用者に有利で労働者に不利な労働需給により強化された。低かったものがさらに低下する実質最低賃金と、小さくてさらに低下する労働組合の組織力により、中低賃金と技能の範囲にいる労働力が技術変化とグローバル化圧力に抵抗する力は限定的だった。貿易可能部門における労働組合化した製造業生産から、貿易可能部門と非貿易不可能部門における、労組組織化されていないサービスへの職のシフトは、さらに組合のカバー範囲を低下させ、労働組合の力も弱まった。

全体として、こうした構造的な力のせいで、グローバル化と技術が生み出したレントの便益は、圧倒的に資本所有者の懐に入った。こうした所有者には、ハイエンドの人的資本所有者も含まれる。便益の不均等な分配は、労働生産性上昇と、メジアン実質賃金や平均実質賃金の上昇とのギャップ拡大としてあらわれた。これは何度も示されている。[*35]

貿易可能部門では、技術とグローバル化のどちらも、低中技能の定型職では労働節約型であり、高付加価値非定型認知職では技能相補的となっている。教育と賃金分布の上端は、このためにずっとよい目を見た。全体として、ほとんどの場合、非定型職は貿易可能部門でも貿易不可能部門でも維持されている。

技術とグローバルな力、及びその結果として生じるここで述べたような部門間のシフトは、あらゆる先進国で完全に同じ形で作用したわけではないが、産業構造、労働市場構成、所得格差に対する影響は似ている。だがこうした力が所得分布のいちばんてっぺんでのトレンドに対する適切な説明になっていると主張するのは困難だ。その部分ではピケティが指摘するように、国ごとの差がきわめて大きく、アメリカはいささか突出しているからだ。ガバナンス構造や報酬の規範、労働組合、最低賃金などの労働市場制度、税制、競争力のない市場を支援する政策が、かなりのレントを生み出し、レントシーキング行動を育んで、こうしたちがいを作り出す要素となっており、政策的な懸念事項として正当なものとなる。これらは競合する説明ではなく、むしろアメリカや他の先進国を過去三〇年にわたり蝕んできた、拡大する所得と富の格差の背後にある複数の要因を捕らえた補完的な説明である。

これからのデジタル技術とグローバル化

ブリニョルフソンとマカフィーは、未来の職と雇用の構成、各種人的資本の収益、所得分布に影響しそうな、デジタル技術力の加速するトレンドをいくつか記録している。[*36]

ロボット技術は、機械にできることの最前線を推し進めている。それは高度な状況判断や、比較的複雑な判断を必要とするような反応の必要な作業を含む。センサ技術の進歩も部分的に貢献している。

インテリジェントデジタル機械が今日できることの多くは、ごく最近でも機械の能力をはるかに超えることだった。結果として、労働を機械で代替可能な作業や仕事の範囲が広がった。言い換えると、定型と分類される作業（肉体、認知、その両者の混合を含む）は急激に広がっている。たとえば、機械はいまや新開発の柔軟性と「視覚」能力を組み合わせ、一部の電子製品を組み立てられる。

第二の驚異的な進歩の分野は人工知能またはＡＩだ。問題はデジタル「脳」を持つ機械が何を学習実行できて、どのくらいすばやく学習できるかということだ。数年前まで、専門家たちは、どうやって作業をこなすかを教えるソフトウェアを通じて、機械に各種の作業（複雑な知的作業も含む）をやるようプログラミングできると考えていた。言い換えると、科学者やプログラマが、ある作業の人間による実施方法を解明し、そのプロセスをコード化して、それをコンピュータのコードに埋め込み、それで機械は人間の作業を再現できるようになる。

このパラダイムでは、機械はルールやプロセスがわかっていて、それをソフトウェアに埋め込めるような領域では作業や仕事がこなせる。つまり機械はコード化可能な定型作業はできるし、しかも置きかえる人間よりずっと高速かつ正確に実行できることも多い。

だがこれには限界がある。多くのことについては、人間がどうやって実行しているのかわからないからだ。椅子を認識する、訛りのある文章を理解する、言語を理解して翻訳するといったことだ。新しい、あるいはますます複雑なルールや論理を開発し、それをソフトに埋め込むことで、こうした課題を解決しようとする試みは期待通りの成果を上げなかった。実際、ほんの数年前には、ＡＩは一連の袋小路にはまってしまったように見えた。

そこで科学者と技術者たちは、彼らの言う「力づく」方式と機械学習に目を向けた。ネットワークは画像、録音、動画などの巨大なデータベースをアクセス可能にする。ネットワークは高速になり、保存容量は拡大してアクセスも高速になった。機械は想像を絶するほど巨大な情報やデータの山にアクセスし、仕分けすることで学習できる。このアプローチは予想以上にすばやく成果を上げているらしい。これは機械学習と呼ばれ、その大半は事例による学習、あるいはもっと正確には、大量の事例による学習だ。機械学習の重要な部分はパターン認識だ。これは部分的には、ネットワークとその構成要素、たとえば巨大データベースなどの圧倒的な力と速度と範囲により可能となったものだ。結果として、機械はいまや人間が集合的には実行方法を知っているのに、完全にコード化できずにいるようなことも、学習してこなせるようになりつつある。機械の能力進歩は、ＡＩ分野の経験豊かな技術者や科学者たちですら驚かせている。

「定型」と「コード化可能」の概念は、過去三〇年の労働市場、経済構造、分配への影響変化を理解するのに役立つ。ＡＩの進歩は、人間と機械との関係が「コード化」をはるかに超えて、「学習可能」な作業に向かうと示唆しており、その結果は予想がきわめてむずかしい。加速しつつある初期のトレンドは、インテリジェント機械がやがて、かなり複雑な非定型認知作業もできるようになると示唆している。

関連した発展として「ビッグデータ」の進歩がある。正確には、ビッグデータ解析だ。「ビッグデータ」は単に、既存のデジタルプロセスやプラットフォームの機能の副産物として生み出される巨大データベースを指すに過ぎない。グーグル、フェイスブック、アマゾン、あるいはAirbnbにすら蓄積されるデータを考えてほしい。ビッグデータ解析は、処理能力と、安上がりにそこそこ高速にパターン認識を行う能力を含む。ここでの狙いからして、ビッグデータは一部はある種の人間機能の代替となるかもしれないが、むしろおそらく人間の分析と判断を含む機能を補うものとなりそうだ。

触れておくべき第三の技術は３Ｄ印刷または付加的製造業だ。これは文字通りの代物だ。三次元のインクジェットプリンタで、プラスチックからチタンまで各種の「インキ」を使う。３Ｄプリンタが造るものは、そのオブジェクトを記述するデータファイルの関数となる。３Ｄ印刷は極度にカスタム化可能で、一般にほとんど無駄がない。その費用は劇的に下がりつつある。「印刷」に使える材料の幅は広がりつつある。サプライチェーンやそれを管理する人々にとって、付加的製造は予測需要ではなく実際の需要にあわせた生産を可能にしてくれるものだ。これはサプライチェーンや小売りチャンネルの長さ、効率性、配置にとってすさまじい潜在的な意義を持つ。３Ｄ印刷はきわめて移動しやすく、もちろんここでの議論に関連してデジタル資本集約的で、技能偏向型で、労働節約型だ。

ロボット工学と3D印刷は、デジタル技術が労働集約活動や部門に侵入する規模を拡大しているようだ。これは人的資本投資など先進国の各種政策にとって意義を持つ。また初期段階の発展途上国における「成長」モデルにも影響する。こうした国々は、労働集約部門が歴史的に製造業での比較優位の源で、一時的には重要な成長のエンジンとなる。もしデジタル技術が組み立てとプロセス指向製造業において費用と品質面で労働集約的なものを追い越せば、この発展への道筋は狭まり、いずれは閉じてしまう。

過去半世紀にわたり、成功した初期段階の発展途上国、特に天然資源の富に恵まれていないところは、グローバル経済への接続性と、労働集約製造業における比較優位を使って、成長を一気に始動させ、中進国へと移行した。新しいデジタル技術やAI、ロボット技術、3D印刷は費用と品質面で労働集約技術を迂回し、労働費用など無視されてしまいかねない。それも比較的近い将来にそれが起こりかねない。あらゆる産業で同じ速度でこれが起こることはないだろう。だがこのトレンドがすでに起こっていて急速に動いているという証拠はある。

これは発展プロセスにおける後発国の成長モデルについて疑問を投げかける。彼らの比較優位がありそうな分野はどこだろうか、そして固定資産、インフラ、人的資本への投資パターンをどうすれば、その可能性が実現できるだろうか?

過去数十年のほとんどにわたりグローバル経済を組織する論理は、経済活動(グローバルサプライチェーンの構成要素と考えてほしい)が価値のある、魅力的な価格の労働プールのほうに動く、というものだった。労働は資本や知識ほどモビリティがないからだ。だがいまやデジタル資本集約技術が製造業サプライチェーンでの、世界中で大量の人々が雇用されている定型労働集約部分で人間を代替している。こうした代替が進み、デジタル技術が製造業を移動可能にしてほとんどなんの費用面での代償もないとすれば、物理製造活動は労働のほうではなく市場需要のほうに近寄る。市場に誓うほうが効率が上がるからだ。

実際、すでにグローバルサプライチェーンにおける技術駆動変化の結果として、多くの発展途上国が以前に工業化した国々に比べ、工業化の機会を急速に使い果たしてしまい、しかも発展水準もずっと低いものにとどまっているという証拠がすでに登場している。[37]最近の研究によれば、発展途上国は先進国に比べ、自動化でリスクに曝される仕事のシェアがずっと高い。技術的なブレークスルーが、貿易可能部門における発展途上国の伝統的な労働費用優位を侵食し、貿易可能活動が先進国に再び復帰するのを後押しするからだ。[38]急速に進歩する技術の結果、グローバル化の古いパターンはすでに息切れとなったかもしれない。でもこれは政治的な対話を聞いているだけではわからないことだし、特に先進国の保護主義・孤立主義的な主張にはこうした話は出てこない。政策的な課題は、先進国でも発展途上国でも、定型・不定形の両方の労働を代替できる、新しい労働節約型で技術偏向型の技術にどう適応するかということだ。うまく適応するか、まずい適応をするかは、課題を正しく見極め、適切な政策対応を開発できるかどうかにかかっている。

技術、格差、政策対応

技能偏向型で労働節約型の技術変化と技術が可能にするグローバル化は、アメリカなどの先進国において過去三〇年間に、富と所得格差増大の背後にある強い力となっていた。そしてそれは今後さらに重要になる可能性が高い。技術は予想外に急速に、人間労働を置きかえる道をたどっているし、しかもそれを技能偏向した不平等な形で行っている。市場に基づく富と所得の格差は今後数十年で拡大する可能性が高い。それは資本主義体制に内在する特徴のせいではなく、職の数と構成や、知識と無形資本に対する収益、不完全競争からのレント、初動優位性、ネットワークシステムにおける市場力、機械が低価格でもっとうまくこなせる作業を行う仕事を持つ労働者の賃金や生計に、デジタル革命が与える影響のせいだ。

だが最後の話として、技術変化の「非人間的な力」は市場による格差の大きな駆動力になるが、だからといって公共政策が技術進歩からの利得をもっと平等に分配するのに何の役割も果たせないということにはならない。悲しいかな、アメリカなどの先進国における多くの政策は、過去数十年においてこうした力が推進した格差を和らげるどころか、悪化させてきた。ピケティはその著書の全体を通じて、各種の政策選択と、それらが反映する様々な社会的価値観が、なぜ似たような技術トレンドでも先進国の中で格差の水準がちがうのかについて検討している。比類ない技術変化の時期ですら、社会は各種の政策レバーを使って、市場力だけが生み出した分配よりもっと可処分（税と移転後の）所得の平等な分配をもたらすもとで、望む水準の平等性を追求できる。実際、税と移転政策が市場所得の格差に比べ、可処分所得の格差を減らすためにうまく使われた度合いが先進国の中でもちがっていることは、十分に記録されている。課題は、技術進歩を促進しつつ――それをラッダイト式に阻止しようとする試みは必ず失敗する――その「報酬」や便益を、社会規範に沿った形でもっと平等に分配するような政策を構築することだ。

所得と富の格差を抑える政策対応については、無数の論文や本が書かれてきた。この章で私たちが依頼されたのは技術とそれが格差に与える影響についてなので、詳細な政策提言はしない。むしろピケティの本とブリニョルフソン&マカフィーの本で言及された三つの政策領域を手短に検討する。教育、累進所得税、社会便益や所得支援プログラムだ。

教育

ピケティ、ブリニョルフソン&マカフィーおよび格差を研究する経済学者のほとんどが合意している政策領域は教育だ。ピケティは、教育と技能の競争が労働所得における格差拡大の大きな要因だと認めていて、それがトップ一%すら含む形で、全体としての所得格差増大の大きな要因になっている。また所得格差が北欧諸国であまり顕著ではないのは、高質で平等主義的で包摂的な教育システムのおかげだとも述べている。これに対し、アメリカでは所得格差が、所得水準による教育機会と就学水準の格差増大をもたらしている。[*39]

少なくとも当面は、長期の格差削減をしつつ、全体的な繁栄を高めるのに最も有効な政策は、教育と研修の機会を所得にかかわらず万人に広く提供して、来る世代の技能を育む政策であり続ける。

専門家の間では、こうした政策が早期児童教育から始められ、中学以降生涯学習、再教育機会による労働者の転職柔軟性拡大にまで広がるべきだという広範な合意がある。だが将来に必要となる教育や技能――認知的、非認知的能力――についてはかなりの意見相違が見られる。この意見の不一致は、技術がどのように、どんな速度で職や必要技能の構成を変えるかについての不確実性を反映したものだ。デジタル技術の驚異的な進歩により、一〇年後や一五年後に労働市場の需要側がどうなっているかを予想するのはむずかしい。

ＳＴＥＭ分野（科学、技術、教育、数学）での教育を増やすべきだという点を疑問視する人はほぼいない。デジタル技術はこうした分野の労働者需要を補完し続けるし、彼らの供給を増やせば技能プレミアムも穏やかになって、格差も減る。ひょっとすると今後数十年で、デヴィッド・オーターが予想するように、技術変化が続いて「個別の職業技能と、読み書き算数、適応性、問題解決、常識といった中技能水準の基盤を組み合わせる」中技能職を大量に支えることになるかもしれない。*40

この楽観的な見方だと、多くの中技能職は残り、スマート機械の支援で実行できる定型専門作業と、人間がそうした機械に対して比較優位を持ち続ける、一連の非定型作業の組み合わせを行うことになる。医療支援職はその一例だ。こうした多くの仕事は、中学卒業後に二年の職業訓練、ときには四年の大卒資格を必要とする。これはまた、無数の技能貿易や修理職、事務職などについても言える。このシナリオだと、人的資本投資はスマート機械が補完的となる人間技能の供給を増大させる、長期戦略の中心となるべきだ。そして、機械が代替となる人間技能の供給は減らすべきだ。

歴史的経験から見て、技術が人間の生産性を高めるにつれ、結果として仕事は純増し、全体として仕事が破壊されることはなかった。これまでは、職が消えて行き場を失った労働者の痛々しい調整費用と時間的遅れを伴いつつも、技術進歩は新しい財やサービスの成長を育み、これが労働需要を増やして、それがそうした進歩の労働代替効果を十分に上回る。だが将来の見通しは不確実だ。ひょっとするとブリニョルフソンとマカフィーが考えるように、労働節約技術の急伸があっても、保健や安全保障での職の需要が増えるかもしれない。だが将来が歴史的な経験とはちがってくるのではという懸念すべき理由もある。最近の研究によると、先進国——そしてそれ以上にエマージング経済——のあらゆる仕事の半分は、今後数十年で労働節約技術による置換の犠牲となりかねない。そして変化の速度は予想以上だ。マーティン・フォードが最近の受賞作で述べているように、機械アルゴリズムなどの自動化形態はすでに、技能ピラミッドの中低位の職のシェアをかなり侵食しつつあり、高技能作業や職業、現在大卒以上の学位を持つ人々が行っているものも、ますます食い荒らそうとしているのだ。[*41]

課税

トップ所得に対する税率の高い、累進所得税制は、所得格差に対抗する政策提案の一覧のてっぺんにくる。アメリカを含むほとんどの先進国は、すでにそうした仕組みを持っている——実際、ピケティが述べるように、累進所得税制の創設は、二〇世紀の税制における一大イノベーションであり所得格差の緩和に大きな役割を果たした。現在の政策論争は、トップ所得の限界税率を上げるべきか、その場合はどのくらいに設定すべきかをめぐるものだ。ピケティも、ブリニョルフソン&マカフィーも、アメリカのトップ税率を大幅に引き上げるべきだと提言するが、その理由はいささかちがっている。ブリニョルフソン&マカフィーは、デジタル技術がもたらした市場条件——ネットワーク効果、収穫逓増、勝者総取り効果——がデジタル資本所有者や、才能がデジタル資本に補完される労働について、べき乗分布をもたらすと主張する。また彼らは、こうした条件では資本と労働の双方で、きわめて高く集中した稼ぎの「大きな部分」が経済的レントだと主張する。結果として、アメリカでそうした稼ぎに対する限界税率を引き上げても（少なくとも歴史的に見て低い現在の税率から引き上げるのであれば）、高額所得者たちが資本と労働を供給するインセンティブを減らしても、成長の足を引っ張るほどになるとは考えていない。

ピケティは最適所得税率が——アメリカなど先進国のトップ一％では——「おそらく八〇％以上だろう」と述べ、これだけの税率でも経済成長を引き下げることはなく、成長の果実をもっと広く分配しつつ、専制政治と新たな金ぴか時代への流れ継続の危険を減らすと主張する。この見方では、トップの稼ぎ手が捕獲した資本と労働の所得は、そうした所得の技術駆動べき乗分布や、不完全市場条件でそれに伴うレントの結果ではない。むしろ彼の分析だと、トップの稼ぎ手に主に流れる資本所得の増加は、資本収益が成長率を上回る資本主義システムのどうしようもない特徴なのだという。そしてトップの稼ぎ手の労働所得は社会規範、企業ガバナンス慣行、労組の力の衰退、そしてそうした稼ぎ手たちが自分の利益になるよう政策に影響を与えるための政治ロビイングの結果なのだ。

私たちは、ピケティが指摘する制度的な力と、それに伴う各種形態のレントシーキング行動が、所得格差の増大に貢献したと考える。だがブリニョルフソン＆マカフィーが指摘した、技術の力とそれに関連する市場の不完全性も重要な役割を果たしたと信じる。こうした制度的な要因と技術的な要因の相対的な重要性を評価して定量化するにはさらなる研究が必要だが、ピケティとブリニョルフソン＆マカフィーの説明のどちらも、所得格差に対抗するためにトップの稼ぎ手に対する限界所得税率を引き上げる強い根拠を示すものだ。

社会便益と所得支援

累進所得税制に加え、金持ちから貧困者への直接の所得移転に代わるものとして、先進国は社会移転や保険プログラムを提供することで、可処分所得の格差を引き下げ、保健、教育、退職年金といった重要な社会サービスを、市場所得とは無関係に提供する。そうしたプログラムが大陸ヨーロッパ（特にスカンジナビア諸国）に比べて大幅にケチで再分配性の低いアメリカですら、税と移転後の所得分配は、市場所得の分配よりずっと平等性が高い。

ピケティは、資本主義経済における所得格差に取り組むにあたり、彼が「社会国家」プログラムと呼ぶものの重要性を認めている。そしてそれを再編し、現代化し、集約する改革を提案する。ブリニョルフソン＆マカフィーもそうしたプログラムに対するピケティの支持に同意するが、それが労働課税を主な原資としている点を懸念する。この懸念は正当なものだ。機械による人間労働の代替がうまくなれば、そうした税が雇用と労働者所得に与える負の影響も大きくなる。彼らは、将来の社会福祉の財源として、労働課税のかわりに炭素税と付加価値税の双方を検討すべきだと提言する。ピケティはまた、富の格差を抑えるために新しい世界的な累進資本課税も提案している。この新しい税金で得られた歳入の一部は、労働課税にかわって社会保障の財源となるだろう。

今日の労働市場は、デジタルプラットフォームがその仕組みを一変させ、仕事の性質を革命的に変えるにつれて、激変しつつある。ブリニョルフソン＆マカフィーが説明したような多くの形で、こうした変化は労働市場の効率性を改善し、柔軟な雇用機会を増やす可能性を持つ。だが労働市場のデジタル化進行と、「ギグ」またはオンデマンド経済の台頭は重要な欠点も持つ。それは社会保障や保護がアメリカなどの先進国の市民に提供されてきた主な経路である、伝統的な従業員と雇用者の関係に代わりつつあるのだ。ますます多くの労働者が非標準的な雇用関係に入るにつれて、伝統的な社会保障の財源とその提供の仕組みも改変しなければならない[*42]。

スマート機械がますます強力になり普及するにつれて、市場経済の決定的特徴――そうした経済にいるほとんどの人は、労働を売ることで所得を得るという事実――に対してますます大きな課題をつきつけるようになる。スマート機械が就労年齢人口の労働の大きな部分を代替するようになり、教育水準や技能にかかわらず彼らがまともな生活水準を維持できるだけの稼ぎを得られなくなったらどうなるだろう？　ブリニョルフソン＆マカフィーはこの問題を提起して、雇用状態や労働報酬にかかわらず最低限の生活水準を市民に補償するため、負の所得税やベーシックインカムといった「枠にとらわれない」解決策の検討を呼びかけている。

最終的には、技術変化の便益が広く分配されるか、それとも世界人口のわずかな人々に流れるかは、スマート機械の設計ではなく新機械時代《ニュー・マシン・エイジ》にふさわしいスマートな政策の設計にかかっている。

第9章　所得格差、賃金決定、破断職場

デヴィッド・ワイル

経済学者デヴィッド・ワイルは、アメリカ労働省の賃金労働時間部門の局長として働いた経験を持つが、彼が「破断職場」と呼ぶ概念について述べる。これは個別企業の壁の外側にある労働市場がますます階層分裂してきたということだ。大企業がこれまでの通例だったように、あらゆる階層――高技能専門職、中間管理職、肉体労働者――の労働者を一つ屋根の下に雇うかわりに、仕事がますます機能別に外注されるようになり、かつては従業員として法的にも実質的にも福利厚生を含む特権を享受できていたのが、いまや最底辺への競争を強いられている。この章は、この現象の規模と背景を分析し、それが実際に見られる格差パターンにとって持つ意味と、労働市場の仕組みに関する将来研究への含意を述べる。そして、経済学者たちが賃金決定という古くさい概念に、それ自体として研究に値するものとして立ち戻る頃合いだと結論づける。このすべては『21世紀の資本』にとっても意味を持つ。というのも、それは、単純な資本と労働との所得分割を超えて、格差の図式を複雑なものにするからだ。

第二次世界大戦後の世界は、長期にわたる経済拡大の中で稼ぎの格差を減らしたというめざましい時期だった。ゼネラルモーターズ、ヒルトン、GE、ウェスティングハウスといった大企業の壁の中で雇われた労働力の賃金や福利厚生は、生産性上昇とほぼ同じ方向で動いた。一九四七年から一九七九年にかけて、生産性は一一九%上がり、平均時給は七二%、平均時間報酬（賃金と福利厚生）は一〇〇%上がった。[*1] 戦後時代を代表する自動車産業では、消費者需要の拡大が利潤上昇と重役報酬増大につながり、組み立てライン工の報酬も増えた。だが自動車会社が雇っていた

用務員、メンテナンス要員、事務職、芝生の世話係の報酬も上がった。

こうした並列の動きは一九七〇年代になって変わり始めた。一九七〇年代末以来の三〇年にわたる生産性は上がり続け、八〇%ほど上がった。だが同じ時期に、平均時給はわずかに七%上がっただけで、平均時間報酬はたった八%しか上がっていない。格差増大が学術研究や政策担当者にとって中心的な懸念となったのは適切であり、もちろんこれはトマ・ピケティ『21世紀の資本』への強い関心が生じた理由の核心でもある。

経済拡大からの利得がアメリカなどの工業国でどのように分かち合われたかについては、すさまじい量の理論的・実証的な文献がある。この研究群は、国民所得のうち労働に向かうシェアが減少し、資本に向かうようになった原因を探求する。労働者の観察可能な特徴（仕事の収益）から生じる格差増大と企業構成の変化から生じる格差を検討している。各種研究は、技能偏向技術変化の影響、グローバル化の影響、労組の衰退など、格差を動かす各種の原因に分け入った。*2

本章は、格差分析を行うための別のレンズを提示する。私は過去三〇年における変化の重要な原動力が、雇用関係を根本的に変えてきた事業組織の進歩、ひいてはますます多くの産業における賃金設定方法だと論じる。ここでの私の焦点は、私が「破断職場」と呼んでいる、雇用境界の定義変化を通じて生じた、賃金設定のある特定の進展である。経済内の多くの産業における主要企業が、様々な活動を他の事業体に外注するようになると、賃金設定は根本的な形で変わった。雇用削減に関連して変化した事業慣行の多く――たとえばアウトソース、外注、労働者を独立契約事業者としてまちがった形で区分しなおす――に見られる動機は、しばしば単に法的な義務から逃れるための小技だとか、現代の柔軟な事業組織が行う不可欠な調整群なのだとかいった形で、誤った捉え方をされてきた。どちらの説明も、経済の多くの部門でいまや普通となっている、もっと根本的な雇用再編の源を説明し損ねている。

このシフトの結果は、ますます多くの労働市場で、かつては労組化した職場でもそうでない職場でもレント共有を高めていた賃金設定プロセスが、いまや主要企業から仕事が排出されてしまった労働者たちの限界生産性へと向けて設定されなおしているということだ。主要企業――消費者が認知するような財やサービスの提供のため、労働者を直接雇っている企業――は高い利潤を保ち、労働者のために鷹揚な報酬を提供し続けるかもしれないが、他の下請け企業へと排出された仕事に就いている労働者は、はるかに競争的な市場条件に直面している。こうした下請け市場での低いマージン——それですらしばしばさらに他のネットワークへと「破断」させられている——は、競争労働市場と整合した賃金設定の条件を作り出す。そこでは賃金は限界生産性へと向かう。

破断職場仮説は、労働者が主要雇用者から外部事業に排出されたときに賃金設定規範がどう変わるかを説明する。それは要するに、賃金設定問題を値づけ問題に変える。それはまた、稼ぎで見られる格差水準増大だけでなく、その格差が特に、企業内部よりは企業同士の稼ぎの差と関連しそうかについても説明を提供する。結果として、私は将来の研究が賃金決定という昔ながらの問題（これは労働経済学のかつての時代からの用語だ）と、それが所得の労働シェアに与える影響に、再び注目しなければならないと論じる。

破断職場仮説

有名ホテルチェーンにやってくると、フロントで迎えてくれる人々や、毎日部屋を清掃してくれる人々、ルームサービスを持ってきてくれる人々は、そのホテルの従業員だと思ってしまう（彼らの制服やバッジを見ればそう思える）。だが我々の二一世紀の職場はそうなっていないのだ。多くのホテル労働者は別の経営陣の下にいて、用務作業、ケータリング、人材派遣の企業に雇われているのだ。ときには、労働者たちはホテルとそうした事業の共同雇用になっているが、しばしば当人たちですら、自分がだれに雇われているのかわかっていない。

拙著『破断職場』で私は、資本市場が分離した職場の発達を促進したと論じた。[*3] 過去数十年で、大企業は官民投資家に対して財務パフォーマンスを改善する圧力に直面し、それが今も続いている。その対応として彼らは、コアコンピタンスへの事業集中で対応した——つまり消費者と投資家にとって最大の価値を提供するものに専念したのだ。このアプローチへの自然な補完として、組織のコアコンピタンスに不可欠でない活動の「排出」が行われた。これは給与、刊行物、会計、人事機能などから始まるのが通例だった。そこから広がって、用務員作業、設備保守管理や警備などの活動の外注へと進んだ。だがそこから排出はさらに深まった——多くの場合、その企業にとって中核と思われるような雇用活動にまで広がったのだった。

結果として、雇用関係は「破断」して切り離された。そして地質学の場合と同様に、破断がいったん始まると、それは深まる一方だ。用務員サービスのような活動が排出されたら、その仕事を行う下請け企業はその破断をさらに深め、そうした活動をさらに他の企業に投げた。破断が進むにつれて、利ざやも薄くなり、手抜きのインセンティブも増す。労賃はしばしば、雇用者が競争力維持のための経費節約場所としてまっ先に検討する場所だ。通常、労働者がその労働の最終受益者から遠ければ、それだけ法令違反や収奪の可能性も高まる。法令違反は、利ざやが薄いほど増える傾向にある。

だが主要企業は、主要活動を提供する下請け企業の行動を相変わらず監視監督しなければならない。ブランドアイデンティティのような中核コンピタンスや、新製品開発といった活動を毀損させてはいけないからだ。したがって破断は、そうした監視監督を可能にする各種の事業構造を通じて実現される。下請け契約や人材派遣契約は、しばしば明示的でしばしば詳細な成果基準に基づいており、また同じように詳細な成果要件を持つフランチャイズ化、ライセンシング、第三者管理システムなども多い。[*4] 破断職場の一部は、職場方針を迂回しようとして実施されるものだが、いまの説明を見ると、それだけを原動力だと思ってはいけない理由がわかる。特に、その源となる主要事業組織では、それが原動力ではない。だが破断職場をもたらす慣行が適切だろうと不適切だろうと、雇用関係は以前よりも厳しくなり、法令遵守責任は他の企業に転嫁されてあいまいになり、職場は法の最も基本的な保護にすら違反しかねないものとなる。

賃金決定の原動力

ほとんどあらゆる市場状況で、事業は費用削減インセンティブに直面する。競争が激しければ、その圧力も強まる。資本市場の変化はその圧力を先鋭化したとはいえ、それが市場ではずっと続いていたものだということを忘れるのは愚かだ。したがって、事業が労賃を引き下げる手だてを探すのはまちがいないことだ。単位労賃は二つの要因に左右される。労働の価格（賃金と福利厚生とも呼ばれる）と、労働投入一単位が生産する産出量（いわゆる生産性）だ。外注などの方法で雇用を他の企業にシフトして、製品やサービスの正真性を劣化させずに労賃を引き下げられるなら、その方向への動きは当然予想されることだ。

破断の側面——外部委託や外注や、条件つき作業合意——に関する多くの議論は、労賃削減に動かされる動機に注目している。重要な例の一つは、事業が労組結成を避けるために行う長期的な活動だ。労組は賃金を引き上げ、福利厚生を増やし、一方的に労働者をクビにする経営陣の権威を弱めるし、職場規制の遵守についての監視を強める。全米労働関係法は、雇用者が労組の存在だけを理由に職場を閉鎖するのを禁じているし、労組が組織されたら職場を閉鎖すると脅すのを禁じている。だが雇用を排出すれば、労組組織の強い労働力を遠ざけたり、法的にも戦略的にも組合組織を困難にする雇用形態へと職を動かすための、もっと密やかな方法を、少なくとも歴史的には提供できた。

第二の説明は、広範な社会保障便益、たとえば失業保険や労働者補償プレミアム、保険や年金といった私的便益として要求されているものを、他の関係者に押しつけたいという欲望だ。社会的に必要とされ、私的に提供される福利厚生は、雇用者が労働者を雇用する費用を、賃金や給与よりはるかに大きなものにする。賃金や給与は、アメリカで全労働者について見ると、雇用者への一時間あたり費用の六九・四％を占めている。雇用者にとって追加の七・八％の費用は、連邦が義務づけている福利厚生（社会保障、健康保険、連邦失業保険）や州が義務づけているもの（失業保険と労働者補償）だ。私的に提供されている保険（健康、生命、傷害）や年金積み立ては、平均でさらに一三・三％となる。*5

人材派遣会社や大企業のために下請けをする中小企業といった機関が法を遵守する限り、必要とされる社会的支払いはそうした下請け労働供給業者が請求する価格に含まれているはずだ。下請けや孫請け、人材派遣会社など、破断職場ネットワークの企業が労働者を不正に区分したり、出来高払いなどの支払い慣行を通じて、最低賃金や残業規制の違反を行い、広範なコンプライアンス違反が行われている証拠は大量にある。

法的に義務づけられた福利厚生の支払いがあっても、破断構造の企業は保険や退職年金の分野で福利厚生をあまり——またはまったく——提供せず、そうした企業を活用する大企業にとって費用を引き下げるかもしれない。例えば、福利厚生を規制する連邦法は、ある労働者に健康保険のような福利厚生が提供されたら、それは全労働者に提供しなければならないと定めている。雇用を別の企業（たとえば労働者に健康保険を提供しない派遣会社）へと外注することで、企業は追加労働者を雇う実質費用を引き下げられる。

雇用排出の第三のインセンティブは、賠償責任を最少化したいという願望から生じる。呼応とともに、職場での負傷、病気、死亡といった結果についての責任が生じるし、差別、ハラスメント、不当解雇などの責任も生じる。もし雇用排出で賠償責任を他の組織にシフトできるなら、それは大企業にとっての期待費用を引き下げる。

こうした説明のすべては、労働費用や雇用に伴うリスクを削減できる。だが雇用排出の劇的な増加をこうした要因だけに帰するのは、大企業が雇用排出による費用削減の便益と、企業内部の労働者を使い続ける便益とでどのように均衡させているのかを十分には説明できないし、なぜ破断職場が広がり深まっているかも説明できない。何かもっと根深いものが作用している。これには大企業における賃金決定について考える必要がある。

独占力と賃金決定

もっとも専制的で臆面のない雇用者は突然、多くの階級の労働者に対して標準賃金を適用する。ちょうど大店主が価格を固定してしまい、個別顧客の価格交渉能力に従わず、費用に対する決まった利潤率を上乗せすることで決めるのと同じだ。

――シドニー&ビアトリス・ウェッブ[*6]

二〇世紀の大半で事業を支配してきた大企業は、伝統的な労働市場モデルに描かれた雇用者とはちがう立場にいた。極端な例が起こるのは、企業城下町だ。そこでは単一の雇用者が基本的に労働市場のあらゆる仕事を提供している。労働の唯一の購入者として、そうした雇用者（あるいは独占事業者）は、実質的にあらゆる労働供給に直面し、したがって雇用者数を増やしたければ高い賃金を払わねばならない[*7]。類似の仕事について労働者に同じ単位賃金を支払う単一雇用者にとって、追加雇用労働者の費用は、その労働者にとっての費用だけでなく、その仕事にすでに雇用されているあらゆる労働者にとっての追加費用を反映したものとなる。なぜなら企業は、すべての労働者に対し、最後に雇われた労働者に支払うのと同じ賃金を支払うからだ。結果として、複数の雇用者がいる競争的な労働市場で見られるものに比べ、雇用者が雇う労働者の数は少なくなり、賃金も低くなる。

企業城下町は珍しいが、雇用者がある程度の独占力を獲得するためには、単一の雇用者が炭坑町を支配する必要はない。労働市場において雇用者が持つ力のよくある源は情報問題だ。労働市場は、働き手の職に対する選好を、雇用者の働き手に対する需要とマッチングさせることで機能する。これにより、労働市場の働きにおいては情報が決定的な潤滑油となる。純粋労働市場モデル(これは市場が何でもありの取引所のように機能すると想定する)は、こうした情報費用は最小限だと想定する。働き手を求める雇用者は、すぐに従業員を見つけられるというわけだ。

だが情報は費用がかからないわけではないし、また労働市場ではあらゆる参加者が平等に持っているわけでもない。実際には、労働者の職のサーチは時間、知識、地理選好で制約される。大手の雇用者は、規模、能力、情報獲得における規模の経済により、堅牢な情報を持っている。だが働き手のほうは、雇用機会についての限られた情報や、家族、社会、他の地理的なつながりにより、移動意思が制約されるために、労働市場での「サーチ摩擦」に直面する。情報の非対称性とサーチ摩擦は、ある程度の買い手独占力を生み出し、このため大手の雇用者や、労働市場での通常価格を単純に受け入れるのではなく、自分で賃金を設定することになる。これは報酬方針の設定において、彼らの裁量が大きくなるということだ。もちろん、それでも雇用者の方針は労働者の供給や、それが企業の生産に対してもたらす貢献も反映したものにはなるのだが[*8]。

一部の買い手独占支配と、賃金設定における裁量は、経済のあらゆるところで大企業が設定する報酬や人事方針の根底にあるものだ。社会学者ビアトリス&シドニー・ウェッブが二〇世紀初頭に指摘したように、経済と労働市場を支配する大手の雇用者は、統合的な人事方針や給与方針や社内労働市場を各種の理由から必要としていた。それは管理面での効率性を確保すること、企業方針に一貫性を持たせること、法律遵守違反の露呈を減らすことなどだ。

ウェッブ夫妻と同様に、初期のアメリカ労働経済学者たちは企業内部の賃金設定を、個別マッチごとの交渉の結果として考えたが、彼らは労働者たちが外部で得られる選択肢が限られていることと、それが相対的な交渉力に与える影響に注目した。リチャード・イーライとその労働経済学の「制度」学派の使徒たちは、賃金設定において労働組合化と団体行動が示す役割に注目した。あるいはもっと具体的には、労働者たちが直面するモビリティへの障壁や、家族を食わせねばという差し迫ったニーズから生じる非弾性的な需要を考えれば、労働組合がなければ雇用者たちの交渉上の立場が上になると主張した。[*9]

制度経済学者のその後の世代、たとえばサムナー・スリクター、ジョン・T・ダンロップ、ジェイムズ・ヒーリーなど第二次世界大戦後の団体交渉を研究した人々は、大企業の似たような管理行動が、経済の重要な部門で賃金設定や価格方針を決めているのを発見している。[*10] 複雑な社内労働市場システムを通じた、労働者集団全体に一貫した賃金を持たせるという賃金設定方針は、労働組合化された職場以外でも生じた。たとえばフレッド・フォウルクスは、大規模な非労組化企業についても類似賃金・給与設定行動を慎重に記録している。[*11]

現代の研究文献は、入念な社内労働市場の存在と、大企業における賃金プレミアムといった発見を、競争的労働市場の働きと整合させようとする。一つの見方は、こうした現象が競争的労働市場の働きと相容れないものではなく、単に生産投入としての労働の複雑性を反映しているのだと主張する——この投入は、雇用期間の間を通じて生産性が変わるからだ。[*12] 別の理論群は、社内労働市場を「暗黙契約」という形で説明する。ここではリスク中立的な雇用者が、リスク忌避的な労働者と賃金を時間的に均質化する合意を取り交わし、その過程で契約の双方の望みをかなえるということになる。こうした取り決めは、社内労働市場の特徴を一部は持つが、それは根底にある需要と供給の特徴から生じるものだ。第三の見方は、社内労働市場が日常的なホールドアップ問題を企業が克服する手法として説明するものだ。労働者と雇用者との雇用契約は本質的に不完備なものとなる——つまりそれは、雇用者が労働者に何をしてほしいかという複雑で変化する性質の希望を、適切に言語化できないということだ。結果として、明示的なものと暗黙のものとを組み合わせた契約装置が、どちらかが相手をごまかすのを防ぐために生じるというわけだ。[*13]

だがこうした説明はいずれも、職場の基本的な側面を認識していない。それは、職場が大量の人々をまとめあげる場所だということだ。そして人々は本性からして根深い社会的存在なのだ。一つ屋根の下で活動する労働者たちは、同僚たちとやりとりを行い、すぐに相手についていろいろ学ぶ。これは隣の区画にすわっている人物が、同じ仕事についてちがう賃金をもらっていないか、といったことも含む。似たような仕事をする人々にちがう賃金を支払うと、生産性に対する望ましくない影響が生じ、転職者も増え、ヘタをすると労組の結成を促すことにもなりかねない。統一的な人事方針や、生産性水準の様々な労働者に対する単純化した報酬構造は、労働者内での摩擦を減らすにあたり根本的な役割を果たす。

公平性と賃金決定

公平性は重要だ。伝統的な経済学では個人は自分だけのために利得を最大化すると想定するが、実際には心理学、意思決定科学、そしてごく最近では行動経済学での大量の実証文献が、人々は自分の利得だけではなく、他人の利得も気にかけることを明らかにしている。実は人々は、自分の利得の規模を他人との比較で計る。そして同じくらい重要な公平性についての信念のため、自分の利得をある程度犠牲にしようとすることもある。

「最期通牒ゲーム」は、人間のやりとりにおける公平性の重要性を実証する最高の例の一つだし、実験的にも実際の社会でも広範に検証されている。簡単なゲームだ。お金の入った(たとえば一〇ドル)壺がある。それを二人で分けてほしいと告げるのだ。片方が、その分け方を決める権利をもらう。二人目は、その決定を受け入れることも拒絶することもできる。拒絶したら、どちらも何ももらえない。もし人々が完全に利己的なら、期待される結果は明確だ。最初のプレーヤーがほとんどすべてを懐に入れて、相手にはカスのような金額しか遺さない。二人目としては、ゲーム開始時点に比べてどんな少額でもないよりマシなので、ゼロ以外の提案ならすべて受け入れるべきだ。

でも実際にはそうはならない。二人目の立場に置かれた人間は、あまりに少額の提案は拒絶する(各種の研究を見ると、壺に入ったお金の二割以下の提示は通常は拒絶される)――何も手に入らずに終わってしまうという犠牲を払ってもそうするのだ。同じく重要なこととして、一人目のほうもそれを事前に理解しているらしい。というのも、通常は二人目に対し、壺の中の半分から四割くらいの金額を提示するからだ。[*14] この結果は、何度も様々な形で再現されていて、公平性の重要性を裏付けるものとなっている。というのもこれは一回限りの（反復なしの）ゲームに基づいており、提案者のほうはできるだけ多くの金額を自分の懐に入れるというインセンティブが高く、それを受ける側はどんな提示でも受け入れるインセンティブが高いからだ。最期通牒ゲームが反復シナリオで行われると、壺を共有するインセンティブは高くなる一方だ。

公平性の認知は、現実世界の各種やりとりや人間関係に影響する。人間関係は職場の本質的な一部だし、したがって公平性の認知はその内部での意思決定にとって基本となる。賃金決定を動かす要因は、賃金を上げたらある労働者がどれだけ追加の産出を生み出すかという考察だけでなく、労働者がその賃金をどのくらい公平なものと考えるかにも左右される。たとえば、行動経済学開祖の一人ダニエル・カーネマンは、賃金カットの公平性を人々がどう受け止めるかは、なぜその賃金カットが行われたと人々が感じているかに左右されることを示した。失業の増加（したがって職探しの人が多い）により行われる賃金カットは不公平と思われる。企業が倒産寸前なので賃金カットを行うというのは、もっと好意的に受け取られる。最期通牒ゲームの提案者のように、経営者はこれを理解しているらしく、実際に名目賃金をカットすることはほとんどない。

同様に、報酬についての公平性の検討は、絶対的な基準（自分の経験、教育、技能）に基づいてどれだけの支払いを受けるにふさわしいと思うかだけでなく、他人と比べてどの程度支払われているかにもよる。そこで比較対象となるグループは誰だろうか？　それは自分がその評価を行うときにどの立場にいるか次第だ。もし求職中なら、その評価は労働市場の状況に基づくものとなる――これは伝統的経済学の理論が予想するものだ。情報源は不完備かもしれないが、それでもサーチの中で似たような仕事を検討することになる。ある賃金提示が受け入れ可能かどうかは、労働市場の全体的な状況に応じて上下動する。

だがいったん組織に入ったら、自分にとって意味のある賃金水準は、社内で働く他の労働者のものだ。実験で、二人が共同の利得をどう分かち合うかが絶対的な利得と同じくらい（いやそれ以上に）重要なのと同じく、自分は通りをはさんだ別の会社で似たような仕事をしている人がもらっている賃金よりも、机を並べた人間がもらっている賃金のほうをずっと気にするようになる。[*15]「参照賃金」は自分と似たような仕事をしている他の人という意味で重要なだけでなく、組織の中で自分より高い地位、低い地位にいると感じる人々についても重要なのだ。[*16]

大手雇用者が過去数十年に使われてきた賃金や社内労働市場を採用したのは、賃金には二種類の公平性の概念が適用されるからだ。水平的な公平性は、似たような仕事についての支払い水準のちがいについてどう人々が考えるか、というものだ。垂直的な公平性は、ちがった種類の仕事についてのちがう支払い水準をどう思うか、というものだ。

歴史的に大手雇用者は、社内の似たような地位の人々に対して、その業績に差があっても均一の支払いを行うことで、水平的報酬問題をあいまいにしてきた。報酬方針についてのトルーマン・ビューリーの研究でインタビューを受けた企業の大半（七八％）は、社内の給与均等性が重要な大きな理由として「社内の調和とやる気」を挙げた。[*17]労働市場研究を見ると、社内賃金は労働者の生産性の大きなちがいから予想されるより、はるかに賃金格差が小さい。企業は似たような観察可能な技能／能力を持つ労働者には、単一賃金方針を採用しがちだ。これは他の点では類似に思える労働者に、ちがった賃金水準を適用することで生じるマイナスの影響のせいだ。

労働者の賃金に対する満足度は、垂直的な公平性の概念や規範にも影響される。特に、実験的な証拠や実証的な証拠を見ると、人々が報酬を判断するときに、「上を見る」という事実を指摘している。つまり、組織の中で一段上の職に比べて自分の報酬はどの程度か、と考えるわけだ。[*18]もしすぐ上の集団の報酬が高ければ――あるいはそのギャップが次第に開いて行くなら――絶対水準がどうあれ、いまもらっている報酬水準に対する満足度もだんだん下がるかもしれない。

大規模組織では、こうした垂直的公平性の問題はことさら面倒になりかねない。伝統的な製造業での労組化された職場は、団体交渉の取引で、職階を関連づけることでこの問題を解決した――つまり賃金体系全体がまとまってだんだん上がる（そして相対賃金はそのまま）ベースアップ（ベア）方式を使った。団体交渉契約は、何が公平かについての透明性ある期待群を作り出した（その理由の一部は、それが労組の団交委員会の代表する労働力の選好を反映しているからだ）。大きな非労組職場もまた、団体交渉の面倒に直面する必要はないとはいえ、方針を決めるにあたり垂直的公平性の要求に応えねばならない。高い賃金は、一部は労働組合化を避けようという努力の反映だが、同時に上で述べたような社内の摩擦を避けるための努力でもある。賃金決定の研究は、労組化されていない大企業の重役たちがしばしば正規の社内給与体系を、公平性の観点から正当化していることを発見している。[*19]

なぜ大企業が労働者を排出するのか

垂直的公平性と水平的公平性の配慮を同時に行うと考えれば、大企業がこうした問題を解決するため、組織の各種階層における職に対し、外部で見られるより多く支払う結果もありそうだという予想がなりたつ。賃金決定のこの側面は、二〇世紀後半に広く見られた大規模雇用者の賃金プレミアムを説明できる。研究文献の多くは、企業規模効果の原因を、根底にある生産性の差や、それと関連した労働者と雇用者のマッチングに見ようとする。[*20] 破断職場仮説は、企業の賃金決定行動を分析問題の中心に据える。第二次大戦後の時代に、ある程度の市場力は行使しつつも、社員の中にある公平性の感覚に対応する必要性にも直面していた大企業は、大企業の労働者すべてについて賃金プレミアムをもたらす、限られた方針を採用するに到った。だが過去数十年にわたり、企業は賃金決定においてこうした公平性の認識にあまり制約されなくなった。これは他の事業組織に活動を排出して雇用の境界を変えることで実現されたのだった。

基本的な買い手独占モデルは、雇用者が価格差別方針における独占状況と呼ばれるもの（つまり消費者ごとにちがう価格を課す）に従うのではなく、ある種の労働者（つまりある種の技能や職能を持つ人々）に対して単一の賃金率を持つと想定する。職場に単一の賃金を設定する必要性は、雇用者がある種類の労働者をもっと雇う費用を押し上げる効果を持つ。労働者を一人追加する追加費用は、その人物にもっと支払いを行うだけでなく、すでにその種の仕事で雇用される人々全員にもっと支払額を上げる必要を生み出すからだ。[*21]

原理的には、買い手独占力を持つ雇用者は、多様な賃金方針を採用すれば生産への個別の貢献（または「限界生産」、つまり労働者一人あたりの追加産出）に応じて労働者に報酬を与えられる。だがこれは公平性を求める機運を逆なでするので、これまで見た通り、報酬のやり方としてあまり一般的ではなかった。賃金差別（価格差別と同じ）は、便益をもたらせそうなのに大企業ではめったに見られない。労働者たちが一つ屋根の下にいる限り、水平的平等性と垂直的平等性がもたらす問題は残る。

だがもし大手雇用者が、企業そのものの境界を変えることで賃金差別できたらどうだろう？　もし、大規模で多様な労働者についての賃金差別問題に直面するかわりに、企業の外部の団体に対して行うべき仕事の価格を設定する状況を作り出したらどうだろうか？　もし複数の企業がその会社の仕事を取るために激しく競争すれば、それぞれの中小企業はその労働者に、親会社の仕事を行うための賃金を自社労働者に提供する。この仕組みだと、大手雇用者（あるいはいまや元雇用者）は、実際に仕事を行う個別労働者の賃金を直接設定して支払う必要はなくなり、下請け業者のサービスや生産に対して価格を受け取ることになる。

このように、大手雇用者は様々な業者間で受注競争を作り出し、彼らの貢献の評価に基づいて支払いを行う。効率性の低い生産者は、効率性の高い生産者よりも低い支払額となる。このようにして、親会社は「労働賃金」ではなく、「サービス価格」の一覧に直面することになり、報酬の作業はそのサービスや製品の個別提供者に任せればよい。実質的に、大企業は雇用活動を小規模プロバイダのネットワークに譲渡するわけだ。それにより、大企業はサービス提供者のネットワークという形の仕組み――かつては直接雇用により社内で処理されていたサービスのための競争市場――を作り出すのだ。

雇用を、競争市場で活動する外部の下請け企業にシフトすることで、親会社は労働者が作り出す価値に近い賃金をもらうような仕組みを作り出す。同時に、これはまったくちがう賃金の労働者が一つ屋根の下で働くという問題も回避する。親会社は、労働者個人の個別の追加生産性と、同社が社内で支配的な単一賃金を設定した場合との差を懐に入れる。

結果として、同じプロジェクトをやる労働者二人が、実質的にまったくちがう賃金を受け取ることも起こり得る。その二人が親会社の直接雇用下にあった場合に比べ、個別の限界生産を反映したものに近い賃金を受け取ることになるわけだ。こうした仕組みは、似たような職階にいても生産性に差がある労働者たちに単一の賃金を設定した場合より、雇用者にとって得になる。それに関連して、仕事の外へのシフトを支持する議論は、社内労働市場で垂直平等性の期待により作り出される問題からも生じる。労働者がちがった技能水準と仕事の割り当てを持っていたとしても、企業内の垂直平等性の規範のため大企業は、低技能労働者に高めの賃金を支払うよう促すかもしれない。高賃金をもらう労働者がいるため、その報酬が社内労働市場の参照賃金になるからだ。[*22] そうした低技能職を外部にシフトさせればこの問題は解決する。

価格設定により賃金設定

ホテルが直接自分の労働者をすべて雇ったと想像してほしい——庭師、女中、駐車係、フロント職員まで。水平公平性は、ある職階の人すべてに同程度の支払いを必要とするし、ヘタをするとそれを同一施設どころか、都会にある傘下のホテルすべてに適用する必要さえ出てきかねない（特に従業員がホテル間を往き来するなら）。垂直公平性から、庭師の賃金を決めるときにも、女中や駐車係の賃金を考慮しなければならないし、デスク職員の給与を決めるときには管理職の賃金を考慮しなくてはならない。ホテルは、包括的な給与人事方針を決めて執行しなくてはならない。

だがホテルが自社の評判（コアコンピタンス）にだけ注意を払い、実際のホテル管理運営はビジネス戦略の中核ではないと判断したらどうだろう？　するとホテル運営という面倒なプロセスを他の組織に切り離してしまえる——特にその活動を実施する権利をめぐりお互いに競り合うような組織に任せられる。いまやホテルは、ホテルサービスの生産を市場に変え、ちがった組織が事業の一部をめぐって競争することになる。それぞれの提供者は、かつてはホテルが自分で直接実行していたサービスを、ある価格で提供することになる。

結果として、ホテルは下請け事業者の間に競争を作り出し、その貢献についての評価に基づく価格を支払う。効率性の低い提供者は高い提供者よりも支払いが少なくなる。こうすることで、企業は「労働賃金」ではなく、「サービス価格」（たとえば労働者管理）の一覧に直面することになり、報酬という面倒な作業はそのサービスや製品の個別提供者に任せればよい。実質的に、大企業は雇用活動を小規模プロバイダのネットワークに譲渡するわけだ。それにより、大企業はサービス提供者のネットワークという形の仕組み——かつては直接雇用により社内で処理されていたサービスのための競争市場――を作り出すのだ。

雇用を、競争市場で活動する外部の下請け企業にシフトすることで、親会社は労働者が作り出す価値に近い賃金をもらうような仕組みを作り出す。同時に、これはまったくちがう賃金の労働者が一つ屋根の下で働くという問題も回避する。雇用者は、労働者個人の個別の追加生産性と、同社が社内で支配的な単一賃金を設定した場合との差を懐に入れる。[*23]

サプライチェーンのてっぺんの企業は雇用を分離して外に出し、自分は損益計算書の売上側と関連した利潤の高い活動に専念できる。そして製品製造やサービス提供は分断して外に出せばいい。これはこうした企業の収益性が、各種関係者の間でどう分かち合われるかにも重要な影響を持つ。かつての大企業による統合モデルでは、企業は社内的な公平性の印象に対処するために、自分の利得の一部を高めの給料という形で従業員たちと共有する羽目になった。つまりは、低価格という形で消費者と山分けする部分や、高い収益という形で投資家と山分けする部分はそれだけ減るということだ。

破断により、公平性問題はそれほど厳しくはなくなり、賃金は引き下げられる。つまり、低価格や高収益という形で消費者や投資家に転嫁できる利得が増えるということだ。こうした企業のコアコンピタンスが、特に熱烈な顧客ベースを、ブランディングやクールな新製品の導入継続により獲得した破断構造では、賃金費用の削減は特に投資家のほうに転嫁される。[*24]外側に仕事をシフトすることで、利得の再分配を上のほうに行えるようになる。

格差増大と破断職場仮説

破断職場仮説は、稼ぎの格差について独特の源を示唆する。まず、破断職場仮説は企業内部で同じ仕事をしている労働者の稼ぎは、その仕事が外部の契約業者などへの外注でシフトされたときには、稼ぎが減ると予測する。企業の「内部」から「外部」へとシフトされた個別職業についての実証的な証拠はこの予測を裏付けている。

用務員や警備員は、破断の最先端だ。二〇〇〇年には、用務員の四五％は契約取り決めの下で働いており、警備員の七〇%は契約事業者として雇用されていた。[*25] 上の論理から予想されるように、用務員や警備員を大企業の壁の内部から外へとシフトさせることで、確かにこうした職業の労働者に対する支払いは大きな影響を受けている。[*26] サミュエル・バーリンスキーの研究では、契約事業者として働く用務員は、インハウスで働く用務員よりも稼ぎが一五%少なく、契約警備員は同じような社内警備員よりも一七%稼ぎが少なかった。[*27] 同様に、アランダジット・デューブとイーサン・カプランも同様に契約化の影響を見出しており、契約業者として働いた場合の「賃金ペナルティ」は、用務員なら四%から七%、警備員なら八%から二四%になるという。[*28]

もっと最近では、デボラ・ゴールドシュミットとヨハンネス・シュマイダーはドイツの賃金構造について似たような結果の説得力ある証拠を提供している。一九九〇年代から、各種の活動について、家庭サービスのアウトソーシングが劇的に成長していることを彼らは示した。慎重に構築したサンプルを使い、食品サービス、警備、物流労働者の賃金を比較できるようにしたことで、彼らは同じ仕事を「内部」から家庭作業アウトソーシングを行う「外部」事業者に移したときの影響を検討した。事象研究の枠組みを使ったその結果では、アウトソースされた仕事は、そうでないものに比べ、賃金が一〇%から一五%の幅で下落することが推奨されている。さらに、アウトソース化を経験した労働者を観察不能な人的資本特性の補正に使うマッチング能力のおかげで、こうした削減は社内からアウトソース企業の外側に移動した労働者の賃金プレミアム喪失から生じているのだと彼らは論じている。[*29]

だが破断職場仮説は、稼ぎの幅の広がり増大と所得格差の拡大を動かすものについて、もっと広い意味合いを持つ。稼ぎの格差は、企業内での格差増大(壁の「内部」の労働者の稼ぎがますます拡散する)と企業間の格差増大(ある企業の壁の「外」での稼ぎが拡散する)との両方で生じる可能性がある。破断職場仮説は、後者の影響(つまり企業同士の稼ぎの幅が広がる)からくる格差を予測する。大企業はコアコンピタンスから生じるレントを弾き出し続ける。上で論じた公平性の理由から、彼らはそうした利得の一部を「壁の内側」に留まった労働者と分かち合い続ける。同時に、大企業が排出した活動を提供するために競争する他の企業はレントが低い(競争労働市場で予測される伝統的な理由のため)ので、したがって従業員と分かち合える手持ちも少ない。破断職場の底辺では、もっと均質化された製品やサービス提供のために企業が競争するので、そうした事業は利潤率も低く、支払われる賃金も限界生産性に近づく。

破断職場仮説は、大幅なアウトソーシングを経た製造プロセスで、そうしたサプライチェーンのいちばん末端の企業（たとえば、デジタルデバイスを開発、ブランディング、マーケティングするアップル社のような企業）が、経済の中で最も利益の高い企業になる一方、サプライチェーンのずっと川下で製造プロセスの個別ステップを行う業者の稼ぎは、はるかに収益率が低いことをヒューリスティックとして描き出す。

破断職場仮説は、したがってビジネス組織の一形態としてますますフランチャイズ化に頼る産業部門で、稼ぎがますます分散するようになっているという最近の証拠と整合している。消費者に対して製品をブランディングするのは、飲食や接客業などの産業では決定的なコアコンピタンスであり、ブランド化企業で労働者が稼ぐ賃金を比較する研究は、そうした労働者が平均で、同じ産業部門のブランド化されていない類似企業の労働者より多く稼いでいるとの結果を得ている。[*30] フランチャイズ化はまた、企業がブランドを開発しマーケティングする利得を、実際の製品の製造出荷と切り分けられるようにする。そしてフランチャイズする側が、ブランド所有のレントの相当部分を捕獲し、残余の価値が、そのブランド利用権を買う企業に与えられる。[*31] 一九八〇年代には、多くのファストフードやホテル産業におけるブランド化チェーンは、かなりのファストフード店舗やホテル物件を、フランチャイズ系列企業に売却した。これはその産業部門内の事業所の賃金構造を変え、高い割合の企業（フランチャイズに所属する企業）が、フランチャイズの親企業が所属し続ける事業所に比べ、低い賃金構造を持つようになった。これはフランチャイズ化が普及してきた産業部門では、稼ぎの全体的な拡散がひろがる結果をもたらしたということだ。その根底には、フランチャイズの親会社と契約会社との稼ぎの隔たりが開いてきたことがある。[*32]

稼ぎの格差の源に明示的に注目してきた最近の研究の多くが、破断職場仮説と整合する説得力ある証拠を提供している。アーリング・アレックス・ブライソン、ジェイムズ・デイヴィス、リチャード・フリーマンは、一九九二年から二〇〇七年にかけての稼ぎの拡散増大の大半は、企業内ではなく企業間の稼ぎの分散が増大したせいだという結果を出している。マッチングされたデータ集合の中で、著者たちは同じ事業所にある年と翌年とに残った労働者の八〇％に見られた格差増大は、事業所ごとの稼ぎの分散拡大から生じていることを発見している。彼らが残留した企業内の給与構造の開きが拡大したせいではない。[*33]

稼ぎの拡散拡大のうち、CEOの給与と労働者の給与とのギャップ拡大から生じているものはほぼ皆無だということを自分たちの結果が示していると論じるジェイ・ソンらは、従業員一万人以下の企業で一九七八年と二〇一二年を比べて拡大した稼ぎの拡散はほぼすべて、企業内部よりは企業同士の分散が拡大したことで生じているという結果を得ている。彼らの標本では、CEOや高位重役と企業が雇う平均的労働者の賃金との大きなギャップは、この研究期間でほんのわずかしか拡大していないという。超大手企業（従業員一万人以上）となると、社内での格差増大による影響が大きい。これについては以下で論じる。[*34]

デヴィッド・カード、イェルグ・ハイニング、パトリック・クラインは、ドイツにおける賃金格差増大を動かすにあたり「企業内」要因と「企業間」要因の両方の証拠を見つけている。彼らの研究では、著者たちは格差が労働者の異質性増大（企業内）と、企業同士の異質性増大（企業間）、および労働者と企業のマッチング増大で概ね同じくらい説明されるという結果を得ている。[*35]

こうした結果は、労働者たちがこれまでの説明が示唆するよりも、同じ会社に一緒に残る同僚たちとの格差変化は比較的わずかしか体験していないことを示唆している。むしろ稼ぎの拡散の拡大は、一種の「ビッグバン」として理解できる。そこでは企業が、お互いから離れようとしており、大企業とそれに付随する労働者群が上昇し、下請け企業とそれに伴う稼ぎの分配が下がるというわけだ。これは分布がもはや、活動や仕事が企業外部の他の従業員に排出された労働者は含まないという意味で、破断職場仮説と整合している。

だが破断仮説は、企業内部での拡散増大を排除するものでもない。そうした企業内部で行動の公平性に関する規範変化があった場合には、企業内部でも変化があり得る。たとえば、価値あるコアコンピタンスを持つ大企業のCEOは、もっと多くのレントを弾き出し、自分自身にさらに多くの報酬を与えるよう引き上げるかもしれない――ピケティが適切にも「スーパー経営者の離陸」と呼ぶものだ。金融やデジタル部門のきわめて儲かる企業における、逸話的な報酬慣行についての証拠は、確かにこの見方に適合しているようだ。破断世界の下請け企業のCEOたちは、そんなレントを引き出すわけにはいかないだろう。それでも証拠を見ると、やはり平均的な労働者の何倍もの稼ぎを得ているのではあるが。これはさらなる全体的な格差の規模を明らかにするものだが、規範の変化、企業ガバナンスの捕獲など、重役報酬の過剰な増大を動かす各種要因によるものではある。

まとめると、近年の研究は破断職場仮説と整合した説得力ある証拠を提供している。破断職場は大企業と、それを支える他の企業による下請けネットワークとの間での活動分離をもたらした。これにより経済の中の大企業は、ウェッブ夫妻が示唆した支払い問題を、賃金決定の悩みを通常の値づけ問題に転換することで解決できるようになった。もはや仕事が賃金設定における公平性の重複影響による恩恵を受けられなくなった労働者にとって、その影響は甚大だった。

研究の最先端——賃金決定、破断職場、格差

> 限界生産性理論の主な問題は、簡単に言うと国ごと、時代ごとに見られる多種多様な賃金分配を説明できないことにある。賃金格差の動学を理解するには、各社会で労働市場の働きを管理する制度やルールといった別の要因を導入しなければならない。
>
> ——ピケティ『21世紀の資本』三〇八（邦訳 三二〇）

第二次世界大戦後にアメリカ労働市場研究を形成した世代の学者たち——大御所だけでもジョン・ダンロップ、フレデリック・マイヤーズ、クラーク・ケント、ロイド・レイノルズ——は、賃金決定における自分自身の体験に深く影響を受けていた。というのも、その多くは生まれつつあった団体交渉の世界で、仲裁者や仲介者の役割を果たし、政府委員会（たとえば全米戦時労働委員会）に名を連ねて賃金と物価統制を仕切り、石炭、製鉄、建設といった主要産業で紛争解決にあたっていたからだ。彼らの学術活動は、賃金、福利厚生、職場条件を形成する制度への大きな注目を反映したものとなった。*36

一九六〇年代には新世代の労働経済学者が生まれた。ポール・サミュエルソンが開拓した、問題のフレーミングに

数学的なアプローチを使う新古典派経済学の枠組みを結合させたものを元にしたもので、これが賃金と職場の実態の研究を、生産要素としての労働に対する需給で動く枠組みに変え、制度的アプローチにとってかわった。[*37] ゲーリー・ベッカー、H・グレッグ・ルイス、ジェイコブ・ミンサー、シャーウィン・ローゼンといったこの分野の学者たちは、職場の実態の研究に対し、理論モデルに根ざして数学に支えられ、労働市場研究のために比較的多くのデータがあるのを活用して、コンピュータと初期の統計ソフトの発展による分析費用低下にも助けられてアプローチを行った。賃金設定における制度の役割は、データ分析用統計ツールの高度化と、理論形成を行う数学モデルの洗練が高まるにつれて、次第に最終的な市場の結果にとっては添え物的なものと見られるようになった。[*38] 一九八〇年代や一九九〇年代の、デヴィッド・カード、リチャード・フリーマン、ダニエル・ハマーメッシュ、ラリー・カッツ、アラン・クルーガーといった続く世代の主導的経済学者たちは、制度的考察を現代労働経済学に再導入した。それでも賃金設定プロセスそのものへの関心は、古い時代の遺物のままだった。

トマ・ピケティの引用がはっきりさせているように、格差の構造検討は、制度や賃金設定プロセスを、再びもっと明確に、もっと中心的な関心事とするよう研究者たちに挑むものだ。これはレントが賃金設定においてどのように労働と資本の間で山分けされるかの性質変化を理解するにあたり、ことさら重要なものとなる。以下に、破断職場仮説と、ピケティの『21世紀の資本』とが提示する格差についてのもっと広い問題が提起する、研究課題の四つの大きなグループを手短に概説してみよう。

（1）公平性の規範が、経済の中の企業や産業部門ごとにどう作用するかについての理解を拡大する必要がある。たとえば、CEO報酬と平均従業員報酬との比率は、企業分布の中を急激に上昇している企業と、分布の半ばや底辺にずっと留まっている企業とで、どのようにちがっているだろうか？　トップ企業だと報酬の差が拡大しているだろうか？　もしそうなら、スーパー経営者の影響に関するピケティらの見方と、さっき挙げたバース、ブライソン、デイヴィス、フリーマン論文やソン他論文での結果とで折り合いをつけられる。たとえば、ソン他論文は、従業員一万人以上の企業で平均労働者に比べたトップ〇・二％の稼ぎ手の急激な所得増大は、企業間の稼ぎ分布のビッグバンが持つ二重の影響が、選ばれた企業の中でのサブセットとなる企業内稼ぎ分布の二次的ビッグバンの影響と組み合わさっていることを示唆するのかもしれない。

前節で論じたような賃金設定の規範の研究は、もっと幅広い手法的ツール群を必要とする。公平性の概念と行動的な動機は経済学の主流に入ってきたが、もっと広範な分析のレンズが重要だ。ピケティが述べるように、「今度は、社会規範はどこから生まれ、どのように発達してきたかを説明しなければならないが、それはもちろん経済学の問題であるだけでなく、少なくとも社会学、心理学、文化史、政治史、そして信念と認知に関する研究の問題でもある[*39]」。

（2）同様に、賃金が破断産業の底辺部分（地理的な水準も含む）で設定される方法における社会規範の役割は何だろうか？　こうした排出された企業の賃金設定は、ずっと競争的な性質を持つなら伝統的な経済理論からの予測とどのくらい整合していて、労働者が排出されてきた労働市場における雇用者や労働市場の規範的圧力にまだ影響されている部分はどの程度あるのだろうか？　たとえば、社会ネットワークが支払い額の期待に与える影響については実証研究が増えている[*40]。社会ネットワークは、低賃金企業の支払い慣行にどう影響するだろうか？　賃金と関連した結果は、どのように地元／地域の労働市場に広がり、主要な参照賃金（たとえば法的に義務づけられた最低賃金や、「一五ドルのための戦い」のような社会的に決まる参照賃金）にどう影響を受けるだろうか？　こうした問題への答えは、労働市場の働きについての学術的な意味もあるし、労働基準問題や、それを左右するための政策ツールの使い方をめぐる、政策的な意味合いも持つ。

（3）関連した話として、活動を破断させようという決定は、次第にますます高技能職にも進んでおり、これは人事計画、法務、エンジニアリング、ジャーナリズムも含まれる。大企業の「内部」に置かれた労働者が伝統的に、その技能により人的資本から生じる外部の選択肢があったため、ある程度の交渉力を持っていた分野においては、賃金設定はどのように変化しているだろうか？　こうした労働者にとって、破断によりもっと浸透性ある労働市場ができたことで、賃金や賃金決定の構造はどう変わるだろうか？
（4）もし破断職場仮説が有望なら、それについてもっと明確なモデルを構築し、その仕組みについてもっと深い研究を行う必要がある。リチャード・フリーマンはこう書いている。「破断の経済学はむずかしい問題だ。（中略）基本的な市場モデルは、競争が類似労働者の間の、事業所ベースの変動を減らすだろうと予測する。我々のモデルが、比較的邪魔のない労働市場が現実にどう働くかをきちんと示せていないか、あるいはモデル適用において我々が重要な市場の力を見逃しているかのどちらかだ。いずれの視点からしても、破断の証拠は労働経済学と、もっと広い社会科学にとっての謎を作り出す。我々は標準的な分析を超える新しい破断市場モデル、既存の枠組みの中での新しい賃金決定要因指標、あるいはその両者の適切なミックスを必要としているのだ[*41]」。

前節で述べた実証研究は、経済学者たちがアメリカや世界中の経済での格差増大を動かしているのは何かという中核的な問題に取り組んでいることを示している[*42]。明らかに、そうした証拠について、ここで論じた要因の貢献や、それと対立する理論の貢献についてさらなる作業が必要だ。この点で、私は上でフリーマンが述べていることを繰り返すとともに、次のように書くピケティの主張も繰り返したい。「格差の問題は、社会科学の一分野だけでなく、社会科学全般にとっての問題なのだ[*43]」。

私は、所得格差の問題について、この問題について長年研究してきた学者の立場と、もっと最近では基本的な労働基準執行と担当する連邦機関の長官としての立場の両方から考えるユニークな機会を持っている。格差増大が民主的な政治経済に与える影響を考えると、どちらの役割においても私の体験は、検討すべき根本的な問題がさらにいくつかあると強く感じさせるものなのである。

第Ⅲ部　格差の様々な側面

第10章　資本所得シェアの増大と個人所得格差への影響

ブランコ・ミラノヴィッチ

私たちは、資本から高い所得を得ている人々は、総合的にも最富裕であると思いがちだ。すなわち、資本富裕と総合的な高所得とは非常に相関が高いと見なしている。これはピケティの分析でも絶対的だ。彼は国民所得に資本所得が占める割合が増すにつれ、個人間の不平等が増大すると主張する。不平等の様々な側面を扱うこの最初の章では、経済学者ブランコ・ミラノヴィッチが実際どのような状況にこれが当てはまるかを問う。

ミラノヴィッチは三種類の社会を想定している。一人あたりの資本資産分配が平等な社会主義社会。労働者がすべての所得を労働から得て、資本家がすべての所得を資本から得る古典的資本主義社会。そしてすべての人が所得を労働と資本の両方から得る「新」資本主義社会。彼はこれらのアーキタイプを使い、ピケティにおけるα（総所得の資本所得率）が上昇すると不平等に何が起こるかを、個人間の所得不平等をジニ係数で評価して検証している。当然のことながら、彼は制度的設定の問題を見出している。資本所得率上昇の個人格差の拡大への波及は、根本的な資本配分機能としての社会制度のちがいによって変わってくる。新資本主義では、資本所得率が上昇すると、ほぼ直接ジニ係数が高くなるのに対し、古典的資本主義では、資本家の割合が十分大きいときにこれが当てはまる。しかし社会主義世界では、資本所得率の上昇は個人間ジニ係数の上昇をもたらさない。

ピケティの『21世紀の資本』の方法論的貢献

『21世紀の資本』について論じるとき、その分析と方法論、そしてその提案、予測を区別する必要がある。提案に同意しなくても、分析に同意することはできるし、またその逆も可能だ。『21世紀の資本』が導入した方法論は——今後数十年に富裕世界で起こるであろう進展にかなり適合しているようで、もっと重要なこととして経済現象を見極める新しい方法を提供したことにより——おそらくこの本の最も重要な貢献だ。それは将来の所得分布と資本主義に対する私たちの考えだけでなく、ローマ時代から革命前フランスに至る経済史に対する考え方にも影響を与えた。

ピケティの本の最も重要な方法論的貢献は、彼が経済成長、機能所得分布、そして個人所得分布の各領域を統合しようとしたことにある。[*1] ワルラスの一般均衡理論でこれら三つは関係するよう定式化されているが、実際の経済学研究では一般的に別個に扱われるか、そのいくつかは除外されてさえいる。機能所得分布をより詳しく研究しているのはマルクス派経済学者たちだ。新古典派経済学者たちは、資本、労働所得の割合はほぼ固定されていると考える傾向がある。この考え方が変わってきたのはごく最近で、私たちはいまこの主題への関心の急激な高まりを目にしている。[*2] ピケティによる資本所得率上昇の重視は、この開花に貢献した。

個人所得分布は、たいていその他の経済から切り離して研究される傾向にある。なぜならワルラスの経済世界では、主体は資本、労働のある水準を所与として市場に参加するとされているからだ。これらの素質のもともとの配分は（狭い定義の）経済学の対象ではないため、個人所得分布はどんなものであろうと市場が作りだすものとされていた。しかし『21世紀の資本』では、「根本的不平等」、あるいは「資本主義の中心にある矛盾」、すなわち $r > g$（資本利益率は総所得成長率よりも大きい）が突き動かす、資本／所得比率の動きは、純産出における資本所得割合の増大をもたらす。次にこれがさらに大きな個人格差をもたらす。

本章では、通常は暗黙のうちに当然とされている最後の問題に焦点を絞る。すなわちより大きな資本分配率が大きければ、個人格差も増大するというほぼ暗黙の想定だ。この考えは無理もないものだ。経済史の大半において資本所得の大きい人は総所得の大きい人でもあったからだ。このため、純産出の大きな割合が資本家に流れたら、個人格差は増大すると考えられるようになった。
高い資本分配率と所得格差の関係性を長期的に（いくつかのケースでは一九世紀半ばまで遡って）研究した最近のErik Bengtsson and Daniel Waldenstro論文は、固定効果の国においてこの両者の相関は明確でかなり強いことを発見した。全一五先進国の標本において、平均して資本分配率が一ポイント上がるごとに、トップ一％の所得割合（の対数）が〇・八九ポイント上がることを発見したのだ。他のコントロール項を取り入れると係数の値は下がったが、それでも数値はプラスで統計的に有意だ。[*3] Margaret Jacobson and Filippo Occhino論文も同様に、アメリカで資本分配率が一％増えるとジニ係数が〇・一五％から〇・三三％増えることを発見している。[*4]
Maura Francese and Carlos Mulas-Granados論文は、ルクセンブルク所得研究所の一九七〇年代から二〇一〇年までの四三カ国に関する新しいミクロデータを使って、可処分所得ジニ係数の全般的変化を、労働と資本の集中度係数、労働と資本比率、そして課税と社会移転の変化という会計要素に分解している。[*5] Bengtsson and Waldenstrom論文とはちがい、彼らは高資本シェアの影響は取るに足らないもので、可処分所得ジニ係数の増大のほとんどは賃金集中の増大によるものだと結論している。彼らは九三カ国の一九七〇年代から二〇一三年までのジニ係数に対する資本（労働）シェアの回帰分析も行うことで成分分析を補っている。コントロール項を導入してみると、労働（資本）シェアは有意ではない。[*6]
よって、高い資本シェアと個人格差の増大の関係は、一見したほど単純でも明白でもない。この二つのあいだに正の相関があるときでも、その強度は様々だ。
本章は次のように進める。次節では概して、純所得における資本率（ピケティのα）の増大と、個人所得格差のジニ係数の関係について論じる。その次に、社会主義、古典的資本主義、「新」資本主義という、理念化した典型的な三つの社会における相関を見る（用語はそこで定義）。最後から二番目の節では、一七の先進経済から集めた一三八の調和化した世帯調査を使って、相関の実証分析を行う。最終節では政策との関連について論じる。
αとジニ係数の関係の研究に着手する前であっても、これがなぜ重要なのかを述べるのは有益かもしれない。資本シェアの増大それ自体は格差の「問題」ではない。すなわち、それが必然的に個人間の格差増大をもたらすわけではない。例えば根本的な資本配分が平等なとき、αの増大は個人格差の減少をもたらすこともあるし、何も変えないこともある。よって、強力な平等主義支持者にとってさえ、資本シェアの増大自体は問題ではない。それが「問題」になるのは、ほとんどの現実世界の状況において、基本的な資本配分は極端に偏っているからだ。この事実を認識することで、処方箋部分において、私は個人間の資産所有の平等化を主張するにいたった。これは格差と戦うための現実的課題を提供する。これは特に資本収益率が大幅に減少しないかぎり、資産／所得比率の上昇で国民純生産のうち資産所有者が享受する部分が増える富裕社会にとっては重要となる。よって私たちには、個人格差増大を容認して、それを課税によって縮小しようと努めるか、資産所有の非集中化に取り組むかという選択肢がある。

資産分配への注目は、私見ではピケティによる資本税の強調よりも有望だ。だがどちらのツールが優れているかはさておき、両者はますます裕福になる社会(すなわち$K／Y$率が増大する社会)において増大する格差に対処する補完的方法となる。

機能所得から個人所得分配へ

機能所得と個人所得分布の主要な関係は、$r > g$によって表される。しかし個人格差の増大を引き起こすには、以下の三つの要件を満たさなければならない。[*7]

まずrは消費より投資に使われる部分が圧倒的でなければならない。もしもすべてのrが単純に資本家によって消費されると、$K／Y$比率は次のサイクルでも変わらず、動学的に$\beta = K/Y$、あるいは総所得のうち資本から得た割合(α)も増えないのは明らかだ。これは、Debraj Rayが『21世紀の資本』批判で強調していることだ。[*8] 黄有光も同じことを指摘している。[*9] 実際これは形式的には正しい議論だが、資本主義、資本家とは何かという問題全体を見落としている。もしも資本家が消費だけに関心があり、アダム・スミスが巧みに「安ピカ物」と呼んだものに所得の大半を費やすならば、Rayの想像どおりことは運ぶだろう。しかし、資本家が資本家たる所以はまさに、彼らが余剰を消費せず、事業範囲の拡大に興味を持ち、rのすべて、あるいはそのほとんどを投資するからだ。rのうちの貯蓄率が一に近いという前提は、（近代のカレツキ、ソロー、カルドア、そしてはるかリカードやマルクスにまで遡る）理論経済学の慣例のみならず、富裕層の実証行動、そして制度としての資本主義の中心的特性にも基づいている。[*10]

しかしβの増大、あるいはαの増大でさえ、それ自体が個人格差の拡大に確実につながるのではない。これが起こるには、資本所得の集中が非常に高くなければならない。労働と資本という所得の二要素だけから個人所得の全般的格差の増大を見るとき、必要条件はより不平等に分配された資源が、もっと平等に分配された資源に比べて大きくなることだ。資本所得の場合、この条件は比較的簡単に満たされる。なぜなら、既知のあらゆる事例で、資本所得の集中は労働所得の集中よりも大きいからだ。例えばアメリカでは、（世帯あたりの所得から計算した）資本所得のジニ係数は八〇を超えるのに、同様に計算した労働所得のジニ係数は四〇前後だ。このような状況は他の国でも同じだ。これはよく知られている総資本の激しい集中と、アメリカ人の約三分の一の純資産はゼロで、所有からの所得がないという事実を反映しているだけのことだ。

三つめの要件は、資本富裕者と総合的高所得者の相関が高いことだ。所与の所得源の単なる激しい集中は、その収入源の不平等への貢献を保証するものではない。失業給付金のジニ係数はたいてい九〇を超えるが（なぜなら多くの人々がいかなる年にも失業手当を受け取っていないから）、失業給付金の受給者は一般的に所得も乏しいため、失業給付金の割合が総所得に占める割合が増えれば、所得格差は下がる。専門的にはこの第三の要件は（ここで私たちが使用するジニ係数の場合には）、資本所得による序列と総所得による序列の高い相関として表れる。簡単に言ってしまえば、この要件は大きな資本所得を得ている人々は裕福でもあることを意味している。経験的にこの要件は多くの国で簡単に成立する。

私たちは、資本所得割合の増大から個人格差増大への伝搬を当然のこととして考えがちで、それはまさに私たちが以下を自明なことと考えがちだからだ。

（1）資本所得から大きな貯蓄
（2）資産の高い集中

（3）大きな資本所得を得ることと裕福であることとの高い相関

だがこれは常にそうとは限らないし、少なくとも伝搬の強度は様々だ。そこでこの関係性のもっと定式化した導出に移ろう。

総所得ジニ係数は、各所得源が貢献する格差に分解できる。ここではそれは式（1）における資本（c）と労働（l）になる。

$$G = s_l R_l G_l + s_c R_c G_c \quad \text{——（1）}$$

ここでs_iはある（i番目の）所得源のシェア、R_iは所得源と総所得の相関係数、Gは総所得ジニ係数である。よってR_iは二つの相関係数（ρ）、すなわち所得源と総所得に基づく受益者の（最貧者から最富裕者までの）序列の相関、および所得源と所得源自体で見た受益者の順位を表している。資本所得については、相関比は次のように表せる。

$$R_c = \frac{covar(r(y),c)}{covar(r(c),c)} = \frac{\rho(r(y),c)\sigma_{r(y)}\sigma_c}{\rho(r(c),c)\sigma_{r(c)}\sigma_c} = \frac{\rho(r(y),c)}{\rho(r(c),c)} \quad \text{——（2）}$$

もしも総所得と資本所得における順位が一致するなら、$R_c = 1$となる。その他すべての場合、$\rho(r(y),c) < \rho(r(c),c)$で$R_c < 1$となる。前に述べた失業給付金については$R_i < 0$となる。

よって資本所得シェア（s_c）[*11]増大が総所得のジニ係数を増やすためには、二つの「伝搬」ツールが必要になる。大きな正の数の資本所得ジニ係数（G_c）とR_cだ。[*12]

章の残りではこの二つの「伝搬」ツールを扱う。式（2）は、私が資本シェアの変化と個人所得格差の変化の「伝搬弾性値」と呼ぶR_cの定義だ。G_cの定義は標準的なもので、（総所得のジニ係数計算で通常やるような総所得ではなく）総資本所得で順位付けした個人の全体分布で計算したジニ係数だ。資本所得集中のジニ係数が一ポイント上がるごとに、総所得ジニ係数数は$R_c s_c$ポイント上がることに留意してほしい。同様に総所得の資本所得シェアが一ポイント上がると、ジニ係数は$R_cG_c - R_lG_l$だけ上昇する。

三つの理念的かつ典型的な社会制度について考察し、それらが資本所得割合の増大から個人所得割合へとどのように「伝搬」させるのか観測すると有益だ。

高資本所得割合の個人格差への伝搬——三つの社会制度

社会主義

社会主義では、資本収益は一人あたり均等に分配されるものとする。これには二つの方法がある。すべての資本を国が所有し、それから得た収益を共同体のメンバーに平等に分配するか、すべてのメンバーが同じ総額の資産を持って（私有して）、そこから各人が同額の収益を受け取るかだ。[*13] その変形がジェイムズ・ミードが一九七〇、一九八〇年代に提唱した「社会便益」と、最近ではアンソニー・アトキンソンが提唱した「最低限相続」というアイデアだ。[*14] しかしそれらがここでの典型的、理念的社会主義とちがうのは、こちらではすべての資本所得が一人あたりに平等に分配されるのに対し、ミードやアトキンソンの構想では資本から得た国民所得の一部だけがそのように分配される点だ。

さて$G_c=0$なので、$r>g$は個人格差の増大に「伝搬」しない。そのような社会では個人の所得$i(y_i)$は$y_i=l_i+\bar{c}$と書ける。つまり労働所得（あるいはもっと現実的には、労働所得の対数）lは、平均$\bar{l}$と標準偏差σ_l $l:N(\bar{l},\sigma_l)$を持つ正規分布を示し、資本所得は定数$\bar{c}$となる。総所得による順位と資本所得額との相関性は〇で式（2）の分子$\rho(r(y),c)$もゼロになるから、R_cはゼロになる。

資本を無作為に各個人に分配すれば、彼らの労働所得に関係なく、同じ結果が得られる。その場合G_cは正で、個人所得$y_i=l_i+c_i$となり、労働所得（あるいは労働所得の対数）と資本所得が$l:N(\bar{l},\sigma_l)$および$c:N(\bar{c},\sigma_c)$の正規分布となっているが、基本的には相関していない。資本家であることと高い総所得を持つことには明確なつながりがないため、ここでも「伝搬」はうまく機能しない。R_cは正だったり負だったりするが（これは資本所得が労働所得の分配とど

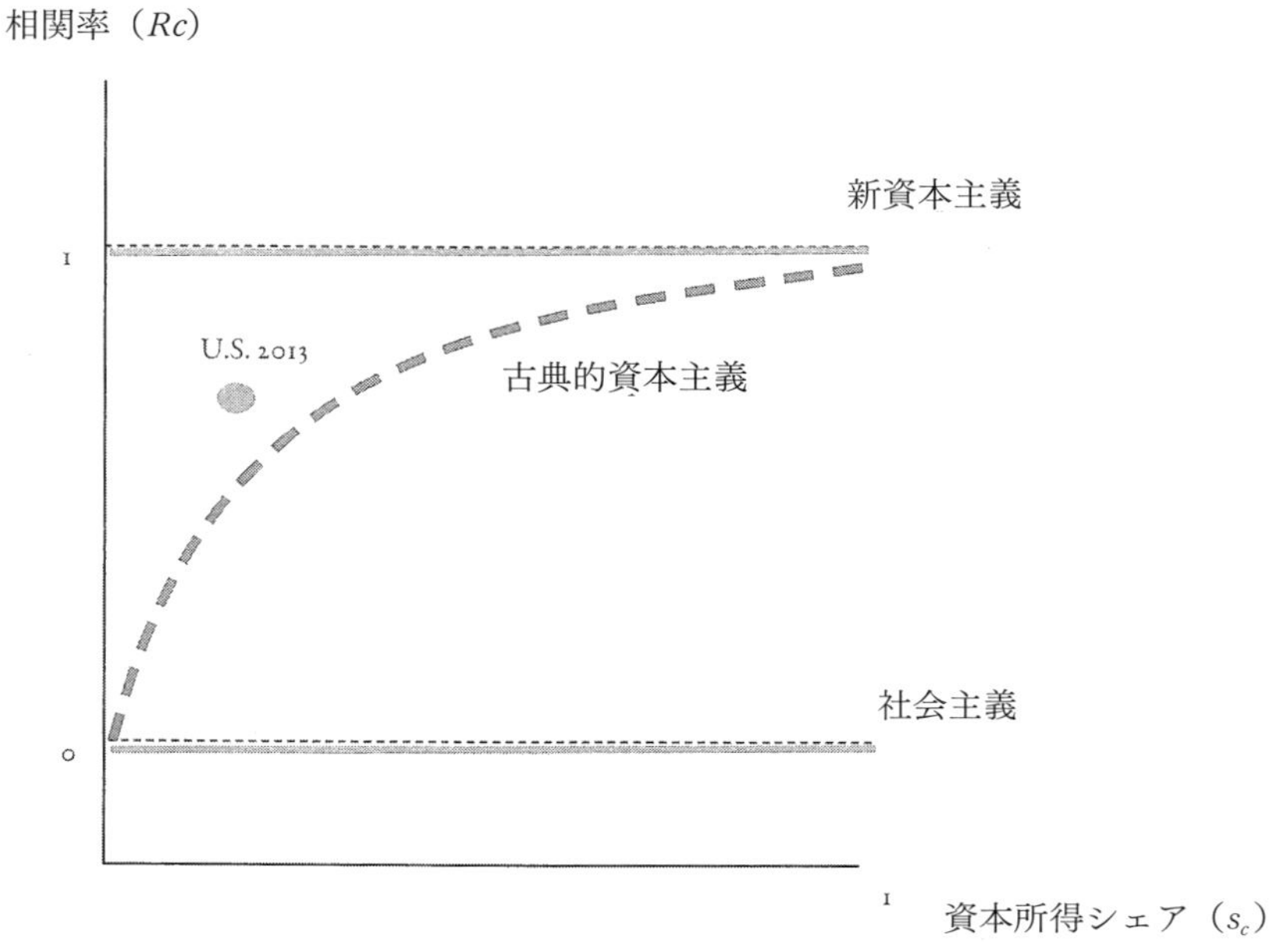

図10.1　資本シェアの個人格差への伝搬
註：三つの理想的典型的社会制度と、それらが資本所得シェア増大を個人所得分布へどのように伝搬するか

れだけ偶然に相関するかで決まる）、絶対量としては非常に小さい。[*15]

いずれにしても、資本シェア増大から個人間所得分配への伝搬は弱い。どのs_c値でもゼロないしはほぼゼロだ。これは図10・1における「社会主義」の線に表れている。これはs_cのどの値についても$R_c=0$と区別がつかない。基本的に——そしてこれは鍵だが——実質生産における資本シェアの増大から、個人所得分配は完全に切り離されている。後者は前者から「絶縁」されている。

古典的資本主義

古典的資本主義では、資本所有と労働は完全に切り離されている。これはつまり労働者は全所得を労働から得て、資産所有からの所得はなく、資本家の場合はその逆という意味だ。さらに全労働者は全資本家よりも貧しいと想定しよう。これは単純化のための重要な前提だ。なぜならそれは図10・2に示されているように、所得水準で重ならない二つの社会グループを与えてくれるからだ。これらの二つの集団が重なら

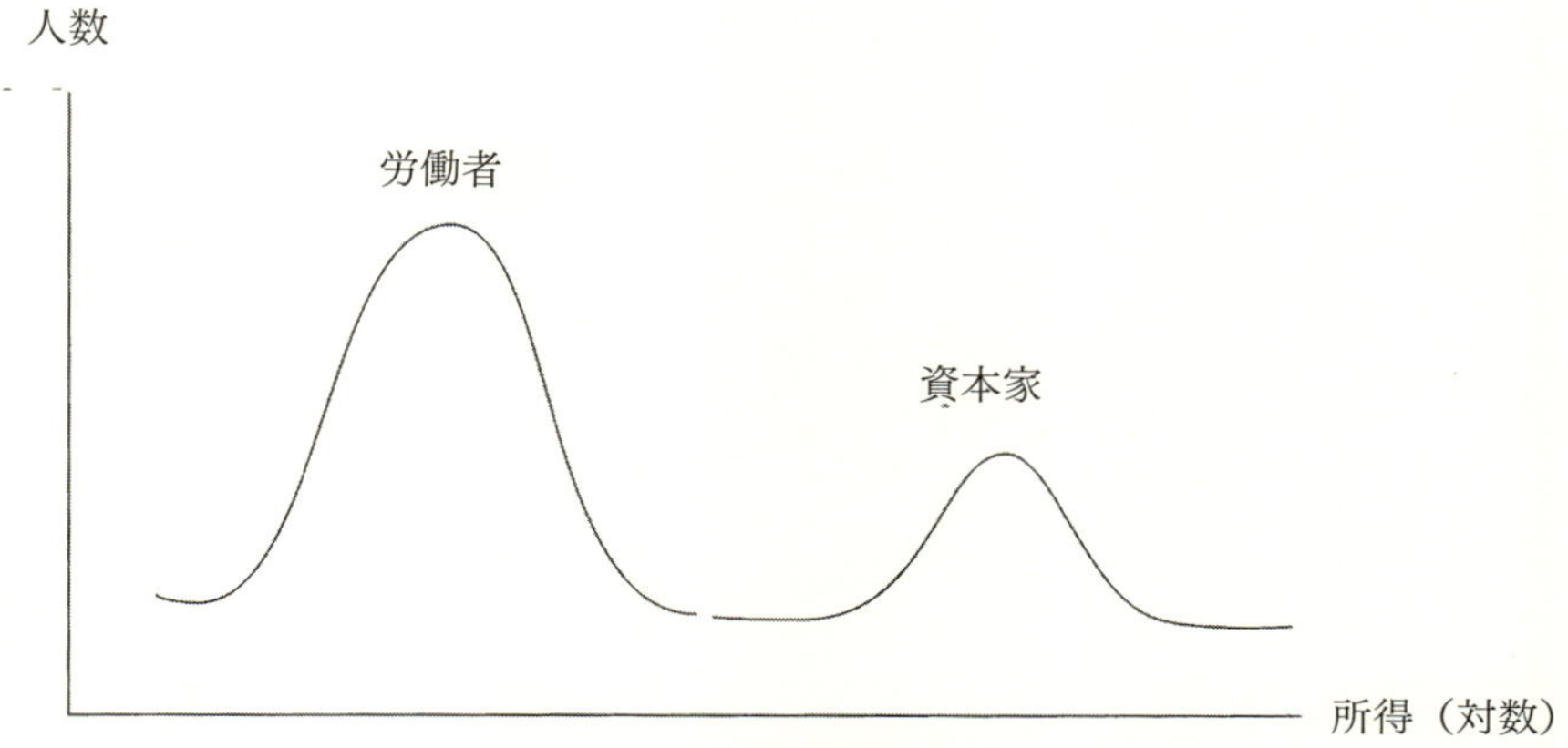

図10.2　古典的資本主義の社会構造（単純化したもの）
註：資本主義の社会構造は、大きさも所得水準も異なる二つの社会集団によって表せる

ない場合、ジニ係数は受益者全体で正確に分解できる。おかげで所得源によるジニ係数と受益者のジニ係数の関係が単純になる。

一般に集団i（1，2，…r）に属する受益者すべてを対象にしたジニ係数は下記に等しい。

$$G = \frac{1}{\mu}\sum_{i=1}^{r}\sum_{j>i}^{r}(\bar{y}_j - \bar{y}_i)p_i p_j + \sum_{i=1}^{r} p_i s_i G_i + L$$

ここでμは全体の平均所得、y_iは集団iの平均所得、p_iは集団iの人口シェア、s_iは総所得に占める集団iのシェア、そしてLは重複項で、一般に剰余として計算され、平均的に裕福な集団の受益者の幾人かよりも、平均的に貧しい集団の受益者の何人かが裕福な場合には、正数となる。ここでの場合には、すべての労働者はすべての資本家よりも貧しいためLは消えて、ジニ係数の式は単純になる。

$$\begin{aligned} G &= \frac{1}{\mu}(\bar{y}_k - \bar{y}_w)p_k p_w + p_k s_k G_k + p_w s_w G_w \\ &= s_k p_w - s_w p_k + p_k s_k G_k + p_w s_w G_w \\ &= s_k(p_w + p_k G_k) + s_w(-p_k + p_w G_w) \end{aligned} \qquad \text{——（3）}$$

ここで下付きwは労働者、kは資本家を指す。

所得源、あるいは受領者を超えた全体的不平等は同じでなければならないので、式（3）は式（1）に等しくなければならないため、下記となる。

$$s_c(p_w + p_k G_c) + s_l(-p_k + p_w G_l) = s_l R_l G_l + s_c R_c G_c$$

$$s_c(p_w + p_k G_c - R_c G_c) + s_l(-p_k + p_w G_l - R_l G_l) = 0 \qquad \text{——}(4)$$

ここで労働所得シェア（s_l）が労働者が受領する所得の割合（s_w）と完全に等しく、資本所得シェアが資本家が受領する所得シェアと等しいことを使うと、$s_c = s_k$となる。同様に$G_k = G_c$で$G_l = G_w$となる。付録一はこの関係のさらなる操作を示している。最終的にはs_cとR_cの間に正の凹な関係が得られる（図10・1で「古典的資本主義」と名付けた曲線で示したもの）。資本シェア増加が高い個人格差への伝搬はs_cだけ増えるが、収穫逓減となる。s_cが一に近づくと、一に漸近する。

いくつかの直観がこの結果を説明する助けとなる。古典的資本主義において、ごく一握りの資本家しか存在せず、それ以外のすべての個人が労働者と考えれば、s_kとs_cはともに低い[*16]。資本家が一人と仮定すると、その人はその共同体で一番の金持ちとなる（しかしs_c非常に高くするほど極端な金持ちではない）。R_cの分子における相関係数$cov(r(y), c)$は、総所得による一から一〇〇までの順位が資本所得総額と相関していないため、低くなる。順位［1，2，3…n］と資本所得［〇，〇，〇，〇…K］、ただしK＝総資本所得（ここでは一人だけが受領する）という二つのベクトルが得られる。R_cの分母は、トップ以外のすべての受領者の順位が同じ（彼ら全員の総資本所得がゼロだから）ベクトル――つまり$[\frac{n}{2}, \frac{n}{2}, \frac{n}{2}, \dots n]$と［〇, 〇, 〇, 〇, …$K$］の相関から得られる。こうした相関はとても高い（実際問題として一）し、だから二つの相関係数の比率は低くなる。数字を入れて例示しよう。$n = 100$で、Kはどんな数でもいいのだが一〇〇としよう。分子の相関は0・17、分母の相関は1とする。その場合$R_c = cov(r(y), c) = 0.17$となる。

古典的資本主義社会のほとんどを資本家が占め、労働者はごく少数の場合、s_cは一に近づく。資本所得による人のランクは完全に（あるいはほぼ完全に）、その人の総所得によるランクと一致し、$cov(r(y), c) \approx cov(r(c), c)$で、$R_c \approx 1$となる。言い換えれば、総所得と資産所得は極限では同じだから実質的にちがいはないということだ。これが二つの相関係数をほぼ同じにし、両者の比率$R_c \approx 1$となる。

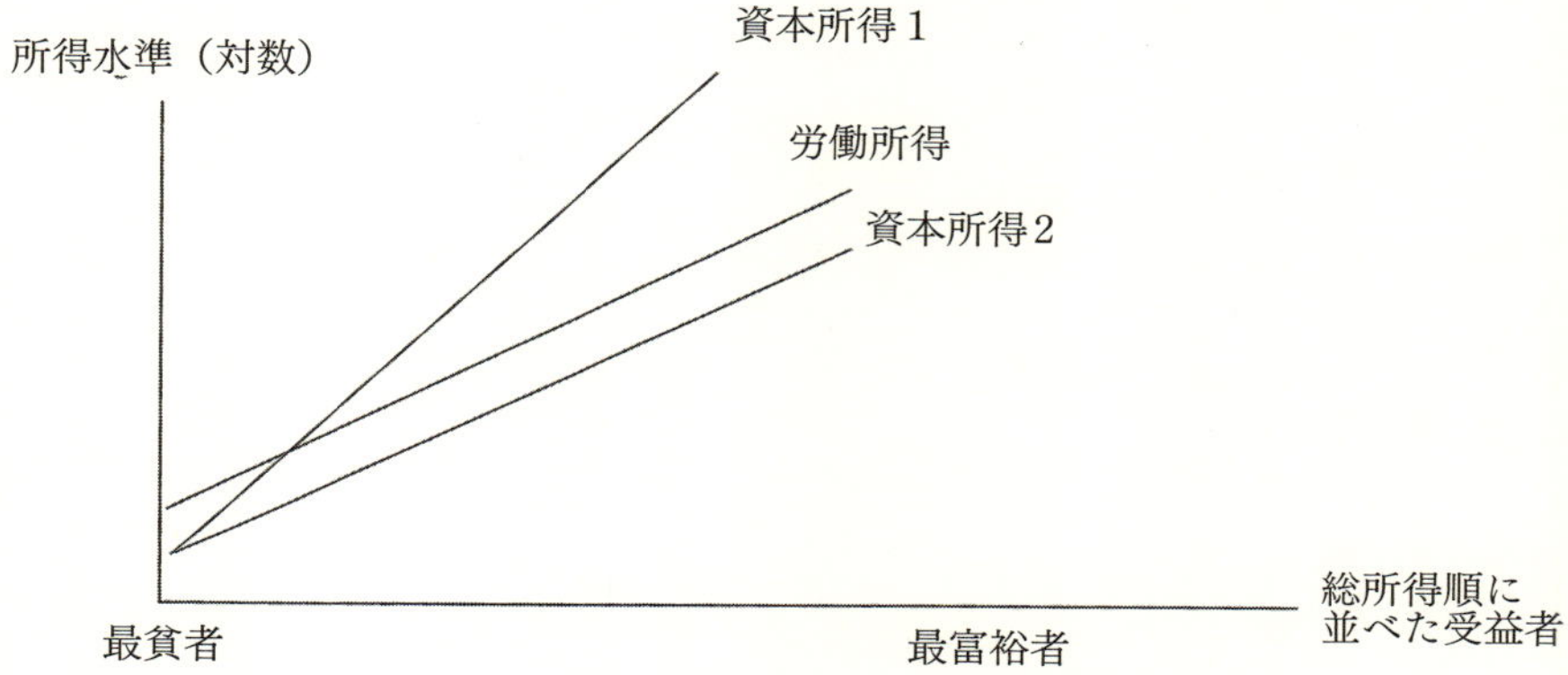

図10.3　（単純化した）新資本主義における受益者の労働、資本所得
註：二つの可能性がある。労働所得と資本所得の割合が分布全域で一定か、資本所得の割合が総所得と共に増加するかのいずれかだ

新資本主義

すべての個人が所得を資本と労働の両方から得るという点で、新資本主義は古典的資本主義とちがうものとする。よって、所得（l_i, 0）のある労働者と所得（0, c_i）のある資本家という二つのはっきり区分された集団ではなく、すべての個人について正の労働所得と資本所得（l_i, c_i）を設定する。さらに受け取る労働、資本所得の両方の合計は、（総所得で）裕福さを増すにつれ単調増加すると考える。例えば、貧しい人の所得は（2, 1）、所得が中級の人は（7, 3）、裕福な人は（24, 53）という具合だ。

労働、資本、総所得の単調増加（$y_j > y_i$なら$l_j > l_i$で$k_j > k_i$でなければいけない）は、資本、労働、総所得の順位が同じになることを保証する。つまり$R_c = R_l = 1$となる。図10・1で、新資本主義の「伝搬」関数をずっと$R_c = 1$としたのはこのためだ。

この状況から二つの成果を得ることが可能だ。例えば図10・3で、「労働所得」と「資本所得2」の線で示した状況が起こる。労働、資本所得の割合は分布の全域で一定——すなわち資本と労働所得が、貧しい受領者から裕福な受領者へと移行すると、同じ割合で増大する。ある人の所得は$y_i = \zeta_i(\bar{l}+\bar{c})$と書ける。ここで$\zeta_i$は$i$とともに増大する。つまりみんな、総労働所得と資本所得のある割合を受け取るということだ。言い換えれば、所得分布を上へと移るにつれて、（2，1）から（10，5）、（200,100）といった具合になり、どの個人も資本所得の二倍の労働所得を得るが、それぞれの所得の絶対額はどちらも異なるということだ。裕福な人々がどちらも多く得ているのは明らかだ。この場合（これを「新資本主義2」と名付ける）、労働、資本所得のジニ係数は同じで、総所得のジニ係数は次のように書き表せる。

$$G = s_l\bar{G} + s_c\bar{G} = \bar{G} \qquad \text{——} \quad (5)$$

$r > g$で資本所得シェアが上がっても、全体的な不平等は影響を受けない。よって、（貧者も富裕者も同様に）みんなが同じ総所得構成（例えば全員の総所得の七〇%が労働所得で、三〇%が資本所得）を持つ「新資本主義2」では、資本所得シェアの増大は、個人格差に伝搬しない。それは資本所得シェアが増加しても、ジニ係数が変わらない（そして資本所得のジニ係数と労働所得のジニ係数が同じ）せいであることに留意してほしい。社会主義においてこれが起こるのは$G_c = 0$のときだ。

新資本主義のより現実的バージョンは、個人が裕福になる（総所得が増える）につれ、資本所得の割合が増えるものだ。これは（連続している場合）次のように書ける。

$$\frac{d(\frac{c}{l})}{dy} > 0 \text{ かつ } \frac{dc}{dy} > 0 \text{ および } \frac{dl}{dy} > 0$$

これにより資本、労働の両方の所得の絶対額が金持ちほど高くなることが保証される。[*17] $cov(r(y),c)=cov(r(c),c)$という関係はまだ維持されている。なぜなら、総所得の順位と資本所得の順位は同じで$R_c = 1$となるからだ。でも今度は、増えた資本所得シェアが、総所得のジニ係数を押し上げる。こうなるのは、資本所得（図10・3の「資本所得1」）が労働所得よりもジニ係数が大きく、不平等に分配された所得源の割合が増え、総所得のジニ係数も上がるからだ。実際のジニ係数の増加は$G_c - G_l$だ。

新資本主義は、古典的資本主義モデルからの強力な逸脱を示す。[*18] 各個人は労働、資本所得の両方を得て、原則として（そのシェアが分布全域で同じなら）、社会主義と同じ結果を得られる。すなわち資本所得シェアの増大は個人所得分布と完全に直交性を持つ。これは現実にはありそうもない。なぜなら実際には今日の富裕国は資本所得シェアが裕福世帯で大きいという「新資本主義1」に近いからだ。

「新資本主義1」でも、資本所得割合増大の個人格差への伝搬は、古典的資本主義と同じくらい強力かもしれない。$s_C = 0.3$が0.35へと上がった場合を考えてみよう。R_Cが（例えば）約〇・六の古典的資本主義下では、資本家が受け取る純所得の五ポイントの増加は、全体のジニ係数を約三ポイント上げる。「新資本主義1」下では（$G_C - G_l$）の五倍上がる。$G_C - G_l$は、実証的に〇・三から〇・五程度（〇・八―〇・九から〇・四―〇・五を引いたもの）だから、ジニ係数は一・五から二・五ポイント上がる。新資本主義は古典的資本主義よりも、資本所得割合増加の個人格差増加への波及の抑制にわずかながら長けている。

高い資本所得割合の個人格差への伝搬——実証結果

弾性値パラメータに集約された、高い資本所得の個人格差への伝搬は、高度資本主義社会では実証的に見るとどんな具合だろう？　ＬＩＳ、すなわちルクセンブルク所得研究所による、一七の資本主義社会の一九六九年から二〇一三年までの一三八の正規化世帯を調査した標本を使って、関連するすべての統計値（ジニ係数、濃度係数、資本、労働所得相関値）を計算した。調査の数は、カナダ一二件、アメリカ一一件からスイスとギリシャ五件まで様々だ。ほぼすべての国で最新の調査は二〇一〇年か二〇一三年のものだ。調査一覧を付録二に示した。

しかし、ルクセンブルク所得研究所によるデータ統一への最善の努力にもかかわらず、資本所得はおそらく多くの場合過少だ。これはＬＩＳデータの元となる調査が資本所得を過少推計しているからだ。理由は（資本所得の割合が高い）富裕者が調査への参加を拒否したり、参加しても資本所得を低く申告したりすることだ。例えば、ＬＩＳによるアメリカのデータでは、総市場所得に資本所得が占める割合を平均七％としている。これは財務情報から得た評価額の三分の二だ。*19　それでもルクセンブルク所得研究所から得たアメリカのデータと財政情報から得たデータを比較

	2000		2004	
	調査	財務	調査	財務
キャピタルゲインなし市場所得格差 (ジニ計数ポイント数)	53	55	54	55
市場所得の資本所得シェア (%)	7	11	6	10
資本所得ジニ計数 (ポイント数)	90	92	92	94
資本相関比 R_c	0.63	0.76	0.64	0.78

表10.1　アメリカについてのＬＩＳ調査と財務データ比較

註：世帯調査による算出は一人当りの世帯所得に基づく。財政データは財務ユニット（世帯に非常に近い）に基づく。財務データは2005年に終了。比較には、調査と財務データの両方が存在する最新二年度を選定

出所：US最新人口調査に基づいたLIS世帯調査、私自身の計算。財務データ：クリストファー・ラクナーとの私信

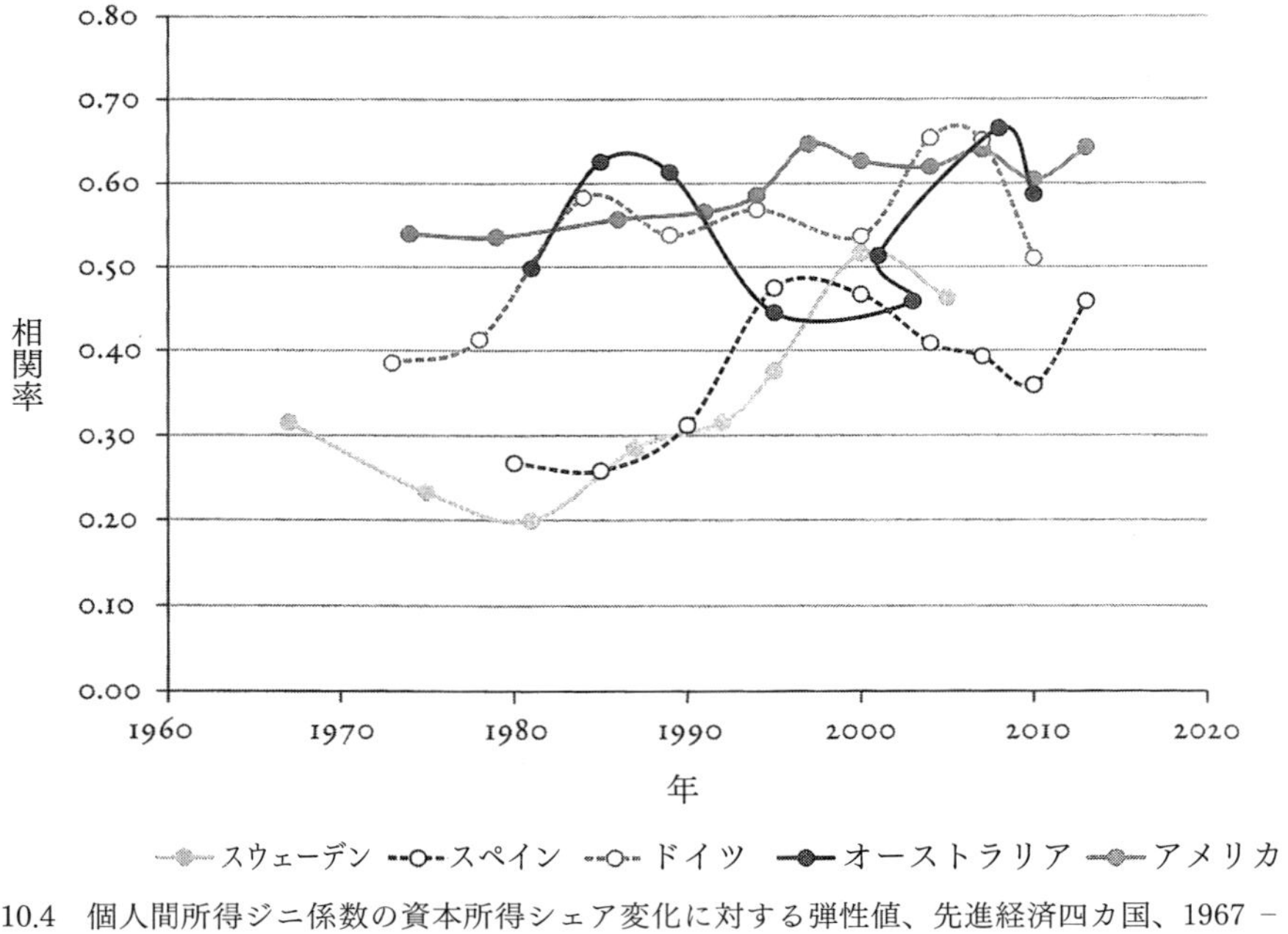

図10.4　個人間所得ジニ係数の資本所得シェア変化に対する弾性値、先進経済四カ国、1967 − 2013年

註：全４カ国でここ30年間で弾性値は明らかに上昇傾向にあり、国間の弾性値の差は小さくなっている。出所: ルクセンブルク所得研究所から入手可能な世帯水準データから計算（付録二参照)。元となる変数はすべて世帯規模で正規化され、つまり１人あたりの値で示されている

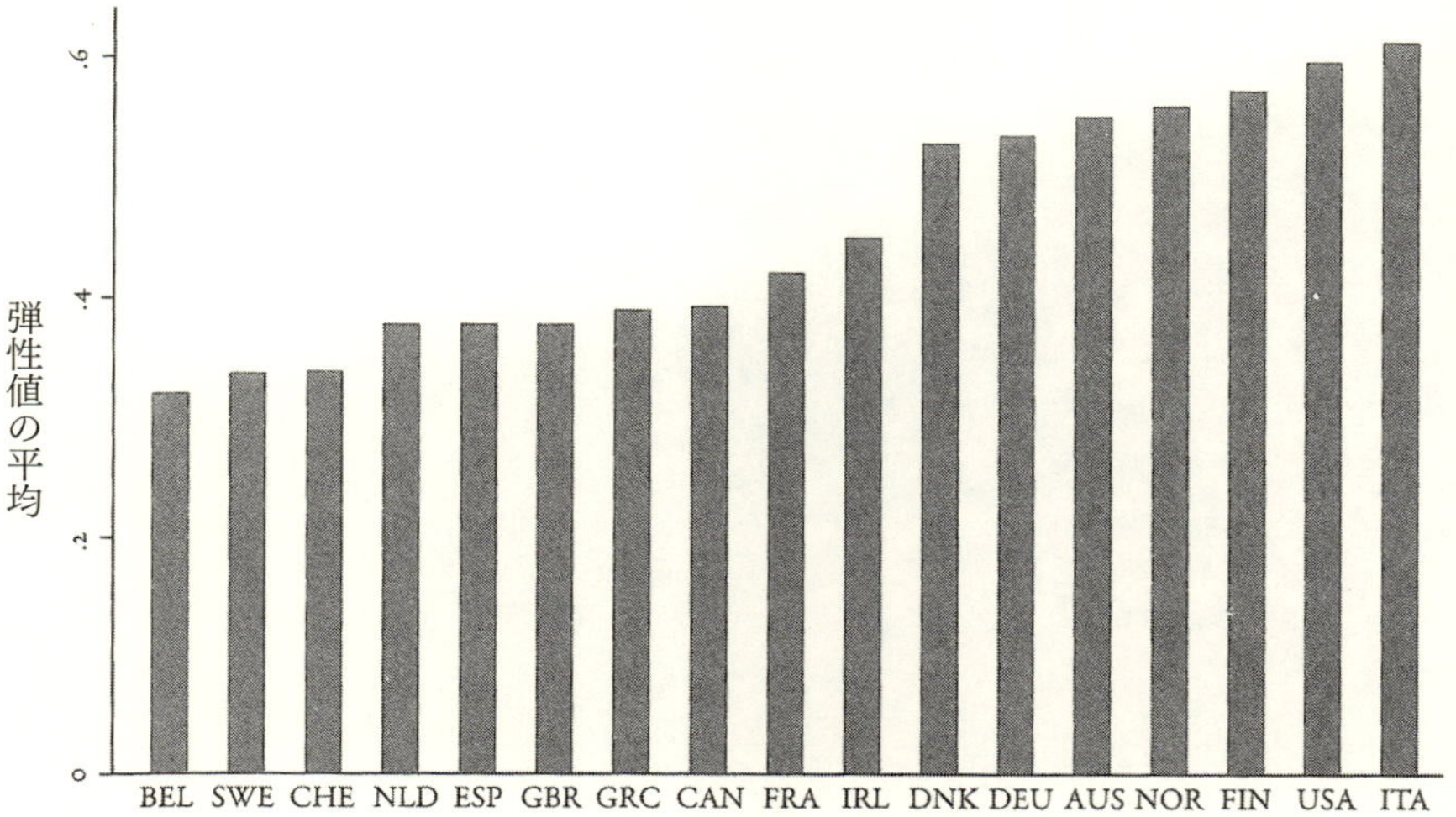

図10.5　過去約40年間の国別平均弾性値　過去約40年間の国別平均弾性値
註：イタリア、アメリカ、フィンランドが弾性値0.6前後で最大。下限のベルギー、スウェーデン、スイスは平均弾性値0.35以下。
出所：付録二参照

すると、伝搬を決定する資本所得のジニ係数と相関比（R_c）という二つの要素について、非常に近い一致を示している。よって後者は世帯調査から得ようが、財政情報から得ようが非常に近くなるはずだ（表10・1参照）。

図10・4は先進経済四カ国における伝搬弾性値（R_c）の推移を示している。アメリカに加えて、ヨーロッパの協調主義的福祉国家の一例としてドイツ、スカンジナビア福祉国家の原型としてスウェーデン、そして地中海先進福祉国家としてスペインを選んだ。結果はアメリカが全期間でかなり高い弾性値を示している。アメリカの弾性値は一九七〇年代末の〇・五四から二〇一三年の〇・六四まで着実に上昇している。しかし最も興味深いのは、スウェーデンで、一九七〇年代半ばには〇・二しかなかった弾性値が、二〇〇〇年に〇・五まで上がっていることだ。これは広く知られているスウェーデンにおける所得不平等、特に富の不平等の増大と平行している。[*20] ドイツの弾性値もまた一九七〇年代半ばの〇・四から三〇年後には最大の〇・六五にまで激増している。最後にスペインの弾性値も同様に、一九八〇年代の〇・三から二〇一〇年には〇・五弱まで上昇している。これら四カ国のケースで

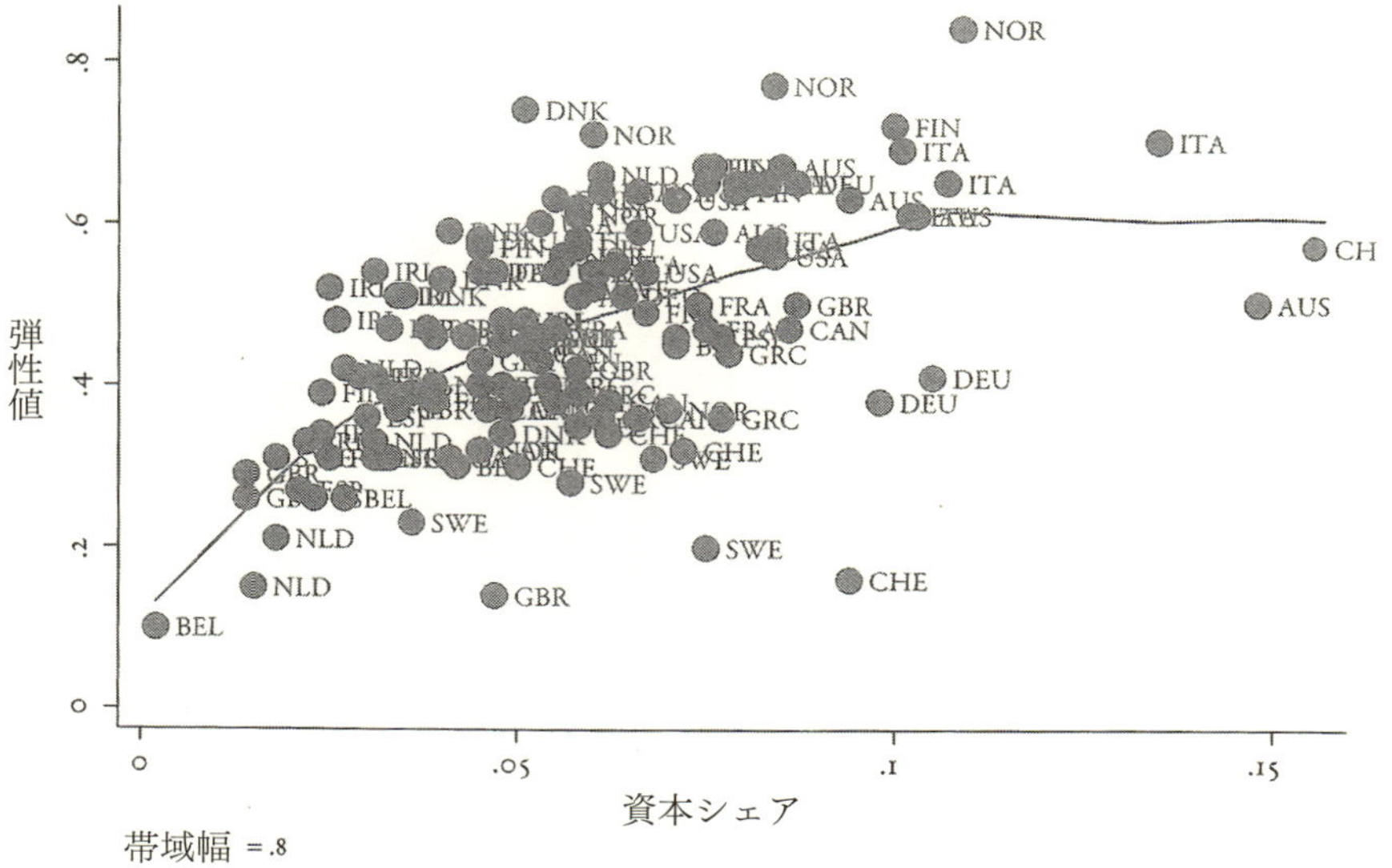

図10.6　資本分配シェアが高い個人格差に「伝搬」される弾性値と資本シェア、17先進経済、1967 － 2013年

註：元となるすべての変数は、世帯規模で正規化し、１人あたりで表した。Stataのノンパラメトリックlowess関数をデフォルトの帯域幅で示した。資本シェアは比率（0.05 ＝ 5 %）で示した。国の略称は調査可能なすべての年について示した。国の略称一覧は図10.5を参照

出所: ルクセンブルク所得研究所から入手可能な世帯レベルのデータ（付録二参照）を基に計算

は、ここ三〇年間を通じて明らかな上昇傾向があった。加えて、二〇一〇年代初めの国家間の弾性値の差は一九七〇年代よりも小さくなっている。一七カ国全標本で調べても、非常に似通った結果になるはずだ。

図10・5は国別の平均弾力性を昇順に示している。イタリア、アメリカ、フィンランドは〇・六前後の最も高い弾性値を持つ。逆に最小なのがベルギー、スウェーデン、スイスで平均弾性値は〇・三五を下回っている。これらの弾性値を計算した期間も（アメリカの最初のデータ点は一九七九年だがギリシャは一九九五年からしかない）、観察数も国ごとにちがうことに留意してほしい。

図10・6は一三八の調査によって得た弾性値と、同じ調査から計算した資本シェアとの散布図を示している。前節の結果が示すように、高い資本分配率は高い弾性値と関係しているが、散布図を見るとその関係は凸で資本シェアが約〇・一二に達すると弾性値の増え方もごくわずかか横ばいだ。これは資本シェアが上がると、資本シェアが少しでも（たと

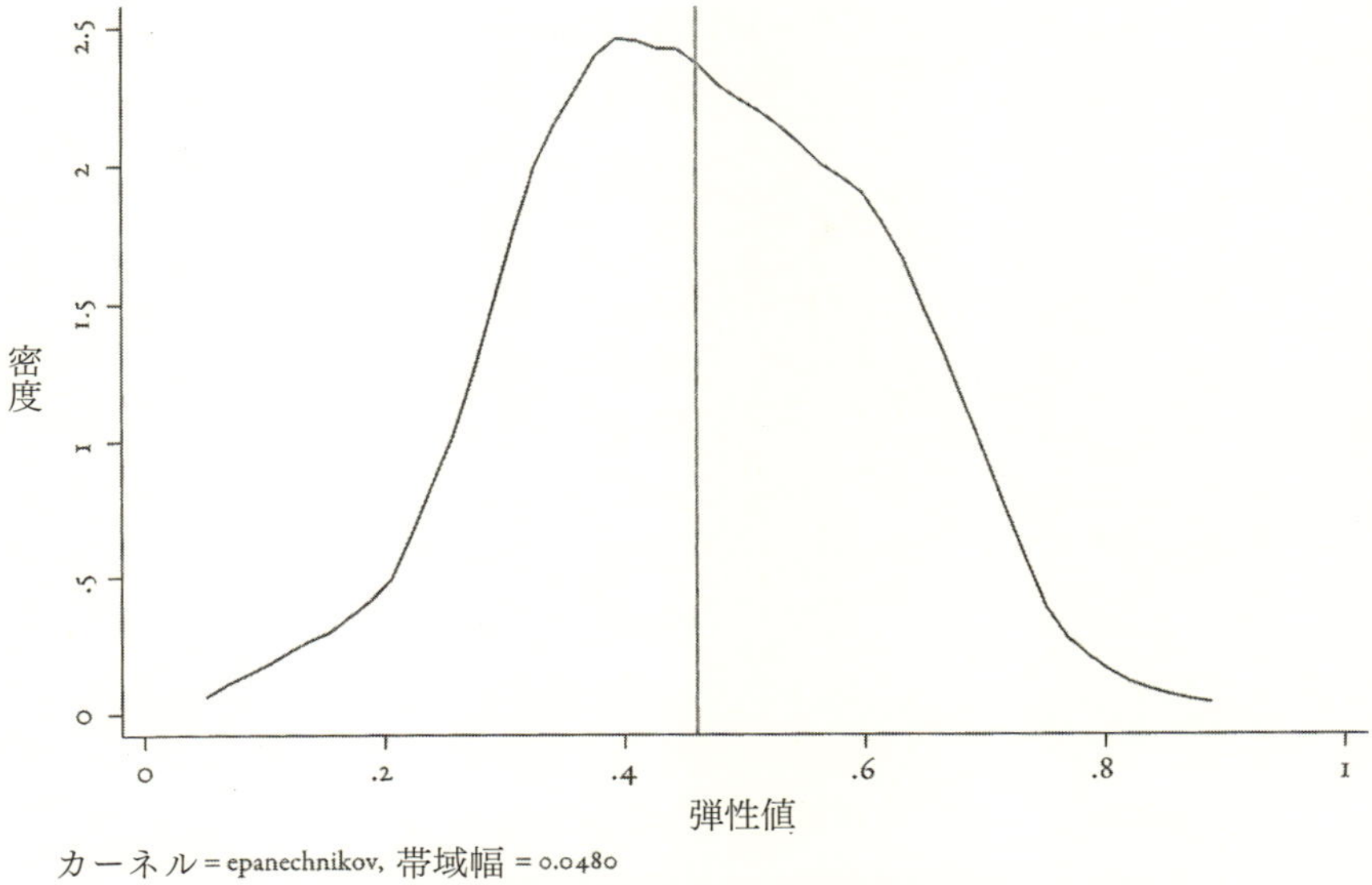

図10.7 先進資本主義経済における弾性値分布（R_c）

註：ほとんどの弾性値は0.3-0.6。弾性値の中央値0.46（弾性値分布がほぼ対称的であることを意味する）に直線を引いた

出所：ルクセンブルク所得研究所から入手可能な世帯レベルのデータ（付録二参照）を基に計算

えば一％）増大したら、個人間ジニ係数の増分ももっと高まるということだ。しかしその水準がある程度高くなると、資本シェアがさらに増大しても個人格差に与える影響は変わらなくなる。

ほとんどの弾性値は〇・三から〇・六で、メジアン弾性値も平均弾性値も〇・四六（ほぼ対称的な弾性値分布を意味する）だ。弾性値分布は図10・7に示した。

弾性値は資本シェアとどう関連しているのか？ 言い換えれば、図10・6で示した関係をパラメトリックに推定できるのか？ 表10・2はいくつかの仕様についての回帰結果を示した。弾性値を資本シェアと時間だけに回帰させた最も単純な一次仕様では、資本シェアに対して三の急勾配と、時間について統計的に有意な正の係数が見出される。このうち前者は、資本分配率の一ポイント増加は、平均で弾性値の三ポイント上昇をもたらす――例えば、資本シェアが〇・〇五から〇・〇六（五％から六％）に増えると、弾性値は〇・四から〇・四三に上がる。時間について係数のプラス記号は、最近伝搬機能が強まってきたことを示している。おそらく（図10・6におけるパターンを考慮

表 10.2　回帰結果：伝搬弾力性と資本分配率、従属変数：弾性値

	プーリング回帰		国の固定効果回帰 (バランスなしパネル)	
	1	2	3	4
資本シェア	2.95	5.81	2.68	4.99
	(0.00)	(0.00)	(0.00)	(0.00)
資本シェア二乗		-20.69		-15.81
		(0.00)		(0.00)
時間	0.005	0.004	0.004	0.004
	(0.00)	(0.00)	(0.00)	(0.00)
定数	-9.19	-8.45	-7.84	-7.17
	(0.00)	(0.00)	(0.00)	(0.00)
調整 R^2	0.41	0.43	0.43	0.45
(F 値)	(48)	(36)	(45)	(32)
観測数	138	138	138	138
国数			17	17

表10.2　回帰結果：伝搬弾力性と資本分配率、従属変数：弾性率
註：カッコ内はp値。「時間」は調査実施年で計測（付録二参照）

すると）二次方程式を使うほうが現実的で、実際、回帰2を見ると二次の項が有意となっている。もう一つの手段は、国の固定効果回帰で、これは国による（その国特有の切片における）不均衡を考慮できる。資本シェアの係数は、単純にプーリング回帰によって得た数値にとても近い（二・六八）。時間の係数はやはり強い正だ。最終的に仕様（4）は、国の固定効果によって、再び資本シェアの二乗を使うもので、結果は変わらない。この考察から二つの結果を導き出せる。まず第一に、資本シェアの増大は個人格差への伝搬の増大（凹状ではあるが）と関連づけられ、第二にその関連は最近強くなってきた。

　これで現実から得た弾性値を、さっき四つの想像上の典型的社会制度から得たものと比較できる（表10・3）。これによって様々な典型と比べて、現代資本主義社会がどこに位置しているかがわかる。一九六九年イギリス、一九八七年オランダ、一九八二年スイス、そして一九六九年ス

	弾性値	ジニ変化
「新資本主義1」($G_c > G_l$)	およそ1	$G_c - G_l$
古典的資本主義	<1	$R_cG_c - R_lG_l$
「新資本主義2」($G_c = G_l$)	1	0
今日の富裕国	0.51	$R_cG_c - R_lG_l$
		$= (0.51)(0.9) - (0.6)(0.5) = 0.16$*
社会主義	およそ0	およそ0かマイナス**

表10.3　資本所得シェア上昇の個人格差への伝搬弾性値]
* 2020年以降の平均Rcは0.51。他の変数についても平均値をとった
** 労働所得ジニ係数は正数のはずなので（$G_i > G_c = 0$）

ウェーデンの弾性値は〇・二以下で、社会主義型に近い。すべての弾性値は〇・三六から〇・五七のあいだに収まっている（すでに見たように中央値は〇・四六）。このレベルの弾性値は、想像上の典型的世界内では社会主義と古典的資本主義、あるいは新資本主義1との中間的位置に相当する。二〇〇〇年以降の北欧諸国と一九九八年、二〇〇〇年のイタリアなど弾性値の高い国々の値は〇・七以上と、古典的資本主義、あるいは「新資本主義1」に最も近く、社会主義から最も遠い。[*21] アメリカは弾性値が一九九七年の〇・六五と最高でこれらの国に近く、直近の二〇一三年の弾性値は〇・六四で、それまでの最高値よりわずかに低い。

ジニ係数がどの程度上昇するかは、弾性値だけでなく労働、資本所得ジニ係数、労働の相関比（R_l）といったその他の変数にも左右される。しかしこれらの変数、なかでも労働、資本所得ジニ係数は国ごとに大差なく、容易に概算できる。この標本での労働所得平均ジニ係数は〇・五で、資本所得平均ジニ係数は〇・九だ。これらの値と労働の平均相関比によって、資本所得のジニ係数が一ポイント増えるごとに、労働所得のジニ係数が〇・一六ポイント増えると推計できる（表10・3参照）。Karabarbounis and Neimanが一九七五年から二〇一二年について報告しているように、[*22] アメリカにおける資本シェアの五％増大（その根底にある資産分配には変化なし）は、個人格差ジニ係数〇・八ポイント上昇をもたらすと予想できる。

政策的含意

この分析が意味するところは、資本所得シェアの増加が、個人格差の拡大へどのように伝搬するかは、根本的な資産配分の関数としての各国の社会制度によって変わるということだ。私たちは暗黙のうちに、資本所得は非常に集中し、資本富裕者と総所得富裕者は大きく重複していると仮定しがちだ。実証的証拠から見て、これらの仮定は理に適っている。実際、想像上の典型的な新資本主義世界では、s_C の増大はほぼそのままジニ係数の上昇をもたらす（資本所得ジニ係数が労働所得ジニ係数よりもかなり大きいため）。古典的資本主義でも、資本家のシェアが十分に高ければこれがあてはまる。しかし社会主義世界においては、s_C増大は、個人間ジニ係数上昇をもたらさない。実際、一人あたり資本資産配分が等しいという前提のため、これは所得不平等の減少をもたらす。同様に、すべての個人が資産所有から同じ配分で所得を得る「新資本主義2」では、資本シェアの増大は個人間所得不平等に影響を与えない。

これは、とりわけ富裕社会に明確な教訓をもたらすと私は考える。富裕社会の定義は、高いK／Y（β）比率だ。目下の先進社会がさらに裕福になると、$r>g$の力学がβとαの増大をもたらす。これが所得不平等の増大に波及しないようにする方法の一つが、ピケティが推奨した課税だが――もっと期待できて、少なくとも補完にはなる別の方法が資本所有の集中度を減らし、それにより資本所得の集中も減らすことだ。

ここで議論する枠組みのなかで、G_C減少は（高）資本所得と（高）総所得の関連性を減じる。そしてG_CとR_Cの両方が減少して、資本シェア増大の個人所得分布への影響は小さいか、少なくとも最小になる。最終的に、もしも$G_C=G_L$なら総所得ジニ係数にはまったく影響を与えないだろう。

次に、これは資本所有を再分配し、その集中を減らす政策により大きな注意を払う必要があることを意味している。基本的にそのような政策は二種類ある。

一つは従業員による自社持ち株計画に重点を置くものと、それと似たやり方で、現状で資本を持たない労働者に資本を提供するものだ。例えば、企業が労働者年金を援助する基金に参入するために株を発行する、有名なスウェーデンの労働組合計画が最近「復活」した。[*23] しかしこの試みは、よく知られたリスクの非分散化という問題に陥った。そこでは個人所得は所与の企業で働くことに完全に依存している。これは実際今日の労働所得しかない人々にあてはまる状況だ。労働所得と資本所得の両方を同一の企業から得ても、現状よりもリスクを増やすことにはならないという主張だ。これは正しいかもしれないが、現状で資本資産を持たない人々の状況を明らかに改善しないなら、なぜそのような労働者所有権支持案を導入するのかという問題が浮かび上がる。よってこの試みは確かに有効ではあるが、すぐに限界に直面するように私には思える。

　これよりも有望な試みは、職場から切り離された広い所有権分配に注目することかもしれない。これは少額株式保有を促し、資産の激しい集中を不利にする様々なインセンティブによって可能になる。実際、ピケティによる累進富裕税の提案は、富が少ない人々への間接、直接的な補助金と組み合わせればいい。[*24]

　資本／産出比率が高くなりがちな富裕社会では、純所得に占める資本所得シェアも同様に上がるはずだ。[*25] もしそうなら、このK／Y比の避けがたい上昇傾向が持続不能な水準の所得格差を生み出さないよう努力すべきだ。これを達成する一つの方法は、分配前の段階においてできるだけ多くの個人の立場を均等にすることだ——あるいはこの論文で導入した言葉を使えば、多くの点で現在実際に存在している資本主義に似ている「新資本主義1」を離れて、「新資本主義2」へと近づけることだ。これには主に資本資産の集中を減らすことが必要だが、もう一つ（ここで私が議論しなかった話として）平等な教育へのアクセスと、技能への収益の分散化も含まれている。

付録一・古典的資本主義（二つの重ならない所得階級を持つ）における伝搬機能の導出

$$s_C(p_w + p_k G_c - R_c G_c) = -s_l(-p_k + p_w G_l - R_l G_l)$$

$$s_C(p_w + p_k G_c - R_c G_c) = -(1 - s_C)(-p_k + p_w G_l - R_l G_l)$$

$$s_C(p_w + p_k G_c - R_c G_c) = -(1 - s_C)(A)$$

$$s_c(p_w + p_k G_c - R_c G_c - A) = -A$$

$$-s_c R_c G_c = -s_c(p_w + p_k G_c - A) - A$$

$$s_c R_c G_c = s_c(p_w + p_k G_c - A) + A$$

$$R_c G_c = (p_w + p_k G_c - A) + \frac{A}{s_c}$$

$$R_c = (\frac{p_w - A}{G_c} + p_k) + \frac{A}{s_c G_c}$$

$$\frac{dR_c}{ds_c} = -\frac{A}{s_c}\frac{1}{G_c^2} > 0$$

なぜなら$A = -p_k + p_w G_l - R_l G_l = -(1 - p_w) + p_w G_l - R_l G_l = p_w(1 + G_l) - 1 - R_l G_l$はマイナスになりがちなため。$p_k \to 1$という極端なケースでは、これが明らかにあてはまる。$p_k \to 0$という別の極端なケースでは、$A = G_l(1 - R_l) \to 0$となる。この最後のケースは、資本家がまったくいないことを意味しているので、明らか無意味だ。しかし現実にありえる$0 < p_k < 1$では常に$A < 0$となる。

第二の導関数は次になる。

$$\frac{d^2 R_c}{d{s_c}^2} = \frac{2A}{s_c}\frac{1}{G_c^3} < 0$$

すべての記号は本文で説明した通りだ。

付録二　使用したルクセンブルク所得研究所の調査一覧

国	年
オーストラリア	1981 1985 1989 1995 2004 2003 2006 2010
ベルギー	1989 1988 1992 1995 1997 2000
カナダ	1971 1975 1981 1987 1991 1994 1997 1998 2000 2004 2007 2010
スイス	1982 1992 2000 2002 2005
ドイツ	1973 1978 1984 1989 1994 2000 2004 2007 2010
デンマーク	1987 1992 1995 2000 2004 2007 2010
スペイン	1980 1989 1990 1995 2000 2004 2007 2010 2013
フィンランド	1987 1991 1999 2000 2004 2007 2010
フランス	1978 1984 1989 1994 2000 2005 2010
イギリス	1969 1974 1979 1986 1991 1994 1999 2004 2007 2010
ギリシャ	1995 2000 2004 2007 2010
アイルランド	1987 1994 1995 1996 2000 2004 2007 2010
イタリア	1986 1987 1989 1991 1993 1995 1998 2000 2004 2008 2010
オランダ	1983 1987 1990 1993 1999 2004 2007 2010
ノルウェー	1979 1980 1991 1999 2000 2004 2007 2010
スウェーデン	1967 1975 1981 1987 1992 1995 2000 2005
アメリカ	1974 1979 1988 1991 1994 1997 2000 2004 2007 2010 2013

第11章　グローバル格差

クリストファー・ラクナー

『21世紀の資本』で、ピケティは先進国内における格差に着目した。しかしグローバル化が進むなか、格差について考えるもう一つの方法として、世界各国とその国の人々のあいだの格差という観点がある。本章でクリストファー・ラクナーは、我々が世界規模における格差縮小の時期を生きてきたことを示している。彼は世界中の人々の格差を比較して、二〇〇〇年代に産業革命以降で初めて世界の格差が縮小したことを見出した。そこにはピケティが各国内で見出したこととの類似がある。ラクナーはデータのある世界中の個人をまとめ、世界トップ一%に属する人々の所得が最も増大していることを発見した。国内格差は人口加重値では増大しているが、平均的発展途上国では二〇〇〇年代後半に格差拡大のスピードが落ちた。ラクナーはこの分析が、トップの所得を見落としがちな入手可能なデータの制約に留意して、世界中の格差の方向性を理解するために、各国データの整合の必要性を指摘している。

本章は『21世紀の資本』におけるトマ・ピケティの分析を、格差に対して二段階のグローバルな視点を提供することで、補完しようとする。[*1] まず初めに、居住国にかかわらず世界中のすべての人のあいだの格差と定義した、グローバル格差の傾向を再考する。ピケティの分析は、ほとんどの格差に対する見方同様に、国内における個人間の格差に集中している。格差へのグローバル（あるいは世界主義的）な視点の導入は、私たちが住む世界の別の側面に光をあてる。世界政府など存在しないが、国際組織の役割は増大しており、それらの権能に適合するのは世界主義的視点だけだ。グローバル化は、一部の最貧国の急成長、そしてそれらと同じ国々の多くにおける格差の拡大と同時に進んできた。グローバル格差は、どこに住んでいるかにかかわらず、これらの力が人々に及ぼした全般的な影響を捉える。

その次に、発展途上世界における国内格差の進展をまとめる。これはグローバル所得分布の分析からの自然な流れで、国家間と国内の差に分けることができる。グローバル格差分析では、格差の認識とそれを減少させる能力とを切り離さなければならない。減少させる力はほとんどが国レベルにとどまっている。[*2]『21世紀の資本』は、北アメリカや西欧の先進経済内部における格差の明確な増大を立証している。新興経済は実証的研究のなかでは大きく取り上げられていないし、ピケティのモデルのなかではっきりとした役割を与えられていない。ミラノヴィッチは、ピケティのモデルは、今日の先進国を発展途上国の将来の姿としていると主張する。[*3] 例えば現在の中国は一九世紀のアメリカ同様に若き富裕国だが、中国の速い人口推移を考えると、五〇年後には現在のフランスにかなり似ているかもしれない。つまり推移の方向性は非常に似ているが、そのペースはずっと速い。

さらにミラノヴィッチは、新興経済は『21世紀の資本』における格差$r>g$にも影響を及ぼすことに着目している。[*4] 一方で、資本ストックが少ないから新興市場は高い運用益を提供し続けてrを押し上げており、ピケティはそれをrの見かけの安定性を支えるメカニズムの一つと捉えている。また一方では、その高い成長率はgを押し上げて、$r>g$の実現を遅らせている。

ピケティのモデルはもっぱら先進欧米諸国だけを扱っているが、それでもグローバルな訴求力を獲得した。同書は中国、日本、韓国を含む国々で広く翻訳され、地元紙で報道された。[*5] もっと一般的に言えば、格差への懸念は先進国にとどまるものではないのだ。発展途上一五カ国を対象にした調査で、政策担当者の七七％が、現行の格差水準は長期成長を脅かしていると考えており、現状の格差が長期成長に貢献していると考えたのはわずか七％だ。[*6] 同様に、アジアの五〇〇人以上の政策担当者を対象にした調査では、七〇％が所得格差への懸念がここ一〇年間で高まっていると答えた。貧困が減っているなら所得格差の拡大は容認できるという見方に同意したのは、半数強だけだった。[*7]

注意書きが最初から必要だ。分析をグローバルレベルに拡大すると、厄介なデータ制約に直面する。発展途上国の行政データは入手困難なため、この小論における分析では世帯調査（訳註：アンケート方式）を利用する。世帯調査はトップ所得のデータ確保が不得手なことはよく知られており、それが発展途上国で少しでもマシになるはずもない。

さらに、これからより詳しく論じるように、貧困国における世帯調査では——所得ではなく——消費支出を利用しがちだが、それはトップの生活水準を過小評価し、格差水準を（そして場合によってはその傾向も）過小評価してしまう。最後に、所得調査を利用する発展途上国は、資本所得をしっかり捕捉できないのが通例で、富——まさに『21世紀の資本』の主題——に関する情報はないも同然だ。Atkinson and Bourguignon 論文をパラフレーズするなら、データが語れる、あるいは語れないことをしっかり認識しつつも、測定が不完全だからというだけで証拠をすべて拒絶したりしないことが重要なのだ。[*8]

入手できた証拠によれば、グローバル所得分布のジニ係数は産業革命以来初めて下がっており、この進展は続きそうだ。この低下は国家間格差の縮小が主導している。つまり各国の平均所得が収束したのだ。これは今後も続き、さらなるグローバル格差の低下をもたらしそうだ。しかしこの縮小は、（人口加重した）国内格差の増大に一部相殺された。平均的な人は格差が増大している国に住んでいるといった状態だ。発展途上国にだけ目をやれば、平均国内格差は一九八〇年代と一九九〇年代に上昇したが、二〇〇〇年代には低下している。この最近の低下はラテンアメリカが主導で、一方で中国では横ばい状態だ。グローバル格差と国内格差の変化は、技術変化が可能にした一九八〇年代末以降の急速なグローバル化と同時に起こっている。グローバル化は、資本と労働同様に、国内とグローバル、そして熟練と非熟練労働の分布にも重要な影響を与えているようだ。

この小論は六つの主要節から成る。まずは主にLakner and Milanovic論文をもとに、グローバル分配とグローバル格差の傾向の説明から始める。[*9] 第二節ではグローバル格差から国内格差、とりわけ発展途上国の国内格差に目を移す。第三節では、これらのパターンのいくつかの説明におけるグローバル化と技術の役割について論じる。[*10] これが持つ政策的な含意について、第四節で提示する。第五節では、グローバル格差の将来方向の可能性について予測してみる。第六節では、発展途上国の格差研究の将来の課題を概論する。そして簡単な結論を出して終わる。

グローバル分布とグローバル格差の傾向

この小論で述べるグローバル分布の分析は、ブランコ・ミラノヴィッチとの共同研究に基づいている。[*11] 私たちの研究では、世界中のすべての人々の可処分所得格差の評価に興味を持った。所得を世帯レベルで評価し、世帯構成員に平等に配分する。所得を、価格水準の差を説明するために購買力平価（PPP）為替レートを使って国際比較する。私たちのデータは、発展途上国については一九八〇年代末になってやっと広く利用可能になった世帯調査に基づいている。それゆえ、私たちの分析は一九八八年から始まっており、『21世紀の資本』が扱ったタイムスパンと比べるとかなり短い。

データソースをもとに、さらに二つの概算を行う必要がある。まず一つはいくつかのデータ（特に中国）はグループ化されたかたちで提供されるため、各国各年について一〇の十分位グループを使う。[*12] すなわち、各個人に（国内分布における）十分位の平均所得を割り当てる。次に、自己消費が広まっている経済では所得の測定が難しいため、発展途上国では所得のかわりに消費支出を利用することが多い。[*13] これは深刻な問題ではあるが、Anand and Segal 論文が書くように「支出分布から所得分布を推測する信頼できる方法はない」以上、「比較不可能性はとにかく我慢するしかない」。[*14]

重要な警告は、私たちは各種の理由からトップ所得を過小評価しがちだというものだ。まず第一に、私たちは使う世帯調査は、最富裕世帯の掌握が不得手だ。[*15] 第二に、たとえ調査で何とか最富裕世帯と面会したとしても、彼らの所得は過小申告される可能性がある。特に発展途上国における世帯調査は、依然として発展途上国の富裕者の主要所得源である、企業所得と資本所得を捕捉できていないことが、限られたデータ源で明らかになっている。[*16] 第三として──ラテンアメリカ以外のほとんどの発展途上国で使用される──消費調査は、トップの真の生活水準を過小評価している。なぜなら富裕者は貧困者よりも所得の多くの割合を貯蓄しているからだ。トップの実際の消費支出もまた、支出調査による耐久消費財への支出が捕捉しきれていないために、過小評価される。[*17]

これは、世帯調査が格差の「水準」を過小評価しがちなことを示している。さらにトップ所得がそれ以外よりも

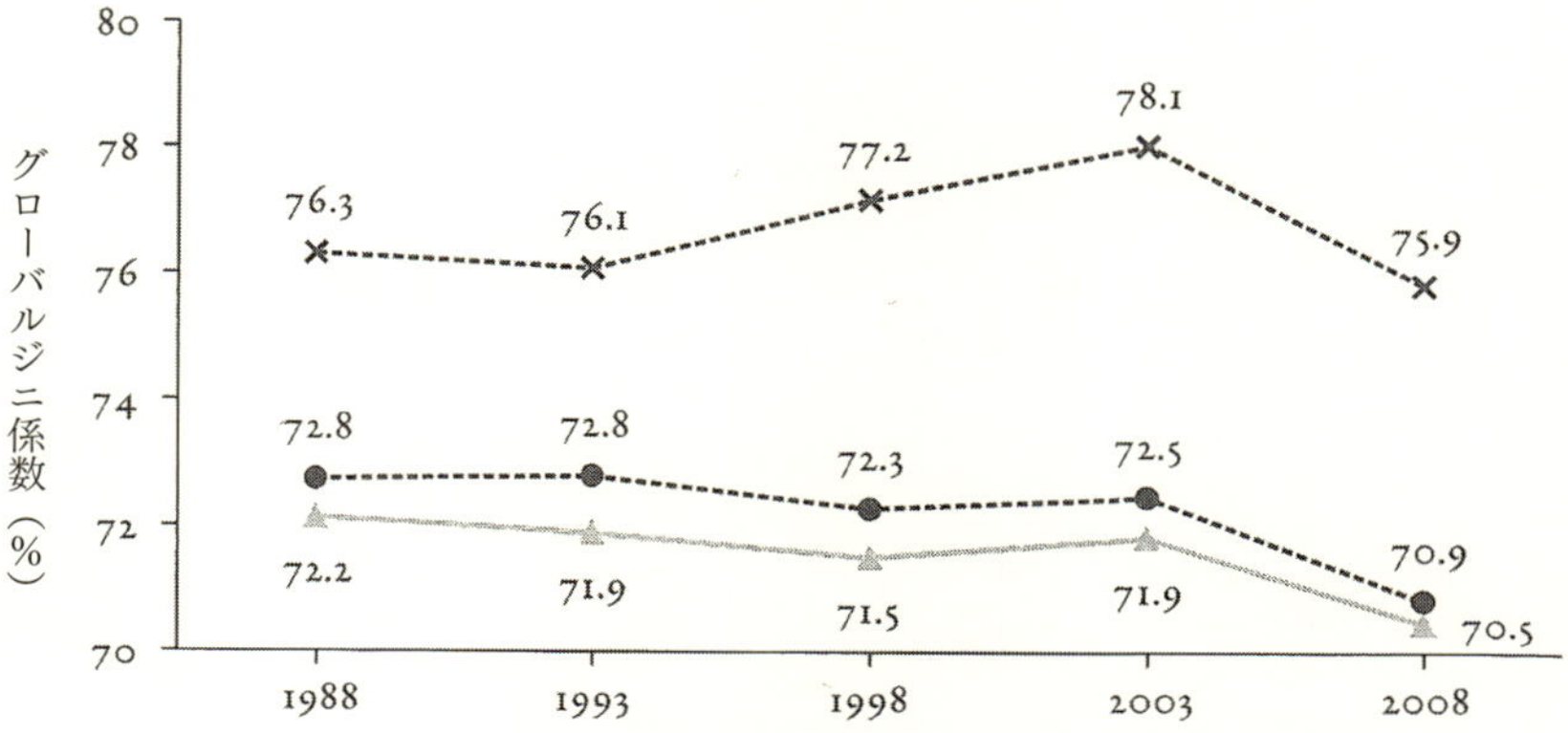

灰色線:ベースライン　破線:均衡化サンプル　実線:実質トップ所得
図11.1　グローバルジニ係数（1988-2008）

出所：Lakner and Milanovic, "Global Income Distribution: From the Fall of the Berlin Wall to the Great Recession"
註：灰色線はベースライン結果を示している。破線は共通の同じ国家群データを使っている。実線は本来のトップ所得を、世帯調査と国民勘定の差とパレート分布を使って示したもの。詳しくはLakner and Milanovic, "Global Income Distribution"で解説

早く増大するなら、調査は格差の「傾向」も過小評価することになる。この方面については示唆的な証拠がいくつかある。まず第一に、行政データから得られる証拠は非常に限られているとはいえ、入手できたいくつかの国（例えばコロンビアとマレーシア）では、世帯調査に基づいた格差評価とは逆に、トップ所得の割合は増えている。*[18] 第二に、世界中で労働分配率が減少していることについては、多くの論文で取り上げられている。*[19] 例えば中国では国民勘定に記録された世帯貯蓄がGDPよりも早く増大していると同時に、労働所得比率が低下している。*[20] これは中国における格差の評価に利用する消費支出の格差よりも、所得格差のほうが早く拡大することを示している。第三に、多くのその他のデータソースもまたトップ所得の上昇を示している。世界の多くの発展途上地域で億万長者の富は（『フォーブス』誌が発表するお金持ちリストによれば）、国民所得よりも増大が早い。*[21] 二〇一二年から二〇一五年までのわずか三年で、中国の億万長者数は二五一人から五一三人へと倍増した。*[22] 最後に、多くのタックスヘイブンから漏れた口座残高を見ると、発展途上国には相当の富が存在する。*[23]

　私たちの分析では、ジニ係数で測ったグローバル格差は一九八八年から二〇〇八年までごくわずかに下がっている。図11・1の実線が示すように、グローバルジニ係数は

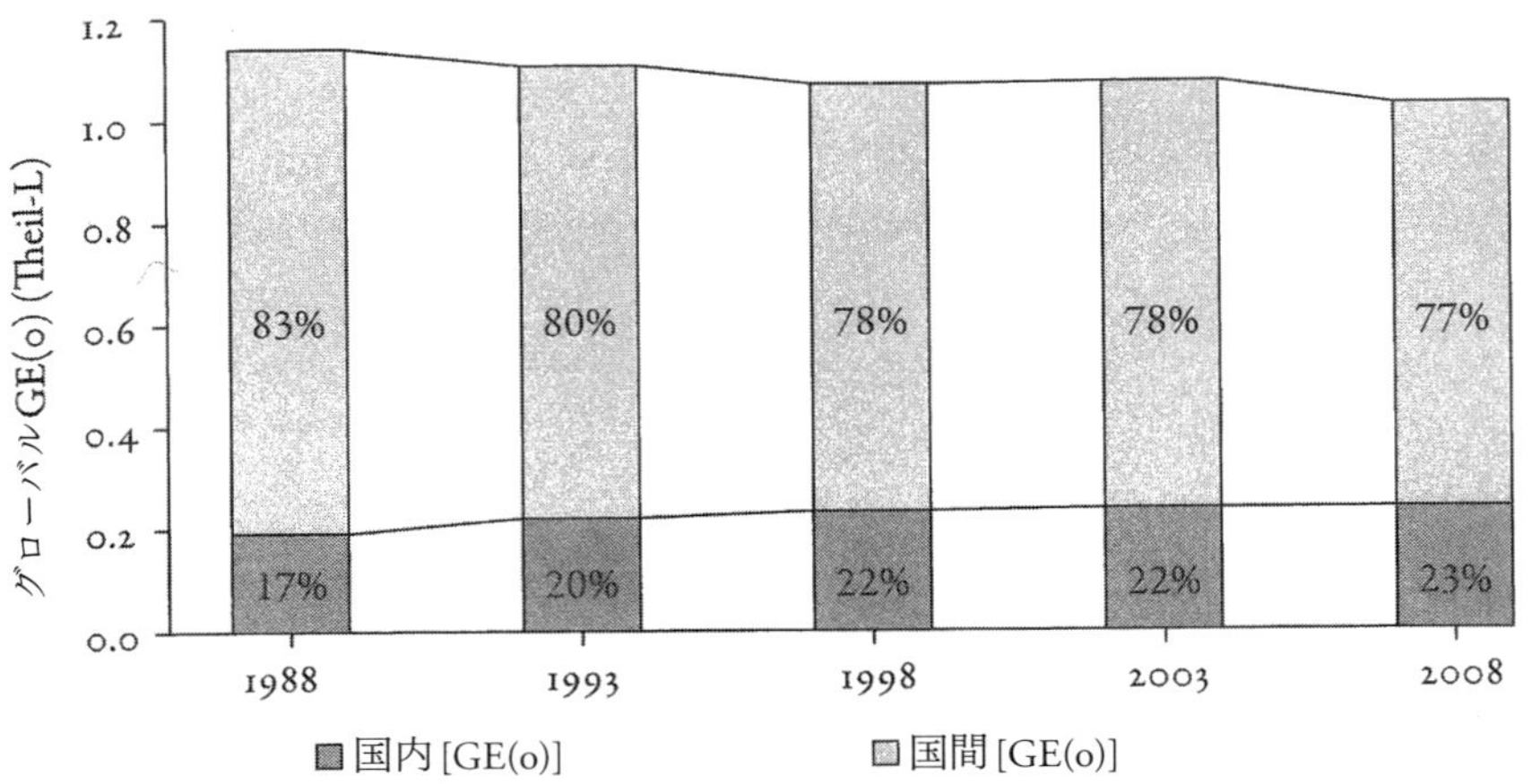

図11.2　グローバル格差の国分解
出所:Lakner and Milanovic, "Global Income Distribution"
註：棒の高さは（Theil-L指数で評価した）格差水準。「国内格差」は国内の格差、「国間格差」は国ごとの平均所得の差。棒グラフの数値は国内外の差の総格差への寄与度

一九八八年の七二・二から二〇〇八年の七〇・五まで、ほぼ二ポイント下がっており、その傾向は特に二〇〇三年以降強くなっている。当然のことながら、グローバル格差は個々の国内格差よりもかなり大きい。最も格差の大きい国の一つ、南アフリカの二〇〇八年のジニ係数は六三％だった。同じ国を通期で使った結果は、図11・1の破線に示されているように堅牢だ。[*24] しかし、これらの計算に含まれる、標本抽出やそれ以外の多くの誤差の余地を考えれば、グローバル格差が堅牢に低下していると断じるにはまだ早い。[*25] さらに実質トップ所得（図11・1点線）でも、グローバル格差はここ五年間は低下しているが、ここ二〇年間通してみると変わっていない。[*26]

まとめると、これは最終的にグローバルレベルにおける格差上昇を指し示す証拠がないことを示唆している。様々な手法と格差評価基準を見ると、時期や規模については不一致があるが、二〇〇〇年代以降の低下は多くの情報源から確実だ。[*27] 長期的に見ると、これは注目に値する進歩だ。Bourguignon and Morrisson論文は、グローバル格差は一八二〇年から一九九〇年代までのあいだに一五％ポイント増大したとしている。[*28] したがってBourguignon and Morrissonが指摘するように、現在グローバル格差は産業革命以降初めて安定、あるいは低下していることになる。[*29] 二〇一一、二〇一三年の最新のデータを見ると、低下傾向は加速している。[*30]

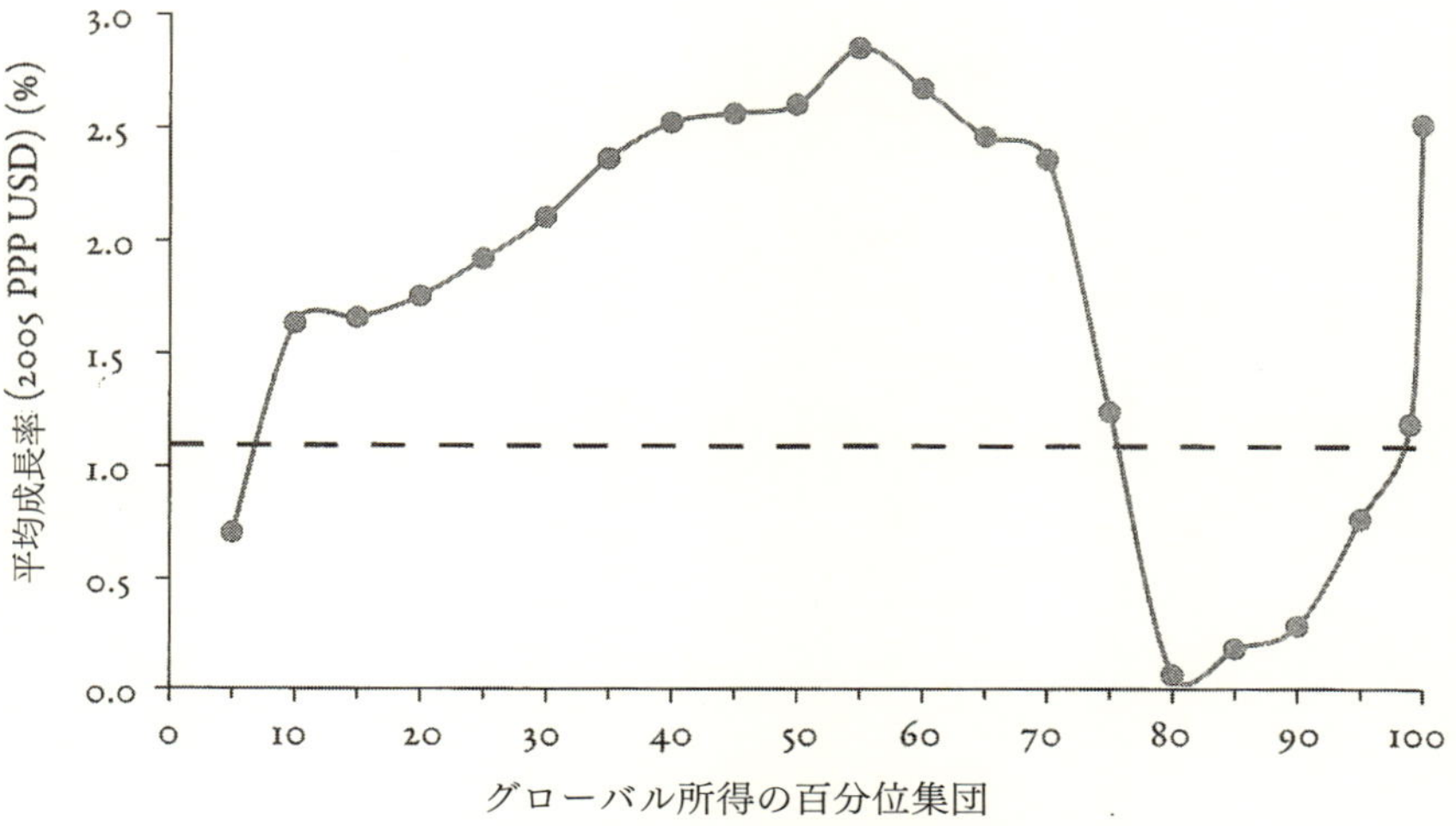

図11.3　グローバル成長発生率曲線

出所：Lakner and Milanovic, “Global Income Distribution”
註：Y軸は分位点集団の平均所得（2005年購買力平価USD）成長率。成長率は20百分位集団（すなわち底辺5％）の値。トップ集団はP95とP99のあいだでトップ1％とトップ4％に分かれる。図中水平破線は年間平均1.1％の成長率

格差低下を押し進めてきたのは国同士の格差の低下だ。図11・2ではグローバル格差を国内外の差に分解している。棒の総計の高さはGE（〇）格差指標（あるいは対数偏差Theil-L）で評価した総グローバル格差を示す。[*31] 色の濃い部分は総格差のうち各国間の差に起因する部分を示す。色の薄い部分は国家間の平均賃金に起因するものだ。国家間の平均所得の差は、国内格差がそれよりも限られた範囲で増大するにつれ、減少している。ただしこの結果は地域内に着目すると適用できない。[*32] グローバルなレベルでは、国家間の部分の低下を押し進めているのが、中国の平均所得の急増なのは明らかだ。中国以外にも、インド、アメリカの国間格差への貢献は倍増した。[*33] 分解した結果は世界人口の大半が、格差が増大している国に住んでいることを示しているが、それはもちろん、次節で論じるように格差がどこでも増大しているということではない。

国間格差で、グローバル格差の長期的傾向にも説明がつく。一九世紀、グローバル格差はまず何より国内の差が原因だった。[*34] 産業革命中に現在の先進国が世界平均を引き離し、国間格差が拡大し、それによりグローバル格差が拡大した。ここ二〇年間で、国間の差は初めて低下した。[*35] 同時に、国内格差が一部の国間格

差の低下とは逆に上昇した。Bourguignon and Milanovic論文が論じるように、これら二つの進展は国間の差と国内の差の差し替え、あるいは国内のグローバル格差の「国際化」をもたらすことになるかもしれず、そうなれば一九世紀の状況に近づく。[*36] ただし国間の差がいまだにグローバル格差の大部分を占めている（図11・2参照）ので、そういう事態になるにはまだまだ時間がかかりそうだ。

全体の格差水準を見るかわりに、グローバル分布の様々な部分がどう変化してきたか知りたい人もいるだろう。図11・3は、分布の各百分位グループの成長率を表した、グローバル成長発生曲線だ。[*37] このグラフはグローバル分布の三つの進展を捉えている。まず第一に、中国の急成長、とりわけ分布上位の成長がグローバル中央値あたりにピークを作っている。[*38] 第二に、富裕国底辺における所得低迷が、グローバルの第八五百分位に表れている。第三に、最富裕層の急成長がグローバル分布最上位に二つめのピークを作っている。これは、富裕国の低賃金労働者が圧迫され、（都市部の）中国人が輸出主導の成長から恩恵を受け、富裕国最上部が所得配分の増大を経験しているという、グローバル化と技術変化の分布への影響についての話と整合しているように見える。これについては以下でさらに詳しく論じる。

これまで提示した証拠から見ると、結論はグローバル格差全体としては拡大は止まっており、グローバル中央値あたりと分布最上位の増大が最大で、格差は低下している可能性さえある。しかしこの評価が相対的増大の比較に基づいていることに留意しよう。すべての所得が同じ率で上がると（あるいは図11・3が水平線ならば）、ジニ係数は変わらない。しかしこの場合でも、増大する所得の絶対金額はまったくちがう。なぜなら分母となるグローバル分布があまりに不平等だからだ。グローバル中央値とトップ一％の成長率が概ね同じであっても、ここ二〇年間で後者が（二〇〇五年購買力平価で）二五、〇〇〇ドル増えているのに対し、前者の増加は（二〇〇五年購買力平価で）四〇〇ドルだ（最初の一人あたり平均所得はそれぞれ三九、〇〇〇ドルと六〇〇ドル）。言い方を変えれば、世界人口トップ五パーセントは、この期間中のグローバル所得増大の四四％を占めている。よって、格差の標準的指標は一九八八年から二〇〇八年のあいだにわずかながら低下を示しているが、富裕者と貧者の絶対的格差は大きく増えている。[*39]

世界の国内格差

ここまでの分析は全世界を単一のユニットとして扱ってきた。これとは対照的に、ほとんどの格差研究は国内格差に焦点をあてている。格差に対処する多くの政策は、この国内レベルに留まっている。国内格差を強調するのにはもう一つの理由がある。アメリカなどの一部の評論家は、グローバル格差低下の証拠を利用して、拡大する国内格差への懸念を無視しようとするのだ。しかし格差の懸念のほとんどで重要なのは国内のレベルだ。実は人々の幸福は、非常に局地化した格差に左右されかねないことを示す研究もある。[*40]

図11・2の国別分解が示すように、一九八八年から二〇〇八年まで世界人口の大半は格差が拡大している国に住んでいた。こうした分析では、各国はその人口で加重される。だからこの結果は平均的な国で格差が拡大していたということではない。この点をはっきりさせるのは重要だ。人口加重の有無で傾向は変わってくるからだ。これから、ラテンアメリカ、東アジア、そしてサハラ以南アフリカについて詳しく論じる前に、世界のあらゆる国々の国内格差の傾向を簡単に概観する。最後に、世界金融不況が始まって以来の進展について、最新の数字を提示する。この節では、人口加重を用いることなく、(通常はジニ係数で測った)国内格差に焦点を絞る。世界銀行のデータを基にした算定同様に、主にAlvaredo and Gasparini論文とMorelli et al. 論文による報告を利用する。[*41]

「平均的発展途上国」では、国内格差は(主にラテンアメリカ諸国を中心に)一九八〇年代から一九九〇年代まで上昇し、二〇〇〇年代になって低下した。これとは対称的に、(中国、そして最近ではインドの急成長によって)発展途上世界の平均的な人(よって人口加重を使用する)は、一九八〇年代半ばから二〇一〇年にかけて、格差が着実に増大する国に住んでいた。格差は最近低下したとはいえ、一九八〇年代よりも大きいままで、発展途上国のほうが先進国よりも圧倒的に大きい。先進国の圧倒的多数が一九七〇年代以降格差の拡大を経験した。

発展途上国の平均格差低下のほとんどは、ラテンアメリカの成長がもたらしたもので、それは広く実証されている。[*42]これは多くの要素で説明がつく。安定したマクロ経済、非熟練賃金の上昇、そしてたいていは商品売上の好況を通じて可能になった条件付き補助金を含む、より一般的な断固たる政策介入が含まれる。[*43] しかしラテンアメリカの格差について過度に楽観的なイメージを持たないでほしい。それには二つの要素を心に留めておく必要がある。まず第一に、格差は逆U字型に変化した。二〇〇〇年代の格差低下は、一九八〇、一九九〇年代の長期的な格差増大の後で起きたものだ。二〇一二年には平均ジニ係数は一九八〇年代初期の水準に戻ったので、長期的に見ると進歩は限られている。[*44]第二に、激減したあとも、ラテンアメリカは世界で最も格差の大きい地域の一つである（もう一つがサハラ以南アフリカだ）。

東アジアは、国レベルでは大きな異質性があったとはいえ、格差は二〇〇〇年代に平均では格差が上昇するというラテンアメリカとはちがったパターンを示している。格差はこの地域で最も人口密度の高い二カ国、中国とインドネシアでは拡大したが、その時期は異なる。中国では一九九〇年代に急増したが、二〇〇〇年代には安定したのに対し、インドネシアでは二〇〇〇年代に上昇した。一九八〇年代、韓国と台湾は先進工業国になるために、大きな格差拡大なしで構造改革を成し遂げた。[*45]これとは対称的に、中国では改革の過程で格差が拡大したが、それはベルリンの壁崩壊後に多くの東欧諸国で起こった格差の急拡大と似ていないこともなかった。[*46]データはやはり非常に限られているが、入手できた情報源によると中国では二〇〇〇年代初めから半ば以来、格差が安定しているので、ピークはもう過ぎたのかもしれない。[*47]これもまた、最近になって格差が安定した東欧と類似している。

多くの発展途上国でデータの利用可能性が課題となっているが、サハラ以南アフリカではそれが特に顕著だ。ここ二〇年間で、データの利用可能性と質は飛躍的に改善されたが、それでも研究者は長期傾向を調べるとき常に制約を課される。この地域の格差の水準は高く、南部の国々で特に顕著だ。世界で最も格差が大きい一〇カ国のうち、七カ国がアフリカにある。[*48]サハラ以南アフリカが格差を低く評価する傾向にある支出調査を使っているのに対し、その他すべての格差が大きな国が所得調査を使っていることを考えると、これは驚異的だ。さらに、この地域の格差は、土地所有権が比較的広く行き渡っているのに大きい。[*49]傾向に目をやると、一連のサハラ以南アフリカ諸国の二つの少なくとも厳密に比較可能な（ほとんどが二〇〇〇年代の）最近の調査では、格差が拡大している国と縮小している国に均等に分かれる。[*50]格差が拡大している国のほうが若干大きいため、人口の約五七％が格差が拡大している国で暮らしている。

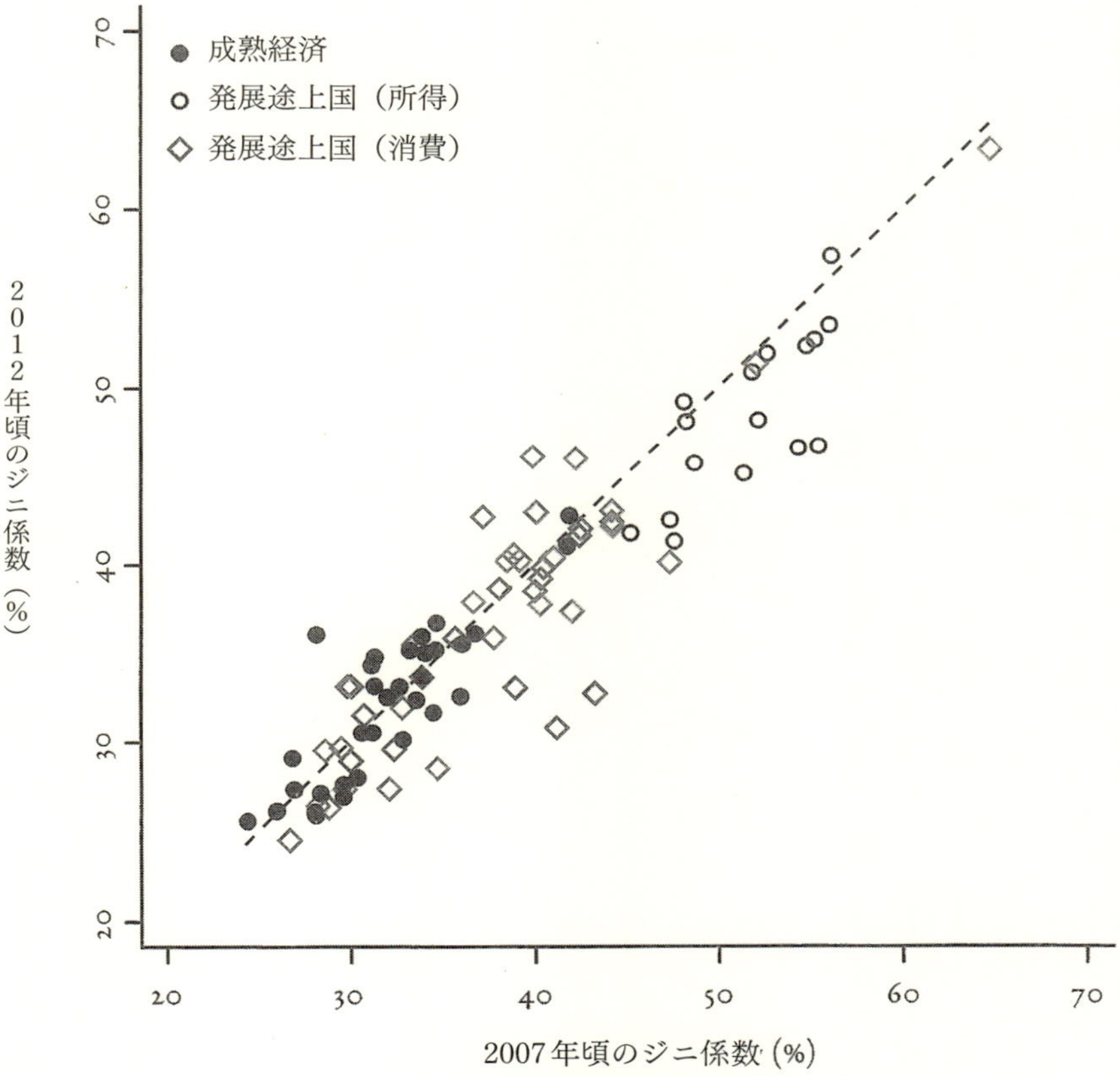

図11.4　金融不況時のジニ係数

出所：“Indonesias Rising Divide: Why Inequality Is Rising, Why It Matters and What Can Be Done,” World Bank Working Paper 101668(2916): “ECAPOV: Expost Harmonized Dataset, ECA Team for Statistical Developmentが構築。国：ルーマニア/2008, ルーマニア/2013. 2016年4月27日” World Bank (2016); “PovcalNet: the On-Line Tool for Poverty Measurement Developed by the Development Research Group,” http://iresearch.worldbank.org/PovcalNet}.

註：2007年前後と2012年前後の、両年について比較可能な調査が行われた93カ国のジニ係数を示した（“Global Database of Shared Prosperity,” World Bank Brief, October 6, 2015, http://www.worldbank.org/en/topic/poverty/brief/global-database-of-shared-prosperity）。最初の期間：2003 − 2011、最後の期間：2009 − 2014。期間：3年から8年、平均5年。破線上の国は格差に変化がなかった。破線より下（上）の国は格差が低下（上昇）している

ここまで概観してきた国内格差の水準と傾向は、様々なちがう期間を対象にしてきた。この節の最後に、直近の二〇〇七年から二〇〇九年の金融不況期を考えよう。これはかなり特別な期間であり、傾向のいかなる変化も解釈には注意が必要だ。図11・4は、すべての国の二〇一二年前後のジニ係数を二〇〇七年前後と比較している。これらの年について、比較可能な二つの調査が行われた国のみが含まれている。国の大半が点線より下に位置して、格差の低下を示している。平均すると、ジニ係数は三八・一から三七・一に約一ポイント減少している。三分の二の国（対象九三カ国のうちの五九カ国）で、格差は低下している。格差傾向の緩和は両方向からもたらされた。それまで格差が大きく拡大していた両地域、中国と先進国で格差が横ばい状態になった。[*51] これとは対称的に、ラテンアメリカの格差傾向は、それ以前に大きく減少したが、ここ数年停滞している。[*52]

これはグローバル格差にとって、何を意味するのか？ 図11・4に見られる格差の縮小は大国のほうが小さい。それ故、人口加重したジニ係数は二〇〇七年の三九・四から二〇一二年の三九・二とごくわずかしか下がっていない。よって、グローバル格差における国内要素は、だいたい変わらないままだ。[*53] 同時に、平均所得は貧しい国で上昇し続けているため、経済収斂の勢いは活発なままだ。要するに、二〇〇八年以降もグローバル格差は低下し続けているということだ。これはMilanovic論文が示した二〇一一年の結果でも裏付けられている。[*54]

グローバル化とテクノロジーの役割

これらの世界中のグローバル格差と国内格差の変化は、急激なグローバル化の時期と一致している。グローバル化とは、ここでは大まかに国際貿易の増大と、増加した資本と人の移動と定義する。それだけでなく、大規模なグローバル統合と生産過程の地理的分布を可能にする技術変化とも時期が一致している。これまで示した証拠は、次のような筋書きと一致している。「この期間に、中国とその他のアジアの地域が、グローバル統合の増進を活用し、国間格差を減らして急成長した。同時に先進国と発展途上国の両方で国内格差が増大した。この両者をあわせて考えると、中国の中、上流階級がグローバル化の勝者となったようで、富裕国分布の下位はこれに後れをとった（図11・3

参照)」。

この節の残りの部分では、これらの――熟練労働と非熟練労働、資本と労働といった――変化を説明するための、技術変化モデルについて概説する。グローバル化、あるいは技術変化と格差の厳密な因果関係は証明しにくい。なぜなら所得分布は多くの要素がもたらした結果だからだ。よって、ここでの私の議論はおそらく「多くのデータに基づく推論」として受け取っていただければ幸いだ。[*55] 基本的に主な結論は、貿易の所得分布への影響は、単純なストルパー＝サミュエルソン定理よりも複雑だということ、そしてグローバル化が非常に大きな利益をもたらした一方で、その利益の獲得にはばらつきがあったということだ。[*56]

最近のBasu論文は二種類の技術変化――労働節約と労働連携――を区別している。[*57] 労働節約技術のカテゴリーには、技能偏向型技術変化も含まれ、その結果熟練労働の需要が供給よりも早く増大した。これによって教育水準の高い労働者のプレミアムが増えて、元祖ティンバーゲン・モデル通り、労働所得内の格差も増大した。[*58] さらに、労働節約技術の議論の核心である資本の役割についても、認識する必要がある。Atkinson and Bourguignon論文が論じたように、資本は高度熟練労働を補うが、低熟練労働には代替する。[*59] これは決して新しい考えではない――ミードはオートメーションは格差を拡大すると主張した。[*60]

労働連携技術の変革は、労働が遠方の需要とどのように結びつくかを決める。これは、貿易、外部委託、あるいは海外直接投資といった多くのチャンネルを通じて起こる。Maskin論文はコミュニケーション技術の発達が生産プロセスの国際化をもたらしたと論じる。今日では企業は世界の反対側の労働者を雇え、それがグローバル労働市場を形成しているのだ。[*61] 労働連携技術の変革は、分布の様々な部分に様々な方法で影響を及ぼす。先進国では、賃金分布底辺の未熟練労働者は海外との競争に苦しんで、Freeman論文のタイトルをパラフレーズすると「北京で決められた賃金」をもらうはめになっている。[*62] 同時に、技術進歩は、最高年俸の人々が世界に及ぼす力を増強し、勝者独占市場におけるスーパースターの年俸を吊り上げている。[*63] Bourguignon論文が指摘しているように、同じことが発展途上国でも起こっている。インドのクリケットのスター選手、あるいは中国の億万長者は自身の力が及ぶグローバルな到達範囲の強みで利益をあげている。[*64] さらに富裕国の顧客に仕える発展途上国の被雇用者のなかには、地元相場よりもはるかに高い賃金を得ている者もおり、「トップ賃金はニューヨークで決まる」とすら言える。[*65]

これは貧困国と富裕国の格差にとって、どのような意味を持つのだろう？　富裕国の非熟練労働者は、仕事を奪う技術変化と海外からの低賃金労働者との競争に苦しめられている。一方で、アジアの貧困国の低、中級熟練労働者は賃金上昇を経験してきたが、さらなる上昇は資本代替の脅威によって抑制されている。一つ好例がある。世界最大の委託製造業者、鴻海技術集団（フォックスコン）は近い将来、一〇〇万台のロボットを導入予定だ。[*66]富裕、貧困国両方のトップ所得は二つの方法で利益をあげている。まず第一に、彼らの賃金はグローバル市場の規模と共に上昇している。彼らの所得は高度熟練労働が国際的に取引できることで均衡している。[*67]このスケール効果はとりわけ、一般の賃金水準が非常に低い貧困国のトップ所得にとって重要に思われる。第二に、富裕、貧困国両方のトップ所得受益者は資本を所有しており、この期間のグローバル技術変化によって資本分配率は上がり続けてきた。[*68]

要約すると、しばしば貧困国と富裕国の非熟練労働者間、あるいは貧困、富裕諸国内の熟練、非熟練労働間の衝突として議論されるこの問題は、株主と労働者間の衝突でもある。「過去二〇年の（中略）貿易グローバル化と、その結果として生じた経済成長加速の主要な受益者は資本だった」ということかもしれない。[*69]

政策的含意

政策提案について論じる際、グローバル化をやめるのは望ましくないことは是非とも強調しよう。Bourguignon 論文が指摘したように、グローバル化の停止が富裕国の人々にとって得かどうかはわからない。なぜなら貿易障壁が強まると、価格は上昇して、購買力が下がるからだ。[*70]しかしもっと重要なのは、貿易縮小が地球で最も貧しい人々を困らせるかもしれないことだ。資本と労働が容易に移動するグローバル統合経済は、政策決定を複雑にする。なぜならそれはどん底への競争をもたらしかねないからだ。この政策問題は真剣に考える必要がある。だがその一方で、国は無力ではなく、国レベルの政策決定が重要なことも明らかだ。これまで論じたように、どの国も同じ技術変化に直面しているのに、格差は少なくとも大まかには、どこでも拡大しているわけではない。さらに、高度熟練労働者のグローバル市場があるのに、アメリカ最高給のCEOの給料は、ドイツのおおよそ四倍だ。[*71]

急増する（グローバル）格差に関する論文には、格差に取り組むための政策提案も山ほど出ている。それを包括的にレビューするかわりに、増大した論文であまり注目されていないいくつかの事項を概説しよう。発展途上国は、間接税や公共部門賃金の抑制に大きく依存する、未発達な財政政策をとってきた。Atkinson and Bourguignon 論文によると、「貧困に関する他の側面、とりわけ雇用面でどんなにうまくいっていようと（中略）低水準の社会支出で低格差水準を達成した先進国経済はない」。[*72] 発展途上国の社会支出は、歳入不足で制限されている。最貧国では相変わらず国の能力が制限されているが、中所得国や新興国はだんだん歳入を増やせるようになってきた。これらの国々では、世帯が銀行口座とクレジットカードを持ち、それが新技術によって、課税目的に活用可能な情報フローを生み出している。これは特に税の累進性が高くないアジアにあてはまる。[*73] どの地域でも、実質的な累進性は非常に高い税のしきい値によって制限されており、おかげで最高税率は誰にも適用されていない。[*74]

資本所得への課税は、私が強調したいもう一つの面だ。まず第一に（発展途上国にかぎらず）通常資本所得は労働所得に比べて税率が低く、それが水平格差を生み出している。[*75] 同じ所得と資産を持つ個人でも、税率が異なるということだ。[*76] 第二に、固定資産税による歳入は比較的公平で効率的に執行できる歳入源なのに、ここからの税収がほとんどない。[*77] 第三に、タックスヘイブン問題にも取り組む必要がある。私がこれを書いているのは、無数の国の代表がオフショア口座を利用していることをほのめかした、いわゆるパナマ文書の最初の詳細が浮かび上がってきた時期だ。タックスヘイブンへの厳しい取り締まりは可能だが、それには——タックスヘイブンの預金の大半を占める富裕国を含む——国家間の調整が必要だ。発展途上国は富の相当部分をタックスヘイブンに奪われている。[*78] アフリカ、ラテンアメリカの多くの国では、その金融資産のうち二〇から三〇％がタックスヘイブンの口座にある。[*79] 発展途上国は、毎年およそ一〇〇〇億ドルの法人税をタックスヘイブンに奪われている。[*80]

しかし福祉国家は、グローバル経済下で苦境にたたされており、財政制度のみを通じた再分配目標は達成できそうもない。[*81] むしろ市場（あるいは財政以前の）所得にも着目する必要がある。Milanovic 論文は、可処分所得の格差水準は、西欧と先進東アジア経済（日本、韓国、台湾）で近似しているが、後者は、市場所得分配の格差が小さいところからスタートしているため、財政制度による再分配はかなり小さいと指摘する。また、自由貿易化の最中に、何とか「衡平的成長」を生み出そうとした東アジア諸国は、スタート時点から比較的平等な土地分配と基礎教育の普及があった。[*82]市場所得は、個人の所与資産とそれらの資産の運用益（賃金と賃貸料）によって決まる。これについては次で論じる。

格差縮小を実現した地域として際立つラテンアメリカは、再分配として有効で、条件を通じて人的資本を形成するよう設計された、条件付き現金給付を幅広く活用している。[*83]教育は経済発展の主流ツールキットの中核を担ってきたが、資本贈与はあまり注目されてこなかった。ここまで概要してきた単純なグローバル化モデルでは、労働節約技術は、まさしく資本を不平等に分配するが故に、分配面で有害な結果もたらしかねないとしてきた。もし資本はグローバル化の主な受益者であるというBourguignon論文が正しいなら、もっと公平な資本分配がグローバル化による悪影響を緩和する。[*84]

この領域における政策提案は三つの領域に分かれる。一つは、労働者が、利益分配協定かソヴリン・ウェルス・ファンドのいずれかを通じて、オートメーションによる恩恵の一部を受けられるようにする提案。[*85]二つめは、発展途上国で貧困者と中流階級の金融資産の構築を可能にするもので、これには所有権の確立が含まれる。三つめの一番重要なものが、相続税と生前贈与への課税で、これは現在の財政歳入にほとんど貢献していない。資本収益税は世代を超えた優位性の継承に関する不正の克服だけでなく、自己努力の成果に対する課税ではないため、他の富裕税に比べて歪みが少ない。資本贈与問題について直接取り組むために、アトキンソンは家庭背景とは関係なく、すべての若年成人に最低相続資金を提供するために税収を使おうと提案している。[*86]

これら所与資産からの収益を左右するのはもっとむずかしい。収益は市場過程の直接の結果だからだ。しかし政府が様々な方法で市場過程に干渉するのは重要であり、ここでそのうちの二つに触れたい。まず、政府は新技術発展を直接左右できる。例えば、研究開発への税優遇、あるいは大学やその他研究機関への直接助成などだ。[*87]それによって政府は、労働節約技術の使用や、熟練・非熟練労働と資本の相対利益など、技術変化の方向性に影響を与えられる。次に、韓国など東アジア諸国の急発展は、しばしば産業政策の成功のおかげと説明されてきた。これは多くの国ではうまくいかず、少数のエリートを肥えさせるだけに終わったが、とりわけ最貧国では政策ツールキットの一部として残しておく必要がある。[*88] Freund論文が成功する産業政策の重要要素をまとめているが、そのなかには国内複数企業の競争と、輸出業績の厳しい管理が含まれる。[*89]

グローバル格差の将来の方向性

『21世紀の資本』は長期的な分配の力に焦点をあてているので、ここでもグローバル格差の長期動向の予測をしておこう。Milanovic論文によると、グローバル格差の長期傾向は三つの力によって決まるという。国間の平均所得の差（国間格差）、国内の所得差（国内格差）、そして人口成長率の差だ。[*90] どんな予測にも大きな誤差がつきものだが、人口成長率は他の二つよりずっと正確だ。人口構造の変化は、グローバル格差を上昇させる。なぜなら最貧国の人口、とりわけアフリカのそれは世界の他の地域よりも早く増大しているからだ。[*91] たとえ中国のように最新の国内格差データで人口が横ばいになっていても、これを傾向の変化と解釈するのはまだ早い。なぜならこれは時期が金融不況をまたいでいるからだし、また昔ながらの測定の問題もあるからだ。ミラノヴィッチは、長期的な国内格差の上下を捉える、クズネッツ曲線理論を提唱している。[*92] いずれにしても国内格差は不変ではなく意図的な政策選択次第なので、金融不況とグローバル化による制限が多少あっても、国内政策の影響力は強いということだ。

グローバル格差の最も大きな変化は、おそらく国間格差部分の変化によってもたらされる。たとえ国間格差が減少しても、それがグローバル格差の主要な源であることに変わりはない。さらに国際データを見ると、国の資本変化は国内分配の変化よりも大きい傾向にある。[*93] 長期的に見ると、経済収斂の強い力――貧しい国ほど早く発展する――は、持続する傾向にある。[*94] しかし注意すべき理由が少なくとも三つある。まず第一に、サハラ以南アフリカの成長は不安定で、構造改革をしないまま有利な貿易条件によって利益をあげてきた。[*95] 第二に、中国以外、特にインドの成長が、グローバル格差の持続的縮小にとってますます重要になる。[*96] 第三に、気候変動がどんな成長予測にもかなり大きな不確実性をもたらしている。

グローバル格差の全体的水準について、Hellebrandt and Mauro論文は二〇三五年までにグローバルジニ係数がほぼ四ポイント下がると予測している。かなりの減少ではあるが、それでもグローバル格差は依然高水準だ。[*97] 彼らの結果はまた、成長（調査所得の代用となる一人あたりの国内総生産）が重要であることを示している。貧困国の成長がベースライン予測よりも遅い場合は、ジニ係数はわずか一%しか下がらない。これとは対称的に、グローバル格差の減少が増大に転じるには、すべての国で国内格差が約六%増える必要があるが、これは相当大きい。[*98]

研究課題

今後の発展途上国の格差の研究には、より多くの良質なデータが最優先事項となる。まず第一に、生活水準についての良質なデータは多くの国でいまだに入手できず、それは中東、アフリカ、カリブ海、太平洋諸国で顕著だ。最近世界銀行は、すべての貧困国で最低三年に一回の調査ができるよう支援に乗り出した。[*99] 第二に、農業と国内消費の重要性が下がってきた中所得諸国では、消費支出より所得データを重視すべきだ。所得調査と消費支出調査では、格差の水準と傾向は変わってくる。特に支出が指標として不適切なトップに成長が集中している場合はなおさらだ。[*100] 第三に、発展途上国の資本所得は、多くの所得調査が調べようとさえしていないため、非常に少ない。

最後に、密接に関係していることだが、発展途上国のトップ所得の測定を改善する必要がある。先進国で使用してきた行政記録は、発展途上世界では入手できない。格差測定の最も革新的な方法は、行政記録から得た所得情報を、世帯調査の他の質問と組み合わせることだ。[*101] ピケティの非常に控えめな富裕税導入の提案同様に、広範囲に及ぶ所得税は、これらの行政記録を作り出すだろう。しかしこれらの機会を有効に使うには、さらにやることがある。例えば、世界銀行とその他の国際機関は、発展途上国の税制改革支援のために、融資や技術支援を行っているから、国民への（必要に応じて匿名化した）分配統計公表を政府に義務付けるほうが相対的に簡単だろう。

良質なデータがあれば、非常に基本的なものを含む、多くの重要な研究問題に取り組むことができる。格差の「本当」の水準と傾向とは何か？[*102] 資本所得と分布トップの計測後に、ミクロデータと国民勘定の傾向のすり合わせは可能なのか？ 法人税データは経済集中の実状について何を教えてくれるのか、そしてそれは競争当局にとって懸念事項となるのか？　資本所得の動態をより頻繁に分析されている労働所得の動態とどのように比較するのか？　現行の税、給付制度、所得分配にどのような影響を与えているのか？　財政制度は最適か？　所得分配と技能分配の様々な部分に属する世帯は――消費者、労働の売り手、資本所有者として――グローバル経済とどのように相互作用するのか、そして貧困国と富裕国ではそれはどのようなちがいがあるのか？

結論

この小論は、『21世紀の資本』におけるピケティの分析の補完を試みるなかで、格差へのグローバルな視点を提供してきた。ピケティと共著者たちが着目した、アングロサクソン諸国におけるトップ所得の急上昇とは対称的に、グローバルな視点から見ると格差は世界的な平均所得の収斂によって、安定、あるいは若干低下しているようにさえ見える。平均的発展途上国内の格差は、一九八〇、九〇年代に大幅に拡大した後、二〇〇〇年代になって縮小してきた。これらの結果は、トップ所得、とりわけ資本所得を過小評価することで知られる世帯調査に基づくものだ。さらに、これらの調査はしばしば消費支出を使っているが、それはトップの生活水準の上昇をとらえていない可能性がある。よって、貧困国の多くの証拠が入手可能になったにもかかわらず、これらの結果にはかなりの不正確さがある。それゆえ、発展途上国の格差についての研究課題を前に進めるには、これらの国の良質なデータが依然として最優先事項である。

第12章 『21世紀の資本』の地理学――格差、政治経済、空間

ギャレス・A・ジョーンズ

地理学者ギャレス・ジョーンズは、『21世紀の資本』には「空間」が欠如しており、地理が展開する格差と搾取の背景としてでなく、「データの容れ物」としてしか機能していないと批判している。ジョーンズは資本モビリティと秘密性、そして根なしのグローバル・エリートに迎合する都市の国際競争を、地理が格差を可能にし蔓延させるメカニズムであると論じる。彼は格差の地理と対峙するには、事後ではなく事前にそのイデオロギーと対峙する必要があると結論している。

ピケティの英語版『21世紀の資本』が二〇一四年に出版されたとき、その所得と富の格差が一九七〇年代初め以降増大しているという主要メッセージは、多くの経済学者、銀行家、ヘッジファンドマネージャー、あるいは政策アナリスト、多くの興味津々の社会科学者、メディアの論説著述家、シンクタンク、そして活動家にとってまるで目新しいものではなかった。[*1] 格差は積極性への報いを反映した「良いこと」で、一般的に生活水準が向上するか、維持されているかぎり、概ね政治的に無害であると考える者がいる。[*2] 格差拡大の経済効率性、社会モビリティ、そして民主主義への影響の大きさとその結果を、長年にわたり懸念してきた者もいる。[*3]

それでも、ピケティは時代精神を掴んで、無数の称賛のみならず、政府、国際開発、そして金融機関、反資本主義運動、そして大衆誌などとの多様な対談への招待を受けている。[*4] 必然的に、本書への寄稿者も含む批判者たちもまた、彼の分析の弱点をこぞって指摘している。特にピケティの資本の定義、[*5] 彼の数式に埋め込まれた前提、[*6] ジェンダーと労働への留意の欠如、[*7] そして彼の「小文字のc」的な保守的政治性[*8]などに指摘は集中している。本章で私は、地理学

の視点から『21世紀の資本』を問いただそうとした、これらの議論への以前の限られた寄与を拡げてみたいと思う。[*9]
私の最初の出発点は――学際性を称揚すると称する本において――地理に対する明示的な関心が大きく欠けていることだ。「空間」という言葉を検索すると、それが最初に登場するのは二四六ページだ。むしろ多くの人々が的確に読み取ったように、ピケティは長い期間の所得と富の分配について明晰な「長期的」説明を提供している。しかし、彼にそれができたのは、エリック・シェパードが指摘しているように、地理を「データの容れ物」として格下扱いしたためだ。[*10] ピケティは明示的に、資本を「国民」の富と資本として定義している――すなわち、「ある国でその時に政府や住民が所有しているものすべて（ただしそれが何らかの市場で取引できる場合のみ）の総市場価値として定義」[*11]するということだ。

つまり変数は国民国家の基準によって測定されている。なぜなら国民勘定や（所得や相続の）納税記録もそのようにまとめられているからだ。[*12] この実用的な決定は経済学の規範に従っているが、それは地理を受動的要因として扱い、経済活動の評価が、経済自体の組織、稼働と一致していることを示している。結果として、ピケティの格差分析は計測――彼が何度も主張する「基本的事実」――の実施であり、それは国民国家基準による所得の十分位として示され、主にそれらの国々の経済動向によって説明できるが、グローバル経済との関係性とは無関係だ。[*13]

しかしもっと現実的な要点は、この空間への無配慮がピケティの政治経済学と政策へのアプローチが抱える基本的問題の証拠となっていることだ。デヴィッド・ソスキスが主張するように、『21世紀の資本』全編を通じて、ピケティは政治経済分析の必要性を促しているが、この本にはそのようなアプローチは「まったくなく」、一九七〇年代の格差拡大を説明するための「政治経済比較における一貫した基盤をまったく欠いている」。[*14] ソスキスが「貧弱な数字の議論」（ピケティが「資本主義の中心的な矛盾」とする有名な $r > g$）と呼ぶものは、各種の仮定、とりわけ貯蓄は投資と等しく、（企業ではなく）貯蓄家は低成長が見込まれても投資するという仮定の積み重ねに頼っている。ソスキスが言うように、ピケティの分析は「政治、歴史、技術変革の相互関係」、あるいはフォーディズムから、インターネットとコミュニケーション技術が駆動する「無重量」経済、金融サービス、そして消費への移行を「ほぼ完全に無視している」。そこでは資本の利益が、収益性の高い公共サービスの民営化と規制撤廃を押し進めて、先進民主主義国の政策決定をしっかり決定している。

この批判に、私はピケティが現代政治経済の文化シフト、とりわけ所得を正当化する根拠とそれが実現される方法を変えた金融自由化を無視していることを付け加えておく。*15 奇妙なことに、地所（不動産）を資本の定義に含め、累進課税を自分が主張する格差に対する「ユートピア的」政策改革に加えた記述で論争を招きはしたが、金融、資産、そして課税忌避が持つ現代の格差の原動力としての役割については、学際的な形でも他の形でも、ほとんど触れられていない。

よって私の主張は、二一世紀の格差の説明には空間的政治経済学への配慮が必要であるということだ。私が本章を記そうと決めた後の六〇分間にとった行動の次のような寸描における、政治経済と空間との接点について考えてみよう。何か着想を得るために、私はスターバックスの支店に入ってエスプレッソを注文し、iPadを開いて格差に関する文献をグーグルで検索し、アマゾンでガブリエル・ズックマン『失われた国家の富――タックスヘイブンの経済学』のハードカバーとキンドル版の両方を注文した。*16 キンドル・アプリに本が届き、携帯電話が鳴って確認メール受信を知らせた。それはまた電気代請求と友人がフェイスブックを更新したことを教えてくれた。私はコーヒーを飲み干して家に向かった。私は子供が帰って来る前に、ズックマンの本を読み始めたかった。時間節約のために、サンタンデール銀行が出資する「ボリスバイク」（訳註：シェアサイクル）に乗って駅に向かい、「スマート」なオイスターカード（訳註：ＳＵＩＣＡのような交通系カード）で改札を通って、電車で家から数百メートルの駅まで行って、パン屋でパンを買い、数分後には自宅の玄関を通って、マットの上に落ちている無料「ライフスタイル」雑誌――各ページは記事とリフォーム、私立校、ギャラリー展示、そして不動産の広告満載――を拾って、キッチンのＩＫＥＡのソファに腰をおろして本を読み始めた。

スターバックスに入ってから、私は八キロも移動していないが、その過程で多くの有名企業、主にサービスプロバイダと取引した。それらの地理はきわめて曖昧だ。例えばズックマンの本の購入は、Amazon.co.uk経由だが、あとで請求明細を見ると販売元はルクセンブルクの子会社Amazon SVS Europeで、本そのものはスウォンジの配送センターから配達されている。ここまでで私が言えるのは、寸描に記した取引には、税務と規制のためにルクセンブルク、スイス、英領ヴァージン諸島、クック諸島、そしてバハマに登録されている企業が含まれているということだ。寸描で言及、あるいはほのめかした企業は、どれも何十億ドルもの売上があるにもかかわらず、イギリスでしっかり法人税を払っている企業は、あったとしてもごく少数しかない。例外はサンタンデール銀行と、当然ながらパン屋だ。[*17]

ダニ・ロドリックが主張するように、企業と資本所有者の税金逃れの才によって、公共サービスの財政負担（と負債）が労働者（賃金）に転嫁され、したがって格差を増長する。[*18] 低税率区域への企業登記によって、G20諸国の国庫は、毎年世界全体の法人税の四から一〇％にあたる二四〇〇億ドルもの歳入を失っていると、OECDは見ている。[*19]

過去四〇年間は、経済活動と公共負担の分配を大幅に見直す傾向にある。

本章の狙いは、格差の政治経済分析には、資本の地理学的検証が必須であると示すことだ。ここ四〇年間のグローバル資本主義の経済地理学は、資本が過小、あるいは過剰蓄積の危機の空間的解決を求めていることを示している。[*20] よって資本の力にとって重要なことは、固定されたものを流動させる地理的モビリティにある。この変容の典型が金融資本である。

それにもかかわらず、カレン・ホーが『21世紀の資本』批判のなかで指摘したように、ピケティは資本と労働（あるいは資本対労働）という因習的な考え方を温存するために、経済の金融化を過少に扱う。[*21] だから彼は「スーパー経営者」たちの超高所得への移行については書きながら、ホーが言う「企業の金融価値、モデル、実践に対する企業の性質や目標そのものにおける地殻変動的な激変」には関心を向けていない。[*22] 言い換えれば、『21世紀の資本』は、現代の格差が、この広範な格差の新しい形を可能にしている、空間的過程を含む資本蓄積の過程について示していることとの分析を避けている。

ここで私が示したいのは、新しい政治経済の基盤は、物理的資産とはちがう書類上の場所に現れる、あるいは国や国際統治手続きといった視点からははっきり見えない、法の枠を超えた空間に置かれた資本の力にあるということだ。これらの空間の中で最も明らかなのはタックスヘイブンだが、これに地域、地帯、そして多くの科学都市、知識都市、博覧都市を含む、オフショア、オンショアの区域も加えることができる。[*23] これらの空間は、経済を民主政治から切り離し――そして道徳的義務と財政責任が最小限に抑えられ、資本収益の保証力が最大限に拡げられた企業と富豪に権限を与える――特別法によって運営されている。空間的に見ると、特別法と秘密性が、不均等なグローバル経済の強化に作用している。そこではニルス・ギルマンが示唆したように、「ネオリベラリズムの広く開かれた市場重視のルールがグローバリゼーションを支配しているかもしれないが、道徳的に問題の多い領域でゲームは行われている」[*24]。この新しい政治経済学をピケティ的な手法で特徴づけるなら、二一世紀資本主義の文学的報告者として、私はJ・G・バラードを挙げるだろう。[*25]

資本の力――特別法と秘密性

ピケティは明快かつ公正に、高所得・資本所有者が、中、低所得十分位の人々に対してますます優勢になっていることに怒っている。しかしこれは純粋な統計上の関係なので、格差が不公平な力の分配からどのように生まれているかははっきりしない。マルクスが指摘したように、資本主義は社会的関係に依存している。彼の階級理論は、資本の労働（賃金）に対する支配力、あるいは階級の力という概念の元になったものを示している。よって格差は、十分位、五分位が持つ所得と資本の相対的割合で測れても、これらの分布は労働から価値を引き出す資本の相対的力によって生み出される。

しかし、資本の力が働くメカニズムの詳細は、時間と空間によって変化する。ジェイン・オースティンが小説を書いている頃、格差は労働者の労働時間の延長と調整、コモンズの私有財産への再分配、初期の機械化、そして奴隷制によって生み出された。[*26]地理的観点から見れば、政治経済は空間次元を再加工してしまい、おかげでサスキア・サッセンが言うように、国民国家はまるで死んだわけではないにせよ、主権が脱中心化され、国土が脱ナショナル化されてきたのだ。[*27]

現代の空間政治組織は、これまで以上に超国家組織と国際協定によって成り立っており、企業、信託基金、ファンド、官民協同、市民社会組織はそれを通じて、国民国家に対して、協議で決まる約束のようにも見えるものの下で活動できる。[*28]簡単に言うと、取引規則、労働条件、コーポレート・ガバナンス、課税を通じて取り決められた資本と労働の関係は、多数の空間で折り重なり、あるいはつながっている。私はその結果生じた取り決めを、資本の力が民間のルールと準公的協定によって行使される法的協定に従って経済活動が存在するという意味で、超法規的空間と呼ぶ。規制、コード、そして基準はたくさん存在する――しかしそれらは、私的利益を公的利益、あるいは権利よりも優先する枠組みに関するもので、規制当局、メディア、労働組合、さらに株主に対する透明性は最小限である。

超法規性としてまず最初に挙がる最も有名な例は、現代グローバル経済の「パラダイム的空間」だとニールソンが考える特区である。[*29] 一九六〇年代にはほんの一握りしかなかった特区は、二〇〇六年には四〇〇〇ヶ所にまで大きく増加し、輸出振興や自由貿易特区から回廊地帯、飛び地、折衝地帯、新都市まで複雑かつ様々なタイプがあり、ケラー・イースタリングによれば六六〇〇万人を超える人々を雇用しているという。[*30] またニールソンによれば、特区は「領土の新たな政治地形」を形成しているという。「特区における例外的な法規形態は、国内民法、国際法の日和見主義的適用、企業主体が発布した規範と基準に沿って存在する傾向にある。特区は例外的空間であると同時に、競合する規範や算定が浸透した空間でもある」[*31]。特区が「非国家」である例はごく稀だ。どちらかといえばそれらは、特区を超えると否定、あるいは利用できないインフラが、提供され利用可能になる、ステファン・クラスナーが言うところの「偽善的独立主権」である。[*32]

しかし国は、特区設立には不可欠であるにもかかわらず、それを支配していない。[*33] イースタリングにとって、特区とは、そこにある企業自体によって構成された信託基金、あるいは機関が権限を持った、国政体から逸脱した「ゆるい」形態であり、数千キロ離れた地方、あるいは世界的企業の事業所の決定が、国、あるいは地方の政治機構が予想した状況や国際法にさえあまり頼らず（まったく頼らないこともある）、特区で起こることを決められるようにした。特区における規則作成、規則遵守は、民主主義的管理に頼ることなく、資本が必要とするままに行える。労働、環境、保健、安全、人権、さらに当然のことながら課税に関する法規と協定は修正、あるいは例外を設けることが可能だ。[*34] 実際、特区はまちがいなくイースタリングが「準公式の管理形態による制定よりも早く、現実の政治機構を生み出す、空間、情報、そして権力のダイナミックなシステム」[*35] と呼ぶものによって管理されている。

特区の小技《わざ》とは、それ自体を経済活動の規範的空間、すなわち開発空間にすることだ。[*36] それはこれを――実際に成果を上げる空間だという──テクノクラート精神と、バックが「現代性の幻想と願望」とまとめてみせた定型として強調することで成し遂げている。[*37] 管理者と販売キャンペーンは特区の状況を経済一般よりも良好だと宣伝する。工場の床は整理整頓されて清潔で、労働者は訓練を受け、たいてい最低賃金よりも高い賃金が支払われ、住環境には会社が提供する託児所、健康管理、さらにお値打ちの住居が含まれる。最新世代の特区にはレジャー、娯楽、高等文化施設が含まれている。[*38]

しかしたとえ特区が都市のように見えたり、国家のように統治されたりしても、そのやり口は秘密主義と民主主義の欠如に基づいている。このインフラに恵まれた都市様式について、批判者たちは「非常にたやすく回避、閉鎖、隔離に転じる、自由と開放性の仮面舞踏会」と論じる。[*39] 言論の自由は監視され、集団抗議──とりわけ労働組合──は禁止される一方で、労働者、たいていの場合出稼ぎ労働者は、完全市民権にはほど遠い権利のまま契約して、収容施設に隔離され、長時間労働、有害な労働環境、性的略奪にさらされている。[*40] 規則を強制執行するのは民間警備会社で、それ自体がグローバルネットワークの一部として特区（飛び地、複合体、博覧都市、ミクロ国家）を互いに結びつけ、品質管理、確実性、国の関与制限を資本に提供するグローバルネットワークの一部だ。[*41] デイヴィスとモンクによれば、特区は非政治的であるという主張とはまったく逆の「邪悪な楽園」──治外法権を必死に目論む、意図的な非民主主義的空間──である。[*42]

ピケティが描いた低成長状況下（これは緊縮経済と共に、彼の実証的主張に特に欠かせないものだ）では、特区は資本の力を増強する。それは境界で区切られた、国民国家よりも面倒がはるかに少ない領域を提供し、そこで資本はモビリティ能力を保ったまま「着地」できる。地所が貸し出され、建物と機械は賃貸され、サービスが契約される一方で、納入業者、仲介業者、市場との接続性は、規制や政治的要望に邪魔されることもない。「事実」の計測により一九七〇年代以降格差が拡大したとするピケティの所見におおむね沿うように、世界中に何千もの特区が格差生産と複製の空間的手段として出現してきた。

現代資本主義における第二の超法規空間が、オフショアだ。いくら特区が別世界のように思えても、特区はどこかに存在しているから、ある水準においてそれは現実空間である。これとは対照的に、ニコラス・シャクソンが論じるように、「オフショアは空間内に存在するが場所として仮想的な存在でしかなく、基本的に『他のどこか』でのことだ」[*43]。人、企業、あるいは信託基金といった投資手段を、オフショアの七〇あまりの——典型的なオフショア空間である——タックスヘイブンのうちのどれか一つに登記するが、おそらくは他の個人、会社、あるいは信託基金と共有する（くだけた言い方で「郵便箱」と呼ばれている）郵便住所以外は、その空間とそれらはほとんど何の関係も持たない。

オフショアの成功についてはほぼ異論はない。シャクソンが言うように「オフショアとは権力世界が今どのように機能しているかを示している」。そしてジョン・ウリーは、オンショアであることは例外であるとまで言っている[*44]。アメリカ企業が海外で得た利益の概ね五五％が、わずか六ヶ所のタックスヘイブンに、これらの場所に生産、あるいは販売面でごく限られた経済関係しかないにもかかわらず、申告されていることを示した、ガブリエル・ズックマンの入念な経験主義的分析が、ウリーの主張を裏付けている[*45]。重要な点として、オフショア・タックスヘイブンとのこれらの関係性の規模と特質は、いまや「富の格差の評価に著しい影響を及ぼす」のに十分なほど大きくなったとまでズックマンが主張していることだ[*46]。

通称パナマ文書の公開が示すように、極端な節税、あるいは脱税だけがオフショア化の唯一の動機や効能ではない[*47]。実際、ギルマンらが指摘しているように（そしてパナマ文書がどうやら裏付けているように）、オフショアは合法ビジネスと、彼らが「逸脱したグローバリゼーション」と呼ぶ、美術品、エネルギー、環境廃棄物、兵器、ドラッグ、人、動物の違法取引、そして金融犯罪を統合している[*48]。とはいえタックスヘイブンは、世界最大の企業と富豪が自身の資金管理を行う能力として、現代政治経済の不平等な関係性を見極めるための非常に明晰なレンズとなり、それによって彼らは不釣り合いな額のビジネスを低課税で行える[*49]（図12・1参照）。さらに、オフショア化は拡大し、国民国家による利益への課税能力は、高所得者の所得への課税同様に、減少する傾向にある。ズックマンはアメリカ企業がタックスヘイブンで申告した企業利益の割合は、一九八〇年代から二〇一〇年代までに一〇倍に増大して約二〇％になったと説く。結果として、アメリカ企業が支払った実効税率は一五年ほどで三〇％から二〇％に下がった[*50]。

オフショア・タックスヘイブンは、見る者によっては現代政治経済の主要手口と考えるもの——企業が競合他社と

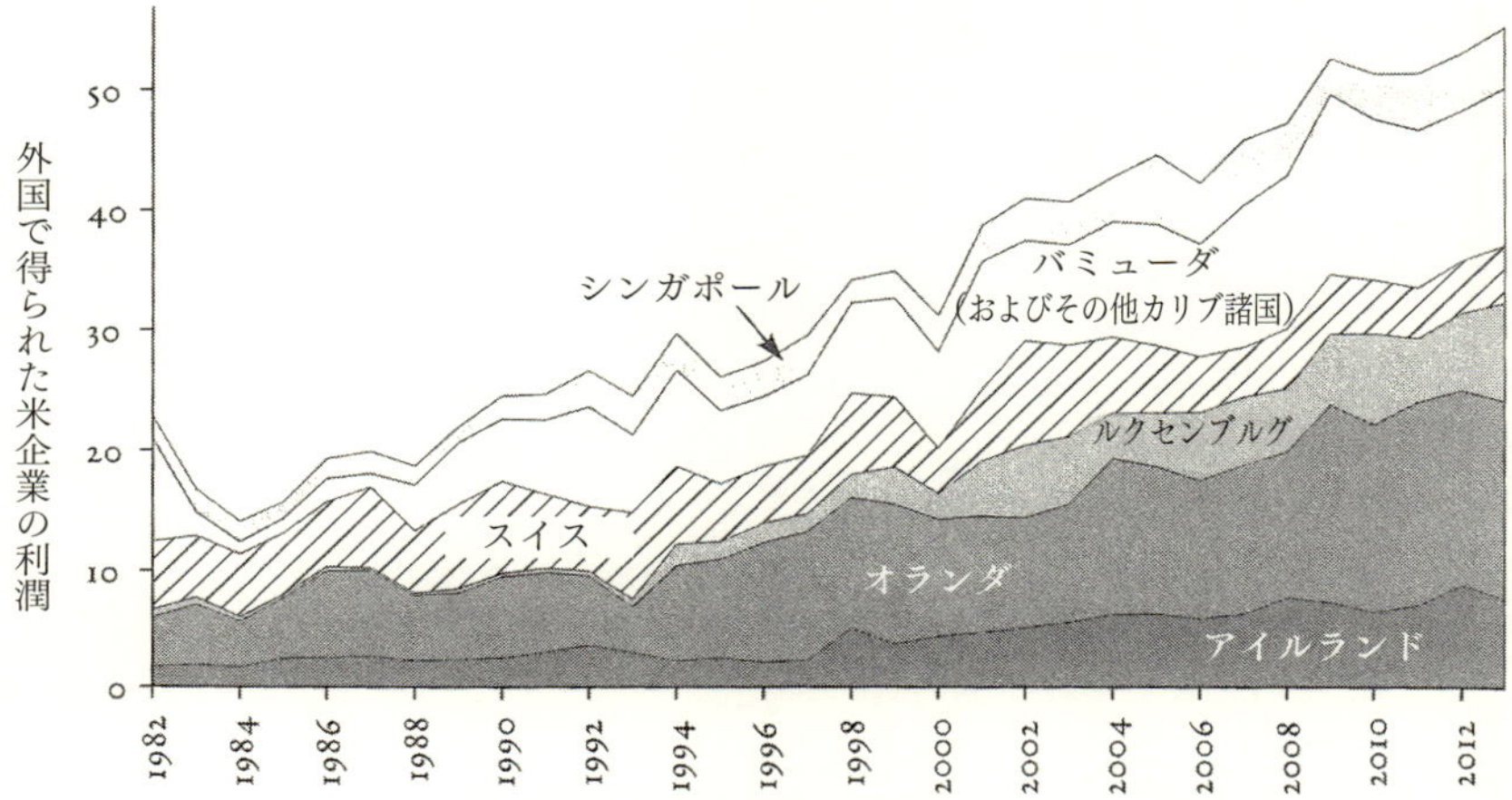

図12.1　アメリカ企業の海外利益にタックスヘイブンが占める割合
註：この図は、アメリカの海外直接投資による収益に主要タックスヘイブンが占める割合をグラフにしている。2013年、アメリカの海外直接投資総額は約5000億ドル。17%がオランダ、８%がルクセンブルクからといった具合だ
出所:ズックマン『失われた国家の富』

規制当局から事業実態を隠す手腕——で運営されている。繰り返しになるが、この利点は単に財務上だけではない。ズックマンが指摘するように、「現実世界では、脱税者は多くのヘイブンで無数の会社を登録し、法律上所有者のいない資産を作り上げるか、自身の会社からうまくそれらを切り離すことができる」[*51]。秘密保持のために、空間と組織の複雑さを組み合わせて、それによって司法活動の出現を特定する能力が生まれ、必要な透明性を限定的に提示して、あまりに複雑で外部の調査官がすぐには解けないような方法でそれを行う。たった一つの投資事業を何百もの他者が所有し、それが無数の場所に登記され、その最上位となる特別目的会社は、ヘタをすると二〇〇〇もの事業が含まれるポートフォリオのたった一つでしかないものとして、投資会社の帳簿に載るだけだ。これらの特別目的会社の詳しい構成と投資者の身元を把握するのは、例えば彼らが「無記名式」を使っていようものなら、単一の規制当局の能力を超えている[*52]。

資産と取引を見かけ上オフショアに「移行」する古典的手段はインバージョンだ。典型的な例としては、親会社は税率が低いか、透明性に関する規制が少ないかのいずれか、あるいはその両方を兼ね備えたオフショアに子会社を設立する。そして子会社を親会社の本社所在地と

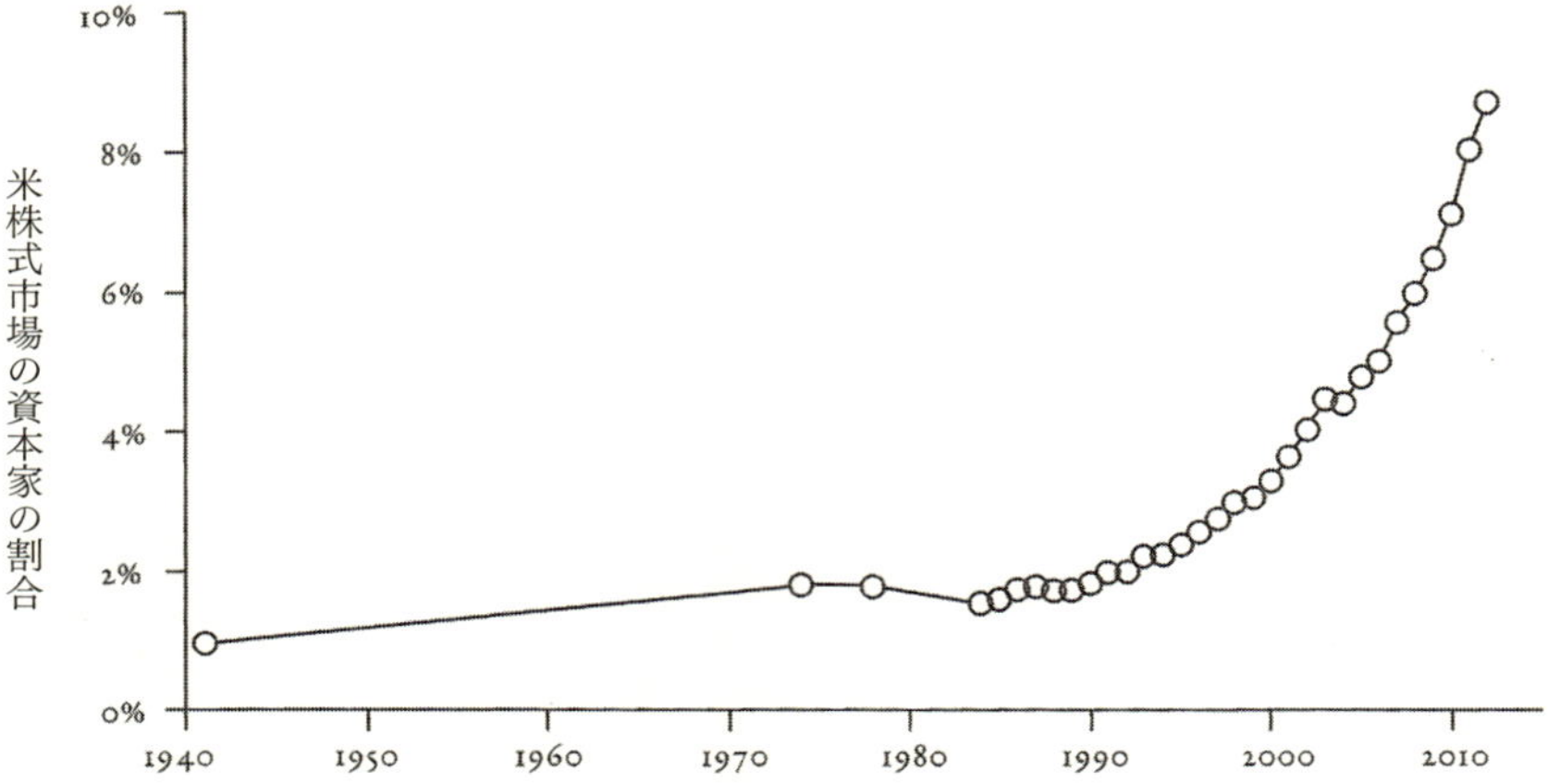

図12.2　タックスヘイブンの企業、個人が保有するアメリカ普通株
註：2012年、登録済みアメリカ普通株の9%をタックスヘイブンの投資家が保有していた（ケイマン諸島のヘッジファンド、スイスの銀行、ルクセンブルクの投資信託、モロッコの個人等）
出所: ズックマン『失われた国家の富』

して登記する（図12・2参照）。実際にはこのオフィスは、取締役会議の開催という最低条件しか満たさない幽霊会社で、ここが重要な法人機能を果たすことはない。しかしその結果、会社と個人は公然と隠れ、その法的管轄下で機能面での実状よりも資産が少ないふりをしながら、別の場所でしっかり投資や支払いができる。事業収支と納税記録にはそこでの資産、収益、所得は大幅に過少計上される一方で、他所での業績を過大計上する。ここで重要なことは、その秘密保持が資本、取引、所得、そしてそれらの記録方法の空間配置を操作する力によって可能になるということだ。

秘密性の観点から見ると、現代の政治経済は透明なオンショアとうさんくさいオフショアという単純な二元性ではない。それよりも、コブハムらが主張するように、秘密性は様々な場所で様々な組み合わせで生じる、ひとつのスペクトルとして理解する必要がある。[*53] それらは金融秘密性インデックスに、司法の秘密性（あるいは透明性）への関与の評価を提案している。最も秘密性の高い場所としては、悪名高いタックスヘイブン——スイス、ルクセンブルク、香港、ケイマン諸島、シンガポール——が名を連ねるが、アメリカ（第六位）、ドイツ（第八位）も含まれる（表12・1参照）。おそらく同様に明らかになったのは、ロンドンのシティをイギリスから独立した存在としてとらえた場合、それは単一としては

順位	FSI	秘密性スコア	GSW	BAMLI	CPI
1	スイス	サモア	アメリカ	ソマリア	アフガニスタン
2	ルクセンブルク	バヌアツ	イギリス	アフガニスタン	韓国
3	香港（中国SAR）	セーシェル	ルクセンブルク	イラン	ソマリア
4	ケイマン諸島	セントルシア	スイス	カンボジア	スーダン
5	シンガポール	ブルネイ・ダルサラーム	ケイマン諸島	タジキスタン	ミャンマー
6	アメリカ	リベリア	ドイツ	イラク	トルクメニスタン
7	レバノン	マーシャル諸島	シンガポール	ギニアビサウ	ウズベキスタン
8	ドイツ	バルバドス	香港（中国SAR）	ハイチ	イラク
9	ジャージー	ベリーズ	アイルランド	エリトリア	ベネズエラ
10	日本	サンマリノ	フランス	ミャンマー	ブルンジ
秘密性平均スコア	69.0	83.4	59.3	n/a	n/a
GSW 総計	58.9%	0.07%	80.4%	0%	0.014%

表12.1　FSI、FSI構成要素、その他指標による上位10法域
註：FSIとBAMLIは2013年値。CPIは2012年値。秘密性スコアはBAMLI、CPI上位10法域については未算出

世界で最も重要な金融秘密性の提供者となるということだ（イギリスは比較的透明性が高い）（図12・3参照）。

ここ数十年のロンドンの成功は、部分的には多数の高度に熟練した高所得の会計士、投資アドバイザー、弁護士を提供する能力によるものだ。彼らはウォジシックが指摘するように、グローバル資本の地理をできるかぎり不透明にすることに加担してきた。[*54] パラドックスめいているが、シティがこれに特化してうまくやってきたことは公知の事実だ。[*55] 実際、英国議会公会計委員会が指摘しているように、四大会計事務所は税務部門に九〇〇〇人を雇い入れて、二〇億ポンドを手数料として企業に請求している。[*56] 委員長であるマーガレット・ホッジ下院議員はそのコメントのなかでプライス・ウォーターハウス・クーパーズという企業の活動について、「産業規模での課税逃れ促進以外の何ものでもない」という報告をしている。

物的資産と取引を――多くの特区がそうであるように――オフショアに移動したように見せかけることと、マーガレット・ホッジが示唆している事業の買い取りの結合は、私たちの現代の空間の政治経済の理解にとって大変重要だ。これが意味するのは言うまでもなく、公的税記録を通じた国民国家レベルにおける経済活動の構成の把握が、実際の現代経済の動きと相容れないということだ。ロンドン企業の税務担当部局が年額二〇億ポンドもの手数料を取っているのは、取引と資産および納税義務を、実際の場所では計上しないためなのだ。ズックマンは、オフショアのタックスヘイブンには、最低でも世界の世帯金融資産の約八%が置

図12.3　あなたのお金をここに（ロンドン・シティに行こう／世界のタックスヘイブンの首都）
「メインストリームへラディカルで進歩的なミームを送り込むことを助ける」のを目標の一つにしている活動家ネットワーク、ルールズによる旅行ポスターのパロディ
出所：Aljazeera

かれていると見積もっている。彼のデータには美術品、宝飾、不動産といった非金融資産は含まれていないが、それらも含めると割合は一一％にまで増え、それらほぼすべてが課税を免れている。[*57]

企業の監査済みバランスシートが、これより信頼性の高い安定したデータ情報となるはずもない。バランスシートは企業がどの程度「無重量」かを記録し、企業内での支払い移転を実施し、漠然としたサービス（市場原理によって決定されないもの）、とりわけ知的所有権（商標、ロゴ、あるいは技術）とマーケティングへ支出し、それによって純収入と利益を特定の法域へと移せるようにする。[*58] 最も極端な場合には、いたるところにあると認識されているブランド認知の高い企業が、経済活動をどこでも行っていないと見せかけることも可能だ。[*59]

好例がアップル・オペレーション・インターナショナル社だ。この企業は三年間の純利益三〇〇億ドルを申告しているが、基本的に秘密にされている複雑な系列化と手順によって、どこにも納税申告を出さずにすませている。つまり、秘密保持は――本来タックスヘイブンがそうであるような――場所に特有の手段ではなく、法制度の曖昧さと、複数の法域をまたがる監督の不完全を利用した、ネットワーク化された巨大空間で行われているのだ。[*60]

二一世紀の格差、階級、市民権

地理学的観点から見ると、現代政治経済とその空間との関係性は、

『21世紀の資本』のなかで繰り広げられた、かなりきれいな階級概念を混乱させる。ピケティは（搾取について一度も明言していないが）階級という観念に敏感で、階級闘争についてさえほのめかしているが、彼は階級を所得分布と結びつけて考えている。それ故、労働階級は所得分布の底辺五〇%、上流階級は上位一〇%、中流階級は……その中間といった具合になる。これらの区別が恣意的、図式的で、異議もあると認めながら、彼はそれらによって綿密で客観的な比較分析が可能になるとも主張する。*61

この階級の基本的指標としての所得への固執は、経済学の規範に忠実で、これによって彼は拡大する格差は、所得の稼ぎ手のトップ一%、あるいは更に絞ってトップ〇・一%の稼ぎのせいであると示すことができた。ピケティは折に触れて「エリート」に言及するが、高純資産個人（HNWIs）、あるいは超高純資産個人（U‐HNWIs）といった、多くの政府機関のみならず金融、ライフスタイル・サービス部門でより広く展開されている構想にまでは至っていない。*62 階級の代用としての百分位への信頼は、構想に分析手段がないことを意味している。上流階級（上位一〇%）、あるいは上位〇・一%は何をしているのか？　彼らはどんな暮らしをしているのか？　彼らの自分たちの階級グループに属さない人々との関係、あるいは態度は？　百分位エリートは市民権、そして地域アイデンティティの主張を、自分たちの金融資本モビリティとどのように結びつけるのか？

二一世紀の階級地理学（そして社会学）は、エリートが、可動的な生き方——余暇のためのみならず、政敵からの嫌がらせを避けるため、事業展開の政府、メディア、そして市民社会への開示を避けるため、そしてあからさまに課税と法的要求を避けるための移転、あるいは移転能力——を通じて、活動していることを実証してきた。*63 エリートが超可動的になるにつれ、彼らは国家から切り離されて、オングが「古典的市民権に欠かすことのできない深い関与」と呼んだ挑戦へと乗り出した。*64 エリートは彼らの資本（あるいはその状況）同様に、ますます脱領土化しているようだ。

これらエリートはフリーランドによれば「故国の同国人よりも、互いに共通することが多い、同等の人々からなる世界規模のコミュニティになりつつある」という。「今日の超富裕層はニューヨーク、あるいは香港、モスクワ、ムンバイなどどこを主な居住地としていようが、彼ら自体がますます一つの国家となりつつある」。*65 社会としての世界が田舎の地所に限られ、たまにロンドンやポーツマスに小旅行に出かけて、カリブ諸島の植民地との経済関係に見て見ぬふりをして（口にすることもなかった）、ジェイン・オースティンの多くの登場人物とはちがい、新入りの富豪たちは高度にモビリティが高く、世界的ネットワークを持ち、それなのに定住地を持たない。二一世紀資本主義のアイコン的な勝者は「無国籍者」か、あるいは境界上か想像上の空間に住む人である。[*66]

これらのエリートは、いつ何時も自分の所在地に対してほぼ無関心で、経済的にも帰属していないようだ。エリオットとウリーは、この態度はグローバル化したプライドと、とらわれたという感覚を逃れる方策として意図的に育成されたものだと論じている。[*67] オングはそれらを「仮の宿」の主題、「グローバル資本が、主要都市におけるグローバルシステムの結節点に拠点を置くことで、国民国家のマトリクスに入り込むための社会形態」と呼んでいる。[*68] 私が言いたいのは、エリートの理解――そしておそらく格差に何らかの手を講じる――には、国民所得の割合から「資本力」の統合ができない従来の経済地理学を捨てることが求められているということだ。

すでに述べたように、資本所有者の決定的な力は、特定の空間との関わりを決める能力にある。彼らはこれらの関わりを秘密にして、経営判断の超法規性を構築、あるいは利用しようと努める。さらに、エリート自身は自身の金融資産の大半を、複数のおそらくはオフショアに登録しているかもしれないが、仕事、レジャー、医療、そして子供の学校のために物理的にどこかに存在しなければならない。それに応じて、現代の国政と資本利殖の新たな政治経済は、可能な限り長いあいだエリートを特定の空間に「捕らえて」おこうと努める。しかし最も効率よくエリートを捕まえる空間の網は、国民国家ではなく都市、さらに特定の特別区や郵便番号の相対的優位性である。この点について、カニングハムとサヴェージは、ロンドンは「エリートのメトロポリス坩堝」として、エリートたちが求める各種の社会、文化的力を集められるのだと述べる。そうした力は彼らと都心の資本集積に不可欠なのだ。[*69]

都市によるエリートの資本と消費の誘致は尋常ではない。市長――ここ三〇年で権力を増強してきた政界の役者――は自分たちの市を、ビジネスの場としてだけでなく、住みよい場所としても売り込む。居住適合を競い合う席のホストは、住居スペース、教育、そしてミシュランで星をとったレストラン、アートフェス、ギャラリー、バレエ、ナイトクラブから、F1グランプリなどの高級「スポーツ」イベントまでのありとあらゆる余暇、有名建築家設計のビルの質と費用を並べてランク付けしたリストを手に、自分の成功を見せびらかす。[*70] 私がズックマンの『失われた国家の富』を読もうと急ぐ中でドアマットの上から慌てて拾い上げたライフスタイル誌を見れば、ロンドンでは富はまるで隠されていないことがわかる！　雑誌に掲載されたブティックホテル、オーガニック野菜配達サービス、ファッションデザイナーの生い立ちについての広告や記事は、ロンドンがエリート的姿勢を持ち、勤勉で余暇をおくるにふさわしい都市で、能力に特権が与えられ、社会的、文化的首都としての適正な混合を理解する一方で、不可欠な低賃金労働者との共存は「覆い隠して」身近に接触せずにすむ都市であることを実際には主張しているのだ。[*71]

とりわけロンドンのような都市で、エリートたちを惹きつけ助成するために、市長と市政代行官に与えられた大きな力が、都市計画と建築基準だ。領域内のサービス提供者たちは、エリートたちが容積率を超えた建物を建て、公共道路の地下にまで建物を拡げ、[*72] 公共通行権を停止し、電気柵、民間警備員を配し、保護規制を免れ、自治協定を容認できるよう、市当局と交渉し法的要請をする。[*73] 最近ウェバーとバローズが論証したように、ロンドンが世界のエリートたちを惹きつけることで得られる利益については異論が多い。[*74] 歴史的に高齢のエリートと結びついた区域が、新たな階級の好みに合わせて修正された。建築様式は顕示的消費のしるしとして批判され——人々の会話のなかで、ど派手な建築は、ロンドンの田園風の田舎っぽさ（rusty）からロシア風（russific）への移行として民族ネタにされた——地域の地元感覚（アイデンティティ）に影響している。[*75]

結果としてグローバル大都市における格差は定量的に国民国家よりも大きいだけでなく、見た目でも印象面でも大きく、現代都市における階級の機能に対する考えを覆すものだ。[*76] アトキンソンはロンドンについて書いた時、都市の特徴と思われている緻密な社会的結びつきが、拡張された社会距離に取って代わられてしまい、おかげでコスモポリタン的雰囲気が実際には「コスモポリタニズム全否定」をもたらす「金権主義的な雲」に近いものになっているのではないかと問いかけた。[*77]

エリートによる場所との交渉の重要な一部分は、市民権のパラメータと関係している。オングが（市民権における創発的「卒業」と呼んでいるものの一部分として）述べているように、「かつてはすべての市民に与えられた権利と資格は、ネオリベラル的基準に結びつけられるようになり、起業精神あふれる海外居住者たちも、かつては市民が独占的に主張していた権利と利益を共有するようになる」[78]。金持ちのエリートたちは、たとえ課税を避けるために無国籍者の立場を主張していようとも、国民資格を得られる。しかし重要なことは、エリートたちはこれに加えて、サッセンがポスト国家的市民権と呼ぶもの——国際人権の尊重といった、国民国家の制限的必要条件を超えて決定された市民権——を主張するのに有利な立場に置かれている。実際、エリートにとって理想は、二つ、あるいは複数の国籍による複数の場における市民権で、それを通じて彼らは多くの場における権利、資格、そして保護の最良の組み合わせを、多くの場合思うがままに、そして状況の求めるがままに作ることができる[79]。

いみじくもこのことは、ワシントン公正成長センターが本書の著者たちを集めて二〇一五年末にイタリアのベラジオで開催した第一回学会へと向かう際の、機内誌の無数の広告が物語っていた。ドミニカ国市民権の利点について説明したこれらの広告の一つは、冒険者たちにとって魅力的なこの国の「緑豊かな森林」と「流れ落ちる滝」を謳い、教育を受けた労働力が「ビジネスの冒険者」に魅力的であることに加えて、市民権の「恩恵」を喧伝している。そしてそれらは次のようにリスト化されている。ドミニカ国及びカリブ共同体（CARICOM）での居住権、他の一一〇の国、統治領への旅行がビザ不要であること、「英連邦」の一員であること、市民権が申請から三ヶ月以内に供与されること、「面接、居住、学歴、あるいは実務経験の条件なし」、そして「ビジネスに親和的な法域での暮らし」。

ドミニカ国市民権への二つのルートが、各価格付きで、個人のみと家族全員の場合について、雑誌記事に書かれている。一つめの方法は、ドミニカ国の経済多様化基金への寄付で、個人市民権は一〇万ドルと「デューディリジェンス及び事務処理」費用一〇、五〇〇ドルを支払えば供与されるようだ。二つめの方法は不動産取得でこれには二〇万ドルの投資と「適性評価費、事務処理費、政府費」として六〇、五〇〇ドルが必要だ。これらのいわゆる投資プログラムによる市民権取得についてさらに調べるために、インターネットを数分探せば、カリブ海地域と中米の不動産開発業者が、高級マンション、あるいは高級クルーザー施設パッケージ、タックスヘイブン・サービスの一部として市民権を提供し、法律事務所が注文次第で二カ国、あるいは多数国の市民権を提供しているのがわかる。明白な利点として、いくつかのサイトによると、名前を挙げた国々が英国法下にあり、そのなかには「英国保護下の市民権」を提供するものもあるという。

エリートが複数の市民権を保有し、富をオフショアに置いているように見せかけ、特定の場、特に都市において居住、投資、そして消費を促されるのを許す方策が生み出されている。無数の特別目的事業体が結びつけられ、守秘性がまたもや不可欠な要素となっている。資産運用会社であるロンドン・セントラル・ポートフォリオの市場分析によると、イングランドとウェールズの四〇〇〇戸のオーナー居住自宅(実際にはそのほとんどがロンドンにある)は、匿名で資産を購入可能な「起業枠」で保有されている。[*80] パナマ文書公開の前から、これらの数値がひどく過少なのは明らかだった。ロンドンでは、高額物件が集中する「第一価格帯」で、最低でも五〇〇万ポンド以上の値をつけた不動産の八五%以上が、海外の買い手によって買われている。二〇一一年から二〇一三年までで五〇〇万ポンド以上の住宅の販売は総額五二億ポンドだった。そして『ガーディアン』紙は不動産会社の報告を引用しながら、不動産第一価格帯の海外買い手の約五〇%以上が、イギリスに居住していないと報告している。

しかし流動的エリートという文脈で、海外とは何を意味するのだろう? 冗談半分で周遊旅行と呼ばれていることを拒めるものがあるだろうか? 彼らはロンドンで働き、自分の金融債権をオフショアに登録し、海外の市民権名義で投資して、会社を起こしてロンドンの不動産市場で投資する。会社は印紙税を英国財務省に支払い、固定資産税を地元当局に支払うが、(利益に対する)法人税を節税し、個々の投資家の身元は秘密にされる。

『21世紀の資本』では、ピケティが拡大する格差が新しい階級関係を生み出してきたと提案しているのかどうかはっきりとしない。だがほとんどの現代政治経済に対する社会学的分析は、まさにそうした新しい階級関係を提言しているのだ。階級についての古いボキャブラリーを使えば、かつて格差は階級の分断として説明されていた。社会学研究、特に一九六〇年代のものは、大きな集団が労働階級から外れたことを懸念していたが、それはルンペンプロレタリアートではなく、(婉曲的に)「下層民」だった。一九九〇年代に懸念されたのは、この集団はむしろ「棄民」であり、経済、社会保障制度、そして(特に階級が人種とより明白に結びついているアメリカにおいては)政治過程から排除、またはもっと不気味に言えば切断された人々と考えるべきではないかというものだった。エリートの経済パフォーマンスは貧困の増大とその他の人々の苦しみと結びついているという示唆だ。格差地理学を見れば、二一世紀にはこの階級関係性がさらに大きくなってきたかもしれないことがわかる。

二〇〇七年から二〇〇八年の金融危機は、サスキア・サッセンが「勝者と敗者の残酷な選別」と呼んだ関係性を明らかにした。[*81] サッセンは、少なくともその起源は一九八〇年代にまで遡る、新たな最先端領域、あるいは「高度資本主義が展開するための空間」を創設しようとした金融深化によって、この危機が起こったと論じる、説得力ある分析を行っている。この深化の重要な一部が、低所得層に対する住宅ローンの拡大だった。うまく整えられた透明な制度下では、これは悪いことではない。いずれにしても、ピケティは「どの時代でも、少なくとも人口のうち最も裕福でない半数は、実質的に何も（すべての富の五％をわずかに超える程度しか）所有していない」ことを示している。[*82] 二〇〇六年アメリカでは実際サブプライム住宅ローンが全住宅ローンの二〇％を占めていたとはいえ、ほとんどの先進経済の金融システムは、従来の抵当貸付問題に対して脆弱ではなかった、とサッセンは指摘する。はっきりしなかったのは、大部分がまったく合法ではあるが、住宅ローン保険契約といった単純な金融商品を再パッケージ、セット、コード化、そして結合させる、サッセンが「影の銀行システム」と呼ぶものがもたらす複雑性と不透明性だ。住宅ローン市場が滞ると、クレジット・スワップ不履行の連鎖反応が全身性とも言える暴落状態へと変わった。

サッセンの主張に私から少し付け加えておくと、影の銀行の複雑な策術の一つである住宅ローン担保証券（RMBS）といった商品は、エリートと貧者を空間を通じて結びつけていたということだ。こうして金融セクターはオフショア（あるいはオンショア）を使って税負担を軽減し、資産を守り、資本運用益を増やし、そして時には世界主要都市における株価と不動産価格の上昇から利益を得て、共有する株の配当として高い給料とボーナスを支払う。[*83] 金融部門におけるエリートの実績は、ある程度、サブプライム市場などの新しい「運用空間」の開始と関係しており、彼らの資本モビリティを通じて破綻リスクから守られている。二一世紀の格差を特徴づけるエリートのモビリティと分析上対比されるのは、敗者がいかにして「どん詰まり」に陥ったかということだ。貧困と差別の長い歴史を持つ地域の人々は、ピケティの言葉に倣えば、「事実上何も」持たない状態に戻ったが、その一部は金融包摂（疎外でなく）を通じて生じたことだった。[*84] これらは、経済が成長に転じた際に元に戻るのが最も難しかった地域で、人種、所得、富の不平等の影響を受けていた。[*85]

結論

ピケティは、二一世紀の資本所有者はいまや一九一三年以来空前の繁栄を見せ、その最上位の人々はことさら大きな成功を収めているという重要な報告をしている。資本は高度に集中し、最も大量の資本を持つ人々は、少ない人に比べ資本から不釣り合いなほど高い収益（レント）を得ている。[*86] 労働と資本市場は、抑制なしに放置すれば新たな均衡を取り戻すことはなく、このためピケティは『21世紀の資本』の結びのページで、さらなる格差を退けるためのいくつかの試み——すなわち資本のグローバルなデータベースと富（資本）に対する累進課税——について概説している。

これらはピケティが認めているように、「ユートピア的提案」ではあるが、他の経済学者の提案と大いに一致しており、そうした提案はこれまでほとんど無視されてきた。[*87] 最近、「なぜ政府は二〇〇八年以降、金融透明性に対してほとんど手をうってこなかったのか？」という記事が『ル・モンド』紙に記され、『オブザーバー』に転載された。[*88] これに、なぜ政府は格差への取り組みをほとんどまったくしてこなかったのか？　と加えてもよい。英国政府、ダヴォス会議、あるいはシティの権力の回廊は私とは関係のない世界で、私の結論はアウトサイダーとして垣間見たことしか反映していない。それでも、本章で提示した資料、イギリス中心の観点、そしてモンティ・パイソンから得た数少ない教訓をもとに、二、三の価値ある結論に至るが、そのいくつかもまた明らかにユートピア的である。

まず第一に、ピケティの試みは、資本主義運用の修正であって、資本主義そのものの改革ではないという点で、事後的解決法である。金融証券のグローバルな登録をめぐる限定的な議論と、取引データと資産保有のより大掛かりなデータ収集は、自己申告に絞られてきた。ほとんどの国際金融機関と政府省庁はこの問題に対し、限られた規制のほうが市場はうまく機能するという一致した立場を採っており、それは大きく変わっていない。課税をもっと累進的にするための行動は、起こされていない。所得税支払いの最低所得額は上がり、年金に対する税控除は改善されたが、（たいていの場合逆累進的な）消費税は上がり、最上位の所得税の累進課税率は下がり、資産税率は価格上昇と同じペースを保っておらず、相続課税最低額は上がり、少なくともイギリスでは高価値資産に対する特別課税への動きは棚上げされている。逆に実質賃金と社会福祉手当の増額、そして労働組合の支援に対する政治空間の獲得は控えめだ。[*89]

第二に、この惰性はおそらく二一世紀における、国、及び国際機関の所得と富の評価能力が限られていることに対する、現実的な評価である。[*90] ピケティの提案を最初に読んだとき、財務の帳尻をあわせるために、「あれ」（セックス）に課税する想像上の英国政府会議を風刺したモンティ・パイソンのスケッチを思い出してしまった。モンティ・パイソンではそこから画面が切り替わると、こんどは国民からの提言が登場し、「海外在住の外国人」への課税などが提案される。[*91] ピケティの試みはこれと同じくらい荒唐無稽に見えるが、モンティ・パイソンの寸劇から四〇年の時を経ると、外国、いやむしろオフショアの概念は空間的にますます大きくなり、資本主義の仕組みの中でより根本的な問題になってきた。

空間政治経済的アプローチは、個人及び企業が、金融サービスを行う場所同様に、実際の生産拠点を治外法権的状況下におき、そしてそれを桁外れのスピード、複雑性、そして秘密を守ったまま行うことができると示している。タックスヘイブンの情報共有協定と大掛かりな調査は結構なことだが、明らかに煩雑で時間がかかる。英国歳入税関庁の広告は「イギリス在住の人のお金、あるいは海外の信託基金、資産について、今後近いうちに金融情報を我々と共有する法域が九〇ある……（リストが続く）」とリストを載せている。しかしニュースを見ると、著名なイギリス市民のなかには税逃れのために、「居住者」ではなくなっている者がおり、不動産と金融債権が身元を隠す煙幕に覆われているという報告だらけだ。ロンドンから飛行機でミラノまで向かうまでの九〇分間に、私はカリブ海諸国が売り込む二重市民権——ロンドン中心部から離れた一寝室のアパート一室さえ買えない額の投資で得られる、面接、居住不要の権利——について読んでいた。[*92]

第三のポイントとして代替案、あるいは少なくとも国際規範、規制の遵守を強いる行動、資本が存在すると思われる場を明らかにする行動を考察する。このポイントはいわゆるパナマ文書の漏洩によっていくらか先取りされている。イースタリングが示唆するように、ネットワーク化されたインフラと地域で組織化されたタックスヘイブンが、資本主義をハッキングに対して脆弱にしている。彼女は「改ざんのための空間が手に入るようになった」と主張する。[*93] 空

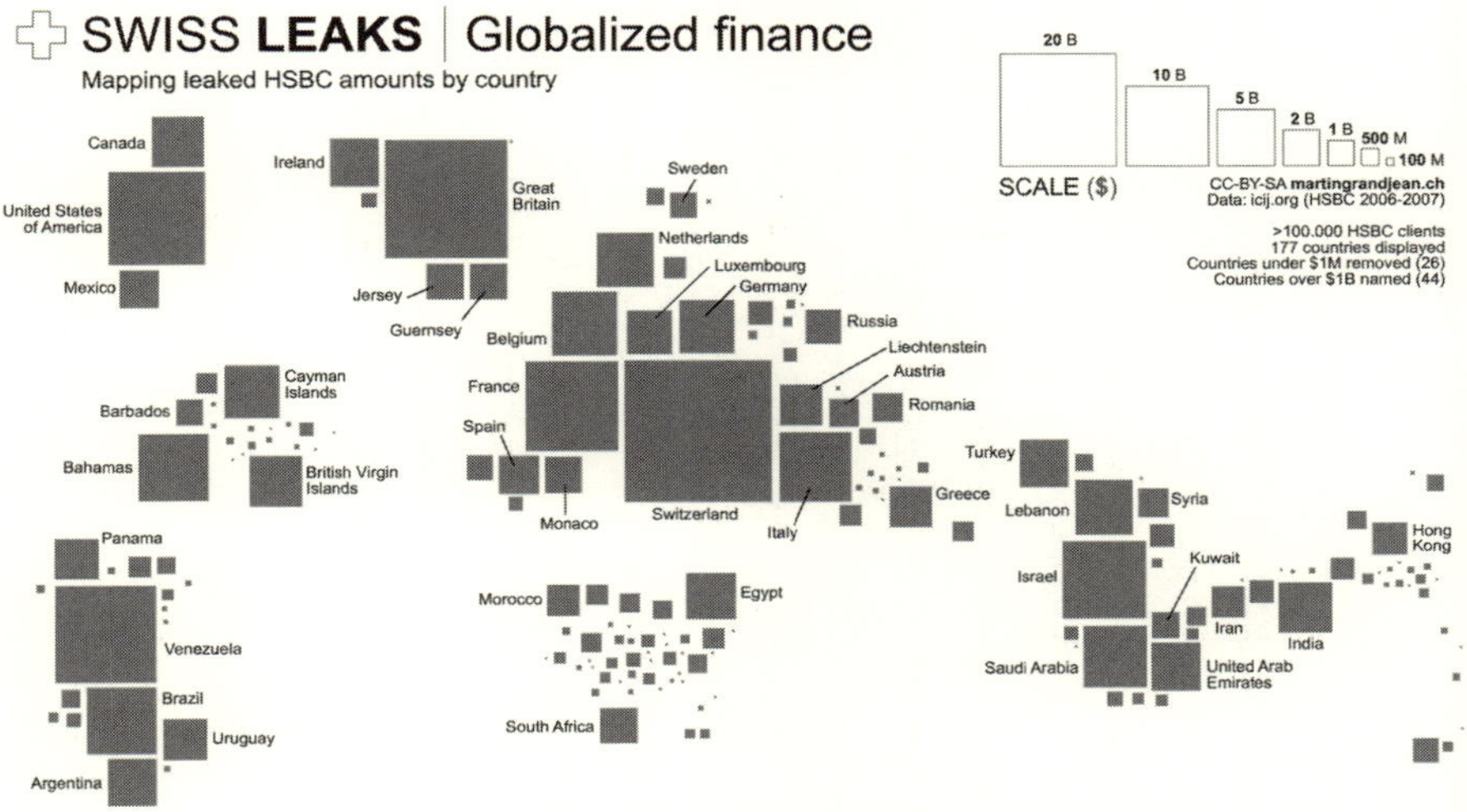

図12.4 納税忌避のグローバリゼーション
出所:www.martingrandjean.ch/swissleaks-mapから転載

間がどのように改ざん、あるいはハッキングされるのか、またオフショア経済、あるいはエリート戦略にこれがどんな影響を与えたのかははっきりしない。それにもかかわらず、アノニマスのようなグループやウィキリークス、スイスリークス、リュックリークスによる告発のみならず、タックス・ジャスティス・ネットワークや国際調査報道ジャーナリスト連合といった権利擁護団体が、ダークプール取引、組織的税忌避、そして政治家、銀行、犯罪組織との結びつきの規模と手段の実態を暴いてきた。

シティやウォール街の反応は、影の銀行の形態をもっと複雑にするというものかもしれない。だが金融部門が救済を受け、多くの国で緊縮経済によって公共サービスが弱体化したときに、各種の暴露が政治的、倫理的問題を提起した。それらはまたリークによって行動が暴露された者たちではなく、内部告発者に有罪判決をもたらした法制度の不均衡性も提示した。二〇一五年、HCBCプライベート・バンクを通じた脱税に関与した一三〇、〇〇〇人の個人データを、アルゼンチン、インド、フランス、ドイツ、イギリスの当局にリークしたハーブ・ファルシアーニは、悪質な産業スパイ、データ窃盗、銀行秘密法違反で懲役三年の判決を受けた。*94 内部告発する個人には相当なリスクがあり、公法と規制に違反した行為に関する情報を提供した人々を保護できるような、法改正が必要である。

四つめのポイントは、所得分布の下位五〇%、あるいは九九%は資本蓄積地理学の活用をもっと積極的、あるいは創造的に行うべきだということだ。ウォール街占拠といった運動は、多元的な政治支持者層から生まれて、緊縮に反対する声をあげて、社会正義の課題を前進させようと努めた。しかし、イースタリングを引用し、モンティ・パイソンの不条理を念頭に置くなら、他にも操作できる場所がある。もしもみんなが——あるいは少なくとも多くの人々が——経済活動をオフショアで行っているなら、政府、あるいは国際機関はどう対応すればよいだろう? ハイパーマーケットの神政政治の手に委ねるのか? あるいは、財務大臣や経済学者たちが経済について考えるときのパラメータが、まだ比較的制約されているのだと異議を申し立てることになるのか?

イギリスの多くの人々はおそらく年金基金を通じて、知らないうちにすでにオフショアにいる。しかし節税のために事業をオフショアに移そうとするさらに広い動向についてはどうだろう? ざっとインターネットを検索したところ、法律事務所は——ドミニカの広告が謳っているような——「ビジネスに親和的な法域」に、数週間もあれば企業を設立できる。この考えは少し馬鹿げている。二〇一五年一一月一〇日には、南ウェールズ、クリックホーウェルの町は、グーグルとスターバックスの前例を引き合いに出し、カフェ・ネロが法人登記をマン島に移したときの申請を見本にして、HMRCに対して町の税務をオフショアに移すと述べた。町の事業主の一人によると、彼の家族経営の小事業は、イギリスでフェイスブックの七倍の税を支払っているという。この町の事業組合は他の町もHMRCに対して同様の申請をするよう呼びかけ始めた。

クリックホーウェルの店主たちは、たとえオフショアに移ることができたとしても、すぐにピケティの言う〇・一%に入れはしないだろうが、税の公平性の教訓を作り、もしも政府が社会的、経済的平等に真剣に取り組むつもりならば考慮すべき、新空間の政治経済についてのある種の難しい問題を提示している。

第13章　『21世紀の資本』後の研究課題

エマニュエル・サエズ

経済学者エマニュエル・サエズは本書でユニークな役割を果たしている。サエズは度々ピケティと共著しており、『21世紀の資本』の大半のデータを彼と共同で構築している。彼はまた経済学者アンソニー・アトキンソン、ファクンド・アルバレード、そしてそのデータの提供元である世界トップ所得データベース共同幹事ガブリエル・ズックマンとも共同研究をしている。本章でサエズは生涯をかけても尽きないほどの研究主題を提示しており、それらの大半は――三つの将来の研究テーマを強調することで――所得と富の格差増大の実証、そしてその経済的結果に与える影響を調べることを目論んでいる。まず第一に彼は、研究者には計測問題についてすべきことがまだたくさんあると主張する。そして次のステップとして、国民所得会計を分解し、分配指標を含め、富の格差計測にもっと資源をまわそうと主張している。第二に、サエズは公正性の問題を挙げている。彼は現在の分布結果が公正か否か判断するために、それらがどうやって生じているのかを理解する必要があると主張する。現在の富の大部分は自分が築いたものか、それとも相続したものか？　所得は生産性の反映なのか、それともレントか？　最後にサエズは格差の改善、あるいは悪化における政策の役割について考えるよう促す。彼はとりわけ、規制と課税の効果を理解する必要性を指摘する。それらはともに二〇世紀半ばの、不幸なことに長続きしなかった他に例のない低格差と高度成長の時代を解き明かす鍵となっていたようだ。

『21世紀の資本』の驚異的成功は、大衆一般のなかで格差問題に対する大きな関心があることを示している。格差が問題になるのは、人々が公正感覚を持っているからだ。彼らは自身の経済状況だけでなく、共同体のなかで自分が他人と比べてどのような位置にあるかに関心を持っている。その感覚は「妬み」をはるかに超えるもので、社会の基盤そのものを象徴する。現代民主主義では、人々は自分たちの経済力の大部分を政府を通じて共有することを、集団として決めてきた。先進経済では、政府は総国民所得の三分の一から二分の一を、移転支出と公共財の資金にするために税として徴収している。よって、格差は人々の問題であり、格差の原因と結果についての研究成果をより広く国民に知らしめること――まさにピケティの本が成功したこと――は重要だ。経済学とより広い社会科学研究は、どのようにこの本の成功を活用し、大衆を惹きつけたいまだに答えの出ていない問題に取り組めばよいだろう?

その問いに答えるには、まずはなぜあんなに長大な学術的書籍がベストセラーとして成功したのかを理解すると役に立つ。もちろんあそこまで幅広い読者層は誰も決して予測できなかったが、その理解には三つの要素が、とりわけアメリカについては有用だ。

まず第一にアメリカは一九七〇年代以降、分配トップに入る所得の割合がますます増えると共に、非常に大きな所得格差の増大を経験してきた。実際アメリカの公共データベースで広く議論されてきた、所得分布トップの歴史的な時系列データを構築したのがピケティだ。[*1] さらに、二一世紀の経済低成長――特に二〇〇七年の大不況勃発以降――は、増大し続ける所得格差と相まって、成長がトップ所得以外は、なおさら減速したことを示している。格差が増大する低成長経済では、トップ所得が経済成長の成果のうちの不釣り合いな割合を専有している。長期にわたる不公平な成長はアメリカ経済システムの公正性について重大な懸念を引き起こし、徐々にそれを国民に対して維持するのが不能になってくる。

第二に、ピケティの本は、政策を施さないなら、アメリカやその他先進民主主義国で富の集中が拡大して、裕福な遺産相続人がますます経済序列の最上位を占めるはずだと警告する。この類の「世襲経済」は第一次世界大戦前に西欧諸国に広まったことが、ピケティが多くの同僚たちと共に忍耐強く収集したデータのおかげでわかっている。もちろんアメリカでは能力主義は国家創立の原則の一つであったため、ピケティの予見は当然アメリカ国民の神経を逆撫でることになった。

第三に、ピケティの本は解決法を提示している。大恐慌と第二次世界大戦のあいだに制定された劇的な累進課税政策が、事実上すべての先進経済国で第二次世界大戦後に富と所得の格差を持続的に縮小させた。同様に、累進課税政策を現代的な形で復活させることで、ピケティが警告する「世襲経済」の再来を防げる。

これらピケティの本の三つの要素が元にしている経済現象は、研究、分析、理解を深められるものだ。実際、ピケティの本は、過去二〇年にわたり多くの研究者がゆっくりとではあるが体系的に格差のデータを収集したことで可能になっているが、フランスについてそれに最初に着手したのはピケティ自身である。[*2] この研究課題は着実に進展してきたが、見過ごすことのできない欠落がまだある。私たちは格差の測定方法を改善し、そのメカニズムと対処に必要な救済政策に対する理解を洗練させなければならない。過去二年間のピケティの本に対する多くの反応、議論、そして批判は、まだ解決されていない重要課題を確認する機会を私たちに与えてくれる。理解の進歩は、データと研究の連携によってもたらされる。政府はデータ収集とそれらの研究者への提供で、中心的な役割を果たす。それ故、政府は格差の改善実施の鍵となるのと同様に、まずは格差研究に必要なデータのインフラ構築に対する支援でも中心となる。

本章の主題はピケティの本への批評のなかで生じた、最も重要な課題と議論をたどる。まず最初には格差の測定に関する問題について論じる。その次に格差に内在するメカニズムについて考察する。三番目に格差を改善可能な政策について検証する。これら三つすべてにおいて、最良の証拠を提供し、格差再興の開始点であるアメリカに特に焦点をあてて、将来の研究に最も有望な手段を際立たせる。

格差を測る

ピケティの本を支えているのは、格差と成長に関する統計の長期、体系的収集である。ピケティはフランスについての先立つ長大な学術書を通じて、クズネッツのこれまた高名な学術的大著が先鞭をつけた、トップ所得比率分析の復活を主導した。[*3] これら二書は多くの方法論的詳細とさらに一覧化された膨大な一連の統計で満ちていたため、いずれもベストセラーに名を連ねることはなかった。しかしそれらの長期的影響は計り知れない。クズネッツはノーベル賞を受賞したが、それは自身の統計をもとに彼が発展させた有名なクズネッツ曲線に負うところが大きい。[*4] ピケティの旧著はトップ所得比率の体系的分析を復活させた。それ以来、世界トップ所得データベースが多くの学者によるチームによってまとめられてきた。このデータベースは三〇カ国以上を扱い、多くは一世紀かそれ以上の長期に及んでいる。[*5] ピケティの本が雄弁に示したように、このデータベースは格差について多くのことを教えてくれた。[*6] それでもそれにはいまだに多くの欠点と欠落があり、研究者たちはそれを埋めていく必要がある。

所得格差と成長

まず第一に、もっぱら経済総計に焦点を絞った国民勘定データを利用した成長研究と、ミクロデータを活用するが、マクロ総計と照合しないまま分布に焦点を絞った格差分析とのあいだには、乖離がある。経済学者には格差、成長、そして政府の役割を一貫した枠組みのなかでまとめて測定するツールが欠けている。歴史的に見ると、クズネッツは国民所得とその分配の両方に興味を抱いており、行政分類データを利用してその両方の最前線に革新的進歩をもたらした。[*7] しかし戦後期にミクロ調査データが出現したことで、一九六〇年代以降の格差分析は国民経済計算、成長との接点を失った。

これは二つの問題を生み出した。まず第一に、現在経済成長と格差を一緒に分析して、「マクロ経済における経済成長は、各所得グループ間でどのように分配されているか？」といった単純な問いに答えられなくなっている。第二に、それはちがうデータセットから算出された、あるいは異なる国の格差統計の比較可能性の問題を生んでいる。例えば通常、調査データは非常に集中した資本所得をきちんと捉えていないが、所得税データにはそれができる。所得税データは附随的な補助金などある種の非課税所得は扱っていないし、給付金についての体系的情報も提供しない。国を超えた格差比較もまた、国によって税基盤が異なり、調査データにおける所得の扱いが異なるために、かなり難しい。[*8]

国民経済計算は、時間と国を超えて標準化された比較手段を作るための国際ガイドライン一式を発展させた。[*9] 同時に、経済研究者は、格差分析のために共通の国民所得基盤を使用した分布国民勘定（ＤＩＮＡ）を発展させる必要がある。そのようなツールは成長と格差の分析を結合させることができ、国間の有意義な比較を可能にする。

この方向に向かって準備段階が整えられている。世界トップ所得データベース（WTID）は、（トップ所得だけでなく）全国民を対象に（所得だけでなく）所得と富の両方の分布統計を提供する、国民勘定の総計と完全に合致した世界の富と所得データベース（WID）へと変わりつつある。[*10] Alvaredo et al. 論文が予備的なガイドラインを整えている。国固有の研究は、アメリカ、[*11] フランス、[*12] イギリスについて行われている。[*13] これらの研究の目標は入手可能なミクロ所得税データ、調査データから、国の全人口を統括した、国民勘定と一致した年別総合ミクロデータセットを構築することだ。

この取り組みは労働所得と資本所得の両方を捉える。労働所得については、賃金と給与は付加給与と雇用主の支払う給与税を加えて国民勘定における被雇用者の全所得に対応している。資本所得については、国民勘定で国民所得を見積もるときとまったく同様に、法人留保利益は個人株主に帰属し、年金基金の運用益は個人年金所有者に割り当てられ、賃料は所有者に帰属する。目標はマイクロレベルのデータベースのなかに、国民勘定における（労働、資本）所得の全主要要素、資産要素、税、そして給付の評価基準を作り出すことだ。

政府機関による国民勘定に、分配の測定基準を導入する試みも進行している。例えばアメリカ経済分析局（BEA）には、国民勘定に分配情報を導入する長期計画がある。Fixler and Johnson 論文、そして Fixler et al. 論文はその他の人々と共に、この試みについて説明し、人口動態調査による所得を、国民勘定における個人所得にグレードアップしようと初めて試みている。[*14] 経済開発協力機構（OECD）もまた、国民所得を五分位値にまで分け始めた。[*15] よって、学術界と行政の協力関係によって国民勘定の分配データを作り上げる機は熟した。

国民勘定分布データセットがあれば、課税前所得と課税後所得の両方について、そして労働年齢人口、あるいは男性対女性といった、特定の人口動態下位集団について、格差と成長の統計の算出が可能になる。Piketty, Saez, and Zucman 論文の暫定的な見積もりによると、一九四六年から一九八〇年までは、成人一人あたりの課税前所得の実質年間成長率は、全人口と下位九〇%で同じく年間二・一%だった。[*16] しかし一九八〇年から二〇一四年には下位九〇%の成長率は〇・八%だった。これは全成人の成長率一・四%の約半分で、経済成長分配の格差拡大の影響を示している。

一九四六年から一九八〇年まで、下位九〇％は全経済成長の六二％を受容していたが、一九八〇年から二〇一四年にはそれがわずか三二％になった。これは全般的なマクロ経済成長統計が、人口の大半の経済成長経験を解釈する際に非常に大きな誤解を招く恐れがあることを示している。それはまた、マクロ経済の代表的主体モデルが、経済成長に関する多くの問題の分析を誤らせる可能性があることも示唆している。

（課税と政府給付前の）課税前所得と（すべての課税を差し引いて、公共財への平均支出を含むすべての政府扶助を加えた）課税後所得の比較は、政府による再分配の直接的影響の最初の全般的、体系的状況を教えてくれる。[*17] 予備的結果は、実際のところ課税後格差は課税前格差よりも低いことを示している。しかし課税前と課税後の格差の時間的傾向はこれと非常に似ている。フードスタンプ、メディケア、そしてメディケイドといった低所得家族への給付は徐々に増えており、それが課税後格差を縮小している。しかし、税の累進性は徐々に減っており、それが課税後格差を増大させている。総じて、二つの要素が互いに相殺している。

当然、政府もまた最低賃金などの規制と、長期的に企業の株式所有者のみならず、すべての資本所有者に影響を与える法人税など税負担を通じて、課税前所得に影響を及ぼしている。よって課税前所得の適正な定義には、当然概念的枠組みが必要である。これは単なる純粋勘定と測定の実施ではない。なぜなら、それには税と給付の影響についての既存文献に対する経済的思考とその利用が含まれるからだ。

長期的には、国民分配勘定は賃金、所得、富、そしておそらくは消費についての徹底的に人口全体を網羅したデータに基づいたものになるだろう。実際政府による税と給付の管理ではすでに、全人口の賃金、所得データを作り出しており、それは長い間研究に利用されてきた。[*18] 従来の国民勘定もまた、例えば特定の産業部門では、通常は総計という形ではあるが、それらのデータに依拠している。原則として、計算能力の増強により、ミクロレベルですべての所得フローと支払いを追跡する、すべての個人、企業、政府機関を包括した完全に統合されたデータベースを持つことが可能になり、それらは新たなデータが入手可能になると即時に更新される。このようなツールは経済分析にはかけがえのないものだ。

富の格差

ピケティの本の大部分は資本の格差に焦点を絞っている。そこでは資本は各個人の純資産、あるいは資産の総計から負債を引いたものとして定義されている。残念なことに富の格差の統計は、所得の統計よりもかなり貧弱だ。実際、すべての先進経済国には累進所得税があり、それが所得格差についての詳細な情報を作り出しているが、累進的かつ包括的な個人富裕税がある国はごくわずかだ。その結果、富に関するデータの質と幅広さは所得データに比べてかなり低い。このことは富の格差評価に最も広く利用されている二つの情報源が、一九一六年以降入手可能な相続税データと、一九八九年以降入手可能な（ただし三年ごとのデータしかない）消費者金融調査（ＳＣＦ）である、アメリカにとりわけ当てはまる。二つの情報はまったく異なる結果を出している。相続税データによると、トップ一％は総富の二〇％をわずかに下回る割合しか保有しておらず、アメリカの富の格差は一九八〇年以降小さく安定しており、富の格差水準は歴史的にも国際的にも非常に低い。[19] これとは対照的に、ＳＣＦデータによれば、アメリカの富の集中は非常に高く、トップ一％が総富の三六％を所有しており、それは一九八〇年代末以降増えている。[20]

ピケティはこれら二つのまったく異なる情報（不幸なことに当時はこれらしか入手できなかった）を、一九八〇年以前については相続税データを、一九八〇年代以降についてはＳＣＦデータを頼りに継ぎ合わせて、アメリカの富の集中についてまとめている。[21] これは『フィナンシャル・タイムズ』紙で論争を引き起こした。なぜならアメリカにおける富の集中の増大の一部が、情報源の変更で生じた見かけ上の産物だったからだ。[22] それ以前にも、エドワード・ウルフの著名な『トップ・ヘビー——アメリカにおける富の格差増大とそれに対する対策』が、相続税データとＳＣＦデータを組み合わせることで、アメリカにおける富の集中の増大という結果を導いている。[23] ここでのより深刻な問題は、アメリカが行政による体系的な富のデータを作っていないことで、この問題に対する公衆の非常に大きな興味を考えると、その欠如は非常に目立つ。緊急の課題はアメリカの富の統計の拡充だ。これには他の情報源を使ったさらなる研究と、行政によるアメリカの富のデータ収集改善の両方が必要だ。

研究の最前線ではピケティの本出版以降、サエズとズックマンは所得税データを精査した体系的な資本所得データを活用して、（いわゆる収益還元法を使って）資本所得による富を推計した。[*24] 彼らによると一九七〇年代末以降富の格差が非常に増大し、トップ一％の占有率は一九七八年の二三％から、二〇一二年には四二％になったと言う。一九八九年以降の増大は、SCFによるものよりも強烈だ。これは、新たな推計が、以前ウルフとピケティがそれぞれの著書で相続税とSCFを継ぎ合わせて行った推計とかなり近いことを意味する。[*25] それどころか、サエズとズックマンの推計による実態を見ると、富の格差増大はピケティが提示したものよりも大きい。[*26]

これらの推計の相違と、事実アメリカの富の格差が急増しているという現実的な可能性から見た場合、議論に結着をつけるには、アメリカの富のデータ収集を進めることが大切だ。まず第一に、サエズとズックマンの富の推計をさらに拡充するために、豊富な既存の税データ（特にアメリカ税関管理機関だけが利用可能な内国税データは、現在特別な許可を受けた外部研究者による利用が可能になった）の利用は可能なはずだ。[*27] 例えば、内国税データに記された個人をサードパーティの不動産価格データと組み合わせれば、家屋所有者の持つ不動産価値を正確に推計できる。同様に年金資産についても、（組織的に税務署に報告されている）個人退職勘定（IRA）残高を、401k拠出金など過去の年金拠出金の長期情報と併せて活用することで、より正確に見積もることができる。

第二に、強化された情報報告によって、アメリカの富のデータの大幅な改善が可能だ。最も重要な手段は、金融機関が資本所得を報告するために税務署に送付している、情報申告書における年末資産残高の報告である。この条件を学資ローンにまで拡げることもできる。株と配当金支払いの情報申告書は、きわめて優れた勘定残高報告になる。IRAによる既存の一般的な収支報告請求を、401kなどすべての確定拠出計画に拡大することもできる。これらすべての追加情報収集のコストは、情報はすでに金融機関が顧客口座管理のために作ったものだから、微々たるものだ。多くの場合、付加報告は既存の課税の円滑化を助けるので、議会による制度化は必ずしも必要ではない。

この考察は、政府政策、格差研究、そして問題に対する国民意識のすべてが密接に関連していることを示している。政府政策——とりわけ税政策——がなければ、所得格差、とりわけ分配トップのそれを測る体系的方法はない。確かに、ピケティの本で論じられている一連のすべてのトップ所得割合は、各国が最初に累進課税を導入した時点から始まっている。それ以前は事実上所得集中を正確に測ることはできなかった。体系的な行政データを利用した格差統計が、次に格差に対する国民意識を強力に形作ることは、ピケティの本が雄弁に示した通りだ。当然、たとえ体系的統計がなくても、格差が社会のなかで浮かび上がることは、政治議論と文学に反映されている。よく知られているように、ピケティはバルザックやジェイン・オースティンの小説に現れた格差と階級について論じている。現代の統計は問題を明らかにする助けになるが、問題についての誤解を解くにはまったく物足りないのだ。

格差の力学を理解する――格差は公正か?

ピケティの本は格差統計を提示しただけでなく、格差の力学理解のための枠組みを与えてくれた。これはすべての格差は均等ではないので、重要だ。格差のなかには公正とされているものもある。一生懸命働く人が、同じスキルを持っていても、あまり働かずレジャーを楽しんでいる人よりも、より多く稼いでより多く消費しても、ほとんどの人がそれが公正であることに同意するだろう。それ以外の形の格差は不公正とされる。(レントシーキングなど)社会的に非生産的な努力によって得た高所得は、不公正とみなされる。多くの人が、働かない裕福な信託基金所有者を、相続した富に見合わないと見なす。必然的に、不公正な格差の認知は、政策過程を通じた政府行動への要求に変わる。

資本所得――相続した富と自分で稼いだ富

ここ最近四年から五年のアメリカの国民所得のなかで、富は量的に非常に重要で、国民所得の約三〇%にあたる資本所得を生み出している。[*28] また富は高度に集中しており、資本所得は分布トップで非常に大きな役割を果たしている。富は過去の貯蓄の二つの源から生まれる。ここで富は自分で稼いだか、相続したかのいずれかだ。このちがいは決定的だ。なぜなら、私たちの現代の実力主義社会では、自身の実績によるものと対照的に、相続による恩恵に対して強い反感を抱く。

ピケティの本の中心となる予測は、政策を変更しないと、富はもっと集中し、そのほとんどが相続によるものになり、それに値しない相続人が分布トップを占めるようになるというものだった。彼の中心的予測の検証には、すべての富とそれから派生したものに相続した富が占める割合を測ることが必要だ。『21世紀の資本』で詳しく述べているように、ピケティとその共著者たちは、基本研究という原則に則って、この重要な問題をフランスの場合、過去の相続税データをデジタル化し、現行の行政による相続税データを活用することで進展させることができた。[*29]

残念なことに、アメリカのこの問題に関する研究は非常に薄弱だが、それはひとつには貯蓄と相続（そして生前贈与）を測る適切な行政データがないためだ。この問題はModigliani論文とKotlikoff and Summers論文のあいだで物議をかもす議論を引き起こした。[*30] Modigliani論文が相続財産は比較的重要ではないと主張したのに対し、Kotlikoff and Summers論文は相続財産は非常に重要だと主張した。残念ながら、体系的行政データの不在が原因で、アメリカではこの問題についてほとんど議論に進展がない。よってアメリカにおいては、相続財産の割合を測るより良い手段を得ることを、最優先しなければならない。

アメリカ国内の所得税データは、人口全般の個人所得、信託、贈与、そして大きな遺産を把握しており、アメリカに関してより良質な推計をする類いまれな条件を与えている。それでも、遺産税は信託によって早いうちに過小評価されて贈与されるため、分析には困難が伴う。アメリカの国内所得税データは子供の大学入学と親が節税のために支払う授業料も把握している。これは重要な捕捉データ源である。なぜなら大学授業料はほぼ確実に、親が成人の子供に与える扶助の非常に大きな割合を占めるからだ。[*31]

自身で稼いだ富を正確に測るには、貯蓄を正確に測る必要がある。残念なことに、これはとりわけアメリカで計測が脆弱なもう一つの重要な領域となっている。アメリカのミクロレベルにおける貯蓄データは非常に限定されている。貯蓄の推算に必要な所得と消費の両方のミクロレベルの直接情報を持っているのは、消費支出調査（CEX）だけだ。CEXは所得分布トップをしっかり把握しておらず、貯蓄もそこにひどく集中しているため問題となっている。よって、貯蓄率は所得、あるいは富に比例して上昇するという最も基本的な事実の正確な確証さえ、アメリカでは難しい。最良の試みはDynan, Skinner and Zeldes論文によるもので、彼らは貯蓄率がはっきりと所得に比例して上がることを見出している。[*32]

総計レベルでは、総貯蓄と投資の正確な実態は、資金の流れと国民勘定から算出可能だ。サエズとスックマンは富裕層の総合的な貯蓄率を打ち立てている――富のトップ集団の所得ダイナミクスと資産への価格効果（ともにしっかり計測可能）を前提に、富の分布トップのダイナミクスの説明に必要な貯蓄率という定義で。[*33] 彼らは一九八〇年代以降、中流階級の貯蓄が急減する一方で、貯蓄率が富と共に急増していることも見出した。すなわち、彼らが得た富の集中の激増は、所得格差の増大と貯蓄格差の増大の両方によって説明できる。貯蓄の格差は、当初の所得格差を悪化させて、巨大な富の格差をもたらす可能性を秘めている。もしも中流階級がまったく貯蓄をしなければ、総資本に彼らが占める割合は最終的にゼロにまで減少する。この貯蓄率格差によって急増する富の格差に関する懸念は古くからあり、クズネッツがすでに考察している。[*34]

よってデータ収集という点では、体系的な貯蓄データの収集をまず第一に優先すべきだ。上記で提案した税務を通じた富のデータ収集の改善が実現すれば、貯蓄算出に必要な追加手順はごくわずかですむ。年度末の金融勘定収支を見ることができるなら、貯蓄を算出するには資産購入と売却を見ればいいだけだ。資産売却については、資産売却益に課税するためにすでに情報申告書が作成されている。資産購入（あるいは贈与か相続による取得）についても同様の情報申告書が作成される。いまではそのような資産に関する情報は、現金化された資本売却益への課税に必要な情報報告なので、金融企業によってすでに保管されている。北欧諸国は多種の資産についてのミクロレベルの総合的な富の情報を収集しているので、非常に良質なミクロレベルの貯蓄率を算出することができる。その結果、貯蓄と富に関する最も革新的な研究は、北欧諸国で行われている。[*35]

労働所得――公正な所得と不公正な所得

多くの国、特にアメリカとイギリスでは、労働所得格差もまた一九七〇年代以降に非常に増大した。何がこの労働所得格差の増大をもたらしたのか？　これには二つの大きな見方がある。

市場から見た場合、労働は労働市場で競争的に取引される標準的な財である。その場合、賃金は様々な労働技能の需給によって決まり、限界生産能力を反映する。例えば技術進歩は大卒労働者の需要を押し上げて、教育程度の高い労働者への高い賃金割増をもたらすかもしれない。逆に、大卒の供給が増えると高い教育を受けた労働者の賃金割増は減少するかもしれない。市場から見た場合、賃金は生産性を反映し、賃金格差は生産性の差の反映と捉えることができ、よって能力主義の理想が持つ公正性と一致している。

制度から見た場合、労働は標準的な財ではない。むしろ、賃金決定は、多くの制度の影響を受ける交渉過程の結果である。それらの制度には労働市場規制、組合、税と給付政策、そして賃金格差に関するより広い社会的規範が含まれる。結果として、賃金は生産性から大きく離れる。このシナリオでは、所得が一つには交渉力によって決まるなら、ある集団（例えば経営陣）の利益は、他の集団（正規労働者）の犠牲の上に成り立っていることになる。結果として、ある程度交渉力の結果生まれた賃金格差が、常に公正であると保証するものはない。

どちらのシナリオが、最も現実にあてはまるか、とりわけ所得分布トップについてあてはまるかを、経済研究はどうやって解明できるだろう？

Piketty and Saez 論文は分布トップにおいて、ごく少数の所得比率が大きく増大しているのは、事業所得同様（共同経営利益、あるいは入念に適用されたS法人利益）に、賃金と給与の大幅な増加に一因があることを示している。[*36] Bakija, Cole, and Heim 論文は内国税データを使って、重役、経営者、管理者、そして金融のプロが、一九七九年から二〇〇五年までの所得分布のトップ〇・一％の所得増加のうちの三分の二を占めていることを示している。[*37]

賃金と給与の急上昇は重役所得の上昇に起因する。それはコーポレート・ガバナンス研究のなかで広く考察されてきた。重要な問題は、この重役所得の急上昇が、市場的観点のシナリオのように、トップの人材の価値上昇を反映したものなのか、[*38] あるいは制度的観点のシナリオのように、より大きな所得を引き出す重役の才能を反映したものなのかということだ。[*39]

しかし、量的にアメリカの所得分布トップの賃金や給与よりもずっと大きなトップ企業所得の急上昇についてはあまりわかっていない。[*40] 入念に経営されている多くの高収益の大企業が共同経営かS法人として組織されている。有限責任会社（LLC）もまた共同経営の形態をとることができる。そのような企業は時として規模が大きく非常に高益性だが、通常所有者の数は少なく、各所有者には大きな収益が入る。伝統的に医師と弁護士は共同経営者として組織されている。金融では、ヘッジファンドと未公開株式投資会社は、一般的に同様に共同経営である。ほとんどのスタートアップ企業もまた、取引が公開されるまで（あるいは他の大企業に吸収されるまで）はたいていLLCだ。それらのなかには今日のUber、あるいは初回公募前のフェイスブックのように、相当大きな企業もある。

そのような企業利益が公正かどうかは、規制環境同様に企業の本質に左右される。一方においては、ほとんど誰もが高頻度取引に特化したヘッジファンドには価値を認めていないどころか、取引の遅い投機家など他者を犠牲にして利益をかすめとっていることに異存はない。もう一方で、（スマートフォン、あるいはインターネット・サーチエンジンなど）広く利用されている、あるいは（タクシーのUber、部屋貸出のAirbnbなど）既存サービスのより優れた使い方を発明したハイテク企業が経済に本物の価値をもたらしていることについては同意する。しかし、新製品開発で成功した多くのハイテク企業は、最終的に準独占による利益を得る。原則的に独占利益は競争企業を惹きつけることになる。マイクロソフト、グーグル、そしてフェイスブックといった最も成功を収めたハイテク企業の多くが、ネットワーク効果によって自然独占状態になった。例えばフェイスブックの価値が疑いようもなく高いのは、その比類なき巨大な顧客ベースが新規参入に対する決定的優位性をもたらしているからだ。また独占利益が過度に長期間の特許権によって守られていることもある。独占が立場を守るための政府に対するロビー活動の非常に強い誘因になっているのは、明らかだ。よく知られているように、金ぴか時代の富の多くは鉄道、あるいは石油生産における独占的立場に由来している。

アメリカ所得分布におけるトップ層の事業所得がどのような産業構成になっているかわかれば、当然非常に価値は高い。情報技術の営業利益が圧倒的なのか、あるいはS法人かLLCの形態をとる金融企業なのか、バイオ医療研究事業なのか、あるいは古典的な法律事務所なのかを知りたいのだ。基本的に、所得税データを法人データと融合することで、企業所得トップの産業構成、そしてそれらの利益が準独占状態、特許、あるいは入念な経営によるものかを突き止めることが可能になる。そういった情報は、トップにおける企業利益に対する適正な規制や課税についての議論をしっかりしたものにするための鍵だ。

改善政策——格差にどう対処すべきか?

これまで論じた公正性と格差の問題からは、当然ながら次のような問いが出てくる。不公正な格差に社会はどう対応すべきか?

ピケティの本から得られた重要な教訓は、歴史記録のなかで政府の政策が格差の形成に大きな役割を果たしていることだ。第一次世界大戦前には、まさしく欧米のすべての国が小さい政府(通常国民所得の一〇%以下の税収)で、所得と富の集中は非常に高かった。これは非常に印象的な発見だ。一九七〇年代までに政府の規模は劇的に大きくなり、ほぼすべての先進経済国で国民所得の三分の一から二分の一が税収になった。経済先進社会は所得のより大きな割合を、生活保護や失業手当といくつかのより小規模な所得保障プログラムのみならず、公教育、退職、障害給付金、公的健康保険、社会福祉として共有することを決めた。

この新たな大福祉国家は、社会保障寄与税や付加価値税など、対象が広い比較的均等な税と、主に資本を対象にした累進所得税、法人税、そして累進相続税といった累進税の両方の税制の発達を通じた徴税を資金としていた。興味深いことに、アメリカとイギリスは、所得と相続に対して極端に高い税率を課す、最も極端な累進税制度を実施している国だった。[*41](税と支出で評価した)政府の大きさが大きくなると、半トラスト政策、金融規制、消費者保護、そして無数の労働、組合規制を含む規制政策にも、劇的変化が起こった。大きな福祉保障、累進税、累進的規制の最終的な影響は、二〇世紀初頭から第二次世界大戦後の数十年間までの、ほぼすべての先進経済国における所得と富の集中の激減だった。重要なことは、これらの国々が課税、給付前と課税、給付後の両方で格差の劇的減少を経験したことだ。

しかし、ここ数十年はいくつかの(全部ではない)国で格差の復活が目につく。格差の増大は、レーガンとサッチャーによる改革が、とりわけ累進課税、金融規制、そして労働規制の政策の激しい逆転をもたらしたアメリカとイギリスで最も大きい。格差の復活がいくつかの国で起こり、それが政策転換と大きく関係しているという事実は、政策が果たす役割が大きいことを示している。純粋にテクノロジーとグローバル化が押し進める現象が、同様に先進経済国に影響を与えてきた。アトキンソンはこれらの問題について論じ、イギリスにおいて格差を抑制するための多方面における大胆な政策を提案している。[*42]

これらの様々な政策の様相について個別に研究したものはたくさん存在するが、これら政策ツール一式の各要素が格差と成長にどのような影響を与えるかについては、いまだに包括的に事態を把握できていない。

所得格差の改善

最近の研究では、所得集中の形成に政策が果たす役割についてどのように言われているのか? Piketty, Saez, and Stantcheva論文はトップ一%の所得比率は国と時間を超えて所得税率トップと相関性があり、成長への目に見える影響はないことを示している。[*43] アメリカとイギリスを含む、一九六〇年代以降トップ限界税率の最も大きな減少を経験した国々はまた、トップ所得割合の最も大きな増加を経験した国々でもある。それでも、トップ限界税率を最大限減らし、所得集中の激増を経験した国々が一九六〇年代以降より成長したという確固たる証拠はない。これは高所得者はより低いトップ税率に反応するが、それは標準的な供給側の物語が肯定する、生産性の高い仕事により励むことによってではなく、経済における他者を犠牲にして、経済というパイからより大きな分前を取ることによってだ。

Philippon and Reshef論文は、アメリカ経済の金融規模と金融労働者の相対的報酬はとても大きく、金融規制の水準と逆相関性を持つことを示した。。金融は規制が弱いときにより拡大し、支払いもよくなる。[*44] アメリカの歴史記録では、実際一九三三年から一九八〇年までの金融規制が厳しい時期は、大きな経済成長と相関しており、金融引き締めが経済成長に悪影響を与えないことを示している。

しかし重役報酬については、所得透明性と能力給についての規制の大部分は不首尾に終わるか、実際は逆効果になっている。(法人税を目的に)役員所得に対する税控除額を、業績に基づかない場合は一〇〇万ドルに制限した一九三三年のアメリカ税法は、ストック・オプションによる所得を煽った。報酬を株価に結びつけるストック・オプションは、非常に乱暴な報酬ツールだ。なぜなら株価は重役の能力とは無関係に、様々な理由により変動するからだ。よって、それは報酬には非常に効率の悪いツールだ。それが成功したのはおそらく成果主義に見せかけることによるもので、実際は報酬形態として通常の給与ほど透明性も可視性もない。[*45]

産業組織論には反トラスト、特許規制、そしてそれらが異常な高収益や独占に与える影響についての膨大な論文があるが、これらの論文が格差分析に結びつけられたことはない。では、これらの準独占レントからくる利益は、所得と富の集中を促すのか？　もしも答えがイエスなら、反トラスト、特許規制政策は古典的な効率性効果だけでなく、格差への影響も考慮する必要がある。

格差問題に取り組むにあたって、税や給付に対する規制の相対的優位性の分析に特化した研究に目を通すのはとりわけ重要だ。

富の格差の改善策

長期経済成長の重要要素である、総貯蓄と資本蓄積を損なうことなく、富の格差を減らすにはどうすればよいだろう？　ピケティの本で提案されて有名になったように、累進富裕税は大きな富の蓄積を抑える最も直接的な手段だ。（累進所得税に対して）累進富裕税の利点は、それが現行の所得ではなく、明確に蓄積した資本を対象にすることにある。原則として、相続した富について言えば、相続税が自分で築いた富が相続される富になるのを防ぐには、相続税が最良のツールである。[*46]しかし実際には相続税は、節税対策や贈与や移譲の過小評価によって避けることができる。富を毎年評価する年次の富裕税は、避けるのは難しい。

しかし、アメリカの貯蓄は富の所有者トップに非常に集中しているため、累進富裕税、あるいは相続税によってトップの富が減ると、総貯蓄、ひいては資本蓄積に悪い影響を与えるのではないかという懸念がある。これまで見てきたように、アメリカ中流階級の貯蓄率は一九八〇年代以降急落している。よって総貯蓄を維持するには、累進税と広い意味での中流階級に対する貯蓄促進を組み合わせることが重要だ。

どの政策が中流の貯蓄促進に最適かは、実際の中流貯蓄率減少の原因によって変わってくる。中流貯蓄が減ったのは、トップ所得に比べ中流所得の増加がパッとせず、相対的な消費維持のために、信用取引の需要が促されたことが理由かもしれない。[*47]この場合、中流所得を増進させる政策であれば、おそらく貯蓄も同様に増進するだろう。金融緩和は借入の機会を拡げるかもしれないが、場合によってはある種の身ぐるみ剥がしてしまうような融資に対して消費者を無防備にしてしまうこともある。この場合、より大きな消費者保護と金融規制が中流の貯蓄増進の役に立つかもしれない。

中流の貯蓄を抑えているもう一つの重要な要因が、大学授業料の増大だ。それは学生ローンを増やしているかもしれない。これは、高等教育への公共融資と大学授業料制限が役に立つかもしれないことを意味する。最近の行動経済学研究は、個人の貯蓄決定には税補助金よりも、(401kの雇用者年金計画におけるデフォルト・オプションのように)枠組み作りとしつこい促しのほうがずっと効果があることを示している。[*48] よって行動ファイナンスで新しく発展中の一連の研究は、中流階級の貯蓄を増進し、長期的に見て富の格差を減少させる方法の開発に利用できる。[*49]

第14章　富の格差のマクロモデル

マリアクリスティナ・デ・ナルディ、ジュリオ・フェラ、ファン・ヤン

経済学者マリアクリスティナ・デ・ナルディ、ジュリオ・フェラ、ファン・ヤンが、『21世紀の資本』における将来の予測の終着点である富の格差に取り組む。『21世紀の資本』以降も、全般的な富の格差や富の分配における個々の結果をもたらす仕組みは不確かなままだ。著者たちはまず二組の事実、そして二つのモデル化の伝統に注目する。一つはある時点における資産保有の極端な偏り（つまり総資産の相当部分は少数の金持ちが保有している）に加え、時間を経てその偏りが増大していることだ。もう一つは、なぜ裕福な人々のなかには貧しくなる人がいる一方で、裕福なままの人（あるいはさらに裕福になる人）がいるのかを探る。最近の研究では、二組の理論の結合を進め始めている。全体として、富についてのデータは、経済学で受け入れられている見識に対して重大な問題を提起している。これら三人の著者による研究は、これらの問題に対する回答の最先端である。

ピケティの『21世紀の資本』は、彼自身の言葉にあるように、「まず第一に所得と富の分配の歴史についての本」である。同書は、多くの国の産業革命以降の所得と富の分配の進展を記録し、多くの先進経済国における国内の富の格差の長期的展開の共通パターンについて説明するための枠組みを提供している。

本章は、事実と富の格差モデルの既存文献を、ピケティの本の事実やアイデアのレンズを通して評価し、富の集中を形作るメカニズムについてさらに文句なしの結論に到達するために、これまで学んだことと今後学ぶべきことの両方を明らかにする。資本、労働の各総所得の区分に関する、各要素間の格差の決定要因について論じた、デヴェッ

シュ・ラヴァルによる本書第4章とは異なり、本章は富の分配（すなわち富のなかの格差）を扱う。本章は、富の分布についてのいくつかの様式化された事実紹介から始める。

（1）富はきわめて集中している。その分布はひどく偏っており、右側にロングテールを持つ。

（2）概して富の分布には、個人の生存期間と世代間の両方において、大きなモビリティがある。しかし分布トップと底辺では富のモビリティはかなり低い。

（3）富の集中——最も裕福な人々が保有するすべての富の割合——は、二〇世紀の大半で下降し、一九八〇年代以降上昇するU型を示す。

次に本章はピケティの本に従って、富の分布に影響を与えている主なメカニズムについて論じる。具体的には『21世紀の資本』は、富の集中を形作る主な力として、税引き後の資本収益率と総生産成長率の差の重要性を強調している。[*1] またそれより少し弱い形で税の累進性、トップ所得比率、貯蓄率の非均質性、相続の役割についても論じられている。

次に私たちは、富の格差の主な原因である個人の富の蓄積の背後にある様々なメカニズムをよりよく理解し、分類するための単純な枠組みを提示する。そこから私たちは既存のマクロ経済文献をサーベイし、データに見られる高度な富の集中を説明できる力として最も有望なものに注目する。具体的には、富の分布の右端がパレート分布にかなり近似していることについての説明を試みた（ほとんどが分析的な）文献を考察する。この方面の文献は、富の集中は純資本収益率 r と現行の総生産成長率 g との差と共に増えるとする、ピケティの本で強調されている仕組みの主な理論的基礎となる。富の蓄積プロセスに対する乗数的なランダムショックが、こうしたモデルで富の集中を生み出す主なメカニズムとなる。ピケティは産出成長率は明らかに富の集中を減らすと見なしているが、こうしたモデルの一部によると全要素生産性（ＴＦＰ）による生産成長は、環境次第では富の集中を減らすこともあれば増やすこともある。

分析の扱いやすさ——Benhabib, Bisin, and Zhu 論文と Aoki and Nirei 論文は除く——のため、乗数的ショックを伴うモデルの論文は、貯蓄率の内生的異質性と外生的収益率を抽象化し、貯蓄率一定を生み出す原因として起業家所得を使っている。[*2] さらに、それは、世代を超えた富の蓄積に影響を与え、金持ちが就職中と退職後の両方で高い貯蓄率を維持する理由の説明に重要な、ライフサイクルの側面と遺産贈与行為の非相似性は考慮しない。[*3]

私たちが次に論じる定量モデル群の核心にあるのは、むしろ賃金と支出へのショック（たとえば退職後の医療看護家庭支出などがあり得る）に対する保険としての、貯蓄の内生的異質性である。この論文の比較優位性は、豊かな数量モデルで富の格差を説明する際に、貯蓄行動、収益率を形成する力の理解、およびそうした異質性の重要性の定量化に重点を置いていることだ。私たちは、これまでの研究が起業行動、自発的遺産贈与、家族ごとの選好の異質性、そして稼ぎ手トップの報酬リスクが、高度な富の集中の説明に役立つことを説得力ある形で強調していると論じる。しかし、これらの各影響が定量的にどのくらい富の格差に貢献しているかはっきりしない。これらの量的枠組みが、国と時間を超えて富の格差に見られる大きな差とどの程度一致しているか見極める作業も大量に残っている。

ある時点で格差を決定しているのは何かという静学的理解から、格差が時間を通じてどのように変化するかという理解へと移行するために、次に富の分布の遷移動学を分析した、少数の論文を調べる。

富の課税後収益率と生産成長率の差の変化が富の集中を変えるという、ピケティの推測を定量的に評価するために、次に富と所得の両方で観測される格差を生み出す豊かな数的モデルを使い、いくつかの数値シミュレーションを行う。この結果、富の収益率が集中に与える影響は小さく、産出成長率の影響を考える際にはＴＦＰと人口の区別が必須であることがわかる。ＴＦＰ成長率の影響が、収益率の影響と対称的なのに対し——共に富の格差への影響は小さい——人口成長率の変化は富の集中に非常に大きく影響する。よって、産出成長が人口増加に起因する場合、資本収益率と生産成長率は富の集中の条件として完全には代替できない。

将来の研究に向けて実り多い領域の考察で結びとする。

様式化された事実

横断的な富の分布は、通常の分布とちがって右側に偏り、その右テールがパレート分布に近似することは、広く認められている。パレート分布は、富wの対数と、w以上の富を持つ個人割合の対数P（w）の関係が線形であることを意味する。[*4] 図14・1はいくつかの国の富の分布トップ一〇％とトップ一％のそれぞれについて、推計パレートモデルの結果を示している。円は実測値を、破線と実線は分布トップ一〇％におけるこの関係を示している。

富は労働所得と所得に比べて集中しやすいという多くの証拠がある。Wold and Whittle論文が早い時期にアメリカについての証拠を挙げた。この事実は様々な著者による最近の論文数本にも記されている。[*5]

富がある時点でどのように分配されているかは重要だが、同様に分布の中で、個人、世帯レベルの両方、そして世代間でどの程度の入れ替わりがあるかもまた重要だ。個人レベルでは、Hurst, Luoh, and Stafford論文が、アメリカの第二〇百分位と第八〇百分位の間の大きなモビリティについて記している。彼らは所得力学パネル研究（ＰＳＩＤ）の一九八四年から一九九四年のデータを使っているが、十分位トップと底辺はきわめて持続性が高い。[*6] これら二つのグループについては、同じ十分位帯に残る可能性は、期間にもよるが、四〇％から六〇％だった。[*7] この後者の発見は、すべての富の六〇％――Hurst, Luoh, and Stafford論文によればトップ十分位が保有する割合――がきわめて持続することを示している。

世代間の富のモビリティについての証拠を見ると、Muligan論文がアメリカにおける子供の富と親の富との間の弾性値を〇・三二から〇・四三と見積もっている。[*8] Charles and Hurst論文はＰＳＩＤでの値を〇・三七としており、子供の年齢、教育、所得について補正すると〇・一七まで下がる。[*9] データの制約により、これらの試算は、親がまだ存命の親子――すなわち遺産相続による譲渡前――についての世代間の富の弾性値である。[*10] このため、これらは世代間の富の持続性の総合的レベルを過小評価しているかもしれない。この問題には、スウェーデンについてAdermon, Lindahl, and Waldenström論文、デンマークについてBoserup, Kopczuk, and Kreiner論文が、イングランドとウェールズについてはClark and Cummins論文が取り組んでいる――そのすべてが一世代を超える富のデータを利用している。最初の二

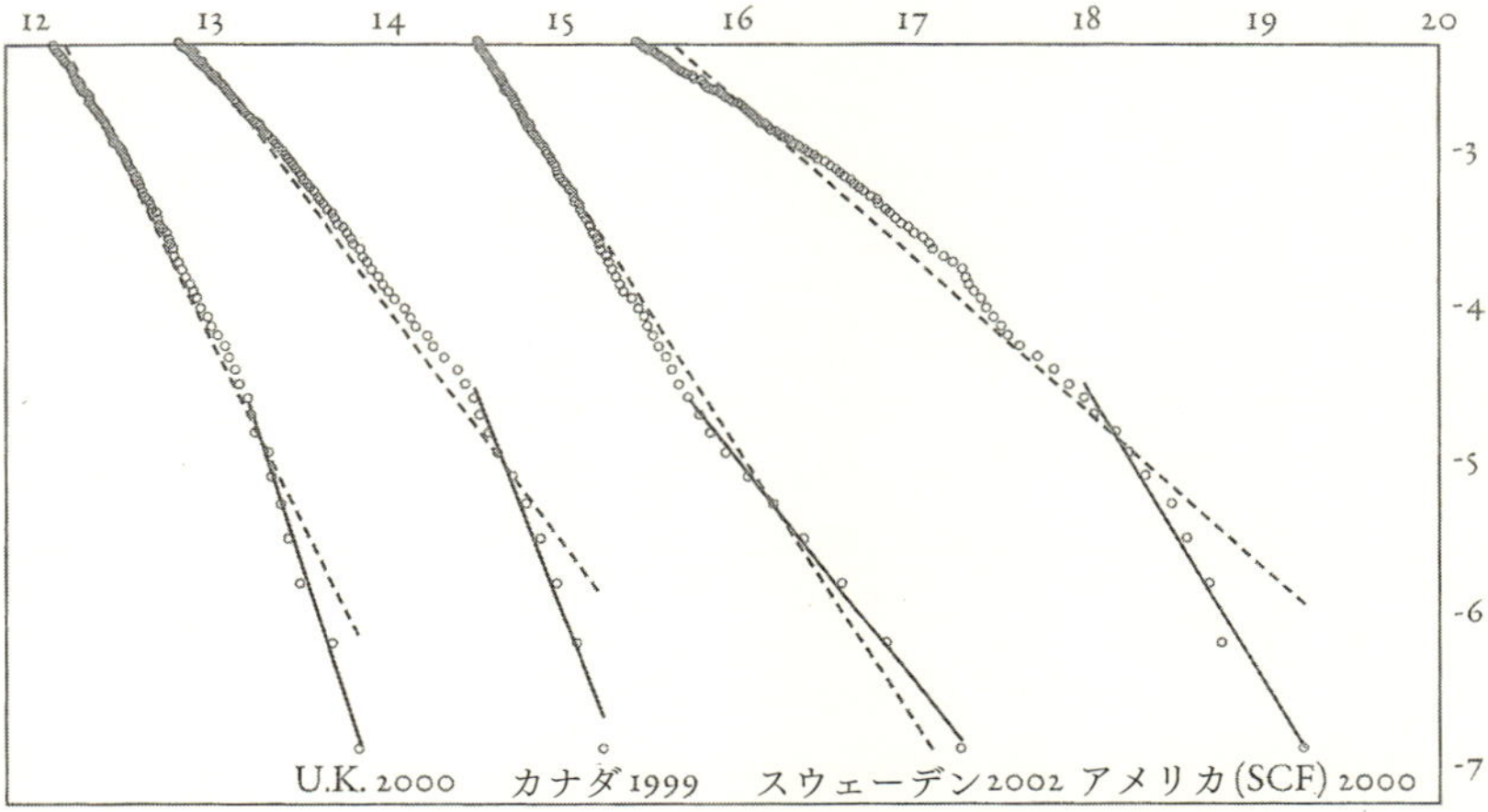

図14.1　いくつかの国のパレート曲線
実際の値（丸）とトップ10%以上の平均傾斜（破線）と分布１%（実線）
出所：Frank K. Cowell, “Inequality among the wealthy,” CASE Working Paper No.150(2011)

つの研究は富裕税データを使っている。Adermon, Lindahl, and Waldenström論文は親子間の順位相関は〇・三から〇・四としており、Boserup, Kopczuk, and Kreiner論文は富の弾性値を〇・四から〇・五と見積もっている。Clark and Cummins論文は、長期（一八五八年から二〇一二年）にわたり死亡時の富がわかる珍しい姓を持つ数家族を使って、親子と確認できた副標本の世代間弾性値を〇・四から〇・五、同姓群による個人をまとめると約〇・七になるとしている。[*11]

全般的に、富のモビリティが大きいという証拠は、経済環境へのショックが富の動学の重要な決定要因であることを示している。この特性は、所得に特異なショックに対して消費を平準化する手段として富の蓄積を強調する多くの論文の核心に見られる。これについては後ほどサーベイする。

富の分布の第三の重要な特徴は、その時間的推移だ。最近まで、富の格差の時間的推移を記録した研究はほとんどなく、あっても比較的短い期間を対象にしていた。[*12] ピケティの本の重要な貢献の一つは、最近の多くの研究をまとめて、かなりの数の国で産業革命以降における富の分布の推移を実証したことだ。様々な国に共通する主要な発見は、裕福な人々の手中にある富の総計は、二〇世紀初めに高水準で始まって、二つの大戦の間に劇的に減少して最低に達し、第二次世界大戦から一九七〇年代まではそのままで、一九八〇年代以降再び

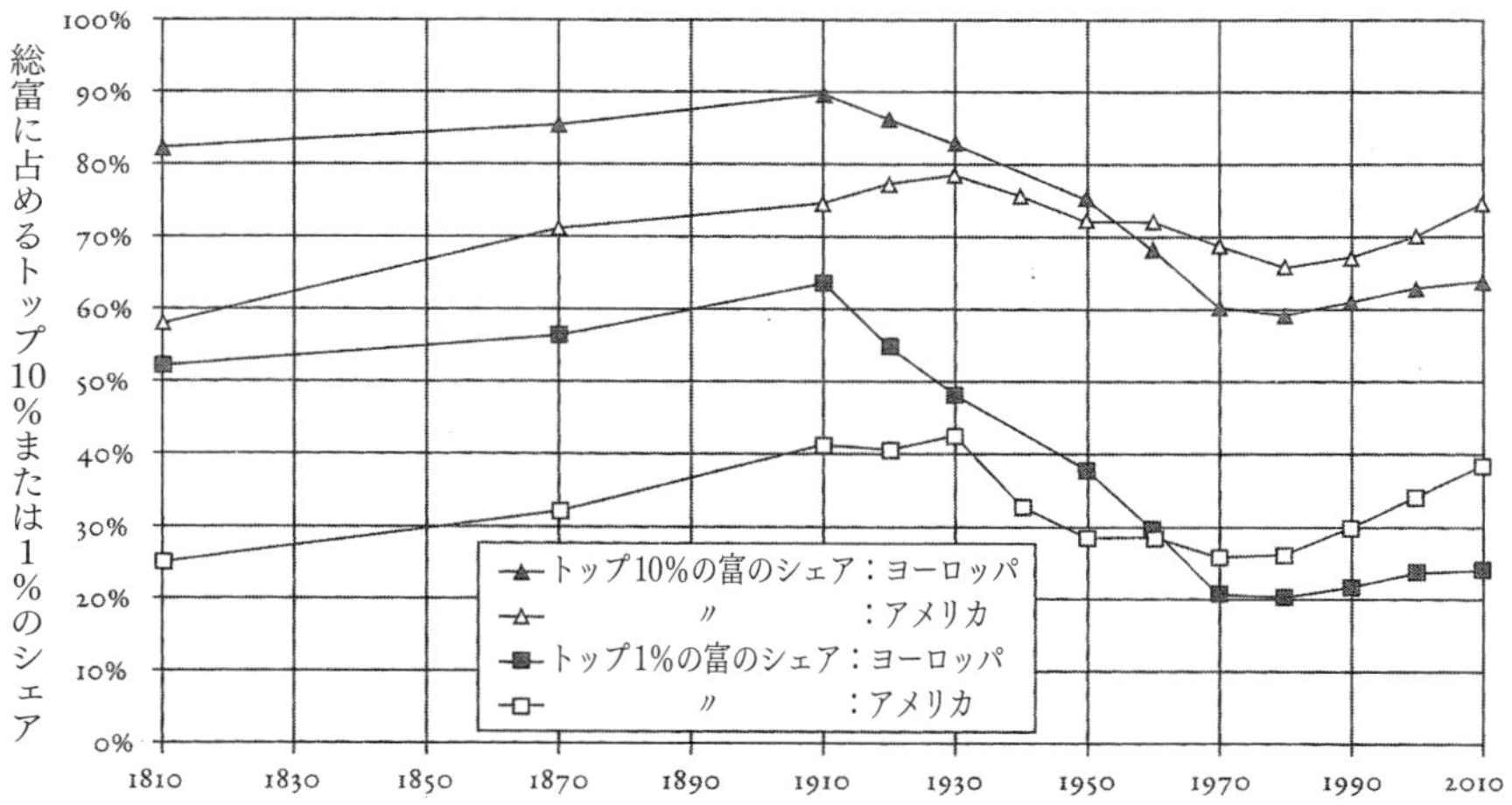

図14.2　ヨーロッパとアメリカにおける富の格差の進展
出所：Thomas Piketty and Gabriel Zucman, "Wealth and Inheritance in the Long Run," Vol. 2B, chapter 15:1303-1368, ed. A. Atkinson and F. Bourguignon Handbook of Income Distribution (Elsevier B.V., 2014)

増大する、U字型の曲線を描くというものだ（図14・2参照）。一九八〇年代以降トップ一％が保有する、富の比率増加の現実的な重要性をめぐっては、いくつか議論がある。図14・2はSaez and Zucman論文による税データからの推算を表しているが、これによると比率は約一三ポイント増えて、実際一九三〇年の最高水準に戻っている。*13 消費者金融調査（SCF）の推算は、これより大幅に小さい約五ポイントの増大としている。*14 増大の実際の程度は不明確だが、その原因と将来起こりうる推移の理解は、研究の重要なテーマになってきた。後で、富の格差の別のモデルが、トップにおける富の集中をどの程度説明できるかを論じる。

ピケティのメカニズム

ピケティの本は、二〇世紀全般を通じた富の格差の進展を説明するための――パレート・テールに関する論文に根ざした――枠組みを提示した。この枠組みによると、富の格差は税引き後平均資産収益率 r と実勢総生産成長率 g の差と共に増える。これは二〇世紀を通じた富の集中低下と（$r-g$）低下の同時進行という現象と整合的である。一九一四年から一九八〇年までのあいだに、課税後の資本収益率は下がったが、それは大恐慌と二つの世界大戦に端を発する資本喪失と、一九一四年から一九四五年のショックに根ざした累進課税政策の両方によるものだった。同時に二〇世紀後半の産出成長率は世紀の初めに比べ著しく大きかった。

この「$(r-g)$」メカニズムの背後にある直観では、高い収益率 r が、既存の富が資本化される割合を上げ、富の分布における当初の異質性を強化する。もう一方で、高い成長率 g は、労働所得からの貯蓄によって「新たな」富の蓄積率を上げ、それは格差を減らす傾向にある。既存の富が現行世代によって貯められたものであろうと、先行世代から相続したものであろうと、高い収益率は現行の労働所得と比べた富の重要性を上げる。

このメカニズムはピケティの本で重要な役割を果たし、大きな注目を集めているが、同書はそれ以外の重要な効果にも言及している。最初の効果は――世代間の富の蓄積率に影響を及ぼすため、以前言及したものに関係している――は、金融資本と人的資本の両方の相続と、その人口動態との相互作用である。

第二の力は、収益率の異質性と、多額の投資をする裕福な人々は――例えばリスクが高く流動性の低い投資ができる、あるいは金融マネージャーを雇える、そしてより一般的には大きな収益を得るために時間と金を費やすより大きなインセンティブを持つことによって――通常より大きな収益を得るという事実だ。加えて貯蓄率にも異質性がある。最初からより大きな富の蓄えを持つ人々はたくさん貯蓄するのだ。

同書で論じられているもう一つの重要な特質は、特にアメリカにおいて利益分配が他の誰よりも急増した高位の経営者、すなわち「スーパー経営者」の隆盛である。ピケティは、これが総所得の格差増大という事実を裏付ける重要な要素だと主張する。またアメリカが、同期間内における富の格差増大が最も早い国でもあるということも指摘しておこう。

最終的に、『21世紀の資本』は国を超えた、または個別の国における長期的な所得と富の格差への影響における、政府による課税、給付、そして最低賃金などの政府規制、そして市場構造の重要性に光を当てている。

富の集中の説明

ここで私たちは、ピケティの（$r-g$）という洞察と、富の格差の決定要因についての既存文献に関するこれまでの議論をまとめるために、ミードの考案した単純な会計的枠組みを導入する。[*15] このために、総資本ストックが外生的にgで増大する経済を考えてみよう。人は生まれたとき、同時発生的な総資本ストックの個人ごとにちがう割合を受け取る。経済における唯一の所得源は個々の富に固有の収益率だ。

任意の期間における、平均資本ストックで正規化された個人の富は累進的な率$r_{it}-g+s_{it}$で増える。ここでr_{it}は個人iの現在の年齢tにおける現実の収益率で、s_{it}は個人の貯蓄（あるいは負の貯蓄）フローとその人の期首の富の比率である。[*16] この経済では、平均資本ストックによって正規化された個人の富の分布を形成する三つの主要な力が作用している。

（1）貯蓄率の個人歴s_{it}、あるいは同じことだが個人の生涯を通じた平均貯蓄率。他の条件が一定なら、生涯平均貯蓄率の高い個人は富をより早く蓄積してきた。

（2）調整済み収益成長率の個人経歴$r_{it}-g$、あるいは同じことだがその生涯平均率。他の条件が一定なら、生涯平均収益が大きい――すなわち期間内高収益の経歴――個人は、平均収益が低い個人よりも自分の富の早い成長を経験してきた。反対に、区分断面で見た個人収益分布r_{it}にとって、より高い成長率gは、個人の富の成長率を総経済成長率に比べて低くすることで、標準化した個人の富の成長率を減らす。

（3）出生時の富の分配。たとえ収益率と貯蓄率の個人間の差を取り除いても、異なる天賦の富を持って同じ統計群に生まれた二人の個人間の富の差は、共通の蓄積率によって年齢とともに増大する。共通の収益率rと成長率gの差が増えると、この分岐速度が増す。

この最後の影響がピケティの$r-g$という洞察の核心を捉えている。貯蓄率が一定なら、指数関数の複合効果は、差$r-g$の絶えざる変化が富の分布における相違率を大きく増大させることを意味する。よって、「成長、あるいは乗数的」効果は、なぜ少数の個人が総富のうちの不釣り合いな割合を所有しているのかという説明にとって重要になる。この基本的メカニズムが、富の蓄積の乗数的モデルに関する主に分析的論文の核心にあり、それについては後ほどサーベイする。

富の分布にパレート・テールを生み出す分析モデル

Pareto論文以降、富の分布のこの特性はさらに実証を重ね、右にパレート・テールを持った富の分布を生み出す経済メカニズムを提案する多くの研究を促してきた。

これらメカニズムは富の蓄積の過程でランダムな乗数的ショックを必要とし、二種類に分類できる。第一のタイプは、個人の富がある程度のプラス平均率で、指数関数的に分布した停止時間（例えば死）まで、指数関数的に増大する。世代間の富の移転がない場合、この種のモデルは反事実的に、富のあらゆる異質性は年齢階層内ではなく年齢階層間にあるという結果を出す。[*17] 高い富を持つ個人は、長い期間にわたって富を蓄積してきた過去の年齢階層からの生き残りである。Benhabi and Bisin論文のように、確率論的な世代間の富の転移を許すことで、さらなる異質性が導入される。年齢階層内では、長い遺産相続の歴史を持つ一族に属する個人はもっと裕福だ。[*18] まとめると、一般的メカニズムから見て、富の分布の右テールにおける集積を指数化するパレート係数は、総富に対する個人の富の成長率で増え、死亡率と生存時の富の分布を圧縮する再分配的な固定資産税のような影響力で減少する。

パレート・テールを生み出す第二のメカニズムは、先程のものと概念的に正反対とも言えるもので、個人の富の指数関数的成長率が負の平均を持つ、適切な確率論的過程に従う必要がある。概して負の平均成長率は、個人の富が分布の平均へと回帰することを意味する。それでも富の平均以上の正の成長率を持つ少数の幸運な人々はこの平均回帰の影響力を免れて、大きな富を蓄積する。いくつかの流入メカニズム――給付金、所得へのプラスの付加的ショック、予防的貯蓄、そして、またはあるいは、借入制限――は富の分布平均が確実にゼロから離れるよう制約するために必要となる。この種のモデルは年齢階層内、そして年齢階層間の格差を生み出す。[*19] それらはパレート係数が大きいこと、すなわち（1）ショックの分散が大きく、それが正のショックの長い歴史の可能性を増やすか、（2）流入メカニズムによる相殺が弱く、安定分布の平均を増やすかのいずれかだ。

最初のモデル群同様にこれらのモデルも、パレート係数で評価された富の集中は、富の平均回帰率で減少していることを示している――すなわち、総富と比較して、個人の平均成長率は上昇しているということだ。そのような率は一方で、課税後平均収益率 r と総成長率の差 $r-g$ の総計と同じであり、もう一方で非資本から生まれた貯蓄と富の比率 sw と同じでもある。指数関数的成長の論理から見て、乗数的ショックを伴うすべてのモデルにおいて、$r-g$ や sw の小さなばらつきは、パレート係数に大きな変化をもたらす。

Benhabib, Bisin, and Zhu はその論文のなかで、部分均衡、すなわち個人は独立した同じ分配（i.i.d）の所得と富の収益率を持って生まれ、それが生涯維持される相似遺産贈与動機を持つ世代重複モデルを構築している。彼らはその枠組みのなかで、安定した富の分布の右テール形状に影響するのは個人全般の所得へのショックではなく、収益率へのショックであることを発見した。これは個人は対数的選好を持ち、相続した富は誕生時に分配された共通の富に等しいが、個人固有の収益率で資本化される場合に最もよく理解できる。裕福な支配者層は平均以上の収益率の長い歴史がある。このメカニズムは、各世代で遺産分配はあったが、裕福な支配者層は平均以上の遺産を相続してきた長い歴史があるとした、Piketty and Zucman の論文のモデルと同一構造である。このため資本税と相続税は、前者は純収益率への影響、後者は世代から世代へと引き継がれる富の割合を通じて、富の格差を大幅に減らせる。遺産贈与を残す傾向も同様の影響がある。[*20]

Benhabib, Bisin, and Zhu および Aoki and Nirei の二論文は、類似するメカニズムが Bewley モデルの一般的安定において漸近的なパレートの右テールを持った富の分布を生み出すことを示している。そこでは通常の付加的所得リスクに加えて、専門的生産技術へのショックという形で個人は独自の乗法的な収益率リスクに直面するが、リスクのない資産を使って限界まで貸し借りすることで自己保険をかけることができる。[21] 個人特有のリスクの導入が、これまで論じたすべてのモデルに欠けている予防的貯蓄の動機を取り込む。しかし富が十分に大きくなると、決定的な所得リスクに備えて完全な保険をかけることが可能になり、貯蓄は富のなかで一定になるため、予防的貯蓄の動機はゼロになる。よって、乗法的な収益率へのショックは、富の分布の高位に影響を及ぼす傾向がある。

借入制限の存在により、閉じられた形態におけるパレート係数の特徴付けが難しくなっているため、Aoki and Nirei論文は数値シミュレーションを使って、Benhabib, Bisin, and Zhu論文から得たいくつかの洞察を、そのような枠組みのなかで確認し、さらにいくつかの新しい成果も得ている。[22] まず彼らは、予防的貯蓄の動機の存在は、付加的所得のリスク増大が、富の多い個人に比べて富の少ない個人の予防的貯蓄を高めるので、富の分布の右テールの層の厚さを減らすことになると示した。彼らはまた部分的均衡モデルから得られる直観に反して、(Benhabib, Bisin, and Zhu論文ではゼロとされている) TFP成長率の上昇は、富の格差を減らすよりも増やす効果があることも発見している。[23] 一般均衡では、TFP成長率が高いと、定常状態の資本ストックが増え、トレンドから外れた資本の平均収益は下がり、格差も減少する。一方でTFP成長が高いと基礎分野技術の固有の収益変動性が上がる。この二つめの効果は広く行き渡るので、TFP成長が高いとパレート係数で評価された格差が増えることになる。

部分均衡から得られたTFP成長の富の格差への影響が逆転するという別の例がJones論文にも見られる。彼は対数選好を持ち、新生児に対して均一分布の偶発的遺産贈与が行われるとするBlanchard-Yaariモデルの一つを研究している。[24] このモデルは、決定論的な個人の富の正の成長率を通じて、コーホートを超えたパレート的な富の分布を作り出している。一般均衡では、パレート係数はTFP成長率とは無関係で、人口動態パラメータによって完全に決定される。

Aoki and Nirei論文、およびJones論文における結果は、成長率と富の集中の負の関係性は、一般均衡における乗数的ショックを考慮したモデルの堅牢な特徴ではないことを示している。[25]

Bewley モデル

この枠組みでは、所得リスクに備えた予防的貯蓄は、富の集中を押し進める重要な力である。しかし、貯蓄の予防的動機は、富が労働所得に比して増えると減じる。それは所得リスクに対する自己保険能力の増大とともに減る。その結果、もしも主体がせっかちなら——富の分布の定常性確保に欠かせない条件——貯蓄率は正の低い値で、労働所得に比べ、せっかちさで相殺された純資産の目標値は負の高い値になる。よって、これらのモデルにおける貯蓄率は富が増えると減少する。

対照的に、とりわけ Saez and Zucman 論文は貯蓄率は富と共に上昇する傾向にあり、富の所有者下位九〇パーセントが所得の平均三%を貯蓄するのに対し、その上の九%では一五%、トップ一%では二〇%から二五%を貯蓄するとしている。[*26] よって基本モデルは、裕福な人々は高い貯蓄率を維持しているという事実を捕らえられず、最も富める少数の手中にある高度な富の集中——そして彼らの非常に大きな財産の出現と維持——を生成できていない。

貯蓄率は収益率、我慢強さ、そして所得リスクによって決まる。高い収益率は貯蓄を増やす傾向にある。だが収益率は外生的ではないので、特に富の分布トップにおいて、収益率はどのように決まるのかという問題が生じる。起業家の場合、ビジネスを始める決定と、彼ら自身のリスクの多い活動に投資した富の割合による結果として、それらは内生的である。投資家にとって、それらはポートフォリオ選択の結果として内生的なのだ。

総じて、上記二つのポイントはもしも人によって我慢強さとリスク許容度が異なれば、職業選択やポートフォリオ構成も異なり、収益も異なり、それは我慢強さとリスクに対する姿勢と相関性を持つということを意味する。結果として我慢強くリスク回避度が低い人々は、リスクの高い立場をとる。それらのなかには失敗する者もいれば、成功して高い収益を享受する者もいる。これは、より我慢強くリスク回避度のより低い人々が、富裕層のなかでの割合を高めるということだ。それはひとつには彼らが幸運な人々の代表だからであり、もうひとつには彼らが異なる優先傾向を持ち、彼らが得る収益は彼らの過去の職業と貯蓄決定、そして優先傾向によって決まるからだ。

リストの第三の要素は、高い不均一な所得リスクに関係している。ほどほどに持続する偏った所得ショックは、不均一な貯蓄率を生み出す可能性がある。実際、Castaneda, Diaz-Giménez and Rios-Rull論文は、稼ぎ手トップのある種の所得リスクが、最も富める少数の人々に、非常に大きな富の集中を生み出すこと示している。これはピケティが、特にアメリカにおいて増大するスーパー経営者の重要性と、彼らの総消費の不安定さについて論じたことと結びついている。*27

この節の残りでは、標準的Bewleyモデルにおいて、富の関数としての貯蓄率減少を相殺する点で最も有望そうで、したがってトップ高位に見られる富のシェアをもっとうまく説明できそうな仕組みについて論じる。

収益率の内生性

内生的収益率を生み出す重要な選択は、起業家的行動だ。Quandrini論文は起業家になる決定に影響を与える要因と、貯蓄と投資に起業家精神が与える複合的な分布上の意味について、秀逸なサーベイを行っている。*28 加えて、Quadrini, Gentry and Hubbard論文、De Nardi, Doctor, and Krane論文、Buera論文はそれぞれ、起業家精神は最富裕世帯における富の集中を理解するための重要な要素であるという説得力ある主張をしている。*29

Cagetti and De Nardi論文は、起業家がデータ中の富裕者の大きな割合を占めることを示している。例えば一九八九年の消費者金融調査では、純資産について最も裕福な一％のうち、六三％が起業家で、彼らは最も裕福な一％の人々が持つ総資産のうちの六八％を所有していた。Cagetti and De Nardi論文は起業家精神モデルも構築した。そこで利他的な主体は自分の子供を大切にし、死期の不明確さに直面するので、結果として偶発的遺贈と自発的遺贈の両方を行う。主体は各期ごとに事業を運営するか、賃金労働するかを決定し、借入制限が担保の必要性を生み出すので、起業家は制約されている限り、貯蓄を増やす。*30

Cagetti and De Nardi論文の比較では、最適企業規模は大きく、起業家は借入を制限されている。よって裕福な起業家も、自身の会社を拡大して資本から高い利益を得るための担保蓄積のために貯蓄をしようとする。これがこの枠組みにおいて、裕福な人々の貯蓄率を高くし、高い富の集中を生み出している仕組みだ。結果として、彼らのモデルは、分布右テールを含むデータにうまくマッチした富の集中を作り出している。加えて、このモデルはMoskowitz and

Vissing-Jorgensen論文、Kartashova論文が見い出した範囲におさまる、もっともらしい資本収益を示している。最終的にこのモデルは、ある人が持つ富の機能の一つとして、起業家セクターに名を連ねる最初の可能性を作り出している。それはHurst and Lusardi論文が算出したミクロレベルのデータと一致し、相続が実業界への参入の強い予測因子であることも示している。[*31]

Kirao論文は、多様な起業能力水準モデルにおいて、課税が起業的選択に与える効果について研究している。[*32]ポートフォリオ選択と富の格差を研究したモデルのなかでも、Kacperczyk, Nosal, and Steven論文は、内生的な情報選択、投資者の知識の異質性、そして資産リスクがある場合のポートフォリオ選択を、定量的に評価している。[*33]彼らは全体的な情報技術の向上によって、一九九〇年以降に見られる投資家への富の集中を説明できることを示している。

所得リスクとスーパー経営者の台頭

予防的貯蓄を所得ショックに対する自己保険のメカニズムとして研究した論文は多い。Carroll論文は永続的所得ショックからの限界消費傾向は、一時的、永続的の両方の所得ショックを伴う予防貯蓄モデルのそれと比べて低くはあるが、近いことを示している。[*34]これは富からの貯蓄率が永続的な所得ショックにほとんど影響されないことを示している。それどころか、所得ショックが純粋に一時的な場合、消費が衰えないのは、所得変化の大半を貯蓄していることを意味する。他方で、ショック、そしてそれに結びついた貯蓄反応の一時性は、影響が平均化することを意味する。よって、これらの効果は貯蓄への一次的な持続的成長効果ではなく、十分な富の集中を生むことはできない。

しかし、所得リスクに対する自己保険としての予防的貯蓄行動は、労働所得の確率論的過程が適切に不均衡なまま持続していれば、トップの富の集中を生み出すことができる。Castaneda, Diaz-Giménez, and Rios-Rull論文は、労働年齢、退職、死という確率論的ライフサイクルを経る完全に利他的な主体について、モデル経済において計算上初めてこの結果を導き出した。[*35]彼らの論文は所得過程のパラメータを、所得と富の格差の評価を含む、アメリカのデータのいくつかの特徴に適合するよう調整している。最富裕層の手中に大きな資産保有を与えている主要な影響力は、最も高い生産性水準が、次に高いものよりも一〇〇倍以上高くなるように調整された生産性ショック過程である。よって、最高生産性水準とそれ以外のすべてとの間には大きな相違がある。さらに生産性が最高水準状態にある主体は、次期に生産性が一〇〇分の一以下になる可能性がおおよそ二〇%ある。直観的に高所得世帯は、二つの理由から予防的貯蓄率が非常に高い。まず一つは、非常に大きな所得下落リスクに直面しており、そのために彼らは所得の非常に大きな減少に対する自己保険として、大きな富の緩衝を蓄積する。その結果、彼らの所得に対する富の目標率は大きくなる。二つめとして、高所得の主体にとって、高い富の対所得目標は、非常に大きな富の水準目標に対応している。

Castaneda, Diaz-Giménez, and Rios-Rull論文において、トップの富の割合を増やしている高所得者の定常状態での比率が、非常に小さい（約〇・〇四%）ことに着目するのは重要だ。この特性は、Saez and Zucmanによる次のような研究結果と一致している。まず第一に、アメリカにおけるここ三〇年間の富の格差の大きな増加の大半は、資産保有者のトップ〇・一%が富に占める割合が三倍になったことに起因する。第二に、トップの富の急増を主に押し進めたのは、資産保有者トップが稼ぐ所得の割合の大きな上昇だ。[*36]

理論的観点から見たとき、「スーパースター経済学」（Rosen）によって、少数の高所得個人の出現とトップが非常に大きな所得を得るひどく歪んだ所得分布を説明できる。Gabaix and Landier論文は、一九八〇年から二〇〇三年までのCEO所得の上昇を説明するモデルを提案しており、Lee論文は内生的に高い経営賃金を生み出す、労働者、起業家、そして経営者の職業選択モデルを開発している。[*37]

トマ・ピケティとエマニュエル・サエズによる、多くの共同研究者との一連の論文は、所得、所得分布の歪みを立証してきた。[*38] 最近では、Guvenen, Karahan, Ozkan, and Song論文が、アメリカの行政記録から得た所得史の大掛かりなデータ・セットを開発している。彼らは所得ショックが大きな負の歪みをもたらし、非常に高所得な人々——所得分布百分位トップ第五位——にとって、生涯を通じた絶対的歪度の増大を押し進めているのは、正のショックのリスクが少ないことではなく、負のショックのリスク増大であることを実証した。[*39] Parker and Vissing-Jorgensen論文は、トップの所得がとりわけ労働要素と賞与によって循環的なことを発見して、このモデル化した仮定と調整をさらに実証的に示している。[*40]

世代間の富の譲渡の重要性

ピケティの本は、相続による富の重要性も強調している。世代間譲渡はアメリカの富の蓄積全体の、少なくとも五〇から六〇％を占め（Gale and Scholz）、世代を超えた富の格差の重要な転移ルートになっている。さらに、贅沢品タイプの遺産贈与の動機は、なぜ富裕世帯の貯蓄率がそれ以外より高いのか（Dynan, Skinner, and Zeldes、そしてCarroll）、富裕層のポートフォリオはなぜ高リスク資産に偏っているのか（Carroll）を、おそらくは医療費支出、裕福な高齢者の貯蓄取り崩し率の低さと結びつけて説明する手助けとなる（De Nardi, French, and Jones）。[*41]

De Nardi論文は、Huggett論文が使用したライフサイクル・モデルである、重複世代における二タイプの世代間関係性を導入している。自発的遺産贈与と人的資本の移譲だ。彼女は遺産贈与による効用を「暖かい後光」の供与としてモデル化している。この枠組みのなかで、親とその子は自発的、偶発的遺産贈与、そして金儲け能力の移譲によって結ばれている。そして世帯は労働所得ショック、生涯リスク、退職、また場合によっては子への遺産に備える自己保険として貯蓄する。De Nardiのモデルでは、自発的な遺産相続と偶発的な遺産相続が共存し、それらの相対的規模と重要性は調整によって決まる。採用された調整は、遺産相続が贅沢品であること、現実的な遺産分配、また量的にAltonji and Villanueva論文がミクロ経済データから算出した恒常所得への高齢者の貯蓄の融通性と一致していることを伝える。[*42]

De Nardiの研究は、しばしば一世代を超えて蓄積され、データにおける富の分布上位テールを特徴づける大きな資産の出現を、自発的遺産贈与によって説明できることを示した。測定結果は、たとえ非常に年老いていても子に残すために資産を保持しようとする、最富裕世帯の遺産相続へのさらに強い動機を示している。金持ちはより多くの富を自分の子孫に残し、残された者も同じような傾向を持つ。この行動様式がかなり大きな資産を生み出し、それが自発的遺産相続によって世代を超えて移譲される。親子間の能力の移譲もまた富の分布の集中を生み出すのを助ける。生産性の高い親はより大きな富を蓄積して、子により大きな遺産を贈与するが、子もまた労働場所における平均よりも生産性が高い。また遺産贈与への動機の存在が、富裕層の生涯貯蓄に老齢になっても富の目減りが遅いという特性を与えているのは、De Nardi, French, and Jones論文が健康退職調査のミクロレベル・データを利用して論文化した事実と一致している。[*43] 世代間のつながりの明確なモデル化は、最富裕層の貯蓄を説明する助けになるが、De Nardiのモデルは富裕層への高い富の集中を生み出す補完的影響力を考慮しなければ、最富裕一％への富の集中と整合しない。[*44]

そこでDe Nardi and Yang論文は世代間リンクを取り込んだモデルの一つと、Castaneda, Diaz-Giménez, and Rios-Rull論文が提案する、稼ぎ手トップに対する高い所得リスク・メカニズムを融合して、これら二つの力が共にデータの重要な特徴とうまく一致することを発見した。[*45] 興味深いことに、彼らは確率論的所得過程の富の格差への寄与と、遺産贈与の寄与を区別している。彼らは遺産贈与が、トップ二〇百分位の個人が所有する富の割合のうちの約一〇ポイントを占めることを示している。

ピケティが『21世紀の資本』で指摘したように、富の格差は様々な年齢、人口動態グループ内でも大きい。例えばVenti and Wise論文、そしてBernheim, Skinner, and Weimberg論文は、富は似たような生涯所得の人々のなかでも、退職時に大きく分散することを示し、これらの差は家族状態、健康、そして相続といった事象のみならず、ポートフォリオ選択でも説明できない。Hendricks論文は、基本的な重複世代モデルの退職年齢時のセクション間の富の格差への適合能力に着目している。彼はこのモデルが退職時の高所得者と低所得者の富の差を過大評価し、一方でそれが生涯所得が同等の場合の富の格差状態を過小評価していることを明らかにした。逆にDe Nardi and Yang論文は、自発的遺産贈与と所得の世代間伝送で拡大された重複世代モデルが、実際の退職時の富のセクション間の差とそれらの生涯所得との相関性にかなりうまく適合していることを示している。[*46]

選択の異質性

個人の富の総量が大幅に異なることについての説明に役立つ、妥当な付加的手段の一つが、貯蓄行動における外生的異質性だ。この貯蓄行動における不均質の源は、重要な問題だ。選択の不均質が非常に異なる人々が所有する富の総量の説明に役立つ、妥当な手段の一つであることを示すミクロレベルの経験的証拠は多い。例えばLawrance and Cagetti論文は人々の選択に大きな異質性を見出している。[*47]

Krusell and Smith論文は、独自の一時的所得ショックを伴う無限期間モデルにおける時間選択率への永続的ショックという形で、選択の不均質の影響について研究している。[*48] 彼らはわずかな選択の不均質が、部門全域にわたる富の分布の相違へのモデルの適合能力を劇的に改善することを発見した。[*49] しかし、彼らのモデルと補正は富の分布の分散を捉えてはいるが、富の所有者トップ一％の手中への極端な富の集中には適合できていない。

Hendricks論文は、永続的な所得ショックと偶発的遺産贈与のみを伴うライフサイクルという枠組みにおける、選択の不均質の影響について研究している。[*50] 彼は、割引係数における異質性が年齢統計群の消費と富の格差の現実的パターンを作り出すために選択されると、時間選択の異質性が大きな富の集中の説明に、多少は貢献することを示した。すなわち、これまでの論文は選択の異質性、とりわけ我慢強さの異質性は、富の分散を増大させることを示唆している。我慢強さのプロセスに関するさらに豊かな研究と、例えばリスク回避と期間重複代替が一致する必要がない、より豊かな効用関数の定式化の両方により、これまでの分析を深めれば興味深いであろう（これについて例えばWang, Wang and Yangによるいくつかの興味深い研究結果を参照[*51]）。

富の分布の推移動学

ピケティの本の重要な貢献の一つは、富の格差の発達を長期的に実証したことだ。大きなショックが無い場合、定常状態の概念が、経済が長期的に安定する地点を示す有益な基準を与えてくれそうなものだ。実際、これまで論じてきた一連の研究は、「定常的な」富の分布状況について研究し、政府政策など何らかの影響力の変化に伴って確率論的定常状態や経済推移を動かすような、経済ファンダメンタルズの確率論的および決定論的な総変化はほとんど捨象してしまっている。

それでも、例えば図14・2に表れているような、ヨーロッパとアメリカにおけるトップの富の割合の展開を見たときに、自然と生じるある一つの問いは、長期的に格差を押し進める原理には大きなショックもその他の決定論的変化もないのかというものだ。例えば図14・2における富の割合トップ一％と一〇％は、ヨーロッパで一九一〇年まで、アメリカでは一九三〇年まで上昇傾向を示し、そして一九七〇年以降は両方で上昇傾向にある。加えて一九一〇年以前の時期には推移動学はかなり遅いが、一九七〇年以降のアメリカは、上位テールにおける富の集中が急変化を見せる。既存モデルで一九七〇年以降のアメリカにおけるトップの富の格差を説明できるのかという問題には、最近二つの論文が取り組んでいる。

Gabaix, Lasry, Lions, and Moll論文はこの問題を、富の分布にパレート右テールを引き起こす収益率への独自の乗数的ショックを取り入れたモデルを使って研究している。こうした種類のモデルについては後述する。彼らは付加的な増幅メカニズムがなければ、このモデルが偶発的ショック――例えば、Saez and Zucmanが実証したずっと早い増大率は言うまでもなく、消費金融調査が実証した一九八〇年以降のアメリカにおけるトップの富の格差増大に比べて遅すぎる資本税率の変化――に対応して、富の格差の推移の原動力を示すことを発見した。彼らの発見に基づいて、Gabaix et al.は、課税後収益率増大または総成長率低下を使って富の格差変化の実際の速度を説明するためには、富と貯蓄率、あるいは収益率との正相関が必要であると主張している。すでに見たように、起業家モデルと非相似な遺産贈与の動機モデルはこのような相関性を生み出す。[*52]

Kaymak and Poschke論文は、Castaneda, Diaz-Giménez, and Rios-Rull的な所得プロセスを、一九六〇年代の（トップを含む）所得と富の分布にマッチするよう調整して、Bewley経済の枠組みで過去五〇年のアメリカにおける税、給付制度の変遷に関連した推移力学を検討した。彼らはこの期間の富の格差増大は、賃金格差の増大と税制の変化、そして社会保障とメディケアの拡大によって説明できるとしている。より具体的には、トップ所得労働者の所得下落リスクが彼らの予防的貯蓄を激増させるので、賃金格差の増大が、トップの富の格差の要因の半分以上を占めている。トップの富の格差の残りは、税の減少（貯蓄の純収益を上げる）と社会保障とメディケアの拡大（より貧しい世帯の予防的貯蓄を減らす）によるものだ。後者による影響は均衡利率と富裕層の富の蓄積を上げる。また彼らは、二〇一〇年以降さらなるショックがないと仮定すると、トップ一％の富の割合が新たな定常値である約五〇％まで約一〇ポイント増えるには、おおよそ五〇年かかることを示している。[*53]

Kaymak and Poschkeによる研究結果をGabaix, Lasry, Lions, and Moll論文や、私たちのこれまでの研究結果と比べて得

	百分位 (%)						
	ジニ	1	5	20	40	60	80
データ (SCF 1998)	0.63	14.8	31.1	61.4	84.7	97.2	100
ベンチマーク	0.62	14.7	31.3	63	85	93.4	100

表14.1　百分位トップの所得割合

られる一つの見識は、定量的な枠木者重要な利点が現実的方法で富の格差の重要な決定要因の展開をモデル化できることにあるということだ。例えば、財政面ではKaymak and Poschkeがモデル化した累進税と社会保障制度のあらゆる変化は、私たちがこれまでの節で行った様式化した実験、そしてGabaix, Lasry, Lions, and Moll論文のものに比べて、富の格差のずっと大きな変化要因となる。[*54]

シミュレーション実践

このセクションではDe Nardi and Yang論文による富の格差の定量モデルを使って、『21世紀の資本』のいくつかの予測を検証する。モデルはアメリカ経済にあわせて調整済みであり(モデル説明と選択した調整についての論考は付記参照のこと)、アメリカの富の分布に適合させている重要な特徴は、自発的遺産贈与の動機とCastaneda, Diaz-Giménez, and Rios-Rull論文に似た確率論的な所得過程である。[*55]

表14・1はCastaneda, Diaz-Giménez, and Rios-Rull論文が報告したSCFと、モデルから作り出されたデータにおける特定百分位の所得分布を示している。[*56] 表の最初の二行を比較すると、ベンチマーク調整が所得分布にうまく適合していることがわかる。

表14・3を見ると、SCFデータにおける特定の百分位の富の分布と、研究対象となった様々なモデルによる富の分布がわかる。表の最初の二行を比較するとベンチマーク調整がSCFの富の分布にうまく適合していることがわかる。これは百分位トップが所有する割合にとりわけ当てはまる。またモデルはその構造上、遺産贈与フローの対GDP比率二・八%[*57]と所得によって正規化した遺産贈与分布百分位の第九〇位に適合する。よってこのモデルによって、個人の富の蓄積と全部門の富の分布への様々な貯蓄動機の貢献に関する情報となる

	τ_{SS}	τ_l	Y	A/Y	B/Y	$r-g$	r
ベンチマーク	0.12	0.19	1.0	3.1	2.8%	3.3	4.5
(1)$\Delta n = -1.2\%$	0.17	0.18	-	4.1	4.5%	4.5	4.5
(2)$\Delta r = 1.2\%$	0.12	0.14	-	4.7	5.1%	4.5	5.7

表14.2　労働所得税で調整した総合影響。労働所得税で調整した総合影響。総労働はベンチマークのそれに対する率。総生産はベンチマークのそれに対する率

べく、多くのデータ・モーメントを説明できる。

私たちは、『21世紀の資本』で強調された$r-g$メカニズム——具体的には、富の格差を決めるのは、富の平均純収益率とGDP成長率の差のみという推察——を検討する二つの実験に、このモデルを使用する。定常GDP成長率はTFP成長率と人口成長率の総和であることに留意してほしい。TFP成長率の変化が、資本収益率の逆の変化と、少なくとも部分均衡においては、まったく同等であるのを実証することは簡単だ。人口成長率については同じことが当てはまらない。人口動態構成を変えるからだ。この差の定量的重要性を検証するために、私たちは課税後資本収益率rと人口成長率減少nの影響を同じだけ変えて比較してみた。

簡略化のために、要素価格を一定にした部分均衡でこれらの実験を行った。一般均衡を考えても、富の分布の平衡応答における定量的な差はごく小さい。すべての実験において、社会保障負担率を、社会保障予算に均衡するよう調整し、労働所得税率をその他の政府予算と均衡するよう調整する。相対的リスク回避の補正済み係数値は一・五で、主観的割引因子βは〇・九四五である。表14・2は社会保障税率τ_{SS}、労働税率τ_p、生産高Y、そして総資本Aと遺産贈与フローBの対生産高比率をベンチマークと実験の両方の要素価格で示している。以下でrは資本総（課税前）収益率を指し、$r=(1-\tau a)r$で、比例資本所得税τa=0.2となる。τaの値はベンチマーク調整で〇・二である。

低い人口成長率

実験（1）では、人口成長率nを一・二%から〇に減らした影響を考察する。

表14・3の最初の二行を比較すると、人口成長率の下降によって、ジニ係数で表される富の格差全体がわずかながら増え、富の分布百分位トップ二〇位までに蓄積される総資本

		百分位 (%)					
	ジニ	1	5	20	40	60	80
データ (SCF 1998)	0.80	34.7	57.8	69.1	81.7	93.9	98.9
ベンチマーク	0.80	35.7	52.0	65.9	82.8	95.4	99.5
(1)$\Delta n = -1.2\%$	0.81	40.3	54.8	67.4	83.3	95.7	99.4
(2)$\Delta r = 1.2\%$	0.79	35.9	51.2	64.1	80.2	94.1	98.9

表14.3　百分位トップ世帯が保有する総資本の割合

の割合が大きく増えることがわかる。影響は百分位トップで特に顕著で、彼らの割合は約五ポイント増えている。人口成長率減少は労働人口の平均年齢を上げ、超富裕層の割合は年齢とともに増えるため、所得にトップが占める割合と資本の対GDP比率を増やす。加えて、死亡率の対出生率が高くなると、遺産贈与総フローの対GDP率と平均遺産贈与額が増える。調整を見ると遺産贈与は贅沢財であることが示されるので、この最後の影響はトップへの富の蓄積を増やす。

高い資本収益

実験（2）では、課税後資本収益率を年間一・二ポイント増やし、課税後資本収益率と人口成長率の年率の差も前の実験同様同じだけ増える。部分均衡を前提とすると、金利の上昇は、このように高い資本／所得比率と労働所得に対する資本所得比率と結びついている。

表14・2の第二行と第三行を比較にすると、資本収益の増大が、人口成長の減少よりも、富の総ストックと遺産贈与フローにより大きな影響を及ぼしていることがわかる。これとは逆に、そして格差にとって重要なのは二つの率の差であるという推測に反して、より高い金利はトップ一％が所有する富の割合をわずかしか増やさず、実際にはトップ二〇百分位への富の集中を減らす。

直観的には、資本収益率の上昇は、$\beta(1+r)$ の上昇によってせっかちさを減らし、所得の割に富が低い個人の予防的貯蓄を減らす。将来の所得が割り引かれるより高い率と結びついた、富の負の影響もまた、これらの個人の貯蓄を増やす。これが平均資産保有を増やし、格差を減らす。逆に、資本が所得の主な源泉である裕福な貯蓄家の場合、予防的貯蓄と富の影響は小さく、所得と代替の効果は大体相殺する。

結果として、消費と富の割合はあまり影響を受けず、高い金利によって、資本蓄積率も上がる。

学んだこと

まとめると、私たちの研究結果は、ピケティの人口動態変化による資本収益率の上昇、あるいは産出成長率の下降は共に富の集中を増大させるという定性的な洞察を裏付けている。だが彼の推測に反して、私たちは富の収益率と人口成長率は、富の集中への影響という点では完全に代替可能ではないという結果を得た。二つの率がそれぞれ同じだけ変化した場合、収益率増大は、人口成長率が同じだけ減少したのに比べて、富の集中への影響はかなり小さい。直観として、低人口成長率は高死亡率と結びついており、その結果、遺産贈与の平均規模は大きくなる。遺産が贅沢財である限りにおいては、この最後の影響因子は、トップの富の集中に重要な影響を及ぼす。

今後の（モデル化についての）方向性と必要データ

ピケティの本は多くの重要な事実と考え方を提供してくれただけでなく、格差、とりわけ富の格差への関心、そして富と所得の全水準の分布における貯蓄決定因子の理解への関心を再活性化した。すると、モデル化と、これらのモデルをより良く統制するために必要なデータの面でどこに向かうべきかが問題となる。

これまで論じてきたように、定量的なBewleyモデルは、定常状態と推移状態の両方における現実的な富の格差を生成する。加えて、それらは制度的環境の詳しい特性のモデル化同様に、個人の富の蓄積の動態を形作る競合する様々なメカニズムの貢献の量的研究の可能性を提供する。この枠組みのなかで、起業家精神、世代間関係性、所得リスク、医療費、そして不均質な指向性は、貯蓄行為と富の格差の理解にとって重要なことが示された。それらはより入念に研究する必要があり、それによってそれらがどのように機能するのかより良く理解することが可能になり、それとともに、それらがどのように相互作用するのか、そしてそれらの相対的重要性をより良く理解できる。

起業精神の異質性のモデル化についてさらに考察することは、経験的に理にかなっているとともに潜在的に重要でもある。例えば、Campbell and De Nardi論文は、経営したい会社規模についての願望は男女で異なり、起業しようとしている人の多くが、雇用主の下で働いており、その結果総労働時間が非常に長くなっていることを見出している。[*58] 例えば起業家的なすべての要因の生産性と最適な起業規模を考慮するためのモデルの一般化と、それらの付加的要因を評価するためのデータをしっかりモデル化することは興味深い。時間配分についてのデータがあれば、雇用主のため、自分自身の会社の起業や運営のため、そして家事のため、レジャーを楽しむためのそれぞれの時間配分決定について考えるのも面白いだろう。[*59]

また世代相関性の役割評価についての研究も当然必要だ。なぜ遺産贈与をモデル化しなければならないのか？ 生前贈与はどのくらい重要で、それらは生涯の早い時期における富の格差をどのように特徴づけるのか？ そうした格差は後でショックや個人の貯蓄行動によって強化されることになる。De Nardi, French, and Jones論文は、医療費が所得分布全域で高齢者貯蓄に大きな影響を及ぼしていることを示した。[*60] 生涯リスクと自前の医療はどのように相互作用するのか、そして異質性を持つ生涯リスクと相まって、自前の医療費の不均質はどの程度富の格差に貢献するのか？

見てとれるトップへの富の集中の、予防行動に基づいた主な要因として欠かすことのできないこの種のトップ所得リスクは、所得データから得た経験主義的なミクロレベルの証拠と一致しているのか？ 個人所得の通常の調査データセットは高度に暗号化されており、富裕層がオーバーサンプルされていないため、この問いへの取り組みの難しさは悪名高い。最近入手可能になった所得に関する包括的な行政データは、この問題に取り組む手段を与えてくれる。富の格差に所得過程が持つ意味を研究することで、この問題に最初に取り組んだのはDe Nardi, Fella, and Paz Pardoだが、それはアメリカの社会保障行政データに依拠した（Guvenen, Karahan, Ozkan, and Songによる）最近の研究が実証した歪みと尖度と一致している。[*61]

最後に、指向性の不均質は上記のメカニズムをどのくらい増幅し、相互作用しているのだろう？ 起業家的選択といった他の目に見える要因が主な割合を占め、適正に調整、あるいは測定されたデータを理解するにはどのくらいの選好異質性が必要なのか？

付記：ここまでのシミュレーションに使用したモデル

モデルは政府が無限に続く場合の離散時間、不完全市場、世代重複経済である。

政府

政府は、政府支出 g の資金として免税水準 χ_b を超えた資本に税率 τ_a、労働所得と社会保障支払いに τ_l、そして不動産に τ_b で課税する。社会保障給付 $P(\bar{y})$ は、社会保障キャップ $\bar{y}_c$ を上限として実際の平均年俸 $\bar{y}$ と関連付けられ、労働所得税 τ_s を通じて資金調達される。社会保障に対するものと政府支出に対する二つの政府予算制限は、各期で均衡している。

企業と技術

総生産関数 $F(K;L)=K^{\alpha}L^{1-\alpha}$ によって製品を製造する見本企業がある。K は総資本ストックで、L は総労働投入量である。最終製品は消費されるか、物的資本として投資されるかのいずれかで、その場合の減価償却率は ⊿ となる。

人口動態と労働所得

各モデルの期間は五年とした。主体は自身の経済生活を二〇歳（$t=1$）で開始する。三五歳（$t=4$）になると、主体に子供が生まれる。六五歳（$t=10$）で主体は退職。その時期以降、各世帯は死の正の確率（$1-p_t$）に直面して、これは年齢だけで決まる。*62 最長生存期間は九〇歳（$T=14$）で、人口は定率 n で増える。

年齢 t の労働者 i の総労働生産性は、$y_t^i = e^{z_t^i + \varepsilon_t}$ で表され、そのなかで ε_t は決定論的年効率プロフィールである。確率論的所得ショック過程は $z_t^i = \rho_z z_{t-1}^i + u_t^i,\ u_t^i \sim N(0, \sigma_u^2)$。

所得の世代間相関性を捉えるために、五五歳の労働者 i の生産性が二〇歳の子 j に $z_1^i = \rho_z z_8^i + \upsilon^j,\ \upsilon^j \sim N(0, \sigma_h^2)$ のように移されると仮定する。これは、親は子供より三五歳（モデルの七期）高齢だからである。

選好

選好は、一定の割引因子βで時間的に区切れる。消費による期間効用関数は、$U(C) = (c^{1-\gamma} - 1)/(1 - \gamma)$と表される。人々は資産保有から効用を引き出す。なぜならそれらは死によって遺産となるからだ。このような形の「不純」な遺産贈与動機は、個人は自身の子に遺す総遺産に関心を持つが、子の消費については関心がないことを示している。

遺産相続bの効用は下記のように示される。

$$\phi b = \phi_1[(b + \phi_2)^{1-\gamma} - 1]$$

項$\phi 1$は遺産相続への動機の強さを示し、ϕ二は遺産がどの程度の贅沢財かを反映している。もしも$\phi_2 > 0$なら、小さな遺産の限界効用は制限され、大きな遺産の限界効用は消費の限界効用に比べよりゆっくりと減少する。ベンチマークモデルでは、bを遺産税引き後の遺産b_nとした。また総遺産b_gを効用関数として取り入れた場合についても考察した。その場合、$b = b_g$となる。このように私たちの定式化は、二種類の遺産贈与動機を設定したことにより、De Nardi論文、De Nardi and Yang論文、そしてYang論文よりもより順応性が高い。[*63] 最初の一つでは、親は課税後遺産に関心がある。二つめでは税込み総遺産について関心がある。より利他的な親なら資産のうちのいくらかが税金として引かれることを計算に入れるが、親は子孫がいくら受け取るかよりも、どの資産を遺すかということだけに関心を持つのかもしれない。

世帯の帰納的問題

私たちは、子は親の状態変数について完全な情報を持ち、この情報に基づいて受けるとることができるであろう遺産の規模を推測していると仮定する。一連の世帯の状態変数として考えられるものは$x = (t, a, z, \tilde{y}, S_p)$と表され、ここで$t$とは世帯年齢（年齢差を一定とすると、ある人の年齢によってその人の親の年齢も知ることができることに留意）、aは前時代から継承された主体の金融資産、zは現行の所得ショック、そして$\tilde{y}$は社会保障上限$\tilde{y}_c$によって決まり、社会保障支払いの算出に使われる年間利益余剰を指す。S_pは年齢以外の親の状態変数を表し、より正確にはそれは$S_p=(a_p, z_p, \tilde{y}_p)$で表される。それには親の資産、現在の所得、蓄積した所得が含まれる。親が退職した時、z_p、すなわち現行の親の所得は計算外になるので、一般性を失わないようそれをゼロにする。

二〇歳から六〇歳まで（$t=1$から$t=9$）のあいだ、主体は働いて次の時期まで確実に生きる。$V_w(t, a, z, \tilde{y}, S_p)$と$V_w^I(t, a, z, \tilde{y})$は、それぞれ親が存命、親が死んでいる労働年齢にある人の価値関数を指し、ここでIは相続（inherited）を意味する。前者の場合、世帯の親は存命で死ぬ可能性はp_{t+7}で、そこでは親を失った世帯の価値関数が適用され、一人あたりの資産は相続によって増大する。すなわち、

$$V_w(t, a, z, \bar{y}, \tilde{y}, S_p) = \max_{c,a'}\{U(c) + \beta p_{t+7} E[V_w(t+1, a', z', \bar{y}', \tilde{y}', S_p')$$
$$+ \beta(1-p_{t+7}) E[V_w^I(t+1, a'+b_n/N, z', \tilde{y}')]\} \quad \text{——(1)}$$

ただし

$$c + a' = (1-t_l)wy = t_s \min(wy, 5\tilde{y}_C) + [1+r(1=t_a)]a, \quad \text{——(2)}$$

$$a' \geq 0, \quad \text{——(3)}$$

$$\bar{y}' = [(t-1)\tilde{y} + \min(wy/5, \tilde{y}_C)]/t \quad \text{——(4)}$$

$$\tilde{y}_p' = \begin{cases} [(t+6)\tilde{y}_p + \min(wy_p/5, \tilde{y}_C)]/(t+7) & (t < 3\text{のとき}) \\ \tilde{y}_p & (\text{それ以外}) \end{cases} \quad \text{——(5)}$$

$$b_n = b_n(S_p) \quad \text{——(6)}$$

ここでNは、人口増加率からはじきだした子の平均数を指す。予想関数の期待値は、（Z, Z_p）を条件にした（Z', Z'_p）

について算出される。主体の資産は労働能力 y と資産保有 a によって決まる。

子と親の平均年間所得は、それぞれ式（4）と式（5）に従って展開する。現在の所得 y は五年分であるため、現在の所得は、生涯の年間平均労働所得（$\tilde{y}$）を更新するときは五等分する。等式（6）は親にとっての遺産の運動法則であり、これには彼らの最適決定ルールを使う。

まだ働いているが、親は死んでいる主体の価値関数は、式（2）、式（3）、式（4）を条件として以下で決まる。

$$V_w^I(t,a,z,\tilde{y}) = \max_{c,a'}\left\{U(c) + \beta E[V_w^I(t+1,a',z',\tilde{y}')]\right\} \quad \text{——（7）}$$

年齢六五から八五歳では、主体は退職して社会保障給付を受けており、親はすでに故人である。彼は死の正の可能性に直面しており、その場合彼は残った資産を相続させることで効用を得ている。式（3）の条件の下、

$$V_r(t,a,\tilde{y}) = \max_{c,a'}\left\{U(c) + \beta p_t V_r(t+1,a',\tilde{y}) + (1-p_t)\phi(b)\right\} \quad \text{——（8）}$$

$$c + a' = [1 + r(1-\tau_a)]a + (1-\tau_l)p(\tilde{y}) \quad \text{——（9）}$$

$$b_n = \begin{cases} a' & （a' < \chi_b \text{のとき}） \\ (1-\tau_b)(a'-\chi_b) + x_b & （\text{それ以外}） \end{cases} \quad \text{——（10）}$$

そして遺産贈与動機については

$$b = b_n \quad \text{——（11）}$$

総遺産贈与動機については

$$b = b_g = a' \quad \text{——（12）}$$

	パラメータ		値
人口動態	n	年間人口増加率	1.2%
	p_t	生存確率	本文参照
選好	γ	リスク忌避係数	1.5
労働所得	ϵ_t	年齢効率性プロフィール	本文参照
	ψ	労働所得水準	本文参照
	Q_y	労働所得遷移行列	本文参照
	ρ_h	生産相続プロセスの AR(1) 係数	0.50
	σ_h^2	生産相続プロセスのイノベーション	0.37
生産	α	資本所得シェア	0.36
	δ	減価償却	6.0%
政府政策	τ_a	資本所得税	20%
	$P(\bar{y})$	社会保障便益	本文参照
	τ_s	社会保障税	12.0%

表14.4　ベンチマークモデルに使用した外生パラメータ

これは遺産税構造に左右されない。

私たちは、要素価格と年齢別富の分布が一定である、定常均衡コンセプトに焦点を絞っている。スペースの都合により、私たちの経済における安定均衡の定義については、De Nardi and Yang 論文のオンライン付記を参照のこと。[*64]

調整

表14・4に他の研究から引用したか、モデルの内生的結果とは無関係に解決可能なパラメータをまとめた。これらの選択の考察についてはDe Nardi and Yang 論文を参照のこと。[*65]

私たちの労働所得プロセスの調整は、所得動態研究委員会（ＰＳＩＤ）による、最富裕世帯だけでなく、人口の大半を対象にした所得動態データの所見に基づいている。[*66] 全人口の所得動学に適合させるために次のように進めた。

（1）私たちは考えられる四つの所得状態を想定した。低、中、高、そして超高所得だ。所得ショックについての支持はCastaneda, Diaz-

Giménez, and Rios-Rull論文から得た。[*67] 結果として得られたψの格子点は［1, 3.15, 9.78, 3.15, 9.78, 1,061］だ。

（2）所得継承過程の持続性ρ_hを〇・五、分散性σ_h^2をともにDe Nardi 論文から引いた。そしてTauchen の提唱に従って、所得継承過程を離散化した。[*68]

（3）De Nardi論文の付記の表A・1における五年間について、PSID推定値を持続性（〇・九二）、分散性（〇・三八）とし、最低位の格子点について、Tauchen論文における手法を用いて、人口の大半の所得動態評価を私たちの過程が正確に表すのを確実にするために、この過程を離散化した。これにより3×3の推移行列を得た。[*69]

（4）次のような所得分布の特徴に適合させるために、4×4推移行列から残りの六つの要素を選びだした。トップ一、五、二〇、四〇そして六〇%のジニ係数と総所得割合と、トップ八〇%の所得持続性だ。後者は、労働、事業所得分布トップの労働、事業所得両方の維持性は高く、特に一年後と五年後（後者の結果は筆者に連絡すれば提供）の両方でそこにとどまっている可能性は約八〇%と報告しているDeBacker, Panousi, and Ramnath の研究結果と整合している。[*70] また、集計制限も課しておく。

Q_yの推移行列は

$$\begin{pmatrix} 0.8239 & 0.1733 & 0.0027 & 0.000112 \\ 0.2171 & 0.6399 & 0.1428 & 0.000200 \\ 0.0067 & 0.2599 & 0.7334 & 0.000000 \\ 0.0720 & 0.0000 & 0.1252 & 0.802779 \end{pmatrix}$$

モーメント	データ	ベンチマーク	遺贈動機なし
富-産出比率	3.10	3.10%	3.10%
遺贈-富比率	0.88 − 1.18%	0.87%	0.56%
第 90 百分位遺贈分布	4.34	4.36	4.53
納税一族比率	2.0%	1.85%	1.89%
相続税収/産出	0.33%	0.33	0.11%
政府支出/産出	18%	17.99%	17.76%

パラメータ			
β	割引因子	0.9453	0.9513
ϕ_1	相続効用	−5.3225	0.0000
ϕ_2	相続効用シフター ($2,000 で)	1116K	0.0000
τ_b	相続税	21.52%	51.52%
χ_b	相続除外水準 ($2,000 で)	782K	782K
τ_l	労働所得課税	19.19%	19.16%

表14.5　ベンチマークモデルと自発的遺産贈与を伴わないモデルのパラメータ補正

ベンチマークモデルにおける Q_{yh} の推移行列は

$$\begin{pmatrix} 0.8272 & 0.1704 & 0.0024 & 0.0000000000 \\ 0.5000 & 0.4699 & 0.0304 & 0.0000000000 \\ 0.1759 & 0.6513 & 0.1728 & 0.0000000051 \\ 0.0000 & 0.0018 & 0.9678 & 0.0304357624 \end{pmatrix}$$

これらの推移行列、[五九・八九% 三五・八八% 四・二四% 〇・〇〇一五四八四五%] とされる各所得水準を全体が超える可能性がある最初の所得分布をもたらす。

表14・5に、モデル調整に使用したパラメータを一覧にした。これらの対象についての論考と適用されたパラメータ値についてはDe Nardi and Yang論文を参照のこと。[*71]

第15章　世襲資本主義のフェミニスト的解釈

ヘザー・ブーシェイ

経済学者ヘザー・ブーシェイは格差の別の側面へと我々を誘う。ピケティの主張は、私たちは新「世襲資本主義」時代に生きているというものだ。ブーシェイは、これがどんな時代で、どんな道筋を辿っていくのかについて、フェミニスト経済学に何が言えるかと問う。楽観的な考えでは、包摂は経済成長を促進するものだし、女性による経済貢献と今日の相続の平等性を鑑みれば、たとえ格差が増大しても、これが必ずしも女性の経済、あるいは政治的権利を損なうことはない。しかし、悲観的評価では、格差が一九世紀の水準まで逆戻りするのに伴い、女性の経済的選択肢と政治力減少へと押し進める力が働くことになる。

学術経済学の分野は最近、経済結果の理解には「制度」がいかに重要かを認識する方向へと動いている。トマ・ピケティも例外ではない。二〇一五年に彼は次のように書いている。「富と所得についての経済決定論には慎重になるべきだ。（中略）富の分配の歴史は常に非常に政治的であり、それは純粋な経済メカニズムに集約することはできない。（中略）それは、経済、社会、そして政治的主体の、何が公正で何がそうでないという見方はもちろん、それら主体の相対的力とそれによって生じる集団的選択によって形成される。それはすべての関係する主体が結びついた共通結果である。（中略）この歴史がどのように展開するかは、社会が格差をどのように見て、それらを変えていくためにどのような政策と制度を採択するかに左右される」。[*1]

『21世紀の資本』の中で、ピケティは精査する対象として、ある制度を特に重視している。それが相続だ。その著書の第一部でピケティは、現在最高所得を得ている人々がその所得の大半を労働によって得ていることを示している。

しかし彼はこれが長い時間をかけて、「世襲資本主義」なるものに変わると主張する。それによって最富裕者たちは——一九世紀とそれ以前同様に——所得の大半を労働ではなく資本から得るようになる。彼は第11章の冒頭でこれについて「これはどうしても、過去に生み出された格差、ひいては相続に、持続的で過大な重要性を与えがちになる」と述べる。[*2] そのため彼はこの章全体を、相続がどのように復活しているかということに費やしている。

しかし、相続にとって重要な制度とは何か？ その他多くの制度経済学についての論文同様、興味深い制度はブラックボックスに入ったままで、その境界はいささか恣意的に決定される。どんなミクロの制度が相続のマクロな制度を決定しているのか？ 相続はより広い社会構造とどのように結びついているのか？ 今日の制度は相続パターンにどのように影響するのか？ ピケティは相続が復活したからといって、一九世紀にそれが果たした役割とまったく同じわけではないと論じる。「ひとつには富の集中はそれほど極端ではないし（おそらく少なくとも短期的には、中小の不労所得生活者は増え、極度に豊かな不労所得生活者はもっと減るだろう）、労働所得の格差が拡大していることもあるし（スーパー経営者台頭のせいだ）、以前よりも富と所得の相関が高まっているせいもある。二一世紀には、スーパー経営者と「中級不労所得生活者」を兼ねられる。新たな能力主義秩序はこれを奨励するし、おそらくそのしわ寄せをくらうのは低、中賃金労働者、なかでも財産がないか、ごくわずかな人々だ。」[*3] ピケティは今日のスーパー経営者の地位は、世代から次の世代へと引き継がれているとも主張する。富の相続の重要性は変わらないが、今日のエリートは、子孫を良校に入れて良い人脈を与えることで、高報酬の職を引き継がせている。このようにして、能力優先と思われている今の労働市場においても、親は過去における遺産相続人同様に、自分の子を確実にエリート陣営で安泰にさせることができる。

フェミニスト経済学がピケティの分析の有益な補完を果たせるのはこの部分だ。その成り立ちから、この分野は社会、経済システムのジェンダー、人種的特質に焦点をあててきた。[*4] このような分析はピケティの主要な主張の説明的、予言的な的確さのより深い理解に重要な意味を持つ。それによって制度と社会規範のジェンダー的特質が相続パターンにどのように影響し、最上位層における労働所得から資本重視への転換が、最近のジェンダー平等傾向をどのくらい大いに損なっているかわかる。一九世紀、相続は男性長子相続が支配的だった。[*5] 結婚していれば、女性は寡婦相続権を得たが、それ以外に自身の財務に対する法的権限はなかった。今日では、金融、物的資産については、より平等主義的な相続法と規範があるが、親が遺すものは人的、社会的資本のほうが大きい。スーパー経営者となる道のりには、今日の相続パターンに影響を及ぼしている一連の独自のジェンダー動態がある。

本章はピケティの主張の正当性をフェミニスト的視点から探求する。第一節では、成長を包括的経済成長と結びつける楽観的な新古典主義的概観について説明する。そしてこの概観——すなわち、資本の構造的特質が、社会における集団の幸福に相続次第で永続的な差をもたらす——に対するピケティの異議について詳述する。この考察で私は、ピケティの問題意識がフェミニスト経済学の懸念と重なっていることを指摘する。それは自然に、相続が二一世紀の資本主義で果たす役割についてのピケティの予測の説明へとつながる。そして彼の予測を、標準的新古典派理論のより楽観主義的なレンズ（そこでは彼の描くトレンドは男性に比べて女性が特に不利に作用するわけではない）を通じて検討してから、フェミニスト経済学のより悲観的なレンズを通じて、男性優位のディストピア的未来像を予測する。結びの節では、これらの対立をどうやって調和できるか、そして将来の研究の方向性について提案する。

楽観的概観——成長は本質的に包括的である

二〇世紀半ば、経済学者たちは、経済成長は格差を縮小し、それは私たち全員にとって良いことであると楽観的に考えていた。一九五五年、アメリカ経済学会の会長演説で、サイモン・クズネッツが丹念なデータ研究に基づいて、格差は経済が発展するにつれ減少するとした「クズネッツ曲線」分析を主張したことはよく知られている。それでも、教育機会と婚姻パターンが、クズネッツの予想しなかった影響を分布結果にもたらした。彼は「おそらく論文の五%は経験に基づいた情報で、九五%は推測で、そのうちのいくつかはもしかすると希望的観測に染まっているかも知れない」と言っているものの、彼の結論は広く受け入れられた。[*6] トマ・ピケティはこのクズネッツの重要な論点を、『21世紀の資本』の知的支えとして経済的思考——そして成長とそれが生み出す格差の関係性に対する評価——に利用している。彼は序章で「当時の哲学は次の一文でまとめられる。『成長は上げ潮であり、あらゆる船を持ち上げる』」と述べている。[*7]

この時代の楽観主義は根深い。二〇世紀の経済学は、市場の力に任せればある意味で経済的に最適で、ある意味で根本的に公正な成果をもたらすと主張する、一連の原則の上に築かれた。二〇世紀に入った頃、最も獲得が難しい経済学賞に名が冠せられているジョン・ベイツ・クラークは、分配の限界生産性理論を開発した。これは経済学者たちに、競争経済（どの個人も他の買い手、あるいは売り手に対して支配力を持たない経済）では、個人の賃金は彼らの生産性の関数になるという、数学的に素晴らしいモデルを提供した。彼が言うには「自然の法則下で、社会階級は産業の総生産に寄与したものを得る」。[*8] 個人と、彼、あるいは彼女が正当に保有する資産の両方の生産性は、いまだに主流経済学の中核にある。個人の人的資本——すなわち、人が生産過程に持ちこむ教育とスキル——は、同等の職業、産業における、個人間の賃金格差の最大の原因だと考えられている。そして同様に、人的資本ではなく物理資本に投資する人も、彼らの資産が生産過程にもたらしたものの有用性に基づいた収益を得る。

標準経済学は、価格、分配、成長の理論の結合で、その輝かしい楽観主義的頂点に達している。ピケティが指摘しているように、ソロー・スワン成長モデルは「あらゆる変数——産出、所得、利潤、賃金、資本、資産価格等々——が同じペースで進み、あらゆる社会集団が同じ度合いだけ成長の恩恵を被り、大きな逸脱が起こらないということだ」。[*9] これは経済産出成長の重要要素として、技術変化と並び、人的資本と人口成長をまとめる。教科書的なソロー・スワン成長モデルでは、経済は人口が増えるか生産性が上がったときに成長する。

一九五〇年代以降の実証研究は、労働供給の改善と幅広い教育の確保が成長にプラスであるという理論を支持した。いまや有名な一九九二年の論文のなかで、グレゴリー・マンキュー、デビッド・ローマー、デヴィッド・ワイルは、人的資本投資の経済成長率への影響が、物的資本への投資の影響とおおむね同じか大きいことを発見した。[*10] すなわち、知識と技能の向上は生産性を押し上げるのだ。これは、教育の強化はイノベーションと経済ダイナミズムを促進するから、社会の教育投資が成長にとって重要なことを意味する。[*11] 広く共有される教育と訓練の機会を作り出すことは、経済にとってプラスだという考えは、この数十年前の研究に由来する。

ポール・ローマーによる内生性成長理論の発展と拡張は標準モデルをさらに拡張し、教育投資は、より高い技術セットを持つ人にとっての結果向上を超える利益を生み出すことを示した。彼のアプローチでは、成長の主要決定要因には、その人自身の人的資本の改善がもたらすその人自身の生産性増大だけでなく、その人のイノベーションとアイディアのスピルオーバーが他の人の人的資本を増大させることも含まれる。そこでローマーは、アイディアとイノベーションを生み出す少数者に市場が与える富は、彼らが知識の人的資本に加えたことによって増大した経済生産性に比べればごく小さなものでしかないと主張して、J・B・クラークの理論をさらに発展させた。彼らが生み出した所得と生産性の大半は、生産性成長プロセスにただ乗りする単純労働提供者へと流れているのだ。[*12]

ミクロ経済理論もまた、職と技能のマッチングとそれに報いる報酬は経済的に最適であるため、「平等機会」と強い経済は表裏一体という考えに強固な土台を与えている。似たような仕事のあいだの賃金差は、人的資本の差によるものだ。いまだに経済ツールボックスの中で最も利用されているツールの一つである、ジェイコブ・ミンサーの賃金モデルは、賃金を教育と経験で回帰分析し、それを職と人口動態特性でコントロールすることで、人的資本の水準――正式教育と職務経験の両方――によって個人間の賃金格差を説明できることを見出した。優れた教育と勤勉を身につければ、誰でも生涯のうちに所得ランクのトップに近づけるということだ。[*13]

ミンサー・モデルの二つめの意味合いは、差別は経済的に効率が良くないため、完全競争市場ではそれが続くはずがないということだ。個人の所得は彼、あるいは彼女の生産への限界貢献から生じるので、生産性とは無関係の特性に起因する競争の歪みは、市場によって排除される。人々――雇用主、顧客、あるいはその他の労働者――が、ある集団、あるいは人を、その人や集団の経済的貢献とは関係のない特質に基づいて、他の人よりも優遇する時、これは生産性と利益を下げる。成功する雇用主は、最良の、最も生産性の高い人を雇用する。[*14]差別する企業は、合理的な経済判断をしていないとして、業界から追放される。差別が存続する唯一の道は、被差別者と多数派の偏見を共有しない人々とのウィン・ウィン交換を妨げる国の措置しかない。ノーベル受賞者ケネス・アローは、差別を助長する法体系が崩壊すれば、人種やジェンダーに沿った排除はなくなるだろうとまで言っている。[*15]

これらすべてから、才能が多少なりとも正規分布に近いものを見せる限り、成長促進は格差縮小をもたらすという結論が導かれる。経済は、職と技能のもっと効率的なマッチングを人々が見つけたときに成長し、よって政策担当者——そして企業——は当然、生産性と無関係な要素に基づいた断定的な排斥ではなく、人的資本を高め、それが自由に活用先を見つけられるよう、その利用可能性を増大させる道を見出すよう促されるべきだ。女性と有色人種への職の開放が、マクロレベルの経済効果を好転させることができるのは当然だ。Chang-Tai I, Isieh et al. による研究は、一九六〇年から二〇〇八年までのあいだに労働者一人あたりの生産高増大のうち一六から二〇%は、露骨な差別の減少と、それに伴う女性と有色人種が才能をより活かせる専門職参入に必要な人的資本への投資意欲の高まりによるとしている。[*16] そしておそらくこのプロセスがまだまだ続きそうだ。

この包摂への強力な理論的議論に直面しても、ジェンダー公平性は、それを促す法制度と、経済成長にもたらす結果にもかかわらず、依然として明らかに未完のプロジェクトのままだ。アメリカでは、男性が稼ぐ一ドルに対して女性は七九セントしか稼いでいない。女性——そして彼女たちの経済への貢献——に対する低評価は蔓延しており、その影響は正しく評価されていない。アメリカにおける一例が、現在起こっている、教員給料の上昇に対する言及がないままの「教師の質」をめぐる騒動である。女性が職業に就く機会がほとんど、あるいはまったくない経済では、最良で最も頭脳明晰な女性の多くが、母としてその才能を使うか、就職する場合は教員か看護師になっている。こうして、私たちの経済はほとんど他の選択肢を持たない労働者階級から便益を受けてきた。もちろん現在は女性の選択肢も増えたが、教員の給料は他の比較可能な職業に比べて痛ましいほどに低い。学校で好成績を上げる学生は、天職でもないかぎり、給料で教職を選びはしない。そのかわりに彼らは、給料と社会評価の高い職業を選ぶだろう。

たとえ人的資本の価値向上の重要性を脇に置いても、非生産性要因によって断定的に排除されてきたグループが供給する労働を増やすことで、成長も増大するはずだ。これには十分な経済的証拠がある。アメリカでは一九四八年から二〇〇〇年までのあいだに、女性労働力の参入は急増し、三二から六〇・三%になったが、それがここ数年で少し減少して、二〇一六年四月現在で五八・八%になっている。[*17] 女性の労働供給増大の経済成長への影響について、国際通貨基金はアメリカで女性の男性に比べた労働力参入率が増えると、経済産出を五%増やすと指摘した。[*18] 私が Eileen Appelbaum と John Schmitt と共同執筆した最近の論文では、女性雇用による便益を評価して、女性たちによる実際の労働時間増加がなければ、二〇一二年の国民総生産、GDPは概ね一一%低かったはずだとした。現在のドルに換算すると、これは生産が一兆七〇〇〇億ドル――アメリカの社会保障、メディケア、メディケイドへの支出を足した額に大体等しい――以上減少することになる。[*19] もちろん、これは単なる標準的ＧＤＰで、時間の価値やストレスは考慮していない。というのも女性は通常、世帯外延賃金労働の半分をやっており、また世帯内部の家庭生産も大半をやっているからだ。Benjamin Bridgman et al. の研究によると、家事を計算に入れた場合、一九六五年のＧＤＰは三七％高く、二〇一四年には二三％高い。[*20]

よって標準的な経済理論は、包摂は成長にとってプラスなはずで、実際にもこれまでそうだったと教えてくれる。経済が土地、あるいはその他の固定資本よりも労働に重きを置くようになると、これがより大きな包摂への経済的圧力を生み出した。人的資本は経済成長を促すという経験的証拠で武装して、経済理論は、単に家族やジェンダー、あるいは出産順位ではなく、才能と技能に基づいて、すべての人々の教育、訓練そして職への平等アクセスを促進するという考えを強化した。人的資本が前へと押し進める経済では、才能を寝かせておくのは、費用対効果が低い。誰かの生活を向上させる最良の政策をどの経済学者に訊いても、その答えのほとんどは技能改善を含むものになるのは、このためだ。[*21] この一連の経済理念はまたフェミニストの関心事を十分に含んでいる。いくつかの標準的理論は、女性が家庭外でもたらす付加価値への理解が遅いが（Gary Becker による一九五六年の「家族に関する論文」を参照のこと）、この論理はもしも女性、あるいは有色人種が経済的に利用価値の高い才能、あるいは技能を持っていれば、それにアクセスする誘因があるという結論へと進む。それはまた、重要なのは能力であるという要旨を支える。技能を向上させ、一生懸命働き、規則に従って行動すれば、高報酬の職を得ることができる。

経済がどのように機能するかについての、この一連の考えが意味することは明確だ。政策担当者が経済成長促進と、包摂への法的障壁の撤廃に焦点を絞っているかぎり、差別がもたらす人種、ジェンダー格差は減少し、次にそれが経済を強化する。かつての経済学は世紀半ばの思想家と実務家たちに、経済成長によって容易、直接、そして自然に社会、政治問題を解決できるという考えを信じられるようにした。それが、貧困と排斥をジェンダー、人種、民族に沿って根絶できるという私たちの楽観主義と時期が一致していたのは驚くにあたらない。もしも成長が格差を縮小できるなら――そして経済的排斥の減少が成長を促進するなら――政策担当者は、貧困を終わらせ、伝統的に排斥されてきた人々——女性、アフリカ系アメリカ人、そして最近の移民——に対して経済を開放できるはずだ。ロバート・ケネディが貧困との戦いを押し進め、リンドン・ジョンソン大統領が偉大な社会を確立しようとし、マーティン・ルーサー・キング・ジュニアが「職および自由」を要求し、フェミニズム第二波が、女性に同等の市民、経済権を得ようとしたのは、この時代のことだった。これらの行動への呼びかけは、より大きな包摂は単に可能なだけでなく、経済的に最適であり生産性と成長を促すと示唆する経済的枠組みのなかで起こった。

しかし標準的な経済議論は、経済的な機会を拡げる圧力を生み出すと同時に、所得分布トップで給料上昇を促して正当化もした。もしも格差が存在し続けるなら、それが経済的に最適だからにちがいない。報酬がその人の生産過程への貢献に関係しているならば、私たちはそれぞれ自分たちにふさわしいものを支払われるはずだ。ちがいますか？というわけだ。

悲観的観測——成長は（必ずしも）包摂的ではない

成長経済は格差縮小に向かって途切れることなく推移していくという楽観的観測は、結局実現しなかった。『21世紀の資本』の目的は次のようなものだ。ピケティは私たちに、経済はより大きな経済公平性に向かって自然に進んでいかないことを理解しろと言う。彼はデータを見て、私たちに市場原理が格差の社会、政治問題を解決してくれるとは期待するなと言う。

市場への楽観的信頼は見当外れだというピケティの主張は、（従来とは異なる）彼の手法から生まれた。彼は標準的経済学の方法論から、関連しあう三つの点で決別している。これから見ていくように、これらはフェミニスト経済学で発展してきた考えと一致する。まず第一にピケティは、自身の理論をデータを理論に適合するまで切り刻んで引き延ばす画一的な方法論ではなく、データの大きな実証的規則性に基づいて作り上げた。二つめとして、ピケティは歴史理解と現実世界のデータと問題を排除するモデル化に焦点を狭く絞るのを避けている。三つめとして、ピケティは——市場の根底にある財産権と交渉力設定を外生的なものとして扱うのを拒否して——制度と実施の相互作用を取り込んでいる。加えてピケティは、通常経済学者がとるよりも大きな社会科学との取り組みを、ずっと広い範囲で追及している。[*22]

『21世紀の資本』の根拠となるデータのほとんどは、少なくとも経済学コミュニティでは既知のものだった。二〇〇三年、ピケティとエマニュエル・サエズは、先駆的論文を『クォータリー・ジャーナル・オブ・エコノミクス』誌に発表した。それは所得格差はかつて認識されていたよりも広がっており、トップ一%はいまや二〇世紀初めの金ぴか時代以降のどの時と比べても、所得の高い割合を占めていることを実証していた。[*23]『21世紀の資本』で、ピケティはそのデータを元に、彼が論理的帰結と見なすものを展開している。所得は資本として蓄積して、遺産として硬化するため、死者の富は生者のそれよりもより大きな重要性を帯びてくる。私たちは、経済成長率が富裕者の富が利益率によって複利で増大する率よりも低い限り、格差のかつてない増大を見ることになるだろう。ピケティはこの過程が自己増強的であるため、この状況は長く続くと予測している。「資本収益率が産出と所得の成長率を上回るとき（一九世紀はそうだったし、また今世紀でもそうなる見込みがかなり高い）、資本主義は自動的に、恣意的で持続不可能な格差を生み出し、それが民主主義社会の基盤となる能力主義的な価値観を大幅に衰退させることになるのだ」。[*24]

ピケティは、高度先進経済は成長向上のために多くの手段を講じることができるという考えを、否定している――そしてたとえそれができたとしても、成長が資本収益率を超えている限り、それは単に格差上昇率を遅らせるというよりは、下げ始めるだけだ。[*25] 彼は『21世紀の資本』を、彼が唯一の合理的政策決定と考えるものを記して終わらせている。政策担当者は資本収益率を減らすには、グローバルな富裕税を課す必要があるというものだ。彼が明らかにしたシステムを説明するために、ピケティは新しい用語を作り出した。「金持ち国では一九七〇年以降、つまり、新しい世襲資本主義の登場以降、民間資本が強力な復活を遂げているのだ」。[*26] 彼はこのシステムは富の相続に基づいており、突出しているという点で、二〇世紀以前の北西ヨーロッパにおけるそれと類似していると主張する。

しかし私たちが相続に基づく経済へと移行しているという考えは、今日の富裕者はその所得の大半を資本ではなく労働から得ていることを示すデータの傾向と食い違う。楽観主義者はこれを、ピケティの予測は実現しないという希望がまだ持てる証拠として挙げることもできる。図15・1と図15・2はピケティの単独及び共著論文からの二つの図

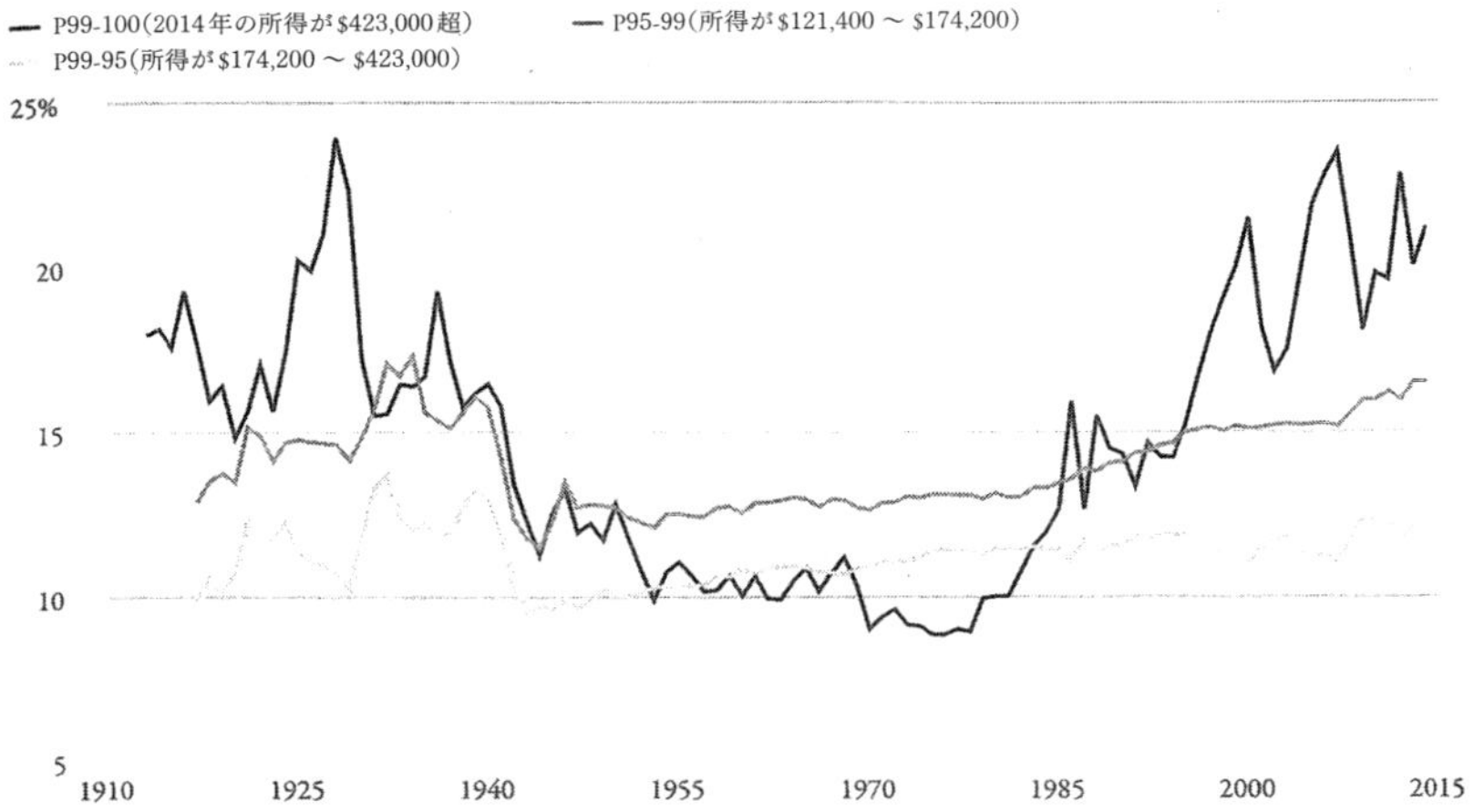

出所：Thomas Piketty and Emmanuel Saez, "Income Inequality in the United States, 1913-1998," *The Quarterly Journal of Economics 118, no. 1* (February 1, 2003): fig. 2. 2014年に更新済

図15.1　トップ10%を3つのグループに分ける、1913 － 2014年

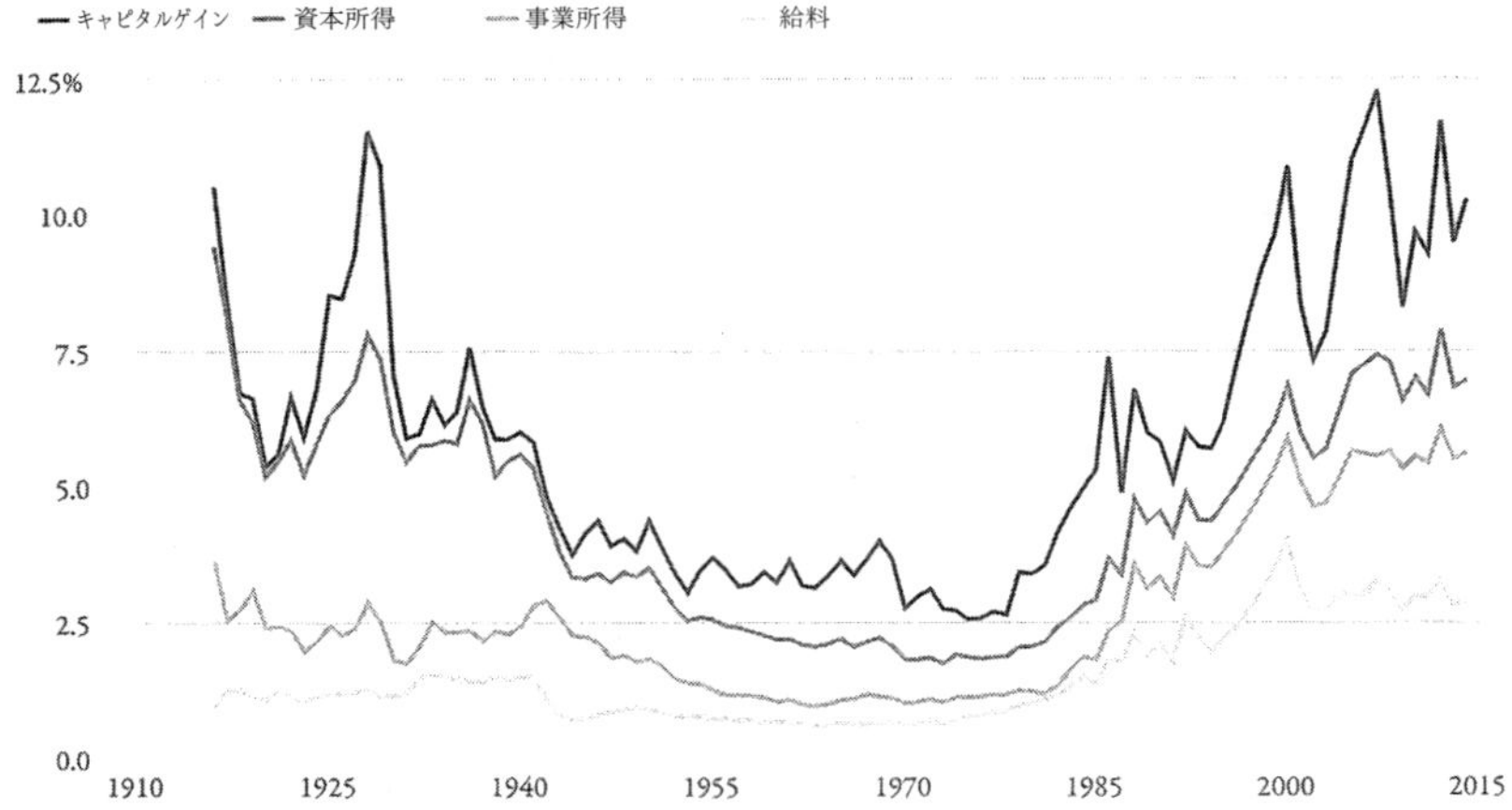

出所：Thomas Piketty and Emmanuel Saez, "Income Inequality in the United States, 1913-1998," *The Quarterly Journal of Economics 118, no. 1* (February 1, 2003): Tables A3, A7, and A8, col. P99.9-100, 2014年に更新済

図15.2　トップ0.1%の所得割合と所得源

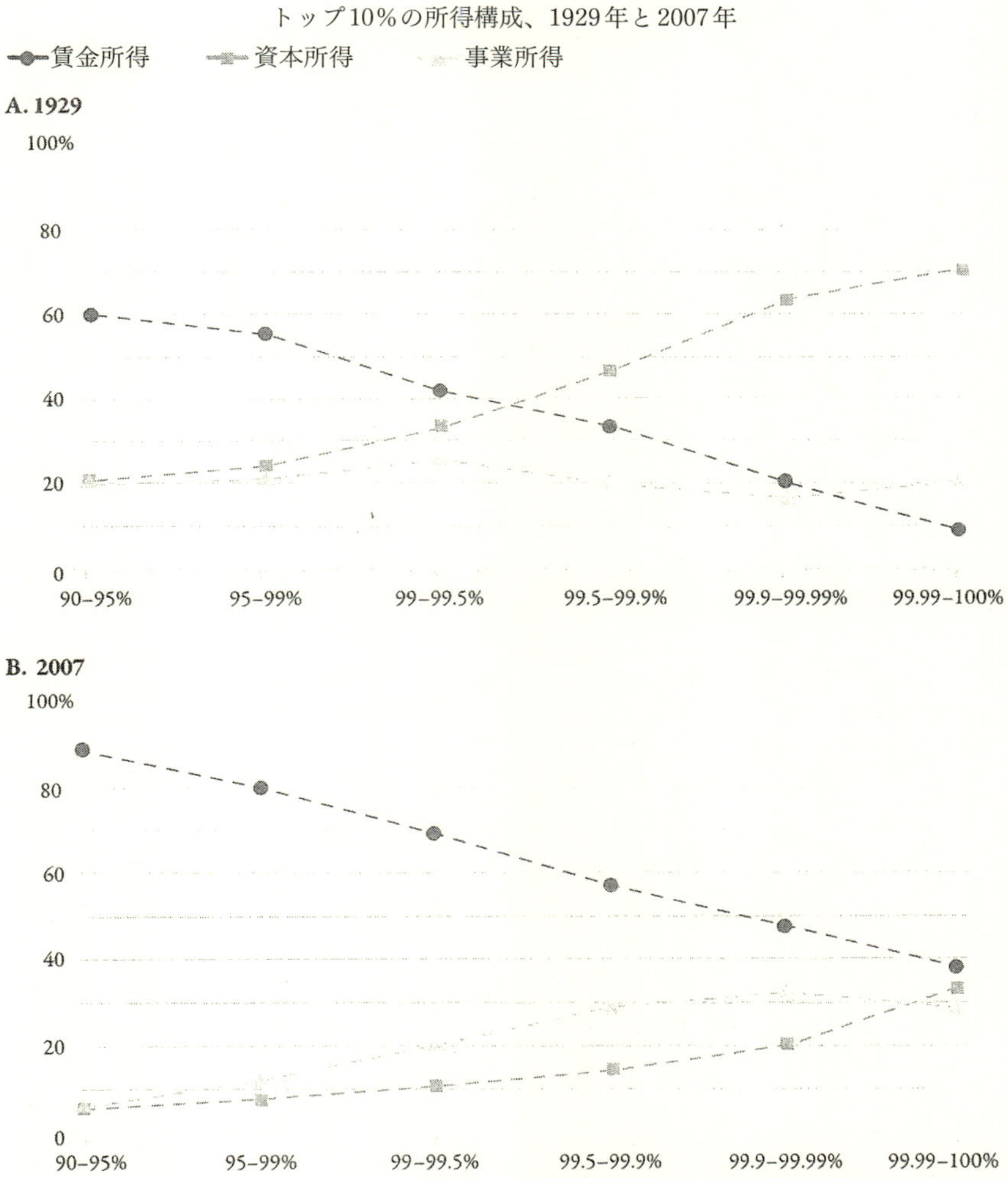

図15.3　今日のスーパーリッチの所得のなかでは、給与がより大きな割合を占めている

だ（すべてアメリカのみ）。一九八〇年代以来、所得格差は急増している。アメリカでは格差はいまや一九三〇年代の大恐慌前以来のどの時期と比べても最も大きい（図15・1）。しかし、トップの人々の所得構成は二〇世紀初頭とは異なる。二〇世紀の初めには、資本所得はトップ〇・一％の所得のなかで最大要素だったが、今日ではトップ〇・一％の所得の約半分が労働によるものだ。一九八〇年代になって富による所得は急激に増えたが、報酬による所得が占める割合もまた増え続けた。（図15・2）。

今日資本所得が労働所得と同等に大きな役割を演じるのを確かめるために、非常に不安定なトップ――トップ〇・一％――に目をやる必要はない。図15・3Aと図15・3Bは一九二九年と金融危機前年の二〇〇七年のトップ一〇％における給与、事業、資本所得の割合を示している。図15・3Aは一九二九年に賃金所得が、これらすべての百分位トップの総所得のなかで、小さい割合を占めていたことを示している。二〇〇七年の15・3Bでは、これらトップの所得源は大きくシフトしている。トップ一〇％の納税者は彼らの所得の八五％を超える額を有給雇用から得ている。それにはストック・オプションと雇用と直接関係する別の種類の非賃金報酬が含まれる。これは今日の高所得者にとって、そしてトップにとってさえ、彼らの職が高所得の最も重要な源であることを意味している。そして資本から所得を得ている高所得者にとっても、その大半は彼ら自身の幸運か、以前の労働のいずれかの成果である。最上位においてピケティの世襲資本主義の復活を見たのは、サム・ウォルトンの富の跡継ぎへの相続ぐらいのものだ。

これはもちろん、一、二世紀前とは大きく異なる。だから、北西ヨーロッパのスーパーリッチ一族のなかで育ったなら、ほぼまちがいなく資産家――おそらくは地主階級――か、祖先が築いた事業投資で生計をたてている人の子だろう。

図15・1、15・2、15・3A、15・3Bを併せたとき、「過去が未来を貪る」のは事実だとするピケティの予測が成り立つためには、トップにおける所得源が労働から資本に戻っていることが見られねばならないことがわかる。ピケティはこれが、相続を通じて時間をかけて起こると主張する。*27 今日、大きな所得受領者は所得が低い人よりも多くの貯蓄をするから、時間と世代を経て、より所得が高い世帯はより大きな富のストックを蓄え、それを子に譲り、それによって増大する富のストックから得る資本所得が労働所得を上回る。よって、たとえ標準モデルが正しく、すべ

ての報酬は――たとえ最上位であっても――能力に基づくものだとしても、遺産は時間とともに、私たちを――労働所得ではなく――資本所得が最上位の所得の大半を再び占める世界へと向かわせる。

ピケティは、この世襲資本主義への回帰へと不可避的に導く経済力学の理解には、制度を考慮することが重要だと主張する。彼は経済学者に、標準的モデルの理論的予測にとどまるのをやめ、これまで経済学者が伝統的に別個の問題と見なしてきた労働、資本市場のダイナミックな相互作用を明らかにすることで、システムに昇格するモデルの開発を目論むよう強いる。彼が「資本主義システム」と呼ぶものに制度を含めることで、ピケティは制度的状況を除外するいかなる成長理論も、最終的に不十分になると示唆する。彼は自分の分析が「決定論的」という発想、すなわち$r>g$で表される格差は、現在の現実と、制度、社会習慣、家族構成、そして時間と共に資本蓄積を押し進めていく規範に変化がない場合の将来の傾向などではなく、不変であるという見方に、苛立ちを隠さない。二〇一五年の『ジャーナル・オブ・エコノミック・パースペクティブ』誌の記事で、ピケティは経済学界における『21世紀の資本』の受容に反応して、「最終的に、本当に問題となるは経済的な力と制度的反応の相互作用、特に教育、労働、そして財政制度の領域における反応との相互作用である」と主張している。*[28] 彼は記事を、「より一般的には、この著書から私が得た教訓の一つは、格差の力学と制度変化の研究は密接に関係しているということだ」と述べて締めくくっている。*[29]

ピケティは標準経済理論とはいくつかの点できっぱり決別し、制度の重要性を指摘してはいるが、標準的モデルを手放してはいない。本書の多くの章がこれを指摘しているが、なかでもスレシュ・ナイドゥ（第5章）がおそらく最も断固としている。これは少なからず、ピケティの分析において制度の役割が、ダロン・アセモグルとジェイムズ・ロビンソン曰く、「そのばしのぎ」なことが原因だ。*[30] これは彼の労働市場分析に見ることができる。彼は限界論者的な考え方ではトップ賃金を説明ができないことを指摘しているが、技能に対する需要は、商品とサービスの生産時に入手可能な技術の状態によって決まることには同意している。彼はまた、制度的要素が所得階級の上から下までの賃金設定で役割を果たすことを示した大量の論文に言及することなく、技能供給が教育へのアクセスによって決まることにも同意している。*[31] よって、彼は標準モデルでは賃金階級トップの賃金設定を説明できないことを認める一方で、そのモデルが賃金分布に関する他の点について不備があることは認めない。論理的矛盾と難題を生むため、これには困惑する。

幸運なことに、フェミニスト経済学は少なくともこれらの難問のいくつかに的確な道を示せる。ここからそれに取り掛かろう。

フェミニスト的見方

フェミニスト経済学の学識によって、rとgの相互作用の分析に何を加えることができるか考えてみよう。

この分野そのものはかなり若い。フェミニスト経済学国際協会（ＩＡＦＦＥ）と、付随する学術誌『フェミニスト・エコノミクス』は一九九三年に発足したばかりだ。協会と学術誌の最重要課題は「経済問題へのフェミニスト的探求を発展させること」だ。ＩＡＦＦＥを創設した学者の一人、ジュリー・ネルソンは最近百科事典の記載で重要概念を次のようにまとめている。「フェミニスト経済学は、解放的な視点から見た経済でのジェンダーの役割の研究と、経済学分野の偏向に対する批評的研究の両方が含まれる分野である」[*32]。

ピケティ同様、フェミニスト経済学はデータと測定を理論構築の前に評価する傾向がある。重要なテーマは家庭内における女性の無報酬労働の価値と、より一般的な経済における家庭内生産の役割だった。これらの流れに沿うと、フェミニスト経済学への初期の重要な貢献としてマリリン・ワーリングの一九八八年の記念碑的研究（序文はグロリア・スタイネム）『もしも女性に価値があったなら』があり、そこで彼女は国民所得勘定を検証している。彼女は女性の非報酬貢献が国の経済データからどの程度欠落しているか、そしてこれが女性の家庭と経済一般への貢献に関する私たちの考えにとってどういう意味があるのか詳しく述べている。彼女は非報酬労働を含めたデータを見直すための手段を提供した[*33]。この国民勘定に非報酬労働を含める動きは続いている。二〇一六年、経済分析局は「非市場世帯生産」を取り込んだデータを開示し、国内総生産にそれが占める割合は一九六五年には三七％だったが、二〇一四年には二三％になっている[*34]。特にこの研究は、コンセプトとしては現在ピケティがエマニュエル・サエズとガブリエル・

ズックマンと共に、分配データを国民勘定に取り入れようとして行っている研究と似ている。[*35]

やはりピケティ同様に、フェミニスト経済学も標準モデルの限界を超え、制度と学際研究に注意を向けようとしている。フェミニスト経済学は、社会構造内における市場機能、すなわちこれらの構造内における、市場の機能のしかたの本質を明らかにすることが重要だとする考えを取り入れている。Nelsonが記しているように、「ジェンダー化された経済的結果をもたらすにあたっての社会信念と権力構造の重要性を認識することが、フェミニスト経済学の一貫した特質である」。[*36] 初期における重要な貢献のひとつが、さらに一般的な行動経済学との適合がより強調される「合理的経済人」の見直しだ。この領域の開拓を助けた、一九九三年のジュリー・ネルソンとマリアン・ファーバー編纂の論文集『経済人を超えて』では、学者たちが経済における社会信念と権力構造の重要性を精査している。[*37] フェミニスト経済の多くの研究が、制度と社会規範が雇用結果を形作ると結論しているが、ピケティよりさらに先へ議論を進めている。特にフェミニスト経済学は、生産性の差と関係ないジェンダーや人種によって、経済成果にちがいを生み出し続けている制度に、長い間取り組んできた。

ピケティの人口動態の差への留意の欠如を助長しているのは、彼のデータ選択かもしれない。ピケティのデータ集合は比類ないもので、所得と富への歴史的視点を提供しているが、その他のあらゆるデータ集合同様に彼の主要概念の導出に影響を及ぼす限界がある。ピケティと彼の同僚がアメリカについて最も重視して頼っているデータの一連の分析は「租税単位」で、世帯のメンバーは別々に申告できるとはいえ、通常世帯が対象になっている。この行政データそのものは、人口動態――特に人種と民族について――と家族の関係性についての詳しい情報を与えてくれない。研究者はそれを個人識別可能な他のデータと照合できるかもしれないが、そこまで詳しいレベルにアクセスできる学者はほとんどいない。一般的に、ピケティが頼りにしたデータは、家族内で何が起きているか、そして富が人種や民族によってどのように蓄積されているかを隠してしまい、したがってこのデータだけで、それがどのように社会制度に埋め込まれているのかを知るのは――不可能ではないにしても――かなり難しい。

人口動態の考慮の欠如は、ピケティとサエズによる画期的研究以前の学者たちの格差に対する考え方とはかなり異なっており、この二つを組み合わせることで何か学べることもあるかもしれない。一九八〇年代、一九九〇年代以降の格差研究は、個人、あるいは家族間の人的資本の格差の原因を解明することに焦点を絞った。この研究は標準モデルの楽観主義と、識別可能な生産性のちがいでは説明できない、現在進行中の格差という結果に表れた新たな現実との調和を求めた。この研究は計算能力へのアクセス向上を十分活用して、大規模な全国調査に焦点を絞っている。アメリカでは国勢調査局の人口動態調査とその他の国家レベルの調査がそれにあたる。[*38]

もっと深刻な懸念事項は、ピケティが最も重要と主張する動学に直接影響を及ぼす、制度のジェンダー要素と規範を検討できていないことだ。ピケティ自身は格差は制度と関係していると言っているが、彼は現代経済において婚姻と家族が富の伝達にどう影響するかを考え抜いていない。この留意の欠落は、彼が現在のシステムを（彼の母語であるフランス語で）「世襲資本主義」と名付けたことにも表れている。ピケティはこの用語を相続に基づいた経済を言い表すために使っているが、英語を話す者にとって「世襲（patrimony）」は相続を意味しない。英語では〝pater〟で始まる語は父を暗示する。「世襲」という言葉は単なる相続ではなく、「男系による」相続制度を意味する――よって「世襲資本主義」という言い方は、組織的に女性をこの富の転移から排除した一連の制度と実践を指す。[*39]

これはピケティの論点ではないが、これで根底にある新事実が明らかになるだろうか？　ピケティが相続は父系のみだと言っているのではないのは明らかだが、ジェーン・ハンフリーが『フェミニスト・エコノミクス』誌における批評で指摘しているように、彼は相続のジェンダー的背景をまったく探索してはいない。例えば彼は、婚姻や相続様式をめぐる制度、あるいは文化規範の役割を浮き上がらせるために一九世紀初期の文学から多くの場面を引用しているが、それらのジェンダー的特質については言及していない。『21世紀の資本』で「ジェンダー」という言葉が出てくるのは、彼が労働市場の下位半分における労働所得の格差について論じるところだけだ。[*40]

ある種の概念が翻訳で多少の意味を失うことは理解できる――しかし、ジェンダーが今日および歴史的に相続で果たす役割は、ピケティの主張と深い関係にある。アメリカでは、ジェンダーと人種による高水準の格差が続いており、私たちが新たな世襲資本主義へと移行しているという発想からジェンダーの影響を除外することはできない。私たちは、富の蓄え、富の相続、そしてとりわけ労働市場との関係において、ジェンダーから見た経済を無視することはできない。

この探求は、これまでのところ『21世紀の資本』を明確に扱ったフェミニスト研究が非常に少ないことからも重要である。二〇一四年春、本書の共同編集者たちが寄稿する学者のリストをまとめる準備を進めるにあたって、私たちはすべての入手可能な『21世紀の資本』の批評を探した。オンラインで七〇〇ページ以上のテキストを見つけたが、当時はごく少数——一桁前半——の女性しか反応を共有していなかった。その後八月になってキャスリーン・グリアーが、発表されたフェミニスト批評がたった一つ、ジラ・エイゼンスタインのものしかないことに気づいたと記し、これを変えようと（私を含む）五人の女性にこの問題を採りあげるよう求めた。[*41] これに続いてすぐにダイアン・ペロンズが『ブリティッシュ・ジャーナル・オブ・ソシオロジー』誌の記事で、格差体験とそれが展開する社会過程において、ジェンダー・アイデンティティがどのような役割を果たしているかに光を当てた。[*42]

ピケティにジェンダーというレンズを加える

これまで、ジェンダーへの留意が標準的な経済理論にどのように影響を与えるかを見てきた。それはピケティにとってどのような意味があるのか？　とりわけピケティによる二一世紀の予測は、フェミニストのレンズを通すとどのように見えるのか？　私たちは世襲資本主義の新たな時代に入りつつあり、そこではスーパーリッチが徐々に自分たちの所得源を労働から資本へと移行させて、私たちを一九世紀とそれ以前を特徴づける、相続に基づく経済のような状態へと戻すという、ピケティの予見を思い出してほしい。しかし、ピケティも認めているように世界は変わった。大きな制度変化は、女性が男性と同等の法的、経済的権利を持ったことだ。現在なら、ジェイン・オースティンは高い給料をもらって、遺産も兄弟と分け合える。実際、長子相続制のシフトは、余暇のある男性同様に、余暇のある女性が存在できることを意味する。私はジェンダーというレンズを加えることが、データにとってどのような意味があるのかということから始めて、次にこれが、ピケティの予測の妥当性の評価にどのような問題をもたらすかということへと移る。

データ――ジェンダーが重要

私はピケティがやったように、データから始める。ピケティの記述的分析は、税記録によるデータを使って、格差傾向に焦点を当てている。しかしこの分析は、能力主義経済と選択的婚姻が、分布最上位とそれ以外の格差の方向性にどのように影響するかを考慮していない。第11章「長期的に見た能力と相続」で、ピケティは女性の高位職への雇用、あるいは選択的婚姻の、相続様式の形成における役割について論じていないし、誰がスーパー経営者になるのかというジェンダー（あるいは人種）的動態についても論じていない。しかし、結婚、ジェンダー関係性、そして家族をめぐる社会、経済、文化制度を理解しなければ、相続様式を理解することはできない。

歴史的に、結婚市場は家族がその富を譲ることができないためだけでなく、社会における家族の場を確保するために作られた。ピケティは、ジェイン・オースティンの小説をしばしば挙げているが、そこでは多くのヒロインが春になるとイギリス社会の結婚式に参加するためにロンドン、あるいはバースを訪れる。ローレンス・ストーンの英国結婚史には「一八世紀後半のロンドンとバースにおける国内結婚市場の発展は、必要な金銭的、社会的条件を満たした潜在的配偶者の数を増やして、上流階級の親から見て満足のいく可能性を持った配偶者のプールを広げた」とある。[*43]

上流階級だけではなかった。下層階級家族も一家の地位を維持する手段として結婚を利用した。小作農は、持参金として土地か家畜を持ってくる近所の娘と息子を結婚させることで、自身の小作地を広げることができた。もちろんピケティはこの力学を認識しており、彼がバルザックやオースティンやその他の一八、一九世紀の作家から多くの引用を盛り込んだのはこのためだ。これらの小説は、結婚市場が過去の世襲資本主義下でどのように機能していたのかを示す良い例だ。相続する富のない人々は、生涯の自身の地位を改善できる家族との結婚に専念するよう促された――それはたいてい自分よりも少しだけ裕福な誰かと結婚しようとすることを意味した。[*44]

ピケティは歴史小説の数節を利用したが、これらの物語のジェンダー（あるいは人種）的意味合いには焦点を当てていない。またこれらの物語は、ある人の社会における位置と、その個人がエリート社会に入り込めるかどうかの決定における、家族の重要性を前面に押し出している。例えば、彼はオノレ・ド・バルザックのウージェーヌ・ド・ラスティニャックという登場人物に注意を向けている。『ゴリオ爺さん』で、ヴォートランという名の怪しい登場人物がラスティニャックに、本当に裕福になるには、法律を勉強して開業することに専心してはならない、むしろ裕福な女性と結婚しなければならないと言う。ヴォートランは、美人でも魅力的でもないが、結婚に乗り気なある女性を薦める。ヴォートランが薦めた女性相続人は彼女の裕福な父の嫡出子でないことがわかり、彼女の遺産を手に入れるにはラスティニャックは、幸先良く（あるいは後にわかるように、不幸なことに）窮屈な法律上の結婚で生まれた彼女の兄を殺さなければならない。[*45] この例は、結婚制度と富に関する重要なポイントを示している。まず第一に、この小説の時代には労働ではなく資本が将来の富の源だった。第二に、富の蓄積は結婚相手の選択に影響した。そして第三に、これはセクシュアリティを規制する明確な制限と関係があった。資本ストックの相続によって高所得が得られるなら、誰が正当な相続人であるかを知ることは重要だ。ピケティは第一の点には着目しているが、第二、第三の点については考慮していない。

ピケティはかつての世襲資本主義が特定の社会的状況に根ざしていたことを示すために、文化的資料を頼りにしているが、今日の社会状況について語る際に、生真面目で退屈な経済学者に変わってしまう。彼は今日の文化、あるいは社会規範についてはまったく言及しないし、現代小説——あるいはリアリティ番組——から広く引用したり、人種、民族、あるいはジェンダーが、今日富がどうやって得られ蓄積されているかに、どのような影響を及ぼしているかを論じることはない。過去そうだったように、適切な伴侶の選択は、子に社会における地位を確保するのと同様に、富の蓄積にとって今でも重要である。今日、これらの婚姻儀礼はまったく変わったようだ。今では、個人は所得階層トップの仕事を得るための教育や訓練を受けることだけでなく、潜在的伴侶が将来そのような仕事に就くための「正当」な職業的、あるいは教育的経歴を持っているかどうか見極めることにも関心を集中させる。最富裕層の家族を除いて、女性が得る賃金はこれまでにも増して、世帯所得にとって重要になってきた。さらに、家族は子が適正な人的資本を蓄積し、トップの職へのコネを確実に持たせることによって、自分たちの社会的地位を次世代へとつなぐ。[*46]

誰と結婚するかは、経済状況の決定にとって重要だ。ちがいは——そしてピケティのデータが何も教えてくれないのは——家族が所得をどのように合算させているかだ。選択的結婚についての論文が教えてくれるのは、高所得の男女同士の結婚が増えていることだ。これは、潜在的な高所得者への志向性が増大しており、それが男女両方に当てはまることを示す、配偶者に求めるものについての研究結果と、一致している。男性は女性以上に見た目を重視する傾向にあるが、男女共にますます潜在的な稼ぎ手でもあるパートナーを高く評価するようになった。これらの志向性は、女性全般の高い教育、所得水準と共に、パートナーの収益力という観点を重視する結婚を好む、選択的結婚の増大をもたらしている。*47

地理の問題もある。婚姻市場はローカル化——自分が住む都市、あるいは町に住む人と結婚する——の傾向があるが、所得格差の拡大が場を超えて展開することで、これがまた選択的結婚を増幅させる。アメリカでは高報酬の職が少数の都市——ニューヨーク、サンフランシスコ、ボストン、ワシントン——に集中しており、これらの都市が野心的で高い教育を受けた人を惹きつけている。*48 良い職の地理的集中が、これらの場所への婚姻市場の集中に拍車をかけている。そしてもちろん、そこには若者が良い職に備える大学が存在している。これらもまた二一世紀のアメリカで、婚姻市場が展開する場となっている。好例がある。一九七七年プリンストン大学を卒業したスーザン・パットンは最近、プリンストン卒業生に向けて「卒業前に学内で夫を見つけること」を促す公開書簡を記している。彼女たちの学内クラスメートは、おそらく彼女たちが今後属すなかでも、最も素晴らしい結婚に適したパートナー集団であるとパットンは指摘している。彼女は、今日の経済では結婚相手は、キャリア決定と同じくらい人生の展望に大きな影響を与えるかもしれないが、それは一世紀かそれ以上前の社会の富裕層による決定とは、まったく異なる理由によるものだと主張する。*49

婚姻様式は、格差様式と経済モビリティに影響を及ぼすことで、経済階層における人の地位を強固にする傾向がある。研究によると、夫と妻の個々の収入は、自身の親の所得同様に義理の親の所得と大きな相関性がある。ローラ・チャドウィックとゲーリー・ソロンは「子の『配偶者』の収入が、子自身の収入同様に、親の所得によって変わってくる」ことを発見している。*50 アメリカでは娘家族の収入の、親の所得に対する弾性値は約〇・四だ。*51 ドイツとイギリスについての研究で、ジョン・アーミッシュ、マルコ・フランセスコーニ、トマス・シードラーは、親と彼らの恒久的家族の所得の約四〇から五〇％の共分散の原因を、結婚相手に帰することができるとしている。この影響は人的資本の婚姻との強い相関性がもたらしたものだ。[*52] ピケティは格差縮小の手段として経済モビリティを却下しているが、彼のデータは婚姻様式が果たす役割に注目させてくれない。

家族間の所得の大きな相関性は、ジェイン・オースティンの小説のなかで描かれた結婚市場に似ているように思える。今日の文化にも同種の文化的援用が見られる。フェイスブックの最高執行責任者シェリル・サンドバーグは自著『LEAN IN（リーン・イン）』のなかで、適正なパートナーを見つけることでいかに状況が一変するか述べている。彼女は自身のデイブ・ゴールドバーグとの結婚を例に引いて、キャリアを支えてくれるパートナーを持つことが、職場での成功を助けることを示している。サンドバーグはこれを特に若い女性に向けて語りかけているが、このアドバイスは男女両方に通用する。[*53]

しかし、女性雇用の増大が、相続に基づく社会への移行プロセスを遅らせることで、家族間格差の減少をもたらしてきた証拠も存在する。最近の研究で、ブレンドン・デュークはマリア・カンシアンとデボラ・リードが開発した、既婚女性の所得変化が格差変化にどう影響するかを評価する手法を利用している。[*54] カンシアンとリードはもしも一九七九年以降既婚女性の所得に変化がなかった場合の一九八九年の格差水準を推算している。デュークはこの分析を、一九六三年から二〇一三年までに拡大して「実際は二五％増えている既婚女性の所得に変化がなかったとすると、格差は一九六三年から二〇一三年までのあいだに三八・一％増大していただろう。その五〇年間の女性所得に変化がなかったら、格差は五二・六％早く増大していた」という結果を得た。[*55]

多くの家族がその子に与えるのは、金融、あるいは物的資本のストックよりはむしろ（あるいはそれに加えて）、適正な職へのアクセスであるという事実同様に、結婚パートナーは、遺産贈与にも影響を与えており、それは二〇世紀より前の状況に似ている。ここ数十年のアメリカ経済でひときわ目立つことの一つは、様々な所得の家族形態のなかで生じた激しい断絶である。かつて所得階層のすべてのレベルで、ほとんどの——しかし決して全員ではない——子供は、結婚した夫婦家族によって育てられた。[*56] フィリップ・コーエンの分析によると、所得分布底辺三分の一で、シングルマザーと暮らしている一四歳以下の子供は五分の一以下だったが、二〇一二年にそれが五分の二をわずかに超えた。[*57] 現在、所得トップの家族は婚姻関係——たいてい父母ともに高報酬の職に就いている——のなかで子供を育て続けているが、所得分布底辺の家族、そしていまや多くの中流家族の子供が、独身の働く親、ほとんどの場合母親と一緒に暮らしている。*58

これらの家族様式の変化は、子の人的資本に多くを投資する必要性とともに、家族間の分断を拡げた。サラ・マクラナハンは、専門職の家族では結婚と出産が遅く、離婚、あるいは婚外子を持つことが少なく、母親の就職率が高いことを立証している。四〇年前の同じ子供たちと比べて、彼らの母は年齢が高く、たいてい高報酬の職に就いている。彼らはまた子の養育に大きな投資をする。*59 アネット・ラルーは中上流階級の家族は彼女の研究で「協調した教養」と呼ぶもの、つまり子の才能を伸ばすことの重視に注目している。それは非常に多くの時間を必要とするが、共稼ぎの専門職家族にとってはそれがむずかしい。だから自分で子供の発達に時間を投資するのに加え、この作業をしばしば家庭教師に外注したり、高価な塾や夏期の追加活動に参加させたりする。*60 これらすべては、最も恵まれた家庭に生まれた子供は、低所得、あるいは中流家庭の子供とさえ比べても、ずっと多くの経済資源を持ち、感情ニーズや発達に対する親の関与も高いということだ。

予測――ジェンダーは重要か?

あらゆる優れた経済理論同様に、ピケティの予測にとってジェンダー関係性の変化は二つの意味合いが考えられる。これらはそれぞれ逆方向へと進む。まず一つは、私たちは相続に基づいた社会へと向かっているにもかかわらず、引き継がれる資本プールは一九世紀より小さくなるというものだ。当時は遺産の大半を長男が相続したからだ(兄弟姉妹、あるいは未亡人となった母に対する――法的ではないが――社会的義務もありはしたが)。これはもはや今日の若い相続人には当てはまらない。通常親は遺産を子たちに等しく残すが、たとえ一人の子が多めに相続しても、一般的に彼らは他の家族(法的な者もそれ以外の者も)に分け与える義務はない。家族の富の細分化は資本集中を減速させるが、それでもやがてピケティのいう「一九世紀への回帰」を生み出すことはあり得る。二つめはお金持ちがどのようにふるまうかという問題だ。ピケティは経済エリートは政治力を持ち、スーパー経営者は経済力を持つが、経済ヒエラルキーにおける高い地位を男性に(再び)与えるしきたりへの回帰に利用されているのか、あるいはどのように利用さ

	19世紀	20世紀	21世紀
トップ10％の所得源	資本	労働	資本
金持ちの相続パターン	ジェイン・オースティン	シェリル・サンドバーグ	???
女性の市民/経済権	市民権限定、財産権なし	市民権平等、財産権完全	???

表15.1　相続に基づく経済とジェンダー規範

れているのか述べていない。

表15・1は一九、二〇、二一世紀の相続に基づいた経済制度の基本的概要とこれが女性の現在、及び将来の市民、経済権にどのような意味を持つかをまとめた。私にはここに二つの筋書きがあるように見える。まず第一にジェンダー・アイデンティティは関係ないということ。これからは裕福な親は財産を娘と息子に同等に残そうとする。各々の子が相続する総計は、一人の子が相続する経済制度下よりも小さいが、この新たな実践は――高い生産性維持と職場における男女の才能の活用に対する継続的な経済圧力と相まって――トップにおける持続的なジェンダー公平性を促進する。第二は、女性が市民、経済権を失うディストピア的未来だ。この二つめのシナリオでは、富裕者――大部分が男性――が強化された経済、政治力を使って、ジェンダー公平性の保護を撤廃する。こんなことが起こるだろうか？　起こるのだ、相続の占有は人的資本の占有よりも簡単だから。ピケティは一九、あるいは二〇世紀の分析のなかでジェンダーについて言及していないが、皮肉なことに、私たちをオースティン的世界へと逆戻りさせる原動力となるメカニズムは、ジェンダーだ。

gに関する私たちの予測との関わりは重要で、考えをまとめるためにしばし立ち止まる価値がある。ピケティが第2章で指摘しているように、成長は人的資本や技術革新と共に、人口動態、とりわけ人口成長率によって決まる。ディストピア的筋書きは経済、政治的公平性を減じるのみならず、ピケティの格差は増大し続けるという予測を加速させて、経済成長も遅らせる。

まず最初に、人口成長について考えてみよう。女性の経済、政治権の水準は、出生パターンにおいて十分に立証された役割を演じる。女性がより大きな市民権と経済的機会を持つところでは、女性たちの持つ子供の数は少なく、子供たちは長生きする傾向がある。これはひとつには、女性が経済権を持つことで、医療と子供が成人になるまで生きる可能性を増やすその他のサービスへアクセスできるようになるのが理由だ。さらに、経済、政治力を持った女性は、個人としてこの権利を女性に与えた政策をより広く普及させる力と同様に、自分自身の出産をコントロールするより大きな力を持つ。

次に、同様に重要なことだが、出産をより強くコントロールして、経済への貢献力を持っている女性は、将来の人的資本にどのような種類の投資がされるかに直接影響を与える。子供が少ない家庭では、それぞれの子供により多くの投資をする。少女たちは、それが将来のより大きな経済利益へとつながるときは、教育へのアクセスを与えられる——それはたとえ女性が最終的に労働力とならなかったとしても、子供の発達を向上させる。女性が経済に完全に参加している、よりジェンダー公平性が高い社会では、女性は政府と社会的支援に対して、ワークライフバランスに対処し、そして次世代への人的資本投資を促進するよう求めることができる。そしてそれらすべてがすでに述べたように、gを伸ばす。

ピケティは子供の教育への投資に対する資本移転の重要性を強調したが、彼は家族における平等化については、出産の決定は「文化、経済、心理、そして個人が自分のために選択する人生目標に関係する個人的要素の影響を受ける。これらの決定もそれぞれの国が、家族生活と、学校、デイケア、ジェンダー公平性など、専門生活を両立させるために提供したり、提供しなかったりする物質的条件によって決まる。これらの問題が、二一世紀の政治討論と公共政策に占める割合が増えることはまちがいない」と述べるに留まっており、家庭内の平等については考察していない。[*61] 私たちがこの政策について話すかどうかは、持続的なジェンダー公平性の道を行くか、ディストピアのへの道を進むかにかかっている。

楽観的シナリオ——持続的ジェンダー公平性

一八、一九世紀の世襲資本主義全盛期には相続は、法によって父系と定められていた。歴史的に、アメリカの女性は、資産に対するすべての権利を放棄したことを意味する「妻の地位」と呼ばれる身分に置かれていた。アメリカではこれらの法律のいくつかは、議会の承認を受けた一連の州法として一八三九年に施行され、その後数十年間で拡大された既婚女性財産法によって廃止されたが、一九六〇年代まであらゆる面で権利放棄が廃絶されることはなかった。

一九六〇年代までは、アメリカの既婚女性は、夫の承認がなければ銀行口座を開設できず、信用取引へのアクセスについて女性を差別するのが違法になったのは、一九七四年に信用機会平等法が議会で承認されてからだった。[*62] 相続法の変化の遅々としたペースは、アメリカだけの問題ではなかった。長子相続法が男性優先の長子相続から完全な長子相続に変わるには、二〇一五年のイギリス連邦全域のパース協定履行を待たなければならなかった。[*63] ウィリアム王子とケンブリッジ公爵夫人キャサリンの最初の子がもしも女の子だったとしても、彼女はたとえ弟ができても正当な王位継承者となっていただろう。

今日の相続法とパターンの平等主義的特質は、経路に強く依存しそうだと主張することもできる。確かに家族内では、親が娘よりも息子により多く遺産を残す選択はしないようだ。経済研究によると――少なくともアメリカでは――親は男と女の子供にきわめて平等に遺産を残している。ポール・メンチックの研究によれば、このパターンは非常に高価値の資産についても変わることはないという。「男性が受ける遺産の割合は、相続した資産の量に対してそれほど大きく増えておらず、男性への遺産の富の弾性は一に等しい。長男、あるいは早く生まれた子が、あとで生まれた兄弟姉妹よりも多く受け取ってはいない[*64]」。

ピケティは今日の相続パターンがより広く分散しているのを認識している。自身のフランスの分析で、彼は相続の総量は再び高い水準にまで増えてはいるが、これはより多くの人々に分散しているので、個々の遺産は小さくなっているとしている。これが個人が受け取るかもしれない遺産と同様に、労働市場所得も重視するよう圧力を与え続けている。そしてこれがある程度人的資本と上記の選択的結婚への投資を促しており、それがピケティの結論を曖昧にしているので、今後の研究に値する。男女間の遺産分配がより公平になると、全体的な富の分布の公平性も大きくなり、それによって次第に r の成長ペースを他に比べて遅く抑えることができる。[*65]

それでも、親が息子と娘に異なる種類の富を与えている証拠はあり、娘が受け取る人的資本が息子に比べて少ないという証拠が――乏しくはあるが――いくつかある。女性は男性と同じだけ富を相続することが多いが、男性が家業を引き継ぐことのほうが多い。(古い論文であることにはまちがいないが)ポール・メンチックによると、「事業資産の継承パターンについての証拠は、家業はオーナー経営の場合、息子が引き継ぐ場合が多いが、財産自体は男女公平に相続する」[*66]。社会学論文が、現代アメリカにおいてさえ、親は男児の教育により高い金銭的投資をすることを実証している。セス・スティーブンス＝ダヴィドウィッツは、グーグル検索研究の新しい手法を使って、グーグルで調べるときアメリカの親は、「うちの娘は才能ある？」と訊くよりも、「うちの息子は才能ある？」と訊くほうが二・五倍多いという結果を得ている。そして彼らは息子の体重について検索するよりも、娘の体重を減らすにはどうしたらよいかを検索するほうが二倍多いようだ[*67]。親にとって、自分の娘が勉強でクラスで一番になるよりも、その容姿で関心を集めることのほうが大事なようだ。

一つ心配なのは、もしも女性の価値が再び——ジェイン・オースティンの時代のように——資本をたんまり持った夫をつかまえる技量と密接に関連付けられてしまうと、これが女性の政治、あるいは経済的権利にマイナスの影響を与えてしまうのではないかということだ。女性の政治力には経路依存性があるため、それは起こりそうもない。大学、そしていまや大学院の学位取得で男性よりも勝るようになった女性たちは、専門職に就く列に加わるようになったことで、簡単に家庭内の家事に優先的に戻されることはなくなったのかもしれない[*68]。しかし、人口の半分にとってこの経路優先性が重要だとすると、その厄介さは労働所得に比べて資本所得の重要性が増したという文脈を通じて考える必要がある。ピケティは「(今日のフランスにおける相続パターンを)芸術的に描く、あるいは政治的に是正することもまた、より難しい。なぜなら通常格差とは、少数のエリートが社会の残りと対立するのではなく、人口の大部分と対立することだからだ」[*69]。フェミニストの声は必ずピケティの言う「少数のエリート」と「社会の残り」の両方の一部を占めて、基本的に女性の経済、社会的力と密接に結びついている。もしもより広い遺産贈与を促すフェミニスト的理由があるなら、これは政治的言説を研究するためのもう一つの道かもしれない。

ディストピア的シナリオ——家父長制度の復活

しかし私たちは、ジェンダー・アイデンティティが政治にとって問題になるかもしれないことも考える必要がある。目下男性はビジネスと政治において権力の最高位を占めている。ピケティは、これらの男性が自分たちに都合の良いルールを作っていると指摘する。スーパー経営者への報酬は「各経営者の企業算出への貢献評価」に基づいて支払われるのではなく、「大半が恣意的かつ階層的関係性と関係する個人の相対的な交渉力によって決まる」プロセスによって支払うことが可能になっている。[*70] 彼らがより大々的な女性排除を押し進めるためにこの権力を行使するのを止める――あるいは女性排除を促す政策に反対するには何をすればよいだろう?

まずは、いくつかの事実を挙げておく。最高所得者たちのなかでは、ジェンダー、あるいは人種平等についてはごくわずかしか進歩していない。ウォジチェク・コプクズック、エマニュエル・サエズ、ジェイ・ソンによるアメリカ社会保障局のデータを使った研究によると、一九七〇年の高所得トップ一%のうち女性はわずか二・五%、高所得トップ〇・一%では一%以下だった。二〇〇四年になると、これらのグループの女性比率は高所得トップ一%で一三%、トップ〇・一%で七・八%になった。このように進歩はあることにはあったが、それはかなり遅くかつ小さい。さらに、最高所得の職は白人男性が独占し、最も裕福なアメリカ人のなかに女性はごくわずかしか存在しない。[*71]

富の平等についても、事態は少しも良くない。コプクズックはレナ・エドランドと行った研究で、アメリカの資産保有者トップ〇・一%とトップ〇・〇一%における女性比率は一九六〇年代から二〇〇〇年までのあいだに約半分からおおよそ三分の一にまで減少しているという結果を得ている。キャロライン・フロインドとサラ・オリヴァーによると、二〇一四年アメリカのビリオネア四九二人のうち、女性はわずか五八人(一一・八%)だという。さらに、裕福な女性は、男性に比べて富を自分で稼ぐよりも、相続する場合が多いようだ。フロインドとオリヴァーはその分析のなかで、この資産グループにおける自力で富を得た女性の割合を三・一%としている。そして、この数値は、順位が上がるにつれ、資産水準がより高くなるため、小さく歪められがちであるが、エドランドとコプクズックは自力で富を得た女性が最も裕福な人々に占める割合として計算しても、このパターンが保たれることを示している。二〇〇三年、最も裕福なアメリカ人四〇〇人のうち自力で富を得た女性はわずか二二人である。リストに含まれるその他の三〇人の女性は富を相続している。男性の場合、リストの三四八人中三一二人が自力で富を得ている。すなわち今日の裕福な女性の多くは、自力でビリオネアになったビル・ゲイツではなく、富を父から相続したパリス・ヒルトンのような人々なのだ。[*72]

現実には経済、社会、政治的な力は相伴う。ピケティは読者に r 削減の入り口として資本税に着目するよう促す。

なぜなら彼はg増大への道筋は限られていると考えているからだ。しかし、男女に――そして介護責任がある人々にもない人々にも――公平なアクセスと、経済、政治的権利の保証を重視することで、gを上げることができるかもしれない。旧来の家父長制度では、女性にははるかに小さな政治権しかなかった。経済決定論者はこれを、富が資本ストックを維持しようという意図のもとで蓄積、伝承されるためだと主張する。エリート家族内では、分割を促すルールは、そのストックを減らしてしまうが――そしてパイを丸ごと全部維持するひとつの「簡単」な方法が、女性排除の入念なルールである――もちろん持参金は例外だ。

標準的経済理論は、私たちに包括的政治、経済権を支持する強い理由を与えるが、これは富裕世代の第一の収入源である労働にどの程度左右されるのだろう？　権力を持つ男性は高報酬職を女性と分け合う必要性を制限する方法を見つけようとするだろうか？　彼らは政治、経済的指導者の地位に女性を受け入れるために戦うのか？　アメリカでは、女性に妊娠を継続する権利があるか、あるいは避妊へのアクセスは女性のヘルスケアの重要な一部であるかどうかについて、いまだに論争が続いているのだ。

結論

『21世紀の資本』出版の一年後、ピケティは「すべての経済概念は、いかに『科学的』なふりをしていようと、社会的、歴史的に決定された知的創作物であり、それらはしばしば特定の見識、価値観、あるいは利益の促進に利用される」と書いている。*73 本章で私は、フェミニスト経済学が彼のモデルの主要な力学にどんな光を当てることができるか示した。そこには彼の分析から導き出すことのできる重要な政治的意味合いがある。グローバルな富裕税が最も重要な政策ツールであるというピケティの結論はいまだに有効だが、これは相続機能のジェンダー的特質について対処しているだろうか？　現在政策担当者が女性の自立を支える政策に焦点をあてたら、gを支え、rの上昇を示す蓄積率を減少させられるのか？　ピケティがかつて八〇〇ページを超える本のなかで「仕事と家庭とを両立させるために各国が提供する／しないと決断する各種の物質条件にも左右される。学校、託児所、性の平等などだ」とたった一度だけ軽く言及したことが、実は格差が増大し続ける可能性を減じるための、矢筒のなかのもう一本の矢なのかもしれない。[*74]

第16章　増大する格差は、マクロ経済にとってどのような意味があるか？

マーク・ザンディ

経済学者マーク・ザンディ――世界有数のマクロ経済予測者――はここで、格差がマクロ経済成長と安定性にもたらす影響について考察している。彼は所得と富の格差が彼が開発したモデルに入る主な流れを示し、一九八〇年代以来続く格差の状況の反事実的分析を行っている。彼は格差がマクロ経済に影響を及ぼす主な流れは、経済成長ではなく、それが経済安定性に与える脅威を通じたものだと結論している。

国の所得と富はここ数十年でひどく集中してきた。多くのアメリカ人がこれに不安を抱いている一方で、マクロ経済学者――少なくとも将来の経済実績を考える者たち――の多くはこれをほとんど無視してきた。マクロ経済学者がそれに安住していたのは、主に所得と富の分布の不均衡化と経済という点を結びつけるのが難しいせいだ――これらの関連性を定量化しなければならないのでなおさらだ。彼らが予測に通常利用するモデルでは、定量化するしかないのだ。

本章は、ムーディーズ・アナリティクスのアメリカ計量経済モデルにおける、所得と富の分布の変化の研究について説明する。このモデルは、予測、シナリオ構築、銀行ストレス・テスト、そして政策分析を含む、一定範囲の目的のために利用されている。[*1] 所得分布を決定する要素は、分布の変化が経済に影響を与える経路同様に、特定され、モデル化されている。モデルは所得分布とそれが将来の経済実績に与える影響を予測するために利用される。

最も起こりそうな展望は、概して楽観的だ。所得と富の分布は、現在に比べて目立ってより不均衡になるとは予測されていない――持つ者と持たざる者の格差がさらに大きく広がるとは予想していない。しかしながら、たとえ所得と富の分布の不均衡が高まっても、ほとんどの状況下でこれが経済の長期的な潜在成長率に大きな影響を与えることはないだろう。

しかし、所得と富のより不均衡な分布は、安定性に欠ける金融システムと循環性の高い経済をもたらして、この穏やかな展望のダウンサイドリスクを高めてきた。これは特に、経済の長期的潜在成長率が減速すると問題となる。それは景気後退に苦しむ可能性が、その国の過去よりも将来大きくなり、連邦準備制度に制約を課し、将来の景気後退への財政政策担当者の対応力がより制限されることを意味する。

どのくらい平等なのか?

アメリカ経済のパイが、以前よりもより不平等に分配されていることはほとんど議論の余地がない。得られた所得の優に半分を超える額が、所得者五分位トップに行き、所得の五分の一以上が所得者のトップ五%に行っている。さらにトップに行く所得の割合はここ三〇年間で急増しており、トップ五分の一に行く割合は、それ以外のすべての人について減少しているもかかわらず、七ポイント増えている。市場収益に基づくジニ係数――政府移転を含まない、課税前所得分布の一般的な評価基準――は同時期に急増している(図16・1参照)。

富はもっと不均衡だ。世帯純資産のほぼ四分の三を、所得者の五分位トップ世帯が保有している。[*2] この割合もまたわずかここ二〇年間で、破格の一〇ポイントも増えている。これは最富裕層への富のストックの集中の増大と、低中所得世帯の負債増大を反映している。

所得と富が偏る一方で、政府政策によってその偏りが大きく軽減されてきたことを指摘するのは重要だ。政府移転を含む課税前所得に基づいたジニ係数は、ここ一五年でそれほど変化していない。課税後所得に基づいたジニ係数もおおむねここ二〇年で変化していない。高所得富裕世帯の税負担を増やした最近の税政策の変化は、偏りをいっそう緩和したようだが、これが数字に表れるには少し時間がかかる。

従属変数	中央値・平均値格差	ジニ係数
モデル	初期差	初期差
固定効果	年	年
年	'80、'90、'00、'10	'80、'90、'00、'11
標本数	153	153
説明変数：		
雇用の技術比率		
係数	0.0526	非有意
P値	0.0005	非有意
雇用製造比率		
係数	-0.0098	-0.001
P値	0.0281	0.0085
人口労働年齢比率		
係数	非有意	-0.0046
P値	非有意	0.0005
人口大卒比率		
係数	非有意	0.0013
P値	非有意	0.0341
未熟練移民比率		
係数	0.0189	0.0016
P値	0.067	0.0013
高度熟練移民比率		
係数	0.0486	非有意
P値	0.0332	非有意
労働組合加入率		
係数	非有意	-0.0012
P値	非有意	0
自由度調整済み決定係数	0.191	0.753

表16.1　国家間の所得格差の解明
出所：Census, BEA, BLS, Moodys Analytics

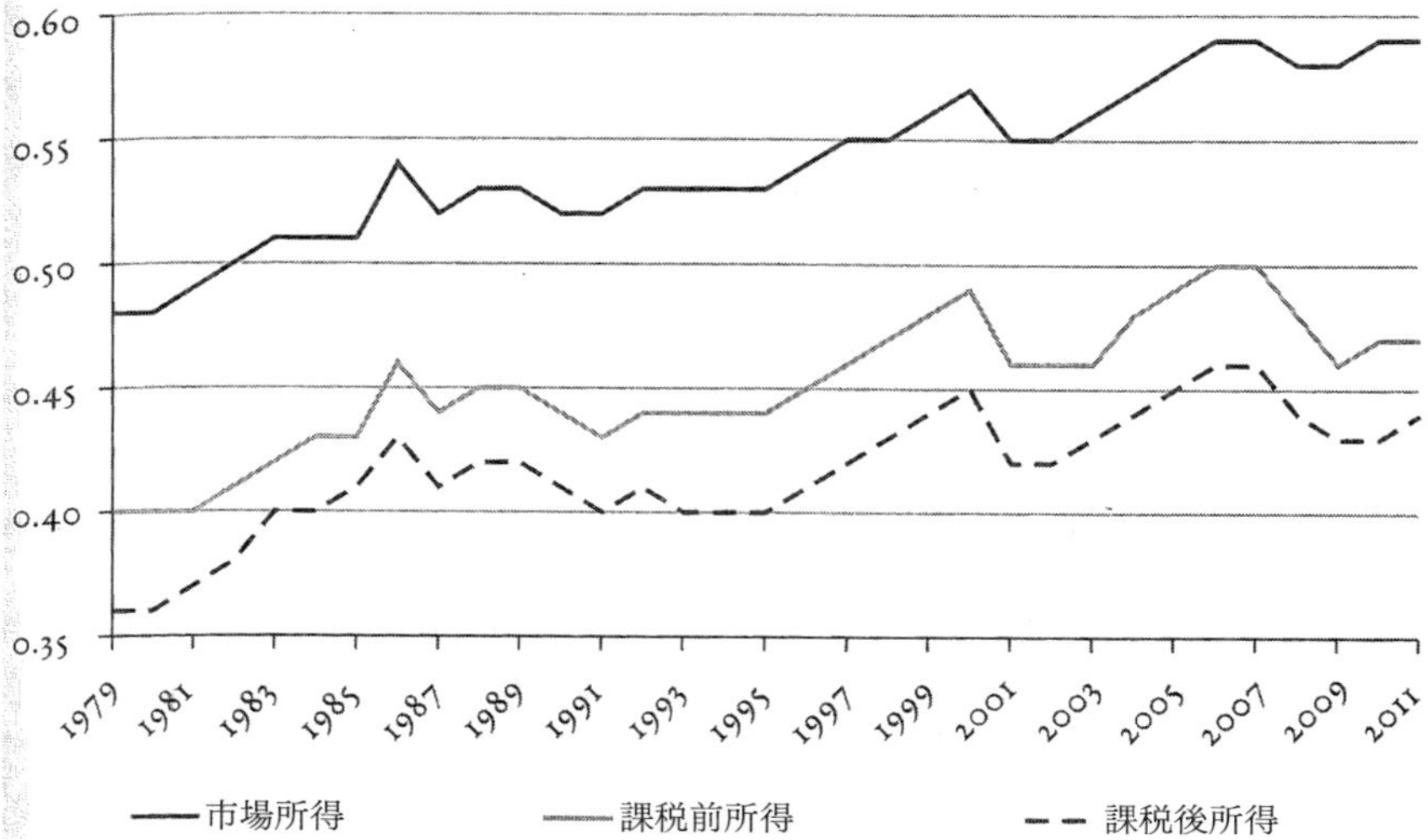

図16.1　より不平等な所得分布
出所：Congressional Budget Office, Moodys Analytics

個人支出で計算した世帯消費も非常に偏っていて――五分位トップが支出の半分以上を占め、所得者トップ五％が支出のほぼ三分の一を占めている――それがここ一五年でより不均衡になってきたことも、また重要だ。[*3] 低中所得世帯による負債増大は、金融危機以前の支出を下支えしたが、これらの世帯は危機以降は実質的に借り入れをやめたにもかかわらず、支出比率を維持した。

格差の解明

所得分布の格差増大を押し進めている力は、定量的同定の複雑さと難しさだ。ムーディーズ・アナリティクスのモデルにおける、国民所得分布モデル化に役立てるべく、様々な計量経済学分析が国家レベルで行われた。国家間の所得格差が時間と共に大きく変動することで、より正確な分析が可能になる。

国のジニ係数と平均世帯所得――平均対中央値格差――が共にモデル化されている。国のジニ係数は各期間（一九八〇年から一九九〇年、一九九〇年から二〇〇〇年、二〇〇〇年から二〇一〇年）を通じて平均〇・九一と、平均対中央値格差の〇・六六よりも安定している。両方の所得格差基準の説明しようとする単純なクロスセクション・モ

従属変数	中央値・平均値格差	
推計期間	1967 年 1q から 2014 年 4q	
推計方法	最小二乗法	
説明変数	**係数**	**t 統計量**
不変値	5.296	29.97
労働年齢人口比率	-0.061	-17.49
情報処理設備デフレーター成長率	-0.025	-9.11
純輸出 GDP 比率	-0.026	-7.91
製造業雇用比率	-0.011	-2.25
労組化率	-0.051	-8.48
失業格差	0.006	1.91
調整済み決定係数	0.98	
ダービン・ワトソン統計量	0.365	

表16.2　国民所得格差解説

註：このモデルにおける変数は共挿入されている。

格差の長期モデルなので、これにより最小二乗法が使える

註：ニューイ・ウェスト誤差を使用

出所：Census, BEA, BLS, Moodys Analytics

デルは、統計的に有意な要素を多くは示さない。例外は失業で、これはジニ係数に強い影響を与える。これは直感的で、グラフにもはっきり表れている（図16・2参照）。

長期的な格差の両比較基準における一次差分モデルは、格差に影響を与えるその他の要素の特定にはより有効だ。これらのモデルは、五〇州にワシントンDCを加えたグループの、一九八〇年から二〇一〇年までの変化の総数一五三の計測結果標本に基づいている。これらのモデルには年次固定結果が含まれるため、一〇年間の州間の相対的変化に焦点が当てられている。回帰は州人口を使って加重されている。

製造業雇用は、州モデルにおいて所得格差の一貫した決定因子である。製造業は一般的に良質な中報酬職の源で、その職を失った工場労働者は同等の職を探すことに苦しむ。とりわけ一般的に彼らは高齢で、新しい職に転職するには向いていないためだ。製造業雇用は、ここ数十年間国内製造業者を苦しめてきたグローバル化がもたらした大きな影響の代替指標にもなっている。

アメリカン・コミュニティ・サーベイによる外国生まれの人々の学業成績のミクロデータによると、海外

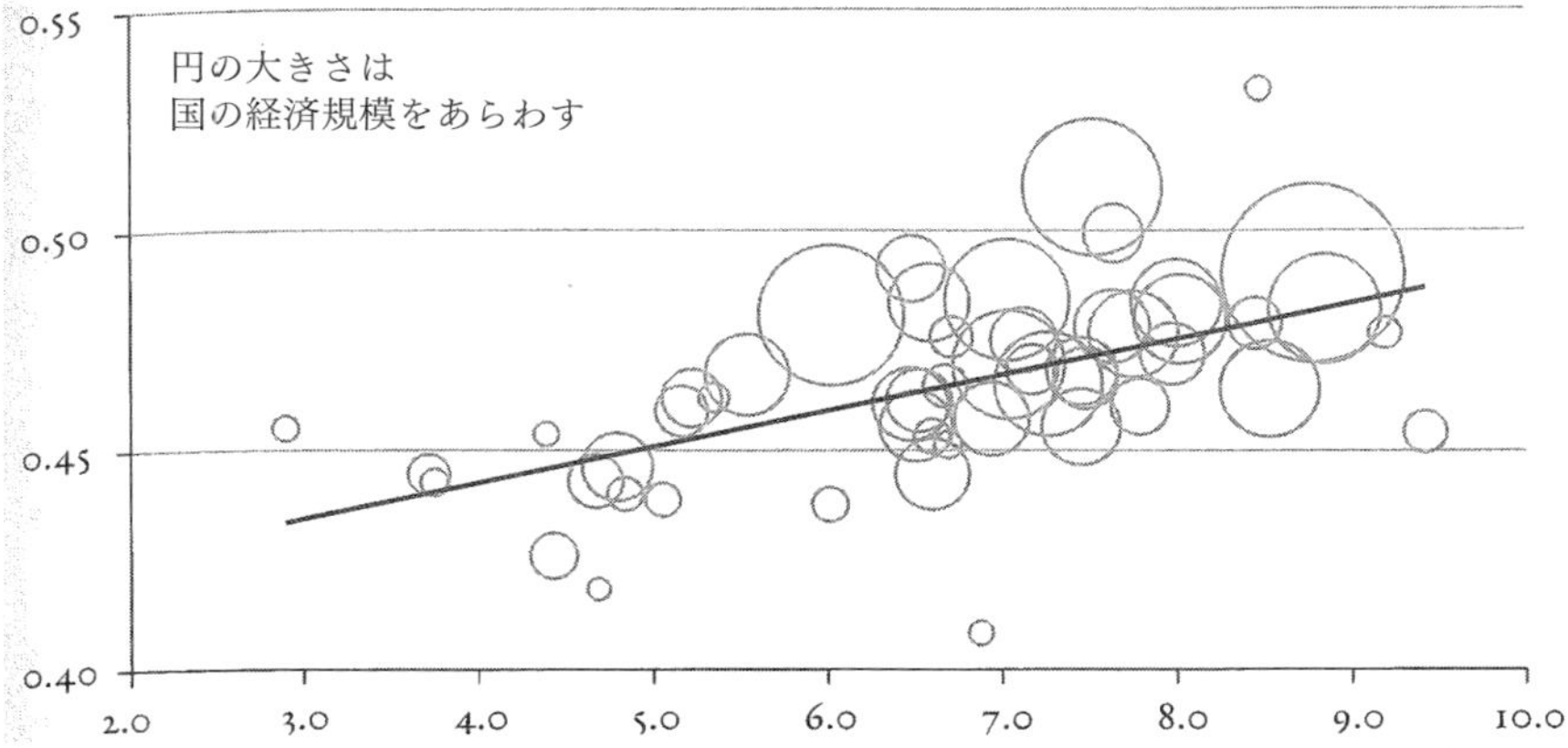

図16.2　格差と失業は結びついている
出所：BLS, Moodys Analytics

移民の技能水準もまた格差に大きな影響を及ぼしている。低技能——高卒未満——の移民人口比率は、比率が増えると所得分布下層の人々の所得を圧迫するため、とりわけ重要である。

格差モデルの測定方法によるが、格差に影響を及ぼす要因としては、技術雇用の比率、労働組合未加入の労働者比率、大卒以上の人口比率、大卒以上の高度熟練移民などがある（表16・1参照）。労働年齢人口比率もまた格差にとって重要で、おそらく人口高齢化の影響を反映している。退職者の所得は少なく、資産を取り崩すことで、格差を悪化させるからだ。これはまた依存人口比率の変化も捕捉する。一般的にこの比率の下落は、経済成長と繁栄にはプラスだ。

これらの国家モデルでは因果関係はどちらの方向にも向かえるが、いくつかの変数では影響は一方向だけの見込みが高い。大きな格差が製造業雇用、あるいは労働組合化、あるいは技術部門や労働年齢人口の増大を引き下げることはなくても、これらの要素が格差を押し進めることは十分考えられる。しかし、格差と海外移民と学業成績の因果関係が双方向的なことはありうる。

その他の要素はおそらく同じことを評価している。高度熟練移民は平均対中央値の格差を増す一方で、より高い教育水準がジニ係数を上げる。これらは共に、熟練人口の増大が格差にもたらした影響を被っているようだ。それらは共に技術変革と密接に関係しており、それは技術産業の雇用比率が代替指標となっている。

総じて、州モデル化の結果は、ここ数十年の所得分布の偏りは人口動態的要因、技術変化とグローバル化の速度、そして労働市場状況によって形作られてきたことを示唆している。

国家格差のモデル化

州モデルは、所得格差を推し進める要素の特定に有益だが、予測にはあまり使わない。多くの要素は州レベルでの予測は難しく、技術変化やグローバル化といったいくつかの要素は、州レベルで使える代替指標は弱い。だからムーディーズ・アナリティクスにおける国民所得分布は、州モデルと整合しているが、州モデルの限界やその他モデル化の制約があるので異なる。

ムーディーズ・アナリティクスの州モデルにおける所得格差は平均対中間値格差によって計測されており、人口動態が格差に与える影響は、労働年齢にある人口の割合によって捕捉されている（表16・2参照）。これは統計的に最も有意性の高い要素で、それが格差の将来変化にとって持つ重要性を露わにしている。

技術変化はこのモデルで、情報処理設備の価格デフレーターの変化によって捕捉される。デフレーターの増加は、この重要技術の品質変化をある程度反映している。[*4] 一九九〇年代末と二〇〇〇年代初頭の急速な技術改良はデフレーターの急減をもたらした。最近になって、デフレーターの減少は止まった。これは技術進歩の減速を示唆するが、他の要素もまた作用している。

デフレーター低下の加速で見た技術変化のペース上昇は、所得分布にさらなる偏りをもたらす。これは技術進歩は、所得分布中域にある賃金の職で働く人々にとりわけ厳しいという証拠と一致する。文字通りではなくても比喩的な意味で、これらの職はコンピュータコードに代替され、その結果職を失った人々は、梯子を登るための技能と教育がないため、所得分布の下方へと移動する。もちろん、コンピュータコードを書く者たちはすさまじくいい目を見る。[*5]

グローバル化の所得分布への影響は、モデルではＧＤＰの純輸出比率と雇用の製造業比率によって捕捉されている。アメリカ経済はアメリカが貿易黒字を最後に出した一九八〇年初頭以降、グローバル化がいっそう進んだ。一連の貿易協定と共に、物流と輸送技術の進歩が、アメリカ経済を世界のその他の地域に開放した。貿易赤字は大不況直前には、GDPに対して記録的比率にまで膨れ上がっていた。しかし不況と新たな貿易協定をまったく締結できない結果、アメリカのグローバル化は行き詰まった。加えて、国内製造基盤はすでに完全にグローバル経済に組み入れられているため、今後のグローバル化は情報、その他サービス中心産業で起こるしかない。

このモデルは失業差――失業率と自然失業率の差――と非組合員労働力比率を通じて、労働市場状況が所得分布にもたらす影響を捉えている。当然、失業差は、所得格差が悪化した、一九七〇年代半ばから二〇〇〇年代半ばまでの三〇年間を通じて、プラスだった（図16・3参照）。

この大部分は、この時期の大きくて不快なインフレ抑制に的を絞った金融政策の遂行によるものだ。FRB議長ポール・ボルカーは、一九八〇年代初めに、この時期に急騰したインフレを終わらせようとして、深刻な不況をもたらし、ボルカーに続いて議長に着任したアラン・グリーンスパンは、「日和見主義的ディスインフレ」政策を明言した。この政策下で、FRBはインフレ期待と賃金要求を抑えるために、弱体化した経済と高い失業率に積極的に対応しなかった。この政策はインフレ縮小には成功したが、低中所得労働者の賃金はこの政策で大きな犠牲を被った。

この時期の労働組合化の崩壊は、賃金とその他の報酬をめぐる交渉における権力バランスを、労働者から雇用者へと大きく移行させた。組員労働者は一九六〇年代には給与労働者の四分の一を占めていた。ロナルド・レーガンが労働組合化に対する重大な象徴的一撃として、航空管制官組合を崩壊させた一九八〇年には、その割合が五分の一にまで落ち込んだ。今では、過去一〇年で落ち着いたとはいえ、たった一〇分の一ほどの労働者しか組合に加入していない。

低、高度熟練技能を持つ海外移民は、国のモデルにおいて所得格差を押し進める重要な要素と思われているが、その予測は難しいので格差の国民モデルには含まれていない。さらに、流入する移民はますます高技能保有になると思われるので、この先の格差に対しては多少の相殺的な効果を持つはずだ。

	1980	2015
総消費者支出 (兆ドル)	1.7	12.4
家計所得による消費者支出 (兆ドル)		
トップ 20 %	0.42	3.30
底辺 80 %	0.84	4.96
消費者の所得からの限界消費性向)	0.63	0.61
トップ 20 %	0.48	0.48
底辺 80 %	0.75	0.75
家計所得 (兆ドル)	2.0	13.5
トップ 20 %	0.9	6.9
底辺 80 %	1.1	6.6
家計資産による消費者支出 (兆ドル)		
トップ 20 %	0.41	4.09
底辺 80 %	0.00	0.00
消費者の所得からの限界消費性向)	0.041	0.048
トップ 20 %	0.065	0.065
底辺 80 %	0.000	0.000
家計所得 (兆ドル)	10	85
トップ 20 %	6	63
底辺 80 %	4	22

表16.3　国民所得格差解説
出所：BEA, FRB, Moodys Analytics

消費者支出行動

偏った所得と富の分配が、経済に影響を与えそうな道筋がいくつか考えられる。最も直接的なものは総消費者支出と貯蓄への影響だ。しかし、低所得世帯は所得を消費に使う傾向がより高く、裕福な世帯は富を消費に使う傾向が高いため、その正確な仕組みを解きほぐすのは大変だ。よって、不平等な分配が総合的な支出や貯蓄行動にどのくらい影響を与えているかははっきりしない。

これを見るには、表16・3に示されている思考実験を考えてみよう。後で詳しく述べる、ムーディーズ・アナリティクスのモ

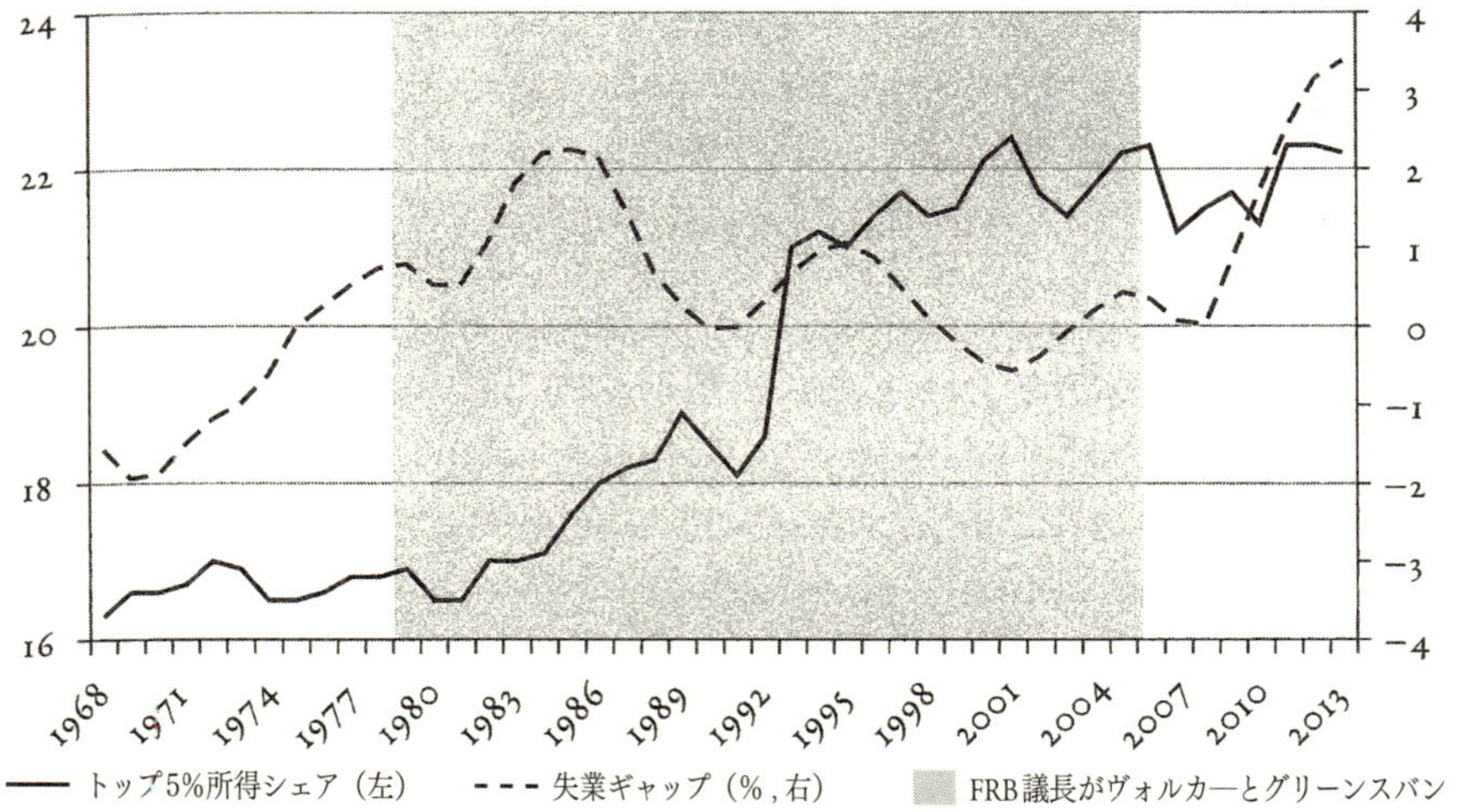

図16.3　失業ギャップが大きければ格差も高まる
出所：Census, BLS, Moodys Analytics

デルの所得五分位全般における消費者支出の均衡をもとに、一九八〇年と二〇一五年の消費者支出は、五分位トップとそれ以外すべての世帯所得と資産によって決まる支出に分解している。所得と資産による消費限界傾向（ＭＰＣ）はこれらの所得グループによって異なる。所得からのＭＰＣは低所得グループではかなり大きいが、高所得グループでは資産効果がかなり大きい。ＭＰＣは一九八〇年と二〇一五年で変わっていないと思われているが、後で述べるように、資産効果は実は時間とともに変動が激しく、金融危機以来その変動はかなり大きくなっている。

所得と資産の五分位トップとそれ以下の四つの五分位の所得と資産によるＭＰＣの増大が、これらの所得グループの支出を決める。各所得グループの支出総計である総消費者支出は、一九八〇年は一兆七〇〇〇億ドルから二〇一五年には一二兆四〇〇〇億ドルに増えている。

今度は、もしも一九八〇年から二〇一五年までのあいだに各所得グループに配分された所得と資産の割合が変わらなかった場合――すなわち所得と資産の分布の偏りが実際には高まらなかった場合――何が起こるか考えてみよう。総支出への影響は非常に小さく、二〇一五年の支出は総額一二兆ドルになる。これは一九八〇年から二〇一五年までの所得と資産分布の偏りが、総支出と貯蓄行動にごくわずかの影響しか及ぼさなかったことを示している。

さらに、たとえ格差がこの分析が示すよりも支出を大きく減らしたとしても、これは総貯蓄が増えたということだ。長期的には、完全雇用経済では、貯蓄の増大はおそらく投資拡大と長期的経済成長を促すと思われる。

この分析の重要な補足事項として、不況を終わらせようと努める政策担当者は低所得世帯の可処分所得と富裕世帯の純資産を増やすことに焦点を絞るべきだろう。実際これは、金融恐慌時に財政担当為政者が、失業保険金や給与税免除の拡大といった、様々な景気刺激策の実行によって行ったことだ。FRBの量的緩和プログラムもまた、株価と住宅価値を下支えることで経済活性化に貢献して、富裕世帯に直接利益をもたらした。

支出を所得によってモデル化する

格差と総消費者支出と総貯蓄の関係性は希薄かもしれないが、それはムーディーズ・アナリティクスのモデルで明確にモデル化されている。所得分布の各五分位の消費者による支出は、労働統計局の消費者支出調査から得た二〇一四年までの四半世紀以上のデータに基づいてモデル化されている(表16・4参照)。[*6]

所得五分位別の一人あたりの消費者支出は、五分位別の一人あたりの所得、株式資産、自宅所有者の純粋資産、そして世帯負債の返済義務によって決まる。モデルは対数線形で各所得五分位への影響を一定にしている。所得と富の分布はモデルの消費者支出に関連付けられ、五分位の所得と富は総所得と総富、そして平均対中央値格差によって決まる。

税引き後所得からの限界消費性向は、予想どおり高所得グループよりも低所得グループのほうがかなり大きい。所得分布の最下層五分位の人々の所得MPCは、・八六と推定されるが、分布五分位トップではわずか・四八しかない。

株価は五分位トップの消費者支出に、わずか九・四セントの資産効果という影響しか与えない。すなわち、株式資産が一ドル上昇あがるごとに五分位トップの消費者支出が一〇セント弱上がるということだ。すべての消費者の総株式資産効果は、二セント弱ということで、これはこの効果のその他の計量経済評価と一致している。[*7]

従属変数		一人あたり消費者支出
評価期間		1987 — 2014 年
評価		ワンステップ加重行列後の線形推計
説明変数：	係数	t-統計値
定数	3.044	19.370
第１五分位の一人あたり所得	0.861	21.840
第２五分位の一人あたり所得	0.759	24.710
第３五分位の一人あたり所得	0.743	9.350
第４五分位の一人あたり所得	0.622	8.080
第５五分位の一人あたり所得	0.485	4.600
第５五分位の株式資本	0.094	-1.890
第１五分位の債務返済負担	-0.023	1.650
第４、第５五分位の住宅資産	0.072	
第１五分位の固定効果	-0.733	
第２五分位の固定効果	-0.412	
第３五分位の固定効果	-0.349	
第４五分位の固定効果	0.252	
第５五分位の固定効果	1.25	
調整済み決定係数	0.995	
ダービン・ワトソン統計量	0.733	

表16.4　消費者支出の所得五分位による説明
註：このモデルにおける変数は共挿入されている。格差の長期モデルなので、
これにより最小二乗法が使える。
註：ニューイ・ウェスト誤差を使用
出所：Census, BEA, BLS, Moodys Analytics

住居資産効果は分布五分位トップ二区分の消費者の支出決定に影響を与え、それは七セント弱と見積もられている。すべての消費者の総住居資産はほぼ三セントと思われる。これは住居資産効果の多くの試算よりも小さいが、それらの試算は住宅破綻と金融危機以前のデータに基づくものだ。

債務返済負担は——非滞納者でいるために負債返済にあてる額が税引き後所得に占める割合——もまた消費者支出に影響を及ぼすが、それは五分位最下位に限られる。莫大な世帯レバレッジと大不況前後のレバレッジ低下を考えると、他の所得グループの支出が債務負担で説明できないのは意外だ。ムーディーズ・アナリティクスのモデルに含ま

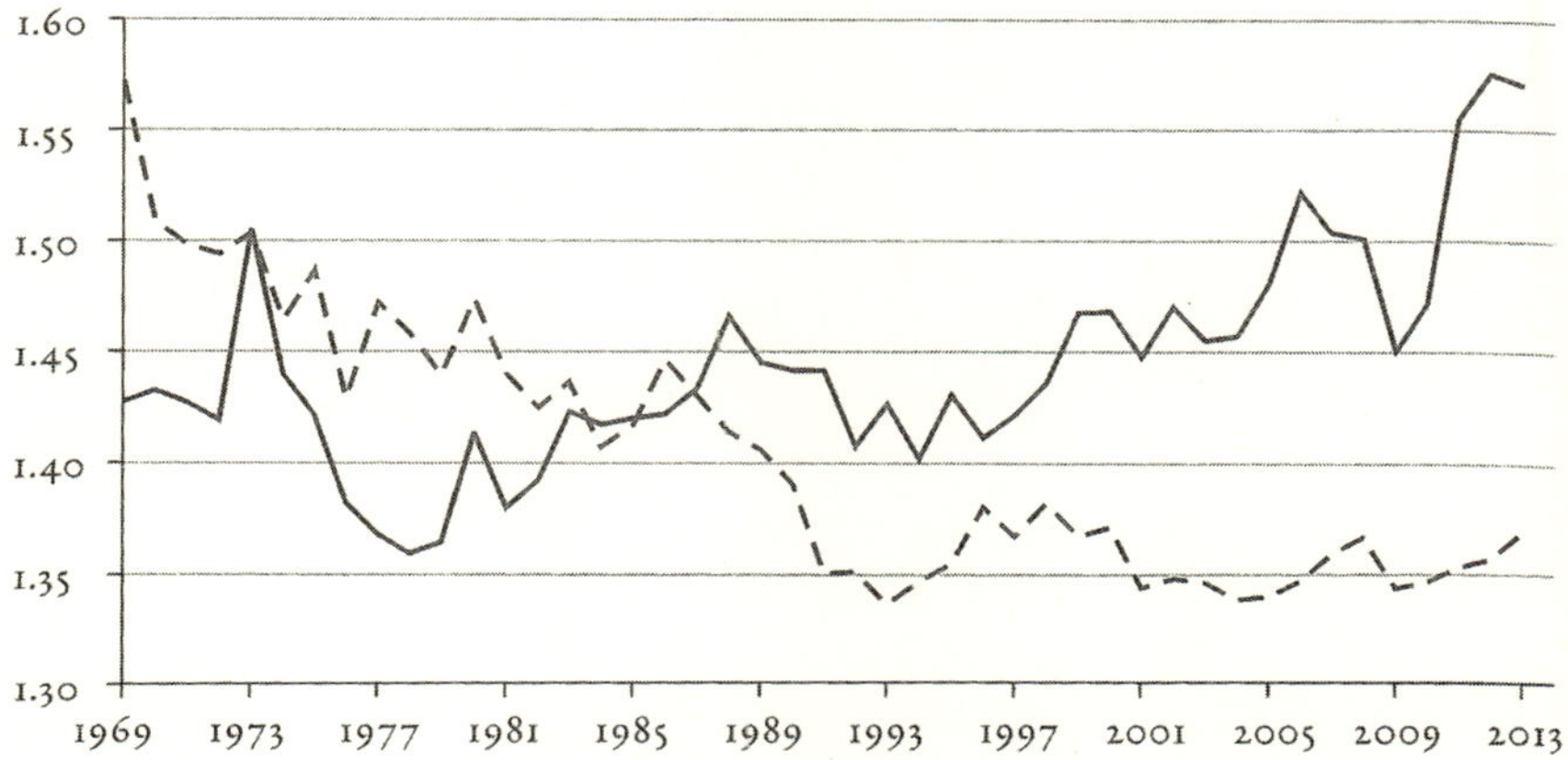

図16.4　豊かな郡が引き離す
出所：BEA, Moodys Analytics

れる他の世帯財政圧迫評価もまた消費者支出モデルのなかで試験されたが、やはり結果は同じだった。

公共支出

偏った所得と富の分布は、それが教育とインフラへの支出を抑制すると、経済成長を損なうこともある。国民の教育達成は生産性と経済の長期的な将来性にとって重要だ。またすべての企業と世帯が依存している、高速道路や下水道から通信ネットワークと航空管制にいたるインフラの品質も同じく重要だ。

しかし、所得格差、公共インフラ、そして生産性と経済発展性の関係を特定するのは難しい。おそらく、富裕層は少ない税を支持するよう政治過程を曲げており、それがすべての公共財と公共サービスへの支出を支える政府収入を減らしているのではないか？　何といっても彼らは自分の子供たちを私立学校に通わせているし、彼らの生活が道にできた穴や空港の長蛇の列から受ける影響は少ないのだから。政府収入の対GDP比が長期的標準値に近いので、これを証明するのは難しい。*8

あるいは、国内における財産税の不平等な再配分を通じて、格差が公教育の財源不足をもたらしているのだろうか？　財

	バブル前	株バブル	住宅バブル	大不況	回復	1995-99 VS	2000-07 VS	2008-2009q2 VS	2009q2
	1990-94	1995-99	2000-07	2008-2009q2	2009q2-2015q3	1990-94	1995-99	2000-07	2008-2009q2
	個人貯蓄率					個人貯蓄率の変化			
総人口	10.2	7.1	3.0	9.9	8.7	-3.0	-4.2	7.0	-1.2
所得分布別									
所得：0%-39.9%	5.7	6.7	3.0	3.8	4.8	1.0	-3.8	0.8	1.0
所得：40%-59.9%	4.6	3.0	-0.3	2.5	5.6	-1.6	-3.3	2.8	3.1
所得：60%-79.9%	6.1	3.3	0.0	2.9	6.5	-2.8	-3.3	3.0	3.5
所得：80%-94.9%	10.1	6.4	1.7	7.3	9.9	-3.7	-4.7	5.6	2.6
所得：95%-100%	17.5	12.4	6.7	19.2	11.0	-5.2	-5.6	12.4	-8.2
	貯蓄（単位：十億ドル）					貯蓄変化（単位：10億ドル）			
総人口	483.0	435.3	269.1	1127.7	1060.9	-47.6	-166.2	858.6	-66.8
所得分布別									
所得：0%-39.9%	27.6	43.2	20.7	40.8	58.0	15.6	-22.5	20.1	17.2
所得：40%-59.9%	27.5	24.0	-8.3	33.1	76.3	-3.6	-32.3	41.4	43.2
所得：60%-79.9%	59.7	40.3	-2.9	61.0	143.6	-19.4	-43.2	63.9	82.6
所得：80%-94.9%	126.1	100.4	34.8	190.6	303.2	-25.6	-65.6	155.8	112.6
所得：95%-100%	242.0	227.4	224.7	802.1	479.7	-14.7	-2.7	577.4	-322.4

表16.5　高所得世貯蓄の大きな揺れ
註：所得から個人貯蓄率を算出する際に使う手法の説明は、要求すれば入手可能
出所：BEA, Federal Reserve, Moody's Analytics

産税は公教育の主要な財源で、コミュニティ間の所得と富はますます不均等になってきた。第九五百分位の国の最も裕福な郡と中央値の郡の一人あたりの所得の比率は一九七〇年代以来絶えず増大して、最富裕コミュニティが群を抜いていることを示している（図16・4参照）。そして、第五百分位の国の中央値郡の対第五百分位の郡に対する比率は一九九〇年代を通じて減少して、低所得郡の追い上げによって収斂したが、ここ二〇年は改善は行き詰まっていることを示している。郡間の分布下層テールの格差が、最貧層の追い上げを妨げてきた。これら上層テールの持続的な格差増大と下層テールの格差に変化がないという傾向は、国の所得格差傾向を反映している。

アメリカの郡の教育達成度にもまた隔たりが生じている。高所得の郡の教育水準は高く、これは時間と共に上昇している。これは、一九九〇年と二〇〇〇年の一〇年ごとの国勢調査と二〇一〇年のアメリカ共同体調査をもとにした、郡レベルの一人あたりの所得と大卒データにはっきりと表れている（表16・5）。このことは、二〇〇〇年に一人あたりの所得が高かった郡で、一〇年後の二五歳から三四歳までの大卒率が大幅に増大していることを示す回帰モデルも立証している。

しかし格差と教育達成の因果関係は両方向へと進んでいるようだ。高所得コミュニティの世帯はより多くの子供を大学へ入れて、これらのコミュニティはより多くの大卒労働者を惹きつけ、それによりより大きな経済成長を経験する。この関係性を解きほぐすのは難し

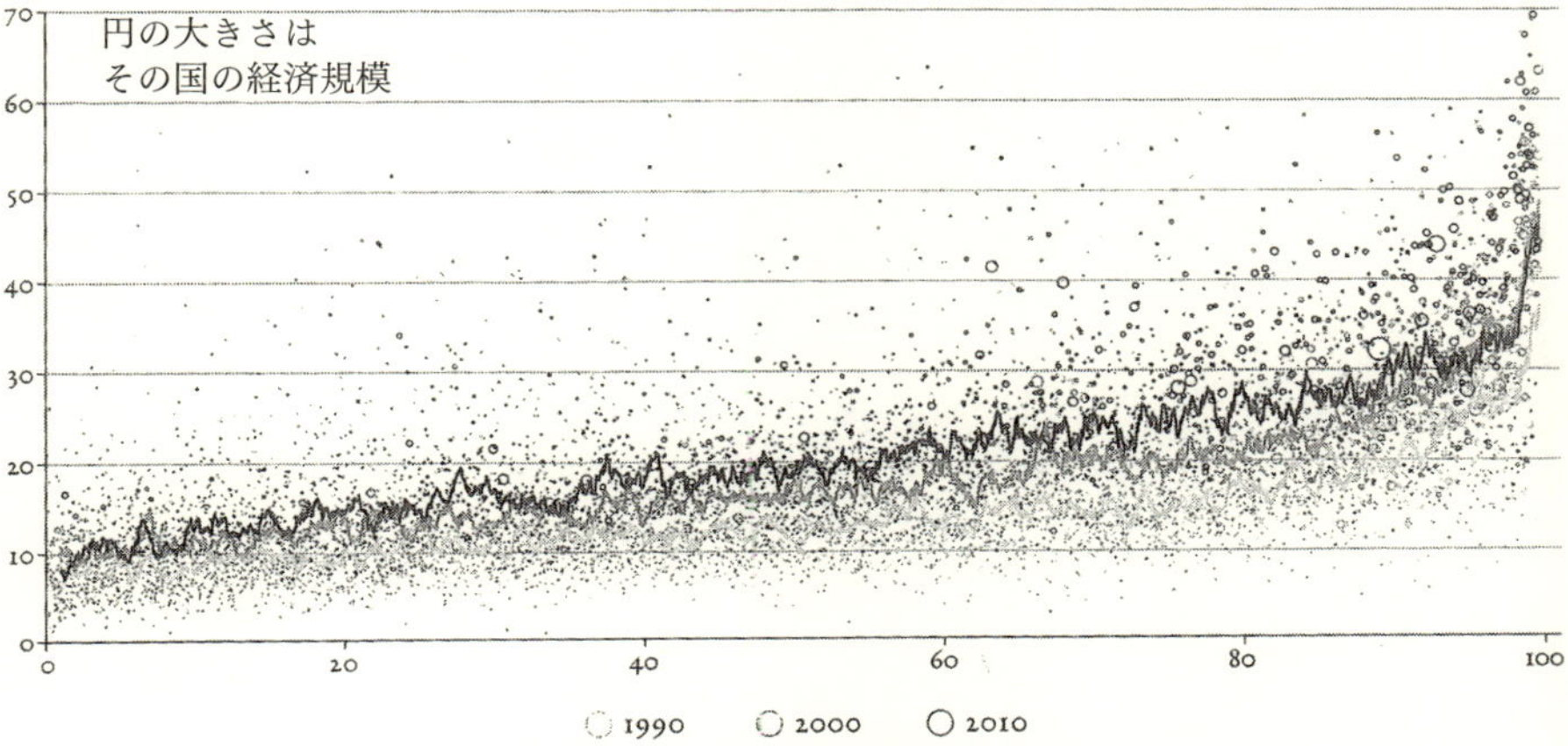

図16.5　高所得国は教育水準も高い
出所：Census Bureau, Moody's Analytics

く、それがどの程度生産性と経済発展性に影響を及ぼしているのか定量化するのはさらに難しい。

この大きな計量経済的懸念にもかかわらず、ムーディーズ・アナリティクスのモデルにおける教育達成は、部分的には平均対中央値格差によってモデル化されている。このモデルでは教育達成は、生産性向上と経済の長期潜在成長力を高めている。拡大する平均対中央値格差は教育達成、そして生産性と長期潜在成長力の向上を遅らせる。

金融安定性

格差と経済状況の関連性もまた金融システムを経由しているのかもしれない。最近の金融危機と大不況の大部分が、住宅バブル期の低所得世帯によるレバレッジの劇的増大によるものだということに議論の余地はない。

このレバレッジは金融崩壊前の数年間の個人貯蓄の劇的減少に歴然と表れている。連邦準備金による消費者金融調査とアメリカの金融勘定のデータを組み合わせた、所得分布範囲別の個人貯蓄率によると、二〇〇〇年代初めにすべての所得グループで貯蓄は大幅に減少している（表16・5参照）。しかし、所得分布下位八〇％では実際は貯蓄はゼロで、分布の五分位中央では実質的に貯蓄はマイナスだった。すなわち彼らは、借り入れを増やすか、資産売却によって、所得を超えて支出していたということだ。この時期の負債急増を考えると、おそらく前者だろう。

この貯蓄と借り入れの動向が、所得と富の格差拡大と結びついているかどうかを見極めるのは難しい。「お隣さんに後れをとるな」という力学が働いていたという者もいる。低所得世帯がより豊かな隣人に負けないよう支出を維持するために、小刻みに融資を受けようとしたというのだ。しかしこの点についての限られた実証研究では、この時期にそんな力学は作用していなかったと示唆されている。[*9]

もう一つ可能性は、一九八〇年代と一九九〇年代の所得と富の格差増大が、融資を制約された世帯を増やしたというものだ。二〇〇〇年代になってこれらの融資制限が緩和されて、彼らへの住宅ローンと消費者金融の貸付基準が緩んだとき、これが巨額で支えきれないほど世帯レバレッジを増大させ、最終的に金融不安定が破滅的に増大した。大不況がもたらした経済的損失は、これ以上はないほどのものだ。低迷後、経済が完全雇用に戻るまでに一〇年近くかかり、回復した経済の規模は永続的に縮小していた。不況は生産性と労働力の足を引っ張って経済の潜在力を弱め、深刻な不況が経済の潜在力を大きく損なった。

巨額の世帯レバレッジとその停止によって同じような金融危機が将来起こるリスクは、この危機に対応するためにとられた金融システムへの規制変更によって、少なくともしばらくは著しく減った。ドッド＝フランク規制改革は国内の銀行により多くの資本保持、より大きな流動性、そして融資を大幅に慎重化するよう求めた。所得と富の低い世帯は、危機以前に比べ融資承認を得るのがより難しくなった。

もちろん日進月歩で規制が軽い裏の金融システムは、世帯への貸付拡大の方法を見つけようと努めている。これが所得と富の分布のさらなる偏りと融資に飢えた世帯の増大と相まって、次の金融危機の種をまいている。

このシナリオの可能性は、単一家族の住宅ローン負債残高、リボルビング式負債残高、非リボルビング式負債残高を等しく扱ったムーディーズ・アナリティクスのモデルに記録されている。格差の平均対中央値はモデルの方程式のなかで、ＦＲＢの上級融資審査官調査により計測された融資基準の結果と相関している。基準緩和と相まって増大する格差は、世帯負債の激しい増大をもたらし、次にこれが重い債務返済負担と、最終的に多くの債務不履行と金融システムにおける損失をもたらす。

ほとんどの状況下で、格差は融資拡大、金融システムの健全性、そして経済実績に大きな影響を与えることはない。しかし格差増大が、ますます劣化する融資とからみあい、融資増加を煽り、世帯レバレッジ上昇をもたらすなら、それが起こりうる。もしも経済が何かの理由で不景気になると、最低限でも結果はさらに深刻な景気下降状態となる。

ビジネスサイクルの拡大

また経済は、偏った所得と富の分布の結果、より頻繁な不況を伴う形で循環性が高まるかもしれない。この背後には循環を悪化させる高所得、高純資産世帯の貯蓄行動がある。すなわち、彼らの貯蓄率は不況期に大きくなり(そして消費が弱まり)、経済復興期に(消費が強くなって)小さくなる。

この行動は表16・5に示された貯蓄率データにはっきり表れている。個人貯蓄の大半を占める所得分布トップ五%では、一九九〇年代のハイテク株バブル中に貯蓄率が激減した。一九九〇年代初頭から二〇〇〇年代初頭までに、この層の貯蓄率は一〇ポイント以上減った。

大不況が襲ったとき、パニックを起こしたこれら高所得世帯は、いわゆるハッチをバタンと閉じて、大幅に支出を切り詰め貯蓄を増やした。彼らの貯蓄は所得の二〇%近くまで跳ね上がった。厳しい減少の背後にあったのは、この激しい支出の逆転だった。

これに続く経済回復もまたその大部分は、高所得世帯の支出緩和によるものだった。彼らの貯蓄率は正常化した。対照的に、その他すべての所得層の貯蓄率は、これらの層による不況以降のレバレッジ解消を反映して増え続けていた。全所得層の総貯蓄率は不況以来ごくわずかしか減っていない。

富裕層貯蓄の循環性は、大きな資産効果と一致している。彼らの所有する資産価値の増減によって、支出と貯蓄も増減する。とりわけこれは、現在の状況にすべて当てはまる。株式資産効果は、多数のベビーブーマー世代が退職、あるいは退職間近になることで、歴史的文脈から見てもとりわけ大きいようだ。この群の支出と貯蓄は、おそらく自

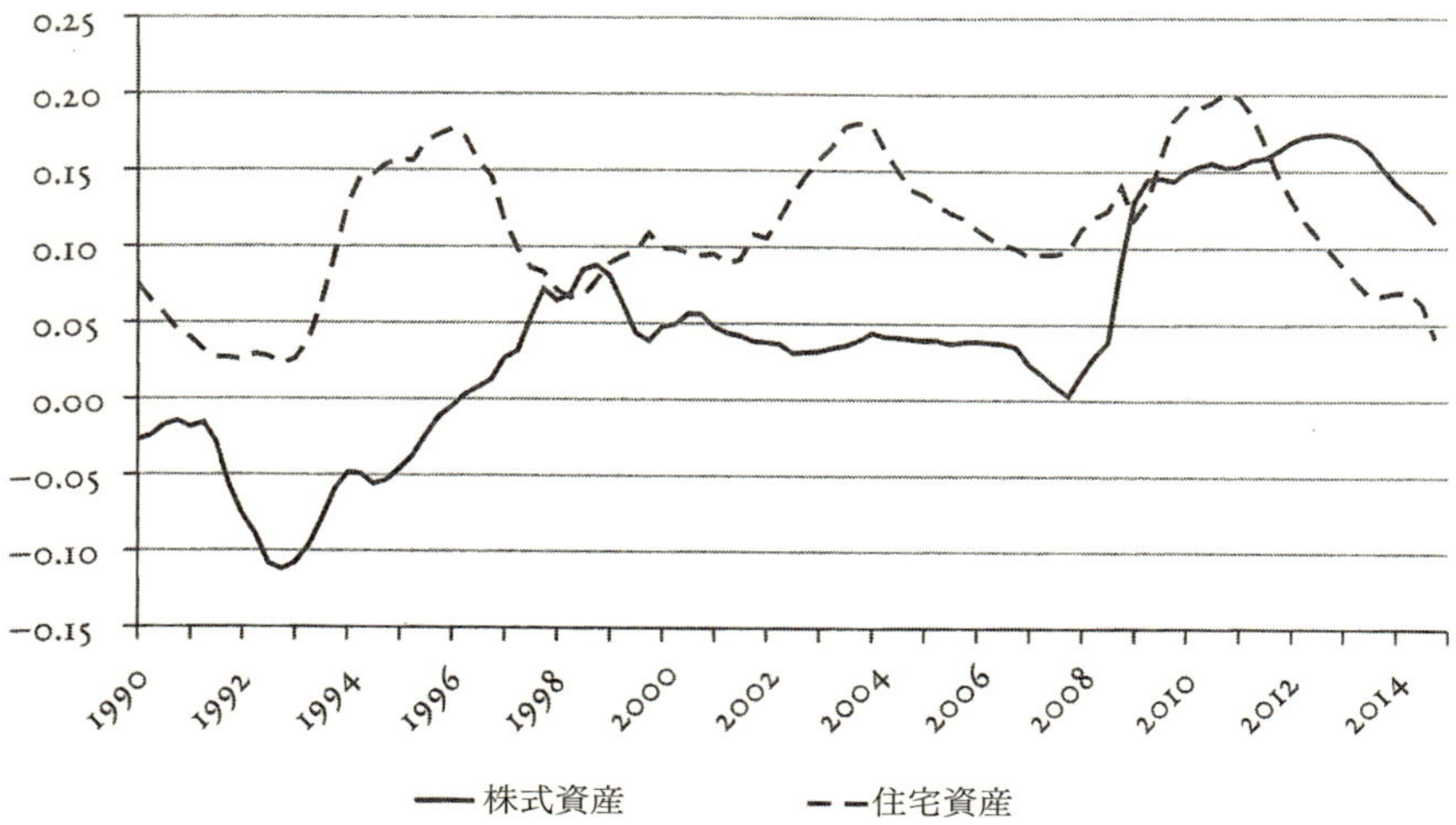

図16.6　安定しない資産効果
出所：IXI, Federal Reserve, Census, Moody's Analytics

分の株式ポートフォリオが退職後の財務状況にどの程度意味を持つのかということをふまえて、とりわけ株価の動きに敏感なようだ。

見たところ金融危機以降、株式資産効果はより大きくなったようだが、それは計量経済分析にもはっきり表れている。大都市圏の消費機能は、小売取引調査と小売雇用を使って作られた大都市小売りデータをもとに評価される。株、債券、預金を含む大都市圏金融資本は、（エキファックス社の一部門である）ＩＸＩサービスが、国内最大の金融機関から収集したデータに基づいている。大都市圏自宅保有者の純資産価値は、信用調査所エキファックス社から得た住宅価格、住宅戸数、そして住宅ローンのデータをもとに推計された。[*10]

金融危機前のデータに基づいて推算された株式資産効果は、モデルの仕様によって一・六セントから三・六セントまで変動する（表16・6）。すでに述べたように、これは消費者支出全体のおよそ半分を占める小売額を使って調整すると、ムーディーズ・アナリティクスのモデルにおける資産効果と近似する。恐慌後では、資産効果はかなり大きく一一・七セントから一四セントの間を動く。当然、住宅資産効果は金融危機前後で半分になっている。住宅所有者は明らかに住宅破綻に懲りていて、支出にまわすために自分の家の純価値を下げようとは思っていない。彼らはまたホームエクイティ借入

	単純モデル		大都市特有の時間傾向	
	2008年以前	2007年以降	2008年以前	2007年以降
遅延消費				
株式資産	0.016	0.117	0.036	0.140
	(4.26)	(22.46)	(10.90)	(53.20)
住宅ストック価値	0.092	0.051	0.126	0.053
	(9.91)	(6.08)	(14.79)	(6.52)
所得	0.523	0.591	0.619	0.603
	(14.03)	(7.41)	(3.07)	(12.76)
定数	8.851	7.341	12.704	7.023
	(24.68)	(8.13)	(28.34)	(14.03)
N	12448	10500	12448	10500
大都市圏内R2	48.8 %	60.2 %	84.0 %	77.5 %

2008年以前のサンプルは2000年Q1から2007年Q4
2007年以降のサンプルは2008年Q1から2014年Q4
全仕様は389の大都市圏地域（パネル）
t統計値を（）内に示し、任意の国内相関性に対応
全変数は実際の世帯ユニットごとの対数
出所：BEA, IXI, Census, Moody's Analytics

表16.6　資産効果の変化

とキャッシュアウト借換の厳しい返済で、手を塞がれていた。

この分析に対して、データを二〇〇七年末を境に恐慌前と恐慌後に分けるのは、独断だとする批判が当然出てくる。住宅価格がピークを迎えたのは二〇〇六年初めで、金融危機の全衝撃は二〇〇八年半ばまでは襲ってきていない。このような批判に応えるため、私たちは消費関数のローリング回帰を二八四半期にわたって実施した。それは現行の景気拡大と同じ長さで、考察対象期間における景気拡大の平均期間に近い。

大不況以前には、一九九〇年代末のハイテク関連株バブルが最高潮だったごく短い期間を除いて、住宅資産効果は株式資産効果よりも常に大きかった（図16・6）。ここ数年、株式資産効果はこれまで以上に大きく、住宅資産効果に比べてはるかに大きい。これとは対象的に、現在住宅資産効果は一九九〇年代初頭以降で最低である。

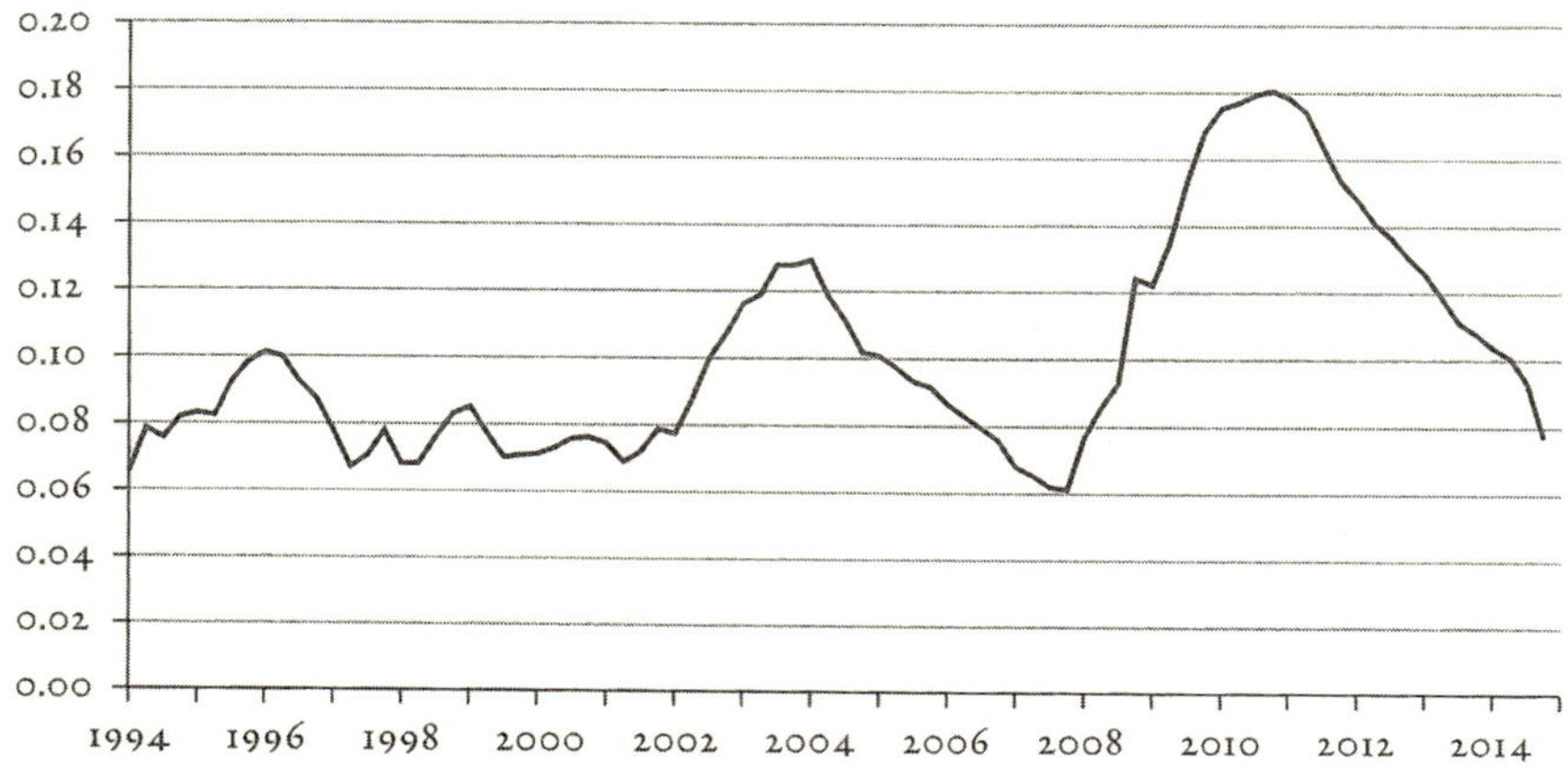

図16.7　標準化する総資産効果
出所：IXI, Federal Reserve, Census, Moody's Analytics

世帯ごとの株式、住宅資本によって株式、住宅資本効果を評価することで生成された総資産効果は、大恐慌以来大きく変動している。二〇一〇年のピーク時には、小売に基づいた総資産効果は一八セントに達した（図16・7参照）。これには二〇〇四年初頭以降の二八四半期が含まれ、住宅バブルと住宅価格と株価の暴落が包含されている。それ以降総資産効果は減少して、現在は八％をわずかに下回り、住宅バブル以前の一〇年とほぼ同じだ。

富裕層支出の景気循環増幅性は、危機後の資産価格がどうも不安定になったことで増幅されるかもしれない。高い株価と、ひどく変化しやすいグローバル経済と為替動向とのつながりの増幅により、株式市場の不安定はとりわけ大きくなったようだ。資産市場は流動性の少ない取引にも影響を受けているようだ。システミックに重要な大銀行は、危機以降は強化された規制と硬化した資本と流動性の条件により、ブローカーディーラー業務を縮小した。これは債券市場で特に顕著だった。経済ファンダメンタルズに変化があれば、株式、債券、通貨、そして商品市場の変動は拡大しているようだ。

現行経済の潜在成長率がずっと低い以上、景気循環の拡大は経済の景気後退の可能性が高いことを意味する。ベビーブーマーの退職とそれがもたらす労働力成長の減速などにより、潜在経済成長性の低下はある程度は予期されていたが、生産性向上の低迷が続くことは予想外だった。

景気後退の可能性をさらに増大させたのは、金利がなかなかゼロ下限を大きく離れず、弱い経済への金融政策対応を難しくさせていることだった。量的緩和やマイナス金利といったその他の金融政策ツールは、効果が小さかった。国の連邦政府負債とワシントンの有毒な政治環境もまた、問題を抱えた経済に対応した財政政策をとりにくくしていた。

大きな景気後退を伴う、循環性の拡大した経済は、偏った所得と富の分布を悪化させる一方だ。低所得、そして中所得世帯でさえ、これらのグループへの教育達成のさらなる重圧、そして財政安定性の弱体化で、より衰退する可能性があり、それによってこれらのグループによるより大きな維持不能な借金利用が起こるかもしれなかった。自己強化的なマイナスの力学が起こる可能性があるのだ。

これをすべてムーディーズ・アナリティクスのモデルに取り込もうとすると手に負えない。モデルは、株式、住宅資産効果、あるいは変動しやすい資産価格といった複雑な経時変化関係を扱うように作られていない。FRBと財政政策立案者が、将来の不況にどのように対応するかを見極めるのも非常に難しい。むしろこういった力学が意味するところを判断するために、モデルを使って各種シナリオでシミュレーションを行うことで、それらを解明するためのモデルの調整が可能になる。

格差のピーク

所得と富の格差がさらに進み、経済成果に影響するという予測をめぐっては、当然多くの懸念があるが、ここ三〇年間の傾向をもとに推測し、大不況以降の経済が辿ってきた厳しい道のりを考えると、将来について悲観的になるのも当然だ。実際、人々が金融状況をどう見ているかという調査と、国の分断された政治状況にはっきり表れた深い懸念は、この悲観主義を少なくとも部分的には反映しているようだ。

これらの懸念が見当外れな場合もある。格差のピークは過ぎた見込みが高い。つまり、所得と富の格差は、今後一〇年、あるいは四半世紀後になっても、今より悪くなることはないという予測だ。持つ者と持たざる者の間の深い溝が大幅に縮まるということではなく、単にこれ以上は広がらないということだ。

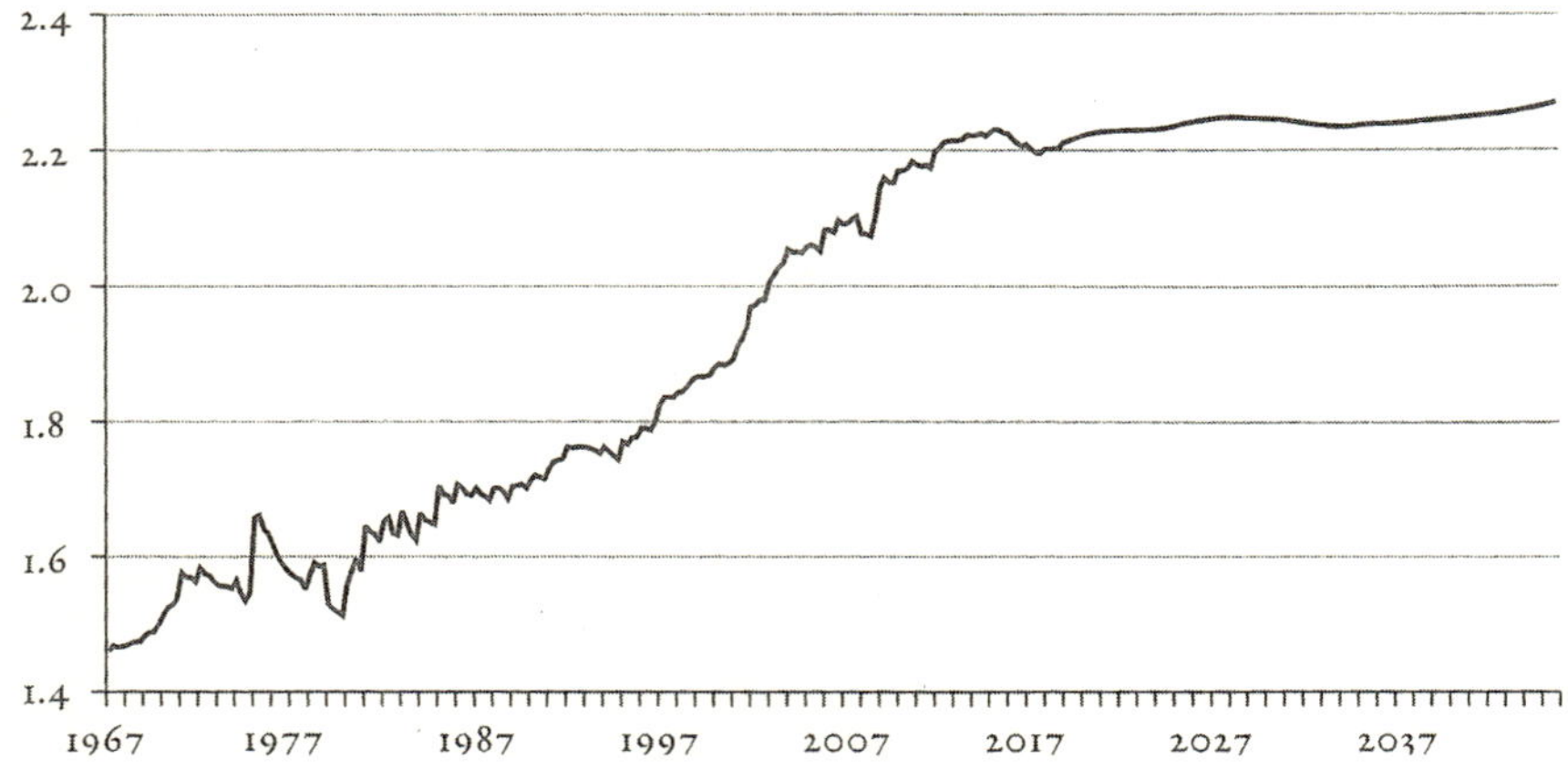

図16.8　格差のピーク
出所：BLS,Moody's Analystics

最も可能性の高い一連の仮定下――基準シナリオ――におけるムーディーズ・アナリティクスのモデルによるシミュレーションに基づくと、平均対中央値の所得格差は基本的に今後も変わらない（図16・8参照）。今後一五年で、大量のベビーブーマーが退職するため、労働年齢の人口比は着実に減るにもかかわらず横ばいなのだ。それ以外が同じであれば、依存する高齢者の大増加によって、これは格差を増幅させるはずだ。

止まることのない技術進歩もまた単純作業の中所得職の多くを消滅させ、職を失った多くの労働者が所得階層の下へと移動することで、格差を悪化させる。実際、情報処理機器デフレーターの増大で計測した、技術変化のペースが将来現在よりも早くなることの意味は大きい。ここ数年は基本的に変化していないデフレーターは、今後三〇年で一年あたり約五％減少すると予想される。これは一九九〇年代末のハイテクバブル期の一年あたり一〇から一五％の減少には及ばないが、他のどんな歴史的基準と比較しても急激な技術変化のペースだ。

格差への人口動態と技術変化によるマイナスの影響を相殺しているのが、グローバル化による影響のプラスへのシフトが予想されることだ。これはアメリカの貿易赤字が対ＧＤＰ比で減少していること、そして総雇用に製造業が占める割合が安定していることで計測される。

この楽観主義の背後には、グローバル競争で苦労してきた産業と企業で、今後さらに脱落しそうなものがほとんど残っていないという見方がある。そうした産業はとっくの昔に事業を海外に移すか、規模縮小したか、破綻したかのいずれかだ。これら操業中の企業はきわめて競争力が高く、グローバル市場のニッチな分野、優秀な技術、あるいは他の知的財産、非常に低コストな構造を持っている。

加えてアメリカ経済は、大きな成長が期待される現行のグローバルな貿易から利益をあげる準備が整っている。これにはメディアや娯楽から、教育、金融サービス、経営コンサルタントやその他の専門サービスまでのあらゆるものが含まれている。アメリカ企業は長いあいだこれらの活動を積極的に行っており、急発展するエマージング世界の企業や世帯は、やっとそうしたサービスを求め、購入できるくらい豊かになってきた。これらサービスをその他世界に売ることが、アメリカにおける多くの新たな高給職の源になるはずだ。

グローバル化が約束するすべては、政策担当者たちが環太平洋戦略的経済連携協定（TPP）や大西洋横断貿易投資パートナーシップ協定（TTIP）ような新たな貿易協定を達成できるかどうかにかかっている。アメリカの政治プロセスのなかで停滞しているこれらの協定はとりわけ、アメリカ企業が以前よりも増して海外に販売するようになった知的財産にとって重要だ。

全体的に逼迫した労働市場の見通しも、格差削減を支えている。大不況以来、一貫して弱いインフレ、ディスインフレ、果てはデフレの状況で、FRBは非常に緩和的な金融政策をとってきた。FRBは金融政策を正常化しつつあるが、政策担当者たちは利上げに慎重で、金利が完全に正常化するのは経済が完全雇用状態になってからだと明言してきた。失業格差は近い未来にマイナスに――実際失業率が自然失業率よりも低く――なりそうだ。

ベビーブーマー世代の退職もまた、国の労働力が今後一五年は非常にゆっくりとしか増えないことを示唆して、長期的な労働市場の逼迫を裏付けていた。特に国の移民法をさらに多くの移民を受け入れるために大幅に見直さないかぎり、労働力不足は問題となりそうだ。これらの不足は製造、建設、輸送部門で際立っており、組合化率が安定することを示唆している。過去三〇年間雇用者を断固として有利にしてきた労働者と雇用者の力の均衡は、今後さらに均衡化が進むだろう。長らく続いてきた所得と富の分布の不均衡は終わった。

マクロ経済的期待はずれ

世界のいくつかの地域で蔓延する極端な格差は経済を弱体化しているが、アメリカの格差は経済展望に大きなちがいをもたらすほど大きくないように見える。すなわち、ここ数十年の所得と富の分布の偏りにもかかわらず、それはアメリカの経済成長を大きく損なってはいないし、今後も損なうとは思われない。

もちろん、これは格差のピークは過ぎたという予測から導かれたものだ。しかしたとえこれはあまりに楽天的であって、格差による損失が続くとしても、その経済の長期的成長可能性への影響は必ずしもそれほど大きくはない。これを見るために、ムーディーズ・アナリティクスのモデルの平均対中央値の格差が今後三〇年間にこれまで三〇年間と同じように増大すると仮定した場合の所得格差シミュレーションについて、考察してみよう。このシミュレーションは、格差悪化の背後にある要素については知りえない。

このシミュレーションでは、二〇四五年までに実質GDPは、基準シナリオにおけるGDPよりも約三〇〇〇億ドル少なくなる。これをふまえると、実質GDPは今からその時までに一三兆ドル増えると予想される。過去と条件が同じ場合、格差のもたらす害による今後三〇年の実質GDPの減少は一％以下だ。この大部分は国民の教育達成の低下、そしてそれが生産性と経済の将来性にもたらす影響が反映されている。GDP減少の大半は、低所得層の消費支出減少によるものだ。

暗いシナリオ

この楽観的結果とは逆に、アメリカ経済にひどく暗い結末をもたらすシナリオを組むのは、難しいことではない。今後一〇年間に平均対中央値の格差が、一九八〇年と同じような損害を、再びはっきりしない理由によってもたらすシナリオについて考えてみよう。しかし、このシナリオでは経済は今後一〇年間の早い時期に景気が後退する。またこのシナリオでは、金融危機後について以前書かれたものに合わせて、ムーディーズ・アナリティクスのモデルよりも大きな株式資産効果を想定している。

今後一〇年の早い時期にもう一度景気後退が起こるかもしれないという懸念は、経済はすぐに完全雇用を超えて稼働し、賃金と価格への重圧が大きくなる現代経済循環に典型的な力学と一致している。資本市場が興奮に包まれ、貸し手が融資基準を緩めると、資産価格は強力に上昇して貸付限度額の上昇も安定する。インフレとインフレ期待の緩和を懸念していたFRBは、最終的に金利引き上げを加速させてこれに応える。この一〇年が終わる頃、財務省は方針を転換する。通常、資産価格と信用を損なう外生的タイプに見えるショックのあとには、必ず景気後退が起こる。

このシナリオにおける所得格差拡大は、景気後退の過酷さを大きく悪化させる。資産価格の下落に直面した富裕世帯が支出を急激に切り詰め、高いレベルの負債を抱えた低所得世帯もこれと同様だ。

金利はすぐに下落して、短期利率は下界ゼロにまで低下する。ムーディーズ・アナリティクスのモデルは短期利率の下界がゼロになり長期利率も同様に低くなったときの量的緩和を考慮しているが、金融政策の有効性はすぐに失われる。財政政策もまた、財政支出と税政策に組み込まれた自動安定機能に限定されると思われる。大恐慌時の財政刺激策の使用を取り巻く辛辣な政治状況を踏まえて、シナリオは政策担当者が刺激策を実行に移すことはないと想定している。

このシナリオでは最終的に経済は回復するが、それはかなり縮小している。今後一〇年経っても、実質GDPは結果的に基本シナリオに比べ二・六％低い。これは非常に暗い、だが起こり得るシナリオだ。

結論

多くのアメリカ人にとって、富裕者と貧困者の大きな隔たりは、ここ数十年のアメリカ経済の実績で最も頭の痛い特質の一つである。この懸念は、私たちの経済システムの公正性や、恵まれない人々が経済的な立場を改善する能力に対するものとなっている。

これらの懸念に照らせば奇妙かもしれないが、少なくとも経済の将来性に目を向けている多くのマクロ経済学者は、格差について考えることはほとんどないに等しかった。彼らははっきりとは言わないが、マクロ経済的な見通しを判断するときに、格差はそれほど問題にならないと暗に思い込んでいる。

本章の大半では、マクロ経済学者たちがおそらくおおむね正しいことが示された。すなわち、格差と経済成長の関係性は、少なくともアメリカの場合は薄く、たとえ格差が大きくなると長期的成長が妨げられるとしても、それはごくわずかだという考えだ。長期的経済予測につきものの誤差を考えると、増大する格差を無視してもこうした誤差が増えたりはしないということだ。

そうは言っても、いまの主張にそれほど確信があるわけではない。格差が拡大すると、信用制約の高い低所得世帯は大きな潜在的リスクとなり、経済の循環性が高まって、支出の大きな割合を占める裕福な世帯が、ますます不安定になる資産市場の揺れに敏感になるため、金融システムは不安定になりがちだ。これは、金融市場と経済が概ね直線的に動いていれば、大きな問題にならないかもしれないが、そうでない場合は非常に大きな問題になりかねない。

これは経済の潜在的成長が今後は以前よりかなり低下している以上なおさら言える。つまり景気後退がずっと起こりやすくなる。ゼロ下限制約と厳しい政治的制約によって確実に力を削がれた金融、財政政策によって、将来の景気後退は厳しいものになる可能性がある。

大不況の重要な教訓は、景気後退は経済の潜在能力を損なうことにより、経済に永続的被害を与えるということだ。マクロ経済学者で、長期予測でこれを考慮したモデルを持っている者はたとえいたとしてもごくわずかだ。マクロ経済学者は、格差が経済見通しに対してどんな意味を持つか十分把握できていると慢心してはならない。

第17章　増大する格差と経済安定性

サヴァトーレ・モレッリ

長いあいだ、所得と富の分配は経済パフォーマンスを理解するための、重要な要素ではなかった。その理由の一部は、経済学が公平性と効率性という概念的問題を別々に扱ってきたことにある。しかし拡大する格差は――とりわけ大不況が終わり、それに続く景気後退が世界中で実感されている今――考えなくてはならない重要な問題である。格差は経済安定性に影響を与えるのか？　もしそうならどのようにして？　この問題について政策担当者に助言するために我々は何を知っていて、さらに何を知るべきなのか？

これらの問題を問いかけているのが、経済学者サルヴァトーレ・モレッリだ。本章でモレッリは、既往研究がどんな助言（あれば）を提示できるか解明するために、既往文献における格差とマクロ経済の安定性の関係についての証拠と仮説を批判的に検証している。彼は過度の格差はマクロレベルでマイナス影響を与えるとする新しい仮説が表出（あるいは再表出）してきたと主張する。同時に彼は、留保なしではそのような仮説は堅牢に実証できないし、多くの実証的、論理的な注意書きを今後の研究によって解決する必要があると警鐘する。

彼は三つの貢献をしている。彼はまず定義づけから始めている。格差に対する考えはたくさんあり、これらの定義のちがいはしばしば結論の相違をもたらしている。格差の水準か変化か？　個人所得か個人資産か？　要素所得？　機会の格差？　その他のリソースの格差？　トップ、あるいは底辺の格差？　中流？　この問題はまた重要な問題となるだろう。研究者たちはいまや拡大する一方に見える分配データセットにアクセスしている。そしてモレッリは格差はマクロ経済結果に影響を与えているのか、そしてどのように影響を与えているかについての理論的、実証的証拠を検証している。彼は最後に今後の研究が進むべき道筋を示している。

現行、そして将来の国内における富の格差拡大は、平均資本収益率がより広範な経済の成長率を超えるようなマクロ経済状況に起因する。これが最も一般的な水準における、トマ・ピケティの著作『21世紀の資本』の中心となる主張である。*1

本章は事象を逆から見て、格差水準の変化によりどのようなマクロ的帰結が起きる可能性があったか、あるいは将来起きそうかを分析する。とりわけ本章は経済不安定性が生み出されるときに格差が果たす役割に焦点を当てて、分配の公平公正性に対する従来の懸念を超えた経済的資源の集中に着目するための重要かつ有益な根拠を提供する。*2

マクロ経済のなかで格差がほとんど見落とされていた期間を経て、二〇〇八年の金融危機後になって過度の格差はマクロレベルで負の影響を与えるという新たな仮説が表出（あるいは再表出）した。ノーベル賞受賞者ジョセフ・スティグリッツを引用しておく。「長いあいだ、マクロ経済学における支配的パラダイムは（中略）格差――その危機の原因としての役割と一般的な変動や特に危機が格差に与える影響効果の両方――を無視してきた。しかし直近の金融危機がこの考えがまちがっていることを示して、これらの考えはとうとう疑問視され始めた」。*3

格差が経済にマイナス影響を与えるのが事実なら、それが格差を縮小するための協調的介入の主張を明らかに後押しするものとなる。こうした主張は、しばしば、倫理的理由だけで行われてきたものだ。そのような試みと結びつけることで、ピケティの著作は「蓄積力学の統制を取り戻す」と「グローバル化した二一世紀の世襲資本主義の統制」の重要性を主張している。*4不平等な圧力を抑えるために、ピケティは社会国家と累進所得税が「今後中心的役割を果たし続けなければならない」と主張し、グローバルな累進資本税を提唱している。*5

本章における私の目的は、既往研究がどんな助言（あれば）を提示できるか解明するために、既往文献における格差とマクロ経済の安定性の関係についての証拠と仮説を批判的に検証することだ。その過程でこの目標のために三つの貢献をしたい。まず第一に、格差はマクロ経済的に負の影響を与えるという主張を支持する、どのような――理論的、実証的――根拠があるのか評価したい。第二に、これらの問題についての私たちの理解と、それに関係する実証的証拠のギャップを明らかにすることで、今後の研究の方向性として考えられるものを特定したい。第三に、格差の概念を明確にし、これまで研究者たちが使ってきた概念の多様性を指摘するつもりだ。そうした一貫性の欠如は、上述の問題について相反する結論をもたらしかねないからだ。これらの議論にさらなる光をあてて、経済資本分布を形成する際に機能する関連メカニズムを特定するために、実証研究では、いまやますます拡大し続ける分配データ集合を使える。ピケティの著作は国民所得がどのように生産要素に分配されているか（機能所得分布）を分析している。機能所得分布と個人所得分布の関係も、個人と世帯の富の分布同様に同書のなかで大きな役割を果たしている。

本質的に人の厚生の概念は明らかに多面的だが、本章ではまた主にその経済、財政面に焦点をあてる。非金銭面（健康、教育、栄養など）では、政治力と政治的影響が明らかに重要な役割を果たしており、無視すべきではない。最後に、人々は社会のなかで人種、民族、性、宗教、あるいは住む場所など様々な個別集団の間に存在する、しつこい格差を懸念することもある。このような水平的格差は制度的な差別と排除の結果である場合もあり、通常は政治的安定性と社会断片化への懸念と結びつけて分析される。これは自然に「条件平等化」の問題と、事前機会の格差が果たす役割への着目へと私たちを導く。この分野の主導的研究者であるアンソニー・アトキンソンがこれを明確に述べている。「今日の事後的結果が明日の事前的な活動の場を形作る——今日の結果の格差の受益者は、不公正な優位性を明日の子供に引き継がせかねない」[*6]。

一般的に、経済的格差は私たちの経済を「不安定化」し得るという主張は概して、互いに結びついてはいるが、別個の副次的な主張と検討方針に分かれる。まず格差は様々な手段——消費、投資、あるいは利潤追求行為——を通じて、景気と経済成長の多様な面に影響を与える。実際、私たちが経済安定性と言うときに意味するものの大半は、何らかのかたちで景気と結びついている。実のところ、格差と成長の結びつきは経済学のなかで非常に長い伝統があり、それはいまや再び積極的に精査されている。成長の停滞は私たちが「不安定性」と呼ぶものと通常結びついていないが、それはマクロ経済基盤の弱体化に重要な役割を果たし、したがって金融不安の根本的原因となっている[*7]。

このように、格差は不安定化要素をもたらせる。景気の他の側面は、広い意味でのマクロ経済不安定、すなわち不安定成長、成長の維持と持続性、不況の発生および程度と期間、恐慌後の経済回復能力の、もっと直接的な表現そのものでもあり、またその一部ともなっている。こうした各種の側面は、過度の経済格差と結びつけて体系的に調査、考察されたことはほとんどない。

調査の二つめの流れは、格差と金融安定性の関係に結びついている。とりわけ過度の格差はマクロ経済的な不均衡の発生に貢献し、それが金融システムを脆弱にしてしまい、ごく小さな動揺が崩壊をもたらす結果を招きかねない。例えば最近発表された論文では、格差は家計債務の過剰な蓄積の背後にある要因かもしれず、おかげで世帯の相当部分が危うい（つまりは不安定な）状況に置かれる可能性があるという仮説が主張されている。実際、彼らの個人的な経済状態、あるいは金利や住宅価格といったより広い経済状況のたとえ小さな変化であっても、返済不能を引き起こし、銀行資産の損失を引き起こしかねない。過度の借入経済もまた、他の原因や外部からのショックが引き起こした恐慌を加速、あるいは深刻化させ、その後の回復を妨げかねない。

格差と経済パフォーマンス

前述したように、経済学者は主に経済格差が（国民総生産によって評価された）経済活動の水準、あるいは成長に影響を与えうる道筋に着目してきた。これらの側面についてはこれから広範に分析するが、各論文で十分な注意を払われてこなかった経済パフォーマンスと経済成長率の別の側面もある。成長率の変動そのもの、その継続と持続可能性、不景気の長さと規模だ。本節はこれらの面が各研究で相対的に無視されてきたこと、そしてこれらのマクロ経済安定性とのより直接的な関連性をふまえて、それを精査することから始める。そして格差が経済活動と成長に負の影響を与える標準メカニズムとして提案されているもののサーベイに移る。

格差と不安定動向

本節で私は三つの問題を検証する。格差は総パフォーマンスの不安定をもたらすか？　格差の大きな国の不景気は深くて長く続くのか？　格差は持続不可能な長続きしない成長をもたらすのか？

格差、サイクル、そして不安定

Aghion et al.が、とりわけ投資機会、富の格差、そして融資市場の格差を内生的景気循環変動と短期的マクロ経済不安定性の生成の中心に据えた、経済の動学的表現で理論化したように、[*8]経済的格差は成長サイクルと関連するかもしれない。[*9]このモデルでは経済の不安定は、結局のところ従来の富裕者と貧者の格差ではなく、投資家と非投資家の二元論によって促進される。

この区別は経済成長よりも、所得格差、総需要の変化とサイクルの説明に適している。この考えはガルブレイスの一九二九年の大恐慌についての記述に表れている。そのなかで彼は個人所得と富のきわめて不平等な分布は、高水準の投資か贅沢品への支出のいずれか、あるいはその両方に強く依存してきたため、総需要をより脆弱かつ不安定にすると主張した。[*10]この主張は、最富裕個人の手中にある総経済資産の比率は大半の国で増大し、より不安定かつ景気に敏感になってきた現代の経済についても、容易に当てはまるものだ。[*11]ロバート・フランクはアメリカの場合について、「アメリカ富裕層における非常に不安定な富裕層上部への依存が、アメリカの不安定性を生み出している」と述べて、これをうまく要約している。[*12]二〇〇三年から二〇一三年の一〇年間のアメリカにおける消費変化の七〇%が最富裕個人トップ一〇%の行動に起因するとした、最近のIMFのディスカッションペーパーはこの仮説を裏付けている。[*13]

言い換えると、二〇〇八年以降のアメリカ総需要減少を中下流中産階級における住宅資産縮小と結びつける標準的物語に反して、消費と貯蓄の総合的動態を突き動かしているのは富裕者なのだ。実際、Mian and Sufiによる重要論文は、アメリカの貧困世帯は二〇〇七年以前に多額の融資を受けており、それ故に住宅価格によって最大の影響を被ったと主張する。[*14]貧困世帯が相対的に高い限界消費性向(MPC)を持つようになって、これが総消費の大幅な減少の原因となった。[*15]

格差、持続的成長、不況の深刻さと長さ

格差の大きな国の不況は深くて長続きするのか? 格差は持続不可能で短命な成長の原因となるのか? 最近の実

証研究は、これらの問いに肯定的な答えを出しているようだ。例えば、一方において最近のIMFの実証的研究は、（ジニ係数による）所得格差が大きい国では、たとえ経済成長が始まっても、それが資源の不平等な分配が原因で生じた不安定化要素に抑えられ、長期的なGDP成長は維持できないとしている。[*16] また所得格差は不況後の完全な経済回復を遅らせるという考えが、アメリカについての研究に見られる。[*17]

なぜ格差が不況の長さと深刻度に影響を及ぼすのか解明するために、経済学者ダニ・ロドリックは格差と貧弱な制度が生み出した国内の社会的対立に着目すべきだと言う。[*18] 最も重要なのは、ロドリックが強い社会的分断と貧弱な紛争管理制度によって、外部ショックによる経済成長崩壊が深刻になり、外部ショックに対する経済回復力は損なわれると主張していることだ。とりわけ、Rodrikはより大きな社会的分断を抱え、紛争管理制度が貧弱な国が、（マクロ経済的視点から見た場合非常に大荒れの時期である）一九七五年以降GDP成長の急減を経験したことを見出している。

さらに、（所得格差に表れる）潜在的な社会紛争と、（社会保険への公共支出、市民の自由や政治権の指標、政府制度の質、法治、政治参加の競争性に表れる）「悪い制度」によって——たとえ恐慌発生時の政府政策について補正しても——一九六〇年から一九七五年と一九七五年から一九八九年の全世界的な成長実績の差の多くを説明できる。実際、外部ショックに対応するために導入すべき政策は、通常は相当な分配的影響力を持つが、経済に浸透した潜在的な社会紛争は、個別グループがショックのマイナス影響の負担を減らそうと交渉し、非生産的なレントシーキング活動につぎ込む資産の割合が増えることで、「マクロ経済的な管理不全」が起こる。[*19]

さらにスティグリッツが主張するように、格差が反循環的な財政政策の標準的ツールの使用を阻むことがある。実際大きな格差はエリートたちの政治的影響力の増大をもたらすが、そうしたエリートは教育や公共インフラへの投資といった政府支出の拡大には反対しがちだ。[*20] その結果、大きな景気悪化後の経済回復が遅れかねない。

格差、経済活動、そして成長

ピケティの本は、格差の社会的負担、特に経済内部における相続の重要性が、低成長傾向のなかで悪化しかねないと明確に強調している。[*21] しかし同書は、富と所得の格差水準増大に対する、経済成長の内生的反応については詳述していない。実は格差と経済成長の関係についての研究は経済学のなかで長い伝統がある。[*22] 時代のなかで論壇内で幅広く様々な理論的立場がとられてきた。[*23]

現代の理論では、格差と成長の関係性は本来複雑で、格差の形がちがえば経済成長への影響もちがうという考えが、概ね共有されている。一方では、努力、生産性、リスクに対する姿勢から生じた所得と富の分散は、明らかに投資とイノベーションの誘因の必須条件と見なされている。他方で、高水準の格差はレントシーキング行為を促すことで成長を妨げることがある。[*24]

同様に、個人の経済的な結果が、出自、人種、ジェンダーなど自分ではコントロールできない環境に左右されていることが、とりわけ成長とインセンティブの障害になっていると考えられている。[*25] Galor and Moav論文によれば、所得格差が成長にもたらす影響は、経済が内生的に物理的資本集積モデルから人的資本集積モデルへと移行する際の発展過程によって様々だという。[*26] 発達の初期段階では——総合的に高い貯蓄傾向をもたらす——不平等な所得分布は資本蓄積と経済成長を煽る（この考えはKaldor and Pasinettiに遡る）。[*27] しかし経済が豊かになると、資本／技能の相補性が人的資本の蓄積を促して、それはいまや成長の主要決定因子となる。後者は融資制限の存在によって妨げられることがあるため、所得再分配政策は、公平性とともに効率性を強化できる。

経済的格差が経済成長に影響を及ぼすか否かについての実証的研究は、格差についての論壇の中心におかれ、最近の世界銀行の研究で再び取り上げられたように、一九九〇年代初頭以来、まったく異なる方向性を示す研究結果を持つ三つの中心的潮流に従ってきた。[*28] 最初の潮流では、格差指標は成長に対してマイナスの関係にあることが証明されたのに対し、二つめの潮流ではプラスの関係性を示した。このような研究結果の異質性は研究の実証的手法のみならず、入手可能なデータ集合の進化をある程度反映している。[*29] 当然のことながら、研究者が一貫性のあるデータを入手できるようになると、主題は再度積極的な精査を受けてきた（そしておそらく将来もそうなるだろう）。（この点については、サエズが分配国民勘定計画について言及している本書第13章を参照のこと）。重要なことに、実証的研究の第三の潮流では、格差と成長の関係の複雑さを特に重視している。実際、その関係は時と共に変化し、本質的に線形ではない。さらに成長と格差のあらゆる側面を一つの独立指数にまとめてしまうとこれらの変数の本当の関係性が隠されてしまう。

まず第一に、そして格差と成長の非線形関係への懸念を超えるには、成長プロセスの様々な面を研究することができる。[*30] たとえば前節で述べたように、最近の研究では、所得格差の大きな国は、相対的にＧＤＰ成長が不安定で、長い不況を経験する傾向があることがわかっている。

第二に、格差の様々な側面を研究することで、さらなる複雑性の要素を加えることができる。例えば、最上位の格差のみ経済成長とプラスの関係にあり、底辺の格差は成長を損なうという結果を得た、Voitchovskyの研究では、所得分布の形状が問題になる。[*31] これらの研究結果は、Cinganoによる最近のＯＥＣＤの研究結果と一致している。彼は、格差とそれ以降の成長について推定されるマイナス関係は「低所得世帯とそれ以外の国民の差である。対照的に、高所得世帯が国民のそれ以外を大きく引き離しても、成長を妨げているという証拠はない」と主張する。[*32]

同じような方向に沿って、世界銀行研究部門の前総責任者Martin Ravallionは、貧困率は将来のマイナス成長の有用な予測因子だという。[*33] さらに、Marrero and Rodriguez論文は別の手法をとっている。彼らは格差の一部を機会と「努力」の一部に帰すために、アメリカのミクロ所得を利用している。彼らの報告する研究結果はすでに述べた、機会格差は成長を損ない、様々な努力と功績に対する不平等な褒賞は成長プロセスに有利に働く傾向があるという直観と一致している。[*34]

これらの結果は完全に堅牢には見えないが、この枠組みをより広く様々な国に適用すれば、この「第三」段階の実証的な研究結果（これには、この用語を提唱したFerreira et al. の研究も含まれる）[*35] は、格差のある特定の特質は経済成長を妨げ、より厳密には、格差が小さな社会は成長にとって悪くないことを示していると言うのが正しい。

この問題は将来さらなる注目を集めそうなので、ここからは格差は経済活動と経済成長を妨げる役割を果たすという考えを正当化する、最も重要なメカニズムについて、深く掘り下げよう。

格差、経済活動、成長――政治的な経済手段

所得と富の分布は、政治経済学研究が証明しているように、経済学を政治とつなげる基本変数である。一般的に、

所得と富の過度の格差は政治、社会的不安定を生み出し、経済の成長見通しを低下させると言われている。ピケティ自身もこの根本的問題について、『21世紀の資本』第一章の冒頭で述べている。彼はこう記している。「生産からの収入は労働と資本の間でどう山分けされるべきだろうか？　この問題は常に、分配紛争の核心だった」。とりわけ、格差な所得分配要素に直面して、分配紛争を助長しているのは、「資本所有権の極端な集中」だ。[36]

政治経済学の様々なモデルによれば、格差は収奪や没収的政策によって、生産資本と高リスク活動への投資を妨げて、成長を阻害するという。興味深いことに、そのような収奪行為は、考える個別モデル次第で、政府が行うこともあるし、貧者、富裕者が行うこともある。例えばPersson and Tabellini論文、およびAlesina and Rodrik論文による一九九〇年代の研究は、過度の格差は、再分配と課税財政政策に対する政府政策の偏りを生み出すと結論している。[37]後者は裕福な個人の、物理資本とより冒険的で利益の大きな活動への投資の動機を削ぐ。[38]このような結果は、所得の格差な分配と法的選挙権の平等な分配との緊張から生まれる。さらに、所得階級の下に行けば行くほど再分配重視が高まるという事実は——所得が高ければ高いほど政府への総貢献も大きいと仮定して——民主的投票結果が中央値投票者の好みを反映することを意味している。所得格差が中間所得のどの水準であれ増大すると、中間所得が下落して、社会的に望ましい税率は高くなる。しかし、この後者の予測には、強い実証的裏付けがない。なぜなら、ピケティが示したように、所得トップの割合とトップ限界収益税率とのあいだには強い負の相関があるからだ。[39]これには別の説明が必要だ。

例えば格差水準の上昇は、ますます多くの人々が貧困に縛られ、経済見通しの改善から疎外されたままで、それが富裕者への恨みを増幅し、革命や盗みによって彼らの富を収奪するインセンティブを作り出している。[40]没収的な財政政策と同じく、収奪のリスクは富裕者による成長拡大投資を阻み、財産権保護のための資源配分を歪める。[41]

最も重要なのは、富の格差が事実上政治力の格差を生み出し、これがレントシーキング行為を促進するので、収用も裕福な個人によって「法的、政治的、規制制度を自分たちに有利に働くようねじ曲げられて」実施されることがある。[42]これが資源の非効率的配分を生み出して、小規模起業家の財産権保証を損ない、彼らの投資インセンティブを弱めて、それが経済成長を抑える。[43]

これらの考察は、現行の研究の中心的焦点で、願わくばさらに精査されるであろう、重要な問いへとつながる。富の格差はレントシーキング行為（ロビー活動）を増長するのか？　純粋な競争市場のそれと比較して生産要素への利益が過大な経済レントは、富の格差の主な原因なのか？

最初の問いへの答えは自明に思えるかもしれないが、それでもそれを実証的に定量化することは重要だ。Bonica and Rosenthalによる最近の研究では、アメリカの選挙献金の富の弾性値は、一九八二年から二〇〇二年までのあいだにフォーブス四〇〇に名を連ねた人々について〇・六から一とされている。[*44] これはアメリカの富裕個人は、富が一〇〇万ドル増えるたびに平均一〇、〇〇〇ドルを選挙活動に献金していると言うのに等しい。このようなアメリカ富裕層の政治行動主義的傾向の高さはPage, Barrels, and Seawrightによる興味深い研究でも実証されている。[*45] 超富裕層個人の調査を試みる実証的研究に対する強い制約にもかかわらず、シカゴ都市部コミュニティの富裕世帯（その大半はアメリカの富の所有者トップ一％に含まれない）の代表標本を使用して、三人の論文執筆者は、富裕層の応答者のほぼ半数が取材前六ヶ月間に少なくとも一度は国会議員とコンタクトをとっていたと報告している。最も驚かされるのは、彼らの研究が、コード化可能な調査対象の約半数は「かなり狭い経済的自己利益に焦点を絞ったと認めた」という研究結果を得ていることだ。よって、Bagchi and Svejnarによる研究が、富の格差と経済成長の負の相関の主要な原動力は、政治的コネに帰された富の格差のごく一部にあるとしているのは驚くにあたらない。[*46]

最近のスティグリッツの論文は、経済レントもまたここ数十年間の富の格差力学の主要原動力の一つだとまで述べている。[*47] とりわけ、スティグリッツは経済レントはここ数十年間アメリカで上昇し続けてきたと主張する。さらに、経済地代は労働から資本へと転移しており（賃料もまた地代、知的財産賃料、そして独占力の上昇によって上昇している）、これによって所得と富の格差の同時期の増大を部分的に説明できる。スティグリッツは「その結果、土地、住居、そして何らかの金融債権同様に所有者にレントをもたらせるこれら資産価値は、比例して上昇した。よって富全体が増大しているが、これは経済の生産力増大にはつながらない」と言っている。[*48]

格差、経済活動、成長――不完全な金融市場経路

最初の富の所与規模分布は、金融市場の不完全性（誰もが借金できるわけではない）と相まって、短期と長期の最適以下の経済パフォーマンスを生み出す。例えばGalor and Zeiraによる有名な論文では、十分に大きな富を相続した者だけが教育の固定費を支払って、生産性の高い高給労働者になれるので、経済パフォーマンスが下がる。[*49] 特にこの「世代重複」モデルでは、富の分配は相続の分布と一致し、同等の才能と特質を持つ個人が直面する、教育機会の格差を基本的に表すことになる。加えて、最初の富の格差水準は（人的資本への投資の差に起因する賃金を通じて）所得の格差に影響を及ぼす。富が少ない個人は、非常に生産的な教育への投資から排除されているので、彼らの経済社会的モビリティは永久に損なわれて、相続した富と優位性がものをいう貧しい社会への道を開く。熟練労働の総量の減少が、低い技術革新率へとつながれば、経済成長も永久に損なわれる。一般的に、大きな中流階級は高い経済産出とより良い景気を保証できる。

さらに、不完全な信用市場と投資の固定費という前提は、教育と人的資本以外に投資技術にも適用できる。例えば、Banerjee and Newman論文は、富の少ない個人は系統的に起業的活動への投資から排除されると想定すれば、不平等な富の格差は似たような経済活動への負の影響を与えると示している。[*50]

ピケティの本で記録された、現代社会における相続の重要性の増大を考えると、これらは格差が経済発展に影響を及ぼす仕組みとして、改めてその重要性が注目される。これらの問題は、本書の別のところで語られている通り、人的資本が経済的優位性の世代間移転に不可欠な要素とみなされるなら、より明確になっている。さらに、Jason Furman and Joseph Stiglitzが論じているように、ある特定の保険市場の欠如で、融資制限が引き起こす問題が拡大することを強調することも重要だ。[*51] 実際――たとえ必要な資金を借りられても――貧困層による教育と起業的活動への投資は、将来の投資利益率のリスクの多さを反映してやはり過少にとどまりかねない。その結果、成長の効率性と可能性は格差増大によって損なわれる。

格差、経済活動、成長――過少消費？

長い間、格差が景気に負の影響を及ぼしそうだと思われてきた最も一般的なメカニズムは、おそらくその総消費への影響だろう（「過少消費」説）。所得格差拡大が総消費縮小をもたらすことがあるという考えは、Blinderによって消費機能が所得と共に落ち込む（限界消費傾向が所得と共に低下する）という条件下で定式化された。[*52] その論壇における有力さと、総需要と経済安定のための財政政策の重要性の再確認を踏まえて、このテーマについて詳しく論じてみよう。[*53] 消費関数が凹であることは、少なくとも各モデルの適切なバージョンを考慮しさえすれば、消費決定の理論モデルでしっかりと裏付けられている。[*54] 同様に、この想定には強力な実証的裏付けがある。例えば図17・1では、所得十分位で順位付けしたイギリス世帯の貯蓄率中央値を示したが、所得階級を上がれば上がるほど、貯蓄率が上がることをはっきりと浮き彫りにしている。[*55] 他の研究では、アメリカとイタリアについて同様の推計を提示している。[*56] よって、格差増大から総消費減少を期待すべき明確な理由はあるようだ。ジョセフ・スティグリッツはこの線に沿って、著書『世界の九九％を貧困にする経済』で、アメリカについて論じている。「お金を底辺からトップに移すと、より所得の高い個人が所得のなかから消費に使う割合が減るため、消費は低下する（所得トップは一五から二五％を貯蓄し、最底辺の人々は自分の所得をすべて使ってしまう）」。[*57]

しかしこの一般的仮説――格差拡大は消費を下げる――と入手可能な実証的証拠を調和させるのは、容易ではない。例えばイギリスについて、図17・2では国民勘定データを使って、一九六三年から二〇一〇年までのイギリスの総世帯の消費に使われた可処分所得の総計比の傾向を示した。図はここ数十年間、そして景気循環とリンクした短期純変動のなかで、イギリスの総家計消費率が（所得格差の評価基準である）国民の最富裕一％の総所得シェアと正の相関を持つことを示している。これは、各所得十分位の平均貯蓄率が一九八〇年代と一九九〇年代初頭以降から大恐慌直前まで（高水準の所得格差が強力に増大した時期）に減少している、図17・1で示した全所得分配にもはっきり表れている。[*58] 加えて、より広い国々について、（ジニ係数で評価した）所得格差と平均貯蓄率、あるいは平均消費性向とのあいだに重大な相関が見られないことも注目に値する。[*59]

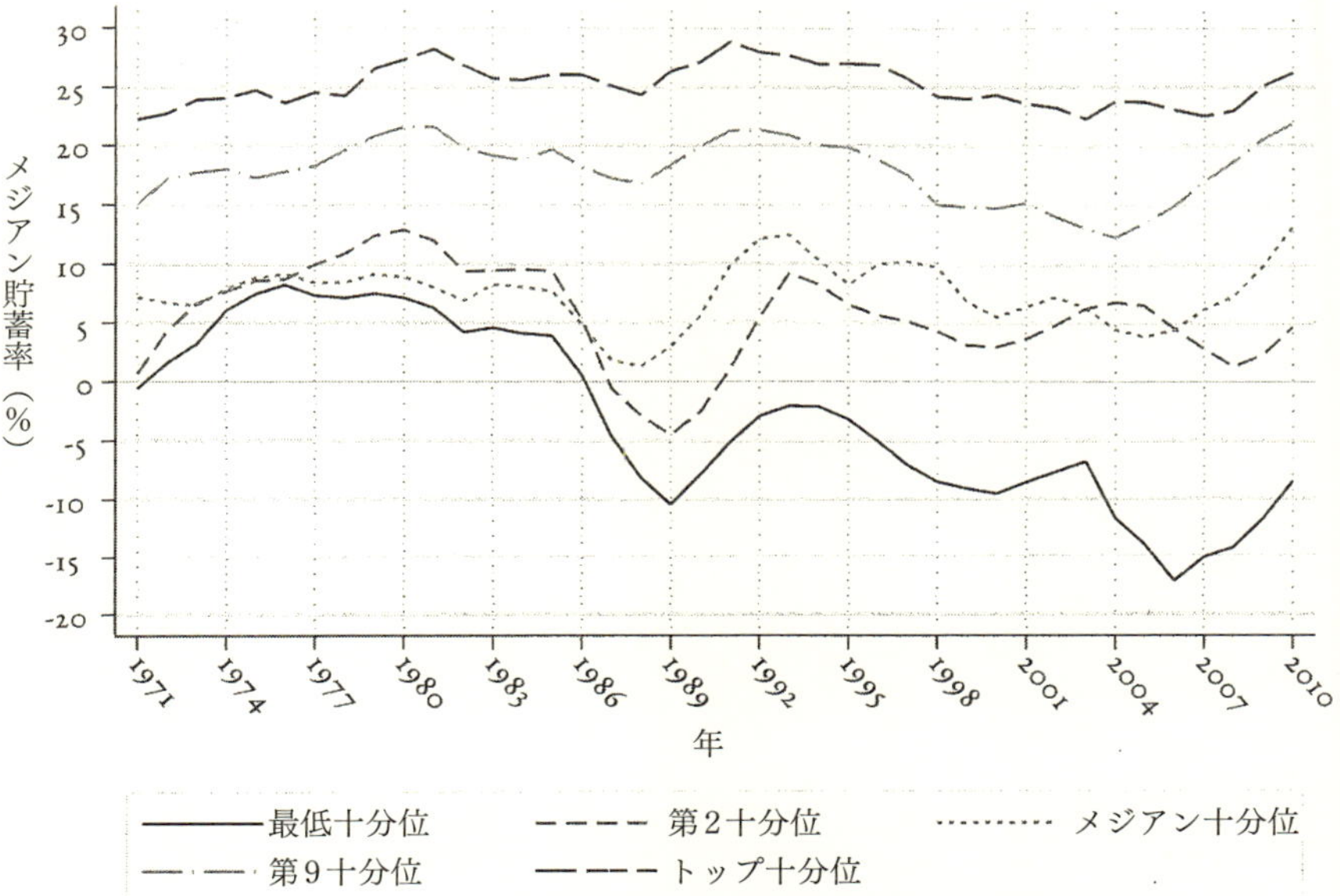

図17.1　イギリス世帯の所得十分位中央値の貯蓄率
註：貯蓄率は明白に所得水準と共に上昇している
データ出所：1984年から2000-2001年までの家計支出調査；2000-2001年から2007年までの支出、食物調査；2007年以降の生活費、食物調査

では、そのような過少消費説に関する実証的証拠からどのような結論が得られるのか？　いくつかの可能性がある。まずひとつは、仮説ははっきり言って単にまちがっているというものだ——すなわち、格差水準の上昇が消費を減らす傾向など現実にはないというもの。消費関数が凹だという仮説を支える証拠がしっかりしたものである以上、この可能性を却下して、このような傾向は一般的にあるが、同時に逆方向に働く、付加的要素もあるのだろうと結論を下すのが理にかなっているようだ。

実際、スティグリッツの上記の引用を続けると、彼もまた「他の条件が同じなら」という前提をしっかり置いていることがわかる。格差が増大すると、「経済の総需要が、経済が供給可能なものより少なくなる。（中略）投資、あるいは輸出の増大など、何か別のことが起きないかぎりは」。消費関数の凹性から、その他すべてが同じなら、格差増大による消費への負の影響が予想される。しかし一般的には、その他すべてが同じではないのは明らかだ。例えば、総需要への圧力減少を補うために、中央銀行が金

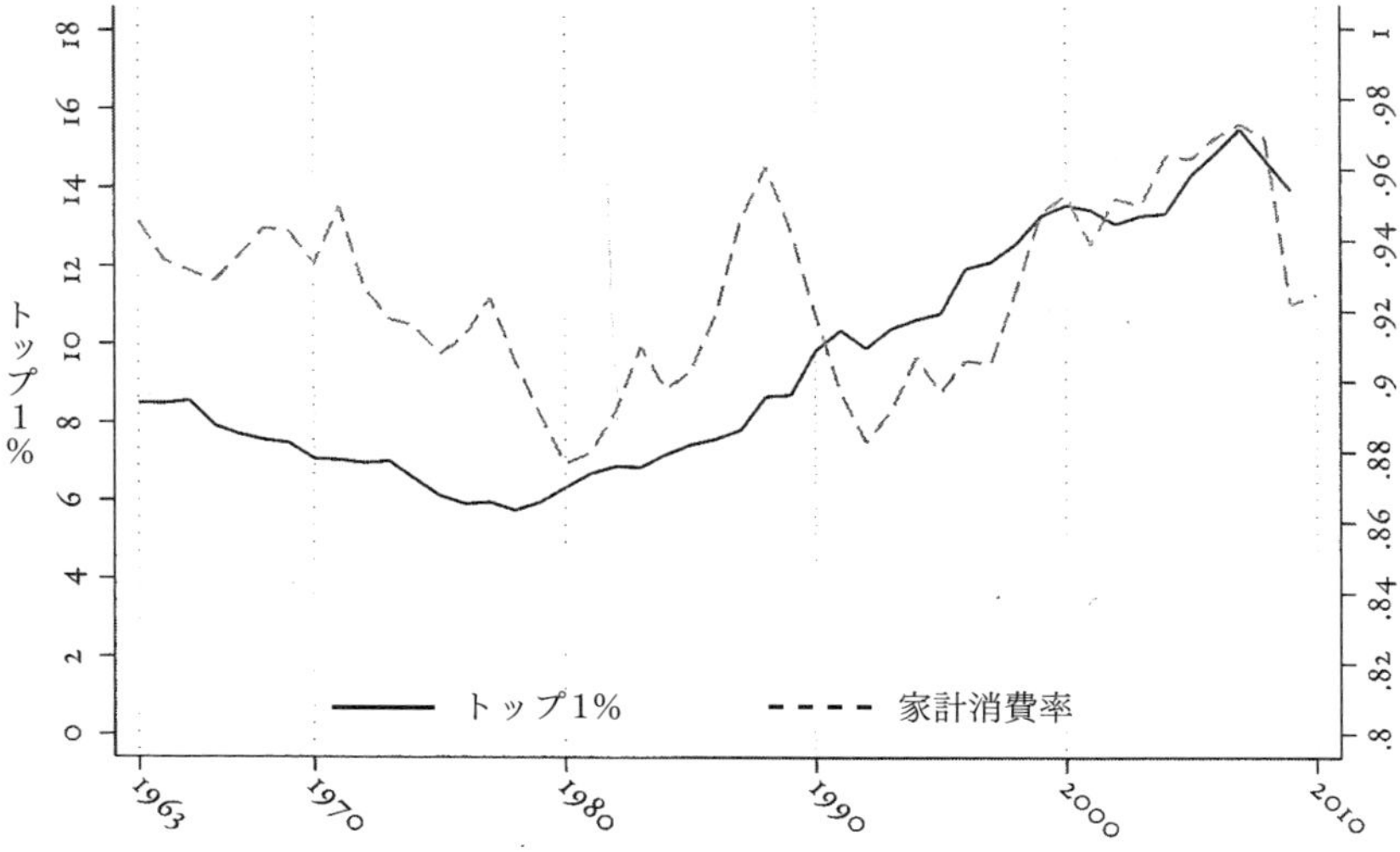

図17.2　家計消費率と格差の相関性

註：イギリスのデータでは、国民の最富裕１％の総所得が、国の総世家計消費率と相関している。
データ出所：国民計算データ

利を下げたり、政府が世帯への貸付供給にてこ入れして消費を支えるために、金融部門への規制撤廃を行ったりするかもしれない。[60]

負債は別として（それについては次節で詳しく述べる）、格差増大はその他の様々な要素と同時に起こって、これが最適消費決定に影響を及ぼす。特に、消費選択のライフサイクルと恒常所得モデルから引き出した慣習的説明もまた、すでに詳述した実証的証拠を再現するかもしれない。例えば理論的には、格差増大の時期は、所得成長が低所得世帯にまで波及する時期、あるいは単に個人が将来の所得について楽観的になる時期と一致して、貯蓄を低下させることもありうる。[61] 同様に遺贈意思の低下、あるいは割引率上昇（せっかちさの増大と消費者の先見の明欠如）も世帯の貯蓄へのインセンティブを減じる。資産の価値が増大したり、（金融統合と発達によって、得られる信用の価格と額の両方が改善して）信用状態が改善すれば同じことが起こるかもしれない。[62]

こうした混乱を招く偶発的要素のなかから、格差による消費への直接的影響を選り分けることが、今後の研究の非常に困難だがやりがいのある問題となる。この重要問題解決への第一歩を踏み出したのが Bertrand and Morse 論文で、彼らは一九八〇年代初頭以来アメリカで、中流階級の消費割合が、（所得分散の粗雑な基準である）所得上位の変化と正の関係にある理由を調査してきた。[*63] 彼らは、格差がたまたま消費上昇と同時進行しただけという、すでに述べた従来の説明の裏付けを見つけることはできなかった。つまり彼らの結論は、従来の消費理論では通常考えられることのない、上位所得の変化に対して消費者が直接的な行動反応を見せるのが重要だと指摘している。[*64]

特に彼らは二つの仮説の強力な証拠を見つけている。まず一つは、所得分布トップの所得成長は、経済において「お金持」商品の供給を増やして、それは自然に、貧しい人々のそれら商品の需要増大をもたらすというものだ。二人の著者が支持する二つめの仮説は「相対所得説」でそれは比較的裕福な世帯による大きな消費が、残りの国民の消費基準を決め、彼らはより裕福なまわりの人々を真似て、「世間に後れをとらない」ために、所得のうちより大きな割合を消費するよう仕向けられるというものだ。これは、様々な個人の消費が相互依存的なために起こると言われている。ある人の個人的幸福はその人自身の消費だけでなく、その人のまわりの参照群との相対的な消費を反映している。よって、これを前提にすると、「格差増大は、場合によっては消費を減らすどころか増やし」、格差と総消費の正の相関が肯定される。[*65]

最も重要なのは、二人の筆者は「この消費における相互依存性は外部性の一つと見られ、それが個人に一生懸命働き、世間に後れをとらないためにより多くを消費するよう強いる。これは個別には合理的行動だが、集団としては最適以下である」と述べていることだ。[*66] さらに、成長と安定も影響を受ける。大まかに二つの提案がある。一方で、次節で詳しく論じるように、格差が底辺の所得停滞と共に進む時、この議論は債務超過ということになる。なぜなら求められる付加的消費に融資するためにより多く借金をする必要があるからで、これが経済の不安定性を引き起こす。一方で、格差は経済における資源の非効率的な割り当てをもたらし、人々は、教育のように便益が形あるものではないが、重要な投資を犠牲にして、支出を無駄な消費形態へと向ける。[*67]

格差と金融安定性

前節では所得や富の格差と経済パフォーマンスやマクロ経済安定性とのつながりに焦点をあてたが、ここでは今度はそれらと、広い意味での金融安定性との関係について論じる。この区別は、必ずしもはっきりしたものではないが、概念的に有益だ。なかでも、まずは格差と金融危機の示唆された関連性について論じる。そして次に格差と負債のつながりについての議論に移る。

格差と銀行危機

高水準の所得格差（大まかには分布中流と底辺の平均所得の停滞と、トップ平均所得の上昇の組み合わせ）は、とりわけアメリカにおいて、最近の経済危機の構造的原因として特別視されてきた。

最近の実証論文群は、この推測を検証してきたが、幅広い国、年、そして様々な格差評価で見ても、格差と経済危機の結びつきを立証する強力な証拠は見つかっていない。[*68] 具体的には、Morelli and Atkinsonが行った分析では、格差の成長水準と高水準のいずれも体系的に見て金融危機発生とは関係ないようだと主張している。[*69] 一九〇〇年から二〇一二年までのデータを可能な限り収集し、分析は二六カ国について、相対貧困評価から、トップ所得評価と調整済み可処分世帯所得のジニ係数までの、格差の五つの異なる指標を使って行われた。[*70] それでもなお執筆者たちは「仮説を重大な危機やアメリカやイギリスといった国について棄却できないことを考えれば、結果が明らかに統計的に有意でないからといって、この問題が経済的にどうでもいいとは言えない」と述べてもいる。[*71] さらに、過度の格差は、必ずしも危機を招かなくても、マクロ経済的不均衡に寄与しているかもしれない。

最近の金融崩壊前には、マクロ経済安定性という概念は通常、物価安定性と産出ギャップの安定性についての話だった。しかし金融危機後の覚醒で、危機以前のマクロ経済安定性が、世帯負債の並外れた増大や、金融、不動産市場のバブル発生といった経済的不均衡の蓄積を隠していたことが明らかになった。[*72] 興味深いことに、最近の論文で論じられているように、所得と富の非常に格差な分布は、経済を不安定かつ本質的に脆弱にしかねず、これは前述した不均衡の構造的決定要因となりうる。[*73]

とりわけアメリカにおいて、危機へと駆け上がる過程で目の当たりにした、経済格差の増大する水準との明白なつながりを訴える議論も出てきた。それによると、格差は信用供給の追加需要と供給を作り出し、それが不安定な債務水準をもたらしたという。

格差と負債

増大する経済格差がもたらした総需要への圧力減少、あるいは低迷する総景気が、政府に金融市場への規制を撤廃し、中央銀行に金利を下げるよう促したのかもしれない。これらの行動は原則的に、低調の景気を埋め合わせるための、世帯への融資供給の下支えに役立った。さらに金融市場への規制撤廃は、さらに金融利益を貯め込むために規制者を捕獲してロビイングを行った、裕福な個人から直接きたのかもしれない。同様に、高い貯蓄率で、新たな金融投資を探し求める富裕個人のシェア増大は、経済において利用可能な資金供給を増やし、それ以外の人々への貸付を提供すると同時に資産バブルを煽った。[*74]

増大する所得格差はまた、貸付供給と同様に、貸付への高い需要を直接生み出した。実際、相対所得仮説について以前の節で論じたように、取り残された個人は、上昇する生活水準に後れをとらないようにして、増大した消費欲求を満たすために、より多くの負債を抱えたかもしれない。借金への高い需要は、増大する所得不安定に直面して、消費をなんとかやりくりしたいという懸念によってつき動かされ、所得格差の上昇傾向を後押ししたのかもしれない。

世帯負債増大を推し進める主な力が何であろうと、不平等な過剰貸し付けは人口の大部分を不安定な状況におくことで、個人的な経済状況――あるいは、金利や住宅価格といったより広い経済状況――の変化が、破産や銀行資産の金融損失を引き起こすことになる。[*75]

前節で論じたAghion et al. が提案したようなモデルは、所得分布、負債、そして成長の内生的サイクルを再現可能で、マクロ経済と金融安定性の両方における格差の役割について論じるのに適している。[*76] しかし、消費主導の借入――最近の危機の重要要素――での役割については、そのようなモデルでは考えることができない。代わりに、

Iacoviello, Khumof, Rancier, and Winantによる研究は、所得、あるいは利益分布を、世帯負債の供給、あるいは需要の増大と結びつけた文献として、入手可能な数少ない論文の一つだ。[*77]

Iacovielloは、古典的な恒常所得仮説の枠組みに従って、主体が永遠に生きて、自分の消費と負債水準を最適に選択するシミュレーションモデルを構築している。そのような枠組みのなかでは、個人は時と共により不安定になる所賃金パターンによって評価された、増大する格差に、消費を円滑にするために金融市場を利用することで対応し、それによって彼らの負債ストックは増える。このモデルの現実への究極の適応性は、主体による所得の永続的な差と比較した、一時的ショックの発生率についての経験的証拠によって決まる。実際、最近の実証的証拠は報酬格差の増大の大半が、世帯全般における恒常所得分散の拡大によってもたらされていることを示している。例えばKopczuk and Saezはアメリカの場合について、「実質的に、一九七〇年以降の年間（対数）報酬の分散の拡大は、（一時報酬とは逆に）恒常報酬分散の拡大によるものだ」と言っている。[*78] 同じような結果はイギリスにも見られる。[*79]

Iacovielloとは異なり、Khumof, Rancier, and Winantのモデルの主な不均質は、経済における二つの集団――労働者と投資家――のあいだにあり、（格差増大による）労働者の交渉力喪失が、消費水準維持のための投資家の借り入れ増大を相殺している。さらに、彼らのモデルで問題になるのは、報酬の長期的不安定性だけでなく、二つの異なる集団の所得分布だ。

しかしデータは、格差と世帯負債が相前後して上昇するとする説を裏付けているのか？　図17・3は一九六〇年以降のイギリス世帯の負債対所得比の総合的証拠を集約している。二つの負債サイクル発現が、一九八〇年から一九九〇年から一九九二年の経済不況までと、一九九〇年代末から最近の二〇〇七年の金融恐慌までのあいだに起こっている。興味深いことに、負債蓄積期間は（調整済み世帯可処分所得とイギリス個人の最富裕一％のトップ比率の両方のジニ係数によって評価した）格差増大、あるいは高水準の所得格差の時期に起こる傾向にある。[*80] これらの発見はPerugini, Holscher, and Collieによる、一八カ国の一九七〇年から二〇〇七年までのトップ所得比率パネルを使った最近の調査によって裏付けられている。[*81] Scognamillo et al.による同様の研究も、可処分世帯所得で評価した大きな所得格差は大きな世帯負債と総水準として体系的な関連があると主張している。[*82]

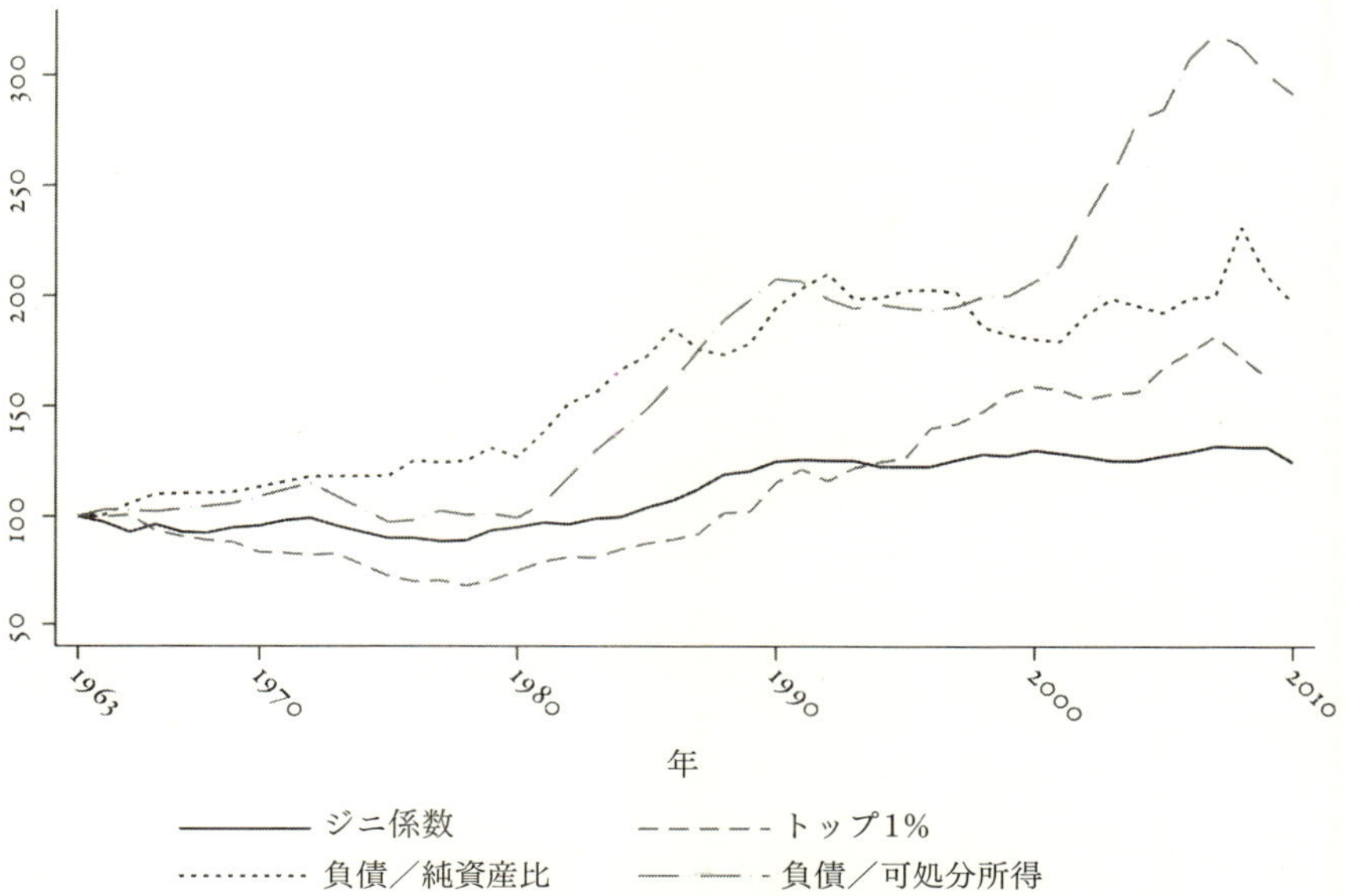

図17.3　格差と相関する負債蓄積

註：イギリスにおける負債蓄積期（1980年から1990-1992年の経済不況までと、1990年代末から2007年の金融恐慌まで）は、調整済み世帯可処分所得と最富裕個人１％のトップ比率の両方のジニ係数で評価した、格差増大期間と一致している。負債と格差評価の相関は、.8をかなり上回り、１％有意水準で有意である

それにもかかわらず、証拠は最初に見たときほど明確ではないと考える理由がいくつかある。まず最初に、ここ数十年の過負債傾向は負債対純資産比率のレバレッジ評価を使うとそれほど明確ではない。資産の総世帯負債の評価基準としての使用はほとんど分析されず、世帯資産、とりわけ住居の実体としての役割に光を当てる。実際、そのような評価は総合的な負債の持続可能性についての有益な情報をもたらす。なぜならそれは、資産流動化（資産にどのくらい市場性があるか）によって負債をどのくらいカバーできるか示せるからだ。

第二に、ミクロデータの使用は、格差と負債の因果関係はもちろん、正の相関性の存在をはっきりと示すわけではない。例えば、Coibion et al. は、二〇〇一年から二〇一二年までのあいだに、（郵便番号と州で選んだ）高水準格差地域の低所得世帯は、低水準格差地帯のそれと比べて、蓄積した負債は対所得比でより少ない（多くはない）ことを示している。[*83] 一方でCarr and JayadevはＰＳＩ

Dデータを使って、教育程度と民族階級が同等の低所得と低相対所得世帯はレバレッジが大きい傾向にあることを示している。[*84] この結果のちがいは、格差と負債の正の相関性の証拠となる関連メカニズムが社会サークルにおける相対的地位に対する懸念事項である限り、関連するピアグループの適切な同定が重要であることを強調している。例えばGeorgarakos, Haliassos, and Pasiniはオランダ国民を代表するDNB世帯調査の重要な特質を有効利用している。それは「社会サークルにおける平均所得とその同輩たちの支払い能力についての応答者の認識」を引き出している。[*85] これは関連する社会サークルの本質についての恣意的な仮説を回避して、個人がそのピアグループの所得がより高いと思われるほど、もっと借りたいと思う傾向を推定できるようになった。もっと重要なことは、その社会サークル内の平均的個人よりも自分が貧しいと思っている回答者への影響のほうが強いことだ。

結論

本章では、格差は負のマクロ経済的結果をもたらすという主張を支えるために存在する理論的、実証的根拠の査定を目論んだ。これらの問題はピケティの『21世紀の資本』では明確に探求されていないので、本章は彼の言う資本主義の根本原則に本質的に起因している、彼の集中力学分析の補足を試みた。

経済格差の様々な側面は、景気と経済成長の様々な面に負の影響を与えかねないという証拠が揃ってきた。格差は、経済が外部ショックを受けたときに長引く不況だけでなく、経済回復力の欠如の原因でもある。同様に最近の研究によって、より高い所得格差を示す国は、GDP成長が相対的に不安定であることがわかっている。

しかしつい最近まで、これらの重要問題にほとんど注意が払われてこなかったこと、そしてアメリカ以外でもこうした重要な結果を見いだせるかどうか、さらに実証研究が必要だと強く主張するのは重要だ。格差は政治経済、不完全な金融市場、あるいは消費チャンネルによって、成長と経済活動自体にもマイナス影響を与えかねないと言われてきた。しかし経済格差の実際の決定因子を選り分けるためにもっと努力が必要だ。富の格差の大きな部分が相続人の受けつぐ優位性の増大、あるいは裕福なエリートによる利益追求と規制捕獲行為によるものならば、格差と成長の負の相関は起こりやすくなる。

同様に、私たちが目にする所得格差のほとんどが個人間の機会格差によるものである場合にも、これは起こる。それは個人の潜在能力と願望を押さえ込み、経済内での効果的な資源配分を歪める。独立研究者と、所得と富の格差の進展についてのより良質でより普遍的なデータを作り出す機関による継続的な努力が、これらの重要課題により多くの光を当てることに疑いはない。

第二に、標準的な経済学の教科書の仮定とは逆に、最近の研究は、人々が何にお金を使うか、どのくらい貯蓄するか、さらにどのくらい負債を貯めこむのかといったことに、所得と支出の相対比較が重要な影響を及ぼす可能性を強調している。これらの考察は格差の程度が、総貯蓄、負債蓄積、そして経済活動に直接影響することを示唆している。格差と個人負債との間にあると言われている関係性の調査は、最近の恐慌の大半は、経済の民間セクターを巻き込んだ、借金による住居、消費バブルの破綻によるものだという事実に照らし合わせると、現実の問題にしっかりと結びついている。ほとんどが集計データと国を超えた分析に基づいた研究結果は、格差、世帯の過剰消費、そして負債の正の相関性を強調している。しかしミクロデータに基づいた証拠にはあまり一貫性がなく、経験的調査を追加してこの仮説の正当性を打ち立てる必要がある。

さらに、個人の相対所得比較が経済行為に影響を及ぼすという仮説は、将来の研究で取り組むべき一連の理論的、実証的反論を受けていることを強調しておくのは重要だ。例えば、相対比較が行われている、影響を持った社会サークルの正確な同定は、非常に重要だ。比較対象となる個人のピア集団を同定する最適な方法は、その個人に直接訊くことだ。しかし、世帯調査において、それら世帯に影響を持つネットワークの情報を得られることは稀だ。[*86] 行政ミクロデータなら、同僚かつ、あるいは隣人と同定できる、それとは別の洗練された正確なピアグループの定義を可能にする。[*87] 加えて、相対所得説に基づいた入手可能な理論は、必ずしも所得分散評価自体を最適消費と負債決定に結びつけるわけではない。それよりも通常は、例えば個人の効用と幸福は、一人あたりの消費、あるいは個人消費と参照群内の同輩たちの平均消費との相対的な隔たりに影響されると考える。

最後になるが、いくつかのモデルがすでに取り組んではいるが、消費の社会的側面と効用関数の相互接続性についての懸念から、しばしば消費決定のフォワードルッキング的な性質について的確な説明ができない。これは消費決定の重要な要素の一つであり、適切な説明が必要だ。

ここまでで入手した証拠は、格差が様々な面で、マクロ経済的な金融不安定性の発生で重要な役割を果たすことを立証している。しかし、留保なしでそれを確実に立証した関係性はない。ダニ・ロドリックが指摘したように、「格差と景気の関係性は固定というより、格差のより深い原因と多くの仲介要因による偶発的な関係である」。よって経済安定性への格差の有害な影響について、「以前と同様に判断を誤らせる」、新たな「コンセンサス」へと導く安易な結論を出さないよう、大いに慎重を期す必要がある。*88

この重大な留保にもかかわらず、最近の研究は、格差を経済の伸び悩みと不安定と結びつける重要な第一歩を刻んでいる。それがある程度は成功している限り、それは所得と富の格差を削減するための政府による効果的な協調行動の、有益な裏付け――他の公正性、あるいは社会的包摂に基づく直接的な正当化と並ぶもの――を行っている。そのため、現行の結果を一般化し、残された一貫性の欠如を解決するためのさらなる研究が最大の重要事項である。

第Ⅳ部　資本と資本主義の政治経済

第18章　格差と民主主義の台頭——イデオロギーの歴史

マーシャル・I・スタインバウム

ピケティによる歴史考察の中心的な要素は、一九世紀後半および二〇世紀前半に西ヨーロッパやアメリカといった経済大国で格差が最大化したとき、大衆への参政権付与だけでは社会的・経済的ヒエラルキーを変えるのに不十分だったということだ。むしろ、これらを変化させたのは大規模な資本の破壊と、戦争による課税だったとピケティは論じる。

本章では、経済学者マーシャル・スタインバウムが歴史的構図をさらに複雑化する。戦争（および大恐慌）は確かに決定的な役割を果たしたが、それは大衆への参政権付与にはできないやり方で資本主義のイデオロギーを貶めたからだ。経済大国における一連の政治的な出来事が最終的に左派活動に力を与えたのは、むしろ戦争と大恐慌が政治的エスタブリッシュメントと彼らの政策の有効性を否定したからだ——そしてその政策は、まさに国内で力を強めつつあった左派による政治的脅威に対抗する目的でとられていたのだ。

『21世紀の資本』は歴史小説のような読み物で、歴史上の格差について明確な議論を打ち出している。普遍的な参政権は、資本主義に特有の格差拡大傾向を抑制するわけではない。[*1] むしろそれを抑制するのは、戦争、戦争の資金源として必要とされる税だ。

第一次世界大戦は財産を破壊したかもしれないが、大恐慌とともにそれはあるイデオロギーも破壊した。そのイデオロギーとは、格差をずっと大衆に参政権が付与された時代になっても維持させた自由市場経済学だ。このイデオロギーによると、自由市場は放任すると最もうまく機能する。したがって市場で生まれた富と力に、政治的観点から異義を唱えるべきではない、というのだ。一九世紀のあいだ保守派を支えたのが、この自由市場のイデオロギーだった。というのも、このイデオロギーが、政治力を正当化してきた古くからの上流階級と、新興工業経済を身につけたことで富を生み出した実業家、専門家たちからなる有産階級の結びつきを促進したからだ。二回の世界大戦と大恐慌は、高まる左派の脅威に対して都合良く国内外の政策を巧みに操ろうと、この階級の代表者たちが公的政治の場で意識的にとった戦略から生じた。

したがって『21世紀の資本』で言及された金ぴか時代を終わらせたのは、世界大戦そのものではなかった。むしろ、二回の戦争と大恐慌という形をとった災厄が、最終的に資本主義のイデオロギー、これに伴う政策、そして男性の普通参政権の誕生から、ナチスによるヨーロッパ掌握までの政治運動への不信をもたらしたことが、この時代に幕を下ろしたのだ。社会民主主義は大衆への参政権付与から生まれたが、それが勝利をおさめたのは、上流階級への不信が高まったおかげで工業経済における公正な富の起源と分布のについての資本家の主張が潰されたからだ。

私は本稿で、イデオロギーの失墜こそが二〇世紀半ばの平等主義の時代を引き起こしたと主張する。本章は当時の経済大国についてまとめている——アメリカ、イギリス、フランス、ドイツ。各国とも、ときには一時的に矛盾した政治史を抱えてきたし、各国ともそれぞれの制度的背景、社会的背景の中で政治が展開された。つまり当時の指導者たちが下したとされる、誤った(あるいは正しい)判断を踏まえ、政党や政治連合からみた国内外のさまざまな脅威を背景として、それぞれ異なる政治的変化が、各国の歴史に重要な意味を持っている。だがこの時期、西ヨーロッパとアメリカで、ますます平等主義的になっていった経済政策決定に共通するテーマははっきりしている:

- 所得と財産に対する税が、公共予算と経済政策に常に組み込まれる要素となった。戦費を賄い、社会的義務を拡大するため、そして平等な税引き前と後の所得分布を明示的に奨励するためである。*2
- 各国は団体交渉権を認め、それまで雇用者と従業員の「契約の自由」と概念化されていたものに介入する社会保険、その他の制度を定めた。*3

・公共部門が、万人の健康と教育に関する規定を設けた（公共インフラもこれに含まれる）。国としてのおもな義務は、戦争遂行から、社会的関与に代わった。[*4]

・金本位制は国家の金融政策の標準ではなくなった。[*5]

これらのテーマはどれも、最初に左派の政治活動で主張されたときには論争を呼び、政治・経済の体制を脅かすものだった。これらを合わせると、既存の富と権力の打倒を直接の目的とする、過激な新制度が生じた。これらを採用する（またはしない）過程で、政治体制には限界に近い――ドイツでは限界を超える――重圧がかかった。

イデオロギー不信のプロセスを段階づけた政治的現象は四カ国でそれぞれ異なったが、同じ分類は可能だ。一番目の分類は、大衆への参政権付与。二番目が工業労働者階級による政党の結成で、通常はまず既存の政治団体と手を組み、その後、パートナーを替えたり、参加した後でそれを根本的に変えたりした。[*6] 三番目が事実上の憲法改正で、これは政府の経済政策に関する権限から非民主主義的措置を排除するものだ。四番目が、この四つの支柱を元にした基板の上に労働階級の左派連合政権を選出することである。

だがイデオロギー面の失敗の歴史、それも国をまたいで起こったものを語るにあたって、このプロセスは避けられなかったものであり、一歩一歩があらかじめ定められた、もっと大きな物語を構成する一部だったと考えたくもなる。それは真実からかけ離れているし、（少なくとも適切な歴史的解釈のためには）ありがたいことに、いまになって振り返るとその後何が起きたか知っていることが、我々の益になっている――『21世紀の資本』に詳述されているように、ほぼ真逆だ。自由市場のイデオロギー不信は、まったく不可避ではなかった。というのは、別の歴史的・文化的背景でそれが復活できたとのを我々は知っているからだ。またその不信も、段階的、数学用語でいうと単調なものではなかった。無秩序で、重要で目立つ逆転もあり、その逆転自体が逆転されるのも必然ではなかった。特に、表向きは民主的な政府と、その基盤であるエリート層が大恐慌のさなかに台頭しつつあった左派の脅威を抑えこもうと右派の非民主主義者との協調体制に入ると、左派のオブザーバーの多くは、イデオロギーをめぐる人生をかけた偉大な闘争に敗れ、全体主義者が将来を勝ち取ったと思った。ことによると第二次世界大戦は、究極の勝利どころか、最後の大惨事になる可能性も充分あったのだ。

『21世紀の資本』は、資本主義経済では、所得と富の分布はマクロ経済構造のせいで、暴力で打倒されないかぎり分岐する傾向があると指摘している。むしろ私に言わせれば、この分散傾向が生じるのは、資本主義のイデオロギー的なコミットメントがそうした分岐を抑える政策を禁止するからだと論じる。それを止めるためには、そのイデオロギー自体がそれを主張するエリート層、派閥、社会集団が政治的に破綻し、その信用喪失がもたらされねばならないのだ。*7

アメリカ

最初はアメリカだ。ただしこの国の歴史は、ある意味で旧世界の三国をまとめた歴史とは分岐したものとなっている。金ぴか時代、アメリカでの所得と富の分布格差は、他の国々ほどの水準には決して達しなかった。また、男性の普通選挙も当該の時代には実現されなかった。資産を持たない労働者階級——南部の黒人——の大部分には、一八七七年から一九六〇年代まで、参政権が事実上与えられなかったからだ。

エリック・フォーナーをはじめとする多くの研究者は、この白人至上主義の遺産は、人種的マイノリティーの支配のみでなく、国家の政治史に甚大な影響を及ぼしたと主張している——他の先進国が平等主義政策を実施している一方で、アメリカの同様の政策は、平等主義の観点では劣った。最貧困層の締め出しを意図してつくられていたからだ。アイラ・カッツネルソンの著書『恐怖自体』は、ルーズベルト政権のニューディール政策と労働市場の規制について述べるときにこの点を強調している。*8 一方、土地資産を持たない人々の参政権への制限は、アメリカでは他のどこより早く解かれ、一九世紀の移民は移住後ほぼ即座に投票権を与えられた。これがアイルランドのジャガイモ飢饉と、一八四八年の革命から逃れようとしたヨーロッパからの政治亡命者の流入を受けて、一八五〇年代半ばに移民排斥運動が爆発した理由となっている。

男性の普通選挙権は一八七七年に派閥間闘争の交渉による停止を受けて後戻りしたとはいえ、南北戦争後のレコンストラクションとその余波は、アメリカにおける社会民主主義の台頭について述べる出発点として理にかなっている。南北戦争の前には台頭しつつある労働争議があったが、一八七三年から一八九六年——とりわけ一八八六年から一八九六年——は、武闘派労働組合主義の急成長と、社会的秩序が大規模な工業化によって脅かされるという意識の広がりが目立つ。また、この時期は、戦争の中で登場した「自由民の労働」という概念から生まれた、資本主義のイデオロギーとも呼べるものに知識階級が群がった時期でもある。

「自由民の労働」は当初、被雇用者の立場に生まれた人間が、厳しい労働と節制を通して社会のヒエラルキーを上がって、他の者たちを率いる雇用者になれるという理想をさすものと考えられていた。戦前、北軍の支持者の目には、北部の「自由民の労働」を基盤とする経済の将来は、報酬を伴う白人の労働に取って代わった奴隷制度が西部に拡大することで、脅かされているように映っていた。したがって「自由民の労働」の将来を守るには、奴隷制を南部に封じ込め、自由民の労働が範囲を広げてアメリカ経済で優勢となるようにする必要があった。この内紛がやがて戦争に変わった——奴隷制度廃止運動は、奴隷のための人道的介入の理念に世論を惹きつけたが、これが理由で北部が戦争に突入したわけではない。だが実際に戦争が始まると、特に黒人兵士の解放と北軍入隊以降、「自由民の労働」は次第に拡大して、解放された奴隷たちも含まれるようになった。

一八六六年から一八七七年の急進的レコンストラクションは、南部の黒人の経済的、政治的自由を守るのが目的だった。その達成に使われた手段がアメリカ合衆国憲法修正第一四条で、これは法のもと、各人に適正な司法手続きと平等を約束するものだった。この規定は、南部の経済と地方政権に連邦政府が介入して、これらの目標を達成することを誓った。公民権法はこの修正条項によって、黒人が任意で労働力を提供したり控えたりする権利を、南部の議会と地方行政が阻害しないように定めた。

レコンストラクションと、連邦当局の南部州への権限拡大は、特に一八七三年恐慌の後、北部および国家の政治においてますます論争の的になった。自由貿易、金本位制、小政府といった伝統的な経済政策に逆戻りして、最終的には、国はいわゆる「階級法案」――市場のはたらきによってつくられた「自然の」社会的ヒエラルキー改変を目的としたもの――には関与しないとの見解を示したグラント政権に、共和党の「自由民の労働」連合とエリート層が不満を持ったのだ。金融危機の後、一八七〇年代を通してほぼずっと続いた不況の間、問題は悪化して、工業賃労働と、鉄道、銀行、その他いっそう強大になりつつあった「トラスト」による小規模農家の支配が、全国的な論争の的として目立つようになり、最終的に、一八七七年には共謀的な賃金引き下げを受けて、鉄道ストライキが起こり大部分の鉄道が閉鎖された。

一八七九年にヘンリー・ジョージの『進歩と貧困』が出版されて、経済成長と工業化と同時に労働で生計を立てる者の窮乏が起きるという難題が勢力を得た。ジョージの提案した改善策――天然資源を社会のものとするために定められた地価税――は、労働運動の内外に何百万人もの支持者を得る傍ら、経済専門家たちからは、いんちき薬で自分たちの専門分野に踏み込んできたと受け止められてきわめて強い恨みを買った。[*9]

一八七七年に最高裁判所で争われたマン対イリノイ州訴訟は、アメリカ合衆国憲法修正第一四条は経済的な司法手順――法律は自由市場の機能に「干渉」不可――の権利を含むという見解が争われた最初の審理だった。これは修正第一四条を、自由民を労働市場における搾取から守るものとはっきり位置づけた当初の解釈とは対照的な考え方だ。この訴訟で、法廷が味方したのはイリノイ州だった。イリノイ州は原始大衆主義の農家で構成された組織、農民共済組合の求めに応じて、穀物の備蓄および輸送の価格規制を法制化していた。その後三〇年間で、法廷は州および国による規制に対する企業その他の雇用主の免責範囲を次第に拡大すると同時に、修正第一四条による南部の黒人、アメリカが海外で拡大しつつあった帝国領土の先住民などへの保護を制限した。一八八五年にニューヨーク州控訴裁判所が、契約の自由をそこなうからとの理由で共同住宅でのタバコ製造を取り締まる規制を却下したとき、ある労働関係の出版物はこう糾弾した。「奴隷制度が自由だと宣言された!」

闘志あふれる組合主義の脅威が最も高まったのは、ヘイマーケット広場暴動におびえて、移民が牛耳る労働組合から世論が離れた一八八六年から、プルマン・ストライキが起こった一八九四年までの時期だ。後者の例では、グロバー・クリーブランド大統領が連邦軍に指示して、鉄道網を機能停止に追い込んだ同情ストライキを鎮圧した。この対処によって、彼が属していた民主党で再選される機会は潰えた。民主党はクリーブランドの金融引き締めを図る、ビジネスに裏打ちされた政策（特にシャーマン銀購入法の廃止）が一八九三年の恐慌を悪化させたことを受けて、工業労働者が掲げる大義にいっそう同情的になっていたからだ。ヘイマーケット、プルマンの両方が労働組合運動の大きな分水嶺となった。アメリカ労働総同盟の穏健派の職業別労働組合は、これらに反対しており、抗議行動を賃金交渉の最後の手段としてのみ支持しており、社会変革を達成する手段としては支持していなかったからだ。プルマン・ストライキを先導したユージン・デブス率いるアメリカ鉄道組合は、もっと過激で野心的だった。

都市部でこのような労使紛争が起きていた頃、農民同盟と、その流れをくむ人民党が地方を席巻した。地方の農家は過剰生産、高い輸送コスト、永久に負債から逃れられない作物抵当権制のせいで悲惨な境遇にあり、名目債務はドル高に伴ってますます増大していた。一八九〇年代前半からは、レコンストラクションの終わりから南部諸州を支配してきた「リディーマー」政府への異議申し立てに成功して、最終的には、一八九二年、一八九四年に、州レベルの要職を独自に多数獲得した西部のポピュリストたちと同盟を結んだ。ポピュリストが争った問題は、鉄道や銀行による農業支配、金融引き締め政策、投入コストを引き上げる厳しい関税だった。

一八九三年、アメリカ経済学会の会合で、ポピュリズムにとっての問題についての討論会が開かれて、高名で物議を醸していた左派の経済学者、エドワード・A・ロスと、著名な保守派のフランクリン・ギディングが議論を戦わせた。ロスが「農家の苦境のおもな原因は、競争価格で売り、非常に多くのものを買っていることで、その中には独占価格の輸送も含まれる」というと、ギディングはこう返した。「長年の苦難の中で、なぜ（農家は）いつも悪い結果に終わってきたのか。農民自身のあり方にも悪いところがあるにちがいない。（中略）農家は他の人々より多くの票を左右している。（中略）過失は当人にある。農家の困窮の根源を探りたければ、農家の意識から始めるしかない」[*10]。

ある人／階級が長い期間にわたって貧困に陥っているなら、それは自業自得だとするギディングの主張は、一九世紀にピケティ派のいう格差を実現した自由市場のイデオロギーの核にある考え方だ。そして経済思想の歴史においても同様の意見が（率直さの度合いはさまざまながら）みられる。たとえば人間の資本の蓄積を基盤とした実力主義が二〇世紀半ばに世襲的資本主義に取って代わったというゲーリー・ベッカーの主張には、ギディングの思想が受けつがれている。建前上は実力主義といわれる環境の中でも、世代を越えて長年にわたって存在する集団間の格差は、不公平な権力構造というより根底にある性質を反映したものだと示唆しているからだ。[*11]

クリーブランド政権が失脚したおかげで、民主党内の権力は、金本位制を支持する、事業にやさしい「バーボン」派から、移民でもあったイリノイ州知事で、プルマン・ストライキを支持（さらにヘイマーケット広場で爆発物を使用したとして有罪判決を受けていたアナーキストを赦免）していたジョン・ピーター・オルトゲルドに移った。オルトゲルドは党とクリーブランド政権が対立するよう画策して、一八九六年の大統領選挙を視野に人民党との政略結婚を支持した。これにより、民主党は人民党の大統領候補、ウィリアム・ジェニングス・ブライアンを指名したが、間に合わせの提携には大きな問題が二つあった。ひとつは、ブライアンが戦略や政治的姿勢の変更に無関心だったこと。彼は民主党の候補者としての立場にふさわしく、地方志向、農業志向のプロテスタントとしての姿勢を公然と打ち出しており、北部の有権者たちは、圧倒的に都会志向、工業志向のカトリックが占めていた。一八九六年の民主党大会でのブライアンの有名な「黄金の十字架」演説は、公然と工業経済のモラル、さらには、そこで働く闘志あふれる労働者を中傷するものであり、ブライアンが都市部の聴衆の前で遊説したときには、共和党の工作員は苦もなくブライアンを煽って外国嫌いの反カトリック的な偏狭さを発揮させた。民主党・人民党の連合についての二番目の問題は、南部では政治的に筋が通らなかった点だ。南部では直近の二回の選挙で、レコンストラクションを終わらせて、地元の経済的エリートの利益のために州政府を掌握した民主党リディーマーの単独政権にようやく打ち勝った形で人民党が政権を握っていた。これに好意的な人民党の投票者たちは、改革の名のもとに多政党の複数候補に投票するよう求められた。結局これは息の長い政治運動を築く健全な基盤とはならなかった。

ブライアンの敗北とそれに伴う民主党・人民党の敗北は、公然の左派政治を数十年後退させ、主要政党の双方に資本主義の核となる思想原理を無事に残した。アメリカ労働総同盟（ＡＦＬ）が相変わらず非熟練労働者の組織化を避ける一方、労働組合の過激分子は引き続き辺縁で活動を続けて、最終的には世界産業労働者組合（ＩＷＷ）を結成した。デブスは一八九六年の余波の中で数々のヨーロッパ風社会民主党を結成して、社会党公認候補として繰り返し大統領選に出馬した。何より重要なこととして、一八八六年から一八九六年の左派政治の激しさはおさまり、二大政党と、急進的になった労働階級以外も惹きつける、より穏健な進歩主義になった。南部では、リディーマーの政治的後継者が、白人貧困層に人種差別アピールをすることによりポピュリズムの活動打倒に成功して、束の間脚光を浴びたポピュリズムに逆風が吹いた。一八九〇年代後半には、南部における黒人投票と政治力の名残は消え去った。これはおもに読み書き能力試験と特性試験の導入のせいで、これは白人貧困層の参政権を制限するためにも活用された。人種隔離政策の義務化も、この抑制の時期に始まっている。

一九〇一年のセオドア・ルーズベルトの大統領就任から、一九二〇年のウッドロー・ウィルソン政権の終わりまでの政治のあり方は、このようなものだった。連邦政府は一八九〇年代に政治を過激な方向へ導いた一部の収奪的独占を積極的に突き崩したが、放置したものもあった。一九〇七年恐慌が刺激となって一九一三年に連邦準備制度が設立されて、金融筋が金融引き締めに対するポピュリストの批評に一部理解を示すようになった。新しい中央銀行は金本位制は捨てなかったが、その目的は信用収縮の解消にいつでも対処できるシステムを持ち、一九世紀後半を経済的動乱の時代にした一連の悲惨な恐慌が起きるのを回避することにあった。この時期に、都市部の貧困層の公衆衛生・保健のため、また収奪的な交通および住宅の独占を揺るがす手段として、公共インフラへの大規模投資が始まった。何より重要なこととして、合衆国憲法が修正されて一九一三年に連邦所得税法案が通過した。法制化の試みはこれ以前にもあって、資本から得られる所得について直接税をとりたてる権限は連邦議会にないとの理由から一八九〇年代に最高裁判所に却下されていたのだ。

連邦所得税を成立させた政治プロセスが、進歩主義者と禁酒主義者の連立頼みだったのは、連邦政府にとって二番目に大きな収入源（関税後）が酒税だったことが、後者の運動のおもな障害になっていたからだ。したがって所得税の登場は、妥協を要する政治体制の歴史に残る連立だったといえる。政治以外の面では、世界産業労働者組合や、同様に労働運動に関わる独立系の過激分子たちによる労働争議が頻発していたが、アメリカ労働総同盟はウィルソン政権を支持しており、労働運動の過激派が一九一九年から一九二〇年にパーマー・レイドや、目立つ統率者たちの国外追放によって大打撃を受けたことを喜んでいた。

またこの時代に州政府は、労働市場を規制して社会保険の提供を開始するための、進歩的な要綱の一部制定に着手した。この、いわゆるロックナー時代（一九〇五年、最高裁判所がニューヨーク州の銀行家の労働時間の上限を定める法を却下したことから名付けられた）、最高裁判所はますます積極的に憲法修正第一四条の「自由」の保証を利用して、個人の契約の自由を阻むからと、このような規制を却下するようになった。この方針はハマー対ダゲンハート訴訟にも用いられ、連邦政府が児童労働を禁止した一九一六年のキーティング＝オーウェン法を却下。一九二三年にはアトキンス対児童病院訴訟において、コロンビア地区の最低賃金法が却下された。州による新しい規制の一部が擁護される一方で、最高裁判所は国家レベルで課された労働者に有利な労働市場の規制を、引き続き譲らない立場をとった。

アメリカが第一次世界大戦に突入して、民主党と進歩的運動はおもに階級に沿って袂をわかった。大戦は国内政策の優先順位から外れた、非現実的なエリート向けの異国の冒険じみたところがあったからだ。ウィルソン大統領が一四か条の平和原則で述べた戦争の目的とヴェルサイユ条約の内容が決定的に異なったことを受けて、いっそうその要素が強くなった。そこにロシア革命が起きたことで政治的反発が生じて、一九二〇年代は政治的緊縮の時代になった。また、非熟練労働者の組合の名残が消え、アメリカ労働総同盟はその残党の救済のために手を広げようとはしなかったことから、組合解体の時代でもあった。地方の大部分はこの時期の好景気から取り残され、支援に反対する理由としては、引き続き自由放任の原則が採用された。最も顕著なのがマクナリー＝ホーゲン農村救済法案にカルビン・クーリッジ大統領が拒否権を行使した一件だ。アンドリュー・メロンは財務長官としてほぼ一〇年間にわたって正統派の経済政策の監督に務めた。一九二九年に株式市場が暴落し、一連の銀行破綻と金準備の取りつけから持続的な信用収縮がみられて、最終的にこの政策は失敗に終わった。

この暴落と、続いて起こった大恐慌は、メロン計画を国家レベルで骨抜きにした。一九世紀の経済の混乱を、連邦政府による思慮深い規制と、熟練した銀行家の手による国家の経済政策で終わらせるどころではなかった。危機を終わらせるには、金本位制を廃止して、ケインズ派的な財政拡大と、デフレを回避して世帯、企業、農園、金融機関から負債の重荷を取り除く政策、きわめて進歩的な課税など、経済政策の新時代を切り開くしかなかった。ゆえに一九三三年のルーズベルト大統領就任を、経済史研究者のピーター・テミン、バリー・ウィグモアは「レジーム転換」と呼んだ。*12 これらの政策は経済収縮を覆すことには成功したが、最も深刻な悲劇である失業と貧困は緩和されなかったため、一九三五年の「第二次ニューディール」で社会保障と失業保険が設けられ、公共の雇用対策が大きく拡大された。

しかし最高裁判所は、引き続きニューディールの機関や規制を成立させる法を却下して、左派の経済政策を苦しめた。最終的には、ルーズベルトは一九三六年に圧倒的勝利で再選を果たして、追加的に判事を任命して優先事項を承認させる、いわゆる裁判所パッキング計画を行うと脅した。この脅しが事実上のきっかけとなって、ウェストコーストホテル対パリッシュ訴訟で、最高裁判所は最低賃金法を承認してアトキンス判決を覆し、敗北を認めた。これが地ならしとなって一九三八年に公正労働基準法（FLSA）が定められ、それまではあっても州レベルにとどまっていた労働規制が課された。しかし厚生労働基準法は農業と国内産業を適用外としており、なお隔離主義的だったニューディール連合により、意図的に南部の黒人労働者の大部分が対象外とされた。人種による経済格差は、軍産複合体の統合と戦後経済ブームの到来まで開いたままだった。

自由放任路線からのあからさまな逸脱をもって、ルーズベルト政権はアメリカの二〇世紀のイデオロギーを転換した。ただし黒人は、まだ参政権を有していなかったことから、引き続き国家の経済政策と政治勢力から取り残された。アメリカでは、イデオロギー不信をもたらしたのは、二回にわたる世界大戦ではなく、むしろ大恐慌のほうだった。第一次世界大戦へのアメリカ関与については意見が分かれたが、国内の左派活動に対する反動的な黙認は、ヨーロッパ諸国とはちがい体制を揺るがす惨事を招くことにはならなかった。むしろ外交政策の失敗を引き起こしたのは、旧世界の国際政治については素人に等しい、過度に理想主義的な中道左派政権の失敗であったように見受けられた。第二次世界大戦については、それがさらに右派の信用を落とす結果になった。ルーズベルト大統領の最も有力な政敵たちは、彼らが抱える政治問題を孤立主義で悪化させた。彼らはその間ずっと、ソ連のほうがファシズムよりも脅威だと思い込んでいたからだ。戦時中に得られる儲けを利用する柔軟性を持っていた実業家たちは、その対価に折り合いをつける形で、少なくとも一時的には、ニューディールの政治的優位を認めた。この戦争はアメリカに公民権運動を引き起こした。また、労働力不足によりルーズベルト政権は軍隊の供給網における人種統合の必要性に納得して、後継者であるハリー・トルーマンのもと、軍そのものが人種統合された。このようにして戦後のアメリカは、保守政治が抑えられ、力を得ていっそうイデオロギー的に左派傾向を強め、格差の解消に熱心に国家権力を使う民主党のもと歩み始めたのだった。

イギリス

イギリスは一八三二年、一八六七年、一八八四年の改革法で男性の普通選挙実現に近づいた。これの法はそれぞれ中流階級、都市部の労働者階級、地方の農家の男性に参政権を付与するものだった。[*13] 導入に至った政治は劇的なものだったが、当時は期待外れと見なされた。それぞれの法制化（およびその間に失敗に終わった試み）に伴って、社会の大変革が起きると予測されていたのが、結局は誇張だったのだ。それでも最終的にはフランス革命戦争以降優勢だった政党組織の解体にやがてつながり、代わって第二次産業革命の階級制度を基盤とした党体制が築かれた。

経済政策に関しては、旧党体制はリベラル派の総意に従っていた――一八四六年の穀物法廃止から、一九〇三年の統一党による「大英帝国内関税優遇制度」としての保護主義の導入までの間は、どちらの党も自由貿易を支持した。この時期、金本位制は一度も深刻に疑問視されなかった――財務省は毎年黒字を出して、膨大なナポレオンの債務を安定した名目価値に下げるべきであるとの信条があったのだ。一八三四年の新救貧法によって、援助を受けるには救貧院に居住することが必要とされた。これは怠惰になるのを防ぐための懲罰的な措置と位置づけられており、マルサスの人口理論、デヴィッド・リカードの「賃金の鉄則」に沿ったものだった。これらが古典的な自由主義、そして格差と貧困の政治的解決策に対するその敵意の根底にあった、核となる原理だった。

一九世紀を通して、急進派（最も有名なところではチャーティスト）の運動が沸き起こったが、既存の政治体制から得られるものはなかった。犯罪と見なされつつも、労働組合は一九世紀前半を通して成長して、一八七一年には労働組合法によって活動が法的に認められた。組合に同調しながら議会に選出された者もわずかにおり、一八九九年にはさまざまな組合からなる政治団体、労働代表委員会（ＬＲＣ）が結成されたが、国の政治体制に労働が持ちこまれて刺激を与えたのは一九〇一年のいわゆるタフ・ベール訴訟だった。この訴訟では、一連のストライキを成功させた鉄道組合が損害をもたらしたとして賠償責任を負う結果になった。

タフ・ベール判決は抗議行動という考え方そのものを揺るがしかねなかったので、それまで少しでも政治に関わる場合は基本的にリベラル派の候補を支持してきた各組合が、これをきっかけに独自の道を歩み始めた。組合が加盟するにしたがって労働代表委員会の委員は急増して、一九〇三年には自由党と戦略的な非競争協定を結び、次の議会で三〇議席を確保する代わりに他方の選挙区ではリベラル派の候補を支持することとなった。一九〇六年の選挙では、一〇年間政権の座にあった保守党が一掃され、(労働代表委員会の支持を得て)自由党が圧勝をおさめて、一九〇六年からヘンリー・キャンベル＝バナマン、次いでH・H・アスキスのもとで運営された政権は、従来のどの政権より左派寄りだった。庶民院はほぼただちにタフ・ベール判決を覆す法案を通過させ——雇用主の法的主張に対する組合基金の免責を認め、ストライキを行う権利を法制化した。

資本の力が物を言ったのは一九〇八年、合同鉄道組合に対する別件の訴訟でのことで、このときは政治活動のための資金利用（すなわち労働代表委員会向けの資金調達）を阻止するのが目的だった。貴族院は雇用主から出資を受けている組合員を支持する判決を出し、このときは自由党政権も判決を覆す直接的な措置をとらなかったことで、議会内の労働代表委員会の支持者、そして労働代表委員会を裏切り者と見なすようになった一般の労働者、両方の感情を大いに害した。

だが政府は貴族院への要求を続けた。これは前政権でも可能なかぎり繰り返されて、自由党の計画を妨害していた。一九〇九年、財務大臣デビッド・ロイド・ジョージは「人民予算」を提案した。初の大規模所有地に対する課税だった（所有者変更の際に評価額の二〇％を課税）。これは上流階級の富の源にとって直接の脅威で、先祖代々の保有地を繰り返し徐々に売却しながら優雅に衰退していくという上流階級の計画を脅かした。また、この案によって所得税も所得分布の最上部ではいっそう累進的になり、相続税も引き上げられた。二、三年前から始まっていたドイツとの海軍軍拡競争の資金を賄う必要に迫られていたことも、この提案の動機のひとつにあったのだが、ロイド・ジョージは、人民予算を明らかに所得の再分配効果があるものとして提示した。

庶民院のみが財布の紐を握るというイギリス憲法の不文律に違反して、貴族院は一九〇九年の予算案を拒否した。

これがきっかけで、長い政治的な膠着状態が始まった。一九一〇年、貴族院の無力化と予算通過を政策とした自由党政権が二回選挙に勝利したことで、国王がいまにも政府を支持するに充分な上院議員たちを改任するぞと脅すよう説得した。そのかわりに、貴族院は一九一一年の議会制定法に賛成して、法制化に関する権限を自ら大幅に縮小した。この議会制定法は進歩的な立法行為の導入を阻んできた、政府内の非選出の一派の力を削いだという点において、イギリスにとって、アメリカのロックナー期を終わらせた最高裁訴訟、ウェストコーストホテル対パリッシュ訴訟に匹敵するものだった。そしてその起こり方も似ていた——貴族院の従来の社会的権威がそこなわれかねないほど議員数を拡大するぞという政治的圧力のもとで、この組織は自ら自身の力を削ぐことを選んだ。本質的には、他人の手による敗北に直面して、アメリカの最高裁判所とイギリスの貴族院は自殺を選んだといえる。

またこの自殺は、戦って負ける場合に比べれば、相当な政治的ダメージを相手方に与えたという点で実際に効果を挙げた。正面から戦って相手が完全勝利していれば、正反対の結果を招いたであろう。ルーズベルトは法廷パッキング計画のせいで、所属政党の議員たちの間でも、国内でも権威を失った。イギリスでは議会制定法の後、自由党政権は一九一四年まで、女性参政権への抗議、労働争議の横行、アイルランドの自治とのはざまで、本質的には国を抑えきれなくなった。原因の一端は、自由党が貴族院を抑えこむときに使ってしまった政治力を取り戻せなかったことで、最終的には、一九一四年に訪れた戦争を政治的救済者として歓迎する結果になった。

イギリス政府は開戦理由を、ベルギーの領土主権を守るという条約義務のためと位置づけたが、この戦争は、単純にイギリスに無理強いされたわけではなかった。また、イギリスの外交政策担当官の失策によって戦争に引きこまれたわけでもなかった。利益をもたらす帝国の防衛と拡大は、ボーア戦争については意見が分かれたものの、一九〇六年以降の自由党政権と、保守派による前政権にほぼ共通した政策だった。そして脅威が中東と南アジアへのロシアの侵攻からドイツの侵攻に変わると、イギリスは英仏協商を結び、膨大な費用を投じて軍事態勢を再構築して、軍備を拡大しつつあったドイツ海軍による海外資産への脅威の封じ込めを図った。だが第一次世界大戦の発端は、国内政治にもあった——この戦争は一九一一年以降、国家と政治を麻痺させてきた継続的な危機から一時的な救済をもたらしたのだ。三つの反乱——組合、女性参政権、アイルランド統一主義者——すべてが開戦に際して政府に対するあからさまな挑戦を断念した。

女性参政権運動の遺産は特に注目に値する――この運動には保守派の上流中産階級の統率のもと、強力な労働階級の構成員が集まっており、両者とも等しく一九一一年から一九一四年の自由党政権の抑圧的政策の標的とされていた。これらの政策の粗野で暴力的な性差別は（根底にある女性参政権問題に対して政府が公式に無策だったこともあり）両派閥を永遠に自由党と敵対させることになり、平等な参政権についての法案が最終的に通過した後、自由党の支持が落ちこむ一因になった。これらの派閥が保守党と労働党に見事に分かれたからだ。戦前の組合の闘志も、開戦とともにただ消えたわけではなかった。戦争突入への不満は草の根レベルでつのり、一九一七年には、労働党の閣僚が政府に反旗を翻すことになった。

この戦争はすべての関係者にとって災いとなった。まず戦費をまかなうには、一九〇九年の人民予算で課された額をはるかに超える、所得と資産への課税が必要だった。金本位制は戦時中に廃止されてインフレがはびこるようになり、富の実質価値はさらに低下した。戦争行為そのものが、マクロレベル（悲惨な結果になるとだれもが事前予測したことを避けられなかった戦前の外交と、戦中の天然資源の処理の両方が無益だったと見受けられること）、ミクロレベル（貴族が庶民に指示して大量の死者を出す犠牲の大きい軍事戦略を行ったこと）の両方で、従来のエリート層の信用を落とした。戦後清算の政治的必要性は、選挙にもつれこむ前に開戦と戦争行為の責任を負うべき指導者たちを救うことにあり、これは一九一八年の総選挙までに遂行できたように見受けられた。一九一六年以降、政権を握っていた（保守党をもととする）大連立体制が選挙に勝利して、労働党と自由党の反ロイド・ジョージ派が脇に押しやられたのだ。一九一九年、ヴェルサイユ条約によってドイツは途方もない賠償を求められた。一九一八年秋に戦闘を終わらせた停戦合意の基盤であったウッドロー・ウィルソンの一四か条の平和原則をはるかに上回るものだった。賠償金の大部分はフランスが受け取り、一部はポーランドのものになった。イギリスが表向き獲得したものは、工業における戦前の競争相手の損失だった。ドイツの資本金と生産拠点は解体されることになっていたからだ。

ロイド・ジョージ率いる戦後の政府は当初勝利をおさめたにもかかわらず、戦争によって自由党は選挙における力を失い、イギリス政治は労働党と保守党の二極に分裂した。この結果は、戦争直前に予想された方向よりも、政治を大きく右に偏らせた。つまり戦争は、アスキス政権（この時点でイギリスが経験した最も左派寄りの政権）の戦前の失敗と並んで、一九世紀を古典的リベラリズムの時代にした。労働階級向けの選挙の受け皿としては受け入れられない、原理――福祉・国家統制主義傾向にもかかわらずそれが起きたのだった。だが（まだこの時点では）古典的リベラリズムは国全体にとって政府のイデオロギーでなくなったとはいえなかった。結局のところイギリスは戦勝国であったし、一方でロシア革命は暴力と急進的な大変革の脅威を見せつけた――右派の報道媒体が、両大戦間の数十年間ずっと宣伝した脅威だ。戦争はイギリスの資本主義のイデオロギー的基盤を破壊したが、この基盤がだめになったのは一九三〇年代後半のことだ。

一九二五年、保守党の財務大臣ウィンストン・チャーチルが戦前の為替レートで金本位制を再開した。これはイギリスの対外輸出コストと、イギリスの戦債償還のコストを引き上げながら、蓄積された富の価値を大幅に切り下げる結果となった。動機はもともと政治的なものだったとチャーチルは後に認めている――戦前の金融政策に回帰することで、何とか当時の政治に戻れないかと期待したのだ。デフレはイギリスだけに不況をもたらし、国内物価水準の下方修正に伴って、大量のレイオフを招いた。ケインズは著作『チャーチル氏の経済的帰結』で、結果として生じるメカニズムはレイオフと失業であり「無原罪の移転」ではないと指摘している。そして一九二六年に炭鉱労働者の賃金がわずかに引き下げられたのを受けて、ストライキが起こった。すべての組合が追随してゼネストが起きた。これは成功しなかったが、不必要に過酷な金融政策がもたらした危機は、大恐慌でさらに悪化した。一九二九年、労働党率いる政権が誕生したが、急進的と決めつけられることをおそれて、何としてでも先の政府の金融政策を維持しなければならないと考えた政府は、世界的な景気収縮が続く中で財政緊縮に踏みきり、その過程で労働党が瓦解した。その結果、保守党の支持に依存する政府は金本位制から手を引いたが、最も左翼的な由来を持つ改革政策を却下した――中でも注目に値するのが公共の職業斡旋と産業の国有化で、両方とも、本質的に無駄な、資本主義の副産物と見なされるようになったものの排除を狙いとしていた。

一九三〇年代を通して、ハイポリティクスと社会的軋轢の両方が、従来の経済政策を擁護する中流階級の人々と、失業をなくすための産業の国有化、およびあらゆる貧困に対処できる包括的な福祉国家の建設を支持する労働者階級の人々を対立させた。また一方で、保守党の一九二〇年代の外交政策の特徴であったドイツへの懲罰的待遇に対する反応は、一九三〇年代のファシズムへの宥和政策に移行した。これは、大陸の平和にとってさらに大きな脅威はソビエト連邦で、ファシズムは少なくともその防波堤だという思い込みによるところが大きかった。この考え方はドイツ、イタリア、スペインで（従来のリベラル派とはちがって）大衆の意志という正当性を得たし、また（社会民主主義の党とはちがって）暴力的な手段ではなく民主的な手段をとり、民間資本の所有を脅かさなかった。この外交政策がたどった運命はご存じの通り。そして戦時中、宥和政策と「健全な」経済政策をとった保守党政権は、一九三〇年代に宥和政策にあえて逆らった反体派の保守党員、ウィンストン・チャーチル率いる連立政権に取って代わられた。だが他の閣僚たちの大部分は、計画経済を長年提唱してきた労働党員だった。戦中に実施された政策には、大きな生産効果によって、一九三〇年に多く発生していた失業を完全になくせるとの閣僚の当時の主張が表れている。こうして第二次世界大戦は、第一次世界大戦前からのプロセスを完了させたのだった。そのプロセスとは、イギリスの従来の統治者の信用を低下させることだ。というのも有権者は、労働階級が統治者たちの無能さから国を救ったと見なしたからだ。

戦争の到来と実施は、一九世紀イギリスの古典的リベラル派コンセンサスにとどめをさした――長きにわたる失業率の高さと物質的困窮は現代の工業経済につきものだという考え方だ。普通参政権の時代まで、長い間イデオロギーを維持してきたエリート層は、戦争の数十年前に政策の失敗で信頼を失った。このような理由から、終戦直後の総選挙で労働党はついに大勝して政権を握り、かねてからの計画だった平時の産業国有化、福祉国家、所得と資産への厳しい課税を実現させた――これが二〇世紀半ばに最終的に格差が縮小したおもな理由だ。

フランス

フランスは一八四八年の革命のさなかに男性普通選挙を実現した。この革命で第二共和制が敷かれ、初の選挙が行われて、七月王政を倒した急進派の政治家たちに国民議会が取って代わった。国民議会の勢力の均衡を保っていたのは君主制に賛成する地方の穏健派だった。この年の大統領選挙でルイ・ナポレオン皇太子が当選して、分裂した共和派の左派をおさえて権力を握り、ごく少数のパリの労働者階級の社会主義者たちと、パリ市庁舎におかれたこれに敵対する政府は、短期間ながら存在した間ずっと国民議会を脅かした。大統領は時機をうかがい、一八五一年に政治的変動に対して広がった不満を利用して、国民投票で圧倒的多数の票を獲得して専制君主制を宣言。第二共和制を終結させ、その後二〇年間にわたり、皇帝ナポレオン三世として第二帝政時代を築いた。このように、フランスの例だと普通選挙は自由放任資本主義を覆すに至らなかったどころか、民主主義政府を約束することもできなかった。*14

第二帝政は末期には労働争議の増加に直面しており、一八七〇年から一八七一年にプロイセンの侵攻により崩壊した。ただちに生じた結果がパリ・コミューンで、その名はそれから何十年間も、改革主義の危険を指す、国際的に通用するあだ名になった。こうして第二帝政は極端な政治的二極化から生まれてそこで死に、消えてはいなかった二極化した政治を第三共和政に残した。その一方で、第三共和政の政治は徐々にしか左派寄りにならず、妥協した計画を携えた連立政権の数々は、イギリスのように（そしてフランスで一九三六年に実現したように）めざましい門出を果たせなかった。もうひとつのちがいは、聖職権主義はフランスの第三共和政においては大きな政治問題で、政治的軋轢にさらなる一面を追加して――エリート資本家階級への不信という構図を複雑化した。同様のドラマはドイツの文化闘争でもみられた。

第三共和政の（つまり民主主義の）政府が勝利したのは、君主制主義者初の大統領、パトリス・ド・マクマオンが政府は議会に対して責任があるのか、それとも大統領に対して責任があるのかと問い、一八七七年の下院議会（第三共和政のフランス議会の下院）の選挙で敗北したときのみだ。一八七九年、共和党は議会を掌握した。君主制主義者のよりどころと見なされていた議会の存在は、第三共和政を確立する憲法に同意するかわりに、王制主義者が出した条件だった。一八八〇年代前半、教育相ジュール・フェリーは、自らの名前を冠した一連の法案を通して、公的教育を国が提供するものとして、カトリック教会の影響力を大きくそこなった。レオン・ガンベタ率いるこの政権は、公式にはどの政党とも提携しなかったが、一八八四年に労働組合を合法化した。この頃の政治的左派は数々の社会主義派閥に分かれて、資本主義（を打倒して資本主義政治体制の残りの部分と関わり）、ガンベタ、フェリー、その後継者たちなど、最終的に急進党（さらにあからさまに反聖職権主義で、所得への課税の可能性を持ち出し始めていた）に道を譲った、いわゆる日和見主義の共和主義者たちを打倒する適切な方法について、さまざまな立場を主張していた。右派は長きにわたって君主制主義と結びつき、続いて独裁者になろうとしたブーランジェ将軍の掲げる中流階級のポピュリスト／失地回復主義的愛国主義と手を組んだことで崩壊していた。ブーランジェ将軍は一八八〇年代後半に、君主制主義者の後援を受けて政治の舞台に登場。その後、共和制の合同勢力から持続的な攻撃を受けて姿を消した。

戦前の第三共和政で起きた最も悪名高い政治的な出来事、ドレフュス事件はこの時期に昇華していたすべての対立を表面化させた。ドレフュス擁護派のさまざまな派閥が共和政の政治家や政党の裏で団結する一方で、再び君主主義、聖職権主義、好戦的な愛国主義が頭をもたげた。より大きな危機のさなか、左派では一八九九年に社会主義者のアレクサンドル・ミルランが共和党のドレフュス擁護派、ピエール・ワルデック・ルソー率いる内閣への参加是非について議論が飛び交った。この内閣にはパリ・コミューンを鎮圧した貴族も一人含まれていた。一九〇二年から一九〇五年にかけて、ジャン・ジョレス率いる非革命的社会主義者による民主主義団体、労働者インターナショナル・フランス支部（ＳＦＩＯ）が結成されて、フランスの社会主義は政治団体の形をとった。一九〇五年には、公教育などさまざまな国の機能から教会を完全に締め出す政教分離法が制定されて、その後の歴代の内閣で、社会保険、法定労働時間を含む労働市場改革に関する法が制定された。所得税は既存の累進課税制度の反平等主義的な性質をめぐる長い議論の末に、一九〇九年に下院を通過したが、費用のかさむ衝突が予測されることのみが法案通過の理由だったため、戦争直前の一九一四年七月まで上院で棚上げされた。史家アーノ・マイヤーはこの時代のフランスの上院を「できての内閣がつまづいてばかりいた岩」と評している。[*15]

外交政策は共和党左派の急進派と、労働者インターナショナル・フランス支部の間にくさびを打ちこんだ。労働者インターナショナル・フランス支部は軍備増強と、ドイツとの敵対に反対だった。国際的ゼネストを支持して戦争回避を願ったジョレスは、開戦直前に君主制主義者によってパリのカフェで暗殺された。戦争を進めたのは左派の共和党穏健派で、一九一七年に超ナショナリストのクレマンソーがこれに代わった。この戦争はフランスにとって、イギリスの場合より悲惨なものになった。ヴェルサイユ条約に向けた会議で絶対に不可欠だったのは、戦前の数十年間、戦争を招く行為をしていた政界上層部の名声の回復だった——このようなわけで、懲罰的な賠償スケジュールがヴァイマル共和政に科された。イギリスとまったく同様に、戦争の初期段階に統治していた左派の穏健派は痛手を負い、戦後政治は労働階級左派と、中流階級右派が掌握した。

しかしフランスの場合、左派はほぼただちにロシア革命の内政への影響を突きつけられた。ジョレス支持派は、ブルジョア政府への参加が適切かどうかの議論は、ジョレスの弟子たちと ソヴィエト共産主義との過剰な提携、追従の提唱者たちとの綱引きに変わった。一九二〇年のトゥール党大会で、労働者インターナショナル・フランス支部は永遠に崩壊して、共産主義者の大部分はソヴィエト「第三インターナショナル」に加わり、党の報道発表と関連労働組合の大部分を掌握した。一方で社会党の残党はレオン・ブルムのもとに残った。一九二〇年代、一九三〇年代と、ブルムの派閥は国民戦線と対立する急進左派の率いる政府、いわゆる左派カルテル政府を支持した。フランスはこの時代、ほぼずっと経済危機を抱えていた。ドイツによる賠償が具体化しないせいで、一九二〇年代の終わりまでに財政危機に陥ったところに、一九二六年から一九三六年の大恐慌が起きた(だがピケティの著書にある通り、二つの危機はまったく異なる原因と性質を持っており、分配効果もまったく異なり、ゆえに政治的影響も異なる)。最終的に上院における派閥争いがもたらした弱点は一九三四年二月の暴動の口実を提供した。第三共和政の政府が街頭デモによって倒された唯一の例だ。また、さらに重要なこととして、ドイツ、イタリア、スペインにおけるファシストの成功を受けてソビエトの外交政策が変化したことが、人民戦線登場の舞台を整えた。

人民戦線は、一九二一年以来フランス政治の脇役同然だった共産党を政府内に引き出して、組合をもっと穏健なものと連携させ、マティニョン協定の下準備を整えた。この協定により、労働者インターナショナル・フランス支部が存在をかけて提唱していたあらゆる労働改革が法制化された。内容には週四〇時間労働、法定団体交渉権、賃金の即時引き上げ、法定有給休暇などが含まれており、すべて政府の仲介による組合と雇用主との和解条件の一部として、一九三六年五月の選挙における人民戦線の勝利直後に行われたゼネストを終わらせるために定められた。新政府は金本位制もついに廃止した。経済大国として大恐慌の中で金本位制の撤廃に踏みきったのは、フランスが最後だった。このすべてが、政治的緊張の高まり、路上での暴力、当時の政府と第三共和政の政治的正当性に疑いのまなざしが向けられる中で行われた。

このように、一九三〇年代後半の人民戦線の二つの政府は、フランスでの左派の最終的勝利を意味したわけではない。事実にはほど遠い。共産党のブルジョア政党との協調は、ソビエトのさらなる策謀のせいで続かなかった。一方で、ドイツの再軍備を踏まえた治安情勢の悪化は、フランスは内部から敵に売られたと主張していた反動分子に力を持たせた。イギリスと同様、フランスもナチスドイツに譲歩することを選んだ——うまくいかないと知りながら、何の政治的合意にも至らず、取り得る選択肢もなく。ナチスの侵攻、占領があり、傀儡政権であるヴィシー政権の誕生に際して、侵略者たちは戦前の右派の中に協力を惜しまない者たち——過去数十年間にわたって、左派がフランスを内部から売ろうとしていると警告してきた派閥——を見つけた。これが戦後の社会保障の法律制定の土台作りとなる最後の不名誉だった。中道右派の組織の一部は自由フランスに加わった一方で、フランスに残ったレジスタンスを活気づけたのは左派、特に共産党で、結果としてもっと包括的な社会保障制度を法制化して、第四共和政で政治の主導権を握ったのは人民戦線の残党だった。

ドイツ

近代ドイツが政治的に成立したのは一八七一年で、プロイセン統一戦争の結末として、ウィーン会議で確立されて崩壊していた政治秩序がまとめられた。この秩序の政治的動機は、ヨーロッパの力の均衡を保つことだったのが、プロイセンがフランスに勝利して第二帝国が設立され、プロイセン優勢に傾いていた。革命政治が一役買って「会議体制」におけるリベラル派の目的だった統一をもたらした。だが一八四八年の革命の影響で、ドイツのリベラリズムとナショナリズムは枝分かれしていった（多くのリベラル派は亡命した）。そのため、ドイツには相当な左派政治の歴史があり、その大部分はドイツが統一された政治組織になるより前からヨーロッパで発展してきた。ドイツの構成州はすべて男性普通選挙権を有していなかったが、それぞれの内政の舞台にリベラル改革派がいて、労働階級運動の高まりもあった。

一八六〇年代には、ドイツ統一の原因そのものが伝統的な貴族階級と近代ブルジョアを結びつけていた——イギリスとフランスでも広がった、古典的な一九世紀の政治提携だ。構成国のリベラル派は、伝統的な貴族階級で占められる政敵への対抗勢力として、プロイセンによる奪取をおおむね支持した。プロイセン政府は当時、リベラル政治の理想的な最終状態とされる立憲君主制を体現していたからだ。フランス同様、宗教は政治において大きな存在感を持っていた。カトリック教会は統一に反対する勢力に大きな位置を占めていたため、ビスマルクの反カトリック文化闘争は、統一後もっとも意見の分かれる政治問題だった。リベラル派はおおむね統一を支持しており、プロイセンの立憲君主制は国内政策に並外れた規模の影響力を与えた。その規模は数十年後のアメリカのセオドア・ルーズベルトおよびウィルソン政権から受けた影響力にも等しい。一八九一年、プロイセンは先駆的な所得税を法で定め、その後ずっと自然独占は規制されて、場合によってはすっかり政権に引き渡された。政府は保健、退職、労働補償に関する社会保険といった初の試みも法制化した。下の階級からの政治的脅威に直面して、資産保有者の政権への忠誠心の確保をあからさまに目的とした中流階級の税制優遇もまた法制化された。[*16]

その一方、一八七一年の憲法には議会で男性普通選挙権が盛り込まれたにもかかわらず、伝統的な貴族とその仲間たちは、構成国および統一ドイツの両方において、抑圧的ともいえる政治に対する強い影響力を相変わらず持っていた。帝国政府は予算に議会の承認を必要としたが、議会ではなく皇帝に対する責任を負った。連邦参議院（Bundesrat）で代表されるのは国民ではなく構成国政府で、プロイセンは連邦参議院で扱われる主要分野の政策に事実上の拒否権を有していた。そしてプロイセンにおける参政権は普遍的なものとはかけ離れていた——下院に占める議席数を決定するのは人口ではなく、税収総額に占める比率によって三分割された票だった。つまりごくわずかなエリート層が票の三分の一、さらに大きな中流階級が三分の一、そして膨大な人口の最下層が残り三分の一を手にする。上院は代々の貴族と、王に任命された人物が多かった。まとめると、一八七一年の憲法に表面上含められた民衆政治は、左派政治が組織と大衆の支持の中で広がる一方で、引き続き妨害されていたといえる。

後の（そして現在の）ドイツ社会民主党（ＳＰＤ）は、一八六〇年代に構成州で生じた労働組合と労働階級の政治運動の中で結党された。ドイツの統一に伴って、ドイツ社会民主党も統一された。一八七五年の党大会では、すべて累進所得税と富裕税を財源とした民主主義政府、言論の自由、万人が利用できる社会保険、保健医療、教育を求めるゴータ綱領を発表した。ゴータ綱領が主張しなかったもので目立つのは産業の国有化で、カール・マルクスからは漸進主義、ブルジョア民主主義政治の支持だと批判されたことが知られる。ドイツ社会民主党は反君主制主義と、複数回の（言うまでもなく別々の）皇帝暗殺未遂を理由に、ビスマルクのもと、一八七八年には議会において非合法な存在と見なされて一八九〇年まで法による弾圧を受けた。ドイツ社会民主党が合法とされても、いくつかの構成州は、党の力の高まりを阻止するために、参政権の重心を資産家に置いた、階級に基づく投票体制に回帰した。

一八九〇年、社会主義者鎮圧法が廃止されると、左派のイデオロギーに関する闘争がヨーロッパ全土で起こり、一九三〇年代半ばの人民戦線運動まで続いた。当初は社会主義者と手を組んでいる労働組合がつぎつぎとストライキを起こし、ドイツ社会民主党は一八九一年のエルフルト綱領で産業の国有化を誓って、ゴータ綱領を批判したマルクス主義者たちを効率的に引きこんだ（もっと政治的に幸先の良い時機がすぐ訪れるものと期待して、一触即発の組合の戦意を削ごうとしたともいえる）。だが一八九〇年代のあいだにドイツ社会民主党は修正主義派と正統派に分裂して、前者は資本主義打倒の望ましさを理論、実践の両面から取り上げ始めた。エドゥアルト・ベルンシュタインは、民主的かつ本質的には資本主義的な文脈において、緩やかな労働者解放運動を支持して、気品あふれる美辞麗句を排した『社会主義の問題』と題した小冊子をひと続き発行した。公式には、ドイツ社会民主党は政治的に一本化されたまま変わらなかったが、二〇世紀の間ほぼずっと、ベルンシュタインの修正主義が標準的イデオロギーとなり、党は権力を受け入れるにあたり、繰り返し政治的、社会的体制の維持に渋々従った。そして従来の政党がもたらした混乱の一掃と統治に向き合う姿勢そのものによって、大衆の支持を得ようとした。

一方でドイツ、ならびにその構成州は、ドイツ社会民主党が党員数と勢力を増す影で政策を発展させていた。一九〇〇年代前半、国会は社会保険、労働時間の制限、工場査察など労働者保護の法律を成立させた。だが左派が影響力を増すにしたがって政治的反発が生じて、国内政治の方向転換を図って軍事化が支持された。こうして州当局、軍、法律顧問の職にあった保守的な勢力は、全面戦争はすべてを失うおそれがあると広く知られていたにもかかわらず、硬直しつつあった三国協商の一連の危機を引き起こすことに集中した。一方では、圧倒的に強力な軍事機構として知られるものを結集させればフランスとロシアをつぎつぎに打倒できると考えられた一方で、帝国宰相テオバルト・フォン・ベートマン・ホルヴェーク、参謀総長ヘルムート・フォン・モルトケなど、ドイツの指導者の一部は一石二鳥を思い描いていた――敵国を脅かして実際の開戦を渋るように仕向ける一方で、国内政治の保守勢力を強化する方法だ。その結果、多かれ少なかれ自動的に発動するおそれのあるスイッチがいくつもできあがって、一九一四年に破滅のシナリオが展開することになった。

戦争はドイツ社会民主党をすぐさま分裂させ、かつての左派は離党してスパルタクス団を結成した。残った党員たちは最初のうち議会が定めた軍事予算を渋々受け入れたが、議会通らは次第に反発するようになり、一九一六年には、閣僚はもはや議会での軋轢を引き続き支えてくれる過半数の支持を得られなくなっていた。この時点で皇帝が事実上の軍事クーデターを実行して民生権限を軍の最高指令部に渡し、全面戦争の戦略が整った。一九一八年の春には目標がほぼ達成されたが、その過程で国内戦線への負担が限界に達した。そして連合国がパリ郊外で西部戦線の状況を一変させた時点で、第二帝国は終わりを迎えたも同然だった。九月には、司令部のパウル・フォン・ヒンデンブルク、エーリヒ・ルーデンドルフが文民政府を設立して、アメリカとの休戦に持ちこむよう皇帝に訴えた。それがドイツにとって、内側からの崩壊を食い止める唯一の希望であり、ウィルソン政権は戦争で荒廃した同盟国の方針からの離脱を正当化するために、ドイツに内政改革の兆候を求めると知っていたからだ。その一環として、不公平なプロイセンの選挙法はようやく修正された。二〇年間にわたってドイツ社会民主党が最大政党でありながら帝国政府から締め出されていたせいではなく、国外勢力をなだめるためだった。特にルーデンドルフはすでに戦後政策を見据えており、組織が生き延びて機会をあらためて戦うには、迫りつつある敗北の責任をあいまいにすることが不可欠だった。

その点でルーデンドルフにしてみれば、信頼に足る政党であると示したがっていたドイツ社会民主党が最高の盟友となった。党首フリードリヒ・エーベルトは、司令部から事実上渡されたバトンを受け取り、かわりに政治的盟友たちに再編成の期間を与えた。ルーデンドルフは前線で指揮にあたる将校たちに休戦記念式典に参加しないように指示までして、軍部の署名は書類に残させず、関与させなかった。政府一九一八年一一月の停戦に続いて立ち上げられた政府は、女性も対象とした普通選挙権、そして言論の自由、戦中は大いに損なわれていた報道の自由をただちに法で定めた。また、団体交渉権の保護も法制化して、連邦法案に対する上院の拒否権を廃止した。その点で一九一九年のいわゆるドイツ革命とヴァイマル憲法は、戦前および戦中の政府の信頼のなさに起因する、明白な政治的発展だったといえる。だが政権は国の崩壊に直面した。国を守るには、スパルタクス団に先導された蜂起をおさめるために、残存している軍と専門職エリート層との協調が必要だった。スパルタクス団は前年ソビエト革命の第一段階に起きた流れに沿って、多数の主要都市で民間政府に労働者評議会を選出していた。これらの評議会は、工場を稼働させておく条件として、賃金、労働条件、雇用主による組合の認可において大きな譲歩を引き出した。だが新しい文民政府、制服姿の軍の同盟、武装した非正規兵の集団（多くは前線で敗北して戻ってきた退役兵）は、たやすく左派を打倒した。この反民主主義的な汚点がヴァイマルの政治の舞台から除かれることはなかった。同じ分子らによって一五年後に実現される国家転覆という結末は、一九一九年当時、まだ避けられなくはなかったのだが。

一九一九年の夏についに結ばれたヴェルサイユ条約は、政府にとってはまったく惨事であり、その結果としてドイツは、迫りつつある経済大災厄の責任をヴァイマル政府に負わせることになった。連合国による食料品輸送封鎖の継続により、政府は交渉のテーブルにつくことを事実上余儀なくされた。これはドイツが以降、ヴェルサイユ条約など遵守する義務はないという議論に力を与えた検討事項だった。また交渉に先立って、エーベルトは戦時経済の破綻がもたらした経済の明白な沈滞は、賠償の資金調達が明らかに不可能だという事実が、逆説的に交渉においてドイツの立場を強めると大衆に請け合っていた。[*17] この戦略的な誇張表現の誤りで考慮されていなかったのは、フランスとイギリスも苦境にあり、上層部はドイツの血に飢えていた点、そしてウィルソンはあえて戦争に突入したことが物議を醸して政治的に立場が弱くなり、はるかに大きな犠牲を出した同盟国を抑えられる立場になかった点だ。そのためヴェルサイユにおいて課された条約は、最初から受け入れられないものであり、ドイツの政治体制は少なくとも形式的に反対の意を示したが、これに対して連合国側が、政府が拒絶するなら再度軍隊を動員して、少なくとも西ドイツを占拠する意志を明らかにすると、政府は司令部に意見を求め、軍隊が抵抗できない状態にあることを確認後に渋々従った。

ヴァイマル共和制の政治体制を構成していたのは、スパルタクス団の後継者で最終的にはソ連と密接に結びついた共産党、ドイツ社会民主党、穏健左派の民主主義ブルジョア党、カトリック中道党（左派、右派がある）、右派の政党が二党（民主主義と貴族階級）、そしてやがてナチ党も加わる。共産主義者たちは左派から一九一九年から一九二三年に三回ヴァイマル共和制に挑んだ。回を重ねるごとに成果は悪くなった。反民主主義の右派も政府打倒を試みた。最初が一九二〇年のカップ一揆、二回目は一九二三年のミュンヘン一揆で、一九一九年には仲間の民兵組織がスパルタクス団の指導者ローザ・ルクセンブルクとカール・リープクネヒトを暗殺している。これらの出来事により公式な政治機構からは無条件の支持を得られなかったが、当局や法曹界の保守派はこの右派民兵組織を懲罰から保護して、積極的な弾圧は不安定な状況を煽るだけだと政府を説き伏せた。だがヴァイマル共和制につきまとった政治的不安定さと、右派の組織主導の政治的過激思想という絶えることのない「脅威」は、史学に残る嘆かわしい伝統を生じさせた――ナチスの手に落ちることは避けられなかった。こういった議論のやり方は直観ではわからない目的を果たしてしまう。実際に結果を引き起こした勢力が負うべき責任をあいまいにしてしまうのだ――民主主義より独裁政治を望み、民兵組織による暴力は体制の社会的、経済的立場に対する政治的脅威を無力化して脅かすのに利用できる道具であると考えた、公的政治体制の右派の責任を。

ヴァイマル共和政の歴史記述が最も不得意とするのは、危機の初期段階の特徴、つまりハイパーインフレの分析だ。[*18] 根源的にハイパーインフレを引き起こしたのは、ヴェルサイユの不合理な賠償スケジュールと、企んで行った戦争で大きな犠牲を出して評判が地に落ちた外国の政治家の政治生命を守るためならドイツの労働者をどこまでも働かせることが可能であるという、明らかにまちがいだが政治的に求められた信条だ。ハイパーインフレの力学には、支払いを確保するための連合国の取り組みがそのまま反映されていた――危機がつのったのはフランスがドイツの工場に高い生産性を強制的に実現させようとルール地方を占領したときで、この戦術ではドイツの労働者を引き出せないとわかると。危機は落ちついた。西ドイツの工場労働者の賠償への協力拒否には――具体的には、これらの行動を上からイギリスに調整されようと、政府の政策が何であるにせよ、どれだけ現地で重要であろうと――議論の余地があった。いずれにせよ、フランスは一九二三年後半に軍勢を引き上げ、一方でドイツはあからさまな非協力体制をやめるという政府による仮合意により、ハイパーインフレを終わらせる一連の交渉の準備が整い、アメリカによる貸付に支えられた新しい「レンテンマルク」が導入されて、最も重要なこととして、多少は持続可能な賠償スケジュールがドーズ案およびヤング案で具体化された。

ハイパーインフレはドイツの資本ストックの価値を著しく破壊したが、賠償の再交渉の一部として、政府が資本ではなく労働を犠牲に税収を増やそうとして民間部門に厳しい政策を課したことで、一九一九年の革命で労働組合が苦闘の末に手にしたものも犠牲になった。エリック・ワイツは、この結果について次のように述べている。「ヴァイマル共和制はインフレで中流階級を失い、安定化で労働階級を失った」[19]結果的に、一九二四年以降のヴァイマル共和制の第二期に、ドイツ社会民主党は政界の中心から押し出された。だが一九二七年に勢力を取り戻したときには、（無報酬の）休暇、妊娠中の労働者に対する仕事の保証など、ビスマルクが築いた礎の上に徐々に重ねられていったつぎはぎに代わる、さらに寛大な社会保険制度を法制化している。[20]ヴァイマル共和政にとっての最後の政治的危機の引き金となったのは、この拡大された社会保険制度だった。

ハイパーインフレからの回復はアメリカによる金融支援にかかっていた。アメリカの株式市場が一九二九年に破綻すると、アメリカの銀行は慌てて貸付の回収を始めて最初の外国犠牲国としてドイツに金融危機を広めた。ナチ党は一九二〇年以降、泡沫政党だった。大恐慌はその党員を増やし、公式な政治体制の中にいた後援者たちに、共和政の第一期から推し進めてきた反革命運動を立ち上げるべき時が熟したと思いこませた。最初の一歩は、危機の打開策として、緊縮経済を求めることだった。社会保険を支援してきたドイツ社会民主党政府が、大恐慌で体制が破綻した後、法人税引き上げによる救済を試みたときに、その運命を最初に決した政策だ。その後、一九三〇年にヒンデンブルク大統領は中央党のハインリヒ・ブリューニングを首相に指名した。彼も議会の半数の支持を得ることに失敗すると、憲法第四八条のもとに統治を行った。当時残っていた支持者たちは、一時的な措置にすぎないと思っていたが、実質的には、これがヴァイマル共和制の終わりだった。

法のもとに政治を行った二年間に、ブリューニングは緊縮政策をつぎつぎと実施して、失業保険その他の社会保障関係費、公務員給与、ついには農業補助金も削減した――これで堪忍袋の緒が切れ、プロイセンの農村部の貴族を代表する右派の政党は支持をやめた。一方、ブリューニングは選挙を数回経験しながら議会の過半数の支持を得られず、むしろ共産党と、特にナチス党の益になる偏向を見せた。体制が破綻したのは、政権を支持していたのが縮小しつつあったドイツ社会民主党だけで、しかもそれが政府の政策に反対したからだ。その一方、非民主的な統治のやり方だったにもかかわらず、長いあいだ共和政の打倒を狙いっていた右派は、ナチ党を使えば目的を果たせると考えた。右派エリート層の代表者たちには不可能だった大規模な政治活動への動員がナチ党には可能だったことから——政治とイデオロギーにとっての重大な危機に、この極右勢力は欠かせない盟友になった。実際、ナチ党は一九三二年にヒトラーが権力を掌握しようと挑戦した二回の選挙で、もう少しで勝利するところだった(ヒンデンブルクと大統領選を争ったとき、およびブリューニングが退陣を余儀なくされた後にヒトラーが首相の座を狙ったとき)。いずれもうまくいかず、一九三二年の三回にわたる選挙の最後には、ナチ党は衰退しつつあった。このとき初めてヒンデンブルクの側近たちがヒトラーを首相に指名するよう説得して、(仕組まれた国会議事堂放火事件と、その後の政治的テロの気配を受けて)翌年の全権委任法通過をもって、最終的にはヒトラーの議会掌握を可能にした。これで選挙で過半数を獲得した勝者に議席の大部分が与えられた。

ナチ党による掌握は、第一次世界大戦の終わり、およびその直後の一九一八年から一九一九年のドイツ革命のさなかに生じた出来事にとって、正真正銘の反革命だった。この革命は最終的に古くからのエリート層を権力の座から外すには至らず、ヴァイマル共和制の政治の不安定さと政策の失敗によってエリート層は再び活性化した。具体的には、機会があったときに昔からの敵を全滅させそこねた民主主義左派の失敗だ。確かにドイツ社会民主党はいつも、ドイツの左派の民主主義政府を正当化させないように協力せよとソ連から指示を受けた共産党に、背後から攻撃されていた。当時そのような目に遭っていた国は世界中でドイツのみだった。そして反ヴァイマル共和制の右派、つまり旧政権の継承者と、付け加えるまでもないが、登場したばかりのナチ党の両方が、民主主義政府の基本的な正当性を決して認めなかった。このように、ドイツの左派政治はここで取りあげた四つの国の中で最も進んでいたという事実、そして最初の戦争を始めて(無意味に犠牲の多い戦いだったとしても、イギリスやフランスのように勝利するまで戦おうとせず)敗北したことで最も評判を落とした古くからのエリート層は、ドイツ社会民主党、有権者、何よりドイツに負担をかけた——彼らの望む政治には国際的な前例がまだなく、ソ連の教訓めいた話のみだった。資本主義のイデオロギーと権力に民主主義的なやり方で最終的な、かつてない勝利を実現するのは一九一九年時点では不本意、もしくは不可能で、党は一九三三年以降、ナチ党による掌握の早い時期に、これらの敵に煽られて破壊に至るはめになった。ナチ党そのものは、祖国で資本主義政治の完全打倒を実現した。最終的に戦争に勝利した同盟国は、左派民主主義革命の実行者で、ドイツの近代憲法を起草して、決して再び拡大主義の軍事的脅威を及ぼすことがないようにドイツの政治と経済を設計し直した。近代ドイツが同盟国による占領から立ち上がったときには、すでに高度な民主主義経済の政策と政治が備わり、権利を与えられた労働者階級が存在していた。

結論

この小論では、一般参政権付与から、金ぴか時代の格差の抑制についに成功した政策に到る民主主義のイデオロギー史をたどろうと試みた。しかしある意味では、歴史的叙述は「大衆への参政権付与ではなぜ不十分か」あるいは「資本主義のイデオロギーを根強く存続させるものは何か」という問いに十分に答えられていない。『ウィガン波止場への道』(一九三七)で、イギリス北部の炭鉱地域を舞台に、尾を引く大恐慌の悲劇について調べて熟考したジョージ・オーウェルも、同じ問題に取り組んでいる。[*21] この時点で、広義の社会主義は、男性にはおおむね普及した参政権とともに、政治の世界に登場して五〇年以上たっており、社会主義が激しく非難していた経済的収奪は、急激に悪化の一途をたどっていた。一方でファシズムは国際的に発展中で、存続をかけて闘っていたスペインの君主制政府は外国の盟友に見捨てられ、民主的社会主義を貶めようとしてその崩壊を明らかに望んでいたソ連の工作員に打倒されそうになっていた。つまり、オーウェルから見れば事態は悪化しつつあり、この時代の偉大な戦いが永遠に敗北する瀬戸際だった。

オーウェルは社会主義者自身と、その自然な仲間である左派知識人を責めた。社会主義が負う疑惑の多さを考えれば、誇りある労働者は社会主義者になることなど想像もしない、とオーウェルは推測している。その一方、平等主義的な政策目標から得られるものが多いたくさんの人々が、俗物根性から労働階級のレッテルを自分に貼ることをためらった、と。いずれにせよ、オーウェルの説明は個人のイデオロギーに関するもので、その点ではひどく不適切だ。

ある程度とはいえ、政治的結果には国民が望むものが反映されるという前提、そして政治的平等主義の失敗は、充分に多くの人を納得させて支持させられなかったことを意味するという前提に基づいている。だが政治的結果に反映されるのは、個人の選択の集合体のみではない――行動、出来事、運動、そして歴史が生み出すイデオロギーも反映される。

ここでの叙述は、政治的変化についてのオーウェルの直観的理解を複雑にする。格差の縮小には、個人のイデオロギーでは目下の状況解釈という課題がこなせない政治的環境とも相互作用する社会運動が必要だ。体制の――特に資本主義の――イデオロギーは、欠かせない役割を担う。多様な利益や政治関係者をまとめあげるのに役立つからだ。オーウェルの著書が発表されて八年のうちに、社会民主主義政府は大勝して社会保障制度と産業の国有化を法のもとに定め、イギリスの古くからの階級制度と密接に関係している従来の福利のヒエラルキーを崩した。だがこの八年間にヨーロッパの文明は崩壊して、世界で五〇〇〇万人が死んだ。この転換を説明するのに欠かせない要素は、物質的な破壊ではなく、それについての支払いに課される税でもなく、イデオロギーの革命だった。だが、それがどのように実現したかについては、いまだに充分な解釈がされていないのだ。

第19章　資本主義の憲法

デヴィッド・シン・グレウォル

法哲学者デヴィッド・シン・グレウォルは、ピケティが示した資本主義の法則の発展史を、一七世紀、一八世紀の政治哲学において資本主義経済を人間社会の自然な形と位置づけて初めて理論化した試みまで遡る。グレウォルは、この概念がどのようにして新たな法秩序の基盤となり、ピケティが議論した、富の蓄積の歴史的力学を生み出したか示している。

トマ・ピケティの『21世紀の資本』は、数世紀にわたる資本主義の発展の影響について、並外れて豊かで重要な議論の契機となったことで賞賛に値する。[*1] 議論をまとめるにあたって、ピケティ本人も書評家たちも、その広範な分析を煮詰めたものとして資本収益率と経済の平均成長率の差、すなわち経済的格差$r>g$に焦点をあてている。ピケティの主張によると、第二次世界大戦後の社会民主主義時代を除いて、資本収益率は数世紀にわたって、一貫して経済全体の平均成長率を上回ってきた。[*2] そこから多くが導かれる。資本蓄積の増加と資本所有の集中、国民総所得に資本が占める比率の高さ、資本に由来する所得を考慮した場合、富の格差のみならず所得格差も増加すること、資本資産のマネージャーが「スーパーサラリー」を手にする可能性。根本的には、$r>g$は資本が労働に勝ることを示唆している――「資本は、産出が増えるよりも急速に再生産する」。[*3]

だが$r>g$の背後には何があるのだろうか。この不等式は、一見したところ自律的なマクロ経済動学を伴う社会経済的なシステムとして見た資本主義の理論の略記となっている。だから経済学的な論争は、この不等式が生まれて維持されるメカニズムに集中してきた。この不等式$r>g$に対する別のアプローチは、それを実証的な発見としてとらえることだ――資本収益率は一般に、さまざまな社会において平均成長率を上回ったということだ。そしてこの事実を生んだ歴史上の原因を制度的に分析するのだ。

標準的な経済学理論によると、経済の「資本／産出」比率が上昇すると、収益率はそれ以上に低下して、資本保有者が受け取る所得の重要性を下げる。これは生産要素に対して限界生産が支払われ、収穫逓減が起こるという標準的な新古典派の分析なら必ず生じることだ。同様に、資本が豊富になった場合にケインズが予測する「金利生活者の安楽死」も――たとえそれが完全雇用の維持を目的とした意図的な金融政策のせいであるにせよ――同様の動学を前提としている。[*4] 最後に、マルクスの『資本論』第三巻で議論されている「収益率の低下」をもたらすのは、やや異なる動学だが、そこでも（資本主義の発展がたどる自己弱体化についての）分析は利潤率低下が前提となっている。[*5]

だがピケティは実証的に、労働に対する資本の豊かさはこの数世紀で大きく変化していても、収益率は年率およそ五％前後にかたくなに留まってきたことを発見している。この発見は先述の経済理論と完全に矛盾する。ピケティ本人は、この規則性について制度的に詳細な史実に基づく説明を試みていない。だがピケティが示した資本主義の拡大の根底にある力学を明るみに出すのには、そういったアプローチが必要ではないだろうか。

本章では、そうした歴史的制度的なアプローチを行う。マクロ経済動学に注目するのではなく、$r > g$ の式で表されるような、社会に対する資本の根強い支配をもたらす法的根拠に焦点を合わせる。ピケティのおもな主張――資本主義社会は格差の拡大を示す傾向にある――は、資本主義の基盤をなす法的・制度的根拠を分析する契機として受け止める。

本章では資本主義を「資本主義の憲法」、すなわち、革命期のフランスに始まり、一九世紀の「金ぴか時代」、さらに例外的な戦後時代へと続き、再び $r > g$ が確立しつつある現在まで、ピケティが分析したそれぞれの社会に存在してきた法制度レジーム形態に根ざす、法的秩序としてとらえている。したがって筆者の分析は資本主義の「法」に関するもので、これを統計的な規則性としてではなく、根底にある法的基盤としてとらえている。

序文として、ピケティが法的ではない観点で、資本主義の二つの「法則」について議論していることに注目したい。ピケティの「第一基本法則」[*6] および「第二基本法則」[*7] は、経済統計をまとめるのに役立つ。だがそのどちらも、クズネッツ曲線がとても説得力を持っていたように見えた例外的な戦後時代の後に、不平等が再来した理由の説明にはならない。この問題に取り組む中で、ピケティは不等式 $r>g$ にたどりついた。彼の著作を読んだ多くの書評家が、これを資本主義の「法」と称している。これはおそらく「ピケティの法則」と呼ぶべきものだが、本人はそう主張してはいない。むしろ、ピケティはこれが法則のような必然性を伴うかどうか、迷っているように見受けられる。ときにはありのままの事実に準じるものとして議論しているし、また別の機会には、特定の政治的背景においてのみ生じると強調している。[*8]

これを物語るように、ピケティはさまざまな呼び名を使っている。

- 「根本的な格差」
- 「分岐の根本的な推進力」
- 「富の分岐のメカニズム」
- 「歴史的事実」
- 「ある条件下での歴史的な主張」
- 「資本主義の中心的な矛盾」
- 「資本主義の根本的な構造矛盾」[*9]

確かに $r>g$ は、このすべてだ。だが $r>g$ は（第一基本法則のように）数理上の定義式ではないし、（第二基本法則のように）長期的状態でもない。歴史的事実に基づいてピケティの実証的分析を汎化した図式だ。そして、ピケティのデータを理解するための考え方の枠組みだ。

ではどうして $r>g$ は時代を越えて成立してきたのだろうか。この不等式を追ったピケティは、この式が歴然とした所得と富の格差をどのように生み出すか示唆してきた。[*10] しかしその根本的な原因は、いまだに明らかではない。我々はピケティ本人も望む通り、彼の著書を触媒として、資本主義における格差の法的、社会的、政治的、経済的側面をさらに研究しなくてはならない。[*11] 本章では、法則として理解されている資本主義の法則を、歴史化しようと試みる。そして締めくくりに、現代の自由民主主義社会でいまも続く資本の支配に関するいくつかの謎について触れる。

商業社会と現代の格差

『21世紀の資本』は「現代」の格差――法的には平等な立場にある人々にみられる所得および富の格差――の研究だ。現代の市場社会が、この種の途方もない格差を生み出すことを、標準的な政治経済学者は当然と見なしていた。たとえばアダム・スミスの『国富論』は、原始社会での格差と対比させたときの、ヨーロッパの金持ちと貧乏人との比較から始まる――「ヨーロッパの君主と勤勉で質素な百姓とを比べたときの暮らしぶりの差は、何万人もの裸の野蛮人たちの生命と自由を絶対的に支配する多くのアフリカの王さまとの暮らしぶりをその百姓の暮らしぶりがどれほど上回っているかという差に比べれば、それほど大きくはない可能性だってある[*12]」。

市場への新たな依存が新しい格差を生むことに、疑問の余地はなかった。しかし初期の市場支持者は、近代的な分業がもたらす産出は、失われた昔ながらの自然な平等を埋め合わせてあまりあるとあっさり主張した。[*13] さらに目立たないこととして、これらの初期の市場支持者たちは、昔ながらの自然な平等は、すでに人間の慣習――たとえば奴隷制度、その他の公式身分制――によって損なわれてきたとも指摘している。彼らは市場への信頼の高まりが法の下の平等をもたらすことを期待していた。市場取引は契約当事者間の、ある特定の相互敬意を基盤としており、これを補強するものと考えられていたからだ。[*14] だが、法の下の平等、および市場の相互関係への移行は封建制度の名残の解消に一役買ったかもしれないが、法的に平等な市民の経済的格差の問題は解決しなかった。

この社会的解放を、「身分から契約へ」[*15] の移行と表現したヘンリー・メインの有名な言葉を借りると、身分に基づく格差の縮小は、正式に合意に基づく契約関係を通して生まれた経済的格差の劇的な拡大を何ら妨げるものではなかった。財産をはじめとする資源が、最初に不公平な分割をされるだけでよかった。ジョン・スチュアート・ミル、カール・マルクスなど後世の批評家たちが懸念したのは、この「現代的」格差だ。彼らは産出と富の分配の秩序は政治的問題として理解されなければならないと主張して、すでに商業によって変容した社会における、もっと公平な社会的、経済的取り決めを提唱した。[*16]

『21世紀の資本』のおもな長所のひとつが、資本主義と格差についてのこういった古典的な議論に立ち返らせてくれるところだ。もちろん最終的には、ピケティのおもな引き立て役をつとめるのはスミスでもマルクスでもなく、二〇世紀の経済学者サイモン・クズネッツだ。[*17] 長い時間軸でとらえたピケティの研究によると、クズネッツ曲線は一時的な逸脱であることが示されている——戦後の経済的格差の緩和は、傾向というより例外だった。ピケティも認めるように、クズネッツを除けば、経済的格差の研究は一九世紀の古典的政治経済と、先に登場した一八世紀の道徳哲学についての談話に関わるもっと深遠な理論的問題の検討から再び始まる。『21世紀の資本』は、こういった議論に立ち返らせてくれる——正確には、もう一度取り組む必要性を示してくれるのだ——二〇世紀半ばに生じた格差の縮小のほうが例外的だったという認識を通じて。

このようなかつての議論に立ち返り、国家の政策にこれらがどのように影響して(単なる理論的な位置づけに留まらず)法的規範になったかを理解するには、まずマルクスとその後継者であるマルクス主義者たちが「資本主義」という用語を(つくったわけではないが)広めて、商取引により決定された複雑な分業体制で特化された生産によって人口の大部分が需要を満たす現代社会を表現するのに用いたことを指摘しなければならない。[*18] 当然ながらマルクスの分析においては、産出の一要素、資本の所有者による賃金労働者に対する支配がさらに重要視されている。マルクスのおもな洞察は、法的立場の平等と正式な合意に基づく賃金交渉があっても、資本の所有者が労働者から——しかし先に述べたような余剰の引き出しと異なり、満たされない需要に迫られて、直接的な支配力の行使により——余剰を引き出すのを回避できないということだった。このように、マルクスによる資本主義の分析は、執筆当時、北大西洋の主要国家ではかなり確立されていた社会経済的秩序の説明であり、同時にその批判だった。

「資本主義」という用語が普及する前、市場取引によってほとんどの人が物質的ニーズを満たす社会経済的秩序を意味する、もっと一般的な用語は「商業社会」だった。[*19] 商業的社会をそれまでと一線を画する存在にした根本的な変容は、有名なアダム・スミスの主張にもある通り、すすんだ分業による一般的な経済的相互依存だ。アダム・スミスは次のように説明している。「つまりあらゆる人は交換によって生きるわけで、つまりみんなある意味で商人となり、そして社会そのものが文句なしの商業社会へと発展する」[*20]。商業社会の長所と短所については、一八世紀当時、特にフランスとスコットランドなど、のちに伝統的な政治経済の基礎となった理論の発祥の地を含む各地で議論の的となった。[*21]

これらの議論は、私有財産と商業取引から自然発生すると考えられていた、新しく「社会」となった領域に焦点をおいていた。[*22] 私有財産、商業という制度そのものが、人間性の深い特徴を反映するといわれた。むしろ、かつてアリストテレスやホッブズがそれぞれに人間社会をまとめる政治の役割を重視して唱えていた内容とは異なり、政治の状態に先駆けて精神的、規範的に発展するものと議論されていたのだ。しかし複雑なことに、商業社会はそれでも法的秩序を前提とするものと見なされていた。その秩序とは、国家なき法的秩序である。具体的にいうと、一八世紀に商業社会を論じた理論家たちはホッブズが「自然状態」と称した状態を出発点とした。当時「自然的自由の状態」と捉え直されていた状態で、ホッブズの主張とはちがって財産は脅かされず、人生は「不快、未開にして短く」ない社会状況だ。

この理論上の動きはドイツの法学者、ザミュエル・プーフェンドルフの著作にも認められる。プーフェンドルフは政治が成り立つ以前に「自然法」の豊かな領域が存在すると見なしており、その内容はおもにローマ私法に由来していた。[*23] プーフェンドルフの打ち出した新機軸は、政治以前の商業活動に関するジョン・ロックの有名な議論に影響を与えたほか、一七世紀の契約理論と一八世紀の政治経済の橋渡しをした、シャフツベリー、フランシス・ハッチソン、デイヴィッド・ヒュームなど、後世の多くの人物にも影響を与えた。[*24]

したがって商業社会は、確立された政治社会（ローマ）でもともと生み出された法から秩序立てて理論化されたもので、これは初期の近代ヨーロッパ国家の統合の一環として意図的に復興されつつあった。[*25] それでもこれらの法は、国家以前、あるいは国家なき社会の産物として——自然であると同時に、神から授かった秩序として——広くもてはやされた。この理論の流れにより、プーフェンドルフは近代ヨーロッパ言語における「オイコノミー」の語源となった古代の「オイコス」に似た、契約をよりどころとしない一族のヒエラルキーや奴隷制度ではなく、利己的な商業取引に基づいた、私的な「経済状態」を打ち出すことができた。[26]

市場がいかに機能するかという新しい説明が、この経済の概念化には重要だった。実際、市場と商業はこの時期のずっと前から存在した一方で、個人の利己主義によって生じながらも、おそらく逆説的に集団の利益をもたらす相互取引の制度として、市場の明確な理論化がみられたのは一七世紀後半だ。[27] この考え方はバーナード・デ・マンデヴィルの（著作『蜂の寓話』における）「私悪すなわち公益」の議論で有名になったもので、最初に登場したのはフランスのジャンセニスト、ピエール・ニコルとピエール・ボワギュベールの著作だ。彼らは市場メカニズムについて、神が与えた徳性の制度で、個人のエゴイズムの罪を物質的な豊かさという集団の利益に変えるものと理論づけた。[28] 市場機構を制御する「見えざる手」の比喩は、この神学的な話に由来する。最初にこの比喩が用いられたのは、自由放任主義について、ルイ一四世統治下のフランスの国力強化に対する市場機能への政府不干渉の理想の形であるとした記述だ。[29]

法の力と商業社会

自由放任主義の理想は、当初は国家権力に反対するかたちで述べられた。だが一八世紀半ばには上位層の知識人や君主の顧問たちが、新たに中央集権化した国家権力を展開してフランス社会をリベラル化するよう一様に忠告した。ミシェル・フーコーが経済的自由主義の出現を指摘した際、当初いわゆる財産と良心の特権によって正当化されていた国家権力への制約は、国家的理由の自制なき拡張になりかねないものに内在的な自己制約として合理化された。[30] 最も目につくのが、一八世紀半ばの王室監督官、ヴァンサン・ド・グルネーを取り巻く経済学者たち、および「重農主義」として知られる一派だ。彼らは君主の権力を戦略的に利用して市場を構築し、世間とエリート層、両方の反対勢力から守ることを提唱した。[31]

これら一八世紀後半の制御によって、商業化された「自然的自由の状態」は、スミスのいうところの「自然的自由の体系」になった。[32] 体系の一貫性をもたらしたのは、当初は逆説的なメカニズムだと思われていたもの（必需品の相互交換）で、近代国家の初期には、これ自体が財産と契約の連結法によって維持されていた。アダム・スミスからジョン・スチュアート・ミルまで、古典的な政治経済のおなじみの文化史は、長期的で、イギリスに関わる、人民政府に関連のある（ある程度しっかりした）起源を示唆している。しかしさらに理解を深めると、神学的で、フランスの、（ある程度『穏健』な）君主制政府に関した言説においては、始まりはアダム・スミスより少なくとも二世代前だということがわかる。

重要なことに、こういった考え方は「哲学者」たちの中での議論の種には留まらなかった。政治経済の新しい言説はますます教養に富み、都市化が進む社会における比較的広範な議論の焦点になるにとどまらず、法改革の用語に利用された。実際、商業社会の法的基盤は、初期の観察者の関心の的だった。ノルマンディーの司法官ピエール・ボアギュベール[*33]の著作、フランスの経済学者たちから君主の顧問たちへの税や穀物政策に関する請願から、一七六〇年代前半にアダム・スミスが著した『法学講義』、マルクスの労働法規の研究に至るまで、狙いは抽象的な市場を研究することではなく、新しいタイプの社会経済的体制として理解されつつあったものの法的基盤を明らかにすることだった。[*34]この追究を行う経済学者たちは、ただの観察者ではなく、何らかの改革の提唱者だった。限られた（時代錯誤の）語彙を使うなら、彼らの懸念は抜きがたく「規範的」かつ「実証的」だった――一般的な理由としては、これらの姿勢[*35]が決してきれいに分析的に切り離せないこともあげられるが、研究の対象だった「経済」が構築中だったこともあげられる。[*36]

この構築の中で、この初期の理論家‐提唱者たちの圧倒的な懸念を集めた二つの市場がある。穀物、労働だ。その改革には価格統制の排除と――食料のいわゆる「モラルエコノミー」を構成する――穀物の供給要件が必要だった。州や地方のコミュニティは、必要最低限の自給自足の割り当てさえ、最終責任を自主規制のメカニズムにほぼ任せきりだった。労働市場の規制解除は、ギルドによる取引参入に対する制約の撤廃、ならびに地方における封建的な税や義務の撤廃を意味した。[*37]労働市場と穀物市場はつながっていると信じられていた。一方の方向転換が求められると、この穀物‐労働市場の相互のはたらきで他方でも方向転換が押しすすめられるというわけだ。支持者たちによると、この穀物の自由化の結果が、貧しい人々の立場の向上、農業生産性、（税基盤の増大による）国家の権力と富の増大、封建制の名残に基づく関係の解消であり、すべては労働関係の商業化、農地の無料貸し出し、あるいは売却によって実現するという。[*38]

この議論の核にあったのが、穀物価格の上昇が農業生産を刺激して賃金を上げ、最終的には貧しい人々の助けになるという主張だった。モラルエコノミーの擁護者たちは、この結論に抵抗を示した。一部の人々は、政治経済に関するその他の談話と同様に、この主張が体制の意図せぬ新興領域に焦点をおいていることを理由に抵抗した。その他の人々は、穀物価格の上昇は確かにさらなる生産を農家に促すかもしれないが、長期的な食糧供給の増加は、政府規制の狙いであった短期的な食糧不足の緩和にはならないと抵抗した。[*39] 穀物市場と労働市場の自由化に焦点がおかれたのは、ボアギュベールが著作で論じた政治経済がアダム・スミスの『国富論』を介して誕生したときからだ。これがヨーロッパ社会に与えた顕著な影響は、それから何世紀も続いた。[*40]

ボアギュベールから比較的直接影響を受けたのは、フランスの経済学者ケネーやテュルゴーで、ヒュームとスミスは彼らから多くを取り入れている。[*41] この影響をはっきり認識するのが困難になったのは、ボアギュベールとジャンセニストたちのもと、中央集権的なフランス王制に反対する自由放任主義として始まったものが、中央の権力を駆使して市場関係の奨励と保護に努めることに熱心な王宮の顧問や執政官たちが追求する、上意下達型の経済自由化に一八世紀中に変化したからだ。[*42]

穀物と労働の市場改革には、資産と契約法の再概念化、そして新しい国家規制と公的インフラの開発の両方が必要だった。[*43] 穀物と労働の市場の「解放」は、国の規制の重みが取り除かれて、商業的社交性の泉が湧き出すといった、ごく単純なプロセスではなかった(が、そのように描かれることがしばしばだった)。むしろ新しい市場形態は、その始まりから中央集権化した権力による制定と施行を必要とする有益な法的構造だと理解されていた。したがって新しい法的秩序の構築が求められた。資本主義の法の起草とも呼べる。

これらの法の基盤は、契約の自由と私的財産に基づいた法的平等という新しい概念で、そこにおいては当事者間に正式な区別が認められない。この法の前の平等に相当するのが、市場を通じてつながる個人——すなわち「私」的能力において行動するエージェント——への生産活動の委任だった。[*44] 速度と手段はさまざまに、これらの方向に沿った法的変化を歴代イギリス政府、フランス王制、のちのフランス革命派、そしてフランスによる征服後にナポレオン法典を授けられたヨーロッパ諸国が追求した。[*45] その過程で新しく「私」法の領域が構築された。資産と契約に関しては先のローマ法を適応させて、新たに中央集権化した国家権力を私権の施行にあてた。私権は一七世紀後半の自然法学と、その後の政治経済において、国家権力を適切に制限するものと理論づけられた。

このプロセスがどこよりも明らかだったのは、フランス民法典の構築だ。フランスの経済学者たちの改革案の大部分は、このジャンセニストの影響を受けた法的成文化の企画によって実現した。法典化はフランス王政の中央集権化で始まり、国の統一法典が公布された――頂点は革命後のナポレオン法の発布だった。初期の君主制の法典は、ローマ法に強く影響を受けていた一方で、起草したのはジャンセニストとつながりのある法学者たちだった。最初がルイ一四世のもと、ジャンセニストの法学者ジャン・ドマ。[*46] 次が一八世紀半ば、ジャン＝エティエンヌ＝マリー・ポルタリス。ときに「民法典の父」と呼ばれる彼のジャンセン主義思想とのつながりは隠されていた（ジャンセン主義は一八世紀初頭に禁止されており、引き合いに出すには注意が必要だったからだ）。[*47]

こういった初期の法典化の取り組みが、フランス革命中の大規模な法典化計画の基盤の大部分をもたらして、その結果ナポレオン法典が生まれた。[*48] この法典とナポレオンの権力を通じて、総裁政府と後に続いたフランス政府は、フランスの経済学者たちが長きにわたって追求してきた目標を達成した。経済的自由主義の法的基盤と、その施行能力を持った中央権力の実現だ。[*49] 法典は封建主義の革命的打倒を確固たるものにした。のちの中央集権化した一八世紀の君主たちにはできなかったことだ。このように、法典はフランスの憲法制定国民議会が八月に示した有名な法令で引き起こした変化、すなわち個人の地役権および封建制による税、荘園領主の貴族特権、聖職者に支払う十分の一税の撤廃、そして地方の高等法院と距離を置いた法制度の強化の上に築き上げられた。[*50] 公式な法的平等も、職場、訴訟、課税における、身分によるあらゆる区別の撤廃と同様に保証された。

しかし革命序盤の古い秩序の否定については、封建後の秩序を明確な標準的ベースラインとした法典が施行され、例示化されるまでは司法上の判断を下すには証拠不十分なままだった。したがって経済学者たちが、商業社会のために封建主義を一掃できる中央権力、すなわち「法的圧政」と理論づけたものを実現したのは、フランス王制でも初期の革命家たちでもなく、ナポレオンだったといえる。[*51]

これらの政策変更の結果として――おそらくもっともはっきり見てとれたのはフランスだが、イギリスなど各地で、似たことがもっと長期間にわたって行われた――現代の産業経済が生み出された。都市部の労働者たちは賃金の競争市場で労働力を売る。そして得たお金を使って、もっと少数の農家が生産する食料を購入する。一八世紀、一九世紀のこのような賃金労働の一般化により、ヨーロッパの国々(に続いて、その植民地)は、市場と分業が必需品およびサービスの分配の中核をなす「資本主義」社会になった。当時から理解されていた通り、この新しい社会経済秩序は、基礎的資源の生産と分配に市場が果たす役割があまり重要でない以前の体制と、著しい対照をなすものだった。

資本主義の憲法

この歴史的な岐路は、ピケティの話に熱が入るところだ――フランス革命後に入手できるようになったデータにより、彼は商業社会が及ぼした経済の影響を革命の始まりから現在までたどれるようになった。ピケティによると、国ごとに比較的大きな差があるが、資本主義は資本資産の所有者が社会において占める特権的な立場のせいで、根強い経済格差を生み出してきたという。この特権的な立場は、どのように維持されているのだろうか。

事前準備として、この質問は、資本が「社会関係」である――つまり新古典主義のように、均衡賃貸価格が過去の需給の実態によって確立される、ただの資本ストックとは見なさない――ことを前提としている点に留意しておきたい。[*52] ピケティは分析において、資本を数量化できてフローを生み出すストックと位置づける、新古典的概念を採用している。しかしまた、政治的文脈から生まれる社会関係としても位置づけている。このように資本理論をめぐる議論の中で、ピケティは混合型の立場ともいえるものを示している。[*53]

新古典派の立場を批判する人たちによると、資本は均質ではなくて、人間が産出に使うさまざまな資源で構成されている。それにこの非均質な資本ストックの市場価値は、資本収益の分布を精査せずには判断できないし、それは厳密な技術的プロセスではなく、必然的に政治的、社会的状況によってもたらされる。[*54] ピケティが標準的な新古典的論述を用いたことから、一部の批評家は、この議論の危険性をピケティが見落としていると主張している。だがそれでも彼が下した結論を好意的に解釈することは可能だ。ピケティが概算してきたのは物理的な物資ストックではなくて、資本主義者の特権の程度に関する市場評価だ。資産は、家、機械、ソフトウェアまで、多岐にわたるからだ。「資本」と呼ばれる資産には、新古典的な経済理論における生産的機械をはるかに超えるものが含まれており、政府の政策が変わる結果として、歴史的に変化してきたことをピケティは認識している。[*55]

この特権的な立場を保護、正当化してきた法制度があるとしたら、それはどんな法制度だろうか。

中世の代表構造と慣習法の両方を維持していたイギリスを例外として、ヨーロッパの大部分と後に植民地を脱した諸州は、たいてい何らかの形で国民による承認、あるいは革命的な承認を経て正当なものとされた成文憲法のもとにまとめられてきており、そこにはしばしば慣習法を正当化する法典化計画を伴った。ピケティの示したフランスは、その範例であり、革命による憲法と民法典を有している。だがフランス以外にも、もっと一般的な司法の形態、商業社会の法的基盤を正当化してまとめあげる国の機関があることにお気づきの向きもあるだろう。[*56] この「資本主義の構造」は、二重の意味を持つ。歴史的にほとんどの資本主義社会が導入してきた憲法上の秩序、そして、資本主義の経済システムを構成する社会的プロセスを裏打ちする法的基盤だ。[*57]

資本主義の構造には国と歴史により大きなちがいがあるが、おもな特徴が二つある。一つは、明確に異なるとされる、政治と経済という領域の機能的分離を確実にするための「公」と「私」の区別。[*58] もう一つは、現代の憲法の立法構造における「主権」と「政府」の区別だ。

最初の公私の区別は、現代の自由民主主義社会と、これに先行した体制が長年持っている特徴だ。ローマの自然法における財産および契約の「自然」領域と、国の公的権力の区別の概念を基盤としている。この区別が「政治」や「国家」を「市民社会」や「経済」から分離するにあたってさまざまな形で表現されるおなじみの対立を生み出している。この公的責任を負う権力と、非集中的な商業活動との区別の芯にあるのが、直接の政治的管理をある程度遮蔽してくれる個人の財産権という概念だ——が、当然ながら、この遮蔽そのものも、そもそもこれらの権利を行使する慎重な政治力の展開によってのみ実現される。

「主権」と「政府」の区別のほうはあまりなじみがない。しかし現代の憲法に基づく体制を定義づけるうえで、より重要であることはほぼまちがいない。フランスでもアメリカでも——その他どこにおいても——商業社会の法的構造は、最終的には新しい憲法に則った秩序によって公的な正当性を与えられていた。これらの法的秩序は「主権」と「政府」の革命的な区別に基礎を置いており、これが商業社会に属する法的に平等な個々の人間から政治的な組織をつくりあげるという難題を解決した。[*59] この法的秩序が、契約の権利と財産に特別な保護を提供しながら、個人の平等を公式に認める効果を及ぼした。

主権と政府の区別は現代の商業社会体制の民主的な正当化に不可欠である一方で、皮肉なことに、これが最初に登場したのは、一六世紀のフランスの法学者ジャン・ボダンの君主制における主権の研究の中だった。[*60]「主権」の基本概念について述べるにあたり、ボダンは「主権」を「政府」や「政権」と区別している。主権（者）の意志は、あらゆる法の根源だった。しかし主権者の意志は、主権が承認する現行の政権の働きと、機能上分けておくことが可能だった。基本的な法のみ、主権者により発布される必要があった。そのうえで、代わりに重要性に劣る規則を作成する承認をその他の存在（『政府』や『政権』）に与えればよかった。

近年は、少なくとも主権のレベルにおいて、この区別が現代の民主主義をつくった可能性も新たに浮上している。断続的にではあっても、基本法の範疇において人民が直接立法することを可能にしたのだ。だがこれが現行の行政権——経済的問題の規制にあたる当局を含む——を、憲法により商業社会の法的基盤を支持することを義務づけられた政府に授けた。[*61]

主権レベルにおける直接民主主義と、政府レベルの代表の区別が意味するのは、現代の民主主義において憲法で認められている最終的な権限の源——国民——は、しばしば長期間にわたって（ホッブズの比喩を借りると）「眠る」ということだ。しかし、この「主権」の眠りは、憲法に基づいた立法行為の短い覚醒で中断される。[*62] 憲法によって承認された政府の活動は、その間に憲法によって指示されている通り進められる。この国民主権による政府の統制は、言うまでもなく選挙をはじめ、説明責任を生じさせるさまざまなメカニズムによって支えられている。

現実には、主権／政府の区別は定期的な国民主権の再確認をもたらすことになった。それは基本的立法の直接的承認というかたちを取ったり、憲法発足の折りに現行の公式な修正プロセスを介したり、またはさまざまな「憲法上のさまざまな節目」を通じたものだったりする。だが、これらの憲法はまた、商業社会の基盤を成していて、現行の政府の活動を通して効力を発揮する法規を修正する国民の能力を制約してもいる。現在の多数派の足かせとなる反多数決主義的メカニズムが、さまざま含まれている。仮にそうとしても、国民による憲法上の立法という非凡な機会で克服するしかない。[*63]

近代立憲主義のこれら二つの特徴は、いかにして資本の特権的立場を定着させ、そうして根強い格差$r>g$を生み出しているのだろうか。

公的支配から経済を分離する、公／私の区別の役割は明快だ。それが個人の財産権、契約の権利の実質的な保護にかかっていることはわかりやすい。当然ながら、経済は決して完全には分離されない。その時代の政府が、通常の活動の一環として、課税および規制という重要な権力を保有する。もっと一般的には、公私の――つまり公的な事柄として規制される活動と、事実上民間の主体に委ねられる活動の――区別そのものが、歴史的に変わりやすく、変化しつつある。こうして構築される「経済」は、公権力とその戦略的な節制による、変わりやすい産物であることがわかる。

すると主権と政府の区別が担う重要な役割、つまり現行の政府に経済構築を可能にする役割の話が出てくる。国民主権のレベルでの民主主義の再生は、立憲体制を公的に正当化する機会をもたらす。だが同時に、直接的な国民の規則は例外的な場面にかぎられることを意味してもいる。したがって資本の特権を制約――あるいは強化――する、ほとんどの公的活動は、現行の政府の取り組みから生まれる。そして政府はいくつもの理由から、不平等と格闘する権能と意志を制約される。そうした理由としては、国際競争の圧力、官公庁および軍の階級的利害、等々[*64]があるが、もっと重要なのは、そこに当初は国民主権によって承認されたが、その後に変更が難しくなった、財産と契約に対する非常に高次な憲法による保護も含まれるということだ。これらの義務は、近代の法規の基盤そのものである、平等の（封建後の）新時代をひらくものとして正当化されたが、その後に、進行した国民による修正はほとんど受けていない。

こういった観点から、資本主義は（単なる）社会経済制度ではない。法的体制といえる。近代の「法規」の一形態だ。根本的な国民主権によって憲法の批准を経て正当化されており、理屈の上ではそれで統治を行っていて、行政体を実質的に現行の人民管理に委ねてはいない。この体制の影響が、現在「経済」と称されている商業社会性の発散だ。憲法上の秩序によって正当化された、資産の保有者に特別な保護をもたらす法的権利および義務の完遂の産物だ。国民は統合的な国民主権に組み込まれるが、ほとんどの場合、現行の政府による監督をそれぞれに受ける。

ピケティのデータは、この種の体制の基本的傾向として、現代特有の格差、すなわち法のもとの平等を享受する人々の、公式に合意に基づく関係の中で生まれた格差に拍車をかけつつあることを明らかにするものと解釈できる。このようにとらえなおすと、資本収益率が経済の平均成長率を上回るというピケティの発見は、驚きに値しない。かえって、自分が見ているのが一時的な逸脱ではないのだと考えた、前出のクズネッツの推測のほうがむしろ驚きだ。そして資本主義を打ち立てた法体制の基本は戦後時代に改められていないため、資本主義の不平等はやがて復活するだろうと推定される。実際、おそらく驚きにあたらないこととして、最近の社会科学研究によると、ピケティが格差の金ぴか時代への回帰と見なした期間に、アメリカ政府はますます「少数独裁」体制で機能するようになってきている。[65]

資本主義の法的分析

$r>g$が一般に成立する理由——および一時的に成立しなかった理由——を理解するには、法によって構築された社会経済体制としての資本主義の説明が必要だ。これはなじみのない問いではないはずだ。資本主義はまぎれもない法的秩序化なのだから——資本主義の核心を成す取引は、法の産物だ。だがクズネッツ曲線をもたらした戦後の経済環境には、情報通の有権者たちの政治的選択に沿って専門家たちによって管理される社会的下位組織を経済が構成したという推測に基づいて、資本主義経済体制の法的、制度的基盤の研究を脇へ追いやる効果があった。[66] こういった状況が——偶然からであろうと深いわけがあろうと——もはや維持されていない理由こそ、ピケティの分析が示す重要な問題だ。

資本主義はただの経済制度ではなく、法的体制でもあるという考え方は、商業社会の初期の解説者にはおなじみだった。おそらくもっとも進んだ議論をしてきたのはマルクス派で、資本主義に対して理論－演繹的アプローチ、および歴史－制度的アプローチの両方が行われてきた。原型であるマルクスによる分析では、資本主義は独特の論理を持った制度として描かれており、これは演繹的分析の対象となり得るが、「階級規則」の形でも表れ、（たとえば私有財産や賃金労働などの法制度によって）一部の人が他者を支配する特別な歴史的形態の例を示している。これら二つの記述――制度としての資本主義と、体制としての資本主義――の正確なつながりは、なおマルクス派の内外で議論の的になっている。この二つを調和させようとの試みが、資本主義の「論理」や「規則」の形は最終的に基礎を成すものと見なされるべきかどうか、という問題を提起した。[*67]

ピケティのr>gについても、ほぼ同じ議論ができるかもしれない。r>gは資本主義の論理の制度的要件とは、状態だろうか。それとも階級対立の一形態としての資本主義の歴史的発展による副産物――すなわち資本による労働の支配だろうか。答えは、その両方ともいえる。だが両方として説明するには、資本主義の系譜的な説明と同時に、経済の構造的な説明が必要だ。そのような説明には、資本主義の分析における「構造」と「闘争」の調和が必要だ。[*68]

この調和については本章では割愛するが、いかに法的分析が役立つかという導入的な意見を述べることは可能だ。大きくとらえると、この取り組みで以下の四つの課題が成し遂げられる。商業社会を下支えする法的措置が、経済生活が共有される期間について、いかに継続的で多次元的な社会的論争を引き起こすか示す。また、これらが何らかの社会的論争の解決にいかに影響するか示す。また、その社会的論争の解決にいかに法的、制度的形態が与えられるか示す。また、この法的、制度的形態が次の争いの繰り返しの土台作りをしながら、「経済」の構造基盤をいかに再生するか示す。

法の知識と制度化された政治経済の両方が、この課題に役立つといえる。[*69] たとえばヴォルフガング・シュトレークが最近主張したところによると、社会科学における「制度論的転回」は、ごくわずかな「パラメーターの指定」をもって、資本主義を明確な法的措置で補強された「特定の型の社会秩序」ととらえた研究に利用できる、一般的な見識をもたらした。[*70] 賃金労働の組織化についてのマルクスの洞察を補完するために、シュトレークは資本主義を特徴づけるその他さまざまな経験的特性を示している。たとえば、第一に、ほとんどの場合は、社会的連帯の期待、競争への規制、「体制の存続」を保障するためのエリート層の義務など、伝統主義者の「超規範」に縛られない、個人の利得追求が正当なものとみなされる。第二に、規則に従う者たちは規範を取り入れる者たちよりむしろ、規則の目的(たとえば金融規制の操作)に対して、姿勢が「合理的 - 利己的」であると予想される。第三に、「リソースを持つ階級の差別的な資金源」は、自分の利益を大きくするために政治的連合を動かす能力のちがいなど、効率的な働きに対する能力の異なる階級を生み出す。[*71] 資本主義社会のこれらの側面の基盤は法にあり、「資本主義の根本的な格差」が過去数世紀にわたって維持されてきた背景を明確にするのに役立つと認識するのは、難しいことではない。

ピケティの分析が我々につきつける難問は、例外的な戦後期についての理解だ。ピケティのいう「資本主義のおもな矛盾」が一時的にでも克服されていたとしたら、戦後期の混合経済はそれでも資本主義的だっただろうか？　二〇世紀半ばの$r>g$の反転により、たとえば労働党の理論家、アンソニー・クロスランドなど、当代の一部の観測筋は、自分たちの社会がなお資本主義といえるか疑問視するようになったことに注目。[*92] もっと一般的に述べるなら、資本主義における組織的な利益が「資本主義」の再生に成功するのは必然的だっただろうか？　先述の通り、資本主義の構築には動員解除と民営化がつきものであるにもかかわらず、動員された大衆が、いかにして社会 - 民主主義的な混合経済を維持できるのだろうか。

ピケティの言うところの世襲資本主義から戦後の「混合経済」への流れと、そこからまた逆に戻る流れを理解するには、ジョン・コモンズが昔「資本主義の法的基盤」として分析した繊細な記述が必要だ。ロバート・ヘイルからカール・ルウェリン、ジェローム・フランクまで、旧世代の法的現実主義者は、これらの法的基盤を分析の中心においた。[*73] 公的制度と「私」法の分析におけるヘイル型の法的現実主義への回帰は、喜ばしい変化だろう。歴史的制度としての資本主義の研究における法学的・経済学的アプローチを活発なものにして、市場が理論上は社会的選択のメカニズムと見なされる傾向のある、標準的な法学的・経済学的アプローチを補完するのに役立つ可能性がある。

将来的な研究において特に重要なテーマには以下がある。封建後の財産法の再構築の原因と結果。労働、公益、企業法がどのように組み合わさって現代の労働市場を「競争的取引」として構成しているのか。「経済力」が特定の契約機構を通して生まれる方法。[74]これらのテーマとその関連調査は、契約の公式な平等性が、ますます広がる経済格差と両立するための条件を理解するのに役立つ。また、資本主義社会における特定の取引（もっとも顕著にみられるのが、労働を売って賃金を得ること）のみでなく、もっと広範な市場の社会的・政治的環境も構築している法のあり方についても、検討しなければならない。ここで公的債務と民間債務の力学、「金融化」時代の金融規制、国際的経済統合によって経済の民主的管理にかけられた制約が特に顕著であることがわかるだろう。[75]

これらの論点を研究するにあたって、ピケティの著作は資本主義の法的基盤がいかに資本収益率に影響しているか、また資本収益率が一貫して経済成長率を上回っていることに影響するか、我々に考えさせる。法の様々な領域が相互作用して $r>g$ の格差を生み出しているやり方は複雑といえるかもしれない。たとえばピケティは、人口動態的に低成長の体制で多くみられる相続財産の影響に注目して、格差への人口動態的貢献について分析している。[76]それでも一部の法的環境では、人口成長が鈍いことも労働の交渉力増加につながる。利用できる労働者の乏しさは、現存する労働者が雇用主により多くを要求できることを示すからだ——ジョン・スチュアート・ミルが社会改革の課題について述べた著作で強調した力学だ。[77]事実、栄光の三〇年間に、r に対する g の比率——およびその平均成長率の比較的平等な分布——は例外的な高さを記録したといえるだろう。少なくともその理由の一端は、産業部門における相対的な労働力不足にあった。この可能性を支持する証拠として、戦後に急激な成長率を誇ったのはヨーロッパだけではなく、すでに「技術的に最先端」にあったアメリカも同じで——ゆえに単なる「追いつき」と復興の段階にはなかったことに注目。[78]同様に、例外的な戦後時代の終わりは、多国籍企業がオフショア化や、産業を外国に移転すると匂わせることにより、賃上げ要求に抵抗する力を獲得した「グローバル化」の始まりと一致していた。[79]

これらの力学をさらに研究すると、ピケティが観測した資本の労働支配は、少なくともある程度、分析されていない人口動態の前提条件にかかっていることが示唆されるだろう。過去数十年間のグローバル化は、マルクスが「予備役」と称したものを各国において復興する結果となった。こうして一部の国では、賃金への下方圧力、政治勢力としての組織的労働の衰退、これらの傾向に拍車をかける結果的な寡頭政治の増加をもたらした。[80]おそらくクズネッツとピケティの研究のちがいの大部分は、この人口動態的背景の変化によるものといえるだろう。戦後、資本主義の主要国家は、相対的な労働力不足、結果的な格差の緩和を経験しており、この傾向は外国から新しい労働力のプールが組み込まれて逆転した。

同様に、これらの人口動態的な検討事項により、21世紀の資本主義の傾向予測が可能になるかもしれない。ピケティの提案通りに$r>g$を将来に投影するかわりに、この格差はある人口動態の状況において資本が労働に対して持つ購買力の差を表しているのみと解釈することが可能だ。資本がもはや国のものではないのと同じく、$r>g$を決定する人口動態的要因も国由来ではない。将来に目を向けると、資本主義の人口動態的矛盾とでも呼べるものの動学が目に見えるかたちになろうとしている。資本主義とそれに伴う出生率の安定の両方が世界的な規模で明らかに高まりつつあるのだ。[*81] 今後五〇年間（ピケティがクズネッツの研究に取り組んだと同じだけ）ピケティの議論に取り組む経済学者が、彼の主張では見過ごされている人口動態的背景に焦点をあてることは想像に難くない。『21世紀の資本』は、このように資本主義が本当に世界的な存在になったちょうどそのときに登場したかもしれないが、この拡大の人口動態への影響は明らかになっていなかった。それでも人工動態的な変化が経済格差にいかに影響するかもっとよく理解するには、労働法、生殖権、企業戦略、国際的経済統合を取り入れたより広範な法的、制度的背景の研究が必要になる。その他、$r>g$の決定要因として可能性があるもの——たとえば技術的変化の影響——について調べても、同様に複雑で、同様に法的構造を持っていることがわかるだろう。

資本主義の法的基盤についての調査と並行して、ピケティが資本主義と対照を成すものとして示した、民主主義の制度的構造を理解する作業が残っている。簡潔に述べると、問題はどうして国民主権における断続的な憲法国民投票も、現代の自由—民主主義社会における代議制も、少なくとも例外的な戦後景気の時期以外は、格差を緩和できなかったか理解することにある。厳しい制約下での参政権と寡頭政治の官僚制を備えた一九世紀の社会では、経済格差の水準を抑制できなかったことは容易に説明できる。マルクスが一八七一年にパリ・コミューンについての分析で「労働者階級は、できあいの国家機構をそのまま持ってきて自らの目的のために使いこなすことはできない」と書いた時点では、彼は完璧に正しかったかもしれない。[*82] だが、大衆が参政権を得た現在もこの状況が変わらない理由は謎で、もっと深い調査が必要であり、それはピケティの重要な著書によってようやく本格的に始まったばかりなのだ。[*83]

第20章　世界格差の歴史的起源

エローラ・デレノンコート

経済学者エローラ・デレノンコートは、富の格差の深い歴史的・制度的な起源を採りあげる。彼女はこれが、ダロン・アセモグルとジェイムズ・ロビンソンが「収奪的」VS「包括的」と述べる制度に動かされるのではないかという。デレノンコートの主要論点は、富の蓄積の根底にある制度は「市民」、つまり政体における権利を与えられた個人にとっては包含的かもしれないが、奴隷、歴史的に周縁化されてきた人種や民族集団など、平等な法的地位を与えられなかった者たちを含む「従属者」にとっては同じものが収奪的だったのではということだ。デレノンコートはこの二分法が展開するいくつかの事例を論じ、それが現在の富の分配に与えた影響の記録も添える。

歴史は世界的格差を形成してきたし、いまもそれを続けている。そして世界のちがう部分の暴力的な遭遇は、歴史の中で矮小な部分にはほど遠い。一五〇〇年代から一九六〇年代にかけて、大西洋奴隷貿易という形や、アメリカ、アフリカ、アジアの直接間接的なヨーロッパによる植民地支配は収奪と極端な権力不均衡に特徴づけられてきた。こうした収奪的経済活動は、現代経済成長のパターンに貢献した——最低でも、一部の者が他の者を犠牲に大幅に豊かになるのに貢献した——だから現代世界格差の文脈でそれを研究するのも正当化される。

本論文が提示するフレームワークは、世界格差における歴史の影響を、所与資産または社会の中での富の初期分配、および制度、または経済、政治、社会行動をおおむね律してきたルールに区分する。[*1] 所与資産と制度は、どちらも本章で注目する収奪的遭遇により強力に形成されてきた。北大西洋奴隷制とヨーロッパの植民地化は、どちらも二つのまったくちがう経済アクターを生み出してきた。これを私は政治家学者マフムード・マムダニの業績に倣い「市民」と「従属者」と呼ぶ。[*2] アナクロニズムと思われかねないが、私は市民や従属者を、単純に歴史の収奪的遭遇における勝ち組と負け組としてそれぞれ定義する。少なくとも平均で見れば、世界市民は所与資産も大きく、経済政治的権利は長期にわたる民主制度により保証され、蓄積機会もそれに伴って生まれる。これに対して世界従属者たちは、所与資産はないかあってもわずかであり、経済政治的生活は恫喝的で非民主的な制度により脅かされ、適法手続きも受けられず、恫喝的な労働慣行にさらされ、富を蓄積する機会を明確に奪われている。

本巻第14章のデナルディ、フェラ、ヤング論文は、すでに富の蓄積インセンティブを形成する要因の理論的扱いの一つを提供している。著者たちは遺産動機と選好の異質性をピケティの動学的産出成長および資本収益率の定式化モデルに追加する。彼らのアプローチは本巻第5章のナイドゥが「飼い慣らされたピケティ」的な『21世紀の資本』の読みと述べるもの――富の蓄積パターンを理解するために、マクロ経済学と公共財政の標準言語を利用するもの――を拡張する。[*3] 私の読みはむしろナイドゥの別のビジョンである「野生のピケティ」をたどるものであり、権力と政治を舞台の中心に置く。実際、ここで考察される経済活動のほとんどは競争市場や法治の外で起こる以上、本章は歴史的に決まった制度や所与資産を、長期格差の原動力として評価する。

まずは集団レベルの異質性を持った世代間の富の移転の簡単なモデルを描くところから始める。このモデルは過去の所与資産や制度が個人の富、ひいては市民と従属者たちという集団内部と集団同士の格差を左右できるようにする。このモデルは、所与資産の影響は何世紀もたつうちに薄れるという洞察を与えてくれる。これに対し、制度は富の蓄積インセンティブを形成するだけでなく、再分配の能力も与えてくれる。こうした制度は持続し、当初の所与資産の差が消え去った後もずっと格差に影響を与え続ける。私はこのアプローチを大分岐と産業革命における奴隷制と植民地主義の重要性に関する文献と比較する。こうした文献は、所与資産にばかり注目して、制度のより有害な影響を見失っているからだ。

この問題を明らかにするため、私はアメリカ奴隷制の文脈に目を向ける。南北戦争と奴隷解放は、富の形態としての奴隷資産に死亡宣告を行ったが、この富へのショックは、南部社会で奴隷所有者が保有していた優位性や、奴隷制が南部政治に与えていた影響を取り除くにはまったく不十分だった。制度的な持続性は、南部の資産家たちが南北戦争後何十年にもわたり、重要性を回復するための他の道筋を拓いた。証拠を見ると、南北戦争以前の南部資産家がある程度の復活を遂げていると示唆される。それが持続した経路として説得力あるものの一つは、政治制度のエリートによる捕獲である。

次に私は、ヨーロッパ植民地支配の制度が格差に与える持続的な影響を検討し、分析の地理的、時間的な範囲を広げる。アセモグル、ジョンソン、ロビンソンは植民地制度の便利な変数として外生的な疾病環境のばらつきを使い、制度が経済的な結果に与える因果関係を見極める手法を提供した。[*4] こうしたばらつきは、ヨーロッパ人が潜在的な植民地に入植する能力に影響し、彼らがその後構築する制度の種類を形成したと論じられる。制度的な持続性は無数の経路で格差に影響するが、私は主に税制インフラと、その結果としてピケティや協力者たちが維持する世界富と所得データベースのような世界格差データベースへの編入に注目する。収奪的制度を持つ社会は、平均的には税制インフラがもっと最近であり安定性も低く、これは今日の旧植民地社会の格差にとって意味を持つ。

最後の節で、私は将来研究の道筋と、世界格差に影響し続ける歴史が持つ政策的含意について論じる。歴史的収奪の文脈で最もはっきりした政策提言は賠償である。私は所与資産にだけ注目する研究文献から着想されて示唆される形のこの政策ツールの落とし穴について簡単に述べる。結論として私は、単なる所与資産の初期の差だけではなく、制度的格差の問題に注目した賠償への別アプローチを提示する。

歴史を持つ集団格差モデル

歴史的にちがった制度群に直面してきた世代間の富の移転をモデル化するにあたり、私はMulder et al. の提示した小規模社会における世代間の富移転モデルを元にする。[*5] Mulder et al. は小規模社会におけるちがった経済生産システムが生み出す平均的な格差水準に関心がある。その社会の制度は、きわめて博愛主義的なものから、きわめて階層化したものまでいろいろである。彼らによりこうしたそれぞれの社会における世代間移転の推計は、まず集団間の格差が大きく、集団内の長期的格差のばらつきよりも大きいということ、第二に社会の間の格差は、おおむねそれぞれの生産技術種類に伴う制度の関数となるということである。ここで私は彼らのモデルを改変し、前節で論じた歴史的遭遇から生じる、市民と従属者の制度の相互関係を考慮するようにする。私は所与資産と制度がそれぞれ、この二つの集団内および集団間の格差に与える影響についての解釈に注目する。

すでに述べた通り、歴史的に包括的な政治経済制度を享受してきた集団を私は「市民」と呼び、歴史的に収奪的な制度に直面してきた集団を「従属者」と呼ぶ。このモデルでは、個人の富は三つの構成要素で決まる。その個人の親からの富移転の度合いを決める制度、所与資産またはその個人の集団に見られる平均的な富（これは制度に左右されるものでもある）、そして個人の富の予想外の変動を捕らえた特異なショックである。市民たちにとって、強い包括的制度は、個人の親により決まる富の度合いを制約するが、従属者にとっては、収奪的制度により地位はおおむね前世代から引き継ぐしかないことになる。さらに両集団間の富の移転をもたらした歴史的遭遇により、市民は高い所与資産を享受し、従属者は低い所与資産しか持てない。これは大西洋奴隷貿易、奴隷に基づくアメリカの農園農業、アフリカからアジアの植民地からの資源収奪などが含まれる。富の方程式における最終項は、個人の制御範囲を超える予想外の経済ショックをとらえたものだ。これは戦争や経済下降期といったマクロレベルのショックと、病気や家族の死といった個人レベルの特異なショックを含む。

この設定における世界格差は、市民と従属者をあわせた統合母集団の個人の富の分散で捕らえられる。モデルの主な洞察は、いくつか技術的な操作の後で示されるが、初期の所与資産は世界格差にとって、短期・中期では重要ではあるものの、長期的には制度の影響だけが残るということだ。これは特異なショックが受けつがれる所与資産の影響を世代ごとに鈍らせ、やがてそれが世界格差には無関係にしてしまうからだ。いったん富が世代間で安定化し、定常状態とされる均衡に達すると、世界格差の水準を決めるのは制度だけとなる。

これを定式化して示すため、まず市民と従属者がそれぞれ人口頻度ρと$1-\rho$とする。そしてそれぞれ次のような富の蓄積プロセスに直面するものとする。

$$W^{市民}_{it+1} = \beta^{市民} W^{市民}_{it} + (1-\beta^{市民})\overline{W}^{市民}_{t}(\beta^{市民},\beta^{従属}) + \epsilon^{市民}_{it}$$

$$W^{従属}_{it+1} = \beta^{従属} W^{従属}_{it} + (1-\beta^{従属})\overline{W}^{従属}_{t}(\beta^{従属},\beta^{市民}) + \epsilon^{従属}_{it}$$

ここでβ^Gは、集団Gにとって歴史的に決まった制度をとらえたものであり、$\overline{W}^G_t$は集団Gが時期tに持つ平均の富であり、したがって所与資産を表す。W^G_{is}は集団Gの個人iが時期sに持つ富であり、ε^G_{is}は集団Gの個人iが時期sに受ける特異なショックとなる。このショックは平均ゼロで、分散$\sigma^2_{\varepsilon G}$となる。したがって、ある個人の明日の富は、前期におけるその個人の富、前期におけるその集団の平均的な富、それぞれの期中に個人レベルで起こる特異なショックの関数となる。初期の所与資産は、時期ゼロにおける集団レベルの平均的な富と考えられる。

二番目の項は平均回帰をあらわす。つまり前期の集団レベルの平均所与資産に、$1-\beta^G$の加重をかけたものとなる。β^Gが制度を表すなら、低いβ^Gは機会平等を高め、集団内の分配を圧縮する包括的な経済政治制度を意味する――たとえばエリートへの制約、強い公共財の提供、社会的セーフティーネットを示唆する。高いβ^Gは、植民地支配と奴隷制の下で生じた収奪的制度を捕らえている。エリートをひいきする政治システム、紛争、恫喝的労働市場などだ。過去の収奪的制度は低い世代間モビリティや、制度的な持続による同時期の高い格差を生み出した。重要な点として、私は集団レベルの所与資産が他の集団の制度に依存できるようにした。これは市民と従属者との歴史的な遭遇の結果をとらえるためのものである。

包括的制度を持つ場所では、海外植民地における資源収奪や奴隷制のために、所与資産はさらに高くなるかもしれない。このモデルでは、所与資産のちがと制度のちがいはどちらも純粋に歴史的遭遇だけで決まる。これは制度や当初の所与資産に影響する他の要因を抽象化してしまうが、ここでの狙いは現代の世界格差を決定するにあたって、当初の所与資産と制度の相対的な重要性を明らかにすることである。このモデルは世界格差を、収奪的歴史的遭遇により生じた所与資産や制度の分岐に関連づける便利な方法を提供する。こうした歴史的遭遇な、世界的にも、ある国や地域の中でも、市民集団と従属者集団を作り出す。

任意の集団Gについて、独立かつ同じ分布を示す（i.i.d）ショックの下では、富の定常状態での分散は以下のように導ける：

$$Var(W_{it+1}^{G}) = Var(\beta^{G}W_{it}^{G} + (1-\beta^{G})\bar{W}_{t}^{G}(\beta^{G},\beta^{-G}) + \epsilon_{it}^{G})$$
$$= \beta^{G^2}Var(W_{it}^{G}) + \sigma_{\epsilon^G}^2$$

$W_{it+1}^{G} = W_{it}^{G}$ となる安定状態では、$Var(W_{it+1}^{G}) = Var(W_{it}^{G}) = \sigma_{W^G}^2$

$$\sigma_{W^G}^2 = \beta^{G^2}\sigma_{W^G}^2 + \sigma_{\epsilon^G}^2 \Rightarrow \sigma_{W^G}^2 = \sigma_{\epsilon^G}^2/(1-\beta^{G^2})$$

したがって定常状態では、初期の所与資産は集団Gの富の対数の分散に何の影響もない。むしろ定常状態の分散は純粋に集団Gの制度と、個人レベルの特異なショックの分散の関数となる。

制度はどのような意味で、市民や従属者内部およびこの両者間の格差に意味を持つのだろうか？　世界的富の蓄積は、市民と従属者の二つの富蓄積プロセスを人口頻度で加重し合計したものとなる。

$$W_{it+1}^{世界} = \rho W_{it+1}^{市民} + (1-\rho)W_{it+1}^{従属}$$
$$= \rho(\beta^{市民}W_{it}^{市民} + (1-\beta^{市民})\bar{W}_{t}^{市民}(\beta^{市民},\beta^{従属}) + \epsilon_{it}^{市民})$$
$$+(1-\rho)(\beta^{従属}W_{it}^{従属} + (1-\beta^{従属})\bar{W}_{t}^{従属}(\beta^{従属},\beta^{市民}) + \epsilon_{it}^{従属})$$

これは以下のように変形できる。

$$W_{it+1}^{世界} = \rho\beta^{市民}W_{it}^{市民} + \bar{W}^{世界} + (1-\rho)\beta^{従属}W_{it}^{従属} + \epsilon_{it}^{世界}$$

ここで $\bar{W}^{世界}$ は二つの集団レベルの所与資産を期間を通じて正規化した適切な加重平均である。

世界格差は $W_{it+1}^{世界}$ の分散として定義される：

$$Var(W^{世界}_{it+1}) = Var(\rho\beta^{市民}W^{市民}_{it} + \bar{W}^{世界} + (1-\rho)\beta^{従属}W^{従属}_{it} + \epsilon^{世界}_{it})$$
$$= \rho^2\beta^{市民^2}Var(W^{市民}_{it}) + (1-\rho)^2\beta^{従属^2}Var(W^{従属}_{it}) + 2\rho(1-\rho)Cov(W^{市民}_{it}, W^{従属}_{it}) + \sigma^2_{\epsilon^{世界}}$$

ショックはi.i.dなので、$W^{市民}_{it}$ と $W^{従属}_{it}$ の共分散はゼロとなる。従って、時期 t における世界格差は

$$Var(W^{世界}_{it+1}) = \rho^2\beta^{市民^2}Var(W^{市民}_{it}) + ((1-\rho)^2\beta^{従属^2}Var(W^{従属}_{it}))$$

定常状態で世界格差は以下のように書ける。

$$Var(W^{世界}_{it}) = \rho^2\beta^{市民^2}\sigma^2_{\epsilon^{市民}}/(1-\beta^{市民^2}) + (1-\rho)^2\beta^{従属^2}\sigma^2_{\epsilon^{従属}}/(1-\beta^{従属^2})$$

これが何を語るかといえば、長期には世界格差はそれぞれの集団の制度、人口頻度、個人レベルのショックの分散の関数だということだ。重要な点として、初期の所与資産は長期の世界格差を説明できない。

このように、歴史は二つの形で作用していると考えられる。制度は集団内の富の分配におけるモビリティの度合いに影響し、制度は双方の集団における、両者の収奪的な歴史的遭遇を通じて、集団レベルの所与資産に影響する。後者は、もし集団の結果が定常状態に達していないと考えるのであれば重要となる。だが最終的には、モデルはショックが初期所与資産のちがいを消し去ってしまい、長期では地球格差を特徴づけないと示唆している。制度のほうが所与資産のちがいより持続性が高いと考えるのは正当だし、このモデルでは確かにそうなっている。長期には、制度的な分岐が所与資産よりも世界格差に対して高い説明力を持つ。それでも以下の節で示すように、歴史的遭遇とその後の格差に関する研究のほとんどは、制度よりも所与資産の分岐を強調する傾向にある。

所与資産

分水嶺となった一九四四年の『資本主義と奴隷制』で歴史学者エリック・ウィリアムズは、奴隷貿易と奴隷農園か

らの利潤がイギリス産業革命の資金源となったと提起した。奴隷がもはや資本の利益にかなわなくなったとき、資本家たちと奴隷制廃止論者たちの結託により、この制度は潰されたのだ、と彼は論じた。だが彼の理論の前半は、イギリスの経済発展における奴隷制の重要性に関する探究の嚆矢となった。ウィリアムズに対して否定的な論者は、奴隷貿易からの利潤率が過大に見積もられていると論じたり、その産業部門の規模は小さすぎて経済の他の部分に大きな影響は及ぼせないと論じたりしたが、経済史研究者たちは、この時期のイギリスの成長に奴隷制がある程度の役割を果たしたとする傾向が強い。[*6] さらに、イニコリが論じるようにアフリカや西インド諸島で重要な工業製品に対する受容が大きかったのであれば、小さな産業部門ですら、イギリス経済の再編に貢献できる。[*7] 同様の議論が、イギリスによるアフリカ大陸植民地化の文脈でも行われている。[*8]

　奴隷制の影響の仕組みは、奴隷貿易やアメリカでの農園生産からの直接の利潤流入から、水上輸送、遷移、海上保険、金融など経済の中の関連産業に対する奴隷制のスピルオーバー効果まで様々である。[*9] こうしたスピルオーバー効果は、貿易や農園からの直接利潤が小さくても、奴隷制が成長に対して大きな影響を与えたことを意味するかもしれない。

　世界史における新しい議論は、イノベーションへの影響も含むスピルオーバーに注目し、小さな取引や産業部門が経済に対して小さな影響しか持てないという考えに挑んでいる。もし原材料への安いアクセスがイノベーションを促進したなら、外国の収奪的制度への政治経済的つながりは、持続的な経済成長をもたらせるし、これが所与資産の分岐を増幅できる。これはイギリスにおける繊維産業で何より例証できるかもしれない。こうしたスピルオーバー的つながりと外国植民地の重要性を明らかにする主要商品は綿である。アメリカの奴隷労働や、ますます植民地的統制を強めるインドで生産された綿は、イギリスの経済発展に大きな役割を果たした。たとえばハンロンは、南北戦争によるアメリカの綿供給へのショックが、アメリカの綿に対するインドの綿の相対価格を劇的に引き下げたことを記録している。インドからの綿の輸入は激増したが、インド綿を加工する費用を引き下げる技術イノベーションはそれに合わせて続いた。結果としてインドの綿価格は、輸入比率はいささかも減らないのに上がった。イギリスのインド綿への安全なアクセスは、こうしたイノベーションがアメリカ奴隷制終了でイギリス繊維産業への重要な投入が除かれる恐れがあったときに確実に起こるようにするのに貢献した。[*10] 実際、アメリカ南北戦争後もイギリスは二〇世紀初頭まで綿の生産を支配し続けた。[*11]

また金融市場の発展に奴隷制が果たした役割を見た研究者もいる。ゴンザレス、マーシャル、ナイドゥはメリーランド州の歴史的事業報告を使い、奴隷所有者は非奴隷所有者よりも新規事業を始める比率が高いことを示し、奴隷が土地に比べ流動性とモビリティが高いために貸し手も担保として好んだというモデルを裏付けている。[*12] ローゼンタールはアメリカにおける科学としての会計の台頭を研究史、農園に初期の会計士が影響していたことをつきとめた。会計や簿記の専門家と分野としての会計の発展は、農園主の簿記需要と、農園での作業で会計士たちが培った技能により促進された。[*13]

経済史文献であまり論じられていないのが、現代医学進歩への奴隷制の影響である。一八世紀に医師たちは天然痘の予防接種として、軽度の感染者の体液を、未感染の人物の点切開傷に移した。キューバなどスペイン系アメリカの各地では、ワクチン輸送の容器として孤児や奴隷が使われ、腕の疱瘡にワクチンを入れて運んだのだった。ゴンザレスは、一九世紀初頭のキューバにおける、奴隷数とワクチン接種者数との高い相関を記録している。奴隷から他の人々に疫病が広がるという恐怖により、港湾では厳しいワクチン接種が行われた。キューバ経済における奴隷の重要性増大で、意思や外科医の需要が高まり、一人あたり医師の水準がきわめて高まった。ワクチン輸送に使われる孤児のストックが尽きると、奴隷が購入されて人間輸送の連鎖が途切れないようにされた。奴隷船や交易ルートは、スペイン系アメリカにおける人口のワクチン接種規模拡大の自然な道筋となった。[*14] こうした証拠は、奴隷制が潜在的に大きな全要素生産性への影響を持っていたことを示唆する。医学の進歩と管理科学の進歩はあらゆる要素に影響し、すべてをもっと生産的にする。

経済学者ウィリアム・ダリティは、アフリカとアメリカにおける収奪と成長の関係を現代ヨーロッパの「原罪」と述べる。だが「原罪」はいつまで問題になるのだろうか？　前節で述べたモデルによれば、所与資産の影響は短期と中期では重要だが、長期ではこうした所与資産の影響は、富の蓄積プロセスに対するショックの繰り返しで拭い去られてしまう。最終的に、富の蓄積インセンティブをもたらすルールと政府の再分配方針（モデルにおけるβ項）が持続し、所与資産の差は薄れる。言い換えると、もしヨーロッパの原罪がその初期の所与資産の分岐であるなら、そうした所与資産に対する権利主張は、世界再分配の観点からすると、時間がたつにつれて無限に小さくなる。やがて、経済が定常状態に達したら、制度的なちがいだけが重要になる。[*15] だがどの時点で経済は定常状態に達するのか？　この謎について、次節でアメリカ奴隷制の文脈において検討を行う。

ショックVS持続性

ピケティは、両世界大戦が資本／所得比率に与えた打撃を記述するが、富の一形態を丸ごと根絶した現代戦争として、アメリカ南北戦争ほど有効なものはなかったのではないか。ものの数年で、南部の富の保有者が持つ最もダイナミックな資本形態、奴隷資本が歴史的な遺物となった。つまり南北戦争は、前節で定義した歴史的所与資産に対するショックとして唯一無二のものとなる。奴隷制廃止が南北戦争以前の富の分配に与えた影響は何だったのだろうか？　このショックはアメリカ南部における、「市民」たる南部エリートと、貧困白人や解放人を含む「従属者」たちとの境界をぼやけさせるに十分だっただろうか？

この問いに答えるためのデータは、各種系図協会や統合公共利用ミクロデータシリーズ（ＩＰＵＭＳ）による、歴史的アメリカ国勢調査回答表のデジタル化の進捗によりますます入手しやすくなってきた。ＩＰＵＭＳ国勢調査データを使うことで、デュポンとローゼンブルームは奴隷保有者が南北戦争以後も南部の富の分布におけるトップエンドに留まった度合いを検証した。[*16] もっと限られたデータしかなかった以前の学者たちは、南部農園主階級が強力に持続していたという結果を出してきたが、これとは対照的に、デュポンとローゼンブルームはもっと入り混じった結果を出している。南部では、一八七〇年における南部の富保有者トップ五％のうち、一八六〇年のトップ一〇％に入っていたのは半分以下だったので、南部の富の分配にはそこそこの入れ替えがあったことが示唆されている。最終的に、奴隷資産の消滅で、一八七〇年にはちょっと変わった個人群がトップに上がったことになる。重要な点として、同時期の北部における富のモビリティはもっと低かった。

それでもデュポンとローゼンブルームは、一八六〇年の金持ち南部人の三分の一ほどはその地位を保ったとしている。これは南北戦争がもたらしたショックの規模を考えると、高いようにも思える。[*17] 著者たちの結果は、市民と従属者との初期の所与資産の差が、この文脈においては富の分配において問題とならない定常状態へと向かう途上にある社会を示唆している。さらに、エイジャー、ブースタン、エリクソンは、南北戦争以前には持続性を持っていた奴隷の富が、一八七〇年以降の富の予測力を持たなくなっているのに、不動産は予測力を維持していることを示している。[*18] 別のワーキングペーパーで、私はそれでもずっと長い時間軸で見た場合に南部の奴隷所有者がある種の優位性を持続させていたことと整合的な結果を見出している。[*19] およそ四三万人の奴隷所有者を計上している一八六〇年からのアメリカ奴隷全数計数表と、一九四〇年からの全数計数アメリカ国勢調査に基づき、私は社会経済モビリティと名字に関するクラークの研究に啓発された初期試験を実施している。[*20] 一八六〇年奴隷表の四万近い名字と、一九四〇年の南部の名字とをマッチングさせて、奴隷の富と現代の所得との間に正の相関を見出した。この証拠と、デュポンとローゼンブルームの証拠とを組み合わせると謎が生じる。南部の元奴隷所有者たちは、南北戦争後の数十年で経済的な復活を経験したのであろうか?[*21]

奴隷の富と所得分配との持続的影響は、収奪的制度が長い影を落とすと示唆する大量の証拠(この実証パターンについては次節でもっと詳述する)の中で場違いではない。アメリカ奴隷制の文脈で、ブラックウェルらは二〇世紀の政治文化的な結果に対し、奴隷制が非線形の影響を与えているという結果を得ている。これは南北戦争のはるか後で奴隷保有一族が繁栄に返り咲いている事実とうまく整合している。大規模奴隷農園農業におけるランダムな変動要因として綿の適切性を使った著者たちは、一八六〇年の奴隷化人の割合が高いと、南部支持回復(訳註:共和党による南部での支持拡大のための人種差別的な活動)以前の民主党支持と、今日のアフリカ系アメリカ人に対する否定的な人種的態度が予測されるとしている。この関係は一八世紀初頭に頂点に達しており、これは南部リディーマー(訳註:民主党を中心とした南北戦争後の政治運動)やレコンストラクション逆行が、それまで南部の奴隷集中地区で最も強かったこととも整合している。こうした政治的現実は、所得分布にも影響し、奴隷保有一族を復活させて、それを南部エリートの構造の中で確立させるであろう。[*22] その最も重要な個人資産が自由な労働力に変えられた後で、元奴隷保有一族は政治力獲得に方針を変え、それを使って最近解放された奴隷たちを従属させ、将来時点での経済地位を回復させたのかもしれない。[*23]

こうした奴隷保有と南北戦争後のモビリティに関する研究文献の最近の進展は、所与資産は確かにショックに弱いことを示唆しており、デュボイスの奴隷支配制に対する弔辞「南北戦争とともに農園主たちは階級として死んだ」を思い起こさせる。だが一九四〇年には、一八六〇年からの奴隷保有者の名前は所得と相関しているようだ。さらに、南部政治に対する奴隷制の長い遺産は明らかだ。一八六〇年に奴隷の多かった地域は、二〇〇八年にバラク・オバマに投票する率が低かった。だから所与資産の優位性が薄れても、そうした優位性を生み出す制度は、制度が公式に存在しなくなったはるか後まで、経済や政治的結果に対して永続的な影響をもたらせる。次の節では、制度と格差の関係についてもっと詳しく論じる。特に、旧ヨーロッパ植民地において、植民地化における収奪とその後の税インフラの関係を検討する。

制度と格差

なぜ制度は世界格差において重要なのだろうか？　まず、制度は比較経済発展を理解する鍵となる。歴史的遭遇は、グローバル市民と従属者との集団間および集団内の格差に影響する制度的分岐を生み出した。私は前者を検討する。これは制度研究文献でそれなりの注目を集めてきた。次に私は、制度と格差の関係を、植民地化が税制インフラに与えた影響を通じて深掘り分析する。所得課税は鍵となる再分配政策ツールとして機能するだけでなく、国内の所得分配に関する最高水準のデータを生み出す。それは主に、これが多くの家計調査のようにトップが歪曲されていないからだ。制度研究文献から、ある国の植民地制度の種類に関する共通の代理指標を使って、私は旧植民地三二カ国について集めた所得税の導入についてのデータと、ピケティと共同研究者たちが維持する世界富と所得データベースにおける所得税カバー範囲が、歴史的制度によりどんな影響を受けたかを計測する。こうしたデータを使い、私は制度と税インフラとの系統的な関係を実証する。それは収奪的制度が所得分配に与えるだけでなく、それを計測させてくれたりする政府の構造自体にすら与える負の遺産を強調するものだ。
制度、あるいは経済、社会、政治的な行動を律するルールは、経時的な世界発展の不均等性について大きな説明力を持っている。これはダグラス・ノースやアセモグル、ジョンソン、ロビンソンが詳しく発達させた理論である。[*24] 過去数十年にわたり、経済学者たちは歴史的な自然実験をますます活用し、制度が経済発展に与える影響を計測してきた。[*25] あるきわめて参照の多い研究で、アセモグル、ジョンソン、ロビンソンは制度的なばらつきについてのそうした自然実験の大規模版として、ヨーロッパによる植民地化の時点における病気による死亡を検討している。黄熱病やマラリアといった感染症がどう広がるかについてのヨーロッパの知識がないため、各種の植民地候補地で直面された自然環境は、著者たちに言わせると、ヨーロッパ人がどこに入植できるかについての外生的なばらつきの源となる。入植能力は、ヨーロッパ人が別個の制度を構築するインセンティブを決定した。死亡率が高かった地域では、入植はしにくかったので、収奪的な制度は奴隷による換金作物の生産を特徴とし、フランチャイズ化にも制限がかかった。死亡率が低いところでは、ヨーロッパ人たちは自ら入植して比較的包括的な制度を構築し、政治システムに抑制と均衡も持たせ、私有財産保護を強調した。[*26]
この病気環境が決定した当初の制度的な分岐は、今日の経済制度やパフォーマンスを予測できる。旧植民地の中で、病気環境がヨーロッパ人たちの入植を阻止した場所では、財産権も確立しておらず、一人あたりGDPも低い。これに対し、ヨーロッパ人の死亡率が低かったところは相対的によい結果を出している。したがって、著者たちはこの実証的結果を、包括的な精度が長期的な経済パフォーマンスを改善し、収奪的な精度はそうでないという仮説を支持するものと解釈している。
むずかしいのは、ヨーロッパにおける制度的なイノベーションと経済成長のスタートダッシュが何もないところで起こったわけではなく、まさにヨーロッパがその他世界を探検し制服している時期に起きたと言うことである。植民地的な獲得と奴隷貿易からの富の激増は、王の権力に対抗できる商人中産階級に力を与え、包括的制度の確保を助けた。[*27] このパターンは、新世界における後の成長期にも拡張する。アメリカ大陸の中で、包括的制度を持つ地域は、広大なフロンティアに沿った収奪的活動の恩恵を受けていた。これは土着民の土地の接収や先住民の殲滅も含む。[*28] 要するに、成長は包括的制度に依存するが、それはまた他の場所での収奪的経済機会の有無にも結びついている可能性があるのだ。

イギリスで台頭した商人階級を考えてみよう。これは地元では王家の権力に対して抑制を利かせ、同時にヨーロッパ全土で最も有力な奴隷貿易商として名を馳せていた。同様に、オランダでの民主主義拡張は、東南アジアにおける香料貿易の独占権を確立しようとする壮絶な戦役と同時に起きた。こうした歴史的な時期は、「決定的交差点」、つまり初期の制度が、社会が経済機会の源に対してどう反応するかを決める分水嶺的な歴史的時期となる。だがある社会における包括的制度のまぐさは、別の社会においてそうした制度を拒絶することなのかもしれない。これは特に、イギリスとオランダの介入後の東アフリカ、カリブ海、東南アジアで見られたことである。

集団内の格差に対する植民地化の影響を計測するストレートな方法の一つは、植民地制度が税制インフラに与えた影響を見ることである。政府が所得に課税する能力は、その政府が公共財を提供し、所得を再分配して格差を抑える能力の強い信号となる。税制インフラの不在は、社会プログラムがわずかで、参入障壁が高く、エリート所得に何の障害もない状態に対応する。

各種制度が格差に与える影響を検討するときの大きな障壁は、地域における制度の種類が経済的結果に関するデータの有無と相関しているかもしれないということである。アトキンソンはこのギャップの一部を埋めるため、アフリカにおける旧英領植民地の帝国徴税データを使っている。このデータはそれ自体がイギリス母国と植民地との間の収奪的な取り決めの遺産である。それらは、富の分布の最頂点の分析を可能にしてくれるだけだし、一般に先住民よりは、入植した植民地役人たちに光を当てる。こうしたトップの数字を検討することで、格差はこうした植民地の多くで、徴税データが存在する社会の超エリート層の間ですら高かったことが明らかになる。この研究は、世界的な格差力学を理解するための空白を埋めるものではあるが、こうしたデータで表現されない人口の九割については、目を剥くような不在が残されることとなる。さらに、植民地システムが富の分配に与えた影響が、植民地に対してと、非植民地に対してとではどうちがったのかいまだにわからない。私はこの問題について、この節の最後の部分で検討する。[*29]

旧植民地国に注目して、私は貧困国における弱い徴税と統計のインフラの背後にある、制度的な持続性メカニズム

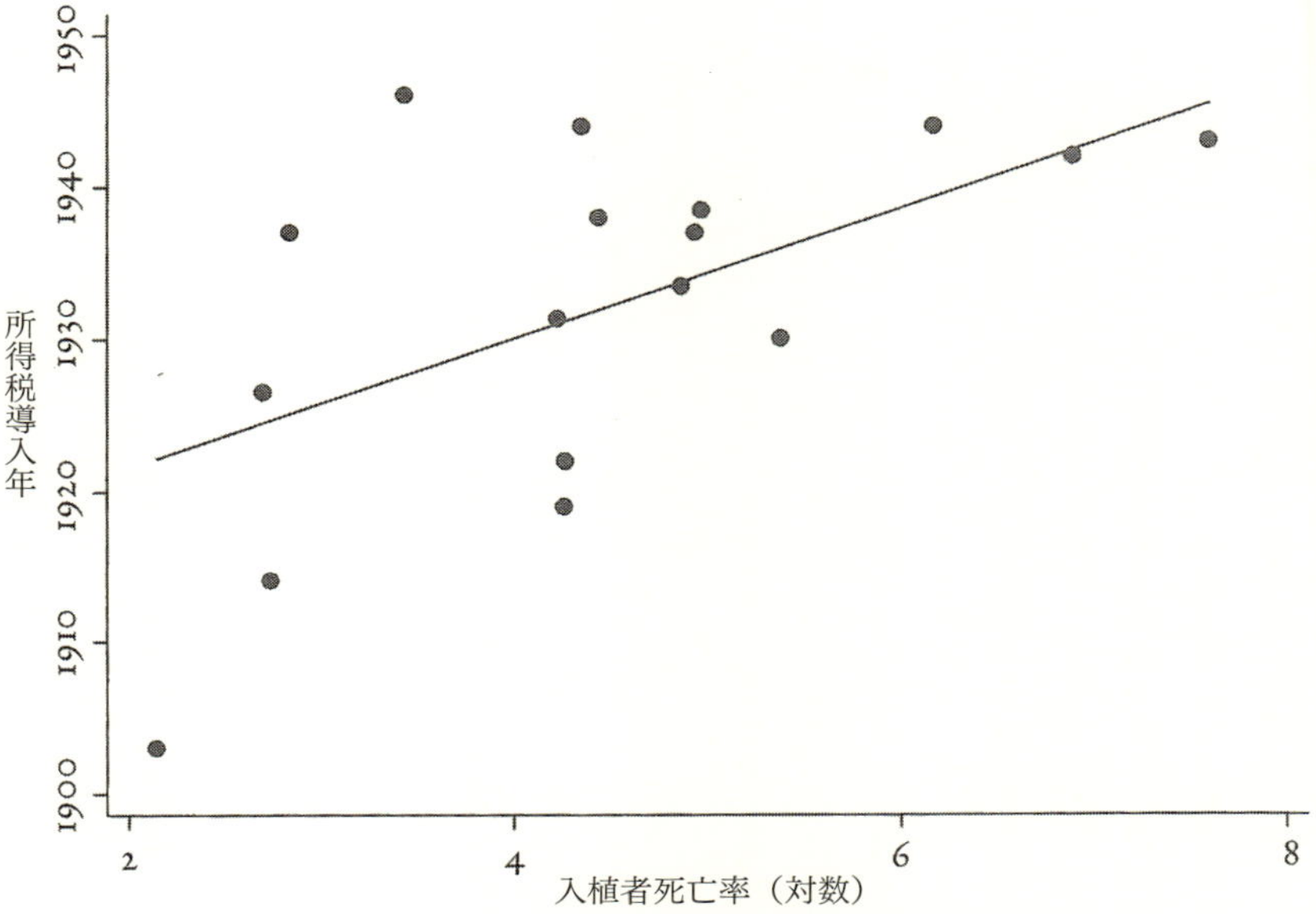

図20.1　植民地入植者死亡率と所得税導入の関係
註：個人所得税は格差を抑えるための重要な政府ツールである。ここでの正の相関は、国の植民地制度が収奪的であればそれだけ所得税導入が遅れることを示す

に関する直接の示唆的な証拠を提示する。具体的には、私は旧植民地三二カ国において、旧植民地における歴史的なヨーロッパ入植者の死亡率（アセモグル、ジョンソン、ロビンソンが作り出した指標）と、所得課税初年度の関係を見た。こうした病気死亡率の数字は探検の時代に遭遇した地域にヨーロッパ人が入植できるかどうかに関する無作為のようなばらつきを提供することを思い出してほしい。この入植能力はさらにその植民地に設置された制度の種類を決めた。低い入植率は、地元住民に対するアカウンタビリティの低い収奪的な制度へと傾いた。入植率の高いところでは、入植者たちは経済的成功についての自分の見通しを高める包括的な制度を作るインセンティブに直面した。結果の変数として、私は各種学術情報源から所得課税の初年度のデータを集める。ヨーロッパ人入植者の死亡率データも持っている旧植民地国三二カ国について、所得税法制の初年度を見つけることができた[*30]。

図20・1は、入植者の死亡率を代理指標とする植民地制度と、所得課税初年度との相関をプロットしたものである。観測データは、入植者死亡率

の対数について同じ大きさの範囲でグループ分けされており、Y軸はそれぞれのグループについての所得課税の初年度平均を示す。このプロットは正の相関を示す。植民地制度が収奪的であれば、それだけその国での所得税導入は遅くなる。個人所得課税は格差を抑えるための重要な政府ツールなので、収奪的植民地制度は持続して、再分配能力が低く、社会問題解決のための歳入獲得能力も低い現代制度へとつながる。集団内の格差はしたがって、植民地化の歴史的遭遇で設立された制度の種類に依存する。

制度が世界格差に影響する二つ目の方法は、格差に関する情報の質を左右することである。ピケティと協力者たちが維持する世界富と所得データベース（ＷＩＤ）は、世界四〇カ国以上の所得と富の推移を追跡しようとするものである。[31]これはつまり、データベースに含まれていない国が一五〇カ国ほど残っているということで、これは南アメリカ、アフリカ、東欧に集中している。旧植民地国の多くについてデータがないため、歴史的制度が格差と富に与えた影響の完全な評価はできない。だが含まれていないこと自体がデータの一種である。データベースに含まれるためには、十分に発達した税制インフラが必要である。通常、個人所得税の早期導入は、その国が富と所得の長期時系列データを提供できる前提条件となる。

図20・2は、入植者死亡率とＷＩＤに含まれる年数とを相関させたものである。このプロットは、図20・1と同じ形で観測点をグループ化してあるが、植民地制度が収奪的であるほど、その国のＷＩＤに含まれる年数が低いことを示している。ここでの倒錯的な結論は、ある場所の植民地制度が収奪的であれば、それだけそうした場所での今日の所得分配についてわかることが少ないということである。つまり我々が格差について創り出す知識は、格差についての情報がある場所に集中するというバイアスがかかっていることになる。だが明らかに、データの有無は制度により系統的に影響を受けている。含まれていないということは、おそらく税制の期間が短く、再分配能力が低いことと関連しており、定量分析は無意識のうちに、所得分配の詳細データがない地域を避けかねない。したがって、何が格差を決めるかについての我々の理解は、それを計測できる場所によって形作られる。

上で論じた知見は、歴史的に収奪的な制度が、その後の税制インフラへの影響を通じて富の分配を形成すると同時に、その格差に関する知識生産も形成するにあたって直接的な役割を示唆している。課税は政府にとっての鍵となる

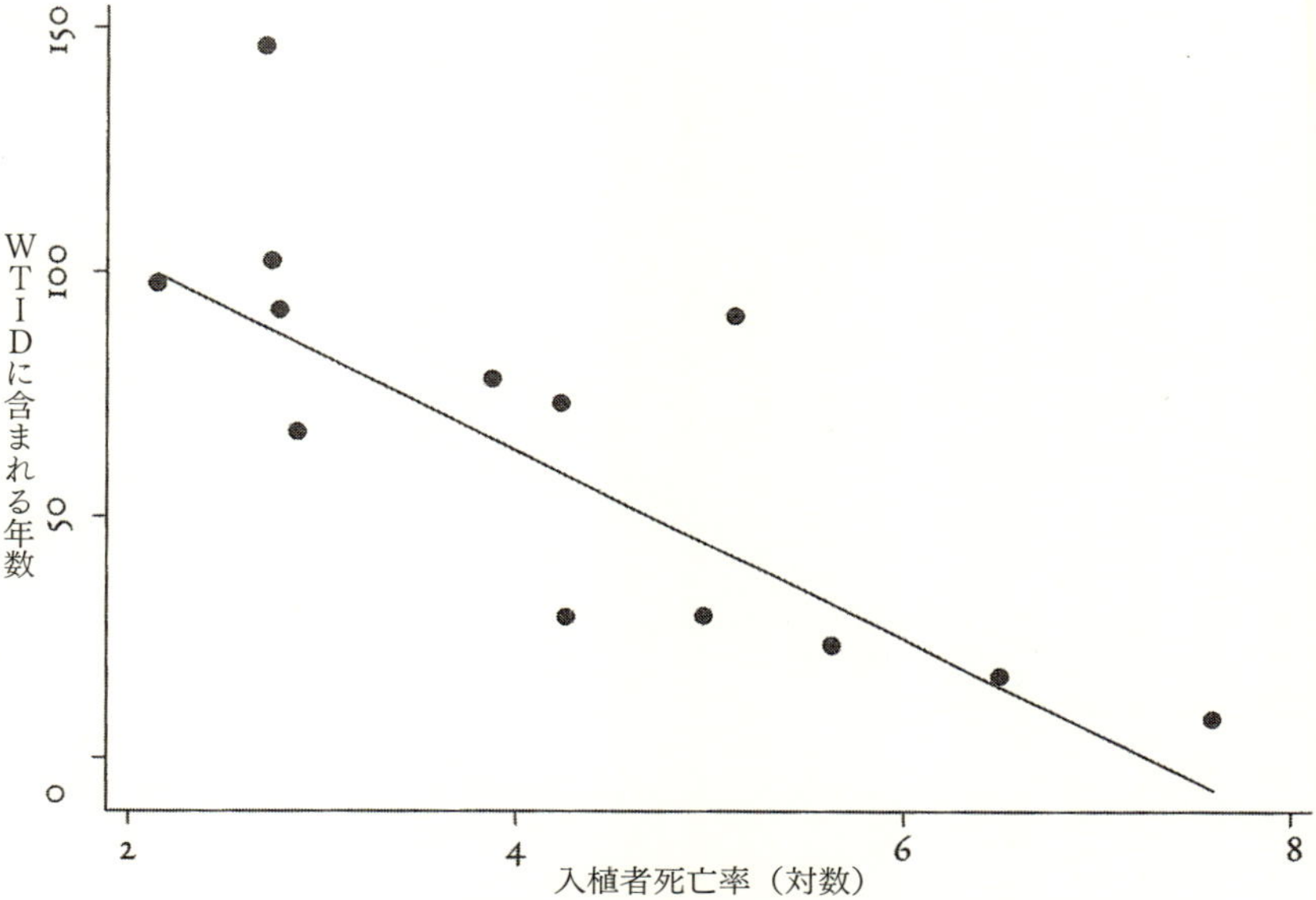

図20.2　植民地入植者死亡率とWTIDでのカバー年数の関係
註：植民地時代に収奪的な制度を持っていた国は、世界富と所得データベースでのカバーが低い傾向を持つ。つまり格差についての知識は、格差についての情報があるところに注目することからくるバイアスを持つ

再分配政策ツールなので、こうした結果は旧植民地化国の格差に対して収奪的な制度が与える影響を示唆している。制度は財産権と社会内部のモビリティの度合いに直接影響する。制度変化は税制改革や土地改革につながり、これが資産を再分配し、格差を直接低下させるかもしれない。こうした変化は、政治的な舞台を平準化し、貧困者がエリートたちと比べた経済的立ち位置を改善する道具を得られるようにすることもできる。また情報にも価値がある。所得分配についての透明性はすさまじい格差を政治的に高くつくものにするし、再分配への支持も集まるようになるかもしれない。

最後に、歴史の役割を認識せずに世界格差に対応しようとする政策は、限られた有効性しか持てないことになりかねない。市民と従属社という集団同士、また集団内部の格差を左右する歴史的な軌跡に対応し、それを補うような、多様なベータに対応した、より柔軟な世界再分配ツールが必要かもしれない。

歴史を持つ世界再分配

本章は、初期の所与資産と制度的遺産を通じ、歴史と現代の世界格差パターンとを関連づける枠組みを提供する。富の蓄積は本質的に動的なものだが、歴史は単に初期の資本ストックを与えるより大きな役割を果たす。過去の制度をβ（先に導入したモデルにおける世代間持続性係数）でパラメータ化し、ある集団の当初の富が、過去の制度と他の集団の制度とに依存するようにすると、本章でこれまで論じてきた歴史的な多くの決定的交差点の影響を捕らえることができる。ある集団の収奪的なやり方が、今日の集団の結界おける大幅な分岐に貢献しているのである。

私はこの集団を世界の「市民」と「従属者」と呼んだ。これは植民地アフリカでの制度的分離に関するマムダニの研究から拝借した用語である。自分を統治する政治システムに代表がいる者たち、絶え間ない接収の恐怖の下で暮らさずに済む者たち、ゲームのルールが明白で一貫して適用される者たちは、世界の市民である。彼らはおおむね自分の経済活動からの収益を享受し、社会の政治経済制度が持つオープン性や包括性により経済的な梯子を登る十分な機会に恵まれている。万人に適用されるルールの下ではなく、強力な人々の恣意の下に置かれる人々、接収が例外ではなく常態である人々は、世界の従属者である。モビリティはほとんどない。いや、生存ですらエリートに従属してやっと得られるものかもしれない。

すでに見たように、過去の所与資産の分配に収奪活動が与えた影響を理解するだけでは不十分である。長期的には、こうしたちがいは世界格差について限られた説明力しか持てない。だがある経済が定常状態に達したかどうかは議論の余地がある。私はこの問題を、アメリアにおける奴隷保有の文脈で検討した。経済史研究者は、奴隷の富が南北戦争以後も奴隷保有者の子孫に優位性をどれだけもたらしたかについて議論してきた。デュポンとローゼンブルームは、南北戦争が北部に比べて南部で富の分配を大きく入れ替えたことを見出した。それでも私は、一八六〇年の奴隷表に見られる名字と一九四〇年の全数計数アメリカ国勢調査の名字とを見ることで、富の優位性が二〇世紀になってもずっと持続するかもしれないという証拠を見出した。この証拠はいくつかちがった解釈が可能である。一方で、この証拠はアメリカが歴史的収奪によって地位を高めた集団にとっては、定常状態に達していないことを示唆している。

一方で、奴隷保有者一家が、戦争と政治システム変化により主要な富の形態を失ったことで、政治に鞍替えして二〇世紀初期に権力を再獲得したのかもしれない。

これは過去の制度が現代の富の分配を条件付ける多くの方法の一つに過ぎない。さらに、この例は制度がエージェントたちの戦略行動の結果だという事実に光を当てる。エリート集団が権力を維持したり再獲得したりする能力は、多くの要因に左右される。アメリカ南部の場合、地域における従属化への制度的アプローチの力を公民権運動が奪ってしまい、南部エリートに対する潮目を変えるのに成功したのかもしれない。つまり奴隷制下の南部における富の所与資産は南北戦争で大打撃を受けたが、制度的な持続性の経路が南北戦争以後の南部における市民と従属者の間の富の格差再現を説明できる。

次の節では、私は成長の制度理論を援用し、なぜ歴史的に収奪的な制度が、市民という分類と従属者という分類の間、およびその中における世界の富のパターンに影響するのかを実証した。所得税は、歴史的に収奪的な制度に直面した国々では導入が遅かった。旧植民地では、制度は税制インフラを通じて直接的に格差を左右する。所得税は、歴史的に収奪的な制度に直面した国々では導入が遅かった。

次の節では、私は成長の制度理論を援用し、なぜ歴史的に収奪的な制度が、市民という分類と従属者という分類の間、およびその中における世界の富のパターンに影響するのかを実証した。旧植民地では、制度は税制インフラを通じて直接的に格差を左右する。所得税は、歴史的に収奪的な制度に直面した国々では導入が遅かった。別の指標としてWIDでのカバー状況を使うことで、私はデータベースに含まれる年数は歴史的に収奪的な制度を持つ場所について低いことを示した。所得課税は、社会プログラムや再分配のために政府が歳入を得るための鍵となるツールの一つなので、この制度的な遺産は富の格差について直接的な説明力を持つかも知れない。税制インフラなくしては、再分配したいと思う優しき国家ですらそれを実現できない。この再分配はさらに、社会における貧困な個人に政治的な力を与えられる。こうしたインフラがなければ、社会は狭いエリートが好き放題に奪えるものとなってしまう。こうした制度的な影響は、所与資産の差よりもずっと永続的かもしれない。本章で先に示したモデルによれば、定常状態においては所与資産の差ではなく過去の制度が、現代の富の分布に影響し続ける。すると政策的な観点からすれば、問題はヨーロッパの「原罪」を問題にすることではなく、収奪的制度が残した遺産に取り組むことであり、特に決定的交差点で生じたものに対処することである

制度的な差を超えて再分配するとはどういう意味であろうか？　ズックマンが提案したような世界的富の台帳は資本が主に外国所有となっている世界各地における富の所有者を突き止めるのに役立つであろう。*32 だがこれはまだWI

Dに空白地帯を残す。それを埋められるのは、所得税インフラへの組み込み以外の何ものでもない。こうした空白地点は、まちがいなくそうした社会の低開発とすさまじい格差と相関している。そこでは所得と資本の収益は最上層部へと流れており、その上層部は世界エリートの一部を形成している。そのエリートが何者かは潜在的な世界富裕税があれば明らかになるはずである。

単に所与資産を世界富裕税を通じて再分配するより、世界的な再分配方針は、従属者たちが経済成長の果実を実現する阻害要因となっていた恣意的な歴史的な力を、市民たちに否が応でも認識させるべきである。「従属者」たちが強力なエリートの恣意に最もさらされている世界の地域において、制度の強化改善を行えば波及効果があるだろう。たとえば世界的労働基準は、世界資本の余剰を、たとえば繊維やスマートフォン産業におけるグローバル労働にシフトさせ始めるのに大きく役立つであろう。知的財産権、移民、保険や教育政策は、過去五〇〇年の地理を失わせるよう加重を見直すこともできる。このように、本章が述べようとしているのは、富の再分配を超えて、世界市民と従属者たちの共有する歴史をふまえて、彼らが直面する制度を統合することが、世界格差を減らすための一歩であり、検討と導入の価値があるものであるということである。

先に進むにあたり、研究者たちは二つのことに注目する必要がある。一つは、歴史的遭遇と制度的分岐に関する定量的な分析がもっと必要である。経済的アクター集団間の歴史的遭遇が制度的分岐を作り出したのはいつであり、どのような分岐か？　第二に、制度的な分岐を考慮し、制度的な特権を世界的従属者たちにも差し伸べるよう努力する政策提言が必要である。問われるべき問題は「拡大する市民たちの制度を従属者たちの制度に結びつけるためには何ができるだろうか？」というものである。所与資産に基づく賠償は不十分であり、その影響も一次的なものとなる。永続的な影響を持つ再分配は制度的な区別廃止である。経済政治的な権利を、市民と従属者の両方に拡張するということなのである。

第21章　どこにでもあり、どこにもない——『21世紀の資本』における政治

エリザベス・ジェイコブズ

『21世紀の資本』は過激な政治経済学作品であると同時に、深い伝統的経済学の前提に根ざした議論でもある。政治は経済格差と成長の関係についてのピケティの物語において、どこにでもあり、同時にどこにもない。本章では社会学者エリザベス・ジェイコブズがこの緊張関係を検討する。彼女は尋ねる：どうすれば経済学の根本法則と、経済的利得の分配と経済成長速度との関係を形成する歴史的に条件付けられた、制度的に拘束されたプロセスとの両方を手に入れられるだろうか？　政治学、政治社会学および関連分野の研究は、ピケティ『21世紀の資本』における粗っぽい政治理論に内在する明らかな矛盾にどのように光をあてられるだろうか？　どんな質問にいまだに答えが出ておらず、政策担当者はこの先の平等な経済成長を促進するという経済政策という文脈において、どのように政治改革を考えるべきだろうか？

トマ・ピケティ『21世紀の資本』では、政治はどこにでもあり、どこにもない。一方で、過激な政治経済学者としてのピケティがいる。「はじめに」の早い部分で、彼は「富の分配史は昔からきわめて政治的だし、単純な経済メカニズムに還元できるものではない」と宣言し、「格差の歴史は、経済的、社会的、政治的なアクターたちが、何が公正で何がそうでないと判断するか、さらにそれぞれのアクターたちの相対的な力関係とそこから生じる集合的な選択によって形成される」と示唆する。[*1] これはきわめて政治的な主張だし、政治科学と政治社会学の何十年にも及ぶ研究で広く支持されていることだ。だが『21世紀の資本』が七〇〇ページ近くも展開するにつれて、ピケティは繰り返し「格差拡大の根本的な力」という発想に戻ってくる。これは資本収益率（r）が一貫して経済全体の成長率（g）を

上回るということだ。[*2] この力学により「相続財産が生涯の労働で得た富より圧倒的に大きくなるのがほぼ不可欠となるし、資本の集積はきわめて高い水準に達する――潜在的には、それは現代の民主社会にとって基本となる能力主義的な価値観や社会正義の原理とは相容れない水準に達しかねない[*3]」。

この二つの主張が同時に真であることなどあり得るだろうか？ どうして分岐の根本的な力（$r>g$）がありながら、同時に格差の歴史が政治メカニズムにより能動的に形成されるものだと理解したりできるのだろうか？ 言い換えると、ピケティ『21世紀の資本』での政治の役割は何だろうか、それは経済格差の政治学についての研究文献の現状とどう相容れるだろうか、そしてピケティの、舞台を一変させる大著は何に答えずに終わっているだろうか？ 本章での私の目標は、この大きな質問三つすべてに触れる概観を提供することだ。最初の部分で私は、『21世紀の資本』における政治の役割について簡単な分析を行い、彼の理論的なアプローチの強みと弱みをどちらも見極めようとし、そしてその実証分析の強みと弱みについての意味合いを評価しようとする。次の節では、私は格差の政治についての現代研究のレビューを行い、ピケティの議論がこの成長しつつある研究分野に何を与え、何をそこから学んでいるか（あるいは学ばなかったか）を評価する。そしてピケティが挙げた課題に基づく将来の研究機会にも目を向ける。第三の最後の部分で、私はピケティの『21世紀の資本』に啓発された、政治改革アジェンダについて示唆を提示する。

政治と『21世紀の資本』

ピケティは、二〇世紀中の富裕国における格差増大を、トップ一％が獲得する所得シェア増大に帰する。富裕国における格差増大を説明するにあたりピケティの分解は、資本所有に帰属する所得シェアを重視し、労働所得のうち企業重役や金融家に行くシェアの増大を重視する。彼はこのトップの稼ぎ手に向かう労働所得シェア増大は、経済的には有益ではなく、古典的な経済学の意味でのレントであり、経済成長を高めてはいないし、一般に生産価値を上回り、超えているという。ピケティは資本収益を、受動的な所有に対する純粋収益として定義し、これはつまり、トップ一％が手に入れる労働所得と資本所得はどちらも、広範に共有された成長を生み出すという意味では「生産的」ではないということになる。

ピケティは繰り返し、両大戦と一九七〇年代の間の短期間を除けば、投資収益率は経済成長率より大きい傾向があったことを示す。言い換えると、中産階級増大の偉大な時期、万人の繁栄の黄金時代は、ある雑誌書評子が「歴史的な突出」と呼ぶものでしかなかったということだ。[*4]『21世紀の資本』の分析は、両大戦間の時期における経済リソース分配が、通常というより歴史的な異常値だと気がついた最初のものではない。たとえば労働経済学者クローディア・ゴールディンとラリー・カッツによる賃金格差の歴史分析は、稼ぎが一九四〇年代から一九六〇年代までにかけて、その後の時期と比べて独特の「圧縮」を示していたと示唆し、この大戦間の時期を「大圧縮」と呼んでいる。[*5]ピケティが精彩を放つのは、資本格差の台頭に関する慎重な実証記録の部分だ。ピケティは、社会民主派など国がこの黄金時代を作り維持するのに貢献したと思っている人々は、概ね妄想にとらわれていると論じる。ピケティにとって、格差と成長のバランスが戦後期に抑制されているように見えた中心的な理由は、単に戦時中の資本破壊がすさまじかったからだ。この資本殲滅は一時的に金利生活者が資産から儲ける能力を消し去り、経済成長を刺激しつつ万人に恩恵をもたらす新しく優しい資本主義という幻想を可能にした。言い換えると、潮が満ちても本当はあらゆる船が浮かぶわけではない。第二次世界大戦の影響が衰え始めると、資本主義は中断したところから再開して、格差に向けての逃れがたい行進が続いた。

具体的には、『21世紀の資本』は慎重に、一九〇〇年から二〇一〇年にかけて分配のいちばんてっぺんに行く所得シェアを、これまでに行われた最も包括的な国別比較所得データとも言えるものを使って描き出す。トップ十分位が懐に入れる所得シェアは各国で大幅にばらついているが、一般的な軌跡は基本的に同じだ——金ぴか時代と一九七〇年との間にはその率が世界中で下がり、それからはおおむねたゆみない上昇基調だ。だが特に、一部の国(たとえばスウェーデン)はいまだに一九〇〇年の水準を下回り、一部の国はかつてのピークに復帰する途上だ。一部の例、特にアメリカでは、トップ十分位の所得シェアは、二〇一〇年には金ぴか時代のピークよりも高くなっている。この格差増大の一部は、「スーパー経営者」的企業重役やマネーマネージャーたちに与えられる天文学的な稼ぎ、特にアメリカでのものを反映している。だがその大半は、それに対応する富の格差トレンドにより動く非労働所得のギャップ拡大を反映している。アメリカでの富の格差は一九七〇年代以来着実に上昇していて、所得のトップ十分位は、二〇一〇年には国の資産の四分の三を所有している。ヨーロッパのトレンドは、アメリカのものとおおむね同じだが、富の格差は戦後にはヨーロッパのほうが激減しており、戦前水準への帰還はもっとゆっくりしたペースで生じている。ピケティはこれを、ヨーロッパの二〇世紀半ばにおける暴力的経験と、戦後の社会経済的変容のペースの遅さに帰している。[*6]

何十年にもわたり、アメリカなどにおける政策思考は、ある辛辣な評論家が「魔術思想」と呼んだもの――放置しておくと資本主義は自然に、広範に共有される成長と繁栄を生み出すという信念に支配されてきた。[*7]ピケティの慎重な実証は、珍しい例外を除けば、資本主義の報酬に対する収益率はきわめて不均等に蓄積され、少数の者に優位性を集中させ、最終的にはそれが成長率を上回ると示唆している。言い換えると、成長は自動的には共有された繁栄にはつながらない。超長期では、ピケティの予測によれば、資本主義の自然な力学が生み出す格差は最終的に成長を完全に圧倒し、社会は停滞し、進歩は最終的に完全に止まる。

『21世紀の資本』が敷いた物語の中で、政治はどこにあるだろうか？　どこにでもあり、どこにもない。ピケティによれば、資本主義は独自の根本的な論理を持つ。その論考の一番最初のページで、彼はこう宣言する。「資本主義は自動的に、恣意的で持続不可能な格差を生み出し、それが民主主義社会の基盤となる能力主義的な価値観を大幅に衰退させることになるのだ」。[*8]ここで鍵となる明らかな証拠は「自動的に」という言葉をピケティが使っていることだ。これは著者が経済学の専門性に深いルーツを持っていることを告げている。通俗誌――一部の主流経済学誌もそうだが――はピケティを過激派と述べるが、『21世紀の資本』の政治経済は実は多くの点で、経済と政治の相互作用に関する根深く伝統的な経済学者の見方なのだ。

「根底にある市場力学」という考え方に対する重要な批判は、経済学内部からきている。たとえば経済学者ダロン・アセモグルと政治家学者ジェイムズ・ロビンソンは、「資本主義の一般法則の探究は見当外れだ。というのもそれは、経済の働きを形成する主要な力を無視するからだ。それは、外生的な技術進化と制度と政治均衡であり、それが技術だけでなく市場の働きや、各種経済的取り決めからの利得がどう分配されるかを決めるのである」と述べる。[*9]さらに彼らは、ピケティが「一部の制度や政策の役割を議論はするが、格差の形成における制度や政治要因の系統的な役割も、こうした制度的要因の外生的な発展も考慮していない」と論じる。[*10]アセモグルとロビンソンは、所有権と富の蓄積への注目は、経済開発と格差の度合いを決めるのに根本的な、主要な社会的特徴から目をそらすものだと指摘する。たとえばウズベキスタンとスイスは資本の私有権を持っているが、この両社会は繁栄と格差の点でほとんど共通点を持たない。それはその政治経済制度が実に大きくちがっているからだ。実際、ウズベキスタンの資本主義経済は、スイスより自他共に認める非資本主義的な北朝鮮とのほうが共通性が多いのだ。[*11]

アセモグルとロビンソンの議論は、二〇〇〇年代初頭に政治科学分野で離陸した「資本主義の多様性」に関する豊かな研究文献の開発と、比較制度研究への展開を反映したものだ。たとえば政治科学者ピーター・ホールとデヴィッド・ソスキスは、資本主義経済は二つのちがった類型に分類できると論じた――非市場的相互作用に大きく依存する協調市場経済（たとえばドイツやスウェーデン）と、行動を主に市場を通じて調整する自由市場経済（英米）だ。[*12]制度――法的構造だけでなく、非公式ルールや歴史文化を通じて獲得された共通知識も含む――は企業の戦略、イノベーション能力、社会的保護、さらに雇用や所得分配を形成する。自説で私は、資本主義の多様性に関する文献が経済格差の国別の台頭をどのように検討したかについて、さらに深掘りしたレビューを行う。とりあえずは、『21世紀の資本』での資本主義の根本法則に関する乱暴な一般化は、資本主義が生み出す格差を管理するための制度的基盤を通じて生じる、市場経済の重要なちがいの一部を覆い隠してしまうといえば十分だろう。

ピケティは、国家の役割を真剣に考えようという様々な努力を行う。実際、彼は『21世紀の資本』を政治経済の本として紹介するし、題名だけでもピケティがカール・マルクスの後継者として、我々の時代のジレンマを描き出し、政策解決案の枠組みを提供できるだけの強さを持った政治経済理論を導入するのだという読みもできることを示唆している。彼は繰り返し、経済トレンドを説明するにあたり政策や制度が中心的な役割を果たすと示唆し、仲間の経済学者たちに対してその孤立性や数学へのこだわりについて嘲笑してみせる。彼はそれを、「科学っぽく見せるにはお手軽な方法だが、それをいいことに、私たちの住む世界が投げかけるはるかに複雑な問題には答えずにすませているのだ」[*13]。政府は『21世紀の資本』の大きなプレーヤーだが、それは政府が課税し社会保険を提供するからだ――資本主義を馴らし、能力主義を保護し、民主主義にその最高の狙いを実現する自由を与えてくれる。ピケティの統計は「社会国家」の役割を記録し、丸一章を割いて「二一世紀における生産と富の分配での政府の役割は何であり、この時代に最もふさわしい社会国家はどのようなものか？」という鍵となる問題を検討する。[*14] 彼の分析は、第二次世界大戦に続く数十年における国家の役割の拡大をたどる。

だがそれでも、ピケティはなぜ国家が時代を追うにつれて、経済社会生活への介入という点で収縮し拡大したのかという系統的な分析も説明も提供しない。『21世紀の資本』における政治の扱いは記述であり理論ではない。要するに「政府」は政治と同義ではない。最終的に、ピケティの分析に欠けているのは、高い富の格差が高い権力の格差にどう翻訳されるのかを理解するための、市民社会と国家との関係についての系統的な分析である。[*15] 富はどのように作用して、経済的利益を政治利益に翻訳するのか？　どのような状況で豊かでない者たちは声と影響力を持てるのか？

さらにピケティの国の役割に関する分析は驚くほど権力学の問題をすべて除菌してある。たとえば「もちろん、政府の役割は一九七〇年代以来ずっと問い直され続けてきている」という譲歩を見よう。[*16] ここでの受動態の使用は実に雄弁だ。誰が政府の役割を問い直しているのか、そして何のために？　こうした質問は、次の節で詳述するように、政治科学が過去一〇年で回答に向けて大きな進歩を遂げてきた分野である。だがピケティの社会における権力の視点は、こうした研究のほとんどを無視してしまう。ピケティが分析の中で政治を考慮するのはせいぜいが、民主主義が資本主義の作り出した問題に取り組むための新しい政策ツールを導入するためには、政府が自分たちの利益を考えて動けるし、また動いてくれるということを市民の大半が納得しなければならないという確信を通じてでしかない。「暴走する金融資本主義に対する統制を取り戻すために、新しい道具が必要だ。（中略）でも今ある道具がきちんと機能していることを示さなければ、多数派の市民たちに、統治機関が新しい道具（特に超国家的な水準のもの）を必要としているなどと納得してもらうのは不可能だろう」[*17]。

ピケティが暗黙に想定する政治理論は、どうも熟議民主主義の力に対する信念に深く根ざしているようだ。税や社会保険を通じて格差を抑える国家の役割に関する議論で、彼は「こうした［社会正義の抽象原理の］問題は、抽象的な原理や数式などでは決して答えが出ない。これに答える唯一の方法は、民主的な熟議と政治的な対決だ。だから民主的な論争と意思決定をつかさどる制度やルールが、中心的な役割を果たすことになる。そして各種社会集団の相対的な力関係や説得能力も効く」と述べる。[*18] 熟議民主主義は確かに、強い民主社会の重要な目的である。実際、政治理論家エイミー・ガットマンが論じるように「熟議民主主義は市民とその代表者が行う決断を正当化する必要性を裏付ける」。そしてその「理由を与える必要性」は民主主義が「公平な協力条件を求める自由で平等な人々の受け入れる理由」を持つ政策導入を必要とすることに動かされている。[*19] ピケティの熟議民主主義の力に対するハーバーマス的信頼は、包括的批判的議論への願望と、そうした議論が現代の制度を含む社会経済的権力構造に照らして可能だという単純極まる信念を反映している。[*20]

政治学者ミリアム・ロンゾーニは、『21世紀の資本』が「二一世紀初期における権力についていささか陰気な図式を描き出すような」ピケティの診断と、「いったん善意の市民たちが問題を認識すれば、唯一のハードルはそれを直すための正しい政策を発見することだけだという楽観的な希望に頼っているらしき」彼が示唆する治療法との間の摩擦を反映していると鋭く指摘している。[*21] ロンゾーニは「ピケティが万難を排して社会民主主義的楽観主義にしがみついているという疑念」を持つ一方「彼の結論は彼をちがった方向に押しやる」と見ている。社会民主主義的楽観主義というとき、彼女は「一方では資本を飼い慣らすにあたって政治と制度の役割についての楽観論……また一方では政治とは根本的には市民たちに、善意の理性的対話の中で問題が何かを理解させることであり、そうすれば彼らは正しいことをやろうと納得するという主張」を指している。[*22]

たとえば、ピケティの提案する政策的万能薬、富裕税を考えよう。五〇〇ページも使って資本主義を不可避的に格差と、最終的に持続不可能な低成長率に押しやる力を描いた後で、ピケティは資本主義の悪影響を抑える解決策として考えられる最高のものは、資本への世界的累進課税で、それを高水準の国際金融透明性と組み合わせるのだという。ピケティはこれが「ユートピア的な理想」だということを認め、一歩ずつ進めるべきだと論じる。富に対する世界的課税は望ましい政策目標であるかもしれないし、そうでないかもしれないが、ここでのポイントは、ピケティの提案が自分自身の分析的レンズと、格差が権力、制度、代表性に与える影響の学徒たちとの断絶を露わにしているということだ。経済格差と政治権力との相互作用を考えたとき、資本の世界課税を作り出す道筋は？　ピケティの見方では、市民たちは単に、混じりっけなしの資本主義の暗い部分についてのピケティの考えを理解すればよく、それだけで彼らは自分たちの政府から、もっとよい二一世紀の解決策を要求するようになる。実際には、経済格差は強靭な政治格差を作り出し、それが世界資本課税の実現性に関するピケティの楽観論に長い影を落とす。

ピケティは、経済格差が民主主義に与える影響についての深い懸念に動かされている。これを彼は何度も繰り返す。それなのに、なぜみんながそれを気にかけるべきかについては、ほのめかすだけだ。たとえば彼は、極端な格差から生じる暴力の可能性を警告する。「だから格差には常に、根本的に主観的で心理的な側面が存在することになり、これは当然ながら政治的な対立を引き起こし、科学的と称するどんな分析でもそれは緩和できない。民主主義は決して専門家会議などで置きかえられない――そしてこれはとてもよいことなのだ。（中略）専門家の分析があっても、格差がどうしても引き起こしてしまう暴力的な政治紛争が終わることは絶対にない」[*23]。言い換えると、格差は不愉快なものだ――民主主義にとっては潜在的に危険なほど不愉快だ。だがそれ以上のことが言えるだろうか？　ピケティはずばりなぜ、経済格差が民主主義に対して持つ意味合いをこれほど懸念しているのだろうか？　そして我々はなぜ気にかけるべきなのだろうか？

資本主義に内在する過剰な経済格差に向けた動きという文脈で、ピケティが民主主義に対して抱く懸念は三つのゆるい分類に収まる。まずピケティは、格差が発言と代表の平等性という基本的な原理を侵害するのを心配する。民主主義において、市民たちが等しい発言力と影響力を持たないというのは道徳的に許し難いことであり、彼は経済リソースをめぐる支配権の歪みが、平等性の代表の約束を侵していると示唆する。第二に、格差のおかげで政府が公共財を提供したり、公共問題に対応したりする能力が下がり、結果としてもっと広く共有される繁栄を促進する能力が下がるのであれば、経済格差が政治プロセスに与える影響について深く懸念すべきだ。最後に、ピケティは過剰な格差が暴力を作り出すのを懸念する。だが経済的な厚生水準が十分に高ければ、これが本当に起こるかどうかは明らかではない。これはアメリカでは昔からの論争であり、政治評論家ヴェルナー・ゾンバルトが、「なぜアメリカには社会主義がないのか？」において、アメリカにおける比較的高い絶対的な厚生水準のおかげで「ローストビーフとアップルパイの岩礁の前に、あらゆる種類の社会主義ユートピアはすべて、憂き目を見ることになる」と述べた以来の歴史を持つ。[*24] ヨーロッパとアメリカにおける現代の政治論争を見ると、革命が迫っているかどうかはわからないが、怨嗟と怒りの水準は驚くほど高いと言えば十分だろう。[*25]

『21世紀の資本』を研究と対話させる

ピケティは経済格差が民主主義に脅威をもたらすと信じているかもしれないが、格差が民主主義統治の約束を侵食する仕組みについてはほとんど述べていない。これは急速に発展しつつある分野で、政治学と政治社会学の研究の進歩が、経済格差と政治格差との関係についてのピケティの視点を裏打ちできるようになっている。この節で私はアルバート・ハーシュマンの古典『離脱、発言、忠誠』から概念的枠組みを拝借して、ピケティが詳述した経済格差が、持続的な政治格差を作り出しかねない、三つの大きな道筋に沿って既存研究を概観する。[*26] まず、経済格差は「発言」における格差を作り出し、それが民主主義の約束を潰す。第二に、経済格差は「離脱」機会の格差を作り出し、共有された繁栄と共有原理に対するコミットメントを潰すような空間的格差を作り出す。最後に、経済格差は「忠誠」に格差を作り出し、民主主義の前提となる国民国家の概念そのものに対する根本的な挑戦をつきつける。ちなみにピケティの焦点がフランスに偏る一方で、私の焦点は本章ではアメリカに偏り、特にピケティの考えが一九七〇年から現在の時期にどこまで有効かを検討する。私がアメリカの事例に注目するのは、アメリカの政治学が経済格差と政治格差のつながりの研究にことさら熱心だったことが大きい。これは格差の政治に関するデータの多くがアメリカからきているということである。

発言

経済格差はアメリカ民主主義において不平等な発言につながった。何十年にもわたり、政治学者はアメリカ民主主義が、ロナルド・ダールの包括的多元主義に特徴づけられたものとして見てきた。個人は利益団体に代表され、多くの利益団体が政治圏で競合し、政府の主要な役割はそうした集団間の仲裁者として行動することだ、というものである。[*27] 今日の現実は、多元主義に対する政治理論家E・E・シャッツシュナイダーの画期的な批判を反映したものとなっている。その批判をまとめるのが、「多元主義者の天国における欠陥は、天のコーラスが強い上層階級訛りで歌うということなのだ」という彼の鋭い観察だ。[*28] アメリカの政治を通り一遍にでも見ていればわかるかもしれないが、裕福な者たちの発言は、所得分配のはるか下にいる者たちよりはるかに強力なのだ。

政治的な発言は、二つの重要な理由で民主主義にとって重要だ。まず、政治的な発言は情報を政策担当者に伝える。第二に、政治的発言は政策担当者にインセンティブを与える。[*29] きわめて不平等な政治的発言に特徴づけられた民主主義（今日のアメリカのような状態）では、政策担当者たちは歪んだ情報と歪んだインセンティブを受けることになる。結果として生じるのは、それを歪めた経済格差そのものを永続化させる、機能不全の民主主義だ。発言の政治的格差は二つの主要な経路を通じて生じる。個人と組織化された利害だ。

豊かで教育が高い個人は、発言力と影響力をもたらす多くの面で活発であり、恵まれないアメリカ人たちはそうではない。経済的に成功したアメリカ人調査（SESA）で報告された金持ちの政治活動を考えてみよう。これは、今日までの裕福なアメリカ人に関する唯一の代表的標本であり、真に裕福なアメリカ人の政治選好、信念、行動への独特な窓を提供してくれるものだ。金持ちのアメリカ人たちは、平均的な市民よりはるかに政治的に活発で熱心だ。四八％ほどは「ほとんどの場合に政治に注目」すると述べ、九九％は直近の選挙で投票したと述べる。四一％は政治集会や大会、演説、夕食会に出たと報告し、六八％は政治に献金し、二一％という驚異的な割合の人が政治献金を募集したり能動的にとりまとめたりしている——一般市民がなかなかやることではない。SESAの回答者の半数ほどは、過去六ヶ月に選出された高官またはその職員に連絡をとり、特に議員に対するものが多い。四〇％以上が上院議員と接触し、三七％は代議員と接触し、そして最も驚かされることかもしれないが、四分の一ほどは他の州の上院議員や議員に接触しているのだ。全体で金持ちの四七％が過去六ヶ月で連邦立法担当者の事務所と少なくとも一回は連絡をとっている。上級省庁、ホワイトハウスの高官、規制当局の職員との接触は頻度こそ低くても、決して珍しくはない。ほとんどの回答者は、自分が最も頻繁に接触する高官のファーストネームも記入した（元ホワイトハウス首席補佐官で現シカゴ市長ラーム・エマニュエルなら「ラーム」といった具合だ)。四四%はその接触の内容に関する自由記入欄に、具体的で狭い経済的自己利益の説明(たとえば「財務局にシカゴとの特定銀行に対してTARP資金(訳註：リーマンショック時の銀行救済資金)を提供するという約束を守らせようとした」「いくつかの銀行の株式を保有している。銀行にとって有害だと考える法案を彼が起草していたので懸念した」など)を記入している。*30

発言は重要である。政策結果は、他のだれよりも金持ちの選好に反応しやすい。社会学者マーティ・ギレンスと政治家学者ベン・ペイジは、二〇年以上にわたる二〇〇〇件近い政策結果を分析し、「経済エリートと事業利益を代表する圧力団体は、アメリカ政府の政策に対する大きな独立の影響力を持つが、大衆利益団体や平均的市民は、独立した影響がほとんど、あるいはまったくない」と結論している。*31 実際、経済エリートの集合的選好は、一般市民の一五倍も重要だった。同様に、政治科学者ラリー・バーテルズは、議会の法案投票で計測した上院議員たちの行動は、貧乏人より金持ちの選好にもっと密接に連動していることを発見している。*32 この研究の持つ意味合いとして、格差が過去三〇年にわたりこれほど上昇した理由は単純に、経済分配の底辺にいる者たちの選好に民主主義が反応しないからということになる。

もしアメリカ人エリートと一般市民が同じ政治選好を持っていたら、この代表発言の格差は問題ではないかもしれない。だがデータを見ると、これはまったく当てはまらないことが示唆される。ペイジとその共著者たちは、金持ちの政治的選好と一般大衆の選好とのちがいをいろいろ挙げている。その全体的な構図は、金持ち(これはピケティの世襲中産階級を含むとも言える)が一般市民よりはるかに経済的に保守的(だが社会的にはリベラル)だというものだ。*33

ピケティの研究の文脈で最も重要かもしれないのは、金持ちが経済格差に対して示す態度と、それに対して何をすべきか(そしてしてはいけないか)という選好かもしれない。金持ちアメリカ人のなんと八六%は、所得と富が集中度を高めているという事実を知っている。そして半数(五六%)は、「所得の大きな差はアメリカの繁栄のために必要である」という主張を否定した。三分の二ほど(六二%)は、所得格差が多すぎると述べた。金持ちアメリカ人は、ヘッジファンドのマネージャーや大企業CEOの報酬は減らすべきだと考えているが、そうした「高所得と低所得の者の差を減らす」のが政府の役割だと思わない人が圧倒的に多かった(八七%)。八三%は、政府は金持ちへの重税により富を再分配すべきではないと述べた。これに対し、一般人の四六%は、所得格差を減らすのは政府の役割であるべきだといい、五二%は政府がそれを金持ちへの重税で実現すべきだと述べる。[34] 要するに、金持ちはピケティの世界富裕税はおろか、もっと穏健な国内版にすら同意しないということだ。

社会科学は、大金持ちの政治的および政策的態度と行動に関するもっとよいデータをひどく必要としていることに注意しよう。SESA回答者の資産の中央値は七五〇〇万ドルであり、平均は一四〇〇万ドルだ。回答者の平均所得は一、〇四〇、四一〇ドルだ。SESA回答者の三分の一ほどは、一〇〇万ドル以上の所得を報告している。他の政治的態度のデータは、九〇番一〇〇分位以上のトップ所得者からの採取しており、単なる金持ちとスーパー金持ちとが区別できない。SESAがこうしたピケティの注目する超高層エリートをずばり研究するための代表データとして文字通り唯一のものだという事実は、将来の大きな研究課題を示唆しており、まずはるかに堅牢で豊かな細部を持った形でスーパー金持ちの政治行動と選好を理解するためのデータ収集活動から始めるべきだろう。[35]

だが再分配政治学に対する個人のレンズは、物語のバージョンとしてあまりに簡単すぎる。組織利害に関わる政治的な声は、個人の声よりさらに代表されていない。ここは制度的な視点が入ってきて、競合する利害を持つ組織が政治システムの提供するあらゆるツールを使い、国の基本的な統治制度、特に経済制度の条件を形成しようとするものとして政治をフレーミングするところだ。この戦いは、個人の選好やアクターを通じてだけでなく、制度的な水準でも低回され、所得と富の分配に大きな影響を持つ。そしてそれは、過去数十年における経済格差の成長の具体的な形を、競合する他の説明ではできない形で説明する役に立つ。

政治学者ジェイコブ・ハッカーとポール・ピアソンは『勝者総取りの政治学』でこの主張を説得力ある形で行った。この著作はトップ一%の台頭に関するピケティとエマニュエル・サエズのデータを深刻に受け止めている。このデータのほとんどは、『21世紀の資本』刊行以前に公表されていたのだ。[36] ハッカーとピアソンは、一九九〇年代と二〇〇〇年代を通じて経済学部を支配した技能偏向技術変化論では、所得分配のいちばんてっぺんが後続を引き離している説明にはならないことを指摘し、所得格差の増大の、この独特な形を理解するため、政治と政策に目を向ける。技能偏向技術変化論を疑問視したのはハッカーとピアソンが初めてというわけではないことは指摘する価値がある。

る。技能偏向技術変化論は、パソコンや関連情報技術の発達が、他の技能よりはるかに大きく一部の技能に特権を与え、結果として生じる労働需要の変化が稼ぎの格差をもたらしたとする議論だ。経済学者デヴィッド・カードとジョン・ディナルドが指摘するように、技能偏向技術変化論は、コンピュータ技術変化の進歩が続いていたのに、なぜ賃金格差が一九九〇年半ばに安定したのかといった現象を説明できない[*37]。ハッカーとピアソンは、この批判を一歩進めて、技能偏向技術変化は金持ちが突出した現象を説明できないと示唆する。これはピケティも指摘していることだ。だがピケティとはちがい、ハッカーとピアソンの格差増大事例についての理論は、政治と、政治が市場形成のチャンネルとしてどのように機能するかという理論に基づいている。

ハッカーとピアソンは三つの主な主張をする。まず、「選挙のスペクタクル」だけに狭く注目するのではなく、研究は議題設定の政治にも注目する必要がある。第二に、組織は政策変更のどれが実現するかを理解するのに中心となる――そして選挙政治の否定しにくい重要性も認め、組織が選挙における対立の力学を理解するためにも重要である。第三に、議題設定の政治を理解するにあたり、ゲームの規則の重要性を理解するのが重要となる。この議論のそれぞれは、もう少し明確化を必要とする。

まず、政策選択の瞬間は選挙だけではない。政治学者ヘンリー・ファレルが鋭く述べるように「選挙は明らかにだれが政策を設定できるか決めるにあたり役割を果たすが、それは政策選択の唯一の瞬間ではないし、最も重要なものとも限らない。政策が決まる実際のプロセスは一般にはあまり理解されていない。それは一部はメディアがそれに関心を持たないからだ[*38]」。現代政治学者たちは、経済格差と政治格差の学徒も含め、政治風景を形成するもっと広い力よりは、選挙政治ばかりに注目してきた。これはおそらく、選挙データが広範に手に入ることと、アンケートデータに基づく個人からの大衆意見調査も手には入りやすいせいもあるだろう。だが格差形成における政治の役割の問題を見るにはもっと広い視点が必要であり、これがハッカーとピアソンの主要なプロジェクトだ。鍵となる問題は、ある時点で俎上にあがっている二、三個の個別政策選択肢ではなく、むしろアクターたちが選択を許される「選択集合」を形成するのが誰の選好する選択肢の範囲かという事前の問題なのである[*39]。議題設定への注目は、過去半世紀の中で起きた、アメリカ政治生活の組織におけるシフトの重要性を明らかにする。というのもそれは、誰が議題を決め、したがって政治の闘技場でどんな戦いが実際に展開するのかを変えたからだ。

第二に、ある政治体の組織構造を理解するのは、経済格差が政治を通じて作り出され、維持される方法を理解するための鍵となる。アメリカ市民生活の重要な組織的支柱の弱体化は、過去半世紀における政治経済の変容に重要な役割を果たした。中産階級的な民主主義は労働組合や階級横断的な市民組織に根ざしており、こうした組織は二つの中心的な機能を果たした。まず、こうした組織は勤労世帯に、中心的な政策論争に何がかかっているかという情報を与えた。第二に、こうした組織はそうした論争を左右するための政治的なテコを提供した。強い市民組織がないと、勤労世帯は政策担当者の行動とレトリックを、自分自身の経済生活の苦労とつなげるのに深刻な負担に直面する——そして政策がそうした苦労をどのように緩和できるかについての物語を受け取れる体制もない。

社会学者テダ・スコクポルはこうまとめている。「自発的な市民連合は公共社会プログラムの創設の圧力もかけたし、また政府と手を組んで働いて、そうしたプログラムの創設後にそれを実施拡張させた」[*40]。一九六〇年代に始まった市民連合の衰退は、無数の社会経済的な力に後押しされたが、そこにはテレビ広告の台頭、世論調査、グループインタビュー、大規模献金者から調達した巨額のお金を受け取るコンサルタントによる煽動や、非人間的なダイレクトメールなどが含まれる。市民連合が衰退すると同時に、労働組合も衰退した。労働組合の衰退をもたらしたのは、能動的な政治の力と、経済構造の変化の両方であり、交渉力のシフトを示すものだ。そのシフトは、配分の下半分の賃金を引き下げ、トップの人々のレント決定力を拡張したと言えるかもしれない。こうした要因がまとまると、勤労世帯の懸念事項についての最小限の声しか届かない結果となる。スコクポルは怒りをこめてこう結論する。「エリートたちの間では、新種のつながりが活発にいまも続いている。特権的アメリカ人たちは、シンクタンクや圧力団体、産業団体や専門団体などでいまも活発であり、気取った住宅地区とエキゾチックなリゾートとのあいだをジェットで往き来している。他のみんなは、世帯ごとに二つ三つの低賃金労働をかけもちせざるを得ず、家に帰れば疲れきって、テレビを見たり、世論調査やテレマーケティングの電話に答えたりする」[*41]。

政治と、ひいては格差に影響する権力構造を左右する要因は、アメリカの市民社会解体だけではない。日常的な中産階級世帯の組織生活が根本的にシフトし溶解したのと並行して、狭い企業利害の組織的な力は増大した。政治学者リー・ドルトマンの研究が示すように、企業の利害はほとんどあらゆる指標で、ワシントンにおいて劇的に代弁されすぎている。企業ロビー活動費は年額二六億ドルに登り、これは上院と下院を運営するための総予算をも上回る。労組や圧力団体がロビー活動に使う一ドルごとに、大企業やその仲間は三四ドルを使っている。ロビー活動に最大の費用をかける一〇〇組織のうち、九五は一貫して実業界を代弁している。言い換えると、アメリカ実業界は、勤労世帯を主に代弁する者たちの発言を劇的に覆い隠しているのだ。そしてドルトマンが論じるように、企業はいまやますます、政府を事業領域から遠ざけるよう主張するより(かつてはこれが主眼だった)、むしろ政府をパートナーとして引き込むことに専念しつつある。[*42] 議会はますます情報面で企業ロビイストに頼るようになっている。そして企業の力がこれほど勤労世帯に比べて優勢となっている時代に、これは民主政治にとって本当に大きな影響を持つ。

政治学における長い伝統は、政治的な結果に影響する権力力学を左右するにあたり組織化された利益団体の重要性に注目してきた。そのほとんどは、歴史的制度学派の学者たちが、資本主義の多様性に関する増大する研究文献に貢献するところからきている。ほとんどの経済学(ときにピケティも含む)とはちがい、歴史的制度学派は政策と政治的結果を、複雑で相互依存する歴史的に埋め込まれた要因群の結果として見る――ピケティが提示するような貧弱な線型モデルの産物としてではない。[*43] 政治学者ボー・ロススタインとスヴェン・スタインモーが述べるように「人間が社会、政治、経済制度を構築し、適応させ、変えるにつれて、彼らは歴史を変えられる――そして実際に変える。要するに、あらゆる行動にあらゆる時に適合できて、あらゆる過去の――あるいはそれ以上に未来の――出来事を予想できるような単一の法則群はない。人間は、原子や惑星、雲とちがって、自分自身の歴史を作る。それは一部は意図的に、社会、経済、政治制度を変えることによるのだ」。[*44] こうした各種の制度の創造に作用する権力力学は、利益団体により左右される。たとえば、政治社会学者フランシス・キャッスルズ、ウォルター・コーピらは、政治は経済的自己利益の追求であると論じ、各種の民主主義がちがった公共政策レジームを追求するのは、ちがった利益団体がちがった「権力リソース」を持ち、それを使って代弁する人々の自己利益のために戦うからだ。[*45]

スタインモーの税制国際比較は、歴史的制度の視点が、経済格差の段階的な形成にあたり利益団体がどのように中心的な役割を果たせるかについての理解を広められるかについて示唆的だ。スタインモーは、こうした三つの税制レジームが、その税制の作られたときの制度的構造を検討することで最もよく説明できることを実証した。特にスタインモーは、労働と実業界の権力集中に注目する。こうした組織構造は「利益団体、政治家、官僚たちが政策選好を決める文脈を提供する」[*46]。スウェーデンでは、実業家の利益と労働の利益はどちらも、きわめて集中した、きわめて組織化された、政府の意思決定に対しても強い発言力を持つ強力な利益団体により代表されている。アメリカでは、実業界と労働の利益は分散している――そしてハッカーとピアソンなどが述べるように、労働組織が政治に果たす役割はさらに分散し消失する一方で、組織化された政治利益は成長した[*47]。

結果として生じた税制は、各国の利益団体構造を反映したものとなる。スウェーデンの税制は「広い基盤を持つ、財政的にも豊富な税制として、慎重に最大限の税収をあげつつ、スウェーデンの経済成長能力と利潤生成にできるだけ邪魔にならないようにしている。効率性と税収の考慮が、税制全体に行き渡っている」[*48]。これに対して、アメリカにおける税制は断片化され、複雑で、抜け穴だらけのプロセスが特徴であり、それがアメリカの独特できわめて分散した政治制度を活用し、操作する利益団体の能力を反映したものとなっている。

アメリカの利益団体がなぜ政治プロセスを利用できるのかを理解するためには、政治の制度構造を二番目の形でも真剣に考える必要がある。アメリカの政治は一般に、権力が断片化され権限が広く分散した制度環境として特徴づけられている。政治社会学者マーガレット・ウェアーとテダ・スコクポルがまとめたように、アメリカは「弱い国家行政、分断され断片化された公的権威と、非プログラム的政党の独特な複合体を持つ」[*49]。アメリカにおける州別歳出は、アメリカにおける政治的権力の断片化の直接的な結果だ。議会レジームの税制を作る中央集権的な力とはちがい、アメリカでは税制は議会で書かれている。これはきわめて断片化した意思決定機関だ。そして議員たちの選挙当落を決定的に左右できる強力な政党がないので、議員たちは地元の有権者の声を聞き、おかげで地元で定義された要求や解くべき利益団体の圧力にことさら弱くなる。この断片化は金持ちの力を増幅し、さらにその政策への分不相応な影響力にさらに貢献し、経済格差が政治的格差につながる格差のサイクルを永続化させるのだ。

強い制度支援と強い全国政党とのつながりがないため、議会の個々の議員は「独立政治事業者」となり、しばしば特定の法制的な結果にことさら関心を持つ集団からの選挙支援を探すことになる――これは税制の修正も含む[*50]。断片化はアメリカの政治制度に内在するものであり、複数の利害同士の紛争が妥協と極端論の排除をもたらすというジェイムズ・マディソンのビジョンに始まって憲法に編み込まれている。[*51] スタインモーがまとめるように、マディソン的派閥主義の予想外の結果は、重要な説明要因となる。「マディソンの断片化した政治制度は、アメリカにおける複雑性、低税収、そして最終的に有効税の分配を説明するきわめて重要な変数を提供する」。[*52] 結果としてアメリカの税法は複雑で、金持ちと権力者の利益のほうにきわめて歪んでいる。

ここでの大きな論点は、利益団体の構造とその国の政治制度の性質との組み合わせが政策形成に重要な役割を果たし、それがこんどは格差形成に重要な役割を果たせるということだ。税制は一例にすぎない。似たような物語を労働市場と金融規制の両方の規制政策についても語れる。このどちらも経済格差にとって有意義な含意を持つはずだ。頻出する主題に戻ると、政治が市場を作る。実際、資本主義の多様性に関する文献は、制度が各種政治システム（つまり国）ごとにちがった形で所得分配を形成してきた点について実に多くの知見を持っている――だが今日までの注目点はほとんどすべて、ちがう社会保護レジームが貧困率や中産階級の運命をどう形成したかという点だ。[*53] 私の知る限り、「資本主義の多様性」理論がトップエンドの格差について持つ意味合いに注目した学術研究はほぼ存在しない。特に多様な資本主義レジームにまたがる形で資本蓄積が示唆されるピケティの結果に照らせば、『21世紀の資本』はこれを、経済分配形成に政治制度が果たす役割を理解しようとする研究者にとって重要な意味を持つ質問として開くものだ。

政治が格差に与える影響の理解に関するハッカーとピアソンの第三の主要な議論は、「ゲームの規則」の重要性を強調する。これはあらゆる制度的な説明において根本的な要因となる。ゲームの規則は、拒否権を使える点を形成することでシステムを通じた政策の捕獲を容易にしたりむずかしくしたりする。制度的な規則は政策アクターたちに、システムを通じて自分のほしい政策を得る機会を与えたり、施行してほしくない政策を妨害したりする機会を与える。

この視点は、どの決断が行われるかだけでなく、政党や利益団体の反対のせいでどの決断が行われないかも理解する重要性を示すものだ。こうした非決断は特に理解されず研究もされていない。これは社会科学において「結果が出ない」ことへの強いバイアスがあるからだ――統計分析や、ビッグデータへの注目が高まる分野では、何も起こらなかった事例の研究を核に研究テーマをうまく構築するのはきわめてむずかしい。だがこうした行動が起こらない事例を理解するのは、過去半世紀におけるアメリカ政治の文脈で経済格差の台頭を理解するためにきわめて重要である。

時間がたつにつれ、社会が変わって法制は意図された狙いから遊離することもある。あるいは政策が、予想外の大きな抜け穴を持つことがわかったりもする。この「政策ドリフト」は社会学者スティーブン・ルークスが、権力の二番目の顔と呼ぶもの、つまり意思決定をしないことの古典的な例だ。[*54] 権力不均衡があると、こうした時間的な変化は、勤労世帯の問題に取り組む面と、スーパー富裕層の権力拡大の面との両方で、経済政策の形に有意義な影響を及ぼせる。金持ちが政策ドリフトを通じてどのように政治権力を行使するか（そして自分の経済的地位を拡大し続けるか）は、様々な経路で起こり得る。一つは上で述べた、議題設定の経路だ。つまり利益団体を通じた組織的戦闘だ。

もう一つはもっと目につきにくく、それほど計算ずくでもない（とも言える）。研究によれば、経済格差は劇的に高い政治的二極化を引き起こし、二極化は今度は膠着状態を作り出し、それは現状を利するものだ、という。[*55] たとえば経済学者ジョン・デュカとジェイソン・セイヴィングは政治学者ノーラン・マッカーティの、所得格差と政治二極化の関係についての画期的な研究をもとに、所得格差がもっと二極化した議会を作り出し、もっと二極化した議会が今度は格差増大をもたらしたということを示した。[*56] だが政治の二極化と富の格差（ピケティが慎重に述べた資本格差）のつながりに関する研究課題はほぼ手が着いておらず、将来の研究はこの方面を検討すると有益だろうという点には注意しよう。

要するに経済格差は不均等な政治的発言をもたらす。そして不均等な政治的発言は、政府の政治的優先順位を変えるだけでなく、政府が実際に何かを実現する能力を下げてしまうとも言える。現状の維持に積極的に関心がある人々にとって、これは重要なことだ。だが変化を求める人にとっては――そして能動的な国家が経済的厚生を高めるにあたり重要な役割を果たす人々にとっては――これは陰気な状況だ。この方面の研究はほとんど異論がない状況だが、だからといって新しい研究の方向がないということではないし、特に資本格差が不均等な発言につながり、それが市場を政治経由で形成する経路を理解しようとしている人々にとってはなおさらだ。

離脱

発言の格差は、政治的格差が経済格差につながり、それがこんどは政治的格差につながる経路の一つだ。政治的離脱の選択肢における格差は、経済格差と政治格差のフィードバックループが機能しそうな別の重要な経路となる。

アルバート・ハーシュマンは社会経済的まとまりと健全な政治制度における離脱の重要性を五〇年近く前、現代の格差時代のエンジンが回転し始めたちょうどそのときに認識していた。これは長くなるが引用する価値がある。

離脱がアメリカ国民の頭のなかを支配してきたことには、アメリカ人の伝統的な成功観が影響している。(中略)成功とは、実際、「成功した個人が」自分の育った貧困地区から、はるかに素晴らしい近隣区域へと物理的に移動し続けることに象徴され、またそれによって崇め奉られるものである。(中略)アメリカではやはり離脱のイデオロギーが強力であった。アメリカは、離脱を土台とし、離脱によって発展してきた国なので、それが社会の基本的かつ有益なメカニズムであると、何ら疑問視されることなく信じられてきた。だからこそ、二大政党制や企業間競争といった制度の効力を、アメリカ国民は強く信じているのであろう。企業間競争に関していえば、二、三の巨大企業によって支配されている市場など、実際には理想的競争モデルからはかけ離れているのだと経済学者が述べたところで、国民は信用しない。自分の愛用品をA社の製品から競合するB社に切り替えられるうちは、離脱に対する国民の愛情という基本的な象徴体系は満たされる。*57

離脱に関するハーシュマンの直感は、過去半世紀に劇的な形で展開した。この節の狙いに沿って、私は「離脱」を場所に基づく分離と、それが経済と政治格差のフィードバックループに与える影響の代理概念として使う。言い換えると、経済格差は金持ちアメリカ人がきわめて分離した、国の他の部分と隔絶した生活を送る状態とともに進行した。ある意味で、金持ちは各種の公的制度から「離脱」する機会を活用し、これは何が公共財に「含まれるか」という集合的ビジョンを弱体化させる可能性がある。

経済格差はアメリカで劇的な経済的分離につながった。アメリカ人たちはますます、階級により分離された生活を送るようになっており、公共財をますますかけ離れた形で体験するようになっている。二〇一四年ミズーリ州ファーガソンや、二〇一五年ボルチモアで起きた騒動は、格差と政府についての体験が場所によってどれほどちがうかを劇的な形で浮き彫りにした。警察の暴力を契機として、この二つの主にアフリカ系アメリカ人コミュニティに生じた何日にもわたる抗議と集合的市民不服従は、アメリカにおいて日常的に体験されている、政府活動の極度の差を浮かび上がらせ、それが人種格差や経済格差にも重なることを示した。この経済格差の台頭は、経済地理的分離の同じく劇的な台頭と一致している。

このトレンドを記録した研究は無数にある。地理学者リチャード・フロリダとシャーロット・メランダーは、アメリカ人たちはますます階級——これは所得、教育、職業、社会経済的地位の複合指標で定義される——により、都市や都市圏およびその都市内で分類されているという結果を出している。さらに経済分離はおおむね、もっと恵まれた集団の決断により条件付けられている。金持ちは貧乏人よりはるかに分離されており、しかもその度合いも実に大きい。[*58] 中産階級の近隣地区は消え、集中した貧困と集中した富裕とに置き換わった。社会学者ケンドラ・ビショフとショーン・リアドンは、地理的経済分離の振興を記録した。彼らによると、一九七〇年にはざっと三分の二（六五％）のアメリカ人が中産階級の近隣地区に住んでいたのに、今日ではその数字が四〇％強でしかないという。同時期に、富裕な近隣地区に住む世帯シェアは七％から一五％に上がり、貧困な近隣地区に暮らすシェアも八％から一八％に上がった。[*59]

社会評論家タ＝ネヒシ・コーツが鋭く論じているように、アメリカにおける格差の地理は、どこからともなく生じたものではない。またそれは、「自由市場」力学が作用した結果だけでもない。それどころか、格差の地理は、昔もいまも政治的に生み出され、政治的に維持されている。アメリカでは、格差の地理は人種分離の地区としっかり重なり、それが経済格差とからみあって、アメリカにおける繁栄の共有という約束に長い影を落とし続けている。人種分離はニューディール政策にも組み込まれている。これは経済格差を減らして大恐慌後の経済成長を後押ししたと賞賛される政策パッケージの暗い裏面だ。ニューディール政策が作り出した連邦住宅局（ＦＨＡ）は、住宅ローン保険を提供することで何百万人もの中産階級アメリカ人の資本ストック構築の鍵となり、それが金利を引き下げて、頭金の必要額も減らした。同時にＦＨＡは、「赤線引き」――つまりアフリカ系アメリカ人の住宅購入者を、望ましくない近隣地区に押し込めて、主要住宅ローン市場から排除したこと――により持続的な資本格差と近隣地区格差の創出に重要な役割を果たした。これは政策が市場を作り出すという古典的な例で、それを受けて民間保険産業が政府方針を標準慣行として採用したのだった。[*60]

社会学者メル・オリヴァーとトム・シャピロは政治的に作り出された耐久資本格差の結果をこうまとめる。「アメリカ史上最大の大衆による富蓄積の機会から閉め出されたことで、持ち家を望み、それだけの財力を持っていたアフリカ系アメリカ人は、都心部コミュニティに押し込められ、その投資はＦＨＡ評価担当者の「自己成就的性質」により影響を受けた。新規投資の源から切断され、彼らの住宅やコミュニティはＦＨＡ評価担当者が望ましいとした住宅やコミュニティに比べ、荒廃して価値を失った」。[*61] 赤線引きはいまや違法だが、資本蓄積の結果――富の格差――は今日もその痕跡を残している。たとえば赤線引きによる住宅の分離は意図的に需要を引き下げ、非白人近隣地区に住宅を持つアフリカ系アメリカ人にとって、ホームエクイティを頭打ちさせるものとなっている。歴史的な富の蓄積のおかげで、白人ははるかに相続財産を遺しやすく、頭金に家族の支援もしやすかったので、白人家族は似たような状況の黒人家族に比べ、平均で八年早く家を買って資本蓄積を開始できた。そして白人は金融支援をもっと与えられたので、白人世帯は黒人に比べ、頭金も多くなり、金利も下がって融資費用も小さくて済んだ。[*62] この資本蓄積の格差の多くはかつての政策決定にまで遡れるもので、これが資本へのアクセスを重要な形で形成したのだった。

ここでの大きな論点は、三つある。まず資本は絶えず政治アクターによる定義と再定義にさらされており、資本へのアクセスは制度に支配されている。第二に、資本蓄積の規則とだれがアクセスを持てるかに関する初期の政策決定は、長い残響を持つこともあり、それも蓄積の面だけでなく、蓄積不在の面での影響もあるということだ。第三に、そうした力学はしばしば具体的な場所に位置しており、格差の政治地理を作り出し、それが政治権力と経済機会にとって持続的な結果を作り出す。

経済学者ラジ・チェティらによる、経済モビリティの地理に関する広く引用された研究は、経済格差の永続化に場所が果たす重要な仕組みについて別の示唆を与える。何百万人もの子供とその親の行政記録を使って三〇年にわたる世代間モビリティを記述したチェティらは、モビリティの見込みがアメリカの地域ごと（研究では「通勤圏」で定義されている）に劇的にちがっていることを発見した。高モビリティ地域は所得格差が低いし、居住分離も低く、小学校の質もよく、社会資本も多く、家族の安定性も高い。[*63] こうした要因はすべて潜在的に、重要な形で地元政治制度により形成され、それに先立つ政治政策決定の遺産に左右されている。

この経済的分離――および金持ちの「離脱」オプション――は公共サービス投資、および政府全般の役割にとって巨大な影響を持ちかねない。経済格差は、不均等な社会が公共財とサービスについて妥協できないために公共財の提供を減らしかねない。この仮説を支持する実証的な証拠は多少はあるものの、文献のほとんどは経済分離よりは人種分離の影響を検討している――人種分離とは別の経済分離の意味合いについて検討する研究を増やす必要があるという示唆だ。

たとえば、経済学者アルベルト・アレシナらは、アメリカの都市での生産的な公共財（教育、道路、下水道、ゴミ収集など）への支出シェアは、その都市全体の社会経済および人口的な特性とは無関係に、その都市の人種の断片化と反比例していることを発見している。アレシナらは次のように結論する。「民族紛争は地元公共財政の重要な決定要因である」。[*64] もっと最近では政治学者ダニエル・ホプキンスは、人種・民族多様性が地元自治体の増税意欲を減らすのは、その自治体が急激な人口変化を被っているときだけだと示唆し、重要なのは多様性そのものではなく、むしろ人口変化が住民の期待を不安定化し、地元エリートに影響する方法なのだと示唆している。

こうした最近の実証研究は、格差増大は地方コミュニティが適切な公共財やサービスの提供能力（またはそうした財やサービスの財源となる課税ベース提供能力）を引き下げていることを示唆している。だがここでしばし立ち止まり、いま述べた点の文脈における分析の地理単位を検討するべきだろう。分析単位次第で、経済分離の増大は必ずしも経済的な異質性の大きな場所を意味しなくなる。それどころか、分離は異質性の低下を意味するかもしれない。低所得コミュニティとより豊かなコミュニティとの権力の差を考えれば、これは必ずしも社会的一体性や公的制度の強化にはつながらない。高格差時代の経済分離水準の拡大と公共サービス提供との関係理解については、はるかに多くの研究が行われねばならない。さらにこうした公共サービスが提供されるチャンネルは、はっきりとした政治＝政治組織であり、政治権力を通じて影響を受ける。

経済的分離は、公共サービス提供の機能のモデル化にも影響する。たとえば経済学者デヴィッド・カトラー、ダグラス・エルメンドルフ、リチャード・ゼックハウザーは、コミュニティの人口的な特色と、政府が定給する財やサービス量との関係を検討した。彼らは三種類の公共支出を区別している。伝統的な「利己的」公共選択モデル（これは個人が自分自身のことしか気にしない）、「コミュニティ選好」モデル（個人の支出選好水準はそのコミュニティの特性に依存する）、そしてソーティング過程、つまり個人が自分の公共支出選好に応じてコミュニティを選ぶ「選択」モデルとでも言うべきものだ。[*66] こうしたモデルのいずれも、個人が自分の選好にしたがって動く能力が経済的地位により制約されているかもしれないという事実は考慮していないのに注意――つまり低所得個人はリソースの多い個人に比べて地理的な所在地を「選択」する能力がずっと限られるかもしれないということだ。高い格差の時代にあたり、自分の選好に応じて行動する能力は、地理的特性と公共財提供との関係を根本的に変えかねない。公共財の提供が将来の経済成長と強い相関を持つことがわかっている以上――たとえば教育は経済全体の健全な成長について世代をまたがる強い波及効果を持つ古典的な公共財だ――経済分離が公共財の提供にとって持つ意味合いの理解は将来の研究方針として有望に思える。

だが公共財やサービスの提供に格差の地理が役割を果たしていると示唆する以前の研究に対し、経済学者レア・プラット・ブースタンの研究は経済格差増大が、アメリカの地方自治体や学区における歳入や歳出拡大と関連しているという結果を出している。[*67] ブースタンらの研究と以前の研究との対照は、分析単位や格差が公共財提供につながる経路についてのさらなる理論的明確性と並んで、この経済と政治的格差との潜在的なフィードバックループについてははるかに多くの研究が必要だと示唆している。

忠誠

ハーシュマンの古典的な論説において、忠誠は市民（または制度機関）が発言や離脱を行使する選択をするかどうかを決めるにあたり、鍵となる要素だ。「離脱オプションが存在することによって、発言オプションが幅広く効果的に選択される可能性は著しく低下しかねない」とハーシュマンは書く。だが「忠誠は離脱の費用を上げる」[*68]。ハーシュマンは、グローバル化が忠誠に与える影響について鋭く考察し、こう書く。「コミュニケーションが発達し、近代化が広がった結果、各国がお互いに似たようなものになり始めたときにこそ、離脱が早く機能しすぎ、過剰になる危険性がでてくる」。そして「その時点では忠誠のための手法が人々をよい状況にとどめるであろう」と書く[*69]。ハーシュマンはまた、「制度設計の細部も離脱と発言のバランスにとっては非常に重要である」とも書く[*70]。高い格差水準は忠誠にとって、そしてさらに格差の政治についてどんな意味を持つだろうか？　この方面の検討はほとんど研究されておらず、経済格差の政治的理解の改善を目指す研究者にとって、解決されていない重要な問題群を提示するものだ。

極端な富は、小さいがとんでもなくリソース豊富なグローバル人口の一部に、各種の国民国家を忠誠について試せる立場を与える。グローバルエリートは、基本的には自分のリソースをもっと有利に扱う目的地をあれこれ探し回り、経済力に伴う政治力を国境を越えて行使できる。グローバル資本主義の時代には、資本はきわめてモビリティが高く、労働はずっと低いので、グローバル資本化は自分のお金を置いておく最も有利な場所を探し回れる[*71]。ここで示唆される政治力はきわめて大きい――そしてピケティが描くベルエポック期以前（時に大中庸期とも呼ばれる）に見られた高水準の資本格差とは潜在的に別物となる可能性がある。きわめてグローバル化した経済では、国民国家の忠誠は衰退して、グローバル資本フローにより国の政府が絶えず、金銭化された利害の離脱の脅しに一貫して首を押さえられた状態となってしまったのだろうか？

アメリカで最近行われている、コーポレート・インバージョンに関する政治論争は、忠誠の衰退が離脱の可能性を高め、アメリカの政治にも影響しかねないという具体例となる。インバージョンという手法は、企業の登記上の所在地を海外の、通常は税率の低い国に移し、企業が故国で公平な税を支払わずにすむようにするというものだ。多国籍企業がこの税制の抜け穴を利用すると、彼らはアメリカの政治システムの便益（政治安定性、高技能労働者など）を享受しつつ、そうした便益の費用を全部は払わずにすむ。こうした決定はアメリカの課税ベースを衰退させ、それが今度は公共財への投資に使える財源を一貫して削ることで、将来の経済成長を停滞させかねない。アメリカ財務省はオバマ政権下で、コーポレート・インバージョンを困難にする新しい規制を提案し、こうした慣行に対する世間の非難は、つぶやきから絶叫に近い団結した声となった。だが同時に、アメリカにおけるコーポレート・インバージョンの慣行を完全に止めるには議会の行動が必要だ——これは上で述べた発言の権力学を考えればきわめて起こりにくい。高水準の格差を抑えるよう設計された経済政策はストレートかもしれないが、格差の政治は絶えず、最善の計画を邪魔しようとする。

ピケティは、資本のグローバルな性質がボーダーレスな政策レジームを望ましい、あるいは不可欠にすることは認識している。これは彼のグローバル富裕税の動機の一部だ。だが彼が『21世紀の資本』で素描する提案は、まさにそれだけ——つまり素描——でしかなく、これまでのページで述べた権力と政治の主要な細部の多くを無視している。成長を飛躍させて経済格差の増大を抑えるためには、アナリストや経済担当者たちは経済学だけでなく格差の政治についての分析レンズを訓練するのが有益だろう。

どうして気にすべきか？ そして何をすべきか？

政治、および政治制度は経済格差を作り出し、育て、維持するにあたり大きく影響する。政治は市場を作り出す。経済格差は民主主義に対し、ピケティが著書で明らかにするよりいささか具体的な多くの理由により脅威を与える。研究によれば、民主主義の約束を実現するには、実は極端な経済格差を減らすための行動が必要らしい。民主主義のために成功する介入を行うためには、経済政策の処方箋だけでなく政治改革についての真剣な考察を必要とする。要するに、経済格差と政治格差はフィードバックループに捕らわれている。この周期を破るには、賢い経済政策思考に加え、政治プロセスへの賢い改革が必要だ。

政治改革における最も有望なアイデアは、トップの発言を制限するのではなく、トップ以下の発言を増幅することに専念する。伝統的な政治改革活動は、「政治から巨額のお金を放り出す」ことに専念してきた。巨額のお金は他のみんなをかき消してしまうからだ。むしろ改革努力は「政治機会」拡大のコンセプトに専念すべきだ。政治機会は人々やアイデアを上昇させ、各種雑音の中からそれが聞こえるようにしようとする。その閾値が実現して少し上にくると、追加の支出については収穫逓減が起こる。民主主義学者マーク・シュミットがまとめるように「トップでの支出を制限しようとする活動は、他の人々の声が聞かれるようにする改革より、機会に与える影響がおそらくは小さい」[*72]。

シュミットが特徴づけたような政治機会は、四つの主要な側面により特徴づけられる。まず、広い支持基盤を持つ候補者や、他に代表されない視点を代表する候補者は、大口献金者の資金がなくても選挙や他の文脈で聞かれる機会を与えられるべきだ。第二に、あらゆる市民には有権者としてだけでなく、献金者、ボランティア、およびオーガナイザーとして、あるいは自分自身の見方を表明することで意味ある参加をする機会を持たせるべきだ。第三に、個人は自分の政治的見解を自由に述べ、雇い主や他の制度機関からの恫喝から保護されるべきだ。最後にシステムは、特に中低所得有権者に影響する問題についてお金だけでなく人々の組織を奨励するように構成されるべきだ[*73]。

政治的機会の枠組みの鍵となるのは、それが政治格差の有害な影響を解体するために二つの重要な機能を果たすということだ。まず、それはシステムをもっと公平にする——現在発言できずにいる者たちに発言を与え、富の政治的影響を相殺させるのを助けるのだ。第二に、それは政治プロセスに流動性と創造性を回復させる見通しを与える。候補者たちが新しい紛争の軸で競争せざるを得なくなり、新しい妥協が生じるからだ。

かつての選挙資金の世代は「政治からお金を追い出せ」と述べたが、これとはちがい、政治機会の活動は何をしようとお金は政治に入り込んでくることを認識する。鍵は機会を拡大することで、リソースを持たない者たちに対抗力構築の機会を与えることだ。だから投票権を保護する憲法改正（実はこれは一般的に思われているのとは裏腹に、憲法に書かれていない）は、市民連合判決（これは大企業が選挙に無限の支出をできるようにした）を覆す憲法改正よりもはるかに大きな力を持つ。なぜか？　投票権は積極的な権利だからだ——選挙支出を制限するといった、禁止的で制約的なものではない。だからそれは、政治参加を核とした運動構築の焦点を作り出す。失敗した男女平等憲法修正条項運動のように、投票権修正運動は、今日のきわめて多くのアメリカ人が阻害されている各種の理由に注力することで次第に力を増し、それに伴い投票日同日有権者登録を可能にする政策努力に力を与えて、制限の多い有権者身分証明法を廃止に追いやれるかもしれない。[*74]

確かに、選挙改革に注目する努力は、政治格差と経済格差のフィードバックループの逆転を狙う政治改革努力の中で氷山の一角に過ぎない。狙いは政治平等が、ピケティ『21世紀の資本』で描かれた有害な経済格差を解体できるようにするため、対抗政治力を構築することだ。こうした解決策に注力しない限り、ピケティのグローバル資本課税といった有望なユートピア的アイデアは、妄想に留まる可能性が高い。

第V部　ピケティの回答

第22章　経済学と社会科学との融和に向けて

トマ・ピケティ

私は『21世紀の資本』を、歴史や経済学に関する論考よりはむしろ、社会科学における書きかけの作品として考えたい。思うに、社会科学においては分野の境界をめぐるつまらない論争や、しばしばいささか不毛な手法的立場をめぐる口論で、あまりに多くの時間が無駄になっている。分野同士の対立は、克服できるし克服すべきだし、それを行う最高の方法は、大きな問題に取り組んで、使えそうなありとあらゆる手法や分野的伝統の組み合わせを使い、それをどこまで追及できるか見ることだろう。このきわめて多様な地平や手法的視点からの専門家によって書かれたテキスト群ほど、私のアプローチに対する大きなオマージュは望むべくもない。[*1] これほどの短い論考の枠組み内で、本書で提示されたあらゆる論点にすべて応え、これら論説の豊かさに正当に報いるのは不可能だ。私としては単に、少数の問題について明確にし、拙著で明らかに展開が不十分だった一部の要素について補足したい。特に資本と権力関係についての多面的な歴史の観点と、私の分析において信念体系と経済モデルが果たす役割について述べよう。それから、拙著の別の重要な制約についても触れる——それは、それがあまりに西洋中心的だという事実だ。

資本と社会科学

まず『21世紀の資本』で私が何をしようとしたか、そして拙著が社会科学の歴史の中で、いくつかの研究の伝統と学派の交差点にどうおさまるかについて手短にまとめよう。拙著は何より、資本の歴史、富の分配、その不均等な分配で生じる対立についての本だ。私の主な目的は、二〇カ国以上について一八世紀以来の富と所得の進展に関する歴史的情報源をまとめることだった。これは三〇人ほどの研究者（特にアンソニー・アトキンソン、エマニュエル・サエズ、ギレス・ポステル＝ヴィネイ、ジャン＝ローラン・ローゼンタール、ファクンド・アルヴァレド、ガブリエル・ズックマン）の共同研究のおかげだ。拙著の主な狙いは、この歴史的な材料を一貫性のある形で示すことだった。まずは情報源の説明から始め、産業革命以来、各国で見られる推移を説明できる、経済、社会、政治、文化プロセスの分析を提案した。そうする中で、私は分配の問題と、社会階級における格差の問題を、経済、社会、政治思想の中心に復活させようとした。

一九世紀の政治経済学――特にトマス・マルサス、デヴィッド・リカード、カール・マルクスの業績――はすでに分配問題を分析の核心に据えていた。こうした著者たちはしばしば、身の回りで感じ取った深い社会変化に動機づけられていた。マルサスは、産業革命前夜のフランスの田舎における貧困に関するアーサー・ヤングの記述を契機として、人口過剰が貧困と革命的混沌をあらゆるところにもたらすのではと何より恐れていた。リカードは地価と、ナポレオン戦争に続いてイギリスが蓄積した公的債務の影響に対する、明晰な洞察に基づいて分析を行った。マルクスは一九世紀の最初の三分の二において大盛況となった産業資本主義の、利潤の推移と給与の推移の大きな不均衡を正確に観察した。こうした推移を検討するにあたり、系統的な歴史的情報源は手元に持ち合わせていなかったが、こうした論者たちは少なくとも正しい質問を尋ねるという長所を持っていた。二〇世紀を通じて、経済学者たちはあまりに自らを社会科学から遠ざけようとしすぎ（妄想的な誘惑、とでも言うべきか）、経済学の社会的、政治的基盤を見すごそうとしてきた。一部の論者――特にサイモン・クズネッツとアンソニー・アトキンソン――は、それでも所得や富の分配に関する歴史データを集めるという手間のかかる作業に辛抱強く取り組んだ。私の研究は、こうした調査からまっすぐ出てきたものであり、歴史データの収集を地理的、時間的に拡張する作業が主体だ（この拡張は情報技術に大いに助けられた。おかげで前世代の研究者たちにはアクセス不能だったデータも提供されるようになった）。[*2]

拙著で私はまた、かつて経済社会史できわめて有力だった伝統を刷新しようとした。特にこれは、フランス語の歴史社会学では盛んで、一九三〇年代から一九七〇年代にかけて一八世紀と一九世紀の物価、給与、所得、富について大量の研究を生み出した。念頭にあるのは特に、フランソワ・シミアン、エルネスト・ラブルース、フランソワ・フレ、アデリーン・ドーマルの主要研究だ。[*3] 残念ながら、この歴史（ときには「一連の」と限定がつけられるが）は二〇世紀末を待たずに死に絶えた——死んだ理由はおおむねまちがったものだった、と私は思う。[*4] 私のアプローチはまた、文化資本や賃金格差に関する社会学的な格差研究にも刺激を受けている。特にピエール・ブルデュー、クリスチャン・ボードロットが行ったものだ（両者はちがっているが、私には相補的なものと思える）。[*5]

さらに『21世紀の資本』で、私は公的な論争や政治対立に加え、文学や映画にも現れる社会格差とお金の集合的な表象の推移を同時に研究することが可能だということ——それどころかそれが不可欠だということ——を示そうとした。こうした所得や富の分配についての表象や信念の体系の分析は、拙著の中でいかに不完全で初歩的なものであるにしても、格差の力学を理解するには本質的なものだと考える。私にとって、これは信念体系と格差レジームとの中心的なやりとりであり、将来研究ではもっと徹底して研究されるべきものだし、自分でもこれからの年月でさらに研究を進めるつもりだ。お金とその不平等な分配は、至高の社会的対象となっており、経済学に限った観点からのみ研究するわけにはいかないのだ。この点で拙著は、政治社会学や知の歴史といった分野から生じる、平等性と格差の知覚を扱う多くの研究と似ているし、またそれを活用している。[*6]

実際、拙著の主要な結論は以下の通り。「最初の結論は、富と所得の格差についてのあらゆる経済的決定論に対し、眉にツバをつけるべきだというものとなる。富の分配史は昔からきわめて政治的だし、単純な経済メカニズムに還元できるものではない。（中略）格差の歴史は、経済的、社会的、政治的なアクターたちが、何が公正で何がそうでないと判断するか、さらにそれぞれのアクターたちの相対的な力関係とそこから生じる集合的な選択によって形成される。これは関係するアクターたちすべての共同の産物なのだ」。[*7]

政治の中心的な役割と、経済の表象の変化は、所得と富の分配が二〇世紀を通じてどう変わったかを見ればことさら明確になる。一九〇〇年から一九一〇年代と、一九五〇年から一九六〇年代にかけて西洋諸国で観察された格差低減は、おおむねその時期に生じた戦争や革命と、そうした騒乱に続く新しい社会制度的な妥協で説明がつく。同様に、一九七〇年から一九八〇年代以来観察されてきた格差増大は、ここ数十年の政治的制度的な逆行によるところが大きく、特に財政・金融面での逆行が大きく貢献している。私はまた、社会経済の関数としての所得や富の分配を取り巻く信念体系が、一八世紀、一九世紀の格差構造理解において中心的な役割を果たすことも示そうとした。これは実は、あらゆる社会の内部で言えることだ。各国は格差と独自の密接な歴史を持っている。私は例えば、各国が自分の経済歴史的な軌跡について持つ、国民的アイデンティティや表象が、格差の力学と、それについての認識や制度の発達との間の複雑な相互作用において、重要な役割を果たすことを示そうとした。[*8]

特に、「北半球における社会民主主義時代（一九四五―一九八〇）」（ブラッド・デロング、ヘザー・ブーシェイ、マーシャル・スタインバウムの序文における見事な表現だ）はまちがいなく、不安定な歴史的エピソードと見ることもできるが、それはまた資本主義と市場についての信念体系の深い変化の産物でもある。マーシャル・スタインバウム（第18章）は、世界大戦や大恐慌はそれ自体としてというよりも、それが「[第一次世界大戦に先立つ数十年に]単なる大衆的な参政権だけでは実現できない形で、資本主義のイデオロギーにミソをつけた」から決定的な要因となったと述べており、私もそれに全面的に賛成だ。一九三〇年代の危機と、ヨーロッパの国家間競争システムが両大戦中に完全に崩壊したことで、自由放任イデオロギーと私有財産の聖域化に近い扱いに根ざしていた一九世紀の政治レジームは終わった。この支配的な信念体系の激変は、もちろんカール・ポラニーが一九四四年の著書で分析したことで名高い「大転換」に他ならない。[*9]

デヴィッド・グレワル（第19章）の啓発的な論説も、イデオロギー、法体系、制度変化の中心的な相互作用を強調する。特に彼は、一七世紀と一八世紀の政治哲学が、まず法的構築物として私有財産を理論化し、それを保護するために資本主義のイデオロギーを構築した点を強調する。私自身の研究でも、一九世紀末と二〇世紀初頭のフランス共和政のエリートたちが、フランス革命や現代的な財産権の台頭を参照することで、累進課税に反対したやり方（これについてはこの論説の最後で再び触れる）にことさら感銘を受けた。

この信念体系と格差レジームとの相互作用は、実に多様な政治制度的な形を生み出すが、これは拙著の枠組み内ではしばしばほんの軽くしか触れられていない。だがそれは格差の力学で根本的な役割を果たしているので、その知的政治的な誕生と、それが実践としてどう確立したかという点について、さらなる研究が求められる。私は特に、教育機関と、それが時に格差を減らしたり、あるいは逆に増やしたりする役割についてこだわったし、[*10]また財政的な仕組み、特に所得、相続、富に対する累進課税の、困難かつ脆弱な登場の重要性を強調した。[*11] それ以外にも大量の公的、社会政治的仕組みが重要な役割を果たしている。たとえば、広義の社会国家の発達、[*12] 金融レジーム、中央銀行、インフレ、労働法制、最低賃金、団体交渉、国有化、接収、民営化、奴隷制と強制労働、コーポレートガバナンスとサラリーマンの権利、家賃統制など価格や高利貸し金利に対する統制、金融規制緩和と資本の流れ、商業と移住についての政策、相続規制と財産レジーム、人口や家族についての政策などだ。本論考でもこうした側面の一部にはまた触れよう。

資本と権力関係の多次元的な歴史

今度は、拙著で展開しようとする資本概念についてもっと厳密に見よう。私は資本だけでなく、各種の所有形態や資産に伴う所有権と支配の関係についても、多次元的な歴史を書こうとした。私はそれぞれの段階で、各種の資本の変容がどのように新しい社会制度的な妥協を生み出し、それがどのような社会集団や生産関係の規制を可能にしたか示そうとした。当初から、これが最終的にはこうした多次元的な歴史の導入分でしかないことは明言しておくべきだ。というのも無数の側面は、拙著では単に概説されているだけだからだ。

資本の蓄積を描く単一次元的な経済モデル、抽象概念、方程式（たとえば不等式$r > g$は、こうした変容の中で変わらないものをもっと理解しやすくしてくれると思う）もまた、分析の一部となっている。でも、それは比較的慎ましい限られた役割でしかない――これは私が見るに、社会科学の研究に理論モデルや方程式がもたらせるものに対応している。この種の、現実の極端な単純化は、時には二つの抽象概念の間の、おもしろい論理関係を抜き出せることもある。これは便利なこともあるが、この種の抽象操作の射程を過大に考えすぎなければの話だし、また問題となっている概念すべてが、最終的には社会的、歴史的に決定された構築物でしかないというのを忘れない限りの話でしかない。理論モデルはある種の言語を形成し、それは同じ熟慮と対立的なプロセスに参加する他の表現形態とあわせて追及された場合にだけ有用となる。後で、私の枠組みにおいて経済モデルが果たす、具体的な限られた役割についてはまた触れる——これはおそらく、拙著の中で十分に明らかにしなかった問題であり、それが多少の混乱を引き起こした。私が見るに、資本は複雑で多次元的な財産関係として見るのが最もよい。『21世紀の資本』の最初の章で、本の中で検討する主要概念を定義するときにすでに述べているように、「民間個人が所有できるもの、できないものの境界は、世界中で時代を追うにつれてかなりの発展をとげてきたし、それは極端な例として奴隷制を見ればわかる。同じことが大気や海、山、歴史的モニュメント、知識などの財産についてもいえる。一部の民間利益団体がこうしたものを所有したいと思い、ときにはその欲求を、単なる利己性だけでなく効率性の観点から正当化する。だが、その欲望が一般の利益と一致するという保証はない。資本は不変の概念ではない。それはそれぞれの社会の発展段階と、そのときに主流の社会関係を反映している」[*13]。

資本の保有が取る形態と所有権の性質が歴史的に決定されているという事実は、一八六五年以前のアメリカ南部における、奴隷制と奴隷資本という形の富の重要性に関する分析で明白に実証されている。奴隷は疑いなく、所有者が他人に対して持つ所有と支配関係の最も極端な例だ[*14]。ダイアナ・ラメイ・ベリーが正当にも第6章で強調するように、拙著は現代資本主義の形成における奴隷制の重要な役割に十分注目していない。ただし指摘しておくべきこととして、拙著で挙げている南北戦争以前のアメリカにおける奴隷の総価値や、民間の富の他の形態との比較計算は、私の知る限りこの種の比較の初の明示的な試みであり、奴隷資本の中心的な役割をこうした形で指摘する試みもこれが初めてのはずだ[*15]。

財産権が歴史的・社会的に決まっているという事実は、ドイツ企業の株式市場における資本化率が、英米の企業に比べて比較的低いことを拙著で検討した部分を見ても、やはり明らかなはずだ[*16]。この現象はまちがいなく、ドイツの株主が他の地域の株主ほどは全能ではなく、ある程度は従業員、地方政府など他のステークホルダーたちと権力を分かち合わねばならないという事実と結びついている（ただしこれは当然ながら、ある程度の生産的効率性を阻害するものではない）。これは明らかに、市場価値と資本の社会的価値がまったく別物だということを実証しているし、財産関係の形成における法体系の重要性も実証している。

もっと一般的には、私は歴史の中で資本が取る無数の形態とその市場価値評価を示そうとしてきた。農地から不動産から、専門的、金融的、非物質的な現代資本までその形は様々だ。それぞれの種類の資産は、独自の経済政治的な歴史を持ち、権力関係と固有の社会的妥協を伴っている。だから不動産価格や賃料水準の大幅な動きは、上向きだろうと下向きだろうと、過去数十年にわたる不動産資本化の発展において決定的な役割を果たしてきたし、また二〇世紀前半にも大きな役割を果たした。[*17] こうした動きはそれ自体が、制度、社会、法律、技術的な力の複雑なグループの結果であり、それは家賃統制政策など地主と店子の関係を律する他のルールの対照的な発展を含む。また経済地理や居住地の人種分離、他の産業部門に比べた建設や輸送の技術変化のリズムの差にも影響される。だが他にも例はある。『21世紀の資本』の数カ所で、私は石油資本とその世界的な流通の重要性、それに伴う支配と軍事的保護の関係(特に中東でのもの)の重要性を検討しているし、それが時に、対応するソヴリン・ウェルス・ファンドの作用する、時に異様な金融投資戦略に与える影響について見ている。[*18]

国同士の総資産ポジションの肥大は、過去数十年にわたり金融規制緩和プロセスの主要な特徴の一つで、拙著でも繰り返し触れる主題となっている。[*19] 私はまた、一九世紀末から二〇世紀初頭にかけて、イギリスとフランスが保有していた極度に高い外国資産の水準を分析している。これは両国がその他世界の大きなシェアを持っていた時代だ。これがもたらしたきわめて高水準の賃料、配当、金利——その規模はベルエポック期フランスでは、同国の東部工業地域の生産に匹敵するものだった——は永続的な商業負債を出しつつ、その他世界のますます多くの世界のシェアを獲得し続けられるほどだった(そしてこれは当然ながら植民地列強の間の緊張を高めた)。私はこれらの水準を、ドイツ、日本、中国、産油国が二一世紀初頭に到達した純資産ポジションの水準と比較している。これらはかなり低めではあるが急激に高まっている(おかげでフランスのような国では、いずれ所有する列強の側ではなく所有される側になるのではという怯えを引き起こしている)。

幾度にもわたり、私は国際的な所有関係は常に複数の緊張をもたらすもので、自然の調和と相互の利益となる交換が律するような、経済学者たちの穏やかな理論モデルとはかけ離れたものだと強固に主張している。一般に、所有関係は常に複雑で、政治コミュニティの枠組み内で穏やかにまとめるのがむずかしい。例えば、大家に賃料を払いつつ、その関係の制度的枠組みやその状況の永続的な継続について合意するのはどんな場合も困難だ(だからこそ、賃料統制や賃貸契約の延長、相続税などについて複数のシステムが導入されている)。だが国が丸ごと賃料や配当を別の国に支払っているなら、状況はますます緊張が高まるし、この関係を規制する手段は一般にそれほど平和的なものにはならない。これはしばしば、所有する側による軍事支配に基づいた関係をもたらす。あるいは所有される側の国が果てしない政治的周期を繰り返すことになり、勝ち誇ったウルトラ自由主義と専制主義が、短期の混沌とした収奪期と交互にやってくる――この現象は、無数の国々の発展を一貫して阻害してきた現象で、これは特に南米とアフリカで顕著だ。社会格差と所有関係の平和的な規制は、法治と正当な公的権力の構築において最も重要な課題の一つだ。そしてこれは、正義と複雑な制度構造の開発を必要とする。格差と所有権がおおむねある政治コミュニティの外部にあるとき、この構築は最後まで不完全なものであり続ける。経済合理性は実は、格差の永続化をなかなか上手に容認してしまうし、いかなる形でも民主的合理性にはつながらない。

公的資本もまた、私の資本史分析で中心的な役割を果たす。[*20] これは特に公共投資と国有化(またはその逆の公的債務と民営化)の政治的、イデオロギー的な周期によって、プラスになったりマイナスになったりする。前者の場合、公共資本は国民資本と社会に対する民間資本の掌握力を減らす。後者の場合、それは公債を民間資産に加え、さらなる所有と支配の要素にすることで掌握力を強化する。私はまた、公的債務の力学についてのインフレの重要性、さらにもっと一般的には、貨幣創造や、中央銀行が行う国民資本再分配に関連した各種の操作の役割も分析している。[*21] 私は公的債務について、各国の体験と軌跡の多様性を強調し、特に一八世紀と一九世紀におけるフランスとイギリスの例を対比させつつ、二〇世紀のドイツの体験も比べた――これは現在のヨーロッパという文脈で興味深いものだ。というのもこうした国々は、二〇世紀の間に借りた公的債務をまるで返済していないからだ(特に仏独)。それが南欧の国々に対しては、今後何十年にもわたり、彼らが学校システムに投資するより多い金額を利息として債権者に支払わねばならないと説教しているのだ(ちょうどイギリスが一九世紀にやったように)。発展が収斂するフェーズも観察できる。たとえば、公的資本は戦後期にはほとんどのヨーロッパ諸国で、国民資本のかなりの割合(四分の一から三分の一)を占めていたが、過去数十年でこれがきわめて低い水準になった(そしてイタリアのように、それがマイナスになった国もある)。多くの場合、こうした公的債務の動きと民営化は、きわめて急速な民間の富裕化に有利に働いた。

これはだれもが予想するような先進国内部だけの話ではなく、同じくらい、いやずっと圧倒的な規模でロシアと中国を筆頭としたポスト共産主義国で顕著に起きている。

『21世紀の資本』を通じて私は、資本の歴史は多次元的であり、こうした資産や所有のカテゴリーのそれぞれが、広範な制度的メカニズムや妥協を伴うのだと示そうとしてきた。所有は、歴史的、社会的に決定される複数の形態を取るし、同じくらい多くの社会関係をたどるものだ。こうした富の形態をすべて足し上げて——たとえば、各種資産の時価を使ったりして（もちろん時価がしっかり決まっていればの話だが、必ずしもそうとは限らない）——資本ストックの総金銭価値も計算できるという事実は、この多様な現実をまったく変えるものではない。この抽象的な操作はもちろん役に立つこともある。たとえば、資本が取る多くの変容にもかかわらず、二一世紀初頭にはこの総市場価値（国民所得の年数で見たもの）はどうも、一八世紀から一九世紀のベルエポック期に栄えた世襲社会に見られた水準に復帰したらしいことがわかる。こうすることで、他の面ではまったくちがった社会において、市場価値の全体的な規模を比較する言語が得られる。とはいえ、こうしたすべてをまたがるような指標は、様々な社会で発展してきた所有や生産の関係が持つ多数性を考慮はさせてくれない。

拙著で展開したアプローチは、実は資本の多次元的な歴史と所有形態についてのほんの導入部でしかない——それは多くの重要な側面を無視しているし、またごくわずかしか触れられなかったものも多い。たとえば、ギャレス・ジョーンズ（第12章）が正しくも指摘するように、資本の地理的空間的側面をさらに検討すると有益だろう。フランスやイギリス以外での所有にはいろいろ注目したが、国内での所有については何も言われていない——たとえば、アメリカの北東部と他の部分とを比較するようなことだ。もっと一般的には、分析の規模を変えて、国レベルから帝国レベル、世界経済レベルで見ると有益だろう。これは特に、拙著で行ったよりずっと直接的な形で、発展に対する植民地化の影響や、国内および国際的な格差の全体的な影響が、正当な公権力構築に与えた影響を検討できるようにしてくれるはずだ。エローラ・デレノンコート（第20章）が強調するように、まずは大西洋奴隷貿易という形、続いて直接間接の南北アメリカやアフリカ、アジアに対するヨーロッパ植民地支配は、一五〇〇年代から一九六〇年代まで収奪と極度の権力不均衡を特徴としていた。外国所有に関する私の分析は概ね西洋中心だし、南半球における格差レジームや国家形成への影響は研究できていない（この問題には後でまた触れる）。

経済モデルの限られた役割——「飼い慣らされた資本」VS「野生の資本」

さて、拙著や私の研究で経済モデル（特に資本蓄積の新古典派モデルと生産関数の概念）が果たす「限られた」役割というのはどういう意味かを明らかにしよう。スレシュ・ナイドゥ（第5章）は、拙著の中に共存している（とスレシュが主張する）二つの叙述や解釈枠組みのおもしろい区別を提案している。片方は、「飼い慣らされた」資本（新古典派モデルと完全競争の想定に基づくもの）だ。もう一つは「野生の」資本（権力関係、政治紛争や制度変化を強調するもの）だ。きわめてはっきりさせておくと、私は「飼い慣らされた」解釈より「野生の」解釈にずっと近いつもりでいる。資本蓄積の一次元的な新古典派モデル（通称生産関数 $Y = F(K, L)$ と完全競争の想定に基づくもの）が経済構造と財産関係の適切な記述になっていると思っていたら、拙著は八〇〇ページなどにならず、三〇ページですんでいたはずだ。拙著があれほど長い最大の理由は、資本の多次元的な変身と、そうした変容に伴う複雑な権力パターンや財産関係を説明しようとしたからだ（これまで挙げてきた例でもそれがわかるだろう）。たぶんこの問題についてはもっと明記すべきだったのだろう。だからこの重要な点をはっきりさせる機会を与えてくれたスレシュには感謝する。

特に、デヴィッド・グレワル（第19章）が適切に述べているように、私が拙著の第三から六章で提示している「資本主義の二つの基本法則は「データをまとめる方法の一つ」として見るべきであり、それ以上の何ものでもない。「第一法則」は、定義式でしかない。資本シェア α は平均収益率 r と資本／所得比率 β の積だと述べている。狙いは単位、基本的な規模感と、中心概念同士の論理関係を読者が把握する補助というだけだ（たとえば $r = 5\%$ で $\beta = 6$ なら $\alpha = 30\%$ だ）。だがこれは、資本が根本的に多次元的なものであり、収益率は資産の種類、社会、時代によりすさまじく変わり、特に制度的、法的な環境、所有者と労働者の権力バランスなどに左右されるという事実をいささかも変えるものではない。これは拙著の歴史的な叙述がたっぷり示しているはずだ。

まとめよう。モデルは控えめに使うべきだ——つまり、本当に必要なときにだけ使おう。そしてその役割を誇張してはいけない。モデルはデータをまとめて、基本概念の単純な論理関係を明確にするには役立つ。でもそれは歴史的叙述に代わるものには成り得ないし、歴史的な叙述こそが分析の本当の核心であるべきだ（そして拙著の核心もそこにあると自分では考えている）。現実世界の社会に見られる歴史、社会、政治的プロセスの複雑性や多次元性はあまりに大きく、それを数学言語だけで適切に表現しきれるなどということはあり得ない。社会科学の自然言語を主に使う必要がある（そしてときには、文学や映画の言語も使うべきだ。これは拙著で示そうとしたように、数学言語と同じ形で社会歴史的現実を把握する追加的で補助的な手法として見ることができる）。

同じ主張が「第二法則」（これは資本／所得比率βが、ある条件——相対資産価格が変わらず、天然資源なし——のもとでは、きわめて長期で見れば貯蓄率と成長率の比率s/gに近づく傾向があるというもの）や資本シェア上昇についての議論にも当てはまる。手に入る最高の歴史的時系列データによると、総資本／所得比率と総資本シェアは同じ方向の動きを見せる傾向がある。どちらも二〇世紀半ばには比較的低く、どちらも一九世紀と二〇世紀初頭にはかなり高く、そして二一世紀末から二一世紀初頭にも高かった。もし総生産関数と、完全競争の想定の言語を使うなら、長期的にβとαがいっしょに動く傾向があることを説明する唯一の方法は、代替弾性率が長期で見ると一より少し大きいと想定することだ（そうすれば、βが上がるにつれて、収益率rはそれより少し低めに下がる）。標準的な推計では、弾性値はもっと小さい（これは第4章でデヴェシュ・ラヴァルが論じる通り）が、これらは通常は長期の推計ではない。また技術変化と新種の機械やロボットや資本集約技術（ローラ・タイソンとマイケル・スペンスが第8章で述べたようなもの）により、代替弾性値がだんだん高まる可能性もある。

だがはっきり言っておくと、これは証拠、少なくとも長期の歴史的な証拠の解釈として私が好むものではない。ロボットや、高い資本労働代替が将来的には重要になることもあるかもしれない。だが現段階では、重要な資本集約部門は、もっと伝統的な不動産やエネルギーのような産業部門だ。なぜ資本所得比率や資本シェアが長期的に見て同じ動きを見せたかについて考える正しいモデルは、資本蓄積の多部門モデルであり、相対価格が大きく変動し、最も重要な点として、交渉力や制度的なルールがだんだん変わるというものだ。[22] 特に、不動産価格の大きな上下変動は、過去数十年で総資本価値の推移に重要な役割を果たしてきたし、[23] 二〇世紀前半にもその役割は大きかった。これはさらに、制度と技術的な力、たとえば家賃統制政策など大家と借家人との関係を律する各種ルール、経済地理や居住地の人種分離、他の産業部門に比べた建設や輸送の技術変化の速度の差に影響される。もっと一般的にいえば、資本価値と資本シェアがどちらも二〇世紀末や二一世紀初頭にかなり高いのは、制度と法体系がここ数十年で、だんだん資本所有者（不動産資本の所有者と企業資本所有者の両方）に有利になってきて、借家人や労働者には不利になってきたからだ。これは一九世紀や二〇世紀初頭に主流だったレジームとおおむね似ている（が、個別の制度的な取り決めはちがう）。これと対照的に、二〇世紀半ばと「社会民主主義時代（一九四五—一九八〇）」に主流だった法的制度的レジームは、借家人や労働者にもっと有利で、これはなぜ資本価値と資本シェアが歴史的基準に照らして低めだったのかを説明するのに役立つ。だからといって、生産関数や代替弾性値の変化が重要ではないということではない。こうした数学言語が、ある種の概念や概念間の論理関係を明確化するのに有益だという点は納得している。だがもし観察された推移を説明できるようになりたければ、こうした概念をもっと広い社会制度的な枠組みや歴史的叙述に埋め込む必要がある。場合によっては、制度変化は技術変化と直接相互作用を示す——たとえばデヴィッド・ワイルが第9章で分析した労働組合の地位低下や「破断職場」への移行などだ。

　最後に、同じ主張は$r-g$と格差との関係にも当てはまる。私が見るに、rとgのギャップは複雑な歴史的、法的、社会的な力で決まる。特に、収益率はおおむね交渉力と制度変化に影響されるが、成長率は出生率とイノベーションに左右され、これらもまた幅広い社会制度要因によって決まる。標準経済学モデルでは、rがいつもgより大きいという事実は、単純な技術的、心理的要因で機械的に決まってくる。たとえば、経済成長のベンチマーク的な王朝モデルでは、均衡収益率は変形「黄金則」$r=\theta+\gamma g$（ただしθは時間選好率、γは効用関数の曲率）で与えられるのは常識だ。たとえば$\theta=3\%$、$\gamma=2$、$g=1\%$なら、$r=5\%$だ。この枠組みだと、不等式$r>g$は常に成立し、何やら普遍的とされる心理的法則（具体的には人間のせっかちさ、つまり$g=0$でもrは正の数でなければならないというものと、さらに$r<g$なら効用最大化エージェントたちは将来所得から無限に借り入れるようになり、これによりrはgより上に押し戻される）から機械的に導かれることになる。こうしたモデルは確かに、歴史的時系列データでrがgより大きな心理的な理由の基本的な一部をとらえてはいる。だが、完全なお話はずっとややこしいもので、広範な制度的、社会的要因

を含んでおり、実際には収益率と成長率にも大きな歴史的変動があるのだ。

同様に、乗数的なショックを持つ富の蓄積の動学的モデルは、なぜ高い r と低い g が富の集中の高い安定状態水準をもたらすかを理解するにあたり、とても有益かもしれない。たとえば、第14章でマリアクリスティナ・デナルディ、ジュリオ・フェラ、ファン・ヤンが示すように、高い収益率と低い人口増加率あるいは低い生産性成長率は完全に対称的ではない。だがこうしたモデルは、収益率、経済成長率、格差力学の関係が、ほとんどモデルの外側にある（そして定式化モデルではほとんど何も言えない）広範な政治・法的要因で決まるのだという事実を隠すものであってはならない。

金融資本と文化資本――マルクスとブルデューの和解

さて、資本の多次元性における別の重要な側面に目を向けよう。拙著ではずっと、二つの社会ヒエラルキーを区別している。富のヒエラルキーと労働所得のヒエラルキーだ。どちらももちろん密接に関連しあっており、一部の社会ではほとんど一致している。でも両者は決してまったく同じにはならない。底辺の五〇％（ときには拙著の枠組みでは、はっきりさせるためと時間空間をまたがる比較を可能にするため「下層階級」と呼んでいる）と、中間の四〇％（「中産階級」）、てっぺんの一〇％（「上流階級」、そしてその中でも私はしばしば最頂点の一％（「支配階級」を区別する）は、この二つのどっちのヒエラルキーを検討しているかによって、同じ社会集団に厳密に対応はしないからだ。時には二つがまったくちがっていることもある。伝統的な世襲社会では、資産家たちは働いてもいないのに社会の大半を支配していることについて何ら恥じ入っていないからだ。

何より、それぞれの社会でこの二つのヒエラルキーは、まったくちがった支配メカニズムと格差生産の仕組みを動員しており、それらは累積的であると同時に相補的なものでもある。富のヒエラルキーは不動産、専門金融資産などの蓄積に貢献する上述の複数プロセスで決まる。これらは配置と投資戦略、相続規制、財産レジーム、金融市場や不動産市場の働きなどを含む。労働のヒエラルキーは、何より給与や各種の職階や契約の形成に貢献するルールや制度に依存する。さらに技能や人間関係の格差、教育システムの働き、そしてもっと一般的に文化資本のヒエラルキーにもよる。どちらのヒエラルキーも――単純に言えば金融資本のヒエラルキーと文化資本のヒエラルキー――ちがう種類の言説と正当化の体系に対応する。伝統的な相続格差は一般に、その支配力を能力や文化的優越性に根拠づけようなどとはしない(やるとしてもおまけ程度だ)。これに対し、現代の格差は能力、生産性、美徳に根ざすイデオロギーを通じて自らを正当化しようとする。この正当化のシステムは、「救うに値しない貧乏人」に否定的なレッテルを貼るもので、私が「能力主義の極端化」と呼ぶものだが、[*24]その起源はずっと昔にさかのぼる。それは中世にまでたどれるし、奴隷制、強制労働、金持ち階級による貧困階級の何のてらいもない所有といった制度の終わり(貧乏人が単なる物体/客体ではなく主体になったら、その人物は他の手段により所有されねばならない)にすらさかのぼれるのかもしれない。[*25]だがそれが最大限に拡張されるのは現代だ。これについての特に先鋭的な表現は、自由政治科学学院(通称シアンスポ、フランスで最もエリート主義的な学校の一つ)の創建者エミール・ブートミが、同校の創建時の一八七二年に行った驚異的な宣言に見られる。「多数派の支配に服従せざるを得ない以上、上層階級を名乗る階級が自らの政治的覇権を維持する唯一の方法は、最も有能なものの権利を引き合いに出すことである。伝統的な上流階級の既得権が崩壊する中で、民主化の波は第二の城壁に直面するであろう。その城壁は明らかに有用な才能、敬意を引き起こす優位性、正気の社会が決して失うことのできない能力に基づいたものなのである[*26]」。

二一世紀の我々は、過去の世襲的で資本主義的な格差と、文化資本、象徴資本に基づく極端な支配形態を組み合わせ、システムの被害者に責めを負わせるような新しい非博愛的モデルの台頭を目の当たりにしているのだろうか？いずれにしても、これが拙著で構築した仮説の一つではある。特に私は、現代の能力主義的言説の呆れるほどの偽善ぶりを指摘しているたとえばハーバード大学の学生の親たちの平均所得は、現在ではアメリカで最も豊かな二%の平均所得に相当する。フランスで最もエリート主義的な教育プログラムが学生を選ぶときの母集団もほとんどそれより大きいわけではないし、そうした学校には一般学生に開かれたプログラムに比べて、三倍から四倍もの公的リソースが投下されているのに、だれもそれに対して瞬き一つしないのだ。[*27]こうした文化資本や象徴資本への特権的アクセスに加え、過去数十年には支配集団が、自分たちにとんでもない給与パッケージやボーナスをお手盛りする能力を高めてきた――そして弱まった労組や財政政策は、これに対しまともな抵抗もできずにいる。[*28]

「機会均等」プロジェクト[*29]の文脈で行われたラジ・チェティとエマニュエル・サエズによる最近の研究は、アメリカにおける高等教育アクセスの極度の不平等性を示している。大学進学の確立は、親の所得が最低十分位だとわずか二〇%だが、そこから最高十分位の九〇%以上まで、ほぼ線形に上がるのだ。公式の能力主義的な言説や価値観とのギャップはことさら悲惨なものだ。早期教育の水準におけるきわめて平等主義的な政策が解決策の一部だというエリック・ニールセン（第7章）には完全に同意するし、おそらく高等教育の入学審査システムでの透明性増大とアファーマティブアクション的な方針を組み合わせるべきだろう。[*30] さらにアメリカ教育システムの極端な格差は、おそらくなぜ所得格差がここ数十年で、ヨーロッパや日本に比べてアメリカでずっと高まったかという説明の大きな部分になるはずだということにも注意しよう。そしてさらに、格差の増大は多くのマイナスの長期的影響を持つはずだ。それはサルヴァトーレ・モレリ（第17章）、マーク・ザンディ（第16章）が正しくも強調した金融安定性の観点からだけでなく、長期的な成長ポテンシャルにとってもマイナスになるだろう。

この金融資本と文化資本双方の影響の組み合わせは、どうもこの規模で何か新しいものを構成しているようだ――特に一九一四年から一九四五年における軍事、政治、社会的騒乱に続く戦後期の、世襲格差の果たす役割が減った時期と比べるとそれが顕著だ。まさにこの時期――もっと厳密には一九六〇年代――にピエール・ブルデューは、文化と象徴資本に基づく支配形態の分析を開発した。こうした概念は明らかに、二一世紀初頭になってもその意義をいささかも失っていない――むしろ意義が増したほどだ。いまや単純に、それが不動産や金融資本への収益と組み合わさり、一九世紀末と二〇世紀初頭に観察された水準に比肩するようになったというだけだ。二一世紀の生産と権力の関係を理解するには、マルクスの観察をブルデューの観察と組み合わせて、社会階級間の格差と資本の本当の政治歴史的経済学を発展させることが必要に思えるのだ。

格差レジームへの西洋中心アプローチを超えて

さて、拙著の最も重要な限界だと自分で思っている問題に移ろう。つまり、それがあまりに西洋中心だということだ。これは一部はデータの問題による。所得、相続、富に関する歴史的データ源は、西洋、北米、日本でのものが、その他世界に比べてずっと大量だし手に入りやすい。拙著の世界的な成功（これはアート・ゴールドハマーが第1章で述べたように、世界的に比較的バランスが取れていて、総売上の三分の一ほどが英語、三分の一がヨーロッパ言語、三分の一がアジア言語だ）による嬉しい影響の一つは、それでもっと多くの途上国政府や税務当局が、財務ファイルや財務資料を提供してくれるようになったということだった。このおかげで、世界富と所得データベース（WID）[*31]で拙著刊行時にはカバーされていなかった多くの重要な国、たとえばブラジル、韓国、台湾、メキシコ、チリ、コートジボワールなど多くが、いまやWIDの一部になった（あるいはそうなろうとしている）。また南アフリカ、インド、中国からも追加のデータが提供された。ただしこの後者の場合には、進展は遅々たるものではある。

もっと一般化すると、エマニュエル・サエズ（第13章）が強調するように、我々は絶えずWIDを更新し拡張しようとしている。まずは発展途上国へ、さらには所得と富の底辺とてっぺんの両方をもっと広くカバーしようとし（このために分配国民会計を開発している）、さらにこれまできちんと対応されていない格差の他の側面（たとえばヘザー・ブーシェイが第15章で正しくも指摘しているようなジェンダー格差は、拙著にはほぼ含まれていない）を含めるようにするのだ。ますます多くの国を含めることで、格差の総指標をもっと広い地域で総計したり、あるいは全世界で見たりして、クリストフ・ラクナーやブランコ・ミラノヴィッチの先駆的業績を拡張できる。将来は、ずっと発展した世界的格差データベースにみんながアクセスできるようになり、これで西洋中心のアプローチを超えるのがずっと容易になるし、『21世紀の資本』を超えるのも簡単になる。

とはいえ、拙著が過剰に西洋中心的なのは、データの欠如だけが理由ではないことはわかってほしい（とはいえ、大きな理由ではあるのだが）。拙著が西洋中心的、いやヨーロッパ中心的とさえ言えるのは、もっと深い理由がある。かなりの部分で、拙著は二〇世紀の西洋における格差の物語を語る本だ。これは過去一〇〇年における格差低減において両大戦が果たした役割を中心としている。暴力的な政治ショック、戦争、革命があって初めて、西洋のエリートたち、特にフランス、ドイツ、イギリスのエリートたちが、財政や社会の改革を受け入れるようになったのだ。それは第一次世界大戦まで、彼らがほぼ拒否していたものだ。そしてそれがやっと、戦後期の格差の長期的な圧縮につながった。これは重要な事実だし、その他の社会にとっても教訓を与えてくれる——インド、ブラジル、南アフリカ、中国（そしてもちろん今日のアメリカ）にとっても。だが、それで話が終わるわけではない。西洋中心のアプローチを超えるのが重要なのは、何より格差レジームが世界各地でまったくちがう形を取ったりするからだ。格差の基本構造は、アパルトヘイト以後の南アフリカや、ブラジルのような元奴隷社会、中東諸国のような産油イスラム諸国、あるいはインドのようなポストカースト制社会では異なる。ヨーロッパ、北アメリカ、日本の格差が二〇世紀にたどった軌跡からの教訓は、多国の格差力学の理解にはもちろん有益だ。でも正直言って、必ずしも非常に有益というわけではないのだ。

いずれにしても、視点を逆転させて、反対の質問を尋ねることが重要だ。西洋は、こうした他の格差レジームの歴史から何を学べるだろうか？　支配的な西洋イデオロギーによれば、西洋の現代格差はまったくちがう形を取る。それは個人の能力と、権利や機会の平等に基づくものであり、地位や民族やカーストに基づく硬直した地位の格差に基づくとされる古代の格差レジーム（西洋における大西洋革命以前に存在し、非西洋諸国ではいまだに残るとされる格差レジーム）によるものではないと言われる。実際には、こうした信念群は明らかに、強力な手前勝手な要素を含む。西洋の台頭は、暴力的な植民地支配と恫喝を伴っていた（これは機会や権利の平等とはほど遠い）。そして現代の超能力主義の言説はしばしば、現実の客観的記述というより、勝者が自分の地位を正当化するために使う装置に見えることが多い。さらにポスト植民地社会はしばしば、すさまじい労働市場差別に冒されている——ヨーロッパでムスリム名を持つ人々に対する差別を見るがいい。西洋は、インドのような国で教育、職、公職へのアクセス改善のために行われる、性別、親のカースト、親の所得などに基づく明示的なアファーマティブ・アクションの方針を見下すことが多い。こうした政策はもちろん完璧ではない。だが西洋諸国だって、すさまじい性別、人種、社会的な差別に苦しんでおり、こうしたむずかしい問題をどう解決するかについて、他の世界に説教できる立場ではない。それどころか、西洋諸国はインドや世界の他の部分の体験を見て学ぶ必要がある。もっと一般的には、世界のあらゆる国々は、格差レジームの研究において世界歴史アプローチを採用することで、学べることが実に多い。こうしたあらゆる理由から、格差への西洋中心のアプローチを超え、『21世紀の資本』を超えて進むことが喫急なのだ。

資本の規制と制度変化

最後に繰り返すと、拙著の大きな弱点の一つはまちがいなく――地理的歴史的な視野の限定に加えて――制度変化の社会政治的条件と、それが格差力学に与える影響について、十分に掘り下げて分析しなかったことだ。エリザベス・ジェイコブズ（第21章）が正しくも指摘するように、社会規範と政治的結果の変化はしばしば、私の分析には外生的で蚊帳の外で起こるように見える。「政治はピケティの叙述のいたるところにあるのに、どこにもない」。私は、表象と信念体系の変化が短期と長期の両方に関わることを示そうとしてきた。だが政治変化についての私の分析は、まちがいなくさらなる探究の恩恵を被るはずだ。

特に私は、格差と経済についての認識において、暴力的な政治ショック（戦争、革命、経済危機）だけでなく、長い学習曲線や国民アイデンティティの交差的影響の果たす役割も重視した。一九二〇年代初頭、フランス共和国史上で最も右翼的だった代議院の国民ブロックは、金持ちに対する最も累進的な課税（最高所得者の税率は六〇％にも達した）に賛成した。この同じ政治集団は、一九一四年には最高税率二％の所得税の採用に頑固に反対していたというのに。フランス――当時フランスのエリートが擁していた支配的イデオロギーによれば、革命を通じて平等主義となった小地主たちの国――は、累進的で収奪的な税金などいらない（貴族主義で非平等的なイギリスとはちがう）というイデオロギーは、この拒絶においてに重要な役割を果たしていた。少なくとも、それを正当化できた知的システムの中では重要な役割を果たした。だが相続データを見ると、一九一四年フランスの資本集中は極端な水準に達していて、当時イギリスで見られたものや、一七八九年のフランスと比べてすら、大差ないほどだった。資本の性質は完全に変わっていたが（土地に基づく財産は不動産、製造業、金融、国際的な財産となっていた）、集中の度合いは、革命前夜とほとんど変わらないものだった、これは財産法や市場の前では、形式的な平等性だけでは平等そのものを導き出せないという揺るぎない証拠だ。フランス共和国のエリートが、一九二〇年代初めに財政的な累進性についての見方を一変させたのは、良かれ悪しかれ単に戦争の人的財政的な影響だけのためだけではない。ボリシェヴィキ革命と社会運動もまた、政治的、知的な風景を一変させていたのだ。

私は別の形でも、一九八〇年代のネオコン革命が、一九七〇年代の金融危機や、戦後の突出した成長の終わりだけに刺激されたのではなく、それ以外にも、ひょっとしたら何より、一部の国が自分たちの主導的な立場を失うのを――あるいは少なくとも、戦争で負けた者たちが追いつくのを――恐れたことに後押しされたのだということを示そうとした。この恐れは特にアメリカとイギリスで顕著で、ロナルド・レーガンとマーガレット・サッチャーはその使い道を心得ており、それで純粋資本主義への回帰を唱え、大恐慌末期と第二次世界大戦の終焉により介入主義者たちが課した、手足をしばる社会的財政的な状態の影響からの解放を主張した。

だがこうした変化の長期にわたる目に見えない動きがもっとしっかり強調されるべきだったのは明らかだ。たとえば一九世紀末や二〇世紀初頭に起こった累進課税に関するイデオロギー論争の役割を過小評価してはならない。というのも、それが後の展開にとっての基礎を敷いたからだ。それでも戦争、革命、社会運動がなければ、フランスをはじめ各国の政治経済エリートたちは、その説得能力とメディアへの影響力を活用し続け、累進性への大きな動きにすべて反対し続けただろう。また、二〇世紀のヨーロッパ社会を特徴づけた格差と極端な社会的緊張が、ナショナリズムの台頭と戦争自体にすら貢献したと考えるのも、さほどとんでもないことではない。これはもちろん、それに先立つ数十年の資本の蓄積と分配が持つ社会経済力学にとって外生的と考えるべきものではない。

過去一世紀の格差の歴史における金融危機、革命、社会運動の果たした本質的な役割を考えれば、こうした要素が同じ影響を将来も発揮しないと考えるほうがおかしい。現代の社会財政国家の台頭で、根本的な社会的権利の体系を発達させることが可能となり、それが二一世紀の資本主義システムの論理を根本的に変えた。これは、平和的な選挙プロセスの産物ではない。拙著では、社会運動や政治的逆転が将来どのような形を取るか検討しようとはしなかったが、それが本質的な役割を果たすのを当然のこととして筆を進めている。また経済知識の民主化が、経済と社会の民主化という全般的なプロセスに貢献できるとも期待している。また私が支持する経済と財政の民主化プロジェクトは、政治的代表システムの変化なくしては完全に実現できないことも強調しておくべきだろう。たとえば現在のヨーロッパ制度の枠組み内では、ヨーロッパの水準で財政的正義のための政策を樹立するのは不可能だ。これは財政的決定が、全員一致のルールに従って行われるという単純な理由によるものだ。だからこそ、各国水準とヨーロッパ全体の水準での民主主義の具体的組織について議論することが不可欠なのだ。[*32]

拙著の別の重要な限界は、私が所有の形態そのものがどのように変化できるかという可能性について十分に深掘りしなかったことだ。私は何より社会国家とその権利体系、さらには所得と資本に対する累進課税にこだわった。適切に適用すれば、資本累進課税は資本主義と私的財産がかなり深遠な形で超越されるのを可能にすることは指摘しておきたい。というのも、それは私有財産を永続的な現実よりは一時的なものに変えてしまうからだ――特に最も巨額の所有物はきわめて高い税率（たとえば年に五から一〇％、いや実際の再生産率や望む社会目的によってはもっと高い）で課税されるからその傾向が高まる。この税金は多くの点で、永続的な農地改革に相当する。さらに、真の資本累進課税に伴う財務透明性は、資本主義の民主主義的な再統制に重要な形で貢献する。最後に、私は私有財産（これはそれ自体が経済権力獲得におけるサラリーマンたちの参加増大のおかげで民主化され得る）と公共財産（これは無数の分野で役割を果たし続けねばならない――公的債務が乏しい公共資産を上回る状態では容易なことではない）の間に存在する、新しい所有の形態と参加的ガバナンスが将来どのように発達可能か（たとえば教育、保健、あるいはメディアにおいてさえ）についてては十分に検討していない。[*33]

拙著の最終章は、以下の一文で終わっている。「本当の会計財務的な透明性と情報共有なくして、経済的民主主義などあり得ない。逆に、企業の意志決定に介入する本当の権利（会社の重役会議に労働者の座席を用意することも含む）なしには、透明性は役に立たない。情報は民主主義制度を支援するものでなければならない。それ自体は目的ではない。民主主義がいつの日か資本主義のコントロールを取り戻すためには、まずは民主主義と資本主義を宿す具体的な制度が、何度でも再発明される必要があることを認識しなくてはならないのだ」。[*34] 私がこうした新しい形態を、それに先立つ章でもっと十分に検討しなかったという事実は、拙著がよくても単に二一世紀の資本研究への導入部でしかない主要な理由であるのはまちがいない。不完全とはいえ、私は拙著が経済学と社会科学との漸進的な融和に向けた長い道のりの、多少の進歩に貢献できることを期待している。

謝辞

編者一同は、ハーバード大学出版会のイアン・マルコムとそのチームに、本巻すべてについての支援を感謝するものである。また本書への寄稿者たちにも感謝したい。多くは私たちが考えを深めた二〇一五年一二月の三日にわたる会議で、時間とアイデアを鷹揚にも提供してくれた。二人の寄稿者は、他の媒体で既出の論説を提供してくれた。ロバート・ソロー『トマ・ピケティの言う通り――「21世紀の資本」について知るべきことのすべて』（第2章）は、『ニュー・リパブリック』誌二〇一四年四月二二日号初出である（Robert M・Solow, "Thomas Piketty is Right: Everything you need to know about Capital in the Twenty-First Century," ⓒ2014 *The New Republic.* 全権留保。許可を得て使用、アメリカ著作権法下で保護されている。明示的な文書による許可なしにこのコンテンツを印刷、複製、再頒布、再送信することは禁じられている）。またポール・クルーグマン『なぜ我々は新しい金ぴか時代にいるのか』は *The New York Review of Books,* Volume 61, Number 8（二〇一四年五月八日）に掲載された。著者の許可を得て再録した。

最後に、本書についての我々の作業を支援してくれた、ワシントン公平成長センターの職員に感謝する。

原註

はじめに

(1) Thomas Piketty, *Capital in the Twenty-First Century*, trans. Arthur Goldhammer (Cambridge, MA: Belknap Press of Harvard University Press, 2014).（トマ・ピケティ『21世紀の資本』、山形浩生他訳、みすず書房、２０１４）

(2) 富については Thomas Piketty and Gabriel Zucman, "Capital Is Back: Wealth Income Ratios in Rich Countries, 1700-2010," *Quarterly Journal of Economics* 129, no. 3 (August 1, 2014): 1255-1310, doi:10.1093/qje/qjuo18 を参照。

(3) Thomas Piketty, Thomas, Emmanuel Saez, and Gabriel Zucman (2016) "Distributional National Accounts: Methods and Estimates for the United States," working paper, http://gabriel-zucman.cu/files/PSZ2016.pdf

(4) Piketty, *Capital*, Kindle location 10107.（ピケティ『21世紀の資本』、６０２頁）

(5) John Maynard Keynes, *The General Theory of Employment, Interest, and Money* (New York: Harcourt Brace Jovanovich, 1953), 376 .（ジョン・メイナード・ケインズ『雇用、利子、お金の一般理論』、山形浩生訳、講談社学術文庫、２０１２、３０６頁）

(6) 以下を参照：Robert J. Gordon, *The Rise and Fall of American Growth: The U.S. Standard of Living since the Civil War* (Princeton, NJ: Princeton University Press, 2016).（ロバート・J・ゴードン『アメリカ経済――成長の終焉』、上下巻、高遠裕子他訳、日経ＢＰ社、２０１８）

(7) Matthew Rognlie, "A Note on Piketty and Diminishing Returns to Capital," working paper, 2014.

(8) Tyler Cowen, "Capital Punishment," *Foreign Affairs*, June 2014, https://www.foreignaffairs.com/reviews/review-essay/capital-punishment.

(9) Daron Acemoglu and James Robinson, "The Rise and Decline of General Laws of Capitalism," *Journal of Economic Perspectives* 29, no. 1 (Winter 2015): 9.

(10) Allan Meltzer, "The United States of Envy," in *Defining Ideas: A Hoover Institution Journal*, April 17, 2014, http://www.hoover.org/research/united-states-envy.

(11) Anne Case and Angus Deaton, "Rising Morbidity and Mortality in Midlife among White Non-Hispanic Americans in the 21st Century," *Proceedings of the National Academy of Sciences* 112, no. 49 (December 8, 2015): 15078-15083, doi:10.1073/pnas.1518393112.

(12) Derek Neal and Armin Rick, "The Prison Boom and the Lack of Black Progress after Smith and Welch," NBER Working Paper No. 20283 (2014), http://home.uchicago.edu/~arick/prs_boom_201309.pdf.

(13) Richard V. Reeves and Kimberly Howard, "The Glass Floor: Education, Downward Mobility, and Opportunity Hoarding," Brookings Institution (November 2013), https://www.brookings.edu/wp-content/uploads/2016/06/glass-floor-downward-mobility-equality-opportunity-hoarding-reeves-howard.pdf.

(14) Nelson Schwartz, "In an Age of Privilege, Not Everyone is in the Same Boat," *New York Times*, April 23, 2016, http://www.nytimes.com/2016/04/24/business/economy/velvet-rope-economy.html.

(15) Arthur M. Okun, *Equality and Efficiency: The Big Tradeoff*, 2nd ed. (Washington, DC: Brookings Institution Press, 2015).

(16) Thomas Piketty, "Putting Distribution Back at the Center of Economics: Reflections on *Capital in the Twenty-First Century*," *Journal of Economic Perspectives* 29, no. 1 (Winter 2015): 75.

第１章　ピケティ現象

Nicolas Barreyre, Mark Blyth, Gary Gerstle, Alex Gourevitch, Peter Gourevitch, David Grewal, Peter Hall, Deborah Mabbett, Noam Maggor,

Ian Malcolm, Jedediah Purdy, George Ross, Waltraud Schekele, William Sisler, Michael Zakim に、この論説形成に貢献した議論について感謝する。本稿に先立つバージョンがモントリオール大学でPierre Martin と George Ross の招きにより２０１４年11月に発表された。この両者に謝意を表明したい。

（1）売上数は概数であり、ハーバード大学出版局との私信に基づく。

（2）ピケティは自分の成果を多くの国で発表した。その国は中国、日本、インド、南アフリカ、アルゼンチンなどである。

（3）あるときには、パスポートのページに空きがなくなってしまい、国境担当官が飛行機への搭乗を認めなかったために旅程を延期しなければならなかった。http://www.bloomberg.com/bw/articles/2014-05-29/businessweeks-thomas-piketty-cover-how-we-made-it.

（4）Craig Lambert, "The Wild West, of Academic Publishing," *Harvard Magazine*, January-February 2015, http://harvardmagazine.com/2015/01/the-wild-west-of-academic-publishing. See also *Business Week*, May 29, 2014, 表紙, http://www.businessweek.com/printer/articles/203578-pikettys-capital-an-econo mists-inequality-ideas-are-all-the-rage.

（5）Chris Giles, "Piketty Findings Undercut by Errors," *Financial Times*, May 23, 2014, https://www.ft.com/content/e1f343ca-e281-11e3-89fd-00144feabdc0. ただしピケティの回答でGiles の批判は実質的に潰された。Piketty の結果についてはもっと中身のある批判も他にあり、特筆すべきはMatt Rognlie, "Deciphering the Fall and Rise in the Net Capital Share," *Brookings Papers on Economic Activity*, March 19, 2015, http://www.brookings.edu/about/projects/bpea/papers/2015/land-prices-evolution-capitals-share; およびOdran Bonnet et al., "Capital Is Not Back," *Vox EU*, June 2014, http://www.voxeu.org/article/housing-capital-and-piketty-s-analysis などである。

（6）Andrew Hill, "Thomas Piketty's Capital Wins Business Book of the Year," *Financial Times*, November 11, 2014, https://www.ft.com/content/b9e03c5c-6996-11e4-9f65-00144feabdc0.

（7）私信。

（8）私信。

（9）私信。

（10）Thomas Piketty, *Les hauts revenus en France au 20e siècle: Inégalités et redistribution, 1901-1998* (Paris: B. Grasset, 2001).（トマ・ピケティ『格差と再分配――20世紀フランスの資本』、山本知子他訳、早川書房、２０１６）『21世紀の資本』の成功を受けて、この８００ページの本の英訳依頼も来ている。

（11）Jordan Ellenberg, "The Summer's Most Unread Book Is...," *Wall Street Journal*, July 3, 2014, http://www.wsj.com/articles/the-summers-most-unread-book-is-1404417569.

（12）http://www.dailymotion.com/video/xgs6il_hollande-piketty-et-la-revolution-fiscale-1-2_news.

（13）Olivier J. Blanchard, "The State of Macro," NBER Working Paper No. 14259 (August 2008), http://www.nber.org/papers/w14259.

（14）O. Blanchard, G. Dell'Ariccia, and P. Mauro, "Rethinking Macroeconomic Policy" IMF Staff Position Note (February 12, 2010), https://www.imf.org/external/pubs/ft/spn/2010/spn1003.pdf.

（15）Paul Krugman, "The Profession and the Crisis," *Eastern Economic Journal* 37, no. 3 (May 2011): 307–312, http://www.palgrave-journals.com/eej/journal/v37/n3/full/eej20118a.html.

（16）Thomas Piketty and Emmanuel Saez, "Income Inequality in the United States, 1913–1998," *The Quarterly Journal of Economics* 118, no. 1 (February 2003); Thomas Piketty and Emmanuel Saez, "The Evolution of Top Incomes: A Historical and International Perspective," *American Economic Review*: Papers and Proceedings 96, no. 2 (May 2006): 200-205.

（17）Center for American Progress 主催の講演で、オバマ大統領はアメリカにおける「危険で増大しつつある格差と上方モビリティの欠如」を指摘し、それが「現代を定義づける課題」だと述べた。彼は「来年と私の大統領任期末までの間に、この分野にこそ我々の努力をすべて集中することになるだろう」と宣言した。Barack Obama, "Remarks by the President on Economic Mobility"（演説, Washington, DC, December 4, 2013）, https://www.whitehouse.gov/the-press-office/2013/12/04/remarks-president-economic-mobility.

（18） Lawrence H. Summers, "The Inequality Puzzle," *Democracy*, no. 33 (Summer 2014), http://www.democracyjournal.org/33/the-inequality-puzzle.php?page=all.

（19） Eugene Robinson, "Elizabeth Warren Makes a Powerful Case," *Washington Post*, October 20, 2014, https://www.washingtonpost.com/opinions/eugene-robinson-elizabeth-warren-makes-the-case-on-income-inequality/2014/10/20/ba54c68e-588a-11e4-8264-deed989ae9a2_story.html.

（20） Eric Alterman, "Inequality and the Blind Spots of the Democratic Party," *The Nation*, May 14, 2015, http://www.thenation.com/article/bill-de-blasio-crisis-inequality-and-blind-spots-democratic-party/.

（21） Lawrence Mishel, "Chair Yellen Is Right: Income and Wealth Inequality Hurts Economic Mobility," Economic Policy Institute, Working Economics Blog, http://www.epi.org/blog/chair-yellen-income-wealth-inequalities/.

（22） Alan B. Krueger, "The Rise and Consequences of Inequality in the United States," speech (January 12, 2012), https://www.whitehouse.gov/sites/default/files/krueger_cap_speech_final_remarks.pdf.

（23） Raj Chetty, Nathaniel Hendren, Patrick Kline, Emmanuel Saez, and Nicholas Turner, "Is the United States Still a Land of Opportunity? Recent Trends in Intergenerational Mobility," NBER Working Paper No. 19844, http://www.nber.org/papers/w19844:「我々は、こうした世代間モビリティのランクに基づく指標が時間とともに大きくは変わっていないことを発見した。たとえば、親が所得分布の最低五分の一にいる子供がトップ五分の一に上がる可能性は、1971年以前に生まれた子供だと8・4%だが1986年生まれの子供では9・0%になる。1984年に最高所得世帯に生まれた子供は、最低所得世帯の子供より大学に進学する確率が74・5ポイント高かった。1993年生まれの子供たと、そのギャップは69・2ポイントであり、世代間モビリティは変わったとしてもむしろ最近の年齢層では少し高まっている。さらに、世代間モビリティはアメリカでの9つの人口区分ではかなりの差があるにしても比較的安定している」。それでも、格差増大のため、著者たちはまた「『誕生くじ引き』――どの親の下に子供が生まれるか――の影響は過去よりも現在のほうが大きい」と強調している。

（24） Jerome Karabel, *The Chosen: The Hidden History of Admission and Exclusion at Harvard, Yale, and Princeton* (New York: Houghton Mifflin Harcourt, 2005).

（25） Nicholas Lemann, *The Big Test: The Secret History of American Meritocracy* (New York: Farrar, Straus and Giroux, 2000).

（26） Theda Skocpol and Vanessa Williamson, *The Tea Party and the Remaking of American Conservatism* (New York: Oxford University Press, 2012).

（27） Branko Milanovic, "The Return of Patrimonial Capitalism': A Review of Thomas Piketty's *Capital in the Twenty-First Century*," *Journal of Economic Literature* 52, no. 2 (2014): 1-16.

（28） *The Economist*, May 2014.

（29） Thomas Edsall, "Capitalism vs. Democracy," *New York Times*, January 28, 2014, http://www.nytimes.com/2014/01/29/opinion/capitalism-vs-democracy.html.

（30） Krugman, "Why We're in a New Gilded Age," *New York Review of Books*, May 8, 2014.（この論説は本書第3章）

（31） Robert M. Solow, "Thomas Piketty Is Right," *New Republic*, April 22, 2014（本書第2章）

（32） Lambert, "The Wild West," n. 3を参照。

（33） Thomas Piketty, *Capital in the Twenty-First Century*, trans. Arthur Goldhammer (Cambridge, MA: Belknap Press of Harvard University Press,

(34) 2014), 32, 15. (トマ・ピケティ『21世紀の資本』山形浩生他訳、みすず書房、２０１４、17、34頁)

(35) Thomas Edsall, "Thomas Piketty and His Critics," *New York Times*, May 14, 2014, http://www.nytimes.com/2014/05/14/opinion/edsall-thomas-piketty-and-his-critics.html.

(36) James K. Galbraith, "Kapital for the Twenty-First Century?" *Dissent*, Spring 2014, https://www.dissentmagazine.org/article/kapital-for-the-twenty-first-century.

(37) Timothy Shenk, "Apostles of Growth" *The Nation*, November 5, 2014, http://www.thenation.com/article/apostles-growth/.

(38) 二つ目の講演はハーバード大学ロースクールで行われ、コメンテーターの一人は法学教授だったことは述べておくべきだろう。ピケティの研究に対する法学者たちからの関心は高かった。これはデューク大学ロースクールの Jedediah Purdy やイェール大学の David Grewal にも見られる。Purdy の書評は *Los Angeles Review of Books*, April 24, 2014 にある。Grewal の書評は *Harvard Law Review* 128, no. 626 (December 10, 2014) を参照。

(39) この点については Noam Maggor に感謝する。

(40) Krugman, "New Gilded Age."

(41) Lire Le capital de Thomas Piketty, 特別号, *Annales: Histoire, Sciences sociales* 70, no. 1 (January-March 2015): 5.

(42) Nicolas Delalande, "Vers une histoire politique de capital?," *Annales: HSS* 70, no. 1 (January-March 2015): 50.

(43) Alexis Spire, "Capital, reproduction sociale et fabrique des inégalités," *Annales: HSS* 70, no. 1 (January-March 2015): 61.

(44) Piketty, *Capital*, 573. (ピケティ『21世紀の資本』、６０４頁)

(45) Spire, "Capital," 63.

(46) Nancy Partner, "Les mots et les choses and Beyond" ハーバード欧州研究センターにおけるミシェル・フーコーの研究についての討論会における発表論文, April 17–18, 2015.

(47) 『21世紀の資本』の成功の後で、ハーバード大学出版局だけでも、ピケティの以前の著作と、格差経済学の先達アンソニー・アトキンソンの本を出したし、ピケティの書評を書いたブランコ・ミラノヴィッチの本も契約した――こうした動きで同出版局は「『格差』出版社の筆頭」となった (同出版局主任 William Sisler との私信)。ピケティ翻訳者として、私はいくつかの出版社から、フランスの経済学者や社会科学者で格差分野の人を知らないかと問い合わせを受けた。そしてすでに述べた通り、ピケティの *Hauts revenus en France* の翻訳の依頼も受けた。この分野がピケティのおかげで「熱い」分野になったのはまちがいない。

(48) 周恩来は、この有名な発言をしたときに、どうやらパリの１９６８年五月蜂起の政治的影響について尋ねられたと思ったようで、フランス革命のことを聞かれているとは思わなかったらしい。

(49) Galbraith, "Kapital."

(50) たとえば Peter Spiegel, "EU Agrees Laws to End Banking Secrecy," *Financial Times*, October 14, 2014, https://www.ft.com/content/0ca39924-53b3-11e4-929b-00144feab7de を参照。

Piketty, *Capital*, 570. (ピケティ『21世紀の資本』、６００頁)

第４章　『21世紀の資本』のモデルはどこがおかしいのか?

本稿で表明されたあらゆる意見および結論は著者のものである。Chris Adams, Miguel Leon-Ledesma, Eric Nielsen, Ezra Oberfield, Dave Schmidt, Marshall Steinbaum, Nathan Wilson のコメントに感謝する。

(1) Robert M. Solow, "A Contribution to the Theory of Economic Growth," *Quarterly Journal of Economics* 70, no. 1 (1956): 65-94; Trevor W. Swan, "Economic Growth and Capital Accumulation," *Economic Record* 32, no. 2 (1956): 334-361.

(2) Krusell and Smith は、純貯蓄率一定というピケティの想定を批判し、一定の総貯蓄率か内生的な貯蓄率を使えば、資本／産出比率が成長率低下に伴って上がる割合を減らし、成長率がゼロまで下がったときに資本／産出比率が発散しなくてすむようになると指摘する。だがピケティのモデルによると、成長率が下がると資本／産出比率は上がるという定性的な意味合いは変わらない。Per Krusell and Tony Smith, "Is Piketty's 'Second Law of Capitalism' Fundamental?" *Journal of Political Economy* 123, no. 4 (August 2015): 725-748を参照。

（3）ＣＥＳ生産関数は多くの特殊な例を入れ子にしている。σ＝0のときにはレオンチェフ固定比率生産関数、σが無限大なら線形生産関数、σ＝1のときには資本係数つきコブ＝ダグラス関数となる。

（4）Thomas Piketty, "Technical Appendix of the book *Capital in the Twenty-First Century*," 2014, http://piketty.pse.ens.fr/files/capital21c/en/Piketty2014TechnicalAppendix.pdf. の39ページを参照。(「トマ・ピケティ『21世紀の資本』専門補遺」https://cruel.org/books/capital21c/Piketty2014TechnicalAppendixj.pdf ２０１４、26－27頁)

（5）Robert Rowthorn, "A Note on Piketty's *Capital in the Twenty-First Century*," *Cambridge Journal of Economics* 68, no. 1 (2014): 1275–1284; Matthew Rognlie, "Deciphering the Fall and Rise in the Net Capital Share," *Brookings Papers on Economic Activity*, March 2015, https://www.brookings.edu/bpea-articles/deciphering-the-fall-and-rise-in-the-net-capital-share/.

（6）Rognlie, "Deciphering the Fall and Rise"; Odran Bonnet et al., "Does Housing Capital Contribute to Inequality? A Comment on Thomas Piketty's Capital in the 21st Century," Sciences Po Economic Discussion Paper 2014-07 (2014), http://econ.sciences-po.fr/sciences-po-economics-discussion-papers.

（7）Rognlieは総弾性と純弾性の関係を以下のように導いている：

$$\frac{\sigma^N}{\sigma^G} = \frac{r^N K/Y^N}{r^G K/Y^G} = \frac{\alpha^N}{\alpha^G}$$

ここでNは純値でGは総値となる。純弾性と総弾性の比率は、純資本シェアと総資本シェアの比率に等しい。純弾性は常に総弾性より低い。純資本シェアは常に総資本シェアより低いからである。直感的に言うなら、総収益の返還はすべて純収益の変化よりも大きいからK／Lの変化が同じなら、純弾性は総弾性より小さくなければならないということだ。Piketty and Zucmanの集めたデータを使うと、１９７０年から２０１０年にかけて、アメリカの総資本シェアは純資本シェアによりおよそ30％ほど高い。Thomas Piketty and Gabriel Zucman, "Capital Is Back: Wealth-Income Ratios in Rich Countries, 17002010," *Quarterly Journal of Economics* 129, no. 3 (2014): 1255-1310. 純資本シェアと総資本シェアのちがいについてはBenjamin Bridgman, "Is Labor's Loss Capital's Gain? Gross versus Net Labor Shares" (2014), https://bea.gov/papers/pdf/laborshare1410.pdf を参照。

（8）Robert S. Chirinko, "Sigma: The Long and short of It," *Journal of Macroeconomics* 30 (2008): 671-686; Miguel A. Leon-Ledesma, Peter McAdam, and Alpo Willman, "Identifying the Elasticity of Substitution with Biased Technical Change," *American Economic Review* 100, no. 4 (2010): 1330-1357.

（9）Peter Diamond, Daniel McFadden, and Miguel Rodriguez, "Measurement of the Elasticity of Factor Substitution and Bias of Technical Change," chap. 5 in *Production Economics: A Dual Approach to Theory and Applications*, ed. Melvyn Fuss and Daniel McFadden (Amsterdam: North-Holland, 1978).

（10）Daron Acemoglu, "Labor-and Capital-Augmenting Technical Change," *Journal of the European Economic Association* 1, no. 1 (2003): 1-37.

（11）Pol Antras, "Is the US Aggregate Production Function Cobb-Douglas? New Estimates of the Elasticity of Substitution," *Contributions to Macroeconomics*

4, no. 1 (2004). Klump, McAdam, and Willman は年0・4ポイントほどの上昇を推計している。だがこうした推計の主要なちがいは、Antras がGordonの以前の論文に基づくKrusell et al. からの数字を使っており、これがKlump, McAdam, and Willmanの使っているＮＩＰＡデフレータよりも時間的な減少が急激なものとなっているということだ。Rainer Klump, Peter McAdam, and Alpo Willman, “Factor Substitution and Factor Augmenting Technical Progress in the US,” *Review of Economics and Statistics* 89, no. 1 (2007): 183–192; Antras, “Is the US Aggregate”; Per Krusell et al., “Capital-Skill Complementarity and Inequality: A Macroeconomic Analysis,” *Econometrica* 68, no. 5 (2000): 1029–1053; Robert J. Gordon, *The Measurement of Durable Goods Prices* (Chicago: University of Chicago Press, 1990) を参照。

（12） Klump, McAdam, and Willman, “Factor Substitution.” Box-Cox 変換は $d \log \phi = \gamma t \lambda$ を暗黙に想定している。λは偏向技術変化が時間とともに変化できるようにする。

（13） さらに以下も参照：Klump, McAdam, and Willman, “Factor Substitution”; Berthold Herrendorf, Christopher Herrington, and Ákos Valentinyi, “Sectoral Technology and Structural Transformation,” *American Economic Journal: Macroeconomics* 7 no. 4 (2015): 104-133; Francisco Alvarez-Cuadrado, Ngo VanLong, and Markus Poschke, *Capital-Labor Substitution, Structural Change and the Labor Income Share* (Munich: CESifo, 2014); Miguel Leon-Ledesma, Peter McAdam, and Alpo Willman, “Production Technology Estimates and Balanced Growth” *Oxford Bulletin of Economics and Statistics* 77, no. 1 (February 2015): 40-65; Lawrence, “Recent Declines in Labor's Share in US Income: A Preliminary Neoclassical Account,” NBER Working Paper No. 21296, http://www.nber.org/papers/w21296.

（14） Leon-Ledesma, McAdam, and Willman, “Identifying the Elasticity of Substitution.”

（15） Robert Chirinko and Debdulal Mallick, “The Substitution Elasticity, Factor Shares, Long-Run Growth, and the Low-Frequency Panel Model” CESifo Working Paper No. 4895 (2014).

（16） Loukas Karabarbounis and Brent Neiman, “The Global Decline of the Labor Share” *Quarterly Journal of Economics* 129, no. 1 (2014): 61–103.

（17） Piyusha Mutreja, B. Ravikumar, and Michael J. Sposi, “Capital Goods Trade and Economic Development” FRB of St. Louis Working Paper No. 2014-012A (2014).

（18） Robert S. Chirinko, Steven M. Fazzari, and Andrew P. Meyer, “A New Approach to Estimating Production Function Parameters: The Elusive CapitalLabor Substitution Elasticity,” *Journal of Business and Economic Statistics* 29, no. 4 (2011): 587–594.

（19） Sebastian Barnes, Simon Price, and Maria Sebastiá Barriel, “The Elasticity of Substitution: Evidence from a UK Firm-Level Data Set,” Bank of England Working paper No. 348 (2008).

（20） Devesh Raval, “The Micro Elasticity of Substitution and Non-Neutral Technology” (2015), http://www.devesh-raval.com/MicroElasticity.pdf.

（21） Doraszelski and Jaumendreu は、代替弾性率が資本、労働、材料の間で等しい構造モデルを推計している。推定の要素価格変動は労働と材料価格の差によるものだが、その弾性値推計もまた0・45と0・65の間で、上で論じた推計値と整合している。Ulrich Doraszelski and Jordi Jaumendreu, “Measuring the Bias of Technological Change” (2015), http://economics.yale.edu/sites/default/files/ces20150319.pdf を参照。

（22） Hendrik Houthakker, “The Pareto Distribution and the Cobb-Douglas Production Function in Activity Analysis, *Review of Economic Studies* 23, no. 1 (1955): 27–31. Houthakker は、もしA^KとAが独立したパレート分布を持つなら、弾性値ゼロの企業で構成される経済は、コブ＝ダグラス総生産関数を持つことを示した。

（23） Piketty and Zucman, “Capital Is Back,” 1271 を参照。

（24） Ezra Oberfeld and Devesh Raval, “Micro Data and Macro Technology,”

NBER Working Paper No. 20452 (September 2014); Kazuo Sato, *Production Functions and Aggregation* (Amsterdam: Elsevier, 1975).

(25) Oberfield and Raval, "Micro Data" はこの事例を一般化して、多くの投入や産業を可能にしている。

(26) Rainier Klump and Olivier De La Grandville, "Economic Growth and the Elasticity of Substitution: Two Theorems and Some Suggestions," *American Economic Review* 90, no. 1 (2000): 282–291.

(27) Olivier De La Grandville, "In Quest of the Slutsky Diamond," *American Economic Review* 79, no. 3 (1989): 468-481.

(28) Christophe Chamley, "The Welfare Cost of Capital Income Taxation in a Growing Economy," *Journal of Political Economy* 89, no. 3 (1981): 468-496.

(29) アメリカの輸入のＧＤＰ比は、World Bank Development Indicators から。財の貿易に占める中国のシェアのデータはU.S. Census から。

(30) Michael W. L. Elsby, Bart Hobijn, and Aysegul Sahin, "The Decline of the U.S. Labor Share," *Brookings Papers on Economic Activity* (2013).

(31) 彼らは輸入への露出を、あらゆる産出が国内で生産された場合に比べた付加価値増加の増加パーセントと定義している。給与は自己雇用所得に加えて労働所得の一つの要素となっている。

(32) Daron Acemoglu, David Autor, David Dorn, Gordon Hanson, and Brendan Price, "Import Competition and the Great US Employment Sag of the 2000s," *Journal of Labor Economics* 34 (2016): S141-S198.

(33) David Autor, David Dorn, and Gordon Hanson, "The China Syndrome: Local Labor Marker Effects of Import Competition in the United States," *American Economic Review* 103, no. 6 (2013): 2121-2168.

(34) 彼らは労働者一人あたり中国輸出を、中国の輸入品を地域ごとに、開始時点での産業雇用シェアに基づいて割ることで得ている。彼らは１９９０年から２０００年にかけてと、２０００年から２００７年にかけての変化を検討している。

(35) Denis Chetverikov, Bradley Larsen, and Christopher Palmer, "IV Quantile Regression for Group-Level Treatments, with an Application to the Distributional Effects of Trade," *Econometrica* 84, no. 2 (2016): 809-833.

(36) Andrew B. Bernard, J. Bradford Jensen, and Peter K. Schott, "Survival of the Best Fit: Exposure to Low-Wage Countries and the (Uneven) Growth of US Manufacturing Plants," *Journal of International Economics* 68, no. I (2006): 219-237.

(37) James Schmitz, "What Determines Productivity? Lessons from the Dramatic Recovery of the U.S. and Canadian Iron Ore Industries Following Their Early 1980s Crisis," *Journal of Political Economy* 113, no. 3 (2005); Tim Dunne, Shawn Klimek, and James Schmitz, "Does Foreign Competition Spur Productivity? Evidence From Post WWII U.S. Cement Manufacturing" (2010), https://www.minneapolisfed.org/~/media/files/research/events/2010_04-23/papers/schmitz8.pdf.

(38) Nicholas Bloom, Mirko Draca, and John Van Reenen, "Trade Induced Technical Change? The Impact of Chinese Imports on Innovation, IT and Productivity," *Review of Economic Studies* 83, no. 1 (2015): 87–117.

(39) Timothy F. Bresnahan and Manuel Trajtenberg, "General Purpose Technologies `Engines of Growth'?" *Journal of Econometrics* 65, no. 1 (1995): 83–108. コンクリート産業における電気採用が労働シェアに与えた影響の推移については、たとえばMiguel Morin, "The Labor Market Consequences of Electricity Adoption: Concrete Evidence from the Great Depression" (2015), http://miguelmorin.com/docs/Miguel_Morin_Great_Depression.pdf を参照。

(40) David H. Autor, Frank Levy, and Richard J. Murmane, "The Skill Content of Recent Technological Change: An Empirical Exploration," *Quarterly Journal of Economics* 118, no. 4 (2003): 1279-1333.

(41) Ibid.

(42) James Bessen, "Toil and Technology," *Finance and Development* 52, no. 1 (2015).

(43) Emek Basker, Lucia Foster, and Shawn Klimek, "Customer-Labor

Substitution: Evidence from Gasoline Stations," U.S. Census Bureau Center for Economic Studies Paper No. CES-WP-15-45 (2015).

(44) David Autor, David Dorn, and Gordon Hanson, "Untangling Trade and Technology: Evidence from Local Labor Markets," *Economic Journal* 125 May 2015）: 621-646.

(45) Paul Beaudry, David A. Green, and Benjamin Sand, "The Great Reversal in the Demand for Skill and Cognitive Tasks," *Journal of Labor Economics* 34, no. S1 (2016): S199-S247.

(46) Daron Acemoglu, "When Does Labor Scarcity Encourage Innovation?" *Journal of Political Economy* 118, no. 6 (2010): 1037–1078.

(47) Acemoglu, "Labor-and Capital-Augmenting Technical Change."

第5章　W／Yを政治経済的に考える

(1) Joan Robinson, "Open letter from a Keynesian to a Marxist," *Jacobin*, July 17, 2011, https://www.jacobinmag.com/2011/07/joan-robinsons-open-letter-from-a-keynesian-to-a-marxist-2/.

(2) Paul Krugman, "Wealth over Work, *New York Times*, March 23, 2014; Daron Acemoglu and James A. Robinson, "The Rise and Decline of General Laws of Capitalism," NBER Working Paper No.W20766 (2014)

(3) José Azar, Martin C. Schmalz, and Isabel Tecu, "Anti-competitive Effects of Common Ownership," Ross School of Business Paper No. 1235 (2015); Einer Elhauge, "Horizontal Shareholding," *Harvard Law Review* 129 (2016): 1267-1811. Jason Furman and Peter Orszag, "A Firm-Level Perspective on the Role of Rents in the Rise in Inequality," "A Just Society" Centennial Event in Honor of Joseph Stiglitz Columbia University での発表論文 (2015). Simon Kuznets, "Economic Growth and Income Inequality," *American Economic Review* 45, no. 1 (1955): 1-28, 9 での引用。

(6) Wojciech Kopczuk, "What Do We Know about the Evolution of Top Wealth Shares in the United States?" *Journal of Economic Perspectives* 29, no. 1 (2015): 47-66, は Emmanuel Saez and Gabriel Zucman, "Who Benefits from Tax Expenditures on Capital? Evidence on Capital Income and Wealth Concentration," IRS Statistics of Income Working Paper Series (2014) が作った富の格差の資本化率推計について論じている。

(7) Filipe R. Campante, "Redistribution in a Model of Voting and Campaign Contributions," *Journal of Public Economics* 95 (August 2011): 646-656, http://scholar.harvard.edu/files/campante/files/campanteredistribution.pdf.

(8) Adam Bonica and Howard Rosenthal, "The Wealth Elasticity of Political Contributions by the Forbes 400" (2015), https://papers.ssrn.com/sol3/papers.cfm/Pabstract_id=2668780.

(9) Lee Drutman, *The Business of America Is Lobbying: How Corporations Became Politicized and Politics Became More Corporate* (Oxford: Oxford University Press, 2015).

(10) Joshua Kalla and David Broockman, "Congressional Officials Grant Access to Individuals because They Have Contributed to Campaigns: A Randomized Field Experiment," *American Journal of Political Science* 33, no. 1 (2014): 1–24.

(11) Gabriel Zucman, "Taxing across Borders: Tracking Personal Wealth and Corporate Profits," *Journal of Economic Perspectives* 28, no. 4 (2014): 121–148; および "What Are the Panama Papers?" *New York Times*, April 4, 2016, http://www.nytimes.com/2016/04/05/world/panama-papers-explainer.html

(12) Matthew Ellman and Leonard Wantchekon, "Electoral Competition under the Threat of Political Unrest," *Quarterly Journal of Economics* (May 2000): 499-531.

(13) Nicos Poulantzas, "The Problem of the Capitalist State," *New Left Review*, November-December 1969, 67; Ralph Miliband, "Poulantzas and the Capitalist State," *New Left Review*, November-December 1973, 83.

(14) 奴隷所有者は自分の資産について、住宅所有者が自宅について考えるのと同じような形で考えるものと昔から思われてきた。つまり価値の維持が何より重要視されたということだ。だから実際の逃亡奴隷の数は比較的少なかったのに、逃亡奴隷法については大きな反発が生じた。

（15） Alexander Hertel-Fernandez, "Who Passes Business's Model Bills'? Policy Capacity and Corporate Influence in US State Politics," *Perspectives on Politics* 12, no. 3 (2014): 582-602.

（16） Marion Fourcade, Etienne Ollion, and Yann Algan, "The Superiority of Economists," *Journal of Economic Perspectives* 29, no. 1 (2015): 89-114.

（17） Ibid., 17.

（18） Brad DeLong, "The Marker's Social Welfare Function," *Semi-Daily Journal* (blog), October 9, 2003, http://www.j-bradford-delong.net/movable_type/2003_archives/002449.html.

第６章　奴隷資本の遍在性

（１） Southern Railroad Ledger, Purchases for 1848, Natchez Trace Slaves and Slavery Collection, no. 2E775, Dolph Briscoe Center for American History, University of Texas at Austin.

（２） Robert S. Starobin, *Industrial Slavery in the Old South* (New York: Oxford University Press, 1970), 221–223; William G. Thomas, "Been Workin' on the Railroad," Disunion: *New York Times*, February 10, 2012. 経済史研究者や経済学者たちは、鉄道と奴隷制についての研究を発表しており、この問題について１９６０年代初頭から現在まで描き続けている。Robert Evans Jr., "The Economics of Negro Slavery, 1830-1860," in *Aspects of Labor Economics*, ed. Universities-National Bureau for Economic Research (Princeton, NJ: Princeton University Press, 1962), 185–256; Robert Fogel, *Railroads and Economic Growth: Essays in Econometric History* (Baltimore: Johns Hopkins University Press, 1964); Mark A. Yanochik, Bradley T. Ewing, and Mark Thornton, "A New Perspective on Antebellum Slavery: Public Policy and Slave Prices," *Atlantic Economic Journal* (February 2006): 330–340を参照。

（３） Thomas Piketty, *Capital in the Twenty-First Century*, trans. Arthur Goldhammer (Cambridge, MA: Belknap Press of Harvard University Press, 2014), 46.（トマ・ピケティ『21世紀の資本』、山形浩生他訳、みすず書房、２０１４、49－50頁）

（４） Ibid., 引用は46（同書、49頁）、議論は 158-163（同書、１６６－１７１頁）

（５） Ibid., 46.（同書、49頁）

（６） データベース Legacies of British Slave-Ownership, http://www.ucl.ac.uk/lbs/; および," Britain's Forgotten Slave Owners," BBC Media Centre, http://www.bbc.co.uk/mediacentre/proginfo/2015/28/britains-forgotten-slave-owners/ を参照。

（７） カリブ海奴隷の歴史研究者Sir Hilary Becklesが西インド諸島についての研究の主導者である。Beckles, *Britain's Black Debt: Reparations for Caribbean Slavery and Native Genocide* (Kingston: University of West Indies Press, 2013)を参照。また"CARICOM Reparations Commission Press Statement," http://caricom.org/jsp/pressreleases/pressreleases_2013/pres285_13.jsp も参照。

（８） California Department of Insurance, "Slavery Era Insurance Registry," Report to the California Legislature, May 2002. シカゴ市やメリーランド州なども似たような法を施行した。

（９） Jenny Bourne, "Slavery in the United States," EH-Net, https://eh.net/encyclopedia/slavery-in-the-united-states/。また以下も参照：Robert William Fogel and Stanley L. Engerman, *Time on the Cross: The Economics of American Negro Slavery* (1971; reprint, New York: W. W. Norton, 1989); Stanley L. Engerman, Richard Sutch, and Gavin Wright, eds., *Slavery: For Historical Statistics of the United Sates Millennial Edition* (Riverside, CA: Center for Social and Economic Policy, 2003), 1–15; Ira Berlin and Philip Morgan, *Cultivation and Culture: Labor and the Shaping of the Americas* (Richmond: University Press of Virginia, 1993).

（10） Piketty, *Capital*, 162.（ピケティ『21世紀の資本』、１６７頁）

（11） Walter Johnson, *Soul by Soul: Life in an Antebellum Slave Market*

(Cambridge, MA: Harvard University Press, 1999).

(12) Piketty, *Capital*, 46.（ピケティ『21世紀の資本』、49頁）

(13) W. E. B. Du Bois, *The Suppression of the African Slave Trade to the United States of America* (New York: Longmans, Green and Co., 1896), preface.

(14) Ibid.

(15) Ibid., 12.

(16) Ibid., 196.

(17) Ulrich Bonnell Phillips, *American Negro Slavery* (New York: D. Appleton and Co., 1918), xxiii.

(18) Eric Williams, *Capitalism \& Slavery* (1944; reprint, Chapel Hill: University of North Carolina Press, 1994), xi.

(19) Ibid., 197.

(20) Alfred H. Conrad and John R. Meyer, "The Economics of Slavery in the Ante Bellum South," *Journal of Political Economy* 66 (April 1958): 95-130.

(21) Fogel and Engerman, *Time on the Cross*, 39. アフリカ史研究は奴隷の経済学についていくつかの研究を含むが、この論考の範囲を超える。David Eltis, *The Rise of African Slavery in the Americas* (Cambridge: Cambridge University Press, 2000) を参照。

(22) 主要な文献や論文としては：*Claudia Goldin, Urban Slavery in the Antebellum South* (Chicago: University of Chicago Press, 1976); Roger Ransom and Richard Surch, "Capitalists without Capital: The Burden of Slavery and the Impact of Emancipation," *Agricultural History* 62 (Summer 1988): 133-160; Laurence J. Kotlikoff, "The Structure of Slave Prices in New Orleans, 1804 to 1862," *Economic Inquiry* 17 (1979): 496-517; Richard Steckel, "Birth Weights and Infant Mortality among American Slaves," *Explorations in Economic History* 23 (April 1986): 173–198; Robert Margo and Gavin Wright, *The Political Economy of the Cotton South* (New York: W. W. Norton, 1978); Jonathan Pritchett, "Quantitative Estimates of the United States Interregional Slave Trade,1820-1860," *Journal of Economic History* 61 (June 2001): 467-475.

(23) Walter Johnson, *River of Dark Dreams: Slavery and Empire in the Cotton Kingdom* (Cambridge, MA: Harvard University Press, 2013).

(24) Joshua Rothman, *Flush Times and Fever Dreams: The Story of Capitalism and Freedom in the Age of Jackson* (Athens: University of Georgia Press, 2012); Edward Baptist, *The Half Has Never Been Told: Slavery and the Making of Modern Capitalism* (New York: Basic Books, 2014); Sven Beckert, *Empire of Cotton: A Global History* (New York: Knopf, 2014); and Calvin Shermerhorn, *The Business of Slavery and the Rise of American Capitalism, 1815-1860* (New Haven, CT: Yale University Press, 2015).

(25) "Blood Cotton," *The Economist*, September 4, 2014.

(26) Editor's Note, "Our Withdrawn Review・Blood Cotton," *The Economist*, September 4, 2014; および Edward Baptist, "What *The Economist* Doesn't Get About Slavery—and My Book," *Politico*, September 7, 2014 を参照。

(27) Alan Olmstead と Paul Rhode は綿の生産性についての研究に取り組んでおり、綿の品種も変わったし、生産途上で使われる綿繰りなどの装置の技術改良もあったと論じる。Alan L. Olmstead and Paul W. Rhode, "Biological Innovation and Productivity Growth in the Antebellum Cotton Economy," *Journal of Economic History* 68 (December 2008): 1123–1171 を参照。

(28) Herman Freudenberger and Jonathan B. Pritchett, "The Domestic United States Slave Trade: New Evidence," *Journal of Interdisciplinary History* 21, no. 3 (1991): 447–477; Freudenberger and Pritchett, "A Peculiar Sample: The Selection of Slaves for the New Orleans Marker," *Journal of Economic History* 52 (March 1992): 109-127; Kotlikoff, "The Structure of Slave Prices"; B. Greenwald and R. Glasspiegel, "Adverse Selection in the Market for Slaves: New Orleans, 1830-1860," *Quarterly Journal of Economics*, 98, no. 3 (1989).

(29) Sowande' Mustakeem, "'She Must Go Overboard \& Shall Go Overboard': Diseased Bodies and the Spectacle of Murder at Sea," *Atlantic Studies* 8, no. 3 (Fall 2011): 301-316; Mustakeem, "'I Never Have Such a Sickly Ship

Before': Diet, Disease, and Mortality in 18th-Century Atlantic Slaving Voyages," *Journal of African American History* 93 (Fall 2008): 474-496; Marcus Rediker, *The Slave Ship: A Human History* (New York: Viking Books, 2007); および Stephanie Smallwood, *Saltwater Slavery: A Middle Passage from Africa to American Diaspora* (Cambridge, MA: Harvard University Press, 2007).

(30) Seth Rothman, *Scraping By: Wage Labor, Slavery and Survival in Early Baltimore* (Philadelphia: University of Pennsylvania Press, 2009); Jessica Millward, *Finding Charity's Folk: Enslaved and Free Black Women in Maryland* (Athens: University of Georgia Press, 2015); Wilma King, *The Essence of Liberty: Free Black Women during the Era of Slavery* (Columbia: University of Missouri Press, 2006); Amrita Chakrabarti Myers, *Forging Freedom: Black Women and the Pursuit of Liberty in Antebellum Charleston* (Chapel Hill: University of North Carolina Press, 2011); Judith Schafer, *Slavery, the Civil Law, and the Supreme Court of Louisiana* (Baton Rouge: Louisiana State University Press, 1997); および Leslie Harris and Daina Ramey Berry, *Slavery and Freedom in Savannah* (Athens: University of Georgia Press, 2014) を参照。

(31) Richard Wade, *Slavery in the Cities: The South, 1820-1860* (New York: Oxford University Press, 1964), 44.

(32) "Request for Slaves to Build Levee during Flood," Concordia Parish, LA, March 1815, Slaves and Slavery Collection, Mss. 2E777, no. 3, Dolph Briscoe Center for American History, University of Texas at Austin.

(33) Savannah City Council Minutes, "Municipal Slavery," City of Savannah website, http://savannahga.gov/slavery.

(34) Ibid., August 14, 1820, http://savannahga.gov/slavery. 奴隷貿易の廃止については Du Bois, *Suppression*, および Erik Calonis, *The Wanderer: The Last American Slave Ship and the Conspiracy That Set Its Sails* (New York: St. Martin's Press, 2006); Sylvianne Diouf, *Dreams of Africa in Alabama: The Slave Ship Clotilda and the Story of the Last Africans Brought to America* (New York: Oxford University Press, 2007); Ernest Obadele Starks, *Footbooters and Smugglers: The Foreign Slave Trade in the United States after 1808* (Fayetteville: University of Arkansas Press, 2007) を参照。

(35) Savannah City Council Minutes, August 14, 1820, http://savannahga.gov/slavery.

(36) Ibid., February 24, 1831.

(37) Ibid., June 2, 1842. 奴隷化労働者の価値については Daina Ramey Berry, *The Price for Their Pound of Flesh: The Value of the Enslaved from the Womb to the Grave in the Building of a Nation* (Boston: Beacon Press, 2017) を参照。

(38) Wade, *Slavery in the Cities*, 45.

(39) Robert S. Starobin, *Industrial Slavery in the Old South* (New York: Oxford University Press, 1970), 18-19.

(40) "Slaves Subject to Road Duty," *Slaves and Slavery Records*, Mss. 2E777, Natchez Trace Collection, Dolph Briscoe Center for American History, University of Texas at Austin, Ashford Family, 5, 407, 410, 480, and 481.

(41) Jonathan Martin, *Divided Mastery: Slave Hiring in the American South* (Cambridge, MA: Harvard University Press, 2004); John J. Zaborney, *Slaves for Hire: Renting Enslaved Laborers in Antebellum Virginia* (Baton Rouge: Louisiana State University Press, 2012) を参照。都市空間で新たに解放された黒人たちの労働については Jennifer Hull Dorsey, *Hirelings: African American Workers and Free Labor in Maryland* (Ithaca, NY: Cornell University Press, 2011) を参照。

(42) Savannah City Council Minutes, August 25 and 30, 1842.

(43) Craig Steven Wilder, *Ebony \& Ivy: Race, Slavery, and the Troubled History of America's Universities* (New York: Bloomsbury Press, 2013), 9.

(44) *Hillsborough Recorder*, Hillsborough, NC: Dennis Heartt, 1820-1879, November 29, 1829, http://dc.lib.unc.edu/cdm/singleitem/collection/vir_museum/id/421.

(45) ２０１１年春にブラウン大学とハーバード大学で開催された会

議については、講演録 *Slavery's Capitalism: A New History of America's Economic Development* (Philadelphia: University of Pennsylvania Press, 2016)を参照。また同じく２０１１年に、エモリー大学が"Slavery and the University"会議を開催した(http://shared.web.emory.edu/emory/news/releases/2011/01/slavery-and-the-university-focus-of-emory-conference.html)。この講演録の編集版が近刊となっている。Kittyについての詳細は Mark Aslunder, *The Accidental Slaveholder: Revisiting a Myth of Race and Finding an American Family* (Athens: University of Georgia Press, 2011)を参照。

(46) ヒストリー・チャンネルで放映された数回に分かれたドキュメンタリー"The Ultimate Guide to the Presidents," http://www.history.com/shows/the-ultimate-guide-to-the-presidents; およびGrand Valley State Universityのまとめたウェブサイト：http://hauensteincenter.org/slaveholding/を参照。

(47) Piketty, *Capital*, 159.(ピケティ『21世紀の資本』、１６６頁)(訳註：ただし引用は奴隷撤廃の年を誤って引用している)

(48) 彼のウェブサイトはこの数字をまとめるにあたり使った情報源を明記していない。(訳註：している。「専門補遺」の該当箇所で参照として"Capital is Back"の詳細補遺へのリンクがあり、そこに算出根拠や情報源は明記されている。http://piketty.pse.ens.fr/files/PikettyZucman2013Appendix.pdf 61-63参照)。

(49) たとえば Ira Berlin, *Many Thousands Gone: The First Two Centuries of Slavery in North America* (Cambridge, MA: Harvard University Press, 1998); Leslie M. Harris, *In the Shadow of Slavery: African Americans in New York City, 1626–1863* (Chicago: University of Chicago Press, 2003); Graham Russell Hodges, *Root and Branch: African Americans in New York and East Jersey, 1613-1863* (Chapel Hill: University of North Carolina Press, 1999); Leon Litwack, *North of Slavery: The Negro in the Free States, 1790–1860* (Chicago: University of Chicago Press, 1961); Joan Pope Melish, *Disowning Slavery: Gradual Emancipation and "Race" in New England, 1780–1860* (Ithaca, NY: Cornell University Press, 1998); Wade, *Slavery in the Cities*; およびShane White, *Somewhat More Independent: The End of Slavery in New York City, 1770-1810* (Athens: University of Georgia Press, 1991)を参照。

(50) Beckles, *Britain's Black Debt*; Mary Frances Berry, *My Face Is Black Is True: Callie House and the Struggle for Ex-Slave Reparations* (New York: Vintage Books, 2006); Ta-Nehisi Coates, "The Case for Reparations," *The Atlantic*, June 2014, 1-65.

(51) Du Bois, *Suppression*, 197.

第７章　人的資本と富——『21世紀の資本』以前と以後

この論説をゲーリー・ベッカーの想い出に捧げたい。彼は素晴らしい導師であり、ここで論じられた概念についての私の理解を劇的に改善してくれた。Michael Palumbo, Marshall Steinbaum, Devesh Raval, その他本書の寄稿者たちに、本章に関する有益なフィードバックの点で感謝を捧げたい。ここで述べた見解や意見は私だけのものであり、いかなる形でも連邦準備制度理事会の見解や方針を反映したものではない。

(1) 奴隷制は確かに人的資本の値段を明らかにするし、歴史的に奴隷は他の富の形態とほぼ同じような働きをした。奴隷は取引され、投資され、担保として使われた。本書第6章で、Daina Berry は資本形態としての奴隷の歴史的重要性を論じている。

(2) Thomas Piketty, *Capital in the Twenty-First Century*, trans. Arthur Goldhammer (Cambridge, MA: Belknap Press of Harvard University Press, 2014), 46,163.(トマ・ピケティ『21世紀の資本』、山形浩生他訳、みすず書房、２０１４、49-50、１７１頁)

(3) Ibid., 305-308.(同書、３１７-３１９頁)

(4) Ibid., 163.(同書、２３１-２３３頁)

(5) Ibid., 223–224 邦訳231-233. 資本の所得シェアは20世紀にU字形を描いた。このシェアは現在国民所得の25－30％であり、一世紀前の通例だった35－40％よりはまだ低い。

(6) Lawrence Katz and Kevin M. Murphy, "Changes in Relative Wages, 1963–1987: Supply and Demand Factors," *Quarterly Journal of Economics* 107 (1992): 35–78.

(7) Alan Krueger, "Measuring Labor's Share," *AEA Papers and Proceedings* 89, no. 2 (1999): 45-51. Kruegerは、国民所得における生の労働のシェアは1939年から1959年にかけて0・1から0・13に増え、その後1996年までに0・049に下がり、その下落のほとんどは1979年以降に起きたと推計している。これに対して国民所得に占める人的資本のシェアは、20世紀を通じてU字型となり、どん底の1959年の0・63から1996年に0・72に増えている。

(8) Mariacristina De Nardi, Eric French, and John Jones, "Saving after Retirement: A Survey," NBER Working Paper No. 21268 (2015). またKaren Dynan, Jonathan Skinner, and Stephen Zeldes, "Do the Rich Save More?, *Journal of Political Economy* 112, no. 2 (2004): 397-444も参照。

(9) Mariacristina De Nardi, "Quantitative Models of Wealth Inequality: A Survey," NBER Working Paper No. 21106 (2015).

(10) Michael Hurd, "Savings of the Elderly and Desired Bequests," *American Economic Review* 77, no. 3 (1987): 298–312. またWojciech Kopczuk and Joseph Lupton, "To Leave or Not to Leave: The Distribution of Bequest Motives," *Review of Economic Studies* 74, no. 1 (2007): 207-235も参照。Hurdは、子持ちの人々は子なしの人々より、実は資産を急速に使い果たすという結果を得ている。Kopczuk and Luptonは、相続動機に大きな異質性を推計しており、子供はどうもだれが持参を遺すかを決める主要な決定要因ではないと論じている。Dynan et al., "Do the Rich Save More?"も同様に、子供のいる世帯が子なし世帯に比べ、貯蓄を増やすとか所得に対して貯蓄の勾配が大きいとかいう証拠はまったく見出していない。

(11) Lena Edlund and Wojciech Kopczukは"Women, Wealth, and Inequality," *American Economic Review* 99, no. 1 (2009): 146–178で、相続財産は過去数十年で重要性が減っていると論じる。というのも、大金持ちのなかの女性の割合（相続財産の代理指標）は1960年以来40％も下がっているからだ。ピケティは、20世紀前半での大きな財産の破壊が相続資本の重要性の相対的低下を説明できて、作用している根本的な経済メカニズムは当時も今も代わらないと論じている。ピケティの議論は、高所得の個人が第一次世界大戦以前に主流だったものと似た貯蓄や相続行動を採用するという未検証の前提に依存している。

(12) Greg Duncan and Richard Murnane, "Figure 1.6: Enrichment Expenditures on Children, 1972-2006," Russell Sage Foundation (2011), http://www.russellsage.org/research/chartbook/enrichment-expenditures-children-1972-to-2006. 親の時間配分トレンドについてはJonathan Guryan, Erik Hurst, and Melissa Kearney, "Parental Education and Parental Time with Children," *Journal of Economic Perspectives* 22 (2008): 23–46を参照。またAnne Gauthier, Timothy Smeedeng, and Frank Furstenberg Jr., "Are Parents Investing Less Time in Children? Trends in Selected Industrialized Countries," *Population and Development Review* 30 (2004): 647–671; Mark Aguiar and Erik Hurst, "Measuring Trends in Leisure: The Allocation of Time over Five Decades," *Quarterly Journal of Economics* 122 (2007): 969-1006も参照。

(13) Susan Mayer, *What Money Can't Buy: Family Income and Children's Life Chances* (Cambridge, MA: Harvard University Press, 1997). またDavid Blau, "The Effect of Income on Child Development," *Review of Economics and Statistics* 81, no. 2 (1999): 261-276, およびGordon Dahl and Lance Lochner, "The Impact of Family Income on Child Achievement: Evidence from the Earned Income Tax Credit," *American Economic Review* 102, no. 5 (2012): 1927–1956も参照。

(14) Sean Reardon, "The Widening Academic Achievement Gap between the

Rich and the Poor: New Evidence and Possible Explanations,” in *Whither Opportunity? Rising Inequality, Schools, and Children's Life Chances*, ed. Greg J. Duncan and Richard J. Murnane, 91–116 (New York: Russell Sage Foundation, 2011). これと対立する見方としては Eric Nielsen, “The Income-Achievement Gap and Adult Outcome Inequality,” *Finance and Economics Discussion Series*, Board of Governors of the Federal Reserve System (2015) を参照。

(15) Douglas Almond and Janet Currie, “Killing Me Softly: The Fetal Origins Hypothesis,” *Journal of Economic Perspectives* 25, no. 3 (2011): 153–172. 関連文献は多いが、Sandra Black, Paul Devereaux, and Kjell Salvanes, “From the Cradle to the Labor Market? The Effect of Birth Weight on Adult Out comes,” *Quarterly Journal of Economics* 122, no. 1 (2007): 409-439も参照。

(16) こうした文献の一部は James Heckman and Stefano Mosso, “The Economics of Human Development and Social Mobility,” *Annual Review of Economics* 6 (2014): 689-733でサーベイされている。また Flavio Cunha, James J. Heckman, and Susan Schennach, “Estimating the Technology of Cognitive and Noncognitive Skill Formation,” *Econometrica* 78 (2010): 883-931も参照。

(17) Gary Becker and Nigel Tomes, “Human Capital and the Rise and Fall of Families,” *Journal of Labor Economics* 4 (1986): S1-S39. また Bhashkar Mazumder, “Fortunate Sons: New Estimates of Intergenerational Mobility in the United States Using Social Security,” *Review of Economic and Statistics* 87 (2005): 235-255; Miles Corak, Matthew Lindquist, and Bhashkar Mazumder, “A Comparison of Upward and Downward Intergenerational Mobility in Canada, Sweden, and the United States,” *Labour Economics* 30(C) (2014): 185–200も参照。長年にわたる所得データを使うことで Mazumder は、各世代について単年成人所得を使う Becker and Tomes といった以前の論文よりかなり低いモビリティを見出している。だが Corak et al. は、経年所得変動について補正した後でも Becker and Tomes よりわずかしか低くないモビリティ推計を得ている。

(18) 各種の世代間モビリティ研究文献についての優れた概観としては、Sandra Black and Paul Devereux, “Recent Developments in Intergenerational Mobility,” in *Handbook of Labor Economics* 4, pt. B (2011): 1487–1541を参照。世代間相関の説明における遺伝の相対的重要性の推計は様々だ。一部論文は遺伝子がかなり大きな役割を果たすとしているが、小さい結果しか得ていないものもある。同様に、親の教育がモビリティに与える因果関係を計測しようとする試みも、きわめて開きの大きな結果が出ている。最後に、『21世紀の資本』の懸念と最も直接関連している富のモビリティの推計もまた、大小実に様々となっており、多くの著者が相続、環境的影響、遺伝の重要性について意見が分かれる結果となっている。Casey Mulligan, *Parental Priorities and Economic Inequality* (Chicago: University of Chicago Press, 1997); Kerwin Charles and Erik Hurst, “The Correlation of Wealth across Generations,” *Journal of Political Economy* 111, no. 6 (2003): 1155-1182; and Sandra Black, Paul Devereux, Petter Lundborg, and Kaveh Majlesi, “Poor Little Rich Kids? The Determinants of the Intergenerational Transmission of Wealth” NBER Working Paper No. 21409 (2015)を参照。

(19) Susan Mayer and Leonard Lopoo, “Has the Intergenerational Transmission of Economic Status Changed?” *Journal of Human Resources* 40, no. 1 (2005): 169-185. また Daniel Aaronson and Bhashkar Mazumder, “Intergenerational Economic Mobility in the United States, 1940-2000” *Journal of Human Resources* 43, no. 1 (2008): 139-172; Chul-In Lee and Gary Solon, “Trends in Intergenerational Income Mobility,” *Review of Economics and Statistics* 91 (2009): 766–772も参照。Mayer and Lopoo は、モビリティはおそらく１９４９年から１９５６年に生まれたコーホートについては増大しており、それから１９６５年までに生まれたコーホートでは低下したと推計している。Aaronson

and Mazumdar は、モビリティがアメリカでは１９５０年から１９８０年には増大し、その後は急落したと論じる。これに対し、Lee and Solon は、有意な時間トレンドは見出していない。この研究文献への大きな新しい追加論文はRaj Chetty, Nathaniel Hendren, Patrick Kline, and Emmaniel Saez, "Where Is the Land of Opportunity? The Geography of Intergenerational Mobility in the United States," *Quarterly Journal of Economics* 129, no. 4 (2014): 1553–1623である。Chettyらは、モビリティは１９７１年から１９９３年生まれのアメリカ人ではおおむね一定だという結果を出しているが、地域ごとに大幅な地理的異質性も発見している。ずっと長期にわたるモビリティを研究したのがJoseph Ferrie, "The End of American Exceptionalism? Mobility in the U.S. since 1850," *Journal of Economic Perspectives* 19 (2005): 199–215; および Gregory Clark, *The Son Also Rises: Surnames and the History of Social Mobility* (Princeton, NJ: Princeton University Press, 2014).（グレゴリー・クラーク『格差の世界経済史』、久保恵美子訳、日経ＢＰ社、２０１５）である。Ferrieは、アメリカにおける職業モビリティは19世紀後半にはきわめて高かったが、１９２０年頃以降に目に見えて下がるという結果を出す。Clarkは珍しい名字を使って多世代にわたる社会地位を追跡し、世代間の持続性が他の人々の推計よりずっと高く、したがって経時的にも地理的にもずっと安定していると論じる。

(20) Becker and Tomes, "Human Capital." また Gary Becker and Nigel Tomes, "An Equilibrium Theory of the Distribution of Income and Intergenerational Mobility," *Journal of Political Economy* 87 (1979): 1153–1189も参照。

(21) Gary Solon, "A Model of Intergenerational Mobility Variation over Time and Place," in *Generational Income Mobility in North America and Europe*, ed. Miles Corak (Cambridge: Cambridge University Press, 2004). Solon は、親が子供の人的資本にどれだけ投資するか親が選択するというモデルを開発した。子供の人的資本はまた、政府の投資と親から受けついだものにも左右される。Solonはこのモデルで、モビリティが低いのは（１）政府投資の累進性が低い（２）人的資本への投資（政府、親を問わず）の効率が高い（３）人的資本に対する稼ぎの収益が高い（４）能力の遺伝性がずっと高いといういずれかの場合であることを示した。理想的には、こうした理論をデータに照らして、世代間モビリティを決める各種要因の相対的重要性を決められるはずである。

(22) Anders Bjorklund, Mikael Lindahl, and Erik Plug, "The Origins of Intergenerational Association: Lessons from Swedish Adoption Data," *Quarterly Journal of Economics* 121 (2006): 999-1028. これら著者は、実の親と養子の養父母のデータをどちらも使い、誕生前の環境が誕生後の要因とプラスの相関を示すようだと論じている。

(23) Harry Frankfurt, "Equality as a Moral Ideal," *Ethics* 98, no. 1 (1987): 21-43.（ハリー・Ｇ・フランクファート「道徳的理想としての平等」、『不平等論──格差は悪なのか？』、山形浩生訳、筑摩書房、２０１６）所収。Frankfurtは、道徳的に重要なのは平等性そのものではなく、貧困者が「十分に持っているか」であると論じている。

(24) 関連文献は多数にわたるが、たとえばJames Heckman, Seong Moon, Rodrigo Pinto, Peter Savelyev, and Adam Yavitz, "The Rate of Return to the High/Scope Perry Preschool Program," *Journal of Public Economics* 94, nos. 1-2 (2010): 114-128; Frances Campbell, Gabriella Conti, James Heckman, Seong Hyeok Moon, Rodrigo Pinto, Elizabeth Pungello, and Yi Pan, "Early Childhood Investments Substantially Boost Adult Health," *Science* 343 (2014): 1478-1485を参照。Heckman教授のウェブサイト http://heckmanequation.org/ は、早期児童教育の有効性に関する証拠の素晴らしい情報源である。

(25) Janet Currie and Duncan Thomas, "Does Head Start Make a Difference?" *American Economic Review* 85 (1995): 341–364. また Eliana Garces, Duncan Thomas, and Janet Currie, "Longer-Term Effects of Head Start,"

American Economic Review 92 (2002): 999-1012も参照。Currie and Thomasは、ヘッドスタートが白人生徒の試験成績や卒業に対して持続的な利得をもたらすが、黒人生徒の利得はそれより小さく、また持続性も低いことを発見している。Garces, Thomas, and Currieはヘッドスタートが高校卒業、大学進学、稼ぎ、犯罪活動に大きな影響を与えることを発見しているが、その影響は人種ごとに大きくちがう。きわめて恵まれない子供と少し恵まれない子供への処置効果のちがいを見る研究としてはMarianne Bitler, Hilary Hoynes, and Thurston Domina, "Experimental Evidence on Distributional Effects of Head Start," NBER Working Paper No. 20434 (2014); David Deming, "Early Childhood Intervention and LifeCycle Skill Development: Evidence from Head Start," *American Economic Journal: Applied Economics I* (2009): 111-134を参照。Bitler et al. はヘッドスタートの利得がきわめて異質性が高く、最大の処置効果は最も恵まれない受益者に帰属するとしている。これはDemingの結果とも整合している。

第8章　技術が所得と富の格差に与える影響の探究

(1) Erik Brynjolfsson and Andrew McAfee, *The Second Machine Age: Work, Progress, and Prosperity in a Time of Brilliant Technologies* (New York: W. W. Norton, 2014).（エリック・ブリニョルフソン&アンドリュー・マカフィー『ザ・セカンド・マシン・エイジ』、村井章子訳、日経ＢＰ社、２０１５）

(2) Ezra Oberfield and Devesh Raval, "Micro Data and Macro Technology," NBER Working Paper No. 20452 (September 2014); Loukas Karabarbounis and Brent Neiman, "The Global Decline of the Labor Share," NBER Working Paper No. 19136 (June 2013).

(3) David Michael, Antonio Varas, and Pete Engardio, "How Adding More Mobile Subscribers Will Drive Inclusive Growth," 議論提案、Symposium on Inclusive Growthに提出, Harvard University, October 2, 2015.

(4) Thomas Piketty, "Putting Distribution Back at the Center of Economics: Reflections on *Capital in the Twenty-First Century*," *Journal of Economic Perspectives* 29, no. 1 (Winter 2015): 67-88.

(5) Claudia Goldin and Lawrence Katz, *The Race between Education and Technology: The Evolution of U.S. Educational Wage Differentials, 1890-2005* (Cambridge, MA: Belknap Press of Harvard University Press, 2010); David Autor, Lawrence Katz, and Melissa Kearney, "The Polarization of the U.S. Labor Market," *American Economic Review* 96, no. 2 (2006): 189–194; and David Autor, "Polanyi's Paradox and the Shape of Employment Growth," NBER Working Paper No. 20485 (September 2014).

(6) Maarten Goos and Alan Manningは「二極化(polarization)」という用語を論文"Lousy and Lovely Jobs: The Rising Polarization of Work in Britain," *Review of Economics and Statistics* 89, no. 1 (2007): 118–133で提唱した。二極化についての最近の研究のまとめとしてはDavid Autor, "Why Are There Still So Many Jobs? The History and Future of Workplace Automation," *Journal of Economic Perspectives* 29, no. 3 (Summer 2015): 3–30を参照。

(7) *Hard Times Reports*, Center on Education and the Workforce, Georgetown University, 2014 and 2015.

(8) James Manyika et al., "Digital America: A Tale of the Haves and the Have Mores," McKinsey Global Institute, December 2015.

(9) David Autor, "Skills, Education and the Rise of Earnings Inequality among the Other 99%," *Science*, May 23, 2014, 843-851.

(10) ジニ係数はWorld Bankデータより計算され、Wikipediaに掲載されている。https://en.wikipedia.org/wiki/List_of_countries_by_income_equalityを参照。アメリカなど先進国での賃金格差の比較はJames Gornick and Branko Milanovic, "Income Inequality in the United States in Cross-National Perspective: Redistribution Revisited," Research Brief, Luxembourg Income Study Center, Graduate Center, City University of New York, May 2015に掲載されている。

(11) Josh Bivens, Elise Gould, Lawrence Mishel, and Heidi Shierholz, "Raising

America's Pay: Why It's Our Central Economic Policy Challenge," Briefing Paper No. 378m, Economic Policy Institute, June 4, 2014.

(12) Lawrence Mishel and Alyssa Davis, "Top CEOs Make 300 Times More than Typical Workers," Issue Brief No. 399, Economic Policy Institute, June 21, 2015.

(13) Kevin Murphy, "Executive Compensation: Where We Are and How We Got There," in *Handbook of the Economics of Finance*, ed. George Constantinides, Milton Harris, and Rene Stulz (Amsterdam: Elsevier Science North-Holland, 2012). Erik Brynjolfsson, Heekyung Kim, and Guillaume Saint-Jacques, "CEO Pay and Information Technology," MIT Initiative on the Digital Economy Working Paper, February 2016. 初期の草稿がICIS 2009 Proceedings, AIS Electronic Library (AISEL), http://aisel.aisnet.orgに掲載されている。

(15) Jon Bakija, Adam Cole, and Bradley Heim, "Jobs and Income Growth of Top Earners and the Causes of Changing Income Inequality: Evidence from U.S. Tax Returns, William College," April 2012, https://web.williams.edu/Economics/wp/BakijaCole HeimJobsIncomeGrowthTopEarners.pdf.

(16) Ulrike Malmendier and Geoffrey Tate, "Superstar CEOs," NBER Working Paper No. 14140 June 2008）.

(17) Marianne Bertrand and Sendhil Mullainathan, "Are CEOs Rewarded for Luck? The Ones without Principals Are," *Quarterly Journal of Economics* 116, no. 3 (2001): 901-932.

(18) 家賃統制がアメリカの所得と富の格差に与える影響について、賃料、技術、知的財産保護のつながりについての最近の研究としては以下などがある：Joseph Stiglitz, *The Price of Inequality* (New York: W. W. Norton, 2012).（ジョセフ・スティグリッツ『世界の99％を貧困にする経済』、楡井浩一他訳、徳間書店、２０１２）、Robert Reich, *Saving Capitalism: For the Many, Not the Few* (New York: Knopf, 2015).（ロバート・B・ライシュ『最後の資本主義』、雨宮寛他訳、東洋経済新報社、２０１６）、Paul Krugman, "Challenging the Oligarchy," *New York Review of Books*, December 2015; Jason Furman and Peter Orzsag, "A Firm-Level Perspective on the Role of Rents in the Rise of Income Inequality," White House Council of Economic Advisers, October 2015; および Dean Baker, "The Upward Redistribution of Income: Are Rents the Story?" Working Paper, Center for Economic and Policy Research, December 2015.

(19) Robert M. Solow, "Thomas Piketty Is Right," *New Republic*, April 22, 2014.（本書第２章）

(20) Daron Acemoglu and David Autor, "Skills, Tasks and Technologies: Implica tions for Employment and Earnings," *Handbook of Labor Economics*, 2011.

(21) Autor, "Polanyi's Paradox"; Manyika et al., "Digital America"; および Carl Frey and Michael Osborne "The Future of Employment: How Susceptible Are Jobs to Computerization?" Oxford Martin School (September 2013).

(22) Autor, "Why Are There Still So Many Jobs?"

(23) Nir Jaimovich and Henry E. Siu, "The Trend Is the Cycle: Job Polarization and Jobless Recoveries," National Bureau of Economic Research, Working Paper No. 18334 (2012). Daron Acemoglu, David Autor, David Dorn, Gordon Hanson, and Brendan Price, "Import Competition and the Great US Employment Sag of the 2000s," *Journal of Labor Economics* 34 (2016): S141-S198; および David Autor, David Dorn, and Gordon Hanson, "Untangling Trade and Technology: Evidence from Local Labor Markets," *Economic Journal* 125, no. 584 (2015): 641-646.

(25) Manyika et al., "Digital America."

(26) Lawrence Mishel, Elise Gould, and Josh Bivens, "Wage Stagnation in Nine Charts," Report, Economic Policy Institute (January 6, 2015).

(27) Autor, "Skills, Education."

(28) Lawrence Mishel, "Unions, Inequality and Faltering Middle-Class Wages," Economic Policy Institute, Issue Brief No. 342 (August 2012).

(29) Florence Jaumotte and Carolina Osorio Buitron, "Inequality and Labor Market Institutions," International Monetary Fund Staff Discussion Note,

July 2015.

(30) David Cooper, "Raising the Minimum Wage to \$12 by 2020 Would Lift Wages for 35 Million American Workers," Economic Policy Institute, EPI Briefing Paper No. 405 (July 2015), http://www.epi.org/files/2015/raising-the-minimum-wage-to-12-dollars-by-2020-would-lift-wages-for-35-million-american-workers.pdf.

(31) Michael Spence and Sandile Hlatshwayo, "The Evolving Structure of the American Economy and the Employment Challenge," Working Paper, Council on Foreign Relations (2011); Michael Spence, "The Impact of Globalization on Income and Employment," *Foreign Affairs*, July/August 2011.

(32) 経済全体の生産性成長（経時的な一人あたり付加価値で計測）は、貿易可能部門と貿易不可能部門との一人あたり付加価値の変化の加重平均（加重は初期の雇用シェア）から貿易可能と貿易不可能部門の一人あたり付加価値を引き、非貿易部門の雇用シェアの増分をかけたものとなる。

(33) David Autor, David Dorn, and Gordon Hanson, "The China Syndrome: Local Labor Market Effects of Import Competition in the United States," *American Economic Review* 103, no. 6 (2013): 2121–2168.

(34) Robert Lawrence, "Recent Declines in Labor's Share in US Income: A Preliminary Neoclassical Account," Working Paper No. 15-10, Peterson Institute for International Economics (June 2015), http://hks.harvard.edu/fs/rlawrence/wp15-10PIIE.pdf.

(35) Josh Bivens and Lawrence Mishel, "Understanding the Historic Divergence between Productivity and a Typical Worker's Pay," Economic Policy Institute, EPI Briefing Paper No. 406 (September 2015), http://www.epi.org/files/2015/understanding-productivity-pay-divergence-final.pdf.

(36) ロボット工学、人工知能、付加的製造業などの技術的ブレークスルーに関するもっと詳細な議論としては Carl Benedikt Frey and Michael Osborne, "Technology at Work: The Future of Innovation and Employment," Oxford Martin School and Citi GPS, February 2015, http://www.oxfordmartin.ox.ac.uk/downloads/reports/Citi_GPS_Technology_Work.pdfを参照。

(37) Dani Rodrik, "Premature Industrialization," NBER Working Paper No. 20935 (February 2015), http://www.nber.org/papers/w20935.

(38) Carl Benedikt Frey and Michael Osborne, "Technology at Work v.2.0: The Future Is Not What It Used to Be," Oxford Martin School and Citi GPS (January 2016), http://www.oxfordmartin.ox.ac.uk/downloads/reports/Citi_GPS_Technology_Work_2.pdf.

(39) Michael Greenstone, Adam Looney, Jeremy Patashnik, and Muxin Yu, "Thirteen Economic Facts about Social Mobility and the Role of Education," The Hamilton Project (June 2013), http://www.hamiltonproject.org/assets/legacy/files/downloads_and_links/THP_13EconFacts_FINAL6.pdf.

(40) Autor, "Why Are There Still So Many Jobs?"

(41) Martin Ford, *Rise of the Robots: Technology and the Threat of a Jobless Future* (New York: Basic Books, 2015)（マーティン・フォード『ロボットの脅威――人の仕事がなくなる日』、松本剛志訳、日本経済新聞出版社、２０１５）

(42) Laura Tyson, "Intelligent Machines and Displaced Workers," Project Syndicate, March 7, 2014.

第９章　所得格差、賃金決定、破断職場

本論文で表明された見解は必ずしもアメリカ労働局の見方を反映したものではない。本章の執筆および研究に政府のリソースは一切支出されていない。

(1) Larry Mishel, Josh Bivens, Elise Gould, and Heidi Shierholz, *The State of Working America, 12th ed.* (Ithaca, NY: Cornell University Press, 2013)を参照。

（2）Thomas Piketty, *Capital in the Twenty-First Century*, trans. Arthur Goldhammer (Cambridge, MA: Belknap Press of Harvard University Press, 2014).（トマ・ピケティ『21世紀の資本』、山形浩生他訳、みすず書房、２０１４）とあわせて、この分野における全体的な事実と理論研究のサーベイとしてはDavid Autor, Lawrence Katz, and Melissa Kearney, "Trends in U.S. Wage Inequality: Revising the Revisionists," *Review of Economics and Statistics* 90, no. 2 (2008): 300323; およびDaron Acemoglu and David Autor, "Skills, Tasks and Technologies: Implications for Employment and Earnings," in *Handbook of Labor Economics, vol. 4*, pt. B, ed. David Card and Orley Ashenfelter (Amsterdam: Elsevier, 2011), 1043-1166を参照。

（3）David Weil, *The Fissured Workplace: Why Work Became So Bad for So Many and What Can Be Done to Improve It* (Cambridge, MA: Harvard University Press, 2014).

（4）こうした基準の開発——破断職場の仕組みをまとめあげる「糊」——は、デジタル技術が監視費用を引き下げるにつれもっと手には入りやすくなった。ibid., chap. 3を参照。

（5）これらの推計はKevin Hallock, "Job Loss and the Fraying of the Implicit Employment Contract," *Journal of Economic Perspectives* 23, no. 4 (2009): 40-43からのものである。これは２０１１年National Compensation Surveyを元にしている。平均は、労働者、職業、産業ごとの雇用者の時間あたり費用の差を覆い隠している。たとえば、サービス労働者の賃金や給与は雇用者の時間あたり費用の71%を占め、法的に必要とされる福利厚生は９・３%となる。サービス産業の従業員は通常、他の産業の労働者に比べてはるかに低い保険や退職年金しか得られないからだ。

（6）Sidney Webb and Beatrice Webb, *Industrial Democracy* (London: Macmillan, 1897), 281.

（7）これは労働供給が右肩上がりだと想定している——つまり労働市場に追加の人々を引き込むには、雇用者は雇用を増やすにつれてますます高い賃金を払わねばならないということだ。追加の人間を市場に引き込むのにどれだけの勢いで賃金を上げる必要があるか（これは労働供給弾性で計測される）は労働市場が買い手独占的な雇用者にどれだけ影響されているかに影響する。完全な議論としてはAlan Manning, *Monopsony in Motion: Imperfect Competition in Labor Markets* (Princeton, NJ: Princeton University Press, 2003), chap. 4を参照。

（8）競争的な労働市場では、企業が直面する労働供給は完全に弾性的である。つまり、企業はある技能水準の労働を市場価格で好きなだけ買えるということだ。だがサーチ摩擦は労働者の移動意思を引き下げ、これはつまり労働供給が右肩上がりとなり、企業は賃金を設定できるということだ（William Boal and Michael Ransom, "Monopsony in the Labor Market," *Journal of Economic Literature* 35, no. 1 (1997): 86–112）。Ransom and Oaxaca は雑貨店産業における男女の労働供給弾性値を推計し、女性の労働供給は、男性に比べて弾性値が低いことを示し、結果として女性の賃金はその産業における雇用者の買い手独占的な立場に強く影響されることを示した——具体的には、女性の相対的な賃金が低いということだ。Michael Ransom and Ronald Oaxaca, "New Market Power Models and Sex Differences in Pay," *Journal of Labor Economics* 28, no. 2 (2010): 267–315を参照。

（9）雇用者側の権力の別の理由は、彼らの議論では、娯楽が家計レベルでは通常財であり、したがって賃金カットに対して男性労働者たちは妻や子供を労働市場に供給するということである。このため、つまり、男性にとって高い賃金を持続させるため、制度学派は児童労働と女性の労働時間に対する法的な制限を支持し、最低賃金という登場しつつあった概念を大きく支持した。Richard Ely, *The Labor Movement in America* (New York: Thomas Y. Crowell and Co., 1886)を参照。

（10）Sumner Slichter, "Notes on the Structure of Wages," *Review of Economics and Statistics* 32, no. 1 (1950): 80-91; Sumner Slichter, James Healy, and Robert Livernash, *The Impact of Collective Bargaining on Management* (Washington, DC: Brookings Institution, 1960) を参照。

（11） Fred Foulkes, *Personnel Policies in Large Non-Union Workplaces* (Englewood Cliffs, NJ: Prentice Hall, 1980).

（12） Gary Becker および Walter Oi は、John Dunlopがしばしば述べたように「労働市場が取引所ではない」および即座の賃金率が労働をそれだけで効率的に配分しないかという理由を説明するためのモデルを提案した。労働の準固定費の存在や、個別訓練提供の必要性（つまりある特定雇用者の下での労働者に便益となる訓練）は企業が解決すべき問題を作り出し、それを解決するために企業はまるで、Oiのモデルにあるように、報酬費用のごく一部しか変動しないかのようにふるまうか、あるいはBeckerの場合には、報酬方針を人的資本投資として考え、企業としてそれを長期的に回収しなければならないと考えているようにふるまうかしなければならない。Gary Becker, *Human Capital: A Theoretical and Empirical Analysis with Special Reference to Education* (New York: Columbia University Press, 1964); および Walter Oi, "The Fixed Employment Costs of Specialized Labor," in *The Measurement of Labor Costs, ed. Jack Triplett* (Chicago: University Chicago Press, 1983), 63–122を参照。

（13） この見方では、全体的な雇用関係が価値を創り出し、双方はそれを継続的な雇用の中で共有する方法を見出さねばならない。こうした契約は、外部の労働市場条件と、企業内の相対的な交渉力を反映したものとなる。この見方を開発したのがPaul Milgrom, "Employment Contracts, Influence Activities, and Efficient Organization Design," *Journal of Political Economy* 96, no. 1 (1988): 42-60である雇用における暗黙契約理論の概観としてはSherwin Rosen, "Implicit Con tracts: A Survey," *Journal of Economic Literature* 25, no. 4 (1988): 1144-1175を参照。

（14） 最期通牒ゲームとその各種の変種（たとえば提案者の分割決定が、第二プレーヤーの同意なしに適用される「独裁者ゲーム」）は、人々が本当のお金を使いつつも意思決定研究室でこのゲームを行う場合でも、実験者たちがもっと現実的な設定で似たような状況を作り出そうとする現場でも使われてきた。これはまた、ペイオフの水準をいろいろ変えても行われている——つまりずっと大金をかけたものも行われている。一般に、同じ結果が成り立つ。こうした結果に関する詳細な議論と広範な参照文献は Ernst Fehr and Klaus Schmidt, "A Theory of Fairness, Competition, and Cooperation," *American Economic Review* 114, no. 3 (1999): 177-181; Fehr and Schmidt, "Theories of Fairness and Reciprocity," in *Advances in Economics and Econometrics*, ed. Matthias Dewatripont, I. Hansen, and S. Turnovsly (New York: Cambridge University Press, 2002), 208-257; Fehr and Schmidt, "A Theory of Fairness, Competition, and Cooperation," *Quarterly Journal of Economics* 97, no. 2 (2007): 817-868; Colin Camerer, *Behavioral Game Theory* (Princeton, NJ: Princeton University Press, 2003) にある。

（15） Bewley の報酬方針調査における大半（87%）の管理職は、以下の主張に合意した。「ほとんどまたはあらゆる従業員はお互いの給与を知っている」。Truman Bewley, *Why Wages Don't Fall during a Recession* (Cam bridge, MA: Harvard University Press, 1999), table 6.6, p. 80を参照。

（16） *The Fissured Workplace*, chap. 4で私は、二種類の公平性概念——垂直公平性 vs. 水平公平性——をもっと詳しく論じている。

（17） 社内の支払い平等の大きな理由として50%弱が「仕事の能率」を挙げ、「差別訴訟回避」を挙げたのはたった7%だった。Bewleyは従業員２７、０００人の労組化された製造業企業における人事部長の以下の発言を引用している。「不公平は組織内で騒動を引き起こし、機能不全活動をもたらしかねません。人々は公平に扱われたいし、自分の貢献が認知され、これが場所ごとに、職能ごとに一貫して行われているのを望むのです」。Bewley, *Why Wages Don't Fall*, 79, 81を参照。関連して、職場で公平性の懸念が職場でどのように展開するかについての定式化モデルとしてOded Stark and Walter Hyll, "On the Economic Architecture of the Workplace: Repercussions of Social Comparisons among Heterogeneous Workers," *Journal of Labor Economics* 29, no. 2 (2011): 349-375を参照。

（18）Ernst Fehr, Lorenz Goette, and Christian Zehnder, "A Behavioral Account of the Labor Market: The Role of Fairness Concerns," *Annual Review of Economics* 1 (2009): 355-384, 378の引用を参照。心理学の損失忌避と「フレーミング」に関する文献は広範である。Kahneman はAmos Tverskyとの画期的な研究に続く数十年に起きたこの分野の広範な研究を概観している。Daniel Kahneman, *Thinking Fast and Slow* (New York: Farrar, Straus and Giroux, 2011).（ダニエル・カーネマン『ファスト&スロー——あなたの意思はどのように決まるか?』、村井章子訳、ハヤカワ・ノンフィクション文庫、２０１４）

（19）Fred Foulkesは、１９７０年代の大規模非労組職場の研究で「企業（大規模非労組雇用者）の給与方針は、平等性を提供し実証するよう設計されている」と述べる(Foulkes, *Personnel Policies in Large NonUnion Workplaces* [Englewood Cliffs, NJ: Prentice Hall, 1980], 185)。Bewleyも同様に、重役たちは給与等級の差がインセンティブとして有益だったと認めてはいるが、インタビュー先企業の69%は主要な理由として「社内の平等性、社内の調和、公平性、やる気の向上」を挙げた。Bewley, *Why Wages Don't Fall*, table 6.4 および75-79の議論を参照。

（20）こうした文献の概観としてはWalter Oi and Todd Idson, "Firm Size and Wages," in *Handbook of Labor Economics*, vol. 13, ed. Orley Ashenfelter and David Card (New York: Elsevier, 1999), 2165-2214を参照。その影響に関する画期的な研究二件はCharles Brown and James Medoff, "The Employer Size-Wage Effect," *Journal of Political Economy* 97, no. 5 (1989): 1027-1059; およびCharles Brown, James Hamilton, and James Medoff, *Employers Large and Small* (Cambridge, MA: Harvard University Press, 1990)である。またErica Groshen, "Five Reasons Why Wages Vary across Employers," *Industrial Relations* 30, no. 1 (1991): 350-381も参照。もっと最近の研究は、賃金への大企業効果は１９８８年から２００３年にかけて三分の一ほど下がったという結果を出している。Matissa Hollister, "Does Firm Size Matter Anymore? The New Economy and Firm Size Wage Effect," *American Sociological Review* 69, no. 5 (2004): 659-676を参照。Binnur Balkan and Semih Tumenはトルコでの非正規職における企業規模の効果は正規職より大きいことを発見している。これは企業内部の賃金設定差に関する興味深い組織的問題を提起している。Binnur Balkan and Semih Tumen, "Firm-Size Wage Gaps along the Formal-Informal Divide: Theory and Evidence," *Industrial Relations* 55, no. 2 (2016): 235-266を参照。

（21）買い手独占力の度合いを推計する最近の一連の実証研究は興味深い証拠を提供している。こうした論文はOrley Ashenfelter, Henry Farber, and Michael Ransom, "Labor Market Monopsony," *Journal of Labor Economics* 28, no. 2 (2010): 203-210でまとめられている。

（22）Jim Rebitzer and Lowell Taylor は労働者が監視すべき努力の側面が二つ以上を持つ場合のもっと複雑な監視／エージェンシーから生じる問題についての論文をまとめている。たとえば努力の側面が二つあり、それが相補的だが片方は観察不能なら、雇用者は補償モデルの構築で難題に直面する。この仕事を独立契約業者にシフトするほうがこの場合には望ましい。支払いは労働者の投入よりはプロバイダの産出に直結することになるからだ。James Rebitzer and Lowell Taylor, "Extrinsic Rewards and Intrinsic Motives: Standard and Behavioral Approaches to Agency and Labor Markets," in Card and Ashenfelter *Handbook of Labor Economics*, vol. 4, pt. Bを参照。

（23）皮肉なことに、これはまた買い手独占で生じたリソースの歪みを取りのぞく。なぜならこうした状況では雇用者は競争市場で見つかるところまで労働者を追加雇用するからだ。だが競争市場の場合とはちがい、買い手独占者は賃金率が生産への限界貢献を上回る労働者がもらう「ボーナス」（つまり限界以下の労働者のレント）を捕捉できる。

(24) もっと専門的に言うと、ブランド構築や製品開発における成功したコアコンピタンスは、そうした企業への需要弾性が低く、したがって同じ費用に対して高めの値づけが可能となるということだ。こうした場合、破断から生じる労賃削減は主に投資家に渡る。規模の経済や協調のコアコンピタンス（小売りなど）で、主導的企業はやはり製品市場でもっと競争に直面することもある。労働費用削減は、消費者向けの価格引き下げに流れる可能性が高い（投資家への収益増大もある）。

(25) Matthew Dey, Susan Houseman, and Anne Polivka, "What Do We Know about Contracting out in the United States? Evidence from Household and Establishment Surveys," in *Essays in Labor in the New Economy*, ed. Katherine Abraham, James Spletzer, and Michael Harper (Chicago: University of Chicago Press, 2010), 267–304を参照。

(26) Abraham and Taylor は、ある事業所での労働力の普通賃金が高ければ、その事業所が用務作業を外注する可能性が高いことを実証している。また用務員作業を少しでも外注するところは、その機能を丸ごと外部委託する可能性が高いことを示している。Katherine Abraham and Susan Taylor, "Firms' Use of Outside Contractors: Theory and Evidence," *Journal of Labor Economics* 14, no. 3 (1996): 394-424, esp. tables 4 and 5 and pp. 407-410を参照。

(27) Samuel Berlinski, "Wages and Contracting Out: Does the Law of One Price Hold?," *British Journal of Industrial Relations* 46, no. 1 (2008): 59-75.

(28) Samuel Berlinski, "Wages and Contracting Out: Does the Law of One Price Hold?," *British Journal of Industrial Relations* 46, no. 1 (2008): 59-75. Arandajit Dube and Ethan Kaplan, "Does Outsourcing Reduce Wages in the Low-Wage Service Occupations? Evidence from Janitors and Guards," Industrial and Labor Relations Review 63, no）2 (2010): 287–306. 引用したちがいは労働力およびその作業が行われる場所に存在するちがいと関連する各種の要因についてコントロールしている。Dube and Kaplan調査は、特に豊かな推計値を提供し、著者たちが契約労働者や社内労働者の各種の潜在的に「計測されない」特徴を排除できるようにしている。

(29) Deborah Goldschmidt and Johannes Schmieder, "The Rise of Domestic Outsourcing and the Evolution of the German Wage Structure," Working Paper, Boston University (2015)を参照。著者たちはまた、食品、清掃、警備、用務労働者たちは、外部委託以前には労働力全体に匹敵する賃金プレミアムをもらっていたことを示す。この結果は以前のAbraham and Taylor研究（"Firms' Use of Outside Contractors"）と同じく、コアコンピタンスにとって中核的でない仕事は外部委託する大きなインセンティブがあることを示している。特にそうしたサービスの下請けプロバイダを監視する他の手段が見つかる場合にはそうなる。

(30) Peter Cappelli and Monika Hamori, "Are Franchises Bad Employers?," *Industrial and Labor Relations Review* 61, no. 2 (2008): 146–162を参照。

(31) フランチャイズ加盟社（独立契約業者で、フランチャイズの一部に入るためにロイヤリティーを支払う者）はフランチャイズ本部（ブランド、つまりコアコンピタンス所有者、およびときには限られた数の「直営」事業所を営業）に比べて大幅に低い収益率を持つ。Patrick J. Kaufmann and Francine Lafontaine, "Costs of Control: The Source of Economic Rents for McDonald's Franchises," *Journal of Law and Economics* 37, no. 2 (1994): 417–453; およびWeil, *The Fissured Workplace*, chap. 6を参照。

(32) Alan Krueger は、フランチャイズのマネージャーは直営のファストフード店舗に比べて稼ぎが大幅に低いことを発見している (Alan Krueger, "Ownership, Agency, and Wages: An Examination of Franchising in the Fast Food Industry," *Quarterly Journal of Economics* 106, no. 1 (1991): 75-101)。MinWoong Ji と私は似たような話として、フランチャイズ加盟社のほうが直営店舗に比べてはるかに多数の深刻な労働基準違反が行われていることを発見した（Min Woong

Ji and David Weil, "The Impact of Franchising on Labor Standards Compliance," *Industrial and Labor Relations Review* 68, no. 5 [2015]: 977-1006)。ホテル産業における全体としての稼ぎに破断が与える影響に関する整合した証拠としては Richard Freeman, "The Subcontracted Labor Market," *Perspectives on Work* 18 (2014): 38–42を参照。

(33) 著者たちはMarch Current Population Survey, Census Longitudinal Business Database および Longitudinal Employer Household Dynamics データ集合のデータの組み合わせを使っている。これにより、労働者とその勤務先企業の双方に関する詳細データが得られた。ほとんどの労働者は同じ年には同じ事業所にとどまるので、「残留者」の格差増大の源を見るアプローチは、その周辺の稼ぎの分散の原因を探求するときの参照点として有益なものとなる。Erling Barth, Alex Bryson, James Davis, and Richard Freeman, "It's Where You Work: Increases in Earnings Dispersion across Establishments and Individuals in the U.S.," *Journal of Labor Economics* 34, no. 2 (2016): S67-S97を参照。

(34) 著者たちは分析にあたりU.S. Social Security Administrationがまとめている機密の Master Earnings File（ＭＥＦ）からの行政データを使っている。ＭＥＦは労働所得データを含んでおり、これは他の稼ぎデータとちがい上限がなく、ボーナス、行使されたストックオプション、従業員（ほとんどの場合は重役）に提供される制限株式譲渡の推計価値といった非給与の報酬も含んでいる。Jae Song, David Price, Nicholas Bloom, Faith Guvenen, and Till von Wachter, "Firming Up Inequality," NBER Working Paper No. 21199 (2015)を参照。

(35) David Card, Jörg Heining, and Patrick Kline, "Workplace Heterogeneity and the Rise of West German Wage Inequality," *Quarterly Journal of Economics* 128, no. 3 (2013): 967–1015を参照。このチーム（およびCardoso）によるもっと最近の論文は、企業がちがう雇用者ごとに示す労働者選好の異質性（ただしその異質性の源に関しては特にモデルはない）から生じる買い手独占力の一部を行使するモデルを構築している。このモデルは労働者の個別選好に基づく価格差別を排除するが、企業が「企業に対する労働弾性値と反比例する形で限界生産からマークダウンした共通賃金をそれぞれの技能集団に対して提示できるようにしている」。David Card, Ana Rute Cardoso, Jörg Heining, and Patrick Kline, "Firms and Labor Market Inequality: Evidence and Some Theory," Working Paper, University of California, Berkeley (2016)を参照。

(36) John Dunlop は著書 *Industrial Relations Systems*（１９５７初版）でこの見方を展開した——そして多くの面で、経済原理を賃金決定の現実と結びつける新分野を開拓した。同書は産業関係システム（労組化、非労組化を問わず）のアクターを動かす市場、制度、技術、社会的な力を評価し、労働市場で観察される結果に結びつける理論的枠組みを提示した。Dunlop, *Industrial Relations Systems, rev. ed* (Cambridge, MA: Harvard Business School Press Classic, 1993)を参照。

(37) 経済学理論と数学の結合を示唆するものとして、Paul Samuelson の画期的な著書 *Foundations of Economic Analysis* は以下の主張で始まる。「各種理論の中心的な特徴の間に見られるアナロジーの存在は、個別理論の根底にあり、それらをその中心的な特徴の点で統合する一般理論の存在を含意している。この抽象化による一般化という根本原理は、三〇年以上前にアメリカの数学者Ｅ・Ｈ・ムーアにより示唆された。以下のページでは、それが理論経済と応用経済について持つ意味を検討することである」。Samuelson, *Foundations of Economic Analysis* (Cambridge, MA: Harvard University Press, 1947).（Ｐ・Ａ・サミュエルソン『経済分析の基礎　増補版』、佐藤隆三訳、勁草書房、１９８６）を参照。

(38) Ronald Coase は制度学派に対する新古典派アプローチの侵食について述べている。「理論もないので連中は、理論を待っている大量の記述的な材料か火しか寄こせなかった」。Richard Posner, "Nobel Laureate: Ronald Coase and Methodology," *Journal of Economic Perspectives* 7, no. 4 (1993): 195–210, でのCoaseの引用（206）.

（39） Piketty, *Capital*, 333.（ピケティ『21世紀の資本』、３４６頁）

（40） たとえば Patrick Bayer, Stephen Ross, and Giorgio Topa, "Place of Work and Place of Residence: Informal Hiring Networks and Labor Market Outcomes," *Journal of Political Economy* 116, no. 6 (2008): 1150-1196; Judith Hellerstein, Melissa McInerney, and David Neumark, "Neighbors and Coworkers: The Importance of Residential Labor Market Networks," *Journal of Labor Economics* 29, no. 4 (2011): 659-695; および Yves Zenou, "A Dynamic Model of Weak and Strong Ties in the Labor Market," *Journal of Labor Economics* 33, no. 4 (2015): 891-932を参照。

（41） Freeman, "The Subcontracted Labor Market," 42. 類似の話として、David Card らはこう書く。「最後に、アメリカのように極めて発達した労働市場すら、不完全競争といえるという発想は、最低賃金、失業保険、雇用保護といった産業政策や労働市場制度についての厚生的意義について各種の疑問を引き起こすものである」(Card et al., "Firms and Labor Market Inequality," 24).

（42） 破断職場現象は、世界各国でも記録されている。これまで触れた多くの研究はドイツやトルコの個別の職業や職能における稼ぎへの影響に注目している。David Card らが検討した別の研究群は、ドイツ、ポルトガル、イギリス、イタリアなどの稼ぎ格差拡大を検討している。こうした研究のまとめとしてはCard et al., "Firms and Labor Market Inequality," appendix table 1. *The Comparative Labor Law and Policy Journal*, volume 27は、フランス、イギリス、イスラエル、ブラジル、日本など九カ国の破断職場の増大と影響を記録している。

（43） Piketty, *Capital*, 333.（ピケティ『21世紀の資本』、３４６頁）

第10章　資本所得シェアの増大と個人所得格差への影響

Healther Boushey, Brad DeLong, Christoph Lakner, Salvatore Morelli, Eric Nielsen, Marshall Steinbaumなど２０１５年12月ベラジオでの会議参加者のコメントに感謝する。

（１） 「個人」と「個人間」という用語は同じものとして扱う。

（２） Loukas Karabarbounis and Brent Neiman, "The Global Decline of the Labor Share," *Quarterly Journal of Economics* 129, no.1 (October 24, 2013): 61-103; Michael Elsby, Bart Hobijn, and Ayşegül Şahin, "The Decline of the U.S. Labor Share" *Brookings Papers on Economic Activity*, Brookings Institution (Fall 2013), http://www.brookings.edu/-/media/Projects/BPEA/Fall\202013/2013b_elsby_labor_share.pdf.

（３） Erik Bengtsson and Daniel Waldenström, "Capital Shares and Income Inequality: Evidence from the Long Run," Discussion Paper Series, Institute for the Study of Labor, Bonn, Germany (December 2015), table 5, http://ftp.iza.org/dp9581.pdf.

（４） Margaret Jacobson and Filippo Occhino, "Labor's Declining Share of Income and Rising InequalityEconomic Commentary, Federal Reserve Bank of Cleveland, Ohio (September 25, 2013), https://www.clevelandfed.org/newsroom-and-events/publications/economic-commentary/2012-economic-commentaries/ec-201213-labors-declining-share-of-income-and-rising-inequality.aspx.

（５） Maura Francese and Carlos Mulas-Granados, "Functional Income Distribution and Its Role in Explaining Inequality," IMF Working Paper WP/15/244 (November 2015), https://www.imf.org/external/pubs/ft/wp/2015/wp15244.pdf.

（６） Ibid., 15.

（７） ちょっとちがったアプローチを採用しているのが Anthony Atkinson, "Factor Shares: The Principal Problem of Political Economy?" *Oxford Review of Economic Policy* 25, no. 1 (2009): 3–16で、特に 10–11参照。私はここで均質資本のモデルを想定している。おそらく資本／所得比率上昇は資本の異質性、特に住宅の役割が大きいという批判者に応えて (e.g., Joseph Stiglitz, "New Theoretical Perspectives on the Distribution of Income and Wealth among Individuals: Part 1. The

"Wealth Residual" NBER Working Paper No. 21189 [May 2015], http://www.nber.org/papers/w21189.pdfやフォローアップ論文数件）ピケティ（Thomas Piketty, "Capital, Predistribution and Redistribution," *Crooked Timber*, January 4, 2016, http://crookedtimber.org/2016/01/04/capital-predistribution-and-redistribution/）はいまでは資本蓄積の多部門モデルを好んでいる。こうしたモデルは各種資本財の相対価格がちがった変動を示せるし、不動産価格上昇のように、観測されたK/Y比も左右できる。また資本シェア上昇を導くのに資本労働代替弾性値が1より大きい必要もない。このアプローチはもっと現実的だというメリットは確かにあるものの、一部門モデルの強力で的を絞った単純性は提供できない。

（8）Debraj Ray, "Nit-Piketty: A Comment on Thomas Piketty's *Capital in the Twenty-First Century*," *Chhota Pegs*, May 25, 2014, http://debrajray.blogspot.co.uk/2014/05/nit-piketty.html; Ray, "Ray on Milanovic on Ray on Piketty," *Chhota Pegs*, June 3, 2014, http://debrajray.blogspot.com/2014/06/ray-on-milanovic-on-ray-on-piketty.html.

（9）Yew-Kwang Ng, "Is an Increasing Capital Share under Capitalism Inevitable?," discussion paper, Nanyang Technological University, Singapore, August 13, 2014.

（10）Michał Kalecki, "A Theory of Profits," *Economic Journal* 52, nos. 206/207 (1942): 258–267; Robert Solow, "A Contribution to the Theory of Economic Growth" *Quarterly Journal of Economics* 70, no. 1 (February 1956): 65-94. Branko Milanovic, "Where I Disagree and Agree with Debraj Ray's Critique of Piketty's *Capital in the 21st Century*," *Globalinequality*, June 2, 2014, http://glineq.blogspot.com/2014/06/where-i-disagree-and-agree-with-debraj.html. 最近の論文2本（Thomas Piketty and Gabriel Zucman, "Wealth and Inheritance in the Long Run," in *Handbook of Income Distribution*, ed. Anthony Atkinson and Bourguignon François, vol. 2B（Amsterdam: North-Holland, 2015), 1303-1368; およびPiketty, "Capital, Predistribution and Redistribution"）で、ピケティはこの点を明示的に扱っている。彼は資本家たちがrから消費するのを許すが、その一族は「資本ストックが経済と同じ割合で確実に増大するようにするためには、資本所得のg/rというごく一部を再投資すれば済む」(Piketty, "Capital, Predistribution, and Redistribution," 3)。自明ながら、貯蓄がさらに増えれば、資本ストックも増え、純産出の資本所得シェアも上がる。どちらの論文も、著書に比べて所得格差増大の説明における$r>g$の重要性をあまり強調せず、それが主に長期的な富の格差に関係してくると見ている。「具体的には、高い$r-g$ギャップはともに分配の安定状態における格差を大きく増幅する傾向を持つ」(ibid., 3).

（11）s_Cはピケティのαと同じである。

（12）条件は$R_CG_C > R_lG_l$。

（13）意味合いからして、これは資本が私有されるが資本収益は没収的（100%）税率で課税され、その税収が万人に平等に分配される状況と似ている。当然ながら資本所与分配は等しくないが、資本所得は等しい。この発想はChristoph Laknerのおかげだ。

（14）James Meade, *Different Forms of Share Economy* (London: Public Policy Centre, 1986); Anthony Atkinson, *Inequality: What Can Be Done?* (Cambridge, MA: Harvard University Press, 2015).（アンソニー・B・アトキンソン『21世紀の不平等』、山形浩生他訳、東洋経済新報社、2015）

（15）私たちは暗黙に、無作為に分配された資本所得は通常の総純所得における資本所得シェアに等しい（たとえば最大30%）と暗黙に想定している。当然ながら、無作為に分配された資本所得が労働所得より圧倒的に多ければ、無作為に資本所得の大きな割り当てを「引き当てた」人は、総所得でも金持ちになることはあり得る。このいささか荒唐無稽な事例だと、R_Cは高くなって1に近づくことさえある。

（16）当然ながら、資本家が一人しかいない（低s_k）からといって、sも低くなるとは限らない。そのたった一人の資本家があまりに金持ちで、資本シェアが高くなることもあり得る。だがこれからの議論では、s_Kとsがおおむね似た動きを示すと想定する。

(17) 新資本主義の証拠としてはAnthony Atkinson and Christoph Lakner, "Wages, Capital and Top Incomes: The Factor Income Composition of Top Incomes in the USA, 1960-2005," Sixth ECINEQ Meeting in Luxembourg, July 2015での発表論文, http://www.ecineq.org/ecineq_luxus/FILES X2015/CR2/p196.pdfを参照。ここでは、過去半世紀で高い労働所得と資本所得の関係が高まっていることを示す。こうした社会はまたPiketty（仏語版*Capital*, chap. 7, p. 416, 邦訳『21世紀の資本』、２７５頁）でも指摘されている。

(18) こうした「新資本主義」の特徴は、ピケティが繰り返し指摘する、戦後期が不動産を所有する中産階級の台頭（彼らの資本所有のシェアが比較的小さくても）を特徴とするのだという点に似ている。Piketty, *Capital in the Twenty-First Century* (Cambridge, MA: Belknap Press of Harvard University Press, 2014), 410, 552(訳註：英語版ではなく仏語版のページと思われる。（ピケティ『21世紀の資本』、山形浩生他訳、みすず書房、２０１４、２７０－２７２、３６１頁）を参照。）

(19) Christoph Laknerとの私信。

(20) "In It Together: Why Less Inequality Benefits All," OECD (May 21, 2015), http://www.oecd.org/social/in-it-together-why-less-inequality-benefits-all-9789264235120-en.htm; Piketty, *Capital*, 549.（訳註：おそらく仏語版ページ。（ピケティ『21世紀の資本』３５９頁））

(21) これが「新資本主義2」とどこまで近づくかは判断できないことに注意。「新資本主義2」の下でも、資本所得シェアの高さと個人間格差の伝搬経路が切断されたとしてもRは相変わらず1に等しいからだ。

(22) Karabarbounis and Neiman, "Global Decline of the Labor Share," fig. 2.

(23) Lance Taylor, Özlem Ömer, and Armon Rezai, "Wealth Concentration, Income Distribution, and Alternatives for the USA," Working Paper No. 17, Institute for New Economic Thinking (September 2015), https://ineteconomics.org/uploads/papers/WP17-Lance-Taylor-Income-dist-wealth-concentration-0915.pdf.

(24) ピケティは、課税と再分配政策が補い合う必要を一般に認めているし、民間資本のガバナンス形態を変える必要も認めている。彼は著書の最終章をこのように締めている。「企業の意志決定に介入する本当の権利なしには（会社の重役会議に労働者の座席を用意するのも含む）、［富の課税がもたらす金融的］透明性があっても役に立たない」（*Capital*, 570.（ピケティ『21世紀の資本』、６００頁））。

(25) 収益率に多少の粘着性を想定している。

第11章　グローバル格差

Christoph Laknerは世界銀行開発経済学研究グループの経済学者である。データについて支援してくれたEspen PrydzとMatthew Wai-Poi、およびきわめて有益なコメントをくれたHeather Boushey, Francisco Ferreira, LaBhus Fah Jirasavetakul, Branko Milanovic, Carmen Yeに感謝する。本章の結果、解釈、結論はすべて著者に属する。必ずしも国際復興開発銀行／世界銀行やその関連組織、あるいはそれらが示す世界銀行理事会や彼らの代弁する各国政府の見方を示すものではない。

(1) T. Piketty, *Capital in the Twenty-First Century*, trans. Arthur Goldhammer (Cambridge, MA: Belknap Press of Harvard University Press, 2014).（トマ・ピケティ『21世紀の資本』、山形浩生他訳、みすず書房、２０１４）

(2) S. Anand and P. Segal, "The Global Distribution of Income," in *Handbook of Income Distribution, vol. 2*, ed. A. B. Atkinson and F. Bourguignon (Amsterdam: Elsevier, 2015).

(3) B. Milanovic, "The Return of 'Patrimonial Capitalism': A Review of

Thomas Piketty's *Capital in the Twenty-First Century*," *Journal of Economic Literature* 52, no. 2 (2014): 519-534.

(4) Ibid.

(5) P. Brasor, "The Economics Book Everyone Is Talking About, but Has Anyone Read It?" *Japan Times,* February 14, 2015, https://www.japantimes.co.jp/news/2015/02/14/national/media-national/economics-book-everyone-talking-anyone-read/; S. Denney, "Piketty in Seoul: Rising Income Inequality in South Korea," *The Diplomat,* November 4, 2014, http://thediplomat.com/2014/11/south-koreas-shocking-inequality/.

(6) United Nations Development Programme (UNDP), Bureau for Development Policy, "Humanity Divided: Confronting Inequality in Developing Countries" (2014).

(7) R. Kanbur and J. Zhuang, "Confronting Rising Inequality in Asia" in *Asian Development Outlook* (Washington, DC: Asian Development Bank, 2012).

(8) A. B. Atkinson and F. Bourguignon, "Introduction: Income Distribution Today," in Atkinson and Bourguignon, *Handbook of Income Distribution.*

(9) C. Lakner and B. Milanovic, "Global Income Distribution: From the Fall of the Berlin Wall to the Great Recession," *World Bank Economic Review* 30, no. 2 (2016): 203–232.

(10) 本書第8章で、Tyson and Spence はアメリカの所得格差における技術の役割についてもっと詳細に議論している。

(11) Lakner and Milanovic, "Global Income Distribution."

(12) 結果として我々の結果は国内格差、ひいてはグローバル格差を過小評価する傾向がある。だがAnand and Segalは "The Global Distribution of Income" で、その差はとても小さいと論じる。我々は少しちがうグローバル分配で百分位から十分位に変えるとグローバルジニ係数が0・5ポイント減るという結果を得た。

(13) 所得と支出の差は純貯蓄だ; A. Deaton and S. Zaidi, "Guidelines for Constructing Consumption Aggregates for Welfare Analysis," World Bank (2002), http://documents.worldbank.org/curated/en/206561468781153320/Guidelines-for-constructing-consumption-aggregates-for-welfare-analysis.

(14) Anand and Segal, "The Global Distribution of Income."

(15) A. B. Atkinson, T. Piketty, and E. Saez, "Top Incomes in the Long Run of History," *Journal of Economic Literature* 49, no. 1 (2011): 3-71; F. Alvaredo and J. Londoño Vélez, "High incomes and personal taxation in a developing economy: Colombia 1993–2013," Commitment to Equity Working Paper No. 12 (March 2013), http://www.commitmentoequity.org/publications_files/CEQWPN012\20HighTaxationDevEconColombia1993-2010_19March 2013.pdf.

(16) F. Alvaredo and L. Gasparini, "Recent Trends in Inequality and Poverty in Developing Countries," in Atkinson and Bourguignon, *Handbook of Income Distribution.*

(17) M. Aguiar and M. Bils, "Has Consumption Inequality Mirrored Income Inequality?" *American Economic Review* 105, no. 9 (2015): 2725-2756.

(18) Alvaredo and Gasparini, "Recent Trends."

(19) L. Karabarbounis and B. Neiman, "The Global Decline of the Labor Share, *Quarterly Journal of Economics* 129, no. 1 (2014): 61–103.

(20) Household savings as a percentage of GDP increased from 17.5 in 2000 to 23.4 in 2008 (G. Ma and W. Yi, "China's High Saving Rate: Myth and Reality," Bank for International Settlements Working Papers No. 312 [2010]).

(21) C. Lakner and C. Ruggeri Laderchi, "Top Incomes in East Asia: What We Know, Why It Matters and What to Do About It," World Bank, forthcoming.

(22) Hurun Report, "The Richest People in China" http://www.hurun.net/en/HuList.aspx, November 16, 2015にアクセス。

(23) International Consortium of Investigative Journalists, "Giant Leak of Offshore Financial Records Exposes Global Array of Crime and Corruption" April 3, 2016, https://panamapapers.icij.org/20160403-

panama-papers-global-overview.html.

（24）ベースラインの結果は各年で可能な限り多くの標本国を使っている。密接に関連した問題で、ここではとりあげられないものとして、一部の国では調査が手に入らないことがある。この問題は中東とアフリカで最も顕著である。これに該当する国は世界ＧＤＰの５%ほどを占め、世界人口の10%ほどとなる。

（25）Anand and Segal, "The Global Distribution of Income."

（26）Anand and Segal, ibid. は欠けているトップ所得を埋めるのに別のアプローチを使っており、その結果は世界ジニ係数の水準を上向きに補正するもので、図11・１に示した差のおよそ半分の変化となる。彼らは家計調査がトップ１%を捕捉し損ねていると想定する。そしてトップ１%の所得シェアを、課税記録から直接、あるいは調査に基づくトップ10%のシェアと調査の平均所得を使った国際回帰から予測して追加している。彼らの手順もその国の平均を引き上げるが、その影響は Lakner and Milanovic, "Global Income Distribution"（図11・１）の国民勘定に基づく補正より小さい。時間トレンドについて Anand and Segal（"The Global Distribution of Income"）はまた直近の時期（彼らのデータの２００２年から２００５年）に下落が見られるが、その水準は１９８８年より２００５年のほうがまだわずかに高い（それぞれ７２・７%と７２・６%）。

（27）Anand and Segal のレビューによると "The Global Distribution of Income" の手法がちがうのは主に（１）一人あたりＧＤＰを使うか家計調査からの平均所得を使うか（２）所得調査と消費調査の差の補正（３）ＰＰＰ為替レートであるとのこと。F. Bourguignon, *The Globalization of Inequality* (Princeton, NJ: Princeton University Press, 2015) は調査の所得を一人あたりＧＤＰにあわせており、１９９０年代初頭からの低下は図11・１よりも速い。

（28）F. Bourguignon and C. Morrisson, "Inequality among World Citizens: 1820–1992," *American Economic Review* 92, no. 4 (2002): 727–744.

（29）Bourguignon, *The Globalization of Inequality*; B. Milanovic, *Global Inequality: A New Approach for the Age of Globalization* (Cambridge, MA: Belknap Press of Harvard University Press, 2016).（ブランコ・ミラノヴィッチ『大不平等――エレファントカーブが予測する未来』、立木勝訳、みすず書房、２０１７）

（30）Milanovic, *Global Inequality*, 120.（ミラノヴィッチ『大不平等』）World Bank, *Poverty and Shared Prosperity 2016: Taking on Inequality* (Washington, DC: World Bank, 2016).

（31）格差の別指標を使うのは、ジニ係数はこうした形では使えないからである。

（32）サブサハラのアフリカと東アジアの双方で、地域格差は高まった。だがアフリカでは、この格差増大は国の間の格差によるものだったのに対し、東アジアでは国内格差が主要な原因だった (L. F. Jirasavetakul and C. Lakner, "The Distribution of Consumption Expenditure in Sub-Saharan Africa: The Inequality among All Africans," Policy Research Working Paper Series 7557, World Bank [2016])。

（33）もちろん、二つの側面は独立ではない。国際格差の貢献は、国の平均と世界平均の差として計算され、中国の急成長はこれを押し上げる傾向にある。世界平均よりも成長が遅い貧困国は、平均が世界平均より低ければ国際格差を増やす傾向にある。

（34）Bourguignon and Morrisson, "Inequality among World Citizens."

（35）Milanovic, *Global Inequality*.（ミラノヴィッチ『大不平等』）

（36）Bourguignon, *The Globalization of Inequality*; Milanovic, *Global Inequality*.

（37）このパターンは、世界金融危機後のデータときわめて似ている (Milanovic, *Global Inequality*.（ミラノヴィッチ『大不平等』））。このパターンはまた、非匿名成長インシデンス曲線（表示していない）を使ったときにもよく似ている。図11・３は非匿名成長インシデンス曲線だが、ちがった国集団の世界的な百分位の構成は時間とともに変わるかもしれない。つまりある特定の国集団（たとえばアメリカの底辺10%とか）の推移を追跡しているのではないということだ。ただしこれが暗黙の解釈となっていることもある。だが実は、結果的に二つのグラフはとても似たものになっている(Lakner and Milanovic, "Global Income Distribution"を参照)。

(38) Milanovic, *Global Inequality.*（ミラノヴィッチ『大不平等』）

(39) 格差の相対指標はスケール不変性公理にしたがう。これによると、格差指標はすべての所得を同じ定数で乗算するようなあらゆる変換から独立であるべきである。たとえば、ユーロから米ドルへの換算などだ。一方で、所得格差増大についての認識は、絶対数によるコノテーションを携えていて、ドイツ、イスラエル、イギリス、アメリカの大学生を使った実験では、絶対数についてと相対的な懸念の間でほぼ半々にわかれた (M. Ravallion, *The Economics of Poverty: History, Measurement, and Policy* (Oxford: Oxford University Press, 2016])。逆にMilanovic, *Global Inequality*（ミラノヴィッチ『大不平等』）は、絶対数の差についての分析が補助的な視点を提供することは認識しつつも、格差指標は相対にすべきだと強く主張する。Atkinson and Brandolini もまた、世界的な分析はことさら絶対差と相対差の両方を検討すべきだと論じる (A. B. Atkinson and A. Brandolini, "On Analyzing the World Distribution of Income," *World Bank Economic Review* 24, no. 1 [2010]: 1-37)。

(40) アメリカでは Luttmer は近所の所得上昇は、空間単位が平均住民15万人の場合、個人の所得について補正後で見ると幸福度の報告を引き下げる (E. Luttmer, "Neighbors as Negatives: Relative Earnings and Well-Being," *Quarterly Journal of Economics* 120, no. 3 [2005]: 963–1002)。これに対し、マラウィではこうした相対的に裕福な人々以外では支配的な懸念ではない (M. Ravallion and M. Lokshin, "Who Cares about Relative Deprivation?," *Journal of Economic Behavior \& Organization* 73, no. 2 [February 2010]: 171–185)。

(41) この三つの情報源には目に見えるちがいがあるので、比較には慎重を要する。World Bank データは Alvaredo and Gasparini でも使われている。だが Alvaredo and Gasparini は発展途上国だけを使い、所得調査と消費調査のちがいを補正している。Morelli et al. は富裕国と中所得国（の一部）しかカバーせず、等価尺度や一次データと二次情報源の混合を使う傾向がある。World Bank データに基づく計算の更新（図11・4）はすべての所得集団をカバーし、一人あたり所得や消費のデータを補正なしに使っている。Alvaredo and Gasparini, "Recent Trends"; S. Morelli, T. Smeeding, and J. Thompson, "Post-1970 Trends in Within-Country Inequality and Poverty: Rich and MiddleIncome Countries," in Atkinson and Bourguignon, *Handbook of Income Distribution*;," PovcalNet: The On-Line Tool for Poverty Measurement Developed by the Development Research Group," http://iresearch.worldbank.org/PovcalNet, April, 16 2016にアクセス。

(42) たとえば L. F. Lopez-Calva and N. Lustig, eds., Declining Inequality in Latin America: A Decade of Progress? (Washington, DC: Brookings Institution and UNDP, 2010); N. Lustig, L. F. Lopez-Calva, and E. Ortiz-Juarez, "Declining Inequality in Latin America in the 2000s: The Cases of Argentina, Brazil, and Mexico," World Development 44 (2013): 129–141.

(43) L. Cord, O. Barriga Cabanillas, L. Lucchetti, C. Rodriguez-Castelan, L. D. Sousa, and D. Valderrama, "Inequality Stagnation in Latin America in the Aftermath of the Global Financial Crisis," Policy Research Working Paper Series 7146, World Bank (2014); R. Kanbur, "Poverty and Distribution: Thirty Years Ago and Now," in *Inequality and Fiscal Policy*, ed. B. Clements, R. de Mooij, S. Gupta, and M. Keen (Washington, DC: International Monetary Fund, 2015).

(44) M. Székely and P. Mendoza, "Is the Decline in Inequality in Latin America Here to Stay?" in *Inequality and Human Development in Latin America: A Long-Run Perspective (special issue), Journal of Human Development and Capabilities* 16, no. 3 (2015): 397-419; またこの特別号への序文 L. F. Lopez-Calva, N. Lustig, and E. Ortiz-Juarez, "A Long-Term Perspective on Inequality and Human Development in Latin America" at 319–323も参照。

(45) R. Kanbur, "Globalization and Inequality," in Atkinson and Bourguignon, *Handbook of Income Distribution*.

(46) B. Milanovic and L. Ersado, "Reform and Inequality during the Transition: An Analysis Using Panel Household Survey Data, 1990-2006," Working Paper Series wp2010-62, World Institute for Development Economic Research (2010).

(47) Milanovic, *Global Inequality*.（ミラノヴィッチ『大不平等』）

(48) K. Beegle, L. Christiaensen, A. Dabalen, and I. Gaddis, *Poverty in a Rising Africa: Africa Poverty Report* (Washington, DC: World Bank, 2016).

(49) B. Milanovic, "Is Inequality in Africa Really Different?," World Bank Policy Research Working Paper Series 3169 (2003).

(50) Beegle et al., *Poverty in a Rising Africa*. 調査設計変更（たとえば対象都市や国）、実施方法（季節性の影響など）、質問表（たとえば消費支出のリコール期間）により、調査の比較は困難になることもある。この国内格差のパターンをもっと長期について確認したのがG. A. Cornia, "Income Inequality Levels, Trends and Determinants in Sub-Saharan Africa: An Overview of the Main Changes," Università degli Studi di Firenze, Florence, 2014となる。

(51) Milanovic, *Global Inequality*.（ミラノヴィッチ『大不平等』）Morelli, Smeeding, and Thompson. "Post-1970 Trends."

(52) Cord et al., "Inequality Stagnation"; L. Gasparini, G. Cruces, and L. Tornarolli, "Chronicle of a Deceleration Foretold: Income Inequality in Latin America in the 2010," CEDLAS Working Paper No. 198 (2016).

(53) 図11・4は、類似の停滞期だけを含み、したがって純粋な国際分析よりは扱っている国が少ない。比較可能な標本は世界ＧＤＰと人口の84％をカバーしており、これは Lakner and Milanovic, "Global Income Distribution" より小さい（こちらは２００８年世界ＧＤＰの93％、人口の91％）。

(54) Milanovic, *Global Inequality*.（ミラノヴィッチ『大不平等』）

(55) F.H. G. Ferreira, "Kuznets Waves and the Great Epistemological Challenge to Inequality Analysis," World Bank Development Impact Blog (April 27, 2016), http://blogs.worldbank.org/impactevaluations/kuznets-waves-and-great-epistemological-challenge-inequality-analysis.

(56) Stolper-Samuelson 理論によると、貿易は豊富な要素の相対収益を高める——発展途上国ならこれが未熟練労働となる。第二次世界大戦後に貿易自由化を追求し、衡平性を持つ成長を作り出した東アジア経済（韓国と台湾）の体験は、この理論と整合する（A. Wood, "Openness and Wage Inequality in Developing Countries: The Latin American Challenge to East Asian Conventional Wisdom," *World Bank Economic Review* 11, no. 1 (1997): 33–57）。だがこの理論は１９８０年代と１９９０年代に、自由化した労働が豊富な国と希少な国の労働の両方で格差が高まったという事実により疑問視されている。さらに東アジアの体験は、土地改革や広範な基礎教育といった、下支えとなる初期条件も揃っており、これは貿易自由化それ自体に少なくとも匹敵するくらい重要かもしれない（Kanbur, "Globalization and Inequality"）。

(57) K. Basu, "Globalization of Labor Markets and the Growth Prospects of Nations," World Bank Policy Research Working Paper Series 7590 (2016).

(58) J. Tinbergen, *Income Distribution: Analysis and Policies* (Amsterdam: North Holland, 1975).

(59) Atkinson and Bourguignon, "Introduction: Income Distribution Today."

(60) J. E. Meade, *Efficiency, Equality and the Ownership of Property* (London: Allen and Unwin, 1964).

(61) E. Maskin, "Why Haven't Global Markets Reduced Inequality in Emerging Economies?," *World Bank Economic Review* 29 (suppl. 1) (2015): S48-S52.

(62) R. B. Freeman, "Are Your Wages Set in Beijing?" *Journal of Economic Perspectives* 9, no. 3 (1995):15–32.

(63) A. B. Atkinson, *The Changing Distribution of Earnings in OECD Countries* (Oxford: Oxford University Press, 2008).

(64) Bourguignon, *The Globalization of Inequality*.

(65) Basu, "Globalization of Labor Markets."
(66) W. H. Davidow and M. S. Malone, "What Happens to Society When Robots Replace Workers?," *Harvard Business Review*, December 10, 2014.
(67) Bourguignon, *The Globalization of Inequality*.
(68) Karabarbounis and Neiman, "Global Decline of the Labor Share." See also Raval, Chapter 4 in this volume.
(69) Bourguignon, *The Globalization of Inequality*.
(70) F. Bourguignon, "Inequality and Globalization: How the Rich Get Richer as the Poor Catch Up," *Foreign Affairs*, January/February 2016, 11-15.
(71) Bourguignon, *The Globalization of Inequality*.
(72) Atkinson and Bourguignon, "Introduction: Income Distribution Today."
(73) Kanbur, "Globalization and Inequality."
(74) Lakner and Ruggeri Laderchi, "Top Incomes in East Asia."
(75) たとえばインドネシアでは、配当や金利所得はそれぞれ10％と20％で課税されるが、これは多くの配当受領者が勤労所得について直面する30％よりはるかに低い。キャピタルゲインは通常の個人所得税の対象だが、源泉徴収はないので、遵守は限られたものだ (World Bank, "Indonesia's Rising Divide," (Jakarta: World Bank, 2016)。結果としてインドネシアでは、個人所得税のうち資本所得からのものはたった5％で、残りは給料の源泉徴収だ。
(76) Warren Buffett は、自分の税率が自分の受付係よりも低いと述べたことで有名だ (N. G. Mankiw, "Defending the One Percent," *Journal of Economic Perspectives* 27, no. 3 [2013]: 21-34)。これは、彼の所得のほとんどが配当やキャピタルゲインだということで説明できる。
(77) J. Norregaard, "Taxing Immovable Property: Revenue Potential and Implementation Challenges," in Clements et al., *Inequality and Fiscal Policy*, 191-222.
(78) G. Zucman, "Taxing across Borders: Tracking Personal Wealth and Corporate Profits," *Journal of Economic Perspectives* 28, no. 4 (2014):121–148.
(79) Ibid.
(80) United Nations Conference on Trade and Development, "World Investment Report 2015:Performing International Investment Governance," http://unctad.org/en/Publications Library/wir2015_en.pdf.
(81) Milanovic, *Global Inequality* .（ミラノヴィッチ『大不平等』）
(82) Kanbur, "Globalization and Inequality."
(83) 同時に、条件つき現金移転はそれ自体としては小さすぎて南米でのトレンド逆転を説明できないことは明確にしておくべきだ (ibid.)。むしろ低技能賃金の成長が、ほとんどの低下を説明できるようだ (Lopez-Calva and Lustig, *Declining Inequality in Latin America*; Lustig et al., "Declining Inequality in Latin America in the 2000s"; Cord et al., "Inequality Stagnation")。
(84) Bourguignon, *The Globalization of Inequality*.
(85) Basu, "Globalization of Labor Markets"; Milanovic, *Global Inequality*; A. B. Atkinson, "How to Spread the Wealth: Practical Policies for Reducing Inequality," *Foreign Affairs*, January/February 2016, 29-33.
(86) A. B. Atkinson, *Inequality: What Can Be Done?* (Cambridge, MA: Harvard University Press, 2015).（アンソニー・B・アトキンソン『21世紀の不平等』山形浩生他訳、東洋経済新報社、２０１５）
(87) Ibid.
(88) Bourguignon, *The Globalization of Inequality*. 韓国の財閥（チェボル）もまたそうした例だ。彼らは工業化期間中は重要な発展上の役割を果たしたが (T. Khanna and Y. Yafeh, "Business Groups in Emerging Markets: Paragons or Parasites?" *Journal of Economic Literature* 45, no. 2 (2007): 331–372)、しばしば不透明なピラミッド式持ち株構造を持ち、三大財閥のトップは全員が刑事告訴されている（"To Those That Have—The Dark Side of Family Capitalism" (April 18, 2015), http://www.economist.com/news/special-report/21648178-dark-side-family-capitalism-those-have.
(89) C. Freund, *Rich People Poor Countries: The Rise of Emerging Market Tycoons*

and Their Mega Firms (Washington, DC: Peterson Institute for International Economics, 2016).

(90) Milanovic, *Global Inequality.*（ミラノヴィッチ『大不平等』）

(91) Bourguignon, "Inequality and Globalization."

(92) Milanovic, *Global Inequality.*（ミラノヴィッチ『大不平等』）

(93) かなりの文献が、貧困削減と成長と格差の関係を論じている。これは F. H. G. Ferreira, "Distributions in Motion: Economic Growth, Inequality, and Poverty Dynamics," in *The Oxford Handbook of the Economics of Poverty*, ed. P.N. Jefferson (Oxford: Oxford University Press, 2012) でレビューされている。

(94) 理由の一つは、ありがたくないものではあるが、先進国の生産性成長見通しが暗いというものだ；R. J. Gordon, *The Rise and Fall of American Growth: The U.S. Standard of Living since the Civil War* (Princeton, NJ: Princeton University Press, 2016).（ロバート・J・ゴードン『アメリカ経済 成長の終焉』上下巻、高遠裕子他訳、日経ＢＰ社、２０１８）を参照。

(95) ２０１５年にはそれが３・５％へと弱まった。過去15年で最低水準だ（Bourguignon, *The Globalization of Inequality*）。

(96) ざっと言って、中国の平均所得が世界平均を上回ったら、中国での成長は世界配分を不均等化する影響を持つ。これがかなり近い将来に起きそうだということは Milanovic, "Global Income Distribution" が詳述している。

(97) T. Hellebrandt and P. Mauro, "The Future of Worldwide Income Distribution" Working Paper Series WP15-7, Peterson Institute for International Economics (2015).

(98) 個別の国が20年でこうなる例はないわけではないが、それが全世界のすべての国で起こるとは考えられない。

(99) World Bank, "World Bank's New End-Poverty Tool: Surveys in Poorest Countries," press release, October 15, 2015, http://www.worldbank.org/en/news /press-release/2015/10/15/world-bank-new-end-poverty-tool-surveys-in-poorest-countries.

(100) これは必ずしも絶対貧困の計測（たとえば世界銀行が推計した、一日1ドルの貧困水準）には当てはまらない。農業部門の重要性はこうしたエマージング経済で低下しつつあるが、最貧個人の多くは相変わらず地方部に暮らし、農業を営み続ける。さらに金銭および非金銭移転は所得調査では底辺層の場合過少申告となっている可能性がある。たとえば U.S. Current Population Survey は、行政記録と比べて最底辺の多くの移転支払いを捕捉し損ねている (B. D. Meyer, W. K. C. Mok, and J. X. Sullivan, "Household Surveys in Crisis," *Journal of Economic Perspectives* 29, no. 4 [2015]: 199–226)。結果として、消費は所得がきわめて低かったり、ゼロだったりする個人でも驚くほど高いことが多い（M. Brewer, B. Etheridge, and C. O'Dea, "Why Are Households That Report the Lowest Incomes So WellOff?," Economics Discussion Papers 8993, University of Essex, Department of Economics [2013] を参照）。

(101) たとえばフランスは最近、ＥＵ－ＳＩＬＣ調査の中の質問の一部で、登記に基づく情報（税記録を含む）を使い始めた。C. Burricand, "Transition from Survey Data to Registers in the French SILC Survey," in *The Use of Registers in the Context of EU-SILC: Challenges and Opportunities*, ed. M. Jänti, V. Törmälehto, and E. Marlier, Eurostat Statistical Working Papers (2013), http://ec.europa.eu/eurostat/documents/3888793/5856365/KS-TC-13-004-EN.PDF を参照。

(102) 同様に Saez（本書第13章）は、国民会計と整合する形で調査や所得税データを統合しようと呼びかけている。

第12章 『21世紀の資本』の地理学

(1) Thomas Piketty, *Capital in the Twenty-First Century*, trans. Arthur Goldhammer (Cambridge, MA: Belknap Press of Harvard University Press, 2014).（トマ・ピケティ『21世紀の資本』、山形浩生他訳、みすず書房、２０１４）

(2) 金融崩壊とその後の不況がこの見方を疑問をつきつけ、ＩＭＦですら資本統制や規制強化を検討するにいたっている。International Monetary Fund, *The Liberalization and Management of Capital Flows: An Institutionalist View* (Washington, DC: IMF, 2012), www.imf.org/external/np/pp/eng/2012/111412.pdfを参照。

(3) S. Armstrong, *The Super-Rich Shall Inherit the Earth: The New Global Oligarchs and How They're Taking Over Our World* (London: Constable and Robinson, 2010); A. Atkinson, "Income Distribution in Europe and the United States," *Oxford Review of Economic Policy* 12, no. 1 (1996): 15–28; M. Davis and D. B. Monk, eds., *Evil Paradises: Dreamworlds of Neoliberalism* (New York: New Press, 2007); G. Irvin, *Super Rich: The Rise of Inequality in Britain and the United States* (Cambridge: Polity, 2008); J. Stiglitz, *Freefall: Free Markets and the Sinking of the Global Economy* (London: Allen Lane, 2010).（ジョセフ・Ｅ・スティグリッツ『フリーフォール――グローバル経済はどこまで落ちるのか』、楡井浩一訳、徳間書店、２０１０）; Oxfam, *Working for the Few: Political Capture and Economic Inequality* (Oxford: Oxfam International, 2014).

(4) T. Piketty and E. Saez, "Top Incomes and the Great Recession: Recent Evolutions and Policy Implications," *IMF Economic Review* 61, no. 3 (2013): 456-478; T. Piketty and G. Zucman, "Capital Is Back: Wealth-Income Ratios in Rich Countries, 1700-2010," *Quarterly Journal of Economics* 129, no. 3 (2014): 1255-1310.

(5) Galbraith が指摘するようにピケティの「資本計測は物理的ではなく金融的である」。これでピケティは、一貫性に欠ける形ではあれ、不動産を定義に含められ、資本を生産要素（「本当の」資本）と価値の貯蔵手段の両方として考えられるようになった。J. K. Galbraith, "Kapital for the Twenty-First Century?" *Dissent*, Spring 2014, 77–82, at 77を参照。

(6) D. Soskice, "*Capital in the Twenty-First Century*: A Critique," *British Journal of Sociology* 65, no. 4 (2014): 650-666.

(7) D. Perrons, "Gendering Inequality: A Note on Piketty's Capital in the Twenty First Century," *British Journal of Sociology* 65 (2014): 667-677.

(8) Peter Lindner, "Problematising Inequality," *Geopolitics* 21, no. 3 (2016): 742–749, doi: 10.1080/14650045.2016.1139998.

(9) G. A. Jones, "Where's the Capital? A Geographical Essay," *British Journal of Sociology* 65, no. 4 (2014): 721-735.

(10) E. Sheppard, "Piketty and Friends: Capitalism, Inequality, Development, Territorialism," *AAG Review of Books* 3, no. 1 (2015): 36-42.

(11) Piketty, *Capital*, 48.（ピケティ『21世紀の資本』、51頁）

(12) この制約的なデータベースは、ピケティが世界の大半、特に南半球での格差についてはほとんど何も言えないということを意味する。南半球では、格差は北半球より高いが、一時的とはいえ一部の国、特に南米諸国では１９９０年代と２０００年代に少し下がった。彼は資本統制の話で少し中国には触れる。

(13) T. Piketty and E. Saez, "Inequality in the Long Run," *Science*, May 23, 1014, 838-843.

(14) Soskice, "Capital," 661, 650.

(15) K. Ho, *Liquidated: An Ethnography of Wall Street* (Durham, NC: Duke University Press, 2009.

(16) G. Zucman, *The Hidden Wealth of Nations* (Chicago: University of Chicago Press, 2015).（ガブリエル・ズックマン『失われた国家の富――タックス・ヘイブンの経済学』、林昌宏訳、ＮＴＴ出版、２０１５）

(17) *The Daily Mail* によればＦＴＳＥ１００企業のうち47社が、イギリスではほとんどまったく税金を払っていないようで、12社は税金をまったく払っていないと宣言し、6社は税還付を受けているという。場合によっては、低い数字や負の数字について正当な理由がある。たとえば研究開発や投資への優遇、そしてもっと怪しげな主張としては損金先送りなどにだ。だがそうした企業は何十億もの売上を計上し、コーポレート（グローバル）レベルでは利潤すら何十億に達しつつ、法人税は払っていない。Amazon は２０１１年のイギリスでの売上が３３・５億ポンドなのに、納税額は１８０万ドルでしかない（２０１４年には53億ポンドに対して１１９０万ポンド納税）。eBay はイギリスでの売上8億ポンドに対して１００万ポンド納税、スターバックスは１９９８年から２０１２年にかけてイギリスで30億ポンドも売り上げているのに、この期間のイギリスにおける法人税はたった８６０万ポンドだということが明かされた。

（18）D. Rodrik, *The Globalization Paradox: Why Global Markets, States, and Democracy Can't Coexist* (Oxford: Oxford University Press, 2011).（ダニ・ロドリック『グローバリゼーション・パラドクス——世界経済の未来を決める三つの道』、柴山桂太他訳、白水社、２０１４）また R. Reich, *Saving Capitalism: For the Many, Not the Few* (New York: Knopf, 2015).（ロバート・ライシュ『最後の資本主義』、雨宮寛他訳、東洋経済新報社、２０１６）

（19）OECD/G20, *Base Erosion and Profit Shifting Project Final Report* (Paris: OECD, 2015).

（20）D. Harvey, *The Enigma of Capital: And the Crises of Capitalism* (London: Profile Books, 2011).（デヴィッド・ハーヴェイ『資本の〈謎〉——世界金融恐慌と21世紀資本主義』、森田成也他訳、作品社、２０１２）

（21）K. Ho, "Supermanagers, Inequality, and Finance," *HAU: Journal of Ethnographic Theory* 5, no. 1 (2015): 481-488.

（22）Ibid., 483.

（23）R. Palan, "Tax Havens and the Commercialization of State Sovereignty," *International Organization* 56 (2002): 151-176; N. Shaxson, *Treasure Islands: Tax Havens and the Men Who Stole the World* (New York: Random House, 2012).（ニコラス・シャクソン『タックスヘイブンの闇——世界の富は盗まれている!』、藤井清美訳、朝日新聞出版、２０１２）; J. Urry, *Offshoring* (London: Polity Press, 2014); Zucman, *Hidden Wealth of Nations.*（ズックマン『失われた国家の富』）

（24）N. Gilman et al., eds., *Deviant Globalization: Black Market Economy in the 21st Century* (New York: Continuum Books, 2011), 5.

（25）*Vermillion Sands* (1971).（J・G・バラード『ヴァーミリオン・サンズ』、浅倉久志訳、早川書房、１９８６）, *Cocaine Nights* (1996).（J・G・バラード『コカイン・ナイト』、山田和子訳、新潮文庫、２００５）, *Super-Cannes* (2000).（J・G・バラード『スーパー・カンヌ』、小山太一訳、新潮社、２００２）すべて HarperPerennial 刊を参照。

（26）S. Gill, "Constitutionalizing Inequality and the Clash of Globalizations," *International Studies Review* 4, no. 2 (2002): 47–65. また Harvey, *The Enigma of Capital.*

（27）S. Sassen, *Territory, Authority, Rights: From Medieval to Global Assemblages* (Princeton, NJ: Princeton University Press, 2008).（サスキア・サッセン『領土・権威・諸権利——グローバリゼーション・スタディーズの現在』、伊藤茂訳、明石書店、２０１１）

（28）B. Chalfont, "Global Customs Regimes and the Traffic in Sovereignty: Enlarging the Anthropology of the State," *Current Anthropology* 47 (2006): 243–276; Sassen, *Territory, Authority, Rights.*（サッセン『領土・権威・諸権利』）

（29）B. Neilson, "Zones: Beyond the Logic of Exception?" *Concentric: Literary and Cultural Studies* 40, no. 2 (2014): 11–28.

（30）K. Easterling, *Extrastatecraft: The Power of Infrastructure Space* (London: Verso, 2014). ゾーンはグローバル経済における内部競争的な穴に見えるが、それは企業、情報技術、国際標準機関を通じてネットワークされており Easterling が比喩として「グローバル空間ＯＳ」と呼ぶものを造り上げている（173）。

（31）Neilson, "Zones," 18, 11.

（32）Easterling, *Extrastatecraft,* 49で引用。そして特にサブサハラのアフリカでは、特区はしばしば複数の国民国家をまとめて一つの空間にして、経済政治的利害をパートナーシップにより拡張させる。D. Bräutigam and T. Xiaoyang, "African Shenzhen: China's Special Economic Zones in Africa," *Journal of Modern African Studies* 49, no. 1 (2011): 27-54; L. Bremner, "Towards a Minor Global Architecture at Lamu, Kenya," *Social Dynamics* 39, no. 3 (2013): 397-413を参照。

（33）Levien がインドについて示したように、国家は「公共の利益」のために土地を（しばしば農民から）収用することで、特区や回廊を作り出す積極的なエージェントである。M. Levien, "The Land Question: Special Economic Zones and the Political Economy of Dispossession in India," *Journal of Peasant Studies* 39, nos. 3-4 (2012): 933-969を参照。

（34）J. Bach, "Modernity and the Urban Imagination in Economic Zones," *Theory, Culture and Society* 28, no. 5 (2011): 98-122; S. Opitz and U. Tellmann, "Global Territories: Zones of Economic and Legal Dis / Connectivity," *Distinktion: Scandinavian Journal of Social Theory* 13, no. 3 (2012): 261–282.

（35）Easterling, *Extrastatecraft*, 15.

（36）Bräutigam and Xiaoyang, "African Shenzhen"; Bremner, "Minor Global Architecture"; および I. Dey and G. Grappi, "Beyond Zoning: India's Corridors of Development and New Frontiers of Capital" *South Atlantic Quarterly* 114, no. 1 (2015): 153–170を参照。

（37）Bach, "Modernity," 99.

（38）Easterling, *Extrastatecraft*; Davis and Monk, *Evil Paradises*を参照。

（39）Easterling, *Extrastatecraft*, 67.

（40）S. Ali, *Dubai: Gilded Cage* (New Haven, CT: Yale University Press, 2010).

（41）R. Abrahamsen and M. C. Williams, *Security beyond the State: Private Security in International Politics* (Cambridge: Cambridge University Press, 2010).

（42）Easterling は特区が完全に「テクノクラート空間」として非政治的であり、「地上の現実とは切り離されている」と示唆する。この意味で彼女は正しい——特区はそれを運営する者たちには非政治的とみられている——が、そこに政治がないわけではない。

（43）Shaxson, *Treasure Islands*, 8.

（44）Urry, *Offshoring*.

（45）その六カ国とはオランダ、バミューダ、ルクセンブルク、アイルランド、シンガポール、スイスである。状況はヨーロッパではもっとひどいかもしれない。Urry の計算では、トップ１００企業はオフショア子会社を使って税負担を最小化している。

（46）G. Zucman, "Taxing across Borders: Tracking Personal Wealth and Corporate Profits," *Journal of Economic Perspectives* 28, no. 4 (2014): 121-148, at 140. また D. Haberly and D. Wójcik, "Tax Havens and the Production of Offshore FDI: An Empirical Analysis," *Journal of Economic Geography* 15, no. 1 (2014): 75-101 も参照。

（47）２０１６年４月に１１４０万点以上の文書が Mossack Fonseca 法律事務所からドイツの新聞 Süddeutsche Zeitung に流出した。この文書は、政治家からセレブまで各種個人や、企業が資産（不動産から芸術作品まで）を信託や基金を通じてパナマ経由で移動させ、それを銀行や法律事務所が手助けしたかを示すとされている。70カ国以上の捜査官が現在こうした資産の価値や、取引の合法性、潜在的な税収喪失を見積もろうとしている。*International Consortium of Investigative Journalists* (https://panamapapers.icij.org) を参照。

（48）課税と国民会計に頼る問題点をあらわにするものとして、ピケティは裏経済や非合法経済には一切注目していない。しかし世界の多くの部分の推計では、経済活動の大半は「帳簿に出ない」。だが Gilman et al. によれば「逸脱グローバル化」は「伝統的な富、開発、権力の考え方」を、「グローバル化の技術インフラを使う」実業家たちを通じて変えてしまう。かれらはグローバル化の技術インフラを使い、後ろ暗い財やサービス市場についての規制や法執行のギャップやちがいを利用するのだ」（*Deviant Globalization*, 3）という。

(49) Zucmanによればスイスこそが歴史的に主導的なオフショアサイトであり、続いてルクセンブルクとヴァージン諸島が、彼の言う「魔の三角地帯」を形成する。

(50) Zucman, "Taxing across Borders," 121.

(51) Ibid., 144.

(52) D. Wójcik, "Where Governance Fails: Advanced Business Services and the Offshore World," *Progress in Human Geography* 37, no. 3 (2013): 330-347.

(53) A. Cobham, P. Janský, and M. Meinzer, "The Financial Secrecy Index: Shedding New Light on the Geography of Secrecy," *Economic Geography* 91, no. 3 (2015): 281–303.

(54) Wójcik, "Where Governance Fails." またJ. V. Beaverstock, S. Hall, and T. Wainwright, "Servicing the Super-Rich: New Financial Elites and the Rise of the Private Wealth Management Retail Ecology," *Regional Studies* 47, no. 6 (2013): 834-849.

(55) T. Wainwright, "Tax Doesn't Have to Be Taxing: London's 'Onshore' Finance Industry and the Fiscal Spaces of a Global Crisis," *Environment and Planning* A43, no. 6 (2011): 1287

(56) House of Commons Committee of Public Accounts, "Tax Avoidance: The Role of Large Accountancy Firms (Follow-Up)" (2015), HC 860, available at www.publications.parliament.uk/pa/cm201415/cmselect/cmpubacc/1057/1057.pdf.

(57) Zucman, *Hidden Wealth of Nations*, 44-45.(ズックマン『失われた国家の富』)。かれはスイスが「タックスヘイブン群」代表なら、少なくとも富の8割は税務的に申告されていないという。

(58) 最も有名な例はスターバックスだ。同社はコーヒー豆をスイスから買っているように見せているが、実際の豆はオランダでロースティングされ、そして各国アフィリエイトたちに巨額の利益を上乗せして売られる。アフィリエイトはブランドとロゴの使用料も支払い、こうすることで利潤と納税義務はスイスにシフトする。

(59) Cobham et al., "The Financial Secrecy Index."

(60) この空間へのアクセスとそこでの最適な運営は、21世紀初頭の開放市場言説が示唆するよりも制約されているようだ。世界3700万社と投資家との関係を見た、いまや有名となったSwiss Federal Institute of Technologyの研究は、総資産の40%を支配するたった147社のきわめてネットワーク化された企業から成る「スーパー組織」を見出している。

(61) Piketty, *Capital*, 180.(ピケティ『21世紀の資本』、187-188頁)

(62) 高純価値個人(High Net Worth Individuals, HNWIS)、つまり投資余力が100万ドルほどある人々は、金持ちの最大勢力かつ急成長カテゴリーだ——2011年には世界で1100万人ほどだった。だがかれらの総所得や富は、世界10万人の超高純価値個人(Ultra-High Net Worth Individuals, UHNWI)にはまったく及ばない。彼らは可処分資産42兆ドル以上を持っているのだ。Beaverstock and Faulconbridgeが指摘するように、こうしたエリート分類の境界は恣意的なもので、UHNWIは4000万ドルから何十億ドルまでの保有者と定義されている。J. V. Beaverstock and J. R. Faulconbridge, "Wealth Segmentation and the Mobilities of the Super-Rich" in *Elite Mobilities*, ed. T. Birtchnell and J. Caletrío (New York: Routledge, 2013), 40-61を参照。

(63) Birtchnell and Caletrío, *Elite Mobilities*; Urry, *Offshoring*.

(64) A. Ong, "Please Stay: Pied-a-Terre Subjects in the Megacity," *Citizenship Studies II*, no. 1 (2007): 83–93.

(65) C. Freeland, "The Rise of the New Global Elite," *The Atlantic*, January / February 2011, 2.

(66) このめまいのしそうな状況は、半ば楽しげにRobert Frankによって記述されている。かれのタイポロジーは、上層金持ち(Upper Rich$tan)と下層金持ち(Lower Rich$tan)というもので、その著書*Richistan: A Journey Through the American Wealth Boom and the Lives of the New Rich* (London: Piatkus Books, 2007).(ロバート・フランク『ザ・

ニューリッチ――アメリカ新富裕層の知られざる実態』、飯岡美紀訳、ダイヤモンド社、2007）に描かれている。

（67）A. Elliott. and J. Urry, *Mobile Lives* (New York: Routledge, 2010).

（68）Ong, "Please Stay," 89.

（69）N. Cunningham and M. Savage, "The Secret Garden? Elite Metropolitan Geographies in the Contemporary UK," *Sociological Review* 63 (2015): 321-348.

（70）See L. Sklair, and L. Gherardi, "Iconic Architecture as a Hegemonic Project of the Transnational Capitalist Class," *City* 16, nos. 1-2 (2012): 57–73; also Cunningham and Savage, "The Secret Garden?"

（71）特権についてのエリート思想と、それが能力またはピケティなら「ツキ」(Piketty, *Capital*, 315–321, 333–335.（ピケティ『21世紀の資本』、327-330、346-349頁）と呼びそうなものだと誤解される方法についての興味深い研究としてはS. Khan, *Privilege: The Making of an Adolescent Elite at St. Paul's School* (Princeton, NJ: Princeton University Press, 2012)を参照。エリートが依存する隠れたサービス経済の存在を表すのに「覆い隠された(cloaking)」という用語を使ったのはR. Atkinson, "Limited Exposure: Social Concealment, Mobility and Engagement with Public Space by the Super-Rich in London," *Environment and Planning* A 48, no. 7 (2016): 1302–1317, doi 10.1177/0308518X15598323である。

（72）*The Guardian* (January 24, 2016) の報道によると2013年にケンジントン区とチェルシー区は「巨大地下室拡張」の許可を450件出したという――一部は一階以上で、水泳プールやホームシネマも含む。2001年にはこれがたった46件だった。

（73）Reichは1990年代初期に「幸運な五分の一は、物理的な隔離区画やもっと大きな社会に対するコミットメント欠如を通じ、国から分離しおおせた」と述べている。R.B. Reich, *The Work of Nations: Preparing Ourselves for 21st Century Capitalism* (New York: Vintage Books, 1992).（ロバート・B・ライシュ『ザ・ワーク・オブ・ネーションズ――21世紀資本主義のイメージ』（中谷巌訳、ダイヤモンド社、1991）を参照；またDavis and Monk, *Evil Paradises.* も参照。

（74）R. Webber and R. Burrows, "Life in an Alpha Territory: Discontinuity and Conflict in an Elite London 'Village'," *Urban Studies* 53, no. 15 (2015): 3139-3154.

（75）ニューヨークについては*Financial Times*, "Global Elite Buys Trophy Apartments," September, 29, 2015, http://www.ft.com/cms/s/0/dd7ac2f2-472d-11es-af2f-4d6eoeseda22.html#axzz46kKTUOqHを参照；ロンドンについては*The Guardian*, July 22, 2013, www.theguardian.com/commentisfree/2013/jul/22/london-wealth-global-elite-homeを参照。

（76）2012年のアメリカ国勢調査データを見ると、最大の50都市のうち31都市は、アメリカ全体と比べて所得格差が大きく、その開きは拡大しつつある。最大の50都市の金持ちは、すべての都市の金持ちよりも一般的に豊かで、貧困者よりその分だけよい暮らしをしている。その貧困者は、都市全般に比べ50の大都市でのほうが貧しい。

（77）Atkinson, "Limited Exposure" 1315.

（78）A. Ong, "Mutations in Citizenship," *Theory, Culture \& Society* 23, no. 2-3 (2006): 499-505.

（79）S. Sassen, "Towards Post-National and Denationalized Citizenship," in *Handbook of Citizenship Studies*, ed. E. F. Isin and B. S. Turner (London: Sage, 2002).

（80）K. Jefford, "Homes Owned through Companies Falls Below 4,000, HMRC Figures show," *City AM*, February 15, 2016での引用。

（81）S. Sassen, "A Savage Sorting of Winners and Losers: Contemporary Versions of Primitive Accumulation," *Globalizations* 7, no. 1 (2010): 23–50.

（82）Piketty, *Capital*, 336.（ピケティ『21世紀の資本』、350頁）

（83）これはピケティが描くスーパー経営者のシナリオだが、Ho, *Liquidated*で分析された金融資本主義の文化でもある。

（84）M. Aalbers, ed., *Subprime Cities: The Political Economy of Mortgage Markets*

(Chichester, UK: Wiley, 2012); J. Crump, K. Newman, E. S. Belsky, P. Ashton, D. H. Kaplan, D. J. Hammel, and E. Wyly, "Cities Destroyed (Again) for Cash: Forum on the U.S. Foreclosure Crisis," *Urban Geography* 29, no. 8 (2008): 745-784を参照。

（85） E. Raymond, K. Wang, and D. Immergluck, "Race and Uneven Recovery: Neighborhood Home Value Trajectories in Atlanta before and after the Housing Crisis," *Housing Studies* 31, no. 3 (2016): 324–329.

（86） Piketty, *Capital*, 244–246, 395.（ピケティ『21世紀の資本』、２５４－２５６、４０９－４１１頁）

（87） また Stiglitz, *Freefall*.（スティグリッツ『フリーフォール』）; Zucman, *Hidden Wealth of Nations*.（ズックマン『失われた国家の富』）

（88） *The Observer*, April 10, 2016, 7.

（89） Galbraith, "Kapital"; Lindner, "Problematising Inequality"; Perrons, "Gendering Inequality"を参照。

（90） Zucman は法規制面の制約のため、アメリカ財務局統計官たちは、だれがスイス（その他）の銀行口座にあるアメリカの株式や社債を所有しているのか、知りようがないということだ。ジュネーブの銀行口座にある富はスイスの資産と想定するしかなく、したがってデータは「世界の資産の保有者ではなく管理人を示すものであり、実際の資産ではなくタックスヘイブンの地域的分布」を明らかにするだけだと述べる。（*Hidden Wealth of Nations*, 21.（ズックマン『失われた国家の富』、33頁））。この洞察は、地理が資本の創造と保有にあたって重要な道具であるとき、実際の富と地理の客観的な証拠が争いあっていることを露わにする。

（91） https://www.youtube.com/watch?v=4S9AwO-rkJsを参照。

（92） M. Everest-Phillips, "When Do Elites Pay Taxes? Tax Morale and State Building in Developing Countries," WIDER Elites conference, June 12, 2009での発表論文を参照；また Wainwright, "Tax Doesn't Have to Be Taxing."

（93） Easterling, *Extrastatecraft*, 232.

（94） *The Guardian*, November 27, 2015, http://www.theguardian.com/news/2015/nov/27/hsbc-whistleblower-jailed-five-years-herve-falciani.

第13章 『21世紀の資本』後の研究課題

（１） Thomas Piketty and Emmanuel Saez, "Income Inequality in the United States, 1913–1998," *Quarterly Journal of Economics* 118 no. 1 (2001): 1–39. 時系列データは２０１５年６月に、２０１４年まで更新した。

（２） Thomas Piketty, *Les hauts revenus en France au 20ème siècle— Inégalités et redistributions, 1901-1998* (Paris: Grasset, 2001).（トマ・ピケティ『格差と再分配——20世紀フランスの資本』、山本知子他訳、早川書房、２０１６）

（３） Simon Kuznets, *Shares of Upper Income Groups in Income and Savings* (New York: National Bureau of Economic Research, 1953).

（４） Simon Kuznets, "Economic Growth and Economic Inequality," *American Economic Review* 45 (1955): 1-28.

（５） こうした研究群のサーベイとしては Thomas Piketty and Emmanuel Saez, "Top Incomes in the Long Run of History," *Journal of Economic Literature* 49 (2011): 3-71を参照。データはオンラインで http://www.wid.world/にある。

（６） Thomas Piketty, *Capital in the Twenty-First Century*, trans. Arthur Goldhammer (Cambridge, MA: Belknap Press of Harvard University Press, 2014).（トマ・ピケティ『21世紀の資本』、山形浩生他訳、みすず書房、２０１４）

（７） Simon Kuznets, *National Income and Its Composition, 1919-1938* (New York: National Bureau of Economic Research, 1941); Kuznets, *Shares of Upper Income Groups*

（８） Luxembourg Income Study (LIS) プロジェクトは調和化された国際ミクロデータを、各国ミクロ調査データを使って構築する見事な努力を行った（http://www.lisdatacenter.org/を参照）。ＬＩＳデータはきわめて有益だが分配のトップはとらえきれていない。

(9) 最新の国民経済計算体系は SNA 2008である。*System of National Accounts 2008* (New York: European Communities, International Monetary Fund, Organisation for Economic Co-operation and Development, United Nations, and World Bank, 2009)を参照。アメリカ国民所得と生産会計はいまだにSNA 2008ガイドラインをすべて採り入れていないが、ゆっくりとその方向に向かっている。

(10) Facundo Alvaredo, Anthony B. Atkinson, Lucas Chancel, Thomas Piketty, Emmanuel Saez, and Gabriel Zucman, "Distributional National Accounts (DINA) Guidelines: Concepts and Methods used in the W2ID," Paris School of Economics Working Paper (December 2016).

(11) Thomas Piketty, Emmanuel Saez, and Gabriel Zucman, "Distributional National Accounts: Methods and Estimates for the U.S," NBER Working Paper (December 2016).

(12) Bertrand Garbinti, Jonathan Goupille, and Thomas Piketty, "Inequality Dynamics in France, 1900-2014: Evidence from Distributional National Accounts (DINA)," Paris School of Economics (2016).

(13) Facundo Alvaredo et al., "Distributional National Accounts: Methods and Estimates for the UK," Paris School of Economics and Oxford University (2016).

(14) Dennis Fixler and David S. Johnson, "Accounting for the Distribution of Income in the US National Accounts," in *Measuring Economic Stability and Progress*, ed. D. Jorgenson, J. S. Landefeld, and P. Schreyer (Chicago: University of Chicago Press, 2014); Dennis Fixler, David Johnson, Andrew Craig, and Kevin Furlong, "A Consistent Data Series to Evaluate Growth and Inequality in the National Accounts," Bureau of Economic Analysis Working Paper (2015).

(15) Maryse Fesseau and M. L. Mattonetti, "Distributional Measures across Household Groups in a National Accounts Framework: Results from an Experimental Cross-Country Exercise on Household Income, Consumption and Saving," OECD Statistics Working Papers (2013).

(16) Piketty, Saez, and Zucman, "Distributional National Accounts."

(17) Piketty and Saez. アメリカトップ所得時系列データは、しばしば政府移転を無視していると批判されてきた。たとえば Richard Berkhauser, Jeff Larrimore, and Kosali Simon, "A Second Opinion on the Economic Health of the American Middle Class and Why It Matters in Gauging the Impact of Government Policy," *National Tax Journal* 65 (March 2012): 7–32を参照。実際には、税引き前の分配も税引き後の分配も大いに価値がある。これを徹底した形で行うしっかりした概念的方法がDistributional National Accountsである。所得に関する多くの公式統計、たとえばCurrent Population Surveyを元に国勢調査局が作るものなどは、税引き前 vs. 税引き後の概念を、一部の（全部ではない）移転を追加し、税の一部を（全部ではない）引き算することで、公式所得定義を加工して曖昧にしている。Carmen De Navas-Walt and Bernadette D. Proctor, U.S. Census Bureau, *Income and Poverty in the United States: 2014* (Washington, DC: U.S. Government Printing Office, 2015)を参照。

(18) 各国政府に加え、信用当局や教育機関などもミクロデータを生み出し、これを統合すると政府ミクロデータを補える。スカンジナビア諸国は最も先進的な中央統計局を持っており、研究のため多くの情報源からのデータ集合を統合できる。アメリカ行政データへの研究用アクセスを改善する議論としては David Card, Raj Chetty, Martin Feldstein, and Emmanuel Saez, "Expanding Access to Administrative Data for Research in the United States," White Paper for NSF 10-069 call for papers on "Future Research in the Social, Behavioral, and Economic Sciences" (2010)を参照。

(19) Wojciech Kopczuk and Emmanuel Saez, "Top Wealth Shares in the United States, 1916–2000: Evidence from Estate Tax Returns," *National Tax Journal* 57 (2004): 445–487.

(20) Arthur Kennickell, "Tossed and Turned: Wealth Dynamics of US

Households 2007–2009," Finance and Economics Discussion Series Working Paper, Board of Governors of the Federal Reserve System (2011); Edward Wolff, "Household Wealth Trends in the United States, 1962–2013: What Happened over the Great Recession?," NBER Working Paper No. 20733 (2014).

(21) Piketty, *Capital.*（ピケティ『21世紀の資本』）

(22) Chris Giles, "Data Problems with Capital in the 21st Century," *Financial Times*, May 23, 2014.

(23) Edward Wolff, *Top Heavy: The Increasing Inequality of Wealth in America and What Can Be Done about It* (New York: New Press, 2002).

(24) Emmanuel Saez and Gabriel Zucman, "Wealth Inequality in the United States since 1913: Evidence from Capitalized Income Tax Data," *Quarterly Journal of Economics* 131 (2016): 519-578.

(25) Wolff, *Top Heavy*.

(26) Saez and Zucman, "Wealth Inequality."

(27) Ibid.

(28) 詳細な統計は Thomas Piketty and Gabriel Zucman, "Capital Is Back: Wealth-Income Ratios in Rich Countries, 1700-2010," *Quarterly Journal of Economics* 129 (2014): 1255-1310; および Saez and Zucman, "Wealth Inequality" を参照。

(29) Thomas Piketty, Gilles Postel-Vinay, and Jean-Laurent Rosenthal, "Inherited versus Self-Made Wealth: Theory and Evidence from a Rentier Society (1872– 1927)," *Explorations in Economic History* 51 (2013): 21-40; Thomas Piketty and Gabriel Zucman, "Wealth and Inheritance in the Long Run," in *Handbook of Income Distribution, vol. 2*, ed. A. Atkinson and F. Bourguignon (Amsterdam: Elsevier, 2014), 167–216.

(30) Franco Modigliani, "The Role of Intergenerational Transfers and Lifecycle Savings in the Accumulation of Wealth," *Journal of Economic Perspectives* 2 (1988): 15-40; Lawrence Kotlikoff and Lawrence Summers, "The Role of Intergenerational Transfers in Aggregate Capital Accumulation," *Journal of Political Economy* 89 (1981): 706-732.

(31) Chetty et al. はこの包括的なデータを使い、大学ごとに親の所得と、学生が後に得るようになった稼ぎの分布を記録した (Raj Chetty, John N. Friedman, Emmanuel Saez, Nicholas Turner, and Danny Yagan, "The Distribution of Student and Parent Income across Colleges in the United States," working paper, 2016)。かれらの結果を見ると、エリート校は極度に偏って高所得世帯に奉仕しており、高等教育がアメリカでは経済特権の伝搬に大きく貢献していることが示唆される。

(32) Karen Dynan, Jonathan Skinner, and Stephen Zeldes, "Do the Rich Save More?" *Journal of Political Economy* 112 (2004): 397-443.

(33) Saez and Zucman, "Wealth Inequality."

(34) Kuznets, *Shares of Upper Income Groups*.

(35) たとえば Raj Chetty, John Friedman, Soren Leth-Petersen, T. Nielsen, and Torre Olsen, "Active vs. Passive Decisions and Crowd-Out in Retirement Savings Accounts: Evidence from Denmark," *Quarterly Journal of Economics* 129 (2014): 1141–1219を参照。最近のアメリカでの一部の研究は銀行、クレジットカード会社などの金融サービスプロバイダからのデータを使い始めている（たとえば Michael Gelman et al., "Harnessing Naturally occurring Data to Measure the Response of Spending to Income," *Science*, July 11, 2014, 212–215を参照）。こうしたデータは貯蓄行動に関する多くの研究的疑問について有用となり得るが、アメリカ人口の代表標本ではなく、したがってアメリカの富と貯蓄分配に関する全体像を描くのには使えない。

(36) Piketty and Saez, "Income Inequality."

(37) Jon Bakija, Adam Cole, and Bradley Heim, "Jobs and Income Growth of Top Earners and the Causes of Changing Income Inequality: Evidence from U.S. Tax Return Data," unpublished working paper (2012).

(38) Xavier Gabaix and Augustin Landier, "Why Has CEO Pay Increased So Much?," *Quarterly Journal of Economics* 123 (2008): 49-100.

(39) Marianne Bertrand and Sendhil Mullainathan, "Are CEOs Rewarded for Luck? The Ones without Principals Are," *Quarterly Journal of Economics* 116 (2001): 901-932; Lucian Bebchuk and Jesse Fried, *Pay without Performance: The Unfulfilled Promise of Executive Compensation* (Cambridge, MA: Harvard University Press, 2006).

(40) Piketty and Saez, "Income Inequality."

(41) Thomas Piketty, Emmanuel Saez, and Stefanie Stantcheva, "Optimal Taxation of Top Labor Incomes: A Tale of Three Elasticities," *American Economic Journal: Economic Policy* 6 (2014): 230-271.

(42) Anthony Atkinson, *Inequality: What Can Be Done?* (Cambridge, MA: Harvard University Press, 2015). (アンソニー・B・アトキンソン『21世紀の不平等』、山形浩生他訳、東洋経済新報社、2015)

(43) Piketty, Saez, and Stantcheva, "Optimal Taxation."

(44) Thomas Philippon and Ariell Reshef, "Wages and Human Capital in the U.S. Finance Industry: 1909–2006," *Quarterly Journal of Economics* 127 (2012): 1551-1609.

(45) Brian Hall and Kevin Murphy, "The Trouble with Stock Options," *Journal of Economic Perspectives* 17 (2003): 49-70.

(46) アメリカの相続税は人気がなく、ブッシュ政権でほぼ完璧に廃止されそうになった。現在のアメリカ相続税は、毎年最も豊かなトップ1/1000の子孫に影響するだけだ。だが、相続税不人気の理由はかなりが誤情報（および保守派がそれを、家族事業に負の影響を与える死亡税だとフレーミングするのに成功したこと）によるものだ。Kuziemko et al. は、相続税が大金持ちの子孫だけにかかる税だと教わると、この税への支持が倍増することを示している。Ilyana Kuziemko, Michael I. Norton, Emmanuel Saez, and Stefanie Stantcheva, "How Elastic Are Preferences for Redistribution? Evidence from Randomized Survey Experiments," *American Economic Review* 105 (2015): 1478–1508を参照。

(47) Marianne Bertrand and Adair Morse, "Trickle-Down Consumption," NBER Working Paper No. 18883 (2013).

(48) Chetty et al., "Active vs. Passive Decisions."

(49) Richard Thaler and Cass Sunstein, *Nudge: Improving Decisions about Health, Wealth, and Happiness* (New Haven, CT: Yale University Press, 2008). (リチャード・セイラー&キャス・サンスティーン『実践行動経済学——健康、富、幸福への聡明な選択』、遠藤真美訳、日経BP社、2009)

第14章　富の格差のマクロモデル

(1) Thomas Piketty, *Capital in the Twenty-First Century*, trans. Arthur Goldhammer (Cambridge, MA: Belknap Press of Harvard University Press, 2014). (トマ・ピケティ『21世紀の資本』、山形浩生他訳、みすず書房、2014) この点についてピケティは「ある意味で、この不等式が私の結論全体の論理を総括しているのだ」と書く（25頁）。

(2) Jess Benhabib, Alberto Bisin, and Shenghao Zhu, "The Wealth Distribution in Bewley Models with Capital Income Risk," *Journal of Economic Theory* 159 (2015): 459-515; Shuhei Aoki and Makoto Nirei, "Pareto Distribution in Bewley Models with Capital Income Risk," Hitotsubashi University (2015).

(3) Karen E. Dynan, Jonathan Skinner, and Stephen P. Zeldes, "Do the Rich Save More?," *Journal of Political Economy* 112 (2004): 397–444.

(4) まさにこの観測こそが、Paretoにその元祖たる分布を提案させたものだった。Vilfredo Pareto, *Cours d'économie politique, vol. 2* (Lausanne: F. Rouge, 1897).

(5) Anthony B. Atkinson, *The Economics of Inequality* (Oxford: Clarendon Press, 1983); Javier Díaz-Giménez, Vincenzo Quadrini, and José-Victor Ríos-Rull, "Dimensions of Inequality: Facts on the U.S. Distributions of Earnings, Income and Wealth," *Federal Reserve Bank of Minneapolis Quarterly Review* 21 (1997): 3-21; Arthur B. Kennickell, "A Rolling Tide:

Changes in the Distribution of Wealth in the U.S., 1989-2001" (2003), https://www.federalreserve.gov/pubs/feds/2003/200324/200324pap.pdf; Santiago Budria Rodriguez, Javier Díaz-Giménez, Vincenzo Quadrini, and José-Victor Ríos-Rull, "Updated Facts on the U.S. Distributions of Earnings, Income, and Wealth," *Federal Reserve Bank of Minneapolis Quarterly Review* 26 (2002): 2–35; Herman O. Wold and Peter Whittle, "A Model Explaining the Pareto Distribution of Wealth," *Econometrica* 25 (1957): 591-595; Edward N. Wolff, "Changing Inequality of Wealth," *American Economic Review* 82 (1992): 552-558; Wolff, "Recent Trends in the Size Distribution of Household Wealth," *Journal of Economic Perspectives* 12 (1998): 131–150.

（6） Erik Hurst, Ming Ching Luoh, and Frank P. Stafford, "The Wealth Dynamics of American Families, 1984-94," *Brookings Papers on Economic Activity* 29 (1998): 267–338.

（7） Klevmarken, Lupton, and Stafford は、スウェーデンでの全体としての富の4分位モビリティ（富の格差ではないが）はアメリカと似たようなものだと結論づけている。N. Anders Klevmarken, Joseph P. Lupton, and Frank P. Stafford, "Wealth Dynamics in the 1980s and 1990s: Sweden and the United States," *Journal of Human Resources* 38 (2003): 322–353を参照。

（8） Casey B. Mulligan, *Parental Priorities and Economic Inequality* (Chicago: University of Chicago Press, 1997).

（9） Kerwin Kofi Charles and Erik Hurst, "The Correlation of Wealth across Generations," *Journal of Political Economy* 111 (2003): 1155–1182.

（10） Mulliganの標本における子供の年齢は35歳以下で、Charles and Hurstの標本で親子ペアのうち両親共に他界した人数はとても小さい。Charles and Hurst, "Correlation of Wealth"; Mulligan, *Parental Priorities*.

（11） Adrian Adermon, Mikael Lindahl, and Daniel Waldenström, "Intergenerational Wealth Mobility and the Role of Inheritance: Evidence from Multiple Generations," IZA Discussion Paper No. 10126 (2015); Simon Halphen Boserup, Wojciech Kopczuk, and Claus Thustrup Kreiner, "Stability and Persistence of Intergenerational Wealth Formation: Evidence from Danish Wealth Records of Three Generations," 2015, http://eml.berkeley.edu/~saez/course131/WealthAcrossGen.pdf; Gregory Clark and Neil Cummins, "Intergenerational Wealth Mobility in England, 1858–2012: Surnames and Social Mobility," *Economic Journal* 125 (2015): 61–85.

（12） 20世紀の富の分配の推移を記録した初期の試みとしてはアメリカについてのLampmanとイギリスについてのAtkinson and Harrisonがある。Robert J. Lampman, *The Share of Top WealthHolders in National Wealth, 1922–1956* (Princeton, NJ: Princeton University Press, 1962); Anthony B. Atkinson and Allan J. Harrison, *Distribution of Personal Wealth in Britain, 1923-1972* (Cambridge: Cambridge University Press, 1983)を参照。

（13） Emmanuel Saez and Gabriel Zucman, "Wealth Inequality in the United States since 1913: Evidence from Capitalized Income Tax Data," 2015, http://gabriel-zucman.eu/files/SaezZucman2015.pdf.

（14） Kopczukは、各種推計のちがいについて論じ、その開きの原因として考えられる説明を論じている。Wojciech Kopczuk, "What Do We Know about the Evolution of Top Wealth Shares in the United States?," *Journal of Economic Perspectives* 29 (2015): 47–66.

（15） James E Meade, *Efficiency, Equality and the Ownership of Property* (London: Allen and Unwin, 1964).

（16） 厳密に言えば、非資本所得からの貯蓄のフローは、現在の消費フローを比資本所得ゼロで設定したもののマイナスに等しくなる。

（17） Wold and Whittle 論説は、富の蓄積率を外生的に決めた初期の例である。後者はBenhabib and BisinおよびJonesis 論説における最適化モデルで内生化されている。Jess Benhabib and Alberto Bisin, "The Distribution of Wealth and Redistributive Policies," 2006, http://www.econ.nyu.edu/user/benhabib/parvoltz.PDF; Charles I. Jones, "Pareto and Piketty: The Macroeconomics of Top Income and Wealth Inequality," *Journal of Economic Perspectives* 29 (2015): 29-46; Wold and Whittle, "Pareto Distribution of Wealth."

(18) Benhabib and Bisin, "The Distribution of Wealth."

(19) Champernowne 論文は初期の純粋に統計的な貢献である。Benhabib, Bisin, and Zhu, Aoki and Nirei, Piketty and Zucman, および Gabaix, Lasry, Lions, and Moll は、この最初の洞察を最適化エージェントを持つ経済モデルという文脈で活用している。D. G. Champernowne, "A Model of Income Distribution," *Economics Journal* 63 (1953): 318-351; Jess Benhabib, Alberto Bisin, and Shenghao Zhu, "The Distribution of Wealth and Fiscal Policy in Economies with Finitely Lived Agents," *Econometrica* 79 (2011): 123-157; Benhabib, Bisin, and Zhu, "The Wealth Distribution"; Aoki and Nirei, "Pareto Distribution"; Thomas Piketty and Gabriel Zucman, "Wealth and Inheritance in the Long Run," in *Handbook of Income Distribution, vol. 2B*, ed. A. J. Atkinson and F. Bourguignon (Amsterdam: Elsevier, 2014), 1303-1368; Xavier Gabaix, Jean-Michel Lasry, Pierre-Louis Lions, and Benjamin Moll, "The Dynamics of Inequality," NBER Working Paper No. 21363 (2015).

(20) Benhabib, Bisin, and Zhu, "The Distribution of Wealth"; Piketty and Zucman, "Wealth and Inheritance."

(21) Benhabib, Bisin, and Zhu, "The Wealth Distribution"; Aoki and Nirei, "Pareto Distribution."

(22) Aoki and Nirei, "Pareto Distribution"; Benhabib, Bisin, and Zhu, "The Distribution of Wealth."

(23) Benhabib, Bisin, and Zhu, "The Distribution of Wealth"; Benhabib, Bisin, Zhu, "The Wealth Distribution."

(24) Jones, "Pareto and Piketty."

(25) Aoki and Nirei, "Pareto Distribution"; Jones, "Pareto and Piketty."

(26) Saez and Zucman, "Wealth Inequality."

(27) Ana Castañeda, Javier Díaz-Giménez, and José-Víctor Ríos-Rull, "Accounting for U.S. Earnings and Wealth Inequality," *Journal of Political Economy* III (2003): 818-857.

(28) Vincenzo Quadrini, "Entrepreneurship in Macroeconomics," *Annals of Finance* 5 (2009): 295–311.

(29) Francisco Buera, "Persistency of Poverty, Financial Frictions, and Entrepreneurship," Working paper, Northwestern University, 2008, http://www.iadb.org/library/repository/paper120071217.pdf; Mariacristina De Nardi, Phil Doctor, and Spencer D. Krane, "Evidence on Entrepreneurs in the United States: Data from the 1989-2004 Survey of Consumer Finances," *Economic Perspectives* 4 (2007): 18–36; William M. Gentry and R. Glenn Hubbard, "Entrepreneurship and Household Savings," *Berkeley Economic Journal: Advances in Macroeconomics* 4 (2004); Vincenzo Quadrini, "Entrepreneurship, Saving and Social Mobility," *Review of Economic Dynamics* 3 (2000): 1-40.

(30) Marco Cagetti and Mariacristina De Nardi, "Entrepreneurship, Frictions and Wealth," *Journal of Political Economy* 114 (2006): 835-870.

(31) Cagetti and De Nardi, "Entrepreneurship, Frictions and Wealth"; Erik Hurst and Annamaria Lusardi, "Liquidity Constraints, Wealth Accumulation and Entrepreneurship," *Journal of Political Economy* 112 (2004): 319-347; Katya Kartashova, "Private Equity Premium Puzzle Revisited," *American Economic Review* 104 (2014): 3297–3394; Tobias J. Moskowitz and Annette VissingJørgensen, "The Returns to Entrepreneurial Investment: A Private Equity Premium Puzzle?" *American Economic Review* 92 (2002): 745-778.

(32) Sagiri Kitao, "Entrepreneurship, Taxation, and Capital Investment," *Review of Economic Dynamics* 11 (2008): 44-69.

(33) Marcin Kacperczyk, Jaromir Nosal, and Luminita Stevens, "Investor Sophistication and Capital Income Inequality" 2015, http://econweb.umd.edu/~stevens/KNS_Sophistication.pdf.

(34) Christopher D. Carroll, "Precautionary Saving and the Marginal Propensity

to Consume out of Permanent Income," *Journal of Monetary Economics* 56 (2007): 780-790.

(35) Castañeda, Díaz-Giménez, and Ríos-Rull, "Accounting for U.S. Earnings."

(36) Ibid.; Saez and Zucman, "Wealth Inequality."

(37) Sherwin Rosen, "The Economics of Superstars," *American Economic Review* 71 (1981): 845–858; Xavier Gabaix and Augustin Landier, "Why Has CEO Pay Increased So Much?" *Quarterly Journal of Economics* 123 (2008): 49-100; Sang Yoon (Tim) Lee, "Entrepreneurs, Managers and Inequality," 2015, http://leevwl.uni-mannheim.de/materials/ent_mgr_ineq.pdf.

(38) 完全な論文の1覧を集めたのが Atkinson, Piketty, and Saez である。データ集合は Alvaredo, Atkinson, Piketty, and Saez にある。Anthony B. Atkinson, Thomas Piketty, and Emmanuel Saez, "Top Incomes in the Long Run of History," *Journal of Economic Literature* 49 (2010): 3-71; Facundo Alvaredo, Anthony B. Atkinson, Thomas Piketty, and Emmanuel Saez, "The World Top Incomes Database," http://topincomes.g-mond.parisschoolofeconomics.eu/, 2015; Thomas Piketty and Emmanuel Saez, "Income Inequality in the United States, 1913–1998," *Quarterly Journal of Economics* 118 (2003): 1-39を参照。

(39) Fatih Guvenen, Fatih Karahan, Serdar Ozkan, and Jae Song, "What Do Data on Millions of U.S. Workers Reveal about Life-Cycle Earnings Risk?," Federal Reserve Bank of New York Staff Report, 2015, https://www.newyorkfed.org/medialibrary/media/research/staff_reports/sr710.pdf.

(40) Jonathan A. Parker and Annette Vissing-Jørgensen, "Who Bears Aggregate Fluctuations and How ?," *American Economic Review* 99 (2009): 399-405.

(41) William G. Gale and John Karl Scholz, "Intergenerational Transfers and the Accumulation of Wealth," *Journal of Economic Perspectives* 8 (1994): 145-160; Dynan, Skinner, and Zeldes, "Do the Rich Save More?"; Christopher D. Carroll, "Why Do the Rich Save So Much?," in *Does Atlas Shrug? The Economic Consequences of Taxing the Rich*, ed. J. B. Slemrod (Cambridge, MA: Harvard University Press, 2000); Carroll, "Portfolios of the Rich" in *Household Portfolios: Theory and Evidence*, ed. L. Guiso, M. Haliassos, and T. Jappelli (Cambridge, MA: MIT Press, 2002); Mariacristina De Nardi, Eric French, and John B. Jones, "Why Do the Elderly Save? The Role of Medical Expenses," *Journal of Political Economy* 118 (2010): 39–75.

(42) Mariacristina De Nardi, "Wealth Inequality and Intergenerational Links," *Review of Economic Studies* 71 (2004): 734-768; Joseph G. Altonji and Ernesto Villanueva, "The Effect of Parental Income on Wealth and Bequests," NBER Working Paper No. 9811 (2002); Mark Huggett, "Wealth Distribution in Life Cycle Economies," *Journal of Monetary Economics* 38 (1996): 469-494.

(43) De Nardi, French, and Jones は、医療費がこの種のゆっくりした取り崩しを生み出す別の重要な仕組みだと示唆している。Lockwood は、医療費と奢侈遺贈動機がないと、低い資産取り崩しと低い対医療費保険を説明できないとしている。De Nardi, French, and Jones, "Why Do the Elderly Save?"; Lee M. Lockwood, "Incidental Bequests: Bequest Motives and the Choice to Self-Insure Late-Life Risks," NBER Working Paper No. 20745 (December 2014).

(44) Nishiyama は、遺贈と生前贈与がある世代重複モデルで、同じ一族の世帯が戦略的に行動するものを使い、似た結果を得ている。Shinichi Nishiyama, "Bequests, Inter Vivos Transfers, and Wealth Distribution," *Review of Economic Dynamics* 5 (2002): 892-931.

(45) Castañeda, Díaz-Giménez, and Ríos-Rull, "Accounting for U.S. Earnings"; Mariacristina De Nardi and Fang Yang, "Wealth Inequality, Family Background, and Estate Taxation," NBER Working Paper No. 21047 (2015).

(46) Steven F. Venti and David A. Wise, "The Cause of Wealth Dispersion at Retirement: Choice or Chance?" *American Economic Review* 88 (1988): 185-191; B. Douglas Bernheim, Jonathan Skinner, and Steven Weinberg, "What Accounts for the Variation in Retirement Wealth among U.S. Households ?," *American Economic Review* 91 (2001): 832–857; Lutz Hendricks, "Retirement Wealth and Lifetime Earnings," *International*

Economic Review 48 (2007): 421-456; Mariacristina De Nardi and Fang Yang, "Bequests and Heterogeneity in Retirement Wealth," *European Economic Review* 72 (2014): 182–196.

(47) Marco Cagetti, "Wealth Accumulation over the Life Cycle and Precautionary Savings," *Journal of Business and Economic Statistics* 21 (2003): 339–353; Emily Lawrance, "Poverty and the Rate of Time Preference: Evidence from Panel Data," *Journal of Political Economy* 99 (1991): 54-77.

(48) このモデルはまた総ショックも許容するが、それは富の分布に対して定量的に重要な意味合いを持たない。Per Krusell and Anthony Smith Jr., "Income and Wealth Heterogeneity in the Macroeconomy," *Journal of Political Economy* 106 (1998): 867-896.

(49) They also find that heterogeneity in risk aversion does not affect the results much. However, Cagetti shows that this result is sensitive to chosen utility parameter values. Marco Cagetti, "Interest Elasticity in a Life-Cycle Model with Precautionary Savings," *American Economic Review* 91 (2001): 418-421.

(50) Lutz Hendricks, "How Important Is Preference Heterogeneity for Wealth Inequality?," *Journal of Economics Dynamics and Control* 31 (2007): 3042-3068.

(51) Chong Wang, Neng Wang, and Jinqiang Yang, "Optimal Consumption and Savings with Stochastic Income and Recursive Utility," NBER Working Paper No. 19319 (2013), http://www.nber.org/papers/w19319.

(52) Gabaix, Lasry, Lions, and Moll, "The Dynamics of Inequality"; Saez and Zucman, "Wealth Inequality."

(53) B. Kaymak and M. Poschke, "The Evolution of Wealth Inequality over Half a Century: The Role of Taxes, Transfers and Technology," *Journal of Monetary Economics* (2015), http://dx.doi.org/10.1016/j.jmoneco.2015.10.0041; Castañeda, Díaz-Giménez, and Ríos-Rull, "Accounting for U.S. Earnings."

(54) Gabaix, Lasry, Lions, and Moll, "The Dynamics of Inequality"; Kaymak and Poschke, "Evolution of Wealth Inequality."

(55) Castañeda, Díaz-Giménez, and Ríos-Rull, "Accounting for U.S. Earnings"; DeNardi and Yang, "Wealth Inequality."

(56) Castañeda, Díaz-Giménez, and Ríos-Rull, "Accounting for U.S. Earnings."

(57) データではこの部分は、生前贈与や大学資金も含めれば３・８％に上がる。

(58) Jeffrey R. Campbell and Mariacristina De Nardi, "A Conversation with 590 Entrepreneurs," *Annals of Finance* 5 (2009): 313–327.

(59) ライフサイクル条件での住宅生産の重要性を浮き彫りにする定量研究としては、たとえば Michael Dotsey, Wenli Li, and Fang Yang, "Consumption and Time Use over the Life Cycle," *International Economic Review* 55 (2014): 665-692; および Michael Dotsey, Wenli Li, and Fang Yang, "Home Production and Social Security Reform," *European Economic Review* 73 (2015): 131–150を参照。

(60) De Nardi, French, and Jones, "Why Do the Elderly Save?"

(61) Mariacristina De Nardi, Giulio Fella, and Gonzalo Paz Pardo, "Fat Tails in Life-Cycle Earnings and Wealth Inequality" 2015; Guvenen, Karahan, Ozkan, and Song, "What Do Data on Millions."

(62) 計算時間短縮のため、我々は人々が65歳まで死なないと想定した。この想定は結果には影響しない。アメリカでは65歳未満で死ぬ成人数は少ないからだ。

(63) De Nardi, "Wealth Inequality and Intergenerational Links"; De Nardi and Yang, "Bequests and Heterogeneity"; Fang Yang, "Social Security Reform with Impure Intergenerational Altruism," *Journal of Economic Dynamics and Control* 37 (2013): 52-67.

(64) De Nardi and Yang, "Wealth Inequality."

(65) Ibid.

(66) たとえば Barry P. Bosworth and Sarah Anders, "Saving and Wealth Accumulation in the PSID, 1984-2005," NBER Working Paper No. 17689

(2011)を参照。

（67） Castañeda, Díaz-Giménez, and Ríos-Rull, "Accounting for U.S. Earnings."

（68） De Nardi, "Wealth Inequality and Intergenerational Links"; George Tauchen, "Finite State Markov-Chain Approximations to Univariate and Vector Autoregressions," *Economic Letters* 20 (1986): 177–181.

（69） De Nardi, "Wealth Inequality"; Tauchen, "Finite State Markov-Chain Approximations."

（70） Jason DeBacker, Vasia Panousi, and Shanthi Ramnath, "The Properties of Income Risk in Privately Held Businesses," Federal Reserve Board Working Paper No. 2012-69 (2012).

（71） De Nardi and Yang, "Wealth Inequality."

第15章　世襲資本主義のフェミニスト的解釈

本章は２０１５年12月１日から４日のロックフェラー財団・ベラジオ・センターでの会議で発表された。会議参加者、特にTodd Tucker, Art Goldhammer, Brad DeLong, Branko Milanovich にとても有益なコメントをいただき感謝する。あらゆるまちがいは、私だけのものである。

（１） Thomas Piketty, "Putting Distribution Back at the Center of Economics: Reflections on *Capital in the Twenty-First Century*," *Journal of Economic Perspectives* 29, no. 1 (Winter 2015): 69, 当人の *Capital in the Twenty-First Century*, 20, 35.（『21世紀の資本』、22－23、38頁）の引用。

（２） Thomas Piketty, *Capital in the Twenty-First Century*, trans. Arthur Goldhammer (Cambridge, MA: Belknap Press of Harvard University Press, 2014), 378.（トマ・ピケティ『21世紀の資本』、山形浩生他訳、みすず書房、２０１４、３９３頁）

（３） Ibid.

（４） その創設時から、フェミニスト経済学は意図的に交差性の問題には注意してきた。相続パターンは人種集団では大きく異なり、特にアフリカ系アメリカ人の奴隷制の歴史を持つアメリカではそれが顕著である。本書第６章と20章は、人種衡平問題を特ちだして扱っている。

（５） Bradford DeLong, "Bequests: An Historical Perspective," University of California, Berkeley (2003). http://www.j-bradford-delong.net/econ_articles/estates/delongestatesmunnell.pdf

（６） Simon Kuznets, "Economic Growth and Income Inequality," *American Economic Review* 45, no. 1 (March 1955): 26.

（７） Piketty, *Capital*, 11.（ピケティ『21世紀の資本』、12頁）

（８） J. B. Clark, "Distribution as Determined by a Law of Rent," *Quarterly Journal of Economics* 5, no. 3 (1891): 289–318, at 313.

（９） Piketty, *Capital*, 11.（ピケティ『21世紀の資本』）

（10） N. Gregory Mankiw, David Romer, and David N. Weil, "A Contribution to the Empirics of Economic Growth," *Quarterly Journal of Economics* 107, no. 2 (1992): 407-437.

（11） J. Bradford DeLong, Claudia Goldin, and Lawrence Katz, "Sustaining U.S. Economic Growth," in *Agenda for the Nation*, ed. Henry J. Aaron, James M. Lindsay, and Pietro S. Nivola (Washington, DC: Brookings Institution, 2003).

（12） Paul M. Romer, "Human Capital and Growth: Theory and Evidence," Working Paper (National Bureau of Economic Research, November 1989), http://www.nber.org/papers/w3173; Paul Romer, "Increasing Returns and Long-Run Growth," *Journal of Political Economy* 94, no. 5 (October 1986): 1002-1037, http://www.apec.umn.edu/grad/jdiaz/Romer\201986.pdf.

（13） Jacob A. Mincer, *Schooling, Experience, and Earnings* (New York: Columbia University Press, 1974), http://papers.nber.org/books/minc74-1; また Thomas Lemieux, "The `Mincer Equation' Thirty Years after Schooling, Experience, and Earnings," in *Jacob Mincer: A Pioneer of Modern Labor Economics* (New York: Springer Science and Business Media, 2006), 127-145も参照。

（14） Gary S. Becker, *The Economics of Discrimination, 2nd ed.* (Chicago: University of Chicago Press, 1971).

（15） Kenneth Arrow, "Some Mathematical Models of Race in the Labor Market," in *Racial Discrimination in Economic Life*, ed. A. H. Pascal (Lexington, MA: Lexington Books, 1972).

（16） Chang-Tai Hsieh, Erik Hurst, Charles Jones, and Peter Klenow, "The Allocation of Talent and U.S. Economic Growth," NBER Working Paper No. 18639 (January 2013), http://www.nber.org/papers/w18693.

（17） U.S. Bureau of Labor Statistics, Civilian Labor Force Participation Rate: Women" (LNS11300002), https://research.stlouisfed.org/fred2/series/LNS11300002, accessed May 16, 2016.

（18） Katrin Elborgh-Woytek et al., "Women, Work, and the Economy: Macroeconomic Gains from Gender Equity," IMF Staff Discussion Note, September 2013, http://www.imf.org/external/pubs/ft/sdn/2013/sdn1310.pdf; DeAnne Aguirre et al., "Empowering the Third Billion: Women and the World of Work in 2012," (Booz \& Company, October 15, 2012), http://www.strategyand.pwc.com/reports/empowering-third-billion-women-world-2.

（19） Eileen Appelbaum, Heather Boushey, and John Schmitt, "The Economic Importance of Women's Rising Hours of Work," Center for Economic and Policy Research and Center for American Progress, April 2014.

（20） Benjamin Bridgman, Andrew Dugan, Mikhael Lal, Matthew Osborne, and Shaunda Villones, "Accounting for Household Production in the National Accounts, 1965-2010," Bureau of Economic Analysis, May 2012, https://www.bea.gov/scb/pdf/2012/05\20May/0512_household.pdf; Bridgman, "Accounting for Household Production in the National Accounts: An Update, 1965-2014," Bureau of Economic Analysis, February 2016, https://www.bea.gov/scb/pdf/2016/2\20February0216_accounting_for_household_production_in_the_national_accounts.pdf.

（21） IGM Forum," Inequality and Skills," panelist poll, University of Chicago, Booth School of Business, The Initiative on Global Markets, January 24, 2012, http://www.igmchicago.org/igm-economic-experts-panel/poll-results?SurveyID=SV_01AlhdDHZFoRDrm.

（22） 『21世紀の資本』の「はじめに」での手法解説で、ピケティは現代経済学批判の言葉を濁さない――「率直に言わせてもらうと、経済学という学問分野は、まだ数学だの、純粋理論的でしばしばきわめてイデオロギー偏向を伴った憶測だのに対するガキっぽい情熱を克服できておらず、そのために歴史研究や他の社会科学との共同作業が犠牲になっている」。Piketty, *Capital*, 32.（ピケティ『21世紀の資本』、32頁）

（23） Thomas Piketty and Emmanuel Saez, "Income Inequality in the United States, 1913-1998," *Quarterly Journal of Economics* 118, no. 1 (February 2003): 1-39.

（24） Piketty, *Capital*, 1.（ピケティ『21世紀の資本』、2頁）強調引用者。

（25） $r > g$が本当に我々の経済をあらわしているかという検討は他の章に譲る。

（26） Ibid., 173.（同書、181頁）強調引用者。これはこの用語が登場する11回目である。最初に登場するのは154（邦訳では162頁）。

（27） Ibid., 571.（同書、602頁）

（28） Piketty, "Putting Distribution Back at the Center," 84.

（29） Ibid.

（30） Daron Acemoglu and James Robinson, "The Rise and Decline of General Laws of Capitalism," *Journal of Economic Perspectives* 29, no. 1 (Winter 2015): 9.

（31） 労働市場に関する古典的読み方としてはDavid Card and Alan Krueger, *Myth and Measurement: The New Economics of the Minimum Wage* (Princeton, NJ: Princeton University Press, 1995)を参照。

（32） Julie Nelson, "Feminist Economics," in *The New Palgrave Dictionary of Economics*, ed. Steven N. Durlauf and Lawrence E. Blume (New York: Palgrave Macmillan, 2008), http://www.sdum.uminho.pt/uploads/

palgraver.pdf.

(33) Marilyn Waring, *If Women Counted: A New Feminist Economics*, 序文 Gloria Steinem (San Francisco: Harper, 1990).

(34) Bridgman et al., "Accounting for Household Production in the National Accounts, 1965-2010"; Bridgman, "Accounting for Household Production in the National Accounts: An Update, 1965-2014"; Bridgman, "Home Productivity," Bureau of Economic Analysis, February 2013, http://bea.gov/papers/pdf/homeproductivity.pdf. また Duncan Ironmonger and Faye Soupourmas, "Output-Based Estimates of the Gross Household Product of the United States 2003–2010: And Some Interactions of GHP with Gross Market Product during the Great Financial Crisis (2008-2009)," 32nd General Conference of the International Association for Research in Income and Wealth, Boston, 2012での発表論文, http://www.iariw.org/papers/2012/IronmongerPaper.pdfも参照。

(35) Thomas Piketty, Emmanuel Saez, and Gabriel Zucman, "Distributional National Accounts: Methods and Estimates for the United States," Working Paper (December 2, 2016), http://gabriel-zucman.eu/files/PSZ2016.pdf.

(36) Nelson, "Feminist Economics."

(37) Julie A. Nelson and Marianne A. Ferber, *Beyond Economic Man: Feminist Theory and Economics* (Chicago: University of Chicago Press, 1993).

(38) これについては豊富な文献があるが、たとえばSheldon Danziger and Peter Gottschalk, *America Unequal* (New York: Russell Sage Foundation, 1995)を参照。

(39) 『21世紀の資本』をフランス語から英語に訳した Art Goldhammer に連絡して、「世襲制」という言葉にジェンダー化された意味がフランス語であるかどうか尋ねた。彼は、ないと言った。元のフランス語では「patrimoine」はジェンダー中立的な言葉である。「Patrimoine」は単に富、相続財産、遺産を意味する。「Le patrimoine national」は、経済的、文化的な両方の意味での国民資産を意味する。博物館や美術館は「le patrimoine national」を保存するものとされるという。Goldhammer はまた、patrimonyという英語の訳語が懸念事項だったと述べた。だが「何度かやりとりをした結果、［彼らは］フランス語に近い用語のままにしておいて、文がトマの用法を決めるに任せるのがいちばんいいと判断した」

(40) Jane Humphries, "*Capital in the Twenty-First Century*,," *Feminist Economics* 21, no. 1 (January 2, 2015): 164-173, doi:10.1080/13545701.2014.950679.

(41) Kathleen Geier, "How Gender Changes Piketty's ‵ *Capital in the Twenty-First Century*," *The Nation*, August 6, 2014, http://www.thenation.com/article/how-gender-changes-pikettys-capital-twenty-first-century/.

(42) Diane Perrons, "Gendering Inequality: A Note on Piketty's *Capital in the Twenty-First Century*," *British Journal of Sociology* 65, no. 4 (2014): 667-677, doi:10.1111/1468-4446.12114.

(43) 引用は John Ermisch, Marco Francesconi, and Thomas Siedler, "Intergenerational Mobility and Marital Sorting," *Economic Journal* 116 (July 2006): 659-679から；また Lawrence Stone, *The Family, Sex and Marriage: In England, 1500-1800* (New York: Harper and Row, 1977)も参照。

(44) Stone, *Family, Sex and Marriage*; Roger Chatier, ed., *Passions of the Renaissance*, trans. Arthur Goldhammer, vol. 3 of *A History of Private Life* (Cambridge, MA: Belknap Press of Harvard University Press, 1993), http://www.hup.harvard.edu/catalog.php?isbn=9780674400023; Michelle Perrot, ed., *From the Fires of Revolution to the Great War*, trans. Arthur Goldhammer, vol. 4 of *A History of Private Life* (Cambridge, MA: Belknap Press of Harvard University Press, 1990), http://www.hup.harvard.edu/catalog.php?isbn=9780674400023.

(45) Piketty, *Capital*, 240.（ピケティ『21世紀の資本』、２５０頁）

(46) この議論に関して詳しくは、Heather Boushey, *Finding Time: The Economics of Work-Life Conflict* (Cambridge, MA: Harvard University Press, 2016)第４章を参照。

(47) David M. Buss et al., "A Half Century of Mate Preferences: The Cultural Evolution of Values," *Journal of Marriage and Family* 63, no. 2 (May 1, 2001): 491-503, doi:10.1111/j.1741-3737.2001.00491.X.

(48) U.S. Bureau of Economic Analysis, "Table CAI. Personal Income Summary: Personal Income, Population, Per Capita Personal Income," http://www.bea.gov/iTable/iTable Html.cfm?reqid=70\&step=30\&isuri=1\&7022=20\&7023=7\&7024=non-industry\&7033=-\&7025=5\&7026=xx\&7027=2014\&7001=720\&7028=-1\&7031=5\&7040=-1\&7083–levels\&7029=20\&7090=70 (accessed May 17, 2016).

(49) Susan Patton, "Letter to the Editor: Advice for the Young Women of Princeton: The Daughters I Never Had," *Daily Princetonian*, March 29, 2013, http://dailyprincetonian.com/opinion/2013/03/letter-to-the-editor-advice-for-the-young-women-of-princeton-the-daughters-i-never-had/.

(50) Laura Chadwick and Gary Solon, "Intergenerational Income Mobility among Daughters," *American Economic Review* 92, no. 1 (March 2002): 343.

(51) Ibid.

(52) Ermisch, Francesconi, and Siedler, "Intergenerational Mobility and Marital Sorting."

(53) Sheryl Sandberg, *Lean In: Women, Work, and the Will to Lead* (New York: Alfred A. Knopf, 2013).（シェリル・サンドバーグ『LEAN IN――女性、仕事、リーダーへの意欲』、村井章子訳、日本経済新聞出版社、２０１３）

(54) Brendan Duke, "How Married Women's Rising Earnings Have Reduced Inequality Center for American Progress," September 2015, https://www.americanprogress.org/issues/women/news/2015/09/29/122033/how-married-womens-rising-earnings-have-reduced-inequality/; Maria Cancian and Deborah Reed, "Assessing the Effects of Wives' Earnings on Family Income In equality," *Review of Economics and Statistics* 80, no. 1 (February 1, 1998): 73–79.

(55) Duke, "Married Women's Rising Earnings."

(56) Philip Cohen, "Family Diversity Is the New Normal for America's Children," *Council on Contemporary Families Brief Reports*, September 4, 2014.

(57) Boushey, *Finding Time*, fig. 3.2.

(58) Andrew J. Cherlin, *Labor's Love Lost: The Rise and Fall of the Working-Class Family in America* (New York: Russell Sage Foundation, 2014).

(59) Sara McLanahan, "Diverging Destinies: How Children Are Faring under the Second Demographic Transition," *Demography* 41, no. 4 (2004): 607-627, doi:10.1353/dem.2004.0033. Andrew Cherlin, Elizabeth Talbert, and Suzumi Yasutakeのデータによると、２０１１年までに出産した二六歳から三一歳の大卒女性のうち、未婚は三人に一人未満だが、大卒でない女性だとこれが63％になる。Andrew J. Cherlin, Elizabeth Talbert, and Suzumi Yasutake, "Changing Fertility Regimes and the Transition to Adulthood: Evidence from a Recent Cohort," Johns Hopkins University, May 3, 2014.

(60) Annette Lareau, *Unequal Childhoods: Class, Race, and Family Life, 2nd ed.* (Berkeley: University of California Press, 2011).

(61) Piketty, *Capital*, 80.（ピケティ『21世紀の資本』、85頁）

(62) Linda Speth, "The Married Women's Property Acts, 1839-1865: Reform, Reaction, or Revolution?" in *The Law of Sex Discrimination*, ed. J. Ralph Lindgren et al., 4th ed. (Boston, MA: Wadsworth, 2010), 12–17; Equal Opportunity Credit Act, 15 U.S. Code \$ 1691.

(63) Nick Clegg, "Commencement of Succession to the Crown Act 2013," UK Parliament, March 26, 2015, http://www.parliament.uk/business/publications/written-questions-answers-statements/written-statement/Commons/2015-03-26/HCWS490/.

(64) Paul Menchik, "Primogeniture, Equal Sharing, and the U.S. Distribution of Wealth," *Quarterly Journal of Economics* 94, no. 2 (March 1980): 314.

(65) Menchik, ibid., 301はこう指摘する。「[Blinder, Stiglitz, Pryor] が提示したモデルは手法と想定において大きく異なっているが、一つの点では共通している。そのすべてにおいて、等しい共有は長子相続より分配的不平等が少ないと予測されている。そして一般に、家族内の相続不平等が小さければ、予測される分配的格差もそれだけ小さくなる」。

(66) Ibid., 314.

(67) Seth Stephens-Davidowitz, "Google, Tell Me. Is My Son a Genius?," *New York Times*, January 18, 2014, http://www.nytimes.com/2014/01/19/opinion/sunday/google-tell-me-is-my-son-a-genius.html.

(68) Council of Economic Advisers, "Women's Participation in Education and the Workforce," October 14, 2014, https://www.whitehouse.gov/sites/default/files/docs/womens_slides_final.pdf.

(69) Piketty, *Capital*, 421.（ピケティ『21世紀の資本』、４３７－４３８頁）

(70) Ibid., 332.（同書、３４５頁）

(71) １９７８年以来、社会保障労働収入データはトップコードされていない。１９５１－１９７７年について、著者たちは四半期ごとの労働収入データを使い、年額キャップの四倍に上る稼ぎを外挿できた。Wojciech Kopczuk, Emmanuel Saez, and Jae Song, "Uncovering the American Dream: Inequality and Mobility in Social Security Earnings Data since 1937," NBER Working Paper No. 13345 (August 2007), http://www.nber.org/papers/w13345.pdf.

(72) Lena Edlund and Wojciech Kopczuk, "Women, Wealth, and Mobility," NBER Working Paper No. 13162 (June 2007), http://www.nber.org/papers/w13162.pdf; Caroline Freund and Sarah Oliver, "The Missing Women in the Inequality Discussion," *Realtime Economic Issues Watch*, August 5, 2014, http://blogs.piie.com/realtime/?p=4430.

(73) Piketty, "Putting Distribution Back at the Center," 70.

(74) Piketty, *Capital*, 80.（ピケティ『21世紀の資本』、85頁）

第16章　増大する格差は、マクロ経済にとってどのような意味があるか？

(1) アメリカ経済に関するMoodyの分析モデルの詳細は、要望があれば提供する。

(2) 所得集団ごとの純価値はＦＲＢの消費者金融調査に基づく。

(3) 所得集団ごとの個人支出はＦＲＢの消費者金融調査とアメリカの金融会計に基づく。これを導くために使った手法は要望があれば提供する。

(4) 情報処理機器投資のデフレーターを左右する要因は他にもある。最近では特にこの機器の輸入シェアが大きい。

(5) この理論のよい展開を示すのがFrank Levy and Richard Murane, "Dancing with Robots: Human Skills for Computerized Work," Third Way white paper, July 17, 2013, http://www.thirdway.org/report/dancing-with-robots-human-skills-for-computerized-workである。

(6) ＣＥＳデータは各種の役割を果たすが、その大きなものはアメリカ消費者物価指数の構築だ。参考までに、２０１４年のＣＥＳ調査によると、同年で第一五分位にいる者たちは１５，５００ドル未満しか稼いでいない。第二五分位は１５，５００－３２，０００ドル、第三五分位は３２，０００－５５，０００ドル、第四五分位は５５，０００－９０，０００ドル、第五五分位は９０，０００ドル以上稼いだ。

(7) The Congressional Budget Office, "Housing Wealth and Consumer Spending," CBO Background Paper, 2007, https://www.cbo.gov/sites/default/files/110th-congress 2007-2008/reports/01-05-housing.pdfは、アメリカの体験を主体にこの文献の有益なサーベイを提供している。

(8) 連邦歳入のＧＤＰ比は第二次世界大戦後、平均で１７・５％強だ。現在では19％以上で、ハイテクブーム期の記録にかなり近い。

(9) Olivier Coibion, Yuriy Gorodnichenko, Marianna Kudlyak, and John Mondragon, "Does Greater Inequality Lead to More Household Borrowing?," Federal Reserve Bank of Richmond Working Paper No. 14-

01, January 2014, https://www.richmondfed.org/publications/research/working_papers/2014/wp_14-01 を参照。

（10） この分析は Mark Zandi, Brian Poi, and Scott Hoyt, "Wealth Matters (A Lot)," Moody's Analytics white paper, October 2015, https://www.economy.com/mark-zandi/documents/2015-10-10-Wealth-Matters-A-Lot.pdf で提示されている。

第17章　増大する格差と経済安定性

本章は、著者のオックスフォード大学における博士号論文 "The Long Run Evolution of Economic Inequality and Macroeconomic Shocks" (2013) の一部を利用している。また Anthony B. Atkinson と Paolo Lucchino との以前の共同研究にも基づいている。二人の貢献には大いに感謝する。Heather Boushey, Giulio Fella, Ian Malcolm, Stefan Thewissen には、本章の初稿にきわめて有益なコメントや議論をいただき感謝する。最後に、コメントや貢献が大いに本章を改善してくれたJoe Hasellに特に感謝を。

（1） Thomas Piketty, *Capital in the Twenty-First Century*, trans. Arthur Goldhammer (Cambridge, MA: Belknap Press of Harvard University Press, 2014).（トマ・ピケティ『21世紀の資本』、山形浩生他訳、みすず書房、２０１４）この点に関してピケティは「ある意味で、この不等式が私の結論全体の論理を総括しているのだ」と述べる（25, 邦訳では28－29頁）。

（2） 全般に、私は政治不安定性や社会不安定性には触れないが、もちろん明らかにこれらも関連する（本書の他の部分での議論参照）。

（3） J. E. Stiglitz, "Macroeconomic Fluctuations, Inequality, and Human Development," *Journal of Human Development and Capabilities* 13, no. 1 (2012): 31–58.

（4） Piketty, *Capital*, 471, 515.（ピケティ『21世紀の資本』、４８９－５３９頁）

（5） Ibid., 515.（同書、５３９頁）。他の各種対策が、Anthony Atkinson の近著で述べられている。これは参加型ベーシックインカムの導入から、政府が技術プロセスの方向性を左右するにはどうしたらいいか、市場競争政策などにより分配上の課題に取り組む提案がなされている。A. B. Atkinson, *Inequality: What Can Be Done?* (Cambridge, MA: Harvard University Press, 2015).（アンソニー・B・アトキンソン『21世紀の不平等』、山形浩生他訳、東洋経済新報社、２０１５）

（6） Atkinson, *Inequality*, 11.（アトキンソン『21世紀の不平等』、13頁）

（7） A. Demirgüç-Kunt and E. Detragiache, "Cross-Country Empirical Studies of Systemic Bank Distress: A Survey," *National Institute Economic Review* 192, no. 1 (2005): 68-83.

（8） P. Aghion, A. Banerjee, and T. Piketty, "Dualism and Macroeconomic Volatility," *Quarterly Journal of Economics* 114, no. 4 (1999): 1359-1397.

（9） このモデルはもっと伝統的なマクロ経済学の枠組みで、R. M. Goodwin, *A Growth Cycle* (Cambridge: Cambridge University Press, 1967) を再現したものだ。ここでは機能的な所得分布（個人の所得分配ではない）が内生的成長サイクルを生み出すのに重要な役割を果たす。利潤シェアが高ければ高い投資が促進され、それが雇用を生み出す。だが後者は賃金シェアを引き上げ、今度は投資と経済成長を引き下げる。

（10） John Kenneth Galbraith, *The Great Crash, 1929* (Boston: Houghton Mifflin, 1954).（ジョン・K・ガルブレイス『大暴落１９２９』、村井章子訳、日経ＢＰ社、２００８）

（11） 経済格差の１９７０年以降のトレンドについてはS. Morelli, T. Smeeding, and J. Thompson, "Post-1970 Trends in Within-Country Inequality and Poverty," in *Handbook of Income Distribution, vol. 2*, ed. A. B. Atkinson and François Bourguignon (Amsterdam: Elsevier North Holland, 2015) を参照。アメリカについてのもっと詳細な分析としてはJ. A. Parker and A. Vissing-Jorgensen, "Who Bears Aggregate Fluctuations and How?," *American Economic Review* 99, no. 2 (2009): 399-405; S. Morelli, "Banking Crises in the US: The Response of Top Income Shares in a Historical Perspective," CSEF Working Paper No. 359 (April 2014); F. Guvenen, G. Kaplan, and J. Song, "How Risky Are Recessions for Top Earners?," *American Economic Review* 104, no.s (2014): 148-153; および F. Guvenen, S. Ozkan, and J. Song, "The Nature of Countercyclical Income Risk," *Journal of Political Economy* 122, no. 3 (2014): 621-660を参照。

(12) R. Frank, *The High-Beta Rich: How the Manic Wealthy Will Take Us to the Next Boom, Bubble, and Bust* (New York: Random House, 2011), 157.

(13) B. B. Bakker and J. Felman, "The Rich and the Great Recession," IMF Working Paper WP/14/225 (December 2014).

(14) A. Mian and A. Sufi, *House of Debt: How They (and You) Caused the Great Recession, and How We Can Prevent It from Happening Again* (Chicago: University of Chicago Press, 2014).（アティフ・ミアン&アミール・サフィ『ハウス・オブ・デット』、岩本千晴訳、東洋経済新報社、2015）

(15) この問題は以下でさらに詳述。

(16) A. Berg, J. D. Ostry, and J. Zettelmeyer, "What Makes Growth Sustained?," *Journal of Development Economics* 98, no. 2 (2012): 149-166.

(17) B.Z. Cynamon and S. M. Fazzari, "Inequality, the Great Recession and Slow Recovery," *Cambridge Journal of Economics*, no. 5 (2015); T. Neal, "Essays on Panel Econometrics and the Distribution of Income" (PhD thesis, University of New South Wales, 2016).

(18) D. Rodrik, "Where Did All the Growth Go? External Shocks, Social Conflict, and Growth Collapses," *Journal of Economic Growth* 4, no. 4 (1999): 385-412.

(19) Ibid.

(20) Stiglitz, "Macroeconomic Fluctuations."

(21) Pikerty, *Capital.*（ピケティ『21世紀の資本』）

(22) たとえば総生産関数の完全競争と収穫一定の場合では「所得と富の分配は総和変数の決定には無関係である」。G. Bertola, R. Foellmi, and J. Zweimüller, *Income Distribution in Macroeconomic Models* (Princeton, NJ: Princeton University Press, 2006), 15. 新古典派経済成長モデルで、所得や富の分布とは無関係に総資本蓄積を作り出すのは、まさに線形の貯蓄関数（富や所得とは無関係）なのだ。J. E. Stiglitz, "Distribution of Income and Wealth Among Individuals," *Econometrica* 37, no. 3 (1969): 382-397. この結果はまた、代表的エージェント仮説の広範な使用につながり、これはその構築からしてエージェントの異質性を排除する。

(23) 詳細な説明としてはたとえば P. Aghion, E. Caroli, and C. Garcia-Penalosa, "Inequality and Economic Growth: The Perspective of the New Growth Theories," *Journal of Economic Literature* 37, no. 4 (1999): 1615-1660; および G. Bertola, "Macroeconomics of Distribution and Growth," in Atkinson and Bourguignon, *Handbook of Income Distribution*, 1:477-540を参照。

(24) Benhabib の理論的研究がこの考え方を掲げている。J. Benhabib, "The Tradeoff between Inequality and Growth," *Annals of Economics and Finance* 4 (2003): 491-507.

(25) 機会格差の役割としては F. Bourguignon, F. Ferreira, and M. Menendez, "Inequality of Opportunity in Brazil," *Review of Income and Wealth* 53, no. 4 (2007): 585-618を参照。

(26) O. Galor and O. Moav, "From Physical to Human Capital Accumulation: Inequality and the Process of Development," *Review of Economic Studies* 71, no. 4 (2004): 1001-1026.

(27) 実際、労働者（自分の賃金で生計をたてる）の限界貯蓄性向が資本家（資本収益で生計をたてる）より低いという想定の下では、高い利潤賃金比率は、物理資本の高い蓄積を意味し、したがって長期的には経済活動が高まる。この問題は、次節でさらに詳しく扱う。N. Kaldor, "A Model of Economic Growth," *Economic Journal* 67 (1957): 591-624; L. L. Pasinetti, "Rate of Profit and Income Distribution in

Relation to the Rate of Economic Growth" *Review of Economic Studies* 29, no. 4 (1962): 267–279.

(28) F. H. Ferreira, C. Lakner, M. A. Lugo, and B. Ozler, "Inequality of Opportunity and Economic Growth: A Cross-Country Analysis," IZA Discussion Paper No. 8243 (June 2014).

(29) 格差と成長の負の相関を初めて確認した研究は、期初の格差水準をその後の平均成長率と相関させる、国際回帰アプローチを使った。こうした研究はやがて精査され、データが改善して計測誤差を減らせるパネル構造や、考慮から外されていた時間不変変数による推計バイアスの検討が進むにつれて、堅牢性がないとされた。

(30) A. V. Banerjee and E. Dufio, "Inequality and Growth: What Can the Data Say?" *Journal of Economic Growth* 8, no. 3 (2003): 267–299; およびD. J. Henderson, J. Qian, and L. Wang, "The Inequality Growth Plateau," *Economics Letters* 128 (2015): 17-20は、ノンパラメトリック回帰を使って、格差と成長の非線形関係を推計している。これはBenhabib, "The Tradeoff" の理論的予想と部分的に整合している。

(31) S. Voitchovsky, "Does the Profile of Income Inequality Matter for Economic Growth?" *Journal of Economic Growth* 10, no. 3 (2005): 273–296.

(32) F. Cingano, "Trends in Income Inequality and Its Impact on Economic Growth" OECD Social, Employment and Migration Working Paper No. 163 (2014).

(33) M. Ravallion, "Why Don't We See Poverty Convergence?," *American Economic Review* 102, no. 1 (2012): 504-523.

(34) G. A. Marrero and J. G. Rodríguez, "Inequality of Opportunity and Growth" *Journal of Development Economics* 104 (2013): 107–122.

(35) F. H. Ferreira et al., "Inequality of Opportunity."

(36) Piketty, *Capital*, 39.（ピケティ『21世紀の資本』、41－42頁）

(37) T. Persson and G. Tabellini, "Is Inequality Harmful for Growth?,*American Economic Review* 84, no. 3 (1994): 600-621; and A. Alesina and D. Rodrik, "Distributive Politics and Economic Growth" *Quarterly Journal of Economics* 109, no. 2 (1994): 465-490.

(38) 要するに、Okunの本が有名な「水漏れするバケツ」でリソースを移転するという比喩を使って提示した、効率性と平等性の古典的二律背反の核心にある相補的な議論がこれだ。特にOkunは、金持ちから貧困者への再分配は、政府移転の受け取りが増える貧困世帯が努力をしなくなり、豊かな個人は高い限界税率に直面して、頑張って働くインセンティブを失うことになり、リソースを無駄にして、あまりに非生産的となりかねないと論じた。A. M. Okun, *Equality and Efficiency: The Big Tradeoff* (Washington, DC: Brookings Institution, 1975).

(39) Piketty, *Capital*, 499.（ピケティ『21世紀の資本』、５２０－５２１頁）

(40) J. Benhabib and A. Rustichini, "Social Conflict and Growth," *Journal of Economic Growth* 1, no. 1 (1996): 125–142.

(41) A. Jayadev and S. Bowles, "Guard Labor," *Journal of Development Economics* 79, no. 2 (2006): 328–348.

(42) E. Glaeser, J. Scheinkman, and A. Shleifer, "The Injustice of Inequality," *Journal of Monetary Economics* 50, no. 1 (2003): 199-222, at 200.

(43) またJ. A. Robinson and D. Acemoglu, *Why Nations Fail: The Origins of Power, Prosperity, and Poverty* (New York: Crown, 2012).（ダロン・アセモグル&ジェイムズ・A・ロビンソン『国家はなぜ衰退するのか——権力・繁栄・貧困の起源』、上下巻、鬼沢忍訳、ハヤカワ・ノンフィクション文庫、２０１６）も参照。

(44) A. Bonica and H. Rosenthal, "The Wealth Elasticity of Political Contributions by the Forbes 400" (2015), https://papers.ssrn.com/sol3/papers.cfm?abstract_id=2668780.

(45) B. I. Page, L. M. Bartels, and J. Seawright, "Democracy and the Policy Preferences of Wealthy Americans," *Perspectives on Politics* 11, no. 1 (2013): 51-73.

(46) S. Bagchi and J. Svejnar, "Does Wealth Inequality Matter for Growth? The

Effect of Billionaire Wealth, Income Distribution, and Poverty," *Journal of Comparative Economics* 43, no. 3 (2015): 505-530.

（47） J. E. Stiglitz, "New Theoretical Perspectives on the Distribution of Income and Wealth among Individuals," in *Inequality and Growth: Patterns and Policy, vol. 1, Concepts and Analysis*, ed. K. Basu and J. E. Stiglitz (Houndsmill, Basingstoke: Palgrave Macmillan, 2016).

（48） J. Stiglitz, "Inequality and Economic Growth" in *Rethinking Capitalism*, ed. M. Mazzucato and M. Jacobs (Hoboken, NJ: Wiley-Blackwell, 2016), 9.

（49） O. Galor and J. Zeira は "Income Distribution and Macroeconomics," *Review of Economic Studies* 60, no. 1 (1993): 35-52 で、借り手には執行費用と監督費用がかかるから、借りる利率は貸し手の利率とちがうと想定している。言い換えれば、信用融資は十分に高い富の所与量を相続した者だけにしか提供されない。したがって市場は大量の儲かる投資に資金提供せず、おかげで資源の配分ミスが生じ、総生産性や成長性も下がる。

（50） A. V. Banerjee and A. F. Newman の "Occupational Choice and the Process of Development," *Journal of Political Economy* 101, no. 2 (1993): 274-298 は、O. Galor and J. Zeira の "Income Distribution and Macroeconomics," *Review of Economic Studies* 60, no. 1 (1993): 35–52 とはちがう信用市場不完全性の構造を想定している。簡単に言うと、有限責任の存在（借り手の返済は、その人物の個人資産の価値で上限が制約されている）はモラルハザードの源を生み、借り手が行使したがる最適努力（費用がかかり観察不能）の量を減らす。これがさらには、リスクの高いプロジェクトの成功確率を引き下げる。

（51） J. Furman and J. E. Stiglitz, "Economic Consequences of Income Inequality," in *Income Inequality: Issues and Policy Options- A Symposium* (Kansas City, MO: Federal Reserve Bank of Kansas City, 1998), 255.

（52） A. S. Blinder, "Distribution Effects and the Aggregate Consumption Function," *Journal of Political Economy* 83, no. 3 (1975): 447-475. この原理はまた、ケインズの研究でも明言されている。「私は消費性向が、所得が増えるにつれて所得と消費の間のギャップが（通常は）広がるものと考えているので、そこからの当然の結論としては、社会全体としての消費性向は、その内部での所得分配に左右されかねないことになる」。J. M. Keynes, "Mr. Keynes on the Distribution of Incomes and 'Propensity to Consume': A Reply," *Review of Economics and Statistics* 21, no. 3 (1939): 129.

（53） 最近の危機は、経済が「ゼロ下限制約」（名目金利がゼロになるか近づく）下での流動性の罠問題を経験しているときに、中央銀行が直面する問題を再び提示した。「ゼロ下限制約」では、巨大な財政刺激策か、非伝統的金融政策（たとえば国債買い入れや家計へのお金の直接移転）をしないと経済が安定化しないとされる。

（54） Friedman-Modigliani-Blumberg 的な恒常所得仮説は一般に一定のＭＰＣを予想する。消費関数は、所得差が恒常所得水準からの一時的な逸脱に依存しているのであれば、横断水準で凹のままとなる（所得が一時的に向上水準を下回った個人は、所得が一時的に向上水準を上回った個人よりもずっと多く消費する）。最適消費関数は、最適化問題に不確実性を戻してやると、すぐに厳密な凹型に戻る (C. D. Carroll and M. S. Kimball, "On the Concavity of the Consumption Function," *Econometrica: Journal of the Econometric Society* 64, no. 4 (1996: 981-992)。さらに現在および将来の不確実性が、用心のための貯蓄ニーズを作り出し、これがベースラインの「完璧な予想」モデルに比べ、消費水準を大幅に減らす（用心貯蓄動機は手持ち現金が低くなると強まり、高いＭＰＣを示唆する）。流動性制約を含むモデル *m* また、消費関数の凹特性を再現する。これを示すのが C. D. Carroll and M. S. Kimball, "Liquidity Constraints and Precautionary Saving," NBER Working Paper No. 8496 (2001) である。

（55） データは１９８４年から２０００－２００１年のＦＥＳデータ、２０００－２００１年から２００７年までの支出と食品調査データ、その後は生活費と食品調査（ＬＣＦ）のデータに基づいている。

(56) E. Saez and G. Zucman, "Wealth Inequality in the United States since 1913: Evidence from Capitalized Income Tax Data," NBER Working Paper No. 20625 (2014); T. Jappelli and L. Pistaferri, "Fiscal Policy and MPC Heterogeneity," *American Economic Journal: Macroeconomics* 6, no. 4 (2014): 107–136.

(57) J. E. Stiglitz, *The Price of Inequality* (London: Penguin, 2012), 85.（ジョセフ・E・スティグリッツ『世界の99%を貧困にする経済』、楡井浩一他訳、徳間書店、２０１２、１４４頁）

(58) この効果は底辺十分位ではずっと強く、１９９３年から２００６年にかけて、貯蓄率は15ポイントも下がっている。この変化は同じ時期のトップ十分位の貯蓄率低下の三倍だ。したがって、各十分位ごとの貯蓄率の差は、過去数十年で拡大傾向にある。

(59) K. Schmidt-Hebbel and L. Serven, "Does Income Inequality Raise Aggregate Saving?" *Journal of Development Economics* 61, no. 2 (2000): 417-446; J. C. Cuaresma, J. Kubala, and K. Petrikova, "Does Income Inequality Affect Aggregate Consumption? Revisiting the Evidence," Vienna University Department of Economics Working Paper No. 210 (2016).

(60) また２００７／２００８年アメリカ危機の文脈で論じたのがB. Milanovic, "Two Views on the Cause of the Global Crisis?," Yale Global Online (2009), http://yaleglobal.yale.edu/content/two-views-global-crisis; J. Fitoussi and F. Saraceno, "Inequality and Macroeconomic Performance," Documents de Travail de lOFCE, (2010), 13; および R. G. Rajan, *Fault Lines: How Hidden Fractures Still Threaten the Global Economy* (Princeton, NJ: Princeton University Press, 2010) である。

(61) たとえば O. P. Attanasio and G. Weber, "Is Consumption Growth Consistent with Intertemporal Optimization? Evidence from the Consumer Expenditure Survey," NBER Working Paper No. 4795 (1994) を参照。

(62) 資産価値上昇（住宅と金融資産の両方）については、たとえば A. Mian and A. Sufi, *House of Debt: How They (and You) Caused the Great Recession, and How We Can Prevent It from Happening Again* (Chicago: University of Chicago Press, 2014).（アティフ・ミアン&アミール・サフィ『ハウス・オブ・デット』）を参照。信用融資の有無については、たとえば Mian and Sufi, "House Prices, Home Equity-Based Borrowing, and the U.S. Household Leverage Crisis," NBER Working Paper No. 15283 (2009); および K. E. Dynan and D. L. Kohn, "The Rise in US Household Indebtedness: Causes and Consequences," Divisions of Research \& Statistics and Monetary Affairs, Federal Reserve Board (2007) を参照。

(63) M. Bertrand and A. Morse, "Trickle-Down Consumption," NBER Working Paper No. 18883 (2013).

(64) 著者たちはアメリカ消費者支出調査（ＣＥＸ）のデータを、所得動学パネル調査（ＰＳＩＤ）、March Current Population Survey（ＣＰＳ）およびUniversity of Michigan の Survey of Consumers のデータと組み合わせている。.

(65) Blinder, "Distribution Effects," 472.

(66) これは K. Arrow et al., "Are We Consuming Too Much?" *Journal of Economic Perspectives* 18, no. 3 (2004): 147–172, at 158で回想されている。

(67) 個人レベルでの相対的な懸念の存在が、全体としての最適以下の消費水準につながる理論的条件に関する詳しい議論としては K. J. Arrow and P. S. Dasgupta, "Conspicuous Consumption, Inconspicuous Leisure," *Economic Journal* 119 (2009): F497-F516; および C. Quintana-Domeque and F. Turino, "Relative Concerns on Visible Consumption: A Source of Economic Distortions," *B.E. Journal of Theoretical Economics* 16, no. 1 (2016): 33–45を参照。また所得分配変化に対する消費反応のもっと完全な分類としては R. Frank, A. Levine, and O. Dijk, "Expenditure Cascades" (September 2010), doi: 10.2139/ssrn.1690612 の「支出カスケード」モデルを参照。

(68) A. B. Atkinson and S. Morelli, "Inequality and Banking Crises: A First

Look" report for the International Labour Organisation (2010), https://www.nuffield.ox.ac.uk/Users/Atkinson/Paper-Inequality\20and\20Banking\20Crises-A\20First\20Look.pdf; Atkinson and Morelli, "Economic Crises and Inequality," UN Development Programme Human Development Research Paper 2011.06 (2011), http://hdr.undp.org/en/content/economic-crises-and-inequality; および M. D. Bordo and C. M. Meissner, "Does Inequality Lead to a Financial Crisis?" *Journal of International Money and Finance* 31, no. 8 (2012): 2147-2161.

(69) S. Morelli, and A. B. Atkinson, "Inequality and Crises Revisited," *Economia Politica* 32, no. 1 (2015): 31-51.

(70) データの出所は A. B. Atkinson and S. Morelli, "Chartbook of Economic Inequality," ECINEQ Working Paper 324 (2014).

(71) S. Morelli, and A. B. Atkinson, *Inequality and Crises Revisited*, 48.

(72) 詳細な記述が O. J. Blanchard, D. Romer, M. Spence, and J. E. Stiglitz, *In the Wake of the Crisis: Leading Economists Reassess Economic Policy* (Cambridge, MA: MIT Press, 2012) にある。

(73) Stiglitz, "Macroeconomic Fluctuations."

(74) この理論は前節で論じた信用制約仮説と対照的に思えるかもしれないが、必ずしも整合しないわけではない。

(75) J. Zinman, "Household Debt: Facts, Puzzles, Theories, and Policies," *Annual Review of Economics* 7 (2015): 251–276 は家計負債決定要因についての徹底した詳しい記述を提供している。

(76) このモデルは要素所得の間のきわめて高い格差（つまり資本シェア増加）と、投資家と貯蓄家の大幅な分離が、「負債積み上がりフェーズ」を持つ長めの経済周期実現の条件を左右することを裏付けている。Aghion, Banerjee, and Piketty, "Dualism."

(77) M. Iacoviello, "Household Debt and Income Inequality, 1963–2003," Journal of Money, Credit and Banking 40, no. 5 (2008): 929-965; M. Kumhof and R. Rancière, "Inequality, Leverage and Crises," IMF Working Paper WP/10/268 (November 2010); および M. Kumhof, R. Rancière, and P. Winant, "Inequality, Leverage, and Crises," *American Economic Review* 105, no. 3 (2015): 1217–1245.

(78) W. Kopczuk and E. Saez, " Top Wealth Shares in the United States: 1916–2000: Evidence from Estate Tax Returns," NBER Working Paper No. 10399 (2004).

(79) S. P. Jenkins, "Has the Instability of Personal Incomes Been Increasing?," *National Institute Economic Review* 218, no. 1 (2011): R33-R43.

(80) 負債と格差指標の相関は０・８を大幅に上回り、１％有意水準で有意となっている。

(81) C. Perugini, J. Hölscher, and S. Collie, "Inequality, Credit Expansion and Financial Crises," MPRA Paper No. 51336 (2013), https://mpra.ub.uni-muenchen.de/51336/. この研究は１９２０－２０００年の同じ先進国14カ国のパネルを使った上述の Bordo and Meissner, *Does Inequality* とは対立する結果が出ている。後者の場合、トップ所得シェアの上昇は信用ブームにはつながらない。

(82) A. Scognamillo et al., "Inequality Indebtedness and Financial Crises," technical report, Università degli Studi di Firenze, Dipartimento di Scienze per l'Economia e l'Impresa (2015).

(83) O. Coibion, Y. Gorodnichenko, M. Kudlyak, and J. Mondragon, "Does Greater Inequality Lead to More Household Borrowing? New Evidence from Household Data," IZA Discussion Paper No. 7910 (2014), http://ftp.iza.org/dp7910.pdf.

(84) M. Carr, and A. Jayadev, "Relative Income and Indebtedness: Evidence from Panel Data," Department of Economics, University of Massachusetts Boston, Working Paper No. 2013-02 (2013), http://repec.umb.edu/RePEc/files/2013_02.pdf.

(85) D. Georgarakos, M. Haliassos, and G. Pasini, "Household Debt and Social Interactions," Netspar Discussion Paper No. 11/2012-042 (2012), http://arno.uvt.nl/show.cgi?fid=127996.

(86) これに対する例外の一つはオランダ家計調査であり、これはたとえば、あらゆる個人について参照集団の平均所得がどのくらいだと思っているかを尋ねている。

（87）たとえばG. De Giorgi, A. Frederiksen, and L. Pistaferri, "Consumption Network Effects," CEPR Discussion Paper, No. DP11332, (2016) はまさにこれをデンマーク行政ミクロデータを使って行っている。

（88）D. Rodrik, "Good and Bad Inequality," *Project Syndicate*, December 11, 2014, http://www.project-syndicate.org/commentary/equality-economic-growth-tradeoff-by-dani-rodrik-2014-12.

第18章　格差と民主主義の台頭

有益なコメントについてBranko Milanovic、Arthur Goldhammer、John Schmitt、Steven Durlauf、および共編者Heather Boushey とBrad DeLong の有益なコメントに感謝する。また John Taylor Hebden には *The Persistence of the Old Regime* の参照について感謝する。

書誌についての註：本章は、国民政治についての二次的な情報源や叙述的記述に大きく頼っている：Eric Foner, *America's Unfinished Revolution, 1863-1877* (New York: Harper and Row, 1988); Arno Mayer, *The Persistence of the Old Regime: Europe to the Great War, 2nd ed.* (London: Verso, 2010); George Dangerfield, *The Strange Death of Liberal England* (1935; Stanford, CA: Stanford University Press, 1997); Eric Weitz, *Weimar Germany: Promise and Tragedy* (Princeton, NJ: Princeton University Press, 2007).

（1）一般参政権が税引き&移転後の所得格差の度合いを抑えるという考えの定式化処理としては A. H. Meltzer and S. F. Richard, "A Rational Theory of the Size of Government," *Journal of Political Economy* 89, no. 3 (1981): 914-927を参照。もっと細やかな見方として、公教育を通じた民主主義が、格差を政治により減らす経路として明示的に関連づけたものが John E. Roemer, *Democracy, Education, and Equality, Graz-Schumpeter Lectures*, Econometric Society Monographs (2006) に示されている。

（2）所得と富の税制が格差力学の決定的な要因だったという議論としては Thomas Piketty, *Capital in the Twenty-First Century*, trans. Arthur Goldhammer (Cambridge, MA: Belknap Press of Harvard University Press, 2014).（トマ・ピケティ『21世紀の資本』、山形浩生他訳、みすず書房、２０１４）および T. Piketty and G. Zucman, "Capital Is Back: Wealth-Income Ratios in Rich Countries 1700-2010," *Quarterly Journal of Economics* 129, no. 3 (2013): 1255-1310を参照。

（3）格差減少において労組化と労働市場規制が果たした役割については G. E. Gilmore and T. J. Sugrue, *These United States: A Nation in the Making, 1890 to the Present* (New York: W. W. Norton, 2015)を参照。

（4）格差低減に対して保健、教育、インフラが果たした貢献については R. Fogel, *The Escape from Hunger and Premature Death, 1700-2100* (Cambridge: Cambridge University Press, 2004); D. L. Cosa, "Health and the Economy in the United States from 1750 to the Present," *Journal of Economic Literature* 53, no. 3 (2015): 503-570; および J. Ferrie and W. Troesken, "Water and Chicago's Mortality Transition," *Explorations in Economic History* 45, no. 1 (2008): 1-16を参照。

（5）19世紀末と20世紀初頭の経済危機があれほど悲惨なものになり、労働市場の回復が長く痛々しいものになった主な原因は金本位制だった。M. Friedman and A. J. Schwartz, *A Monetary History of the United States, 1867-1960*, National Bureau of Economic Research Publications (1963).（ミルトン・フリードマン&アンナ・シュウォーツ『大収縮１９２９-１９３３「米国金融史」第7章』、久保恵美子訳、日経ＢＰ社、２００９）。

（6）ドイツの場合、このプロセスが失敗したのはスパルタクス団が社会民主党から分離して、やがて共産党を組織し、その両者が決して統合することがなかったことだ。これはナチスによる支配の必要条件だった。アメリカでは、これは最終的に古い政治集団である民主党が生き残り、新しい左翼運動がそこに融合したことで、この時期の当初の民主党とは劇的にちがった連合体ができたことだった。フランスでは、人民戦線は最後まで支持者たちの完全な統合を実現できず、政治がナチスの攻撃の前に絶望的に分裂していたことだった。以下を参照。

(7) 大量の研究文献が論じるところでは、実は正反対で、まさに民主主義化こそが、アンシャンレジームの企業主義に対して資本主義イデオロギーの勝利をフランスにもたらした。本巻第19章およびPierre Rosanvallon, *The Demands of Liberty: Civil Society in France since the Revolution* (Cambridge, MA: Harvard University Press, 2007)を参照。Mayer, *Persistence of the Old Regime*は、アンシャンレジーム期の政治権力力学を一般普通選挙の時代にかなり入っても維持させてきたのが、まさに資本主義イデオロギーとブルジョワジーの間でのその政治的支持の統合なのだと論じている。

(8) E. Foner, *America's Unfinished Revolution, 1863-1877, updated ed.* (New York: Harper Perennial Modern Classics, 2014); およびI. Katzelson, *Fear Itself: The New Deal and the Origins of Our Time* (New York: Liveright, 2013)を参照。

(9) Henry Georgeと単一税を巡る論争はMary O. Furner, *Advocacy and objectivity: A Crisis in the Professionalization of American Social Science, 1865-1905* (Lexington: University Press of Kentucky, 1975)で扱われている。

(10) S. C. Walker, "The Movement in the Northern States," *Publications of the American Economic Association* 8 (1893): 62–74. この参考文献についてJenny Bourne教授に感謝する。

(11) ピケティは「ベッカーは人的資本が増大すると、相続財産の重要性が失われてしまうという考えを明確に主張しているわけではないが、かれの研究結果ではしばしばそれが明確にされている。実際、かれは教育の重要性の増大によって、社会は『もっと実力主義的』になってきたと（詳細には触れないまま）しばしば言及している」と書いている。Piketty, *Capital*, 616.（ピケティ『21世紀の資本』注54－55）

(12) P. Temin and B. A. Wigmore, "The End of One Big Deflation," *Explorations in Economic History* 27 (1990): 483-502.

(13) 第3改革案の後ですら、多くの男性とすべての女性は参政権がないままだった。参政権のない者たちは圧倒的にアイルランドに多かった。

(14) Pierre Rosanvallon および本書第19章のDavid Grewal はどちらも、民主主義政治は実は、経済に対する国家の力の制約を支持する支持層ブルジョワジーを作り出したことで、資本主義イデオロギー確立の重要要素だったと論じている。Arno Mayer は、一九世紀を通じて右翼政治を維持してきたのは、まさに一つのイデオロギーの背後に二つの政治的利害（ブルジョワジーと貴族）が統合されたことだったと論じている。Mayer, *Persistence of the Old Regime*, およびRosanvallon, *The Demands of Liberty*を参照。

(15) Mayer, *Persistence of the Old Regime*.

(16) F. Scheuer and A. Wolitzky, "Capital Taxation under Political Constraints," working paper (2015), http://web.stanford.edu/~scheuer/capital_tax_reforms.pdf.

(17) この意味で、彼の態度はユーロ圏に対するギリシャの債務見直しを求めようとする一連のギリシャ政府のものと似ている。そして当然ながらその失敗も同じ理由による。つまり引き金を引く気がないなら、自分の頭に銃をつきつけるのは愚かだということだ（そしてその気があるならこれまた愚かだとも言える）。

(18) ヴァイマルのハイパーインフレについては、（少なくとも）二つのちがった、まちがった歴史説明が存在する。経済学者の間では、基礎となる引用はThomas J. Sargent, "The Ends of Four Big Inflations," in *Inflation: Causes and Effects*, ed. R. E. Hall (Chicago: University of Chicago Press, 1982)である。これは時代錯誤的にも、ドイツ、オーストリア、ハンガリー、ポーランドの四つの同時発生的なインフレをそれぞれ独立した現象として解釈し、同時期のチェコスロバキアにおけるハイパーインフレ不発を有意な対照事例として扱っている。Sargentによれば、責めを負うべきは財政的に無責任な財務省の支配下で苦しむ、首根っこをつかまれた中央銀行であり、それぞれの場合の解決策は、国内政治当局が独立中央銀行が財政緊縮と並行して存在するのを許したことだったという。実はこれらのハイパーインフレは、すべてどんな税率だろうと実現不可能なほど重い賠償金支払い予定により引き起こされたものであり、連合国がその要求を緩和して戦後政府、特にヴァイマル政府に存続を許したことで終わった。Sargentの懐古的な解釈は、1970年代のスタグフレーションに大きく影響されているが、現代の右翼によるハイパーインフレの原因に関する議論に対する重要な先達となっている。政府の国内反対派は、ヴェルサイユ条約とドイツの敗北と裏切りを責めるだけでなく、左翼的な社会政策による支出も悪者にした。もう一つのまちがった歴史学的な主張はハイパーインフレが、敗戦により十分打撃を受けなかった国粋的で拡張主義的なドイツ政体による、正当な賠償金から逃れようという計算ずくの試みだったと考える。この読みによると、連合国がやがて採用した賠償金についての穏健策は、同盟国の腰砕けのおかげでナチス支配をもたらした、長期融和主義の発端ということになる。ヴァイマル期ハイパーインフレについての歴史記述について詳しくはM. Steinbaum, "The End of One Big Inflation and the Beginning of One Big Myth" (2015), The Stein blog, http://steinbaum.blogspot.com/2015/01/the-end-of-one-big-inflation-and.htmlを参照。

（19） Weitz, *Weimar Germany*, 145.

（20） 一〇年後にアメリカで生じた公平労働基準法のように、ドイツの法制は農業労働者と臨時雇用者を除外した。これはしたがって、アメリカのこうした法制が白人有位主義の政治的特異性の結果だったというKatzelsonの議論に対する興味深い判例となる。

（21） George Orwell, *The Road to Wigan Pier* (New York: Harcourt, 1958), イギリスでの初刊行はLeft Book Club, 1937.（ジョージ・オーウェル『ウィガン波止場への道』、土屋宏之他訳、ちくま学芸文庫、1996）

第19章　資本主義の憲法

本章についてのコメントをくれたHeather Boushey, Ian Malcolm, Marshall Steinbaum, そして特にBrad DeLongに感謝する。本章は私の以前発表した『21世紀の資本』書評 "The Laws of Capitalism," *Harvard Law Review* 128 (December 2014): 626-667および近刊拙著 *The Invention of the Economy: A History of Economic Thought* (Harvard University Press)に基づくものである。

（1） Thomas Piketty, *Capital in the Twenty-First Century*, trans. Arthur Goldhammer (Cambridge, MA: Belknap Press of Harvard University Press, 2014).（トマ・ピケティ『21世紀の資本』、山形浩生他訳、みすず書房、2014）

（2） fig. 10.9 in Piketty, *Capital*, 354.（ピケティ『21世紀の資本』、369頁（図10－9））

（3） Ibid., 571（同書、602頁）

（4） Keynes, *The General Theory of Employment, Interest, and Money* (London: Harcourt, 1964): 217–221, 372–384.（ジョン・メイナード・ケインズ『雇用、利子、お金の一般理論』、山形浩生訳、講談社学術文庫、2012、203－212、305－308頁）

（5） Marx, *Capital*, vol. 3, pt. 3, 特にchap. 13.（カール・マルクス『資本論』）マルクスは、利潤率低下を資本主義的生産において「変動」資本に対して「固定」資本（つまりは労働に対する資本）が増える論理的な結果だとして導いている。彼は利潤が余剰労働の収奪を通じて生み出されると論じているので、この増大する比率は次第にシステムから「生活」資本を絞り出すことで利潤率を減らす。

（6） データの説明の中で、ピケティは「資本主義の第一法則」、つまり国民所得のうち資本に行くシェアαは、資本収益率rに資本の所得比率βをかけ算したものというのを持ち出す (Piketty, *Capital,* 50-55、『21世紀の資本』、54–60頁)。これは会計上の定義式であり、これによりピケティは資本資産の価値の年間生産の価値に対する割合(β)を、資本所有者に資産収益率経由でわたる総所得シェアに関係づけられる(fig 6.5, ibid. 222. (同書、231頁)、図6–5で描かれているように)。

(7) ピケティの第二法則は、資本と所得の比率が総成長率に対する貯蓄率の比率を反映するというものだ (ibid., 166-170、同書、173–179頁)。この第二法則は数理的なものではなく、傾向だ。長期的に各種の前提の下では、国民資産の価値が国民所得に対する比率は、貯蓄率が年間成長率に対して持つ比率で決まる。

(8) ピケティの以下の主張「資本収益率が産出と所得の成長率を上回るとき(中略)資本主義は自動的に、恣意的で持続不可能な格差を生み出す」(ibid., 1. (同書2頁) 強調引用者)と、後の主張「さらに、もし資本収益率が長期的に成長率を大きく上回っていれば(中略)富の分配で格差が増大するリスクは大いに高まる」(25、(同書28頁)、強調引用者)を比べると、後者は自動プロセスよりは傾向を示唆している。もっと一般的に、彼の次の発言を見よう。「$r>g$という不等式は、絶対的な論理的必然ではなく、様々なメカニズムによって決まる歴史的現実として分析する必要がある」(361、(同書376頁))。

(9) それぞれibid., 25, 350, 353, 358, 571, 572. (同書28、366、365、368、373、601、602頁) を参照。

(10) Ibid., 361-366, 372-375. (同書、376–381、387–390頁)

(11) Ibid., 30-33, 573-575. (同書、33–36、604–606頁)

(12) Adam Smith, *The Wealth of Nations,* 1.1.(アダム・スミス『国富論/国の豊かさの性質とその原因についての検討』、山形浩生訳、https://genpaku.org/smith01/smith.pdf, 8-9)

(13) この点についてはIstvan Hont and Michael Ignatieff, "Needs and Justice in *The Wealth of Nations,*" in *Wealth and Virtue: The Shaping of Political Economy in the Scottish Enlightenment,* ed. Hont and Ignatieff (Cambridge: Cambridge University Press, 1983), 3-6, 23–25を参照。

(14) 存命中のスミスの社会過激派としての名声に関する説明と、死後の彼の評判変化についての説明としてはEmma Rothschild, "Adam Smith and Conservative Economics," *Economic History Review* 45 (1992): 74-96を参照。

(15) Henry Maine, *Ancient Law* (1861), chap. 5. (ヘンリー・サムナー・メイン『古代法』、安西文夫訳、信山社出版、1990、第5章)

(16) たとえばJohn Stuart Mill, *Chapters on Socialism* (1879)を参照。彼の思想の重要な展開(これは彼の晩年の労組主義支持とも一致する)についてはMill, "Thornton on Labour and Its Claims," pt. 1, *Fortnightly Review,* May 1869, 505-518: およびMill, "Thornton on Labor and Its Claims," pt. 2, *Fortnightly Review,* June 1869, 680-700を参照。こうした問題についてのマルクスのコメントは各種著作に散在している。マルクス思想の解放的、平等主義的野心についての慎重な研究としてはAllen Wood, *The Free Development of Each* (Oxford: Oxford University Press, 2014), 252–273を参照。

(17) Kuznetsは、1913年から1948年のアメリカの経済成長と国民所得に関する研究で1971年にノーベル賞を受賞した。Simon Kuznets, *Shares of Upper Income Groups in Income and Savings* (New York: National Bureau of Economic Research, 1953)を参照。

(18) Hans Ritter, *Dictionary of Concepts in History* (Westport, CT: Greenwood Press, 1986), 26-27; ちなみに「資本」「資本家」という用語は18世紀に確立したことに注意。

(19) Istvan Hont, Bela Kapossy, and Michael Sonenscher, *Politics in Commercial Society* (Cambridge, MA: Harvard University Press, 2015); C. J. Berry, *The Idea of Commercial Society in the Scottish Enlightenment* (Edinburgh: Edinburgh University Press, 2013). (クリストファー・ベリー『スコットランド啓蒙における商業社会の理念』、田中秀夫監訳、ミネル

ヴァ書房、２０１７）

(20) Smith, *Wealth of Nations*, 1.4.（アダム・スミス『国富論／国の豊かさの性質とその原因についての検討』https://genpaku.org/smith01/smith.pdf, 19）

(21) こうした論争への入門としてはJean-Claude Perrot, *L'histoire intellectuelle de l'économie politique, 170-18e siècles* (Paris: Éditions de L'EHESS, 1992); およびPeter Groenewegen, *Eighteenth Century Economics* (New York: Routledge, 2002)を参照。

(22) Johan Heilbron, "French Moralists and the Anthropology of the Modern Era: On the Genesis of the Notions of Interest' and ‶ Commercial Society," in *The Rise of the Social Sciences and the Formation of Modernity: Conceptual Change in Context, 1750-1850*, ed. Johan Heilbron, Lars Magnusson, and Bjorn Wittrock (Dordrecht: Kluwer Academic, 1998), 77–106.

(23) ローマ法と自然法をほぼ同じものと考えている（前政治社会における商業属性を設定する点で）というPufendorfの是認としては彼の *De Jure naturae et gentium, libri octo*, trans, and ed. C. H. Oldfather and W. A. Oldfather (Oxford: Clarendon Press, 1934), 226–227を参照。経済思想におけるPufendorfの位置づけについてはIstvan Hont, "The Language of Sociability and Commerce: Samuel Pufendorf and the Theoretical Foundations of the Four Stages Theory," in *The Languages of Political Theory in Early-Modern Europe*, ed. Anthony Pagden (Cambridge: Cambridge University Press, 1987), 253–276を参照。

(24) これは17世紀末の契約理論と18世紀の政治経済の重要なちがいを否定するものではない。これについてはJohn Dunn, "From Applied Theology to Social Analysis: The Break between John Locke and the Scottish Enlightenment," in Hont and Ignatieff, *Wealth and Virtue*を参照。

(25) James Gordley, *The Jurists: A Critical History* (Oxford: Oxford University Press, 2013); Peter Stein, *Roman Law in European History* (Cambridge: Cambridge University Press, 1999)を参照。

(26) もっと厳密には、「経済」が現代用法になったのは、古代のオイコノミア、あるいは世帯管理という用語からで、これは古代ですら宇宙の統治をあらわすのに使われた（そこで神がときどき宇宙のエコノミストとして描かれる）。それが後に、聖なるお触れにより統治された商業取引の社会的宇宙を表すのに転用された。この点については近刊の拙著 *Invention of the Economy* を参照。Pufendorfは「経済的なもの」のカテゴリーを一変させるのに大きな役割を果たし、ルーテル派的Dreiständelehre理論のstatus oeconomicus（「経済国家」）を、家族の世帯ではなく、個人の意志に基づき商業的利益を目指す「私的」状態を描くのに使った。Pufendorf, *Elementorum jurisprudentiae universalis libri II* (Cambridge: John Hayes (for the university), 1672), 16を参照。

(27) レッセフェール理論の政治理論的、神学的な裏付けについては拙稿 "The Political Theology of Laissez-Faire: From Philia to Self-Love in Commercial Society," *Political Theology* 17 (September 2016): 417–433を参照。

(28) Pierre Nicole, *Euvres philosophiques et morales de Nicole: Comprenant un choix de ses essais*, ed. Charles Jourdain (Paris: L. Hachette, 1845); また Grewal, "Political Theology of Laissez-Faire" も参照。Boisguilbert著作集およびその著作に関する二次情報源としては *Pierre de Boisguilbert ou la naissance de l'économie politique, 2 vols.*, ed. Alfred Sauvy (Paris: Institut National d'Études Démographiques, 1966)を参照; また Gilbert Faccarello, *The Foundations of Laissez-Faire: The Economics of Pierre de Boisguilbert* (New York: Routledge, 1999)も参照。

(29) Vincent de Gournay は伝統的に「Laissez faire, laissez passer」というスローガンを創始したとされている。これは17世紀のルジャンドルという商人（おそらくは金持ちが転向したHuguenot, Thomas）が、ルイ一四世の財務相ジャンバプティスト・コルベールに国が商業を促進する方法を聞かれたときの返答「Laissez nous faire」を採用したものかもしれない。Gustav Schelle, *Vincent de Gournay* (Paris: Guillaumin, 1897), 214–221を参照。

(30) Michel Foucault, *Security, Territory, Population: Lectures at the Collège de France, 1977–78* (London: Palgrave Macmillan, 2009), 346-357.（ミシェル・フーコー『安全、領土、人口――コレージュ・ド・フランス講義１９７７-１９７８年度』、高桑和巳訳、ミシェル・フーコー講義集成　7巻、筑摩書房、２００７）

(31) Gournayについては Loïc Charles, Frédéric Lefebvre, and Christine Théré, eds., *Le cercle de Vincent de Gournay: Savoirs économiques et pratiques administratives en France au milieu du XVIIIe siècle* (Paris: Institute National d'Études Démographiques, 2011)を参照；重農主義については Liana Vardi, *The Physiocrats and the World of the Enlightenment* (Cambridge: Cambridge University Press, 2012)を参照。

(32) Smith, *Wealth of Nations*, 4.9.（アダム・スミス『国富論』）

(33) ジャンセニスト神学者 Pierre Nicoleがはじめて罪深い自己愛の交換の影響についての主張を提示したとき、初の明らかに経済的な市場分析が Pierre de Boisguilbert の仕事に見られる。これはノルマンディの貴族で行政官であり、Nicoleとともにジャンセニスト系学校 Port-Royal des Champsで学んでいる。Boisguilbert は市場取引の予想外の便益に関する分析を使い、ルイ一四世のあまりに広範な政府官僚主義を批判した。Boisguilbert著作集およびその著作に関する二次情報源としては *Pierre de Boisguilbert*を参照。また Faccarello, *Foundations of Laissez-Faire*も参照。マルクスは後に Boisguilbert を政治経済学フランス一派の創設者だとした。Marx, *Grundrisse* (1973 ed.), 883.（カール・マルクス『経済学批判要綱』）

(34) Adam Smith, *Lectures on Jurisprudence*, ed. R. L. Meek et al. (Oxford: Clarendon Press, 1978)を参照。重農主義理論の定本となる主張としては Pierre-Paul Le Mercier de la Rivière, *L'Ordre naturel et essentiel des sociétés politiques* (1767)を参照；穀物政策の議論としては Steven Kaplan, *Provisioning Paris* (Ithaca, NY: Cornell University Press, 1984), 420-440を参照。労働日の長さに関するマルクスの議論は Marx, *Capital*, Vol. 1, III.10.（マルクス『資本論』）を参照。

(35) Hilary Putnam, *The Collapse of the Fact/Value Dichotomy* (Cambridge, MA: Harvard University Press, 2002), 7-45. ヒラリー・パトナム『事実／価値二分法の崩壊』、藤田晋吾／中村正利訳、法政大学出版局、２００６）

(36) これは近刊の拙著 *Invention of the Economy* で検討する内容である。また Michel Foucault, *The Birth of Biopolitics*, ed. Michel Senellart (Basingstoke: Palgrave Macmillan, 2008)（『生政治の誕生――コレージュ・ド・フランス講義１９７８-１９７９年度』、慎改康之訳、ミシェル・フーコー講義集成　8巻、筑摩書房、２００８）および Karl Polanyi の著作の重要な主題でもある。たとえば "The Economy as an Instituted Process," in *Trade and Market in the Early Empires*, ed. Polanyi et al. (Boston: Beacon Press, 1957), 243-270を参照。

(37) Edward P. Thompson, "The Moral Economy of the English Crowd in the Eighteenth Century," *Past & Present* (February 1971): 76-136. 反封建的規制については John Markoff, *The Abolition of Feudalism* (University Park: Pennsylvania State University, 1996), 554-556を参照。

(38) Hont and Ignatieff, "Needs and Justice," 13-26; Emma Rothschild, *Economic Sentiments* (Cambridge, MA: Harvard University Press, 2001), 72-86を参照。

(39) こうした問題についての雄弁な議論は Steven L. Kaplan, ed., *Bagarre: Galiani's "Lost" Parody* (Boston: M. Nijhoff, 1979) の序文を参照；また Hont and Ignatieff, "Needs and Justice," 17-19も参照。

(40) Boisguilbert, *Dissertation sur la nature des richesses* (1704); Smith, *Wealth of Nations*, eds. Andrew S. Skinner and R. H. Campbell (Oxford: Clarendon Press, 1979), 135-159, 469-471, 524-543.

(41) Peter Groenewegen, "Boisguilbert and Eighteenth-Century Economics," in *Eighteenth Century Economics* (New York: Routledge, 2002).

(42) 似たような主題が Foucault, *The Birth of Biopolitics*（フーコー『生政治の誕生』）で、自由放任イデオロギーが存在意義の内的制約として正当化され、国が自己利益のために使うよう奨励されていたという議論に見られる。

(43) Jedediah Purdy, *The Meaning of Property* (New Haven, CT: Yale University Press, 2010), 9-43; Foucault, *Security, Territory, Population*, 311-357.(フーコー『安全、領土、人口』)

(44) 「私的」の現代概念の語源学については Raymond Geuss, *Public Goods, Private Goods* (Princeton, NJ: Princeton University Press, 2001) を参照。

(45) イギリスについてはP. J. Cain, "British Capitalism and the State: An Historical Perspective," *Political Quarterly* 68 (1997): 95-98; David McNally, *Political Economy and the Rise of Capitalism* (Berkeley: University of California Press, 1988); John Shovlin, *The Political Economy of Virtue* (Ithaca, NY: Cornell University Press, 2006); David Laven and Lucy Riall, eds., *Napoleon's Legacy* (Oxford: Berg, 2000)を参照。

(46) Domatの背景については James Gordley, *The Jurists: A Critical History* (Oxford: Oxford University Press, 2013), 141-155を参照。

(47) Portalisについては Jean-Luc Chartier, *Portalis: Pere du Code Civil* (Paris: Fayard, 2004); A. A. Levasseur, "Code Napoleon or Code Portalis?," *Tulane Law Review* 43 (1969): 762–774を参照。

(48) Jean-Louis Halperin, *L'Impossible Code Civil* (Paris: Presses Universitaires de France, 1992).

(49) 重農主義の特徴としての「法的専制主義」についてはShovlin, *Political Economy of Virtue*, 107–109を参照。総裁政府の経済志向については二次文献で十分確立している。たとえば Judith Miller, "The Aftermath of the Assignat," in *Taking Liberties: Problems of a New Order From the French Revolution to Napoleon*, ed. Howard G. Brown and Judith A. Miller (Manchester: Manchester University Press, 2002), 1–72を参照。

(50) こうした条例の英訳としては J. M. Roberts, *French Revolution Documents, vol. 1* (Oxford: Basil Blackwell, 1966), 151–153を参照。

(51) McNally, *Political Economy*, 122-129.

(52) 資本理論を巡る論争史については Avi Cohen and Geoffrey Harcourt, "Retrospectives: Whatever Happened to the Cambridge Capital Theory Controversies?," *Journal of Economic Perspectives* 17, no. 1 (Winter, 2003): 199-214を参照。

(53) ストックとフローの考え方 (Piketty, *Capital*, 47-50) と、資本収益率の政治的決定要因に関するピケティの頻繁な議論を比べよう (e.g., ibid., 20, 47, 55, 372–375).

(54) Cohen and Harcourt, "Retrospectives," 202–206; Piero Sraffa, *Production of Commodities by Means of Commodities* (Cambridge: Cambridge University Press, 1960), 33-44を参照。

(55) Piketty, *Capital*, 372–75.

(56) フランス革命が、お馴染みのマルクス主義的構図の中でどこまで「ブルジョワ」革命だったかは激しく議論されているが、たとえば8月条例の意図は、率直に財産や特権の封建的な形態を廃止し、同時に農民の伝統的な労働義務を廃止することだった（これは最終的にCode Civilでやっと実現された）。ブルジョワ的だという特徴づけに対する弁護としては Colin Mooers, *The Making of Bourgeois Europe* (London: Verso, 1991)を参照。ブルジョワ国家形態についての批判的検討としては Heide Gerstenberger, "The Bourgeois State Form Revisited," in *Open Marxism*, ed. Werner Bonefeld et al. (London: Pluto Press, 1995): 151–176を参照。

(57) こうした資本主義の政治分析への経路は、マルクス主義的な「ブルジョワ国家」概念の尋問を通じたものだ。特にその法的次元で理解され、古典的なマルクス主義理論の革命についての必然的な依存なしで行うと有効である。こうした路線での19世紀ドイツ史の記述としては David Blackbourn and Geoff Eley, *The Peculiarities of German History* (New York: Oxford University Press, 1984), 190-210を参照。また初期フランス史とイギリス史についての同様の野心を持つ研究としては Heide Gerstenberger, *Impersonal Power*, trans. David Fernbach (Leiden: Brill, 2007), 662-687を参照。また *Open Marxism*

(Pluto Press, 1992)第1巻への多くの寄稿論文、とくにWerner Bonefeld, "Social Constitution and the Form of the Capitalist State," 93–132も参照。

(58) 公共財と私的財についての議論としてはGeuss, *Public Goods, Private Goods*を参照；各種人間行動の領域の説明と、それぞれ独自の規範的秩序と目的についてはMichael Walzer, *Spheres of Justice* (New York: Basic Books, 1983)を参照。

(59) Bodinにおけるこの区別の起源の歴史と、その後のHobbes, Rousseauやフランスとアメリカの革命論者の間での採用についてはRichard Tuck, *The Sleeping Sovereign* (Cambridge, MA: Harvard University Press, 2016)を参照；こうした思想の現代憲法理論への適用としてはDaniel E. Herz-Roiphe and David Singh Grewal, "Make Me Democratic but Not Yet: Sunrise Lawmaking and Democratic Constitutionalism," *New York University Law Review* 90, no. 6 (December 2015), 1975–2028を参照。

(60) Tuck, *The Sleeping Sovereign*, 8-16, 26–27を参照。

(61) 独立主権国／政府の区別の適切な制度化に関する問題が論争されるようになったのは18世紀である。現代でお馴染みのような、成文憲法——別個の根本低位な法制者による起草——は、アメリカにおける個別州で起草され批准され始めた（最初のものは1778年のマサチューセッツのものだ）。その一〇年後にアメリカ連邦憲法と、革命フランスにおける各種憲法が続いた。独立主権国／政府の区別はこうした政治プロジェクトの核心だったが、その実現の形はそれぞれちがった。Ibid., 117–119, 154-155, 159-160.

(62) Hobbes, *On the Citizen*, ed. Richard Tuck (New York: Cambridge University Press, 1998) 99-100を参照。これはTuckが著書の題名に使っているメタファーである。

(63) Hirschlの述べる結果は、新しい形の「司法支配」である。Ran Hirschl, *Towards Juristocracy: The Origins and Consequences of the New Constitutionalism* (Cambridge, MA: Harvard University Press, 2004), 97-99, 146–148を参照。

(64) Ralph Miliband, "Reform and Revolution," in *Marxism and Politics* (Oxford: Oxford University Press, 1977), 154-190, esp. 183–189.

(65) Martin Gilens, *Affluence and Influence* (Princeton, NJ: Princeton University Press, 2012); Martin Gilens and Benjamin Page, "Testing Theories of American Politics: Elites, Interest Groups, and Average Citizens," *Perspectives on Politics* 12, no. 3 (2014): 564-581.

(66) David Singh Grewal and Jedediah Purdy, "Law and Inequality after the Golden Age of Capitalism," *Theoretical Inquiries in Law* (forthcoming, 2017)を参照。

(67) John Holloway and Sol Picciotto, eds., *State and Capital: A Marxist Debate* (Austin: University of Texas Press, 1978)所収の各種論説参照。

(68) 資本主義国家における階級対立の理論を通じて「闘争」と「構造」が最終的には和解すると想定する分析としてはBonefeld, "Social Constitution"を参照。その理論的要件は、大ざっぱに言うと、各種対抗システミックな傾向を含むシステムの通時的進化内部の収奪の共時的分析の和解である。

(69) 制度的政治経済の議論と例示化としてはCharles Maier, *In Search of Stability* (Cambridge: Cambridge University Press, 1987), 6を参照。

(70) Wolfgang Streeck, "Taking Capitalism Seriously: Towards an Institutionalist Approach to Contemporary Political Economy," *Socio-Economic Review* 96 (2011): 137–167, See 140, 137–138.

(71) ibid., 147, 150, 143-146, 147-148を参照。

(72) C. A. R. Crosland, *The Future of Socialism* (London: Jonathan Cape, 1956), 56–76.

(73) John Commons, *Legal Foundations of Capitalism* (Madison: University of Wisconsin Press, 1924); Robert Hale, *Freedom through Law* (New York: Columbia University Press, 1952); Barbara Fried, *The Progressive Assault on Laissez Faire* (Cambridge, MA: Harvard University Press, 1998), 10–15.

(74) Samuel Bowles and Herbert Gintis, "Contested Exchange: Political Economy and Modern Economic Theory," *American Economic Review* 78, no. 2 (2003): 145–150.

(75) これらや関連事項について法学研究に関する検討としてはGrewal, "The Laws of Capitalism," *Harvard Law Review* 128, no. 2 (2014): 658–659を参照。

(76) Piketty, *Capital*, 83-84.

(77) John Stuart Mill, "The Remedies for Low Wages Further Considered," *Principles of Political Economy* (1848), Book II.13. Millの前衛哲学者集団はマルサスの思想を「逆の意味で採用」した（と彼の伝記にはあるs *Autobiography* (1873), ed. John Robson, London: Penguin, 1989), 94.

(78) Piketty, *Capital*, 397 (on "reconstruction capitalism").

(79) Andrajit Dube and Sanjay Reddy, "Threat Effects and Trade: Wage Discipline through Product Market Competition," *Journal of Globalization and Development* 4, no. 2 (2014).

(80) この線に沿って、Dean Bakerはピケティの最近の経済トレンド分析に、不思議にも低コストの中国労働についての議論がないことを指摘している。Dean Baker, "*Capital in the Twenty-First Century*: Still Mired in the Nineteenth," *Huffington Post*, May 9, 2014を参照。

(81) この点については拙稿"The Demographic Contradiction of Capitalism, or, What Will Bosses Do?," Rethinking Development Conference, Southern New Hampshire University, April 8, 2007を参照（著者の手元にファイルあり）。

(82) Karl Marx, "The Civil War in France," Karl Marx and Friedrich Engels, *On the Paris Commune* に再録 (1871; Moscow: Progress, 1971), 68.（カール・マルクス「フランスの内乱」、『マルクスコレクションⅣ――フランスの内乱／ゴータ綱領批判／時局論（上）』収録、辰巳伸知他訳、筑摩書房、２００５、28頁に収録）

(83) Gilens, *Affluence and Influence*; Martin Gilens and Benjamin Page, "Testing Theories of American Politics: Elites, Interest Groups, and Average Citizens," *Perspectives on Politics* 12, no. 3 (2014): 564-581.

第20章 世界格差の歴史的起源

(1) 制度学派によると、包括的政治経済制度は、最高行政府の制約や私有財産権の執行、中央集権的国家権力、うまく機能する市場を特徴とし、経済成長の基盤を敷くものとなる。これらと対比されるのが収奪的制度であり、恫喝労働、政治権力の限られた分配、高い接収リスクなどが、しばしば共謀して開発発展を抑える。Douglass C. North, *Institutions, Institutional Change and Economic Performance* (Cambridge: Cambridge University Press, 1990).（ダグラス・C・ノース『制度・制度変化・経済成果』、竹下公視訳、晃洋書房、１９９４）; Daron Acemoglu, Simon Johnson, and James Robinson, "Institutions as a Fundamental Cause of Long-Run Growth" in *Handbook of Economic Growth, vol. 1* (Amsterdam: Elsevier, 2005), 385-472.

(2) 制度的に区分された植民地末期のアフリカで暮らす個人に関するMamdaniの図式は、南アフリカにおけるアパルトヘイト国家の先触れとなるものであり、私がここで述べているずっと長期にわたる富の収奪の文脈にも容易に拡張できる。Mamdaniはこうした用語を、白人都会植民地エリートと黒人地元地方貧困者との分断した社会を描くのに使っている。前者は市民の権利を享受し、「法治とそれに伴う権利レジーム」に囲まれた世界に暮らし、後者は慣習法と地元エリートの裁量に脅かされる従属者として低迷する。Mahmood Mamdani, *Citizen and Subject: Contemporary Africa and the Legacy of Late Colonialism* (Princeton, NJ: Princeton University Press, 1996), 19.

(3) Thomas Piketty, *Capital in the Twenty-First Century*, trans. Arthur Goldhammer (Cambridge, MA: Belknap Press of Harvard University Press, 2014).（トマ・ピケティ『21世紀の資本』、山形浩生他訳、みすず書房、２０１４）

(4) Daron Acemoglu, Simon Johnson, and James A Robinson, "The Colonial

Origins of Comparative Development: An Empirical Investigation," *American Economic Review* 91 (2001): 1369-1401. これは論争がないわけではない。David Albouy, "The Colonial Origins of Comparative Development: An Empirical Investigation: Comment," *American Economic Review* 102, no. 6 (2012): 3059-3076を参照。またAlexandre Belloni, Victor Chernozhukov, and Christian Hansen, "High-Dimensional Methods and Inference on Structural and Treatment Effects," *Journal of Economic Perspectives* 28, no. 2 (2014): 29–50も参照。Belloni et al. は入植者死亡率のツールは、LASSO罰則付き回帰を通じて選択された様々な地理的対照群に対して堅牢であることを示している。

（5） Monique B. Mulder et al., "Intergenerational Wealth Transmission and the Dynamics of Inequality in Small-Scale Societies," *Science*, October 30, 2009, 682-688.

（6） R. P. Thomas and D.N. McCloskey, "Overseas Trade and Empire 1700-1860," in *The Economic History of Britain since 1700* (Cambridge: Cambridge University Press, 1981), 87–102を参照。またBarbara L. Solow and Stanley Engerman, *British Capitalism and Caribbean Slavery: The Legacy of Eric Williams* (Cambridge: Cambridge University Press, 2000); およびKenneth Morgan, *Slavery, Atlantic Trade and the British Economy, 1660-1800* (Cambridge: Cambridge University Press, 2000) も参照。

（7） Joseph E. Inikori, *Africans and the Industrial Revolution in England: A Study in International Trade and Economic Development* (Cambridge: Cambridge University Press, 2002).

（8） Richard D. Wolff, *The Economics of Colonialism: Britain and Kenya, 1870-1930* (New Haven, CT: Yale University Press, 1974).

（9） Morgan, *Slavery*, 4.

（10） Walker W. Hanlon, "Necessity Is the Mother of Invention: Input Supplies and Directed Technical Change," *Econometrica* 83 (2015): 67–100.

（11） Gregory Clark, "Why Isn't the Whole World Developed? Lessons from the Cotton Mills," *Journal of Economic History* 47, no. 1 (1987): 141-173, at 143. 両大戦の間でイギリス綿織維産業の解体に関する議論についてはSven Beckert, Empire of Cotton: A New History of Global Capitalism (New York: Knopf, 2014), 381–382を参照。

（12） Felipe Gonzalez, Guillermo Marshall, and Suresh Naidu, "Start-up Nation? Slave Wealth and Entrepreneurship in Civil War Maryland," *Journal of Economic History*, 近刊.

（13） Caitlin C. Rosenthal, "Slavery's Scientific Management: Accounting for Mastery" in *Slavery's Capitalism*, ed. Seth Rockman, Sven Beckert, and David Waldstreicher (University of Pennsylvania Press, 近刊).

（14） Greg Grandin, *The Empire of Necessity: Slavery, Freedom, and Deception in the New World* (New York : Metropolitan Books, 2014); Stephanie Gonzalez, "The Double-Edged Sword: Smallpox Vaccination and the Politics of Public Health in Cuba" (PhD diss., City University of New York, 2014); José Tuells and José Luis Duro-Torrijos, "The Journey of the Vaccine against Smallpox: One Expedition, Two Oceans, Three Continents, and Thousands of Children," *Gaceta Médica De México* 151, no. 3 (2015): 416-425; Cristóbal S. Berry-Cabán, "Cuba's First Smallpox Vaccination Campaign," *International Journal of History and Philosophy of Medicines* (2015): 1-4.

（15） William Darity Jr., "A Model of `Original Sin': Rise of the West and Lag of the Rest," *American Economic Review* 182 (1992): 162–167. またRonald Findlay, "The ` Triangular Trade' and the Atlantic Economy of the Eighteenth Century: A Simple General-Equilibrium Model," *Essays in International Finance* 177 (1990): 1–33 も参照。

（16） Brandon Dupont and Joshua Rosenbloom, "The Impact of the Civil War on Southern Wealth Holders," NBER Working Paper No. 22184 (April 2016).

（17） Ibid.

（18） Philipp Ager, Leah Boustan, and Katherine Eriksson, "Intergenerational Mobility in the 19th Century: Evidence from the Civil War," (manuscript, 2016).

（19） Ellora Derenoncourt, "Testing for Persistent Slaveholder Dynastic

Advantage, 1860-1940," working paper, 2016.

（20） Gregory Clark, *The Son Also Rises: Surnames and the History of Social Mobility* (Princeton, NJ: Princeton University Press, 2014).（グレゴリー・クラーク『格差の世界経済史』、久保恵美子訳、日経ＢＰ社、２０１５）

（21） Derenoncourt, "Testing."

（22） Avidit Acharya, Matthew Blackwell, and Maya Sen, "The Political Legacy of American Slavery," *Journal of Politics* 78, no. 3 (May 2016).

（23） こうした非線形の影響はさらに、本章で先に述べたモデルで現在とらえられていない制度的動学を示唆する。歴史的に決定された制度はモデルの中では静的であり、市民と従属者の子孫たちに対する現代の権利主張を行うのが困難になっている。むしろ、制度は過去の制度の姿に似せる形で自らを再生させ、それが類似の分配効果をもたらすのかもしれない。作家でジャーナリストの Ta-Nehisi Coates は、アメリカにおける最も一般的な資産構築手法である持ち家から、アフリカ系アメリカ人を排除した20世紀の政策を大きく利用してアフリカ系アメリカ人への賠償を行うべきだという主張を展開している。彼は奴隷からジム・クロウまで、シカゴにおける連邦住宅融資の人種別地域分けへと続く線をたどる。彼の議論は、制度的な経路分岐に頼る議論である――ある収奪的な制度が終わっても、新しいものが生まれて「市民」と「従属者」の間の一線を維持するかもしれない。Coates版の制度は、制度が動学的な要素を持ち、過去の制度の分配結果を共有するというものである。アメリカの事例からの証拠は、歴史的制度が現代的結果に影響する仕組みの再考を支持している。Coates, "The Case for Reparations," *Atlantic Monthly,* June 2014, 54を参照。

（24） Douglass C. North, "Institutions," *Journal of Economic Perspectives* 5 (1991): 97–112; Daron Acemoglu, Simon Johnson, and James Robinson, "Institutions," in *Handbook of Economic Growth, vol. 1* (2005): 385-472.

（25） Melissa Dell, "The Persistent Effects of Peru's Mining Mita," *Econometrica* 78 (2010): 1863–1903; Acemoglu, Johnson, and Robinson, "Colonial Origins" を参照。

（26） Acemoglu, Johnson, and Robinson, "Colonial Origins."

（27） Daron Acemoglu, Simon Johnson, and James Robinson, "The Rise of Europe: Atlantic Trade, Institutional Change, and Economic Growth," *American Economic Review* 95 (2005): 546-579.

（28） Camilo García-Jimeno and James Robinson, "The Myth of the Frontier," in *Understanding Long-Run Economic Growth: Geography, Institutions, and the Knowledge Economy*, ed. Dora L. Costa and Naomi R. Lamoreaux (Chicago: University of Chicago Press, 2011), 49–88.

（29） Acemoglu, Johnson, and Robinson, "Colonial Origins"; Anthony B. Atkinson, "The Colonial Legacy: Income Inequality in Former British African Colonies," WIDER Working Paper 45/2014 (2014).

（30） 以下の国々における所得課税の初年度をつきとめた：ベネズエラ、南アフリカ、インドネシア、ウルグアイ、コロンビア、メキシコ、ナイジェリア、ウガンダ、タンザニア、シンガポール、マレーシア、オーストラリア、カナダ、アメリカ、ジャマイカ、ニュージーランド、バングラデシュ、パキスタン、チリ、アルゼンチン、ケニヤ、エジプト、トリニダート・トバゴ、ガンビア、香港、ガーナ、エチオピア、シエラレオネ、ハイチ、ブラジル、ベトナム、コスタリカ。数カ国については世界富と所得データベースとも相互参照した。アフリカの旧イギリス植民地については Atkinson, "The Colonial Legacy" を使った。使用した情報源の完全な一覧については elloraderenoncourt@fas.harvard.edu で私まで連絡してほしい。

（31） www.wid.world/.

（32） Gabriel Zucman, *The Hidden Wealth of Nations: The Scourge of Tax Havens,* trans. Teresa Fagan (Chicago: University of Chicago Press, 2014).（ガブリエル・ズックマン『失われた国家の富――タックス・ヘイブンの経済学』、林昌宏訳、ＮＴＴ出版、２０１５）

第21章　どこにでもあり、どこにもない

(1) Thomas Piketty, *Capital in the Twenty-First Century*, trans. Arthur Goldhammer (Cambridge, MA:Belknap Press of Harvard University Press 2014), 20.（トマ・ピケティ『21世紀の資本』、山形浩生他訳、みすず書房、２０１４、22－23頁）
(2) Ibid., 25.（同書、27頁）
(3) Ibid., 26.（同書、29頁）
(4) Stephen Marche, "The Most Important Book of the Twenty-First Century," *Esquire*, April 24, 2014.
(5) Claudia Goldin and Lawrence Katz, "Long Run Changes in the Wage Structure: Narrowing, Widening, Polarizing," *Brookings Papers on Economic Activity* 2 (2007).
(6) Piketty, *Capital*, 350.（ピケティ『21世紀の資本』、３６５頁）
(7) Marche, "The Most Important Book."
(8) Piketty, *Capital*, 1.（ピケティ『21世紀の資本』、2頁）
(9) Daron Acemoglu and James Robinson, "The Rise and Decline of General Laws of Capitalism," *Journal of Economic Perspectives* 29 (2005): 3–28, at 3.
(10) Ibid., 4.
(11) Daron Acemoglu and James Robinson, *Why Nations Fail: The Origins of Power, Prosperity, and Poverty* (New York: Crown, 2012).（ダロン・アセモグル＆ジェイムズ・A・ロビンソン『国家はなぜ衰退するのか――権力・繁栄・貧困の起源』、上下巻、鬼沢忍訳、ハヤカワ・ノンフィクション文庫、２０１６）
(12) Peter Hall and David Soskice, eds., *Varieties of Capitalism: The Institutional Foundations of Comparative Advantage* (Oxford: Oxford University Press, 2001).（ピーター・A・ホール、デヴィッド・ソスキス『資本主義の多様性――比較優位の制度的基礎』、遠山弘徳他訳、ナカニシヤ出版、２００７）
(13) Piketty, *Capital*, 32.（ピケティ『21世紀の資本』、34頁）
(14) Ibid., 474-475.（同書、４９３－４９５頁）
(15) Margaret Levi, "A New Agenda for the Social Sciences," Crooked Timber Seminar on Thomas Piketty's *Capital in the Twenty-First Century*, January 2016での発表論文, http://crookedtimber.org/wp-content/uploads/2016/01/piketty-final.pdf, 13.
(16) Piketty, *Capital*, 474.（ピケティ『21世紀の資本』、４９３頁）
(17) Ibid.
(18) Ibid., 480.（同書、５００頁）
(19) Amy Gutman and Dennis Thompson, *Why Deliberative Democracy?* (Princeton, NJ: Princeton University Press, 2004), 3.
(20) Jürgen Habermas, *Between Facts and Norms: Contributions to a Discourse Theory of Law and Democracy*, trans. W. Reng (Cambridge, MA: MIT Press, 1996).
(21) Miriam Ronzoni, "Where Are the Power Relations in Piketty's Capital," Crooked Timber Seminar on Thomas Piketty's *Capital in the Twenty-First Century*, January 2016での発表論文　http://crookedtimber.org/wp-content/uploads/2016/01/piketty-final.pdf, 34.
(22) Ibid., 35.
(23) Piketty, *Capital*, 2–3.（ピケティ『21世紀の資本』、3頁）
(24) Werner Sombart, *Why Is There No Socialism in the United States?*, trans. Patricia M. Hocking and C. T. Husbands (New York: M. E. Sharpe, 1979), もともとドイツ語で１９０６年刊。
(25) ２０１６年アメリカ大統領選における共和党大統領候補ドナルド・トランプからの扇動的なレトリックを考えてほしい。トランプの選挙戦演説のあるテキスト分析は、アメリカ人の高い水準の経済的不安と怒りを、歴史的デマゴーグにも似た形で利用した強い「我々VS奴ら」パターンを見出している。Patrick Healy and Maggie Haberman, "95,000 Words, Many of Them Ominous, from Donald Trump's Tongue," *New York Times*, December 5, 2015を参照。
(26) Albert Hirschman, *Exit, Voice, and Loyalty* (Cambridge, MA: Harvard

University Press, 1970).（A・O・ハーシュマン『離脱・発言・忠誠――企業・組織・国家における衰退への反応』、矢野修一訳、ミネルヴァ書房、２００５）
(27) Robert Dahl, *Who Governs? Democracy and Power in an American City* (New Haven, CT: Yale University Press, 1961).
(28) E. E. Schattschneider, *The Semisovereign People: A Realist's View of Democracy in America* (New York: Holt, Rinehart and Winston, 1960).
(29) Kay Lehman Schlozman, Sidney Verba, and Henry E. Brady, *The Unheavenly Chorus: Unequal Political Voice and the Broken Promise of American Democracy* (Princeton, NJ: Princeton University Press, 2012).
(30) Benjamin Page, Larry Bartels, and Jason Seawright, "Democracy and the Policy Preferences of Wealthy Americans," *Perspectives on Politics* 11 (2013): 51–73.
(31) Martin Gilens and Benjamin Page, "Testing Theories of American Politics: Elites, Interest Groups, and Average Citizens," *Perspectives on Politics* 12 (2014): 564-581, 引用は 564.
(32) Larry Bartels, *Unequal Democracy: The Political Economy of the New Gilded Age* (Princeton, NJ: Princeton University Press, 2008).
(33) Page, Bartels, and Seawright, "Democracy."
(34) Ibid.
(35) Survey of Economically Successful Americans at the National Opinion Research Center ホームページ, University of Chicago, http://www.norc.org/Research/Projects/Pages/survey-of-economically-successful-americans.aspxを参照。またＳＥＳＡの構築方法の詳細についてはPage, Bartels, and Seawright, "Democracy," を参照。
(36) Jacob Hacker and Paul Pierson, *Winner-Take-All Politics: How Washington Made the Rich Richer—and Turned Its Back on the Middle Class* (New York: Simon and Schuster, 2011).
(37) David Card and John DiNardo, "Skill Biased Technological Change and Rising Wage Inequality: Some Problems and Puzzles," *Journal of Labor Economics* 20, no. 4 (2002): 733–783.
(38) Henry Farrell, "Review: Jacob Hacker and Paul Pierson-*Winner Take All Politics*," Crooked Timber (blog), September 15, 2010, http://crookedtimber.org/2010/09/15/review-jacob-hacker-and-paul-pierson-winner-take-all-politics/.
(39) Kathleen Thelen, *How Institutions Evolve: The Political Economy of Skills in Germany, Britain, the United States, and Japan* (Cambridge: Cambridge University Press, 2004).
(40) Theda Skocpol, "Unravelling from Above," *American Prospect*, March April 1996, 20–25.
(41) Ibid.
(42) Lee Drutman, *The Business of America Is Lobbying: How Corporations Became Politicized and Politics Became More Corporate* (Oxford: Oxford University Press, 2015); Drutman, "How Corporate Lobbyists Conquered American Democracy," *The Atlantic*, April 20, 2015.
(43) Peter Hall, "Historical Institutionalism in Rationalist and Sociological Perspective" in *Explaining Institutional Change: Ambiguity, Agency, and Power*, ed. James Mahoney and Kathleen Thelen (New York: Cambridge University Press, 2009).
(44) Bo Rothstein and Sven Steinmo, *Restructuring the Welfare State: Political Institutions and Policy Change* (London: Palgrave MacMillan, 2002), 2.
(45) Francis G. Castles, *The Impact of Parties: Politics and Parties in Democratic Capitalist States* (Beverly Hills, CA: Sage, 1982); Walter Korpi, *The Democratic Class Struggle* (London: Routledge, 1980).
(46) Sven Steinmo, "Political Institutions and Tax Policy in the United States, Sweden, and Britain" *World Politics* 41 (1989): 500-535, at 504.
(47) Hacker and Pierson, *Winner-Take-All Politics*; Drutman, *The Business of America*.
(48) Steinmo, "Political Institutions and Tax Policy," 523.
(49) Margaret Weir and Theda Skocpol, "State Structure and the Possibilities

for Keynesian Response to the Great Depression in Sweden, Britain and the United States," in *Bringing the State Back In*, ed. Peter Evans, Dietrich Rueschmeyer, and Theda Skocpol (Cambridge: Cambridge University Press, 1985).

(50) Steinmo, "Political Institutions and Tax Policy" 512.

(51) *The Federalist Papers: Alexander Hamilton, James Madison, John Jay*, ed. Ian Shapiro (New Haven, CT: Yale University Press, 2009) における Madison の「派閥」の危険性に関する議論を参照。

(52) Steinmo, "Political Institutions and Tax Policy," 512.

(53) たとえば Pablo Baramendi et al., eds., *Democracy, Inequality, and Representation* (New York: Russell Sage Foundation, 2011) を参照。

(54) Stephen Lukes, *Power: A Radical View* (New York: Macmillan, 1974).

(55) Nolan McCarty, Keith Poole, and Howard Rosenthal, *Polarized America: The Dance of Ideology and Unequal Riches* (Cambridge, MA: MIT Press, 2006).

(56) John V. Duca and Jason L. Saving, "Income Inequality and Political Polarization: Time Series Evidence over Nine Decades," Federal Reserve Bank of Dallas Working Paper No. 1408 (2014).

(57) Hirschman, *Exit, Voice, and Loyalty*, 272, 274.（ハーシュマン『離脱・発言・忠誠』、120−121、124頁）

(58) Richard Florida and Charlotte Mellander, "Segregated City: The Geography ofEconomic Segregation in America's Metros," Martin Prosperity Institute at the University of Toronto's Rotman School of Management (2015), http://martinprosperity.org/media/Segregatedpercent2oCity.pdf.

(59) Kendra Bischoff and Sean Reardon, "Residential Segregation by Income: 1970-2009," in *The Lost Decade? Social Change in the U.S. after 2000*, ed. John Logan (New York: Russell Sage Foundation, 2013).

(60) Ta-Nahesi Coates, "The Case for Reparations," *The Atlantic*, June 2014.

(61) Mel Oliver and Thomas Shapiro, *Black Wealth/White Wealth: A New Perspective on Racial Inequality* (New York: Routledge, 1995).

(62) Thomas Shapiro, Tatjana Meschede, and Sam Osoro, "The Roots of the Widening Racial Wealth Gap: Explaining the Black-White Economic Divide," Brandeis University Institute on Assets and Social Policy Research Brief (2015), http://iasp.brandeis.edu/pdfs/Author/shapiro-thomas-m/racialwealthgapbrief.pdf.

(63) Raj Chetty, Nathan Hendren, Patrick Kline, and Emmanuel Saez, "Where Is the Land of Opportunity? The Geography of Intergenerational Mobility in the United States," *Quarterly Journal of Economics* 128 (2014): 1553–1623.

(64) Alberto Alesina, Reza Baqir, and William Easterly, "Public Goods and Ethnic Divisions," *Quarterly Journal of Economics* 114 (1999): 1243–1284.

(65) Daniel Hopkins, "The Diversity Discount: When Increasing Ethnic and Racial Diversity Prevents Tax Increases," *Journal of Politics* 71 (2009): 160-177.

(66) David Cutler, Douglas Elmendorf, and Richard Zeckhauser, "Demographic Characteristics and the Public Bundle," *Public Finance / Finance Publique* 48 (1993): 178–198.

(67) Leah Platt Boustan, Fernando Ferreira, Hernan Winkler, and Eric M. Zolt, "The Effects of Rising Income Inequality on Taxation and Public Expenditures: Evidence from U.S. Municipalities and School Districts, 1970–2000," *Review of Economics and Statistics* 95 (2013): 1291-1302.

(68) Hirschman, *Exit, Voice, and Loyalty*, 76.（ハーシュマン『離脱・発言・忠誠』、85頁）

(69) Ibid., 81.（同書、90頁）

(70) Ibid., 85.（同書、94頁）

(71) Gabriel Zucman, *The Hidden Wealth of Nations, trans. Therese Lavender Fagan* (Chicago: University of Chicago Press, 2015).（ガブリエル・ズックマン『失われた国家の富――タックス・ヘイブンの経済学』、林昌宏訳、ＮＴＴ出版、２０１５）を参照。

(72) Mark Schmitt, "Political Opportunity: A New Framework for Democratic Reform," Brennan Center for Justice Working Paper (2015).

（73）Ibid.

（74）Mark Schmitt, "The Wrong Way to Fix Citizens United," *New Republic*, January 20, 2012.

第22章　経済学と社会科学との融和に向けて

（1）Brad DeLong, Heather Boushey, Marshall Steinbaum に、こうした論考をまとめてくれたことに感謝する。また著者たちには拙著に向けてくれた関心と時間について感謝する。

（2）特に以下の二つの基礎的な研究を参照：Simon Kuznets, *Shares of Upper Income Groups in Income and Savings* (New York: National Bureau of Economic Research, 1953); Anthony Atkinson and Alan Harrison, *Distribution of Personal Wealth in Britain* (Cambridge: Cambridge University Press, 1978). 拙著でまとめたデータ構築の各種段階については *Capital in the Twenty-First Century*, trans. Arthur Goldhammer (Cambridge, MA: Belknap Press of Harvard University Press, 2014), 16-20.（トマ・ピケティ『21世紀の資本』、山形浩生他訳、みすず書房、２０１４、18－22頁）でまとめた。

（3）特に以下を参照：François Simiand, *Le salaire, l'évolution sociale et la monnaie: Essai de théorie expérimentale du salaire, introduction et étude globale* (Paris: Alcan, 1932); Ernest Labrousse, *Esquisse du mouvement des prix et des revenus en France au XVIIIe siècle* (Paris: Dalloz, 1933); Jean Bouvier, François Furet, and Marcel Gillet, *Le mouvement du profit en France au XIXe siècle: Matériaux et études* (Paris: Mouton, 1965); and Adeline Daumard, ed., *Les fortunes françaises au XIXe siècle: Enquête sur la répartition et la composition des capitaux privés à Paris, Lyon, Lille, Bordeaux et Toulouse d'après l'enregistrement des déclarations de successions* (Paris: Mouton, 1973).

（4）*Capital*, 575-577.（『21世紀の資本』、６０６－６０８頁）を参照。

（5）特に Pierre Bourdieu and Jean-Claude Passeron, *The Inheritors: French Students and Their Relation to Culture* (Chicago: University of Chicago Press, 1979); Bourdieu and Passeron, *Reproduction in Education, Society and Culture* (London: Sage, 1990); Christian Baudelot and Anne Lebeaupin, "Les salaires de 1950 à 1975 dans l'industrie, le commerce et les services" (Paris: INSEE, 1979)を参照。

（6）ちがった分野として、たとえば Michèle Lamont, *Money, Morals and Manners: The Culture of the French and American Upper-Middle Class* (Chicago: University of Chicago Press, 1992); Jens Beckert, *Inherited Wealth*, trans. Thomas Dunlap (Princeton, NJ: Princeton University Press, 2004; repr. 2008); Pierre Rosanvallon, *The Society of Equals*, trans. Arthur Goldhammer (Cambridge, MA: Harvard University Press, 2013); Jules Naudet, *Entrer dans l'élite: Parcours de réussite en France, aux États-Unis et en Inde* (Paris: Puf, 2012)を参照。

（7）Piketty, *Capital*, 20.（ピケティ『21世紀の資本』、22－23頁）

（8）特にアメリカとイギリスにおける保守派革命の例を参照。これは拙著2章と14章で分析している。

（9）Karl Polanyi, *The Great Transformation* (New York: Farrar and Rinehart, 1944).（カール・ポラニー『大転換』、野口建彦訳、東洋経済新報社、２００９）

（10）Piketty, *Capital*,（ピケティ『21世紀の資本』）8章と13章。

（11）Ibid., 14、15章。

（12）Ibid., 13章。

（13）Ibid., 47.

（14）Ibid., 4章。

（15）さらにこうした計算は、国勢調査に記録された奴隷の総数に基づいたものであり、それが個人所有だろうと、企業所有だろうと、地方自治体所有だろうとすべて含まれている。だからそれが Daina Ramey Barry が示唆するほど大幅に過少評価されているとは私には思えない（すでにかなり大きな数字になっている）。いずれにしても、これはずっと多くの関心と研究に値する課題なのは明らかだ。

（16）Piketty, *Capital*,（ピケティ『21世紀の資本』）5章。

(17) Ibid., 3－6章。
(18) Ibid., 12章。
(19) Ibid., 1、5、12、15、16章。
(20) Ibid., 3－4章。
(21) Ibid., 16章。
(22) Ibid., 3－6章。
(23) ここ数十年での住宅価格の増大が資本／所得比率の上昇の相当部分を説明できる（ただし国ごとに大きな差がある）という事実は、格差の力学にとってことさらよいしらせではない。特に、高い住宅価格は世帯財産の限られた新世代が物件にアクセスしにくくしてしまう。また、トップの億万長者たちの富の激増（あるいはトップの金融遺産の激増）は、住宅価値とはまったく関係ないことにも注意。
(24) Ibid., chaps. 11－13章。
(25) Giacomo Todeschini, "Servitude and Labor at the Dawn of the Early Modern Era: The Devaluation of Salaried Workers and the `Undeserving Poor,"' *Annales HSS (English ed.)* 70, no. 1 (2015).
(26) Piketty, *Capital*, 487.（ピケティ『21世紀の資本』、507頁）
(27) Ibid., 485-486（同書505－506頁）
(28) Ibid., 8章と14章、特に508-512.（邦訳では531－535頁）
(29) http://www.equality-of-opportunity.org/.
(30) 一般的に言って、私は知識、技能、人的資本の拡散が長期的に格差を減らす最も強力な力だという点で Eric Nielsen に完全に同意する（拙著でこれは何度も述べた）。だが人的資本を金銭価値に換算し、それを他の資産価値に加算するのがそれほど有益とは思えない。資本のどちらの次元（人的資本と非人的資本）もとても重要だが、両者がもたらす課題はちがっているので、別々に分析すべきだ。
(31) http://www.wid.world.
(32) Piketty, *Capital*, 558-562.（ピケティ『21世紀の資本』、588－598頁）
(33) この問題については Julia Cagé, *Saving the Media: Capitalism, Crowdfunding and Democracy* (Cambridge, MA: Harvard University Press, 2016).（ジュリア・カジェ『なぜネット社会ほど権力の暴走を招くのか』、山本知子他訳、徳間書店、2015）を参照。
(34) Piketty, *Capital*, 570.（ピケティ『21世紀の資本』、600頁）

訳者解説　山形浩生

はじめに

本書はBradford DeLong, Heather Boushey, Marshal Steinbaum ed., *After Piketty*: The Agenda for Economics and Inequality (Harvard University Press, 2017) の全訳である。題名からも明らかな通り、これは二〇一四年に驚異のベストセラーとなったトマ・ピケティ『21世紀の資本』（山形浩生、守岡桜、森本正史訳、みすず書房、２０１４）にインスパイアされた論文集だ。

ピケティは『21世紀の資本』で、これまで経済学では比較的地味な領域だった、格差の問題に焦点をあてた。しかも、そのアプローチとして、これまた近年の経済学では傍流と言ってよいほど光の当たらなかった資本に注目することで、過去および未来の格差の大きな原因について、きわめて明解な整理をあたえた。それが $r > g$ だ。資本からの収益率 r が、経済成長率 g より大きければ、いずれ資本を持つ者たちがずっと豊かになり、その格差が世襲により固定される。これ自体は当たり前ではある。でも人類史上でほぼ唯一、第二次世界大戦後にはこれが成立しなかった。こうした動きを実証的にも裏付けると同時に、二〇世紀後半だけに平等化への動きが進んだ理由を丹念に追うことで、格差低減への明解な示唆を提示したのがピケティの独創だった。

そしてその中で、ピケティは経済学の数学モデル偏重と、そこから生じる唯我独尊的な態度を戒め、実証的なデータの重要性を強調し、同時に他の社会科学との連携の重要性を訴えていた。そしてモデルのためのモデルや、現状肯定の方便ではなく、重要な社会課題を見据え、その解決に向けて行動することを、経済学者やその他社会科学の研究者に対して強く訴えたのも、『21世紀の資本』のきわめて大きな特徴となった。

それがたまたま時代状況と呼応し、同書は世界で二二〇万部の異様な人気を博した（本書原著刊行時）。そしておかげで、格差研究がこれまでにない脚光を浴びるにいたる。

本書は、それを受けて、経済学者のみならず、歴史学、政治学、地理学などの異分野からのアプローチも交え、ピケティの大著が提起した問題に多面的に応える大論集となっている。

さてアンソロジーの常として、本書も玉石混交だ。そしてこれから少しグチるように、一部の石はかなり壮絶だったりする。だがおもしろいのは、その石の部分も含めて、この論集がはからずも、ピケティの様々な面での問題提起の保っていた重要性と、それに対する取り組みの課題をよくも悪しくも如実に示すものとなっていることだ。

社会科学の「悪しき」反応

経済学を社会科学の一部として考えるべきだというピケティの訴えに応えて、本書では経済学以外に歴史学、地理学、政治学、法学の分野からピケティへの反応が出ている。だがこの部分には、いささか苦言を述べざるを得ないものもある。ピケティは経済学に対し、変な特権意識を持たず、もっと謙虚になろうと主張した。でも本書の学際論文を見ると、問題は経済学が威張りんぼうだということより、他の学問分野の水準ではないか、とすら思えてしまう。ピケティを受けた対話の試みなら、まず『21世紀の資本』を読んで、その主張を一応理解していることが前提となる。が、それができているかどうか怪しい代物がいくらか見受けられるのだ。

その一つが、第6章のベリー論文だ。この論文は、アメリカ奴隷史研究の立場から、ピケティが奴隷の資本価値を過少に評価している、と批判する。だがそこでの「資本」はストックとフローを混同した異様な独自定義だ。まったくナンセンスなうえ、そもそもピケティの数字と比較できるものではない。さらに巻末註では、ピケティが奴隷資本の算出方法を明記していないというが、ちゃんと出てますけど？（註48への訳者付記参照）つまりこの論文はピケティの基本的な手法を理解どころか参照もできていないのだ。温厚なピケティですら、この論文だけには、明示的に苦言を述べている。

第16章は地理学からのアプローチで、タックスヘイブン等がトップ層の格差に果たす役割をピケティは見ていないと批判する。が、著者はそのタックスヘイブンの状況についての重要な基本文献であるズックマンの『失われた国家の富――タックス・ヘイブンの経済学』（渡辺智之解説、林昌宏訳、NTT出版、2015）を、なんと本稿依頼後に初めて買って読んだと書く。内容的にも、伝聞の散漫なエピソードのツギハギにとどまっている。しかもピケティにはタックスヘイブンや特区への視点がないぞと威張るが、その議論のネタ元となっているズックマンのデータは、まさにそのピケティたちの格差データ収集の一環で整備されたものだ。

そして第21章の政治学からの視点を述べたジェイコブズ論文。ピケティは$r>g$を絶対視している、政治学にはもっと成果がある、との批判だ。が、著者が得意げに挙げる「独自の」視点は「それってピケティがものすごく丁寧に説明してましたが？」というものばかり。英米、ドイツ、北欧で資本主義のあり方がちがうとか、金持ちの政治的影響力の話とか。

さらに著者は、ピケティが熟議民主主義なんかを信じていておめでたいと述べ、その格差削減提案であるグローバル資本課税について、政治学的な視点がなく実現に向けたステップもない非現実的妄想だと嘲笑する。が、それに対して著者が提案するのは……選挙改革でマイノリティの政治参加を促進する、というだけだ。それで少数派の課題を吸い上げて格差解消につなげるそうな。大変結構ではありますが、これはピケティ案をお花畑呼ばわりしてバカにできるほど実効性を持つ具体的な提案だろうか？

本書収録のものに限らず、ピケティの本に対する他分野からのコメントの多くは「いや××学ははるか昔から格差を重視してきたぞ、こんな視点もあんな視点もない、ピケティや経済学はもっと勉強しろ」というものだった。が、そもそもピケティの本を読んだのか怪しげな、または理解できないだけとおぼしき批判も多かった。それ以外でも、「こっちのシマを荒らすな」という本音が透けて見える理不尽な批判がかなりある。それは不毛だ、というのがピケティの主張なのだが、本書収録のいくつかの論文はまさに、この点について反面教師的な示唆を与えてくれる。

経済学の「悪しき」反応

その一方で、経済学からの反応も建設的なものばかりとは言えない。部外者の目から見ると、首を傾げるようなものも多い。その中で特に目立つのは、本書でも頻出した「ピケティは格差が $r>g$ で機械的に決まると主張している！　その背後にある各種の制度を無視している！」という主張だ。

これは本書にも何度か名前の出てくるダロン・アセモグルの影響も大きい。制度重視で有名な彼は『21世紀の資本』の中でボケ役に使われたのを恨んでか、ピケティには制度がない、と罵っている。そしてその「制度がない」は、文中に登場するわずかな数式に明示的に示されていない、という意味だ。多くの論者も、これに便乗している。

ピケティはこれにことさら苛立っており、最後の回答でかなりの紙幅を割いて文句を述べている。$r>g$ ですべては機械的に決まるなんて言っていない、それですむんならあの本は三〇ページでおさまる、と。数式モデルはある一面を整理する道具でしかないし、それ以外の数百ページの記述だって自分の理論の一部なんだから、それをきちんと読んでくれよ、というわけだ。だいたい、戦後には税制その他の制度改革で $r>g$ が成立せず、平等化が進んだというのが『21世紀の資本』の大きなポイントだ。制度はむしろ、あの本の主張の中心だ！　これは、同書をある程度読んだ一般人なら十分納得できる話だろう。

が、百歩譲ってこの批判を認めたとしよう。だったら、その数式に制度を入れるにはどうすればいい？　ピケティの議論に登場するほどの長い歴史に及ぶ多様な制度を定式化できるなら、すごい成果だ。

だが、たとえば本書第20章のデレノンコート論文は、制度を「定式化」するにあたって、いちばん安易で無意味なやり方をする。そこでの制度というのは、中身不問で資本の増大を引き起こすという、たった一つの項だ。打ち出の小槌やドラゴンボールじゃあるまいし、中身不明の「とにかく資本が増える制度」なるものを想定するだけで、制度を考慮したと言えるのだろうか？　その制度が効く人（市民）と効かない人（従属者）を比べたら、市民のほうが資本が多くなった、制度の重要性が実証できたと言うが、そんなのは仮定がそのまま結論になった同義反復で、とうていモデル「分析」とは呼べない。それ以外の部分も、かなり安易な相関分析に留まる。

他の論文は、様々な制度について個別に「あれがない、これがない」と主張する。確かに労働組合の力とか、金融市場の利子率とかを入れることでモデルは精緻化する、とは言える。が、ほとんどの場合、ピケティだってそうした制度要因が効いていることは十分に承知している。そのうえで、きわめて長期にわたる議論の見通しをよくするために、意図的に単純化している部分も多い。二〇〇〇年前には労働組合もITも中央銀行もない。数世紀、ヘタをすると数千年を俯瞰するモデルにそれが明示されていないというのは、批判として意味があるものなのか？　意味があるにしても、いたずらに話をややこしくし、モデルのためのモデルに終わってしまう可能性も高いのではないか？

さらに、ピケティにかこつけて自分の信念告白に終わっているものも多い。たとえば第8章でノーベル賞経済学者マイケル・スペンスと、クリントン政権の経済諮問会議の親玉を務めたローラ・タイソンは、ピケティが技術とグローバル化を十分に検討していない、と主張する。「ピケティとは対照的に私たちはこうした強い構造的な力［註：技術とグローバル化］がトップ一％についてさえも所得爆発に重要な役割を果たしたと考える」と力強く宣言する。が……三〇ページ近い議論の挙げ句に出てくるのは次の一文だ。「だがこうした力が所得分布のいちばんてっぺんでのトレンドに対する適切な説明になっていると主張するのは困難だ」。……仮にもノーベル賞学者なら、もう少し何とかならなかったのだろうか。さらに将来はAIが重要という二番目の論点は、通俗概説書の域を一歩も出ない。

あるいは第15章の編者ブーシェイによる議論は、男女格差の視点が重要だ、女性冷遇の制度もかつての高格差に貢献したというものだが、いまはそうした制度はかなり改善されていると言って次第にトーンダウンし、最後は女性を優遇すれば経済成長が上がるかも、という一般論に流れてしまう。それ以上に、そうした具体的な格差への影響の考察よりはフェミニズム経済学なるジャンルのPRに力点があるように読める。こうした主張は、本当にピケティの議論に有益なものを付け加えたと言えるのだろうか？　だが世間的に見られたピケティへの反応の多くは、まさに、ピケティにかこつけた自分の信条やイデオロギーの告白に終わっていた。

本書の成り立ち

編者たちがどういう意図を持って本書の論文を集めたのかは、必ずしもはっきりしない。不思議なことに、編者たちは本書の成り立ちについて、きちんとした説明をしていない。だが、通常はだれも読まない謝辞と巻末註を見ると、実は本書は二〇一五年にイタリアで行われた国際会議の発表論文集が主になっているらしい。その国際会議に招待された論者は、どういう人々で、どういう基準でお声がかかったのか？　それもほとんど明記されていない。そしてそのために収録論文が一部少し古いものになってしまっているのは残念ではある。また、その内容についてどこまできちんと編者としての校閲が入ったのかもわからない。むしろかなりそのまま載せてしまった観さえある。

だがそのために本書は、ピケティ『21世紀の資本』に対する世間の各種の反応を、よいものも悪いものも含め、均質にサンプリングしたようなものとなっている。その意味では、本書は確かに「ピケティ以後」の見取り図になっているとは言えるだろう。

編者三人のうち、ブラッドフォード・デロングはカリフォルニア州立大学バークレー校の経済学部教授であり、経済史の研究で有名だが、その他にもマクロ経済学分野で様々な業績を持つ。同時に彼のブログは、アメリカにおける一流経済学者のブログとして最古参に属し、扱うテーマや更新頻度もきわめて高い。彼は編者の中で唯一、論文を寄稿していない。

ヘザー・ブーシェイは、フェミニスト経済学なる分野ではそれなりに有名らしい。現在はワシントン公平成長センター所長であり、ヒラリー・クリントンが二〇一六年に米大統領に当選していれば、その主任エコノミストになる予定だった。またスタインバウムはルーズベルト研究所の研究部長兼フェローで、税制、競争政策、労働市場について造詣が深い。

本書の読むべき論文紹介

だがもちろん、ピケティ『21世紀の資本』に対しては有意義で優れた反応もある。そして本書は、そうしたものもある程度拾えているのが手柄ではある。それらの見所も概観しておこう。

まず第I部の「受容」編では、成長理論の親玉ロバート・ソローとポール・クルーグマンによる書評は是非。これは別に本論集のために書かれたものではないが、一般向けに書かれていてわかりやすいうえ、単なる書評にとどまらずピケティの大著についての非常に手際のよいおさらいと理論的なまとめになっている。多くの人は、ピケティの本に何が書いてあったかとっくに忘れている。この二本を読んで、記憶を新たにしてほしい。また二〇一四年の出版当時に人々が注目したポイントも簡潔におさえている。

第Ⅱ部の「資本の定義」の部分では、第7章の人的資本に関するニールセン論文は、読んでも損はない。ピケティが資本の定義から人的資本を外したことについて著者は文句をつけているが、そこはピケティも言う通り、集計対象から外したといってそれが重要でないというわけではない。人的資本の多くは、それに対応する物理資本や金融資本があってはじめて意味を持つものだし、その逆も言える。だからそれが完全に無視されているわけでもない。それがどのように生まれ、そして世襲されることで格差に貢献するかという点はピケティの議論を補うものとして興味深い。また、議論としては細かくなるが、格差の増大には労働慣行の変化も寄与しているという第9章のワイル論文も、いわゆるギグ・エコノミーの影響を考えたりするうえで面白い。「××学ではすでにやっていた」だけでは非生産的で、このような議論を追加することで、ピケティの議論、あるいは格差に対する視点がどう拡張され、どう変わるかまできちんと把握した議論こそが、将来につながる生産的なものだと思うのだが。

第Ⅲ部の「格差の様々な側面」では、そもそも格差の何がいけないのか、という話に真面目に取り組んだ第16章と第17章が有益だ。ピケティ本では「なぜ格差が広がるといけないんですか?」という大きな問題について、定性的な記述とバルザックやオースティンへの文芸的な言及ですませていた。この二つの論文は、それが経済の安定性に与える影響を、モデル分析と既往研究レビューで実証している。かなり専門的になってしまっているのが、読者によってはちょっと難点かもしれないが、それをむしろ利点と見なす人もいるだろう。

また、ピケティが最後の回答で述べている通り、先進国以外の格差に関する話は『21世紀の資本』の弱いところではあるし、今後の伸びしろも大きそうだ。第11章のラクナーによるグローバル格差の話は、それを補うものとして、読んでおく価値がある。地理学からの寄稿も、ここの部分に対して有益な知見を提供してほしかったとは思う。また、グローバル格差の話は結局、データをもっとくれ、という話になってしまうのだけれど、第13章サエズ「『21世紀の資本』後の研究課題」は、特にこのデータ収集の現状について概観しつつ、他の様々な研究課題を整理していて有益。

第Ⅳ部「資本と資本主義の政治経済」は、格差や$r>g$の背後にある制度の話が多い。その中では第19章グレウォル「資本主義の憲法」は、ピケティの議論を柔軟にとらえつつ、それに関わる各種制度が法的に成立してきた背景を述べていて、読み応えがある。第18章のスタインバウム論文は、単独で読むと歴史教科書のコピペまがいでピケティとほとんど関係なさそうだが、このグレヴォル論文の最後に出てくる民主主義制度の格差への影響という文脈で見て、初めて意義が明確になる。

そして最後のピケティの「回答」は当然ながら必読だ。彼は大人なので、どの論文についても一応はなんとか肯定的なコメントをしてはいる。が、数式しか見ていない経済学者には明らかにキレている。同時に、技術や人的資本の重視を訴える論文についての、否定はしないが懐疑的な反論は、内容的にも、また今後の研究における留意点としてもおもしろい。

おもしろいといえばちょっと驚いたのが、ピケティとしていちばん期待していたのは、文学とか映画とか、まったくちがう情報源からの格差へのアプローチだったらしいということだ。多くの人は、『21世紀の資本』でのこうした文学や映画への言及は、ある種の衒学趣味だと思っている。でもピケティにとっては、これは真面目なもっと広い社会科学的アプローチの重要な一部だったわけだ。本書では、J・G・バラードへの簡単な言及を除きまったく触れられていないが、様々なアプローチが可能だろう。『21世紀の資本』で、バルザックにはお金や資本収益の話がいっぱい出てくるのに、最近それがまったくないという指摘に対して、トルコの文学協会か何かが反論したことがあった。また日本だけでも『蟹工船』から『金色夜叉』を経て『なんとなく、クリスタル』まで様々なお金をめぐる文学作品はいろいろだ。それを系統的に扱ったような分析も、どっかに転がっていそうなものだ。田中秀臣は、アキバ48だの地方アイドルだのの隆盛に日本のデフレ経済の影響を見る論考をいくつか書いている。おそらくそれを敷衍すると、芸能界のアイドル格差と実際の経済格差のつながり、なんてのもできそうだ。

おわりに

以上の紹介は、もちろん訳者（の中でも山形一人）の勝手な印象だ。中には、訳者がわかっていないだけで、実はすごい論文があるのかもしれない。読者のみなさんが何を重視するか、そしてそこから格差についてどのような知見を読み取るかは、人それぞれだろう。

本書を一つのきっかけとして、『ピケティ以後』の格差についての議論をどう展開させるかを自分なりに考えるのも重要だろう。訳者としては、右に述べたようなグローバルな格差についてもっときちんとした分析が読みたいところだ。中国、インドの話は詳しく見る必要があるだろう。一方で、南米が格差の面で最近かなり改善が見られるというのは意外だ。これももっと掘ってほしい。また、本書に欠けている話としては、まず右に述べた文学や映画の資本や格差の話と、さらに貧困と格差について――その関係性と両者のちがいについて――きちんとした話が必要ではないか。多くの人はこの両者の区別がきちんとできていない。もちろん、ピケティ自身が最後の回答で述べている様々な視点も注目に値する。

そうしたものを採り入れつつ、一〇年後にまた『ピケティ以後』をまとめるなら、それはどんなものになるだろうか？　そうした興味を本書の論文の一部でもかき立ててくれたなら、本書を手に取った意義は十分あったと言えるのではないだろうか。

本書の編集は、青土社の梅原進吾氏が担当された。数式や記号が多く、またかなりわかりにくい論文も多い中、迅速かつ的確な作業をしていただき、お礼を申し上げる。また、著者のジョーンズ、ラクナーの各氏からは、質問事項に的確な回答をいただいた。ありがとう。

翻訳は一部の著者のクセのある書きぶりには閉口させられたものの、むずかしいものではなかったが、思わぬまちがいなどはまだ残っているはずだ。もしお気づきの点があれば、訳者までご一報いただければ幸いだ。以下のサポートページにて、正誤表は随時更新する。　https://cruel.org/books/afterpiketty/

平成最後の冬
ハバナ／東京にて
訳者代表　山形浩生 hiyori13@alum.mit.edu

索引

た行

な行

は行

ま行

ら行

わ行

編者紹介

ヘザー・ブーシェイ（Heather Boushey）
ワシントン公平成長センター所長
Ｊ・ブラッドフォード・デロング（J. Bradford DeLong）
カリフォルニア州立大学バークレー校経済学部教授
マーシャル・スタインバウム（Marshall Steinbaum）
ルーズベルト研究所 研究部長

訳者紹介

山形浩生（やまがた・ひろお）

1964年東京生まれ。東京大学都市工学科修士課程およびＭＩＴ不動産センター修士課程修了。コンサルタント、評論家、翻訳家など多数の顔を持つ。近年の著書に『「お金」って、何だろう？』（共著、光文社新書、2014）、『第三の産業革命』（角川インターネット講座、2015）ほか。訳書にトマ・ピケティ『21世紀の資本』（みすず書房、2014）、アンソニー・Ｂ・アトキンソン『21世紀の不平等』（東洋経済新報社、2015）、ポール・クルーグマンほか『クルーグマン国際経済学』（丸善出版、2017）ほか。

守岡桜（もりおか・さくら）

翻訳家。訳書に『21世紀の資本』、ロバート・Ｊ・シラー『それでも金融はすばらしい』（東洋経済新報社、2013）、チャールズ・ウィーラン『統計学をまる裸にする』（日本経済新聞出版社、2014）、同『MONEY——もう一度学ぶお金のしくみ』（東洋館出版社、2017）ほか。

森本正史（もりもと・まさふみ）

翻訳家。訳書に『21世紀の資本』、マイケル・ヘラー『グリッドロック経済』（亜紀書房、2018）、パスカル・ブリュックネール『お金の叡智』（かんき出版、2018）ほか。

ピケティ以後　経済学と不平等のためのアジェンダ

2019年 1 月31日　第 1 刷印刷
2019年 2 月15日　第 1 刷発行

編者——ヘザー・ブーシェイ、J・ブラッドフォード・デロング、マーシャル・スタインバウム
訳者——山形浩生、守岡桜、森本正史

発行人——清水一人
発行所——青土社
〒101-0051　東京都千代田区神田神保町 1-29 市瀬ビル
［電話］03-3291-9831（編集）　03-3294-7829（営業）
［振替］00190-7-192955

印刷・製本——ディグ

装幀——戸田ツトム＋今垣知沙子

Printed in Japan
ISBN978-4-7917-7136-3 C0033